宋坚雷 著

上海老克勒

文汇出版社

目　录

第一章　高朋满座……　1

第二章　风花雪月……　26

第三章　回家……　53

第四章　上海的战争……　78

第五章　何去何从……　111

第六章　遇见"亭子间嫂嫂"……　153

第七章　纸糊的幸福……　183

第八章　过年……　214

第九章　上善若水……　244

第十章　乱世图存……　278

第十一章　喜忧参半……　305

第十二章　一九四六年……　335

第十三章　私人舞会……　380

第十四章　支离破碎……　409

第十五章　守法户……　451

第十六章　《蓝玫瑰》续缘……　481

第十七章　梅开二度……　517

第十八章　孵混堂……　548

第十九章　与狗为伴........　584

第二十章　暮年提前来临........　625

第二十一章　旧友重逢........　656

第二十二章　真爱........　686

第一章　高　朋　满　座

　　一九三七年春节过后的一天,阳光明媚,中午刚过,太阳已把人晒得懒洋洋的,不但让人感到暖和舒服,更使人感到昏昏欲睡。赵诗梦一脸漫不经心,无精打采地开着一辆铮亮的雪铁龙轿车,也扫了一下周围的路况,顺手拿起副驾驶座位上的一份请帖,瞄了一眼上面的地址,轿车从辣斐德路①向南拐进了一条僻静的林荫道,来到了虞凯欣新建的别墅前。

　　别墅门前不宽畅的道路两边已停了不少轿车。从敞开的黑色铸铁大门朝里望去,英国乡村风格的红瓦尖顶别墅和一旁的楼台亭阁相得益彰,有一种中西文化融合的格局,另一侧还有个摩登的网球场,花园的四周由号称从南京移植过来的三十六棵香樟树环绕着。这三十六棵香樟树是虞凯欣为了纪念自己三十六岁生日的杰作,故有人向花园的主人建议,索性就给花园取名叫"香樟园"。花园里已是一派过节的气氛,树上悬挂着五彩缤纷的气球和洋气十足的小彩旗,在微风中舞动,树下人头攒动,露天乐队演奏的管弦乐伴随着人声,穿过别墅的竹篱笆,弥漫在花园内外。看到此情景,赵诗梦心想今天又是高朋满座,达官富贾聚集,派头十足的派对。

　　赵诗梦是在英国留学时,认识虞凯欣的。那年,他刚刚到伦敦,而虞凯欣尚有一年就可获得法学博士学位,即将毕业。其实那时,虞凯欣

---

① 辣斐德路:今复兴中路。

所有的留学用度已花得差不多了，上海的家里也已无钱可接济了，处于辍学回国的边缘。赵诗梦来到英国，成了虞凯欣的救命稻草，他们俩成了好朋友。赵诗梦从自己的留学用度中挤出一部分给了他，帮他渡过了难关。虞凯欣给了赵诗梦许多留学的生活经验和帮助，当然也教会了他在伦敦如何吃喝玩乐，如何享受西洋文明。虞凯欣获得博士学位后，不知道交了什么好运，被法国巴黎大学相中，获得了一笔可观的经费，便带着英国女朋友去那里做了两年研究员，在赵诗梦面前消失得无影无踪。以后短短的几年中，虞凯欣游历了欧洲多国，无疑在国人眼中是一个地地道道的欧洲通。回国后，顶着法学洋博士的桂冠，不但在政府部门谋到了不错的职位，从事外交事务的差使，体面过人，而且还获得了租界工部局发放的律师牌照，亦官亦律师，声名鹊起，很快就飞黄腾达，成了上海滩的名流。

赵诗梦一进大门，先看到的不是虞凯欣，而是自己早年的同窗好友，五金工厂老板的儿子吴进源，旁边还有一位漂亮的女士，他们坐在最靠外的一桌，和花园中心的热闹有点反差，有点形单影只。吴进源最大的标志就是一头乌黑油亮，高高翘起的飞机奶油大包头，有人说这是当前上海滩上最流行的发型，叫香蕉头。他是从美国留学回来的，但没人知道他在美国读的是哪所学校，获得了什么文凭，只听他吹嘘在美国如何花天酒地，游玩各大城市。当下他在静安寺路①上，国际大饭店②旁，开了一家名叫"好莱坞"的照相馆。由于他店名起得颇有美国味，据说生意不错，客人中佳丽如云，个个美如仙女，所以他的罗曼史不断，一个比一个精彩，一个比一个让人羡慕。女人们都想拍出漂亮的照片，那就只能听从照相馆老板的指点和摆布了，而他的罗曼史一般也是从拍照开始。他身旁的女士叫白雪，赵诗梦以前在好莱坞照相馆里见过她，但不熟悉，似乎她正处在闹离婚的阶段，听说她丈夫是做翻译官的，现在很过分地带着野女人出国了，她找不到丈夫，离婚官司又没法打，整

---

① 静安寺路：今南京西路。
② 国际大饭店：现名国际饭店。

天无事可做,在吴进源的照相馆里转悠。他为她拍出了靓照,也拍出了他们的浪漫故事,而且故事似乎正处在高潮阶段。

吴进源一手搭着白雪的肩膀,一手拿着酒杯,见了赵诗梦连忙站起来,晃了晃手中的酒杯,笑呵呵地招呼道:"诗梦兄,好久不见。你知道龙兰舌酒配什么最搭吗?"

赵诗梦被弄得一头雾水,不知道怎么回答好,只能笑脸相迎。

吴进源用手在空中划了一下,笑着道:"配微风,最搭,是我发现的。"

赵诗梦看了一眼桌上小碟子里的盐和柠檬片,开玩笑道:"不是盐和柠檬?那你就多喝几杯吧,反正微风不止,饮酒不尽。"

吴进源以认真的口吻接口道:"是真的,这里比美国还美国。在那里我们大家只知道晚上才喝酒,这里竟然下午就喝开了,而且还有地道的墨西哥龙兰舌酒,真不知道我们的凯欣兄从哪里弄来的这酒。"

一旁的白雪和赵诗梦打完招呼,亲切地请他入座,问是喝茶还是咖啡,而后不屑一顾地朝吴进源白了一眼:"喝下午茶的时间,大家都喝茶或咖啡,谁像你大白天喝酒。"转身朝赵诗梦细细地看了一眼。也许女人在欣赏男人的时候,首先注意的是:他身边是否有女人,如果有,那是怎么样的女人。她们会观察男人身边或者身后的女人,从而推断出在自己面前是一个什么样的男人,并施以联想;而男人身边没有女人的话,则又大大增加了她们遐想的空间。白雪有一双漂亮妩媚的眼睛,它能够吸纳所有迷恋她的男人的目光。她一点没有陌生感地故作惊讶,向赵诗梦礼貌地问:"就你一个人来的呀,怎么你夫人没来?"

吴进源了解赵诗梦的情况,对他独自前来并没感到意外,以调侃的口气插话道:"人家夫人是名门闺秀,怎么会和我们为伍呢?"

赵诗梦有点拘谨,好在吴进源这样的插话,替他解了围,他假装不好意思的样子,吞吞吐吐补了一句:"我老婆,上不了台面。"

这句话让白雪心花怒放,似乎在说赵诗梦老婆土,不如自己上得了台面,使她有点飘飘然。

还没等赵诗梦看清花园和别墅的大概轮廓,白雪已抢在吴进源前面,开始卖力地介绍起现场的情况来:"我和进源老早①就来了,虞先生的新别墅也已经参观过了。好大呀,装饰也好考究。底层两个客厅加一个大书房,大的客厅笃定可以开舞会,一点不亚于外面的舞厅。"她朝吴进源瞥了一眼,指着花园深处,郑重地继续道,"虞先生的面子真大,今天来了不少上海滩的重要人物为他捧场。你看,那个叫什么名字的……印度瘸子也来了。"

赵诗梦不知道印度瘸子是谁,顺着她指的方向看去,那边藤椅上坐着一位高大潇洒的英国绅士,藤椅旁搁着一根标志主人身份的镶宝石镏金的黑紫檀斯蒂克②。他手持咖啡杯正和坐在其左右的几位衣着艳丽华贵,丰乳肥臀的外国女人说笑着,让人一看便知道是一个大富大贵之人,那人就是上海滩大名鼎鼎的房地产大亨,华懋饭店③的拥有者维克多·沙逊爵士。他脚有残疾,至于如何残疾的,众说纷纭,没人搞得清楚。有人说他在第一次世界大战期间,参加了英国皇家空军,因在训练中一次事故受伤而致残的,也有人说他在一次赌马时,从马背上跌落受伤留下的。反正这一残疾已成了他一个显眼的标志,所以上海人送给他一个不好不坏的外号"跷脚④沙逊"。他因出生在印度,所以白雪叫他印度瘸子也没错。

赵诗梦偶尔去华懋饭店跳舞,见过那个跷脚,但不认识。他略显惊讶,朝吴进源看了一眼,确认道:"噢,华懋饭店的老板,跷脚也来了。"

白雪急切地附和道:"对,对,就是那个华懋饭店的印度老板,我在华懋饭店参加过他们的周末舞会。"

吴进源接着白雪的话,说:"凯欣兄还是很有面子的。他借着跷脚的房子,也算跷脚的客户,据说凯欣兄在建这别墅时,他也出了不少力,

---

① 老早:(沪语)很早。
② 斯蒂克:(英语)stick,文明棍或拐杖。
③ 华懋饭店:Cathay Hotel,现名和平饭店。
④ 跷脚:(沪语)瘸子、跛足。

所以他来捧场不足为奇。今天还有些大人物,外交官和工部局的董事就来了好几个,都是有头有脸的名人,还有法租界巡捕房的,和一些做法官律师的法曹人员,除了那几个银行襄理和报社编辑,其他的人都是我认识他,他不认识我。我看你也跟我差不多,这里头没几个认识的吧。"吴进源朝他做了一个鬼脸,补了一句,"所以我们很识相,找了个边上的桌子,即使喝醉了,也不会丢人现眼。"

白雪看到赵诗梦对这些人比自己知道得多,便收起介绍的架势,由热情变成了好奇。为了掩饰自己的好奇心,或者想引出一个自己感兴趣的话题,她望着坐在花园中央的跷脚,有点像明知故问地向赵诗梦打听道:"坐在跷脚旁边的两个女人,是英国人?"

赵诗梦对这种问题不感兴趣,也不可能确切地回答,所以敷衍道:"噢,我不太知道,大概是欧洲人吧。"

旁边的吴进源老到地答道:"哪里会是英国人吃,好像是白俄人吧。"他回答的语气中,夹杂着有嫌白雪连这么明显的事情都看不出来的意思,而她对此浑然不知,继续带着欣赏的口吻感叹:"白俄女人呀,好漂亮,蛮优雅的,跷脚的女朋友真是与众不同。"

吴进源向她白了一眼,有点不耐烦地说:"她们当然与众不同喽,说不定还是以前的贵族或者公主呐。"

白雪听了这话似乎有些若有所思。赵诗梦对他们的对话装着没听到,一声不响地环顾着四周,发现花园里一半以上的达官贵人都不认识,确实和吴进源讲的差不多,便在人群中寻找虞凯欣的身影,看到花园正中虞凯欣夫妇正在殷勤地忙着招待客人。

虞凯欣一身笔挺得体的英国小格子粗花呢西装,非常贴合他修长的身材,周围的朋友说他的身材无论穿法官袍,还是穿律师服,都很般配;乌黑发亮的头发一丝不乱,戴了一副金丝边眼镜,更加衬托出干瘦脸颊的白皙和智慧,人们对他的溢美之词毫不吝啬,如:一表人才、年轻有为、公正的守护者;即使有些微词,也隐藏着褒奖之意,如:虞先生唯一的缺点就是太喜欢做官,总是嫌自己的官做得不够大。

虞凯欣身旁的夫人，叫孟嫣钰，一副小鸟依人的样子，发髻如墨，一双细长的柳条眉，楚楚动人，柔白透红的脸始终笑盈盈的，有一种成熟女性的娴静儒雅。此刻，带碎花镶珠的银色真丝旗袍，裹着娇柔动人的身材，而她手里捏着一方粉白的小手绢，倒散发着浓浓的文绉绉的气息，其中又隐藏着一丝富贵。不论身材相貌，还是气质打扮，她和虞凯欣真是天造地设的一对。据熟悉他们夫妇的人介绍，夫人不但温柔贤惠，知书达理，举手投足间有着超凡脱俗的东方女性特有的美，而且孟家也是上海滩的名门望族，她是富商巨贾的女儿。

赵诗梦远远望去，发现紧贴着虞凯欣夫妇身后还有一位女士，他在以前见过几次，但没听虞凯欣正式介绍过，对她的了解仅限于道听途说。赵诗梦对她隐隐约约有一种抗拒的感觉，也许是见到她这样的一类人，会让他想起自己的后妈，所以无论她是一位如何漂亮聪明，讨人喜欢的女人，他内心深处都会希望虞凯欣身边没有这样一个女人，希望自己也不认识她，更希望自己的朋友中没这样的女人。她是当红歌星陆莺，身材比虞夫人要高，和虞凯欣差不多，鹅蛋形的脸上有着一对妩媚的大眼睛，披肩长发，和一身时髦简洁的浅色马术装相配，显得线条分明，活泼有致，十分洋气，也显得很招摇，与众不同。只要她一出现，很快就会集中周围所有人的眼光。她早年毕业于上海中西女塾，精通外文，曾用英语演过话剧文明戏，同时又将曼妙的舞姿遗留在上海滩的各大舞场。她不在乎人们称她交际花，的确，张扬的性格，美丽的容貌，让大批的男士折服；只是，看到她奢华的生活，气派的场面，即使那些有贼心的男人，很快也就没了贼胆。

当虞凯欣看到赵诗梦他们后，便兴冲冲地挽着夫人的手，径直向他们这一桌走来，招呼道："诗梦兄弟，欢迎光临寒舍。"

吴迓源上前笑嘻嘻地调侃道："你这也叫寒舍，那我们不要活了。不过我们还是要祝贺你。"举起酒杯，在虞凯欣夫妇面前晃了晃，突然笑出声来叫道，"顺便，让我来帮你喝掉一点龙兰舌酒。"以此掩饰白天喝酒不符合绅士的礼仪。

虞凯欣笑哈哈地指着吴进源的酒杯："侬①笃定吃好嘞,有的是酒。"转身对赵诗梦说,"他是没心没肺享受之人,醉生梦死呀,活得开心,真羡慕他呀。"

白雪看了一下虞凯欣身旁一左一右的两个女人,凑上来做出一副事态严重的样子道："虞先生,你可不要这样鼓励他喝酒,他会喝得停不下来的。俗话说得好:晚上喝酒的是君子,中午喝酒的是酒鬼,早上就喝酒的是混蛋。我看呀,他这样喝下去,离混蛋不远了。"她的口气俨然像是吴进源的夫人。

虞凯欣打哈哈道："哪里,哪里会呀,酒不分你我,当然也不分白天和晚上。"

虞凯欣微微向后移了一步,把陆莺引到赵诗梦他们面前,简单地介绍道:"这是陆莺。"而后指着吴进源和白雪对陆莺说,"这两位刚才已介绍过了,算是认识了吧。"接着指着赵诗梦,笑呵呵地介绍道,"你记住,他是个好人,我的好兄弟,《蓝玫瑰》杂志主编。记得我以前跟你说起过的,想当年,他刚到伦敦不到一个月,四年的留学用度就让我骗掉一半,还为我改变了自己报考的专业,帮我渡过了难关。但是,诗梦兄来伦敦的第一课是我给他上的,我陪他喝遍了伦敦所有有名的酒吧,还见习了英国传统跑马的刺激,为他回到上海滩在跑马厅赌马打下基础。"

大家听到这个"骗"字,都大笑了起来。赵诗梦不好意思地红着脸,拘谨地争辩道:"没有骗,是借,是借的钱。"听了他的辩解后,大家感到更好笑了,又大笑一通。

白雪冲着赵诗梦惊讶地问:"原来你不是打算学文学的呀?"

虞凯欣替他答道:"他父亲要他去英国学纺织机械专业,回国后可以经营他家里的纱厂。他四年留学用的钱,让我们一个月就花得差不多了,学理工科专业普遍比文科专业学费贵,用度不够,他又不肯再向家里要,所以挑了一个学费便宜的文学专业。"又做了一个鬼脸,似乎要

---

① 侬:(沪语)你。

挽回刚才说的,补了一句:"当然喽,最主要的是诗梦兄也很喜欢文学。"

虞凯欣见大家似乎还有些不明白,接着解释:"学理工科,需要实验室、实验器材和设备,当然学费贵喽;学文科的,反正就是整天读几本破书,还可以是从图书馆里借,所以学费花不了多少,当然便宜唠。"

听了虞凯欣稀奇古怪的解释,大家都笑弯了腰,只有陆莺用手捂着嘴,笑了笑,不紧不慢地问虞凯欣:"那现在,你把钱还给了人家没有?"

虞凯欣夸张地做出一副惭愧万分的样子道:"之所以说是骗,因为当时我根本不知道如何归还这笔巨款。从现在来看,我一辈子都还不清这笔债,这是救命的钱,我将用一生去还。"

大家笑过之后,以欣赏的目光注视着这两个男人,也为虞凯欣的口才而折服,更为赵诗梦是好人留下了深刻印象。

虞凯欣想到赵诗梦和吴进源是自己的私人朋友,今天场面上的那些人不一定都认识,或者不一定都喜欢,便把聚会的安排告诉了他们,指着花园深处的那些人说:"他们只是来喝下午茶的,喝完就散了。我们晚上怎么都行,中西合璧。上海滩没有舞厅里可以打麻将的,更没有麻将馆里可以跳舞的,在我这里,两者合而为一,想跳舞的跳舞,想打麻将的打麻将,如果不嫌弃的话,本人将陪你们玩。"又指着花园另一侧的乐队说,"这些演奏的乐手是从工部局请来的,一直到晚上。他们演奏的圆舞曲也属上海滩一流的,还有我们的陆莹小姐为大家助兴,晚上留下来跳舞也不错。晚饭嘛,我已经从一品香请了几位师傅,他们最拿手的是番菜①,怎么样,想得还周到吧?"

赵诗梦诧异地问道:"那个跷脚,晚上不留下来? 他不是很喜欢跳舞吗?"

虞凯欣朝花园中央沙逊爵士坐的地方扫了一眼,不以为然笑了笑,风趣地解释道:"噢,那个跷脚,我们可爱的维克多·沙逊爵士呀,不用管他,在这里他找不到他喜欢的女人。他祖上靠鸦片发了财,我巴不得

---

① 番菜:西餐。

我们的林则徐大人把他家里祖上的鸦片全都烧掉,一点都不剩,那才好呢,看他现在还能在上海滩吆五喝六的。不过场面上的事没办法,让他出来帮个忙,撑一下场面,那还是不错的。他马上会走的,晚上他可要回华懋饭店找他的英国朋友。那里每天晚上有舞会,再加上去年年底跷脚的仙乐舞宫也开张了,他才不会在我这里跳舞呐,我也不喜欢他们在我这里待得太久。"

白雪含笑带着一点失望的口吻问:"我还没有见过他跳舞呐,他舞跳得很好吧?"她虽然去过华懋饭店跳舞,却从来没有亲眼见过爵士跳舞。她有个疑问,那就是跷脚如何跳舞,但又不能明说,只能如此问。

她的提问让虞凯欣很是心领神会,立刻脸上露出了会心的表情,答道:"他跳得很好,很有节奏感。"

吴进源不失时机插话:"噢,那是跷脚独有的节奏感吧。"大家被这话逗乐了。

白雪大概想就自己所提的问题而展开,笑着插话补充道:"他跳得再好,毕竟跷脚,跳舞时不见得也用那斯蒂克撑着?和他跳舞虽谈不上相互之间的尊重与不尊重,但总觉得怪怪的吧?至少我不会和他跳。"

虞凯欣觉得这是自己引出的笑话,便等大家笑完后,继续介绍道:"跳舞是娱乐,是啊,没有那么多的尊重和不尊重。"说到这里特意回过头来,笑着对白雪戏谑道,"他跳舞时不用拐杖,不用担心他摆不平,站不稳什么的。他的恰恰舞跳得确实不错,而且更重要的是他还没有结婚,是一位真正的单身贵族,对舞伴很好,出手也很大方,所以他的舞伴无论中国人,还是外国人都有,络绎不绝,不计其数。"

白雪以玩笑的口吻回敬道:"听上去好像是一个放荡不羁之徒,让良家妇女望而却步,这样评价你的残疾朋友,那可不好吧。"

虞凯欣像是没有听见,抬头朝大家扫了一眼,以揶揄的口吻加了一句:"可悲呀,我们的上海滩,现在已堕落到了一个连跳舞也要由外国人来引领的时代了,而且那个外国人还是跷脚。"大家都会心地笑了,接着他把话题拉了回来,"白天是场面上的事,晚上是朋友间的事。内外有别嘛,晚上我们都是自己人,想怎么玩就怎么玩。我们打麻将?"又指着吴进源道,"你不要喝得太多,晚上我陪你打麻将,输了不要怪我事先没打招呼。"刚转身准备离开,看到两位服务生为他们搬来了藤椅,就索性坐下让他们为自己上了茶,继续和赵诗梦他们闲聊。

这时,中国通商银行的襄理冷中宝,人称冷襄理,右手挟着雪茄,踱着方步朝他们走来。此人身材不高,一套笔挺的黑色中山装,国字脸,戴了一顶黑丝边的大礼帽,留着一撮漂亮的小胡子,看上去略显滑稽,有点像大世界里演魔术的。此人背景复杂,据说最早是军政部长何应钦的学生,那时他年轻气盛,因喜欢酒后开快车,撞死了行人,在军队里混不下去了,就混迹到宋子文的麾下,又不知道什么原因,直到当下做了银行的襄理。虽说他只是一个银行襄理,但仗着自己曾经和何应钦、宋子文有过那么一点点关系,还有同胞弟弟在军中任不大不小的职务,所以他整天喜欢吹嘘,评论各种政治经济事件,在圈内也小有名气,人称消息灵通人士和时事评论家。他时常这样向大家介绍自己:敝人年轻时,是穿军服的商人,当下是穿便装的军人,暗示政商通吃。有人说他在人越多的时候,说得越起劲,吹的牛也就越大越离谱,而且说到激动的时候,还会手舞足蹈。他为人热情,周围的人凡是遇到什么难事,都愿意和他商量,向他讨教,也有人开玩笑地称他是算命先生,当然也有刻薄的人在背后叫他骗子。

冷襄理踱到他们面前,双手抱拳,其中一手指缝还夹着雪茄,上身向各位略略弯了一下,算是作揖打招呼了,而后开口问道:"晚上,还有打麻将?我看好像是三缺一嘛。"

在座的都哈哈大笑起来,知道虞凯欣刚才邀请他们打麻将的话让他听见了,更知道他身材矮小根本不会跳舞,只喜欢玩麻将。接着他自说自话道:"今年呀,这年过得太忙了,我昨天晚上刚刚从南京回来,现在来打麻将也好呀,可以换换脑子了。"

虞凯欣顺口问道:"忙什么呀?"

也许冷襄理就等着这样的提问,他可以滔滔不绝地回答,吹嘘他的各种消息，自以为自己肚子里装着全国所有人都想知道的故事和内幕，当前最重要、最时髦的新闻故事就是两个多月前发生的西安事变。虽然刚刚公开发表了蒋介石事变期间的日记《西安半月记》，算是官方正式公布的详细的消息，但事变的真相民间仍流传着多个版本，个个引人入胜，让人遐想不断。他知道在这样的场合，尤其在这样一群有头有脸的人当中发布这种事情的消息或者评论，是再时髦不过了，也是一个极其有面子的话题。他故作不以为然的样子，漫不经心道："还不是少帅汉卿兄在西安搞出来的那事情。我还和子文兄去了西安，协助他们处理善后，一直忙到现在。你们看看，汉卿兄闯的祸，也太过分了，以下犯上，把天捅了个大窟窿，也把我夹在两位大人物当中，很是为难我呀。"

这个话题果然引起了在场人的关注，虞凯欣饶有兴趣地问道："这个事情怎么把你夹在当中了？"

冷襄理像是与生俱来就有做报告或者演讲的本领，为了显示自己和大人物的亲密关系，无论和这些大人物的关系如何，他一概称这些大人物为"兄"，又常常喜欢话说一半，等着让人提问，以显示他的消息灵通和博才。他朝大家扫了一眼，看他们的神态有些诧异，正等待他的继续，便挺了挺胸，没有坐下，顺手从桌上拿了一块小饼干放在嘴里嚼了嚼，慢悠悠地说道："事发之初，子文兄和何部长在这件事情上有着很大的分歧，一个要和，一个要打，还有共产党夹在中间，几乎内战一触即发。我在西安的那几天，真是叫人提心吊胆，每天何部长的飞机在我们头上盘旋，还扔炸弹。你们看看，你们看看多吓人呀。"他有些激动，把双手摊开，做出一副为难无奈的样子，朝大家扫了一眼，看到大家都在注视着他，又来回踱了两步，继续道，"子文兄背后是委座和夫人宋美龄，还有孔祥熙，他们大骂何部长是别有用心，想炸死委座取而代之。何部长掌握着南京的讨逆军，天天在报纸上发布消息要用武力讨伐少帅汉卿兄，这对在西安的委座和子文兄来讲，几乎有大军压境之势呀。"他停了停，又向大家扫了一圈，为了让大家对他接下来的话引起注意，又做出一副愁眉苦脸的样子，拖长了语气，"你们看看，你们看看，子文兄和何部长都是我的恩师呀,两个恩师吵架,我作为学生的,难做呀,夹在当中。劝也不是,不劝也不是,这又关乎到中华民国的存亡,叫我怎么办?"他顿了顿,好像总结似的,"哎,最终还好,总算没有打起来,摆平了。"口气里充满着自己能够摆平事变的自豪感,不过他说此话时,似乎对之前称大人物为"兄"和眼下又称之为"恩师",并不感到滑稽。

吴进源深谙他喜欢说大话的习性,也知道如果他真的随宋子文去西安,那也肯定只是个不起眼的随从,跑龙套的角色,根本不可能在事件中起什么作用,便顺着他的话,给足面子,笑呵呵地对大家说:"看来我们的冷襄理,在和平解决双十二事变中,是有功劳的。"

虞凯欣拍了拍手,叫人拿来香槟酒,提议:"让我们为和平解决双十二事变的功臣,干杯。"

冷襄理谦逊地应酬道:"大功臣,不敢当,不敢当,谢谢。"他自说自话地在虞凯欣说的"功臣"前面,加了个"大"字。

吴进源不等大家放下酒杯,又为大家斟满了酒,嚷道:"我们是老百姓,还是祈求不要打仗吧,为不打内战干杯。"

等大家坐下后,冷襄理也坐下了,他伸了伸脖子,又像发表演说似的,继续道:"本人虽不赞成少帅汉卿兄兵谏的做法,但还是很佩服他做事的担当,最后他能亲自陪委座离开西安,赴南京负荆请罪,让人敬佩,让人敬佩呀。"

吴进源抬头望着他,疑惑地问道:"军法会审已经作出判决,老蒋又赦免了少帅,这算什么意思?"

冷襄理摸了摸胡子,认真地预测道:"这正是委座的高明之处。少帅打着抗日的旗号,软禁了委座,长期管束肯定是免不了的。因为少帅毕竟以下犯上,从根本上改变了委座的'攘外必先安内'的政策,影响深远。"又若有所思地重复了一句,"事情重大,影响深远啊。"说完,顺手摸了摸他那撮自以为很漂亮的小胡子。

虞凯欣以略显谦逊的口吻向他确认道:"看来蒋公的剿共不会再继续了吧?"

没等冷襄理回答,吴进源接着问道:"不剿共了,那么共产党的军队怎么处理?"

冷襄理面无表情,保持着一种神秘感,拿起酒杯,笃悠悠地喝了一口香槟,又往嘴里塞了一块小饼干,煞有介事地答道:"虽然委座在整个事件中没有做出过书面的承诺,但据我所知,委座口头保证过'停止内战,一致对外'。我看这也是当前的大势所趋,'攘外必先安内'肯定不会再讲了,剿共也不可能再继续了。至于共产党的军队何去何从,如何一致对外,我看这需要由今后的两党谈判来决定喽。"

虞凯欣疑惑地又问:"蒋公有这样的信用吗?"

冷襄理盯着桌上的酒杯,用右手的食指慢慢地绕着酒杯口,转了一圈,抬起头,看到大家都在期待着他的回答,有些得意,仿佛自己已是这方面问题的专家,若有所思地吐了一句:"难说。委座是让人捉摸不定的,形势变化又快,什么事情都有可能发生的吧,但我想即使今后谈判,那也肯定不会一帆风顺的。"

虞凯欣接话道:"能谈判就好。不打内战,中国就有希望,如果形成民主选举制度,那真是我们民族之大幸也。"

冷襄理笑嘻嘻对虞凯欣说:"民主选举制度,这话听上去有点像年轻大学生的观点,所谓'改造国民政府'呀,'国民政府如此腐败,共产党何罪之有'呀,大概这些歪门邪道也符合你的一贯想法吧。"他用手指了指虞凯欣,拉长了语调,一副苦口婆心的样子道,"我可爱的亲共分子,你这种想法也未必太天真了吧。"

虞凯欣笑着谨慎地辩解道:"如果打内战,肯定要死人,要死成千上万的人,我想无论出于什么理由,打内战肯定是天地不容的。不打仗,对我们老百姓来讲,总归是一件好事。我哪是亲共分子呀,只不过碰巧办了几个成功的案件,在法庭上救下了几个人,而这几个人却被你们认为是共党,所以你们就认定我是亲共分子。上海滩为共产党打官司的律师多得是,而且他们个个都是名声显赫,我算老几呀。其实,我到现在为止,自己还不知道被我救的那几个人到底是不是共党。我不了解共产党的主张,我只知道恪守'收人钱财,替人消灾'的古训。"

冷襄理眯起眼睛,瞅着虞凯欣,像是碰到了预料之中的事,问道:"你看看,你看看,你怎么这么恨这个法律?这难道不是亲共的表现吗?"

虞凯欣笑道:"这不是恨不恨的问题,也和亲不亲共没有关系。你们看看,那些不是靠选举产生出来的官员搞出来的这个《暂行反革命治罪法》,还有后来他们弄出来的《危害民国紧急治罪法》,简直是开了以言治罪的先河,扼杀了最起码的民主和言论自由。这个国家的法律本身就是歪的,还叫我们如何依法办案,所以我才不管他们那些法律呐,不要忘了,我们律师也算是无冕之王。"

冷襄理故作一副敬佩的样子道:"有气魄,不愧为上海滩的大律师。"

白雪凑上前说:"我尊敬的大律师,你可以把你的这些言论写成文章,刊登在赵先生的杂志上,让更多的人知道,或者按照你们的话说,让更多的人觉醒。"

虞凯欣向赵诗梦看了一眼,笑道:"这是政治,我有自知之明,我不懂政治,所以我可写不出这样的文章。而且赵兄的杂志是文学杂志,不登政治文章,不是吗?"

赵诗梦还来不及回答,冷襄理笑着扫了大家一眼,又把刚才对虞凯欣的虚情假意的夸奖提升了一步,赞许道:"在法庭上叱咤风云的人,无需在纸上舞文弄墨。我们上海滩有你这样的大律师,那才是我们民族之大幸也。"

吴进源急忙跟进,开玩笑道:"不愧是读过《六法全书》的,与人谈半天话,就可以收人家金条的人。就是目前的官做得还不够大。"

大家又一阵大笑。冷襄理叫服务生为大家斟满香槟,提议道:"为我们的大律师,明天做更大的官,干杯。"也算还了刚才虞凯欣提议为他在和平解决西安事变中有功而干杯的情。

这样无边无际的闲聊,虞凯欣算是尽了地主之谊,陪伴他左右的两个女人,始终不声不响,仅仅以甜美的笑容相迎,仿佛两个人商量好的一样,以此给赵诗梦他们留下深刻的印象。

虞凯欣带着两个女人离开他们,去招待其他宾客。吴进源羡慕地望着他们三人的背影,啧啧称赞,向冷襄理和赵诗梦吐了吐舌头,做着鬼脸,似乎在等待他们的评价。

冷襄理眯起眼睛紧盯着远去的虞凯欣他们,舔了舔嘴唇,笑眯眯地赞叹道:"他们三人很是般配,我们凯欣兄好福气啊,好生让人羡慕呀。"他说话的模样有一种馋猫的感觉,让人觉得他的羡慕是由衷而发的。

赵诗梦朝旁边两个男人扫了一眼,脸上虽也露出笑容,却有一丝让人难以察觉的僵硬,是一种附和的微笑,带着一层黯然。

白雪瞥了一眼冷襄理和吴进源这两个男人的馋样,心里感到好笑,便有点神秘兮兮地说:"刚才在参观他们房间时,我发现陆姨太在二楼也有一间房间哎。"

吴进源好奇地问:"我没看到,你怎么看到的?"

白雪得意地笑了笑说:"你肯定不会注意到的,我当时就猜到了。他们夫妇的房间在三楼,二楼有几间房间和休息室,最里面的是虞凯欣两个小孩的,是吧。我们和他们一起上三楼之前,我看到陆姨太一声不响地拐到楼梯一侧的房间,在她开房门的一瞬间,我伸头朝里面瞄了一眼,房间蛮大的,也蛮有女人味的,有一张双人床,这不稀奇,稀奇的是,就在正面的墙上有一幅很大的陆姨太的剧照,去年在一本杂志封面上登过的。这不是她的房间,还会是谁的?"她指着别墅东南角上的一扇窗户说,"大概就是开着半扇窗子的那一间。"

整栋别墅的窗户都关着,只有那扇窗户向两边敞开着褐色的百叶窗,中间的玻璃木窗开着半扇,白色的纱织窗帘从开着的半扇窗户里露出一大截,轻盈飘逸的窗帘随风而动,飘忽不定,似乎有一种似纱似水的灵动感,在红瓦的映衬下显得特别耀眼,与众不同,甚至能够让人联想到窗后主人所释放出的诱惑,让人着迷。

冷襄理把目光从那扇窗户移回到虞凯欣他们三人的背影上,由于他自己也有秘密的外室，自己的年龄又比赵诗梦和吴进源大出许多，便倚老卖老，喝了一大口酒，放肆地说道："上海滩的生活，无禁忌。花园大洋房配妻妾，这就是我们男人生活的最高境界。"也许想到自从中华民国成立后就规定了一夫一妻制，感到自己在年轻人面前说这些太直白，太肆无忌惮，而且还有吴进源的女朋友在场，不符合自己的身份了，便马上收敛起放纵的样子，略带玩笑的口吻补救了一句，"看来我们中华民国实行'一夫一妻'制的规定，对虞大律师完全不起作用。"

吴进源看了一眼赵诗梦，把话拉回来，说道："他们三人在一起，也属正常咯，大家都知道的事。"又以略带戏谑的语调说，"冷襄理也羡慕凯欣兄，那我们就更不用说了。我们要好好地向凯欣兄取点经，如何才能做到三个人这样四平八稳。"

白雪翻了他一下白眼，又看了看赵诗梦，似怨恨似撒娇地说："你们这些男人真不是东西，就喜欢像虞先生那样讨小，不尊重我们妇女。"

赵诗梦笑着认真地说："这可不包括我。"

吴进源若无其事地跟一句："讨姨太太的事，自古以来就有。"

白雪发现在这个带有性别的问题上，自己完全处于劣势，便以骂大街的语气，恶狠狠道："骂你们的鲁迅先生，才死了没几个月，你们就准备胡作非为。"

吴进源以玩世不恭口气，回敬道："连鲁迅先生的送葬游行都不去参加的人，还说鲁迅是骂你们的人。告诉你，鲁迅只骂丑陋的中国文人，没骂过讨姨太太的中国人。"

白雪针对吴进源的强词夺理斥指道："鲁迅骂的就是你们这些虚伪的男人。"后又愤愤地抛出一句，"难道你就参加了？"

其实，吴进源根本不知道白雪是否参加了鲁迅的葬礼，因为那天参加送葬游行的人实在太多，有十万人之多，只要不在队伍里遇见，不可能知道谁参加了，谁没参加，但他听白雪这么一说，心想自己刚才猜对了，便得意地说："我和诗梦兄一起，曾经一度还走在队伍的最前面呢。"他觉得这种宏大的送葬场面，肯定缺不了冷襄理，接着又转向他，"在上海滩只要是像样一点的人,都会去参加的。冷襄理,你说是不是?"似乎想得到他的确认,或者他的支持。

冷襄理仿佛刚从瞌睡中醒来,花两秒钟才弄清楚吴进源的意思,却不愿意说自己没参加送葬,或许在他们看来为鲁迅送葬是一件非常有身份的事情,便支支吾吾道:"是啊,是啊,从没见过这么多的人送葬。"

白雪在生吴进源的气,却听出了冷襄理好像也没参加送葬。由于她跟冷襄理不熟,属初次见面,有些拘谨,她朝冷襄理看了一眼,往他那边凑了凑,做出一副委屈的样子,像讨救兵似的把话又拉回到了原点,说:"我说的是我家里的那个人,做了外国领事馆里的翻译官没几天,就在外面有野女人了,真是俗话说得好:'男人啊,多收了三斗米,就想讨小老婆。'我就不让他得逞,妻妾同室,门都没有,所以他只好带着野女人,给我滚蛋。"

吴进源放下酒杯,趁机搂着她,吻了她一下,嬉皮笑脸回了一句:"我是好男人,连老婆都没讨,姨太太就更不用说了,这当中应该不包括我吧。你对老公不满意,可以和他离婚,你还有文学才能,可以写文章骂他,批判他,让他遗臭万年。"

白雪又白了他一眼,似笑非笑,似真似假地回敬道:"我的事,不要你管,你将来也是一块要讨小老婆的料。"

冷襄理听了他们的对话,似乎搞清楚了吴进源和白雪的确切关系,有点同情白雪。他扫了一眼在场的两个男人,似乎在对白雪说,实际也是对在场的两个男人十分有效的劝解,道:"我见多啦,凡是男人在外面有了女人,就把自己的家庭给玩没了,没有一个有好结果的,都是混蛋。那样的男人不能要,也不值得留恋,还是早点离了好。"说完朝吴进源和赵诗梦看了一眼,点燃了手中的半截粗大的雪茄,抽了一口,吐着烟继续道,"好像有个文人说过'婚姻是饭,恋爱是点心'。我说年轻人呀,人还是要靠吃饭过日子的,点心只能解解馋,可不要本末倒置呀。"

这一句显然是针对在场的两个男人的。白雪听了这样的话,不再拘谨,雀跃地拍起手来,朝着两个男人叫道:"你们听听,这是我们过来之人的真知灼见。把家庭玩没了的男人,就像早晨喝酒的一样,都是混蛋。"她巧妙地骂了一句吴进源,尔后凑到冷襄理面前,把刚才说的晚上、中午、早晨喝酒的话又重复了一遍,大声恭敬地说:"冷襄理,以后我会把你的这段话写进我的小说里,太精辟了。"

吴进源笑着向赵诗梦看了一眼,慢悠悠地说道:"我可是个名副其实的单身汉,可以名正言顺地把点心当饭吃了。赵兄你要注意啦,不要吃着家里的饭,盯着外面的点心呀。"这话既为自己辩解了,又转移了矛头。

赵诗梦不知搭错了哪一根筋,灵光一现,突然冒出了一句:"对于快饿死的人来讲,点心也是能救命的呀。"虽然他的口气和表情带有一点犹豫,一点恍惚,仿佛这话不是从他的嘴里说出来的,可大家还是一下子笑得前仰后合,直不起腰来。

白雪笑完后,直起身来,含着刚刚笑出来的泪水,瞟了一眼冷襄理,指着赵诗梦和吴进源,毫不相让居高临下地说道:"你们这些男人,怎么个个都像我那三岁的儿子,整天不好好吃饭,要吃点心。"

吴进源看了一眼赵诗梦,厚着脸皮回了一句:"因为点心比饭好吃呀。"接着又开怀大笑。

赵诗梦虽然也在笑,但笑得有点勉强,有点吃力,好像有一股无形的巨大力量压得他笑不出来似的。

冷襄理斜靠在藤椅上笑了笑,用夹着雪茄的手朝大家指了指,以幸灾乐祸的口气加了一句,像是总结,又像是说笑的话:"上海滩呀,真是一块让人匪夷所思,容易迷失方向,容易堕落的地方。今天喝得是咖啡加美酒,大家可不要肚子疼呀。"大家不顾此话中暗含的含义,再一次大笑起来,比前一次笑得更厉害了。

赵诗梦笑完后,呆呆地看着他们三个人你一句我一句,没有答话,他们所说的笑话也没几句听进去的,想起了自己的心事。前几天,父亲赵逸飞说自己老了,身体不好,要他今后多去厂里看看,把工厂的总经理职务承担起来。而他不想和家里的工厂发生太深的关系,不喜欢父亲的工厂，根本不关心工厂的事情，好像那厂子不是自家的东西一样，也许在英国留学时改变专业，就是一种无意识的反映，让他有意无意地远离父亲的工厂。他一心只想着自己的杂志社，每每想到今后要分出时间去管理厂子，可能再也没有时间搞杂志社了，就让他头皮发麻，心里不舒坦。

赵诗梦是家里唯一的儿子，家里经营着位于苏州河边的一个纱厂。父亲年轻时在老家无锡卖掉了所有的产业，来到上海滩兢兢业业，干了大半辈子，开了这家华兴纱厂。工厂的规模在上海滩算不上最大的，但也不能算小，单单纺纱女工就有四百多人，大部分的机器设备是从英国或德国进口的。去年为了提高产品质量，改善女工的工作环境，在车间里还安装了冷气设备，在上海滩也算比较领先的。为了纱厂将来有更大的发展，父亲早早就送赵诗梦去英国留学，希望他能够学点英国的纺织技术回来，可以辅助纱厂的经营。谁知他偏偏学了玄虚的文学，说纺织技术专业属于理工科，考试很难，没考上，只能改学文科，最后拿着一张文学文凭回来搪塞家里人。父亲尽管很失望，但也拿他没办法，只能一声不响地在厂里给他安排了一个总经理的位子，介于董事长和厂长之间，配了一间比自己办公室还气派的房间作为总经理室，想让他能够安心在厂里工作，借此学习纱厂的经营，还给他添置了一辆时髦的雪铁龙轿车。虽雪铁龙轿车比不上达官显贵们坐的美国的斯蒂庞克、德国的奔驰和英国的劳斯莱斯，但也花了不少的钱。在上海滩上能开车的人原本就凤毛麟角，老子能给儿子买车自用的人则更少。起先在总经理室里还能隔三岔五地看到赵诗梦的人影，后来索性不要钱的时候，连面都不露了。按照父亲对儿子赵诗梦的描述是：他才二十岁出头，已经花了普通人几辈子的钱，这是我欠他的一辈子的阎王债。同行中的朋友对父亲办厂有方，佩服不已，可对其教子则不敢恭维。一些知心朋友提醒赵逸飞，说这样太溺爱儿子了，太迁就他了，对他将来没好处，应该严加管束。早些时候，甚至有人出馊主意，断了赵诗梦的经济来源，如果他每月要用度，必须回到纱厂里上班。可怜的老父亲始终下不了决心,就这样持续了好几年,直到最近,感到自己身体大不如从前,才以祈求的口气和儿子商量,让他认真考虑继承家里纱厂的事。

对儿子溺爱也罢,软弱也罢,有他的苦衷,这和家里纱厂的发迹有关。赵逸飞年轻时因抽大烟得过一场大病,大病初愈时家里已没有钱了,岁数也二十有八了,已很难娶到称心像样的女人了,承蒙族里老人的撮合,和赵诗梦的母亲结了婚。赵诗梦的母亲虽然年纪略微小一点,可结婚那年也已二十有四了。她读过私塾有文化,当有人来说媒时,家里就提出了要男方做上门女婿的要求。但赵逸飞对做上门女婿死活不同意,却凭着三寸不烂之舌,意外地赢得了赵诗梦母亲的芳心,最后赵诗梦母亲家里只能妥协。他们结婚时,女方家里给了他们小两口很大一笔贺礼,包括一间纺纱作坊和几家铺子,希望他们能够在无锡安安稳稳过下半辈子。可是,赵逸飞当时年轻气盛,不愿意在女方父母眼皮底下过日子,婚后没有多久,就变卖了女方家里给他们的所有产业,到上海滩来办纱厂。厂子还算办得有起色,赚了一些钱,小两口又有了赵诗梦,应该说他们一家三口在上海滩能够和和美美地过日子。然而,天有不测风云,验证了他们老家那句"人啊,一到上海就学坏"的老话,赵逸飞开始嫌弃赵诗梦的母亲了,说他母亲不像上海女人那样洋气漂亮,不会跳舞喝咖啡,有了想讨上海女人做小的念头。赵诗梦五岁的那年,赵逸飞总算实现了自己的愿望,在外面有了女人,叫苏曼。那女人是舞女出身,据说来自苏州,虽不是上海人,但上海女人精明的品格,一样不少,比上海女人还上海女人,聪明伶俐,喝酒唱歌跳舞样样在行,而且有远见卓识。为了让赵逸飞能够娶她,也没有少耍手腕,在没有进门的时候,把赵逸飞搞得服服帖帖,先是让他不要回家,后又要跟着他一起回家。最后,赵逸飞不顾赵诗梦母亲的坚决反对,竟然把那女人当成妾,带回了家,忍无可忍的赵诗梦母亲,气得服老鼠药自杀了。

这些事情发生的时候赵诗梦还小,基本不懂事,也没有什么记忆,直到开始读小学后,周围的亲戚陆续在闲谈中有隐隐约约的流露,每当他想追问,想把过去母亲的事情打听清楚时,那些知道他父母故事的长辈们往往会把话说到一半戛然而止,反过来劝他不要打听了,说什么那些都是过去的事,是没有意义的。母亲的故事成了他永远的心病,如同一个谜团,追随着他的青春期,在这个谜里有太多的事要他去证实,母亲是否自杀,为什么要这样,母亲和父亲的关系到底怎样,现在的后妈是什么时候来家里的,父亲是否在母亲活着的时候就已经认识她了,母亲和后妈认识吗……这一系列的问题一直盘踞在他的内心深处,不时地会冒出来。而且随着年龄的增长,疑问越来越多,心情也越来越差,就像一颗种子,随着年龄的增长,生根发芽,有时候还会疯长,长成参天大树。赵诗梦常常会想起那些从长辈们闲谈中流露出来的点点滴滴,化零为整,去拼凑母亲的故事,但总感到母亲故事里悲伤的成分远远大于快乐的成分,这是他的判断,其实这种悲伤大于快乐的成分也是他对现实生活的感受。他不断地从父亲和周围大人对自己的态度中去求证自己的判断,再按照这些判断做出自己应该如何对待父亲,对待家庭,包括对待自己,还有如何对待模糊记忆中的母亲。然而,他的判断始终随着父亲和周围大人对自己态度的变化而变,因为没有人告诉他正确的答案,没有人告诉他真实的故事,所以他只能连猜带蒙,将现实的感受夹杂其中,只能随着心情的变化而变化,让周围的人也摸不着头绪。正是他内心有这样的阴影,才始终难以对这个家,对那个纱厂产生感情和兴趣。

  赵诗梦母亲去世后,苏曼名正言顺地成了妻,也成了赵诗梦的后妈,巧的是她始终无法生育。后妈知道他是家里的命根子,对他还不坏,唯一让赵诗梦耿耿于怀的是在他留学之前,突然一定要他与她的外甥女完婚。那时他还年轻,尽管对此有所不满,还联想到了自己亲生母亲的故事,可不懂得如何拒绝,如何反抗。在以后的日子里,他懒得见到家里的人,把家当成了一个只有在没有去处的时候才回去的地方,更不用说要他对父亲引以为自豪的纱厂产生兴趣。但这种非反抗的不合作还是产生了后果,在他到达英国八个月后,在上海的来信中得知自己做爸爸了,有了一个儿子。可他一点都高兴不起来,就像头上的紧箍又收紧了一圈,离父亲和后妈为他设定的目标又近了一步。做父亲的消息让赵诗梦万念俱灰,发誓今后即使回上海也决不会继承那个纱厂,他想只有这样的不合作,才能让父亲和后妈不得安宁,让他们为母亲不幸的故事付出代价。赵逸飞自从赵诗梦母亲去世后,自感愧对儿子,为他从小失去母亲,百倍疼爱他。可他没有想到的是,再疼爱他,也难以抹去他内心的阴影,相反形成了溺爱的局面。

在欢声笑语中,赵诗梦微闭着眼睛,无边无际地开着自己的无轨电车,在是否答应父亲要求的事情上,还是犹豫不决,反复思量着,突然听到白雪问:"哎,哎,诗梦兄,你在想什么呀,你认识虞先生的英国女朋友吗?"

关于虞凯欣的英国女朋友,他确实认识,但只不过那是在英国的时候,虞凯欣带着她离开英国去了法国后,就再也没有见过面,听说好像虞凯欣还带她来过上海,住了一段时间,后来就再也没有听到过什么了。

赵诗梦揉了揉眼睛,捏了捏鼻子,懒得说这些事情,只简单地回答:"在英国见过,她叫艾米亚。"又为了不显得太怠慢白雪,做出一副似乎在问接下来还有什么要打听的表情。

白雪继续打听道:"虞先生好像把她带回上海来的,你知道吗?"

赵诗梦对此确实知道得不多,便说:"我回上海再见到凯欣兄时,她可能已经回英国了吧,在上海我没有见过她。"

冷襄理插话说:"凯欣老弟带艾米亚回上海的事情,我倒是知道一点,蛮有意思。"他手里玩弄着礼帽,略显得意地讲述起自己知道的故事,"那是好几年前的事了。艾米亚是一个非常漂亮的英国姑娘,听凯欣老弟说,她是在英国乡村长大的,人很好,很直爽,想什么就说什么,毫无保留,不像中国人说话会拐弯抹角的。凯欣老弟和她刚刚回上海时,住在礼查饭店①里。他们嫌那里太贵了,急于找房子,要我帮忙,可

---

① 礼查饭店:现名浦江饭店。

要求还不低,要有像礼查饭店里一样的大浴缸,这就算了,也不难,难的是,那时正好是初冬,冷飕飕的,艾米亚说最好要有壁炉的,也可能她想念英国乡村的冬天生活了,这可难倒了我。"

吴进源知道上海有壁炉的房子不多,以幸灾乐祸的口吻说:"凯欣兄现在的别墅里好像有壁炉。"大家都笑了,白雪急着想听冷襄理的下文,赶紧问:"你帮她找到了吗?"

冷襄理伸了伸脖子,朝花园当中看了看,似乎在寻找虞凯欣,看他是否会听到这里的谈话,笑道:"有壁炉的房子没找到,我把自己一套富余的房子给了他们。可他们后面还有事情,两个人经常吵架,我又充当了调停人。"

白雪指着冷襄理,好奇地问:"你还会做调停人?"

冷襄理夸张地做出一副可怜兮兮的样子,说:"你还是饶了我吧,做他们的调停人,真是天晓得我是怎么做的。他们俩用英文吵架,艾米亚是讲不来中国话的,我又不会英文,听不懂他们吵些什么,要靠凯欣老弟翻译,如果我要劝艾米亚吧,又要凯欣老弟翻译,这叫我怎么弄呀,到后来,我只能劝劝凯欣老弟算了。你们瞧,有意思吧。"

白雪刨根问底道:"他们到底为什么吵架?"

冷襄理叹了口气,又朝花园中央瞄了瞄,说:"这明摆着的,两种习惯合不到一块去呗。艾米亚虽是在英国乡村长大的女孩,据说也获得过大学的什么理学学位的,蛮有文化的,在上海滩觉得横不习惯,竖不舒服的。你虞凯欣回到了上海滩,如鱼得水,混得每天忙忙碌碌的,时间不够用,而她呢,不会讲中文,寸步难行,每天一个人关在家里,比上海滩的家庭妇女还不如,那怎么受得了,那我就不干呗。你们看,这两个人怎么能搞在一起呢,完全是两个路子,散是迟早的事呀。艾米亚好像到了第二年的八月份就回去了,算是分手了吧。"

白雪听到分手就像是触发了她敏感而脆弱的神经,她低着头,斜看着冷襄理,略有伤感地低声问:"他们分手后,虞先生很伤心吧?"

关于这段虞凯欣的爱情故事,似乎赵诗梦和吴进源都不知道,他们受到白雪情绪的影响，也安静地等着冷襄理的下文。

冷襄理看着这几个人都这么认真地在等他的故事，便清了清嗓子说："人啊，都是有感情的动物，他们的分手还是蛮感人的。那天，我和凯欣老弟一起去码头，送艾米亚回国，他们俩都流泪了，当然我也陪着他们难过了一阵。说到凯欣老弟是否伤心，反正送走艾米亚后的一段时间里，我几乎每天晚上陪他喝酒到深夜，直到有人给他介绍了孟嫣钰，才算走出那一段。"

白雪感慨道："虞先生真是一个值得嫁的人。"说完向吴进源瞥了一眼，吴进源也看了一眼她，说："凯欣兄好福气，有那么多的女人爱他。"

赵诗梦朝他俩扫了一眼，喃喃地吐出一句："不论男女，要爱一个人，不容易，分手大概就更不容易吧。"

这时太阳有些西沉了，下午茶已接近尾声，虞凯欣送走了一批客人，绕到他们面前说："终于把场面上的人都打发走了，我可以自由活动了。你们各位是否要换个地方，到客厅里去坐坐吧？"

赵诗梦他们跟着虞凯欣走进别墅，吴进源和白雪已经参观过，所以一进门，便留在一层的客厅里和其他客人寒暄起来。赵诗梦和冷襄理随着虞凯欣上了楼，听虞凯欣介绍各个房间的布置和装潢的来龙去脉，冷襄理饶有兴趣地加以点评。赵诗梦却感到很乏味，这种参观似乎不符合他的性格和教养，仿佛自己是在被强迫浏览人家的私人物品，非常不习惯，他只能跟在冷襄理后面，嗯啊哈地敷衍着。当路过刚才白雪说的陆小姐的房间时，赵诗梦下意识地朝房门瞥了一眼，只见洁白的房门关得严严实实的，心里先是一紧，仿佛又看到了刚才从窗户里飘出来的那白色的窗帘，心里一阵发虚，好像在窥视人家隐私时被别人发现似的。他不允许自己向这种女人的卧室张望，下意识地向虞凯欣和冷襄理看了一眼，见他们正在热络地讨论楼梯和走廊的位子关系，完全没有注意到他的情绪变化。赵诗梦感到无趣极了，心情也坏了许多，再也不想晚上的麻将和舞会了，只想尽快离开，让自己一个人静一静。

所谓场面上的重要客人已散尽，别墅内外留下的客人正在闲聊，松松散散,似乎在等待下一场娱乐的开始,长长的小客厅洒满了西斜的阳光,赵诗梦无聊地在落地窗前的沙发上坐下,晒着太阳,看着吴进源和白雪几位熟悉的朋友正在起劲地谈论着跑马总会前几日从英国引进的一批赛马。赵诗梦也算是赌马的高手,喜欢赌马的程度不亚于对麻将的热情,如果在往常,他会很热络地参与和大家分享自己的马经,可现在他一点也提不起兴趣,左盼右顾,只想着等虞凯欣下楼来,编个理由,打一声招呼走人。

第二章 风花雪月

赵诗梦办杂志社,并不是出于对文学或者对出版业的热爱,而是随波逐流的结果,是一个无聊的选择。他三年前拿着英国大学的文学文凭回到上海,父亲不满意,他也不想待在父亲的纱厂里做总经理,想独立于父亲,做一项事业,或者做一点事情养活自己。那时,上海滩随着造纸和印刷技术的突飞猛进,一部分文化人似乎忘记了还存在着新闻审查制度,以为自由表达思想的时代已到来,开始热衷于办出版社,做杂志期刊,五花八门的书报期刊像雨后春笋般在书报摊上冒了出来,办杂志报纸成了时髦高尚,体面文雅的职业。

赵诗梦赶上了这波浪潮,以为杂志是人人可以办的,是时代赋予他的良机,同时他又有自知之明,知道自己的专业背景不够,在上海滩又没有约稿和销售的特别途径,不可能办出专业性很强的文化杂志,所以他把要办的杂志取名为《蓝玫瑰》,每月一期,算是一本综合性的文化通俗读物,刊登一些杂七杂八的有关风花雪月、奇闻怪谈、名人轶事、杂文诗词的小文章和连载小说。他在国际大饭店后面的派克路①上租了一间门面房,楼下一分为二,作为办公室,楼上作为临时住宿,还雇了两个学生模样的年轻人作为助手。赵诗梦悄悄地把父亲给的钱全都花在了杂志上,起先资金不够的时候,向好朋友吴进源借了一些,后来运气不错,开张后半年的六期杂志,靠朋友帮忙,找了不少广告,靠请客吃饭喝

---

① 派克路:今黄河路。

咖啡，东拼西凑约来的稿子，勉强把杂志印了出来，印数不多，可也都销售了出去。办这样的杂志虽出不了名，赚不了大钱，但也算是一份体面的事业，把交友和职业融于一体，符合他的性格。这一切他都没有告诉父亲，并打算一直瞒下去。

　　赵诗梦从虞凯欣新居出来后，没有直接回家，而是去了派克路上的办公室。时间已近傍晚，两名助手已下班，办公室里很安静，只有一个专门打扫卫生的老黄头在楼下外间，躲在角落里打瞌睡。他直接进了里间自己的编辑室，想起几天前朋友送给他的一瓶上好的白兰地，便在楼上楼下找了个遍，却没能找到，只好百无聊赖地坐在书桌前，抽起了雪茄，翻着报纸杂志，脑子里乱哄哄的，不时地冒出模糊的母亲身影，让他倍感难受，终于挨到晚上。

　　外面的天色已经全部黑透了，外间的老黄头也回去了，赵诗梦准备独自一人去跳舞。他慢悠悠地爬到二楼的临时起居室里，拉亮电灯，掩上窗帘，用热水瓶打了洗脸水，对着脸盆架子旁的镜子，往头发上抹了抹发乳，认真地梳了梳，让三七开的分头油光铮亮，又仔细地在脸上抹了肥皂，睁大眼睛在镜前修了脸，而后打开橱柜，翻看了几套西装，挑出一套白色的枪驳领双排扣西装，这是他最喜欢的西装之一，也是他事先早已想好今晚穿的。把衣服放在身前比了比，照了照镜子，心想晚上在光线昏暗的地方，这套西装更能突显自己，换下已穿了一整天的深灰色隐条纹西装，又从橱柜下面的纸盒子里取出一双白色中镶嵌着棕色的三节头香槟式皮鞋，顺手从桌子上拿起抹布在皮鞋上擦了擦，在灯光下认真地端详了一会儿，略带弧形的尖头使整个皮鞋的曲线特别柔和，棕白镶嵌的鞋帮显得非常协调，雪白铮亮的鞋头一尘不染，在白炽灯下散发着亮光。确认皮鞋没有任何瑕疵后，套在脚上，再把脚跷在桌边，慢悠悠地系紧鞋带，放下脚做了个立正的姿势试了试，感到西装和皮鞋非常匹配，完美无缺。从白天穿过的西装内侧口袋里拿出了皮夹子，查看了一下里面是否有足够的现钞，回到镜子前，拉挺了西装，来了一个三百六十度的旋转,低头看了看两条笔直挺括的裤缝,再对着镜子上上下下,前前后后检查了一遍,整了整领带,又凑到镜子跟前,再一次查看了一下一丝不乱的分头,左右晃了一下头,还检查了两边的鬓角是否一致,最后在关闭橱柜门前,拿了一块黑条紫红色的手帕插入了西装的上口袋,在房间里踱几步,硬底皮鞋使得木质地板发出独特的响声,他一点都不讨厌这样的脚步声,心满意足地吹着口哨下了楼。

也许一身漂亮挺括的打扮和即将赴舞会的兴奋把赵诗梦积蓄了一天的坏心情一扫而光,他懒得吃晚饭和开车,在门口叫了一辆出租车,就直奔戈登路①上的大都会花园舞厅,去借酒消愁了。他之所以不去酒吧,或许害怕独自一人在酒吧里喝酒会太孤独,又或许是他消愁的习惯。

这家舞厅和上海滩的其他舞厅差不多,舞厅不但提供跳舞,也是一个独特而微妙的社交场所,那里是风花雪月和金钱交易相融合的地方,有时风花雪月多一点,交易成分少一点,有时浪漫迷情在明处,交易算计在暗处,浪漫也罢,迷情也罢,但始终和交易随影随行,有时还会很破相地讨价还价或按质论价。豪华的舞厅,漂亮的男女,曼妙的舞姿,会让人产生无限的遐想,舞厅里更是一个出故事的地方。赵诗梦凡是在心里烦闷时,都会独自去大都会花园舞厅散心,那里是他心中的一个小秘密,是他可以消化脆弱的地方。一般的情况下,他不会和朋友一起去大都会花园舞厅,因为在那里可以花钱找到听他诉说衷肠的女人,或许烦恼不能和朋友分享,但可以和她们共同面对,一起麻醉,一起堕落,散发心中的不快,甚至得到升华。

大都会花园舞厅无须购买门票,人人可以进入,只要喝舞厅提供的酒水或饮料,客人当然可以自带舞伴娱乐,也可以购买舞票邀请舞女跳舞。舞票是印制精美的上面标有金额的小本子,邀请舞女时,可以按金额撕下一两张给舞女,当然有些客人喜欢和舞女聊天,也可以相应地给

---

① 戈登路:今江宁路。

出舞票。由于大都会花园舞厅外观是一座独立的八角形结构的建筑，使其内部形成了一个巨大的穹顶，正对着下面圆形的舞池，规整气派，舞池的紫檀木弹簧地板，光亮鉴人，周围的装饰富丽堂皇，穹顶的四周闪烁着迷幻的彩色，主要的灯光聚集在舞池的中央。舞厅靠外的一圈由沙发组成，供舞女休息或和客人聊天之用。正对门的深处是演奏台，靠内侧是一圈排放整齐的沙发和茶几，供客人享用。由于舞厅的灯光集中在舞池当中，使得周围舞女和客人坐的地方，光线暗淡而朦胧，有着浓浓的迷幻的色彩。

赵诗梦到时，舞厅内客人还不多，他见自己常坐的位子空着，就让侍者安排坐那里，侍者为他送上了一瓶白兰地，一碟小吃和一本舞票。他扫了一眼周围，舞女们零零散散都坐在靠门口的位子上，由于光线较暗，看不清他熟悉的舞女是否在其中，又朝舞池里搜了一遍，因跳舞的人都在移动，恍惚不定，虽光线比较亮，但还是找不到他熟悉的身影，便叫来了侍者问道："桂芳小姐来了吗？"侍者说桂芳还没来上班，如果想找舞伴可以先邀请其他人。赵诗梦略有失落，有点惆怅，似乎和自己的预想有点不一样。

他打发了侍者，一个人呆呆地靠在沙发上，正在不知所措时，迎面过来一对男女，男的主动向赵诗梦招呼道："这不是诗梦兄吗？好久不见。今天何来闲情雅致呀？"

赵诗梦一惊，他最不愿意让熟人看到自己一个人在这种场所，真是怕什么来什么。在昏暗的光线里，他认出那人是东吴大学上海分部法律系的夏卓教授，小有名气，是自己杂志的投稿人之一，在《蓝玫瑰》发表过《法律中的女人问题及女人中的法律问题》和《中国之男女对法律之不同见解》等文章，受到很多女性读者的好评。由于这位夏教授写了几篇有关女性问题的法律文章赚外快，得了一个"女性问题之专家"的雅号。其实，夏教授在大学里是教宪政学的，听说他授课讲得不错，很受同学们的欢迎，尤其在授课时的那句"那些不是靠选举出来的官员，凭什么把当官当得如此津津有味"深受同学们的喜欢，被同学们誉为这是符合现实本质的至理名言,击中当今社会的要害,广为流传,甚至传入了赵诗梦的耳朵里。可不知道什么原因,这些至理名言从来没有在他的文章里看到过,赵诗梦也从来没有读到过夏教授有关宪政的论文,或者抨击时弊的正儿八经的文章。

显然,赵诗梦和夏教授不经常见面,即使见面谈的都是有关即将发表的文章或者发稿的事情,从来不谈私事,纯粹属一般生意上的朋友。赵诗梦自认为独自来舞厅是自己最隐秘的事情,即使在最要好的朋友面前,他也会讳莫如深,所以他不愿意在这种场所见到这样的朋友,就像自己在上厕所不愿意让人打扰一样,生怕人家会把自己在这里的故事告诉周围熟悉的朋友,揭自己的隐私。

赵诗梦定了定神,看见夏教授身后还跟着一位大大方方的女士,从年龄上来看,显然不是教授的太太,更像是教授的学生。他惊讶之余,脱口而出:"夏教授,您好,您好。"赶忙起身伸手准备和教授握手,可夏教授笑眯眯地做了个气派的拱手作揖的动作,算是代表握手,他只能把伸出的手顺势同样做了个作揖的手势,算是回敬,掩盖了礼仪不配套的尴尬。在西式的舞厅里,两个穿着笔挺西服的男人用纯粹中国式的拱手作揖打招呼,实在有点不伦不类,赵诗梦心头掠过一阵怪怪的感觉,暗自好笑这种不合时宜的礼仪。

夏教授笑容可掬地拉着旁边的女士,在赵诗梦对面坐下后,黏黏糊糊地在女士的手背上拍了拍,自豪地介绍道:"敝人的学生,施小姐,已被美国一所大学录取,是我推荐的,下个月即将启程。"赵诗梦看着教授若无其事的样子,似乎这里不是娱乐为主的舞厅,而是学校里的教室,无须避嫌,佩服教授的无所顾忌之余,感到自己的谨小慎微实在是小儿科。赵诗梦小心地朝施小姐瞄了一眼,谨慎地点了点头,算是打招呼。夏教授洋洋得意地继续解释道:"为了让施小姐到了美国后,能够更快地融入美国社会,参加那里的派对舞会,所以我今天特意带她来这里,练习练习,她在跳舞方面也是很有天赋的。"

赵诗梦只能按照常规的礼节,嗯嗯哈哈应付着,再次感到夏教授的老到和大言不惭。他心里在想,但愿桂芳晚点来,使自己有时间把他们打发掉,他实在不愿意让这样的朋友看到自己在这里有桂芳这样的舞伴。

夏教授替施小姐点完酒水饮料后,朝四周张望了一圈,做出一副有所发现的样子,凑到赵诗梦面前,轻声问:"怎么,今晚你是一个人来的?"

这个朋友之间再普通不过的问题,是赵诗梦最不愿意被提及的。他只能故作镇定,面不改色地答道:"噢,朋友还没来。"心想不能让这样的话题继续下去,便无话找话问道:"夏教授,最近怎么不见你发表新的文章呀?"

教授不以为然地答道:"没什么可写的。"

眼看新辟的话题,转瞬即逝,就要结束。赵诗梦赶紧补了一句:"除了那些有关女性的法律文章,我到现在还没拜读过先生的宪政专业文章呢。"

教授注视着他,似乎在问,"你怎么会对这个专业问题感兴趣",接着反问道:"你感到我们当今国家的宪政怎么样?"

赵诗梦心想自己的提问引起了教授的兴趣,感到一阵轻松,但对于教授意外的反问,却答不上来,只能做出一副虔诚的样子,等待教授的下文。教授接过侍者端上来的白兰地,在赵诗梦面前做了一个晃了晃的动作,算是干杯,啜了一口,放下酒杯,慢条斯理道:"赵老弟,跟你说句老实话吧,我是搞宪政的教授,知道宪政这东西最终目标是民主,国家要宪政,国民要宪政,这完全是对的,而我有时候也在政府圈子里混混,周围也有不少头头脑脑的官员朋友,他们都蛮看得起我,对我也不错,当然政府里的人有些是不喜欢民主的,不喜欢宪政的,而且越到了上层,越不喜欢这些东西,那我就不多嘴了。如果我说宪政是好东西,民主是好东西,我们国家就缺这个,写文章与他们唱对台戏,人家还会如此对我这位教书先生吗?说我们国家不需要这个东西,那是假话,可我不愿意说假话,反正在这方面,我怎么写都会让自己不舒服。你以为在当今世界里,我们真的有学术空间吗?"顿了顿,眼睛里流露出狡黠和智慧的光芒,口气里却透着无奈,"所以我只教,不写。在我们国家里呀,嘴上的自由和纸上的自由是不一样的,说什么话都可以,尤其在教室里,口说无凭嘛;如果要是写吧,那就是白纸黑字的事啦,和说话不一样了。如果实在想写,还是写一些乱七八糟的,讨人喜欢的东西为好呀,玩玩而已,无伤大雅。"说完后,他自鸣得意地哈哈大笑起来。

赵诗梦想不到自己一句漫不经心的提问,引出了教授如此这番奇谈怪论,心想也许这些话是为了向自己说明为什么只写那些关于妇女问题的原因。可是此时此刻他不愿意多想教授的文章,甚至教授在说些什么都没有彻底听清楚,时刻惦记着桂芳何时出现。

教授看到他无心在听自己的讲话,无趣地再次问:"你的朋友还没有来吗?"

赵诗梦又紧张起来,生怕再把话题绕到自己的舞伴,这时舞厅里正好响起他熟悉的著名的风流寡妇圆舞曲,灵机一动,主动出击打发他们道:"噢,这是一支非常华美的华尔兹,教授还是请施小姐先跳舞吧。我朋友也差不多要来了。"教授听了这话,也像是得到解脱似的,连忙说了一声谢谢,起身拉着施小姐的手下了舞池。

等教授和施小姐离开位子后,赵诗梦把目光再次移向舞厅的入口处,终于发现桂芳的身影,他立刻一边吩咐侍者换座位,一边迎了上去。

好女人可以为男人疗伤,好舞女大概更是如此吧。赵诗梦一年前来这里跳舞时,就认识了桂芳,在这段不算太短的时间里,每当他有心里烦躁或不想回家的时候,都会来找她。他来这里跳舞和去其他舞厅跳舞有所不同,在其他舞场不论独自还是和朋友一起去,都会和所有的舞客一样,为了避免与舞女纠缠不清,或者以防弄假成真,他一概都会避免使用真名实姓,唯有在桂芳面前,用的是真实的名字,而且从第一次和她见面就说出了自己的真名。在这里他一般不大会和其他舞女跳舞,即使要跳舞,也是和桂芳推荐的,或者她身边要好的小姊妹。他在这里有别于在其他舞厅的做法,他自己也说不清楚是怎么回事,好像是专为她而来的。有时候,跳舞跳得高兴,他和桂芳还会悄悄地一起外出吃夜宵,而后在旅馆里住上一晚。在熟悉他俩的舞女看来,他俩无疑是一对相好已久的恋人,有意无意地也为他俩创造了许多风花雪月的机会。他们的风花雪月和交易关系,这一切都在不言之中。从外表看他俩,似乎只有迷人浪漫的华彩,没有令人厌恶的金钱交易,他俩相处得很默契,彼此都会为对方着想,相敬如宾。桂芳从来没有问过他家里的情况,都是他主动说的,当他谈起心中不快的时候,她会静静地听,凡是他不愿说的,她也不会打听,更不会提出非分的要求,而他对她满怀感激,把金钱永远放在第二位,也很尊重她,照顾她。赵诗梦只有和桂芳在一起的时候,才不会烦躁,才会感到舒心,就像一只受伤的小狗,只有在舔舐它的伤口时,才会安静下来一样。

其实,桂芳原本不是做舞女的,也是一个典型的有一分钱掰成两半花的上海弄堂女人,开着一间小小的烟纸店。她家住在南市,父母去世后留给她这间烟纸店和一个弟弟,烟纸店很小,卖一些日用杂货,在一条很深的弄堂里,生意马马虎虎,能够勉强养活他们姐弟俩。但桂芳的心很大,想把弟弟培养成大学生,可又谈何容易。那时,上海滩正好流行起跳交谊舞,出现了伴舞的职业,她不但特地去舞艺传习所学了跳舞,学会了华尔兹、布鲁斯、踢踏舞、吉特巴等,而且还烫了头发,修了指甲,为自己添置了舞女必备的行头,如旗袍、摩登的皮包、高跟鞋、玻璃丝袜、时髦的大衣等。她白天一身朴素,和往常没有两样,看店卖杂货;到了晚上,会精心打扮,换上舞女的行头,判若两人,一身光鲜照人地来到舞厅。她想做伴舞可以不花钱去高级的舞厅里跳舞,还能赚钱,没什么不好,她相信以此为业,只要自己做得正,没有害人之心,没有什么可丢人的,身正不怕影子斜嘛;另外,还有一层,想到自己也到了该结婚的年龄了,也许能够在那里找到心仪的男人,自己早点结婚,说不定还能更多地帮上弟弟呐。

赵诗梦看到桂芳,一阵兴奋,走到她面前,二话没说,调皮地用右手向下伸直,弯腰做了一个潇洒的邀请跳舞的动作。

桂芳抓住他伸出的手,笑着半开玩笑地说:"噢,风流寡妇呀,这个曲子就不要跳了吧,我可不想做寡妇。"

赵诗梦被她的话逗笑了,回敬道:"那你不想风流吗?"

桂芳对他的挑逗没有搭腔,却把他的手捏得更紧了,抿着嘴笑眯眯地注视着他,眼神里满是迷人的柔和,但丝毫看不出舞女的那种矫揉造作,只有做舞女练达而成的机智和幽默,似乎在对他说:即使你有再大的挑逗,我都会用柔情把它化成两个人的默契。

他们在侍者安排的新位子上坐下。虽说桂芳比他小不了几岁,但她身上有一种让他着迷的魅力:合身的素色旗袍显示出起伏有致的身材,性感而迷人,而且这种性感没有其他舞女散发出的那种张扬、拼命夺人眼球的感觉,是一种健康和美的结合,让人有一种内敛含蓄的感觉,尤其那一双眼睛,透着一种只有成熟女性才有的沉稳练达的光芒,这种练达也不是来自舞女的职业,更像是来自成熟母性对人的关怀,能够让像赵诗梦这样从小缺乏母爱的人感到安全和温暖。从这一点上来讲,在他们年龄关系上,似乎有了点颠倒,桂芳更像是他的贴心姐姐。

赵诗梦迷恋地望着她,说:"你好漂亮呀,今天能够见到你,真让人高兴。"这句再简单不过的话,不是他的客套,而是有感而发。也许他压抑的坏心情持续了太久,寂寞了太久,太需要外界的刺激,哪怕外界对他只有一点点的温柔,就会驱散他心中的全部阴霾,更何况桂芳虽说是舞女,但在他心目中早已和恋人无异,对她有着一种依恋,就如体弱生病的人对医生和药物的依赖,而且他还成了瘾,难以自拔。

赵诗梦知道桂芳在这里不是最红的舞女,可自己就喜欢她这样的女人。她从来不矫揉造作,也从来不暗示要钱,或提什么要求,这在以赚钱为目的的舞女中很少见,很难得。他是个明白人,她的点点滴滴都看在眼里,越和她相处,越喜欢她。当然他也知道自己在这里每花一块钱,都会为桂芳挣得一份面子,也会有一部分钱到她的口袋里。赵诗梦不在乎花钱,在这里花钱如流水,他喜欢在这里花钱,只要她高兴。赵诗梦照例又叫来了侍者,要了香槟酒,不一会儿侍者拿来香槟,并为他们展示了酒瓶上的商标,以示没有拿错。桂芳看着侍者潇洒地开瓶动作,随着启瓶塞"嘣"的一声,她露出一丝微笑,从侍者手中接过酒瓶,笑盈盈地一边为赵诗梦斟酒,一边问:"你大概有两个礼拜没来跳舞了吧?"一般来讲,在舞厅里类似这样有意无意的询问,都是舞女和舞客打情骂俏的开场白,舞客会利用这样的机会在嘴上赚尽便宜,心里盘算着下一步的风流故事;舞女则会察言观色,利用这样的机会试探性地开出条件,为风花雪月标明价格。赵诗梦对这样的套路再熟悉不过了,虽然他从未发现桂芳曾经暗示过什么要求,但心里早已接受了她,只要是她抛出的套路或条件,都愿意照单全收。他跷起二郎腿,欣赏着她的妩媚,夸张地做出一副得意的样子,以调皮的口吻道:"想我了?"

桂芳没理睬他的戏谑,认真地微微点了点头,笑眯眯答道:"有一点。"又甜甜地加了一句,"我想,我想让你今晚玩得开心点,叫你以后不要忘了我。"这时,风流寡妇圆舞曲已结束,舞厅里再次响起舞曲,桂芳没问他是否愿意跳舞,便拉起他的手,下了舞池。

他们伴随着音乐的响起,翩翩起舞。没跳几步,赵诗梦心头掠过一丝异样的感觉,发现桂芳今天特别缠绵,不但把他搂得很紧,两人几乎黏在了一起,而且眼神里比平时多了一份含情脉脉,不像其他舞女装出来引诱男人的那种,是一种情不自禁的流露。舞步也常常踏不准,甚至有时候随舞步的跃动,无意间她丰满的胸脯压在他的胸口上,她似乎也不在乎。

赵诗梦心想舞女在遇到自己喜欢的舞客时,为了勾住舞客,时常会表现出主动的亲热,或者直接挑逗诱惑舞客,这种事情并不稀奇,但他和桂芳已属于那种老相识的舞伴,不论跳舞,还是上床都不是初次,照理说没理由在公开场合如此的外露,激情四溢,表现亲热了。他想不出原因,只能照单全收,享受那份亲密,该怎么样,就怎么样吧。慢三步的舞曲悠扬而舒缓,让人缠绵,让人生情,仿佛为他们的亲热添加了催化剂,轻慢的舞曲已支配不了他们了,他们把慢三步的舞曲跳成了二步,桂芳把头也搁在了他的肩上,并陶醉其中,成了舞厅最亲密无间的一对,也是最引人注目的一对。

舞曲结束,他们是最后一对挽着手离开舞池的,似乎有点依依不舍。赵诗梦或许感受到桂芳太多的温柔,有点得意忘形,似乎忘记自己是谁了,白天的坏心情早已烟消云散,也把在不远处的夏教授他们忘得一干二净。回到座位,他舒舒服服地朝沙发上一靠,优雅地跷起了腿,朝心爱的那双香槟皮鞋扫了一眼,接过桂芳递上来的香槟酒。他的举动桂芳看在眼里,赞许道:"你的皮鞋好漂亮呀。"他得意地笑了笑,举起香槟酒杯晃了晃,欣赏起酒杯里晶亮的气泡来。桂芳往他身边靠了靠,深情地望着他说:"帮个小忙,小青青这几天没客人,坐了好长时间的冷板凳了,叫她来陪你跳一曲吧,怎么样?"

赵诗梦认识小青青,知道她是桂芳在舞厅里的小姊妹,舞也跳得不错,一起吃过几次夜宵。他知道舞女以伴舞为职业,没有舞客邀请,就赚不到钱,心想又可以跳舞,又可以做顺水人情,何乐而不为呢。他半真半假地开玩笑道:"只要是你介绍的,我来者不拒。"

桂芳差侍者去叫小青青。过了一会儿,只见小青青手里拿着一瓶香槟,像一阵风似的飘了过来,朝茶几上的香槟酒瞟了一眼,说:"两瓶香槟不算多,赵老板请我。"算是打招呼,尔后,把手中的香槟往茶几当中一放,紧贴着赵诗梦旁边一坐,一副亲密无间的样子,像是久违的老朋友,客套道:"赵老板,我们好久没有跳舞了。"

赵诗梦依葫芦画瓢,照旧客套道:"我们的小青青,越来越漂亮了。"

小青青发嗲似地扭动着身子,夸张地回答道:"你不来,看不到你,我都变老了。"小青青比桂芳的岁数要小许多,性格也有点不一样,是属于内敛不足,活泼有余的类型。她的身子和嘴一刻不停,没有安静的时候,不是把身子挪来挪去,就是不停地喝酒吃东西,要不就说一大堆打情骂俏的废话,让人忍俊不禁,当然,她也会利用自己年轻曼妙的身姿挑逗舞客,让人春心荡漾。在赵诗梦看来小青青不像是缺少舞客的人,他弄不懂桂芳为什么说她没有舞客,要自己和她跳舞,这些小姊妹之间的事情,他也懒得去知道。

舞厅里响起节奏强劲、令人亢奋的蓬嚓嚓,小青青也随之兴奋起来,叫道:"赵老板,你喜欢的探戈来了。快,把西装脱了。"拉起赵诗梦就要下舞池。赵诗梦赶忙放下手中的酒杯,脱去西装,有点手忙脚乱。由于探戈节奏快,动作幅度大,不适合穿西装跳,他朝小青青看了一眼,她是一身红色宽松的长裙,非常适合跳探戈,心想自己什么时候变得喜欢跳探戈了,真有点佩服小青青的口齿伶俐。他下舞池前朝桂芳又瞄了一眼,只见桂芳大大方方笑眯眯地看着他们,眼神里充满了像是姐姐对弟弟的关爱,似乎在说:别犹豫,尽情地去玩吧。

要跳好探戈并不容易,强烈的节奏感,快慢错落、动静有致,还要不停地变换身体的重心,带着几分粗犷与快捷。小青青跳得非常好,非常卖力,随着节拍奔放地快速旋转,精准急停、踢腿、摆荡、旋转、跳跃,每个动作都正确无误,炉火纯青的舞技,令人眼花缭乱,那件红色低胸露背的长裙,为她平添了几分异域的狂野和风骚。她时不时按着节拍快速拧身转头,那火热的眼神与赵诗梦的目光对视时,她的眼神在强烈的音乐和充满激情的舞蹈的衬托下,就如一团火,似乎要把他全部吞没。赵诗梦面对着小青青完美的舞姿,心思却还在桂芳身上,总感到她今天有些怪怪的,刚才跳舞时那样的挑逗动作是平时从来没有过的,完了又拉上小青青,不知道她葫芦里卖的什么药。他趁转身的间隙,悄悄地侧过脸,又朝桂芳坐的方向瞥了一眼,还没等看清桂芳的神态,他的下巴被小青青一把抓住,又扳了回去,她轻声说:"跳探戈,不能分心。"让小青青看出了不专心,赵诗梦有点不好意思,只能无奈地合着节拍坚持着。在舞曲即将结束的那一瞬间,小青青突然来了一个漂亮的反身动作,向前伸出细长的左腿,身体旋转往后倾斜,穿插到他的身前,紧接着一下子停顿。这种将腿部与上身向相反方向运动的反身动作,只有舞技高超,胆大奔放的人才能完美地做出来,而且需要两个人配合反复练习,否则无法达到完美的组合。这让赵诗梦一惊,因为他俩从来没有做过这样的配合,不得不以极快的反应速度,随之跟上,拿出极其敏捷的身体协调能力,做出了一个与她身体交叉相反的反身动作,才收住脚步,使他俩身体交叉组合成一个如同蝴蝶般漂亮的定格。他们这样浪漫的组合动作停顿了两秒钟,喘口气的工夫,这时周围响起了一片掌声,为他俩叫好,赵诗梦感到自己的背脊渗出了少许汗珠。

小青青得意地挽着赵诗梦的手臂走回座位,他心中掠过一丝不安,由于他和小青青跳舞结束时的动作太完美,又显得两人太亲密,太浪漫,担心这是否会在桂芳心里泛起醋意。他做出一副自然而然的样子,把视线落在桂芳身上,仔细观察着,只见桂芳优雅地拍着手,笑嘻嘻地看着他俩,神态没有一点矫揉造作,虚情假意,仿佛在欣赏一幅亲自制作的作品,这令他迷惑不解。

他们回到座位,赵诗梦故意紧挨着桂芳坐下,想不到小青青又穿到他的另一边,这样他两边都紧挨着女人,也许是一般男人最向往的坐法。如果在其他的舞厅,赵诗梦也会心安理得享受这份逍遥快活,可在桂芳面前,赵诗梦心里还是有点不安,甚至感到有些别扭。桂芳却胸有成竹、落落大方的样子,为他和小青青斟满了香槟,亲切地说:"来,为你们的完美组合,干杯。"

小青青接过酒杯,和他们碰了杯,举头一饮而尽,放下杯子后,在赵诗梦的脸上迅速亲了一下,像是偷来的吻,还没等他反应过来,笑着对他说:"我们跳得不错吧。"

赵诗梦尴尬地瞄了一眼桂芳,想不到桂芳也在看他,这时他显得有点笨拙,不知道说什么好,桂芳说了一句圆场的话:"你看,小青青怎么样?"他不知道怎么回答,是回答小青青的舞技好,还是她人漂亮。

桂芳见他没有答话,俏皮地凑到他耳边,轻轻补问了一句:"喜欢她吧?"这让他更加难以回答,更加迷惑了。

赵诗梦以前和桂芳的小姊妹也跳过舞,和小青青也有过交往,可从来没有像今晚那样具有挑逗性,他总感到她们姊妹俩有点不对劲,一搭一档,桂芳不但表现出从来没有过的殷勤和缠绵,且似乎还要把小青青往他怀里塞,而小青青也似乎不顾在场桂芳的感受,大胆地引诱着他。虽然他不明白其中的蹊跷,但还是来者不拒,心想在舞厅这样的地方,什么事情都可能发生,包括连连桃花运的好事。在赵诗梦看来,她俩都是舞女,但有着微妙的区别,桂芳是一个漂亮的女人,是那种能够给人带来恬静享受,百看不厌的风景,是随着时间的延续会让人越来越依赖,可以相互交心的人,这种漂亮是有钱也难以买到的,只能靠运气才能发现;小青青是一个不但漂亮而且还香艳之人,是那种一眼就能把所有的美丽尽收眼底的风景,让人一见就心花怒放,有跃跃欲试感觉的艳丽,是那种让人不顾一切,不惜花重金想要得到的美。

在昏暗的灯光下,亢奋的音乐中,外加美酒佳肴,这一切为赵诗梦增添了一份迷情和色胆,在两位舞女的陪伴下,你吻我亲,左拥右抱,无所顾忌,缠绵而放肆地周旋于她俩之间,游刃有余,舞跳得更加疯狂,酒喝得更加豪爽,好不自在,忘记了尘世间所有的烦恼。他们一支支舞曲,一杯杯香槟,跳舞喝酒,一直玩到半夜,已醉意朦胧,精疲力竭。他们三人走出舞厅时,深夜清冷的空气,让他们有了一丝清醒,马路上除了稀稀落落的几个拉黄包车的,几乎没有行人。桂芳縮了缩脖子,挽着赵诗梦的手,说:"今天这么晚了,又冷,小青青回不去了,就让她和我们一起吧?"

没等赵诗梦回答,小青青紧挨在他的另一边,兴奋地嬉笑道:"今天,我就和你们在一起了。"又半真半假地加了一句,"赵先生,今晚我们姊妹俩来陪你,让你舒舒服服做皇帝。"而后又大笑起来,笑得明显有些放肆,有些轻浮,可看不出有做作的成分,或者交易的成分,完全是兴奋和欢快所致。他们三人挨得这么近,桂芳理应听到小青青的话,却一声不吭,做出一副事不关己的样子,笑眯眯地注视着赵诗梦的反应,充满戏谑的眼神里夹杂着一丝亲昵,一丝和蔼,好像不反对小青青的提议,好像知道小青青会有这一招的,又好像在等着看他的好戏或出洋相。赵梦诗仿佛觉得这个晚上,自己成了她们姊妹俩的玩偶、戏谑和引诱的对象。在酒精的作用下,他也乐意成为这样的角色,喜欢她俩如此的放肆,而且不由得春心荡漾,跃跃欲试,因为这对他来讲是一个巨大的诱惑。桂芳的暧昧态度,虽说有点可疑,恰又是火上浇了油,但他还是不置可否,有点不知所措,难以接口,只能放任自流,听之任之,任由她俩摆布了。

　　一阵夜风吹来,直感寒意逼人,赵诗梦借着酒劲顺势展开双臂,一边一个把她俩搂得更紧了。半夜三更,早已没有电车了,也找不到出租车,赵诗梦心里有点后悔没有自己开车来。这时桂芳已挣脱了他的臂膀,独自坐上了一辆黄包车。由于黄包车绝对坐不下三个成年人,小青青紧紧地挽着赵诗梦的手,不肯松手,往后面一辆黄包车上拽。赵诗梦看到桂芳没有要与他同乘一辆车的意思,他只能跟着小青青上了车,尾随桂芳其后。

　　桂芳对车夫说了地址,两辆黄包车跑得飞快,载着他们来到在三公里开外的静安寺路和派克路的丁字路口,停在国际大饭店门口,这是她和赵诗梦跳完舞后经常下榻的地方。桂芳在前面第一个下车,穿过古铜色的旋转大门,饭店大堂里的灯光敞亮却非常安静,只有账台后面站着一位身穿黑色燕尾服,佩戴闪亮的饭店徽章的侍应生,无所事事地似乎在等待着客人。她熟门熟路地向那侍应生要了两间相邻房间的钥匙,身着红色制服的小男孩似的侍应生已在电梯口,摁下了电梯按钮,站得笔挺地等着他们。桂芳回头看到赵诗梦和小青青搂在一起,像一对亲密的情侣走进大门,她向他们招了招手,示意他们快一点进电梯。他们三人和侍应生一起进电梯,侍应生问:"请问,你们上几楼?"桂芳看了看手上的钥匙牌道:"十二楼。"侍应生一声不响地摁下十二楼的按钮。由于电梯内空间狭小,他礼貌地尽量站直身子,缩在一边,腾出空间给他们,可脸上还是一副睡眼蒙眬的样子。桂芳站在前面,紧贴着身后的是赵诗梦和小青青,狭小的空间很快就被他们身上散发出来的酒味填满了。她发现身后两人在亲热,发出了让人不好意思听的接吻的声响,她只能目不斜视地盯着眼前的电梯移动门,别有一番滋味在心头,闻着酒气,等待电梯停层开门。

　　桂芳终于等到电梯的门开了,赶紧塞给那个小侍应生一张小票算是小费,跨出电梯,她身后紧跟着那对不是情侣胜似情侣的男女。桂芳开了房门,随后被他们两推入了房间,她赶紧开亮壁灯,房间里顿时充满了昏黄梦幻般的光亮。这样的灯光让喜欢亮的人不嫌暗,让喜欢暗的人不嫌亮,对他们酒后迷情的人有着一种强烈的催情催欲作用。如果他们没有想法,顿时则会产生情欲的冲动;如果他们已有情欲的火苗,则会发生天崩地裂的旋风,会把人都吞没,让他们没胆子的变得胆大妄为,色胆包天。

小青青没等赵诗梦站稳,轻狂地一把抓住他的领带,就把他拽到了床上,两人滚在了一起。衣冠不整的赵诗梦勉强挣脱小青青的搂抱,脱了西装,猛一个转身把小青青紧紧地压在身下,要她求饶。小青青亢奋地装着求饶的样子,发嗲似的喊道:"啊,他好疯狂,弄疼我了,阿姐,快来帮忙。"

桂芳像是看戏的观众,笑嘻嘻的,带着一种戏谑成功的幸灾乐祸,或者庆贺的口吻,平静地答道:"等我到隔壁去洗一下,就来救你。"而后不紧不慢地直朝门口走去,只听到背后小青青带着笑声,欢快地呼救道:"桂芳姐,我对付不了他,你要来呀,来救我……"

人啊,不可能一直拘谨而理性,有时候也会有很可爱的荒唐,尤其在酒后,这种可遇不可求的荒唐,或许还会影响人的一辈子,那时的赵诗梦他们三人,就属于此类。

第二天早晨,赵诗梦醒来看见窗帘已经拉开了一半,阳光从半拉开窗帘的那扇窗户洒进了房内,桂芳正靠在窗前,一边面朝窗外,晒着太阳看风景,一边手里在编织毛衣。他看见自己的西装套在衬衣外面,笔挺地搭在她身边椅子的椅背上,衬衣领子整齐地贴着外面的西装,上面还搭着领带,西裤的两条裤缝对得整整齐齐,平放在椅子的凳面上,椅子下面放着自己那双心爱的皮鞋,袜子搁在皮鞋上。心想这样处置衣服虽比不上把衣服放进橱柜里那么考究而规范,但也很有特色,又不影响衣服的整洁,自己和不少女人有过共同的早晨,唯有她才会把衣服整理得如此清清爽爽。

桂芳见他醒来了,便抱歉地说:"我吵醒你了?"

赵诗梦没说话,看了看手表,似乎还没有彻底醒来,举起双手,伸了一个大大的懒腰,当他的右手落到旁边空空的被子上时,突然意识到什么,问道:"小青青呢?"

桂芳笑眯眯地望着他,戏谑道:"小青青像一团火吧,把你烧着了?"看他不好意思回答,又夸张地以吃醋的语气,"怎么,一个晚上,就忘不了她了?"

赵诗梦有点不好意思,带着祈求的口吻说:"不要笑话我了。"

其实,桂芳不常和赵诗梦开这种假装生气的玩笑,更不想在他们之间有了一个小青青后,给他留下不好的印象。她立刻回答了他:"小青青呀,一大早就去北站火车站接她父亲了。她不忍心吵醒你,所以没跟你说。"

由于刚才桂芳有过戏谑的话,他俩之间从昨晚开始又夹进了小青青,关系略微有了一点变化,有了一点复杂,今后或许他俩会变得更加紧密,或许会变得从此疏远,这是赵诗梦难以把握的,似乎在心里有了一个小小的疙瘩,所以他不愿意再问有关小青青的事情了,倒过来反省其昨晚的所作所为:"真不好意思,昨晚喝得太多了,出丑了,让你难堪了吧。"

桂芳却一脸无所谓的样子,体贴地安慰道:"没什么,别往心里去,大家都一样,全多喝了一点。"又补了一句,"很疯狂,可大家都很开心。"

他俩相互看了一眼对方,都露出了一丝笑容,那是一种会心的微笑,心有灵犀一点通的笑,笑得很真诚,很轻松,没有半点勉强,尤其那句"都很开心",点到了他俩共同的隐秘之处,说出了他俩的心里话,而一切都尽在不言中,也把他俩心中角落里的那一点点小疙瘩化解得无影无踪了。

他俩似乎有了默契,不再说昨晚的事了,桂芳看见赵诗梦赤露在被褥外的上身,收回目光继续编织毛衣。由于窗帘只拉开了一半,房间里的光线不是很亮。她站在窗前,她的身子正好是明暗光线的分界线,而贴身的旗袍又将她上下身材连成了一体,虽双手在胸前织着毛衣,但还是让她侧影的线条在窗外阳光的映衬下,勾出了她优美身材的轮廓线,起伏有致,分外迷人,外加她那安静的神态,几乎构成了一张绝佳的逆光照,或者更像一幅漂亮的剪影,让人浮想联翩。

赵诗梦懒洋洋地斜靠在床上,痴迷地看着桂芳漂亮美妙的身姿,目光沿着桂芳身上的线条,从头欣赏到脚,又从她露在旗袍外的腿欣赏到她的发型,没话找话说:"大概没人会像你如此卖力的吧,住在这样的大饭店里,还带绒线活来干。"顿了顿,又加了一句,"这绒线衫是给我织的吧?"

她笑了笑,知道他并不是埋怨自己在这种地方织毛衣,只是寻自己的开心,答道:"你忘了?去年不是给过你一件背心了嘛,这件是给我弟弟织的,他毛衣全都脱线了。"并将半截子咖啡色的绒线背心在自己的身上比了比,问道:"这个颜色他穿漂亮吗?"没等他回答,又继续低头织着毛衣。

赵诗梦又大大地打了个哈欠,应付道:"漂亮。真有你的,在这么好的饭店里,不好好享受,却要抓紧时间结绒线①。"

桂芳没有停下手中的活,说:"我只有一个弟弟,他今年就要大学毕业了,像样的绒线背心都没有,说不过去吧。"朝他瞥了一眼,接着他的话,又说,"我享受过了,刚才一直在欣赏下面的风景,从这里看跑马场,好清楚呀,一目了然。以前在下面路过时,并不感觉到什么,从上面一看,跑马场真的好大,好气派呀。"顿了顿,她抬起头来,问了一句,"你进去赌过马吗?"

赵诗梦往床的上端靠了靠,答:"赌过,不但赌,还常能赢。你不要以为赌马是什么不好的东西,这个世界可以说是四分五裂的,唯有当马栅栏一开,骏马飞奔而出,这时不论中国人外国人,富人穷人,男人女人,万人齐呼,只有一个声音,那就是'快,再快',没有其他的杂音,空前的一致,多好呀,赌马把所有的人,都联系起来了。"

---

① 结绒线:(沪语)编织绒线。

桂芳继续织着毛衣,口气有点惊讶地跟了一句:"是吗?"

赵诗梦看她有些似信非信的样子,便起劲地介绍起来:"你不信?那等下一季开赛时,我来教你,如果你搞不懂,可以跟着我买,我买什么,你就买什么,有独赢①,有摇彩②,有连位③,还有叫香槟票④的,没听说过吧?赌马的里面花洋经⑤多着呢,跟着我下注,保你赚钱。如果你想学的话,我还可以教会你如何看马,如何下注。在饭店这边的房间里,看赛马也很有意思,这是在远东最高的饭店里,观赏远东最大的跑马场赛马,舒舒服服的,还能感受到赛马的蹄声匝地,扬尘四起,呼声震天。如果你手上捏着几张马票,那就更有意思了,你可以拿着望远镜看自己买的马,一点不逊于跑马场看台上的包间里。不过我要事先告诉你,赌马毕竟是赌,让人情迷意乱的,上海滩历来有人为赌马而倾家荡产的。你玩玩可以,但不能上瘾。"接着又看了看她,补充道,"现在上海滩的跑马场不止它一个,只有这里是英国人开的,其他都是中国人开的,这里也是上海滩开得最早的,主要都是一些外国人在玩,我比较喜欢买这里的马票,比较正规,还带有一点英国的传统。"

桂芳似乎并没有在听他如数家珍似的说话,低头数着毛线针上的针数,等到数完,像自言自语地问道:"跑马场当中有些房子,是干什么的,好像还有一个游泳池,是吗?"

赵诗梦觉得她没随着自己的思路在听,感到没趣,但还是顺口答道:"那些房子是体育会所,打板球,打棒球什么的,那个游泳池嘛,不过现在这个季节,里面应该没有水,不可能有人的吧?"

桂芳停了停手上的活,转身望了他一眼,好奇地问道:"夏天,你在那里游过泳吗?"

他答:"游过,那里绝大多数是外国人。"

---

① 赌马术语,意为仅买某一匹,为第一名的马票。
② 赌马术语,意为买某两匹,不按第一、二名顺序的马票。
③ 赌马术语,意为买某两匹,按第一、二名顺序的马票。
④ 一种赛马的大额彩票。
⑤ 花洋经:(沪语)名堂。

她又继续问:"有女人吗?"

他简单地回答:"有。"

似乎她的好奇心有增无减,又问:"那些外国女人就穿着那种在电影里、照片里才有的游泳衣?"

他感到这个问题有点幼稚,说:"当然喽,难道还穿裙子、旗袍去游泳?"

她露出调皮的微笑道:"那你和她们一起游泳,可大饱眼福了。"

他似乎总算知道她东问西问的目的了,哈哈大笑道:"那有什么啦,大家都这样的呀,如果你穿游泳衣,也会和她们一样漂亮的。"

她略显羞涩,故作埋怨道:"谁让你说我啦,我又不是外国人,才不穿成这样让人看呐,我也不会游泳。"又低头织毛衣,却没有发现自己的绒线球滚落到了地毯上。

他看着她羞涩的表情,好像占了便宜似的,笑道:"以后我来教你游泳。"又加了一句,"那就可以看到你穿游泳衣的样子了。"

桂芳说:"我才不要学游泳呢。"本来还想说点什么,想不到赵诗梦突然翻了个身,像小孩一样掀开被子,从床上蹦起来,叫道:"你不让我看,那我让你看吧。"笑着光着身子在她面前晃了一下,捡起地毯上的绒线球扔向她,又迅速跑进盥洗室,一边跑,一边说,"我肚子饿了,等我梳洗完毕,我们到下面吃午饭去吧。"他的举动像个长不大的大男孩,让桂芳受了小小的一惊,下意识地接住了绒线球,停下手中的活,看着他光着身子的背影,露出一丝微笑,这种笑容似乎如母亲看见淘气孩子的恶作剧,既好笑,又无奈,却在心底深处有一种感到欣慰的满足感。

当桂芳想到马上就要告诉他自己即将不再跳舞的事,心里不免有一种说不清的惆怅。她知道赵诗梦对自己的依恋,自己也喜欢他,可她更知道他父亲是坚决不同意他离婚的。这对于先前他俩作为跳舞搭档来讲,没有任何影响,然而,现在她即将要去寻找合适的结婚对象,将来还要结婚,理智告诉她不能既做着舞女,又去谈恋爱,去结婚,所以她不能再陪他跳舞了,就要终止他俩的跳舞搭档了,虽然,她自己也不清楚是喜欢赵诗梦这个人,还是喜欢和他一起跳舞,不管怎么样,她有些恋恋不舍。

在外人看来,她和赵诗梦的关系仅舞女和舞客的关系,是一种交易或是一种买卖,被人鄙视,见不得阳光,可他们这层交易的关系上混杂着一层浓浓的情义。人是有感情的动物,谁人不为情义所动呢,交易也罢,玩乐也罢,时间长了都会产生情义,也许在他们的关系中交易成分少了一点,情义成分多了一点,甚至那些被人不齿的交易的感觉一丁点都找不到,男女的情义占据了主导地位,一点不亚于普通的恋人。可做人的基本道理告诉桂芳,为了自己,为了以后自己的家庭,先要对这样的情义做一个了结后,方可开展以后的事情。她要离开舞厅,他将来在舞厅里再也找不到她了,所以要给他一个交代。

桂芳为了这个交代,为了这一天,她已准备好长时间了,几乎把它看成和自己结婚一样重要的事情。她没有急着去找他,而是耐心地在舞厅里等待他的出现,又精心安排了小青青作他的舞伴,然后再向他宣布自己要离开舞厅,要去寻找自己的生活。她想到接下去就是该摊牌的时候了,把目光从盥洗室门口再次移到手中的毛衣,已是泪眼蒙眬。

桂芳依旧靠在窗前织着毛衣,赵诗梦披着浴衣从盥洗室出来,看到挂在衣帽架上桂芳的包敞开着,露出一本杂志的一角,他一眼就认出这是当期的《蓝玫瑰》,抽出杂志,在她面前晃了晃,问道:"你也看《蓝玫瑰》?"

她笑了笑说:"我没事的时候,就织毛衣或者看杂志,打发时间。怎么你也喜欢《蓝玫瑰》?"

他没有回答,顺手翻弄着杂志,又问道:"你喜欢读其中的哪些文章?"心想《蓝玫瑰》的读者中能够包括她,真是一件太幸运的事了。

她答道:"我全都看,尤其喜欢看一些女人写的东西,就像这一期中的那篇《小雨中的我》。你呢?"

他知道这篇文章的来源,说:"这是一个小学老师写的散文,写在小雨中散步的心情,文笔不错,蛮有诗意的。"

她好奇地问："你也看过？"

他把杂志翻到最后一页，指着杂志社名下自己的名字，含笑故意问道："你不认识这个人吧？"

桂芳眼睛放着光芒，注视着他，恍然大悟道："《蓝玫瑰》是你办的？"

赵诗梦得意地微笑着。她看到他名字前面有'主编'两字，知道猜对了，欢快的叫了起来："怎么这么巧，我喜欢读的杂志，竟然是你办的。以前我只知道你是搞出版的，没想到是这本杂志的老板。《蓝玫瑰》从创刊第一期我就开始读了，一直读到现在，每期都读，而且把它保存的很好。开始时，我还在学校里读书呐，我周围的女同学都喜欢读《蓝玫瑰》，我在看烟纸店时，没生意就读，总觉得能写出那些文章的人，很了不起。现在好了，我真幸运，能够遇到我崇拜刊物的创办人。"

赵诗梦笑着道："你崇拜的，那我可不敢当，只要有人喜欢《蓝玫瑰》，我就一直办下去。"把杂志交还给她，接着道，"如果你有兴趣的话，也可以来投投稿。"

桂芳诧异地瞪着眼睛，说："写文章投稿，这个事，我想都不敢想，读读看看还差不多。我还常看《小说月报》，里面全部是小说，内容没有《蓝玫瑰》丰富。"

赵诗梦拿起椅子上的衬衣，鼓励道："其实，写文章也没有什么特别难的，只要把自己的真感实想写出来就可以了，就是好文章。"

桂芳收起杂志，道："承蒙鼓励，今后有机会试试看。"

《蓝玫瑰》又把他们俩的距离拉近了一步，比舞伴多了一层，似乎冥冥之中有一根红线，事先已经把他们俩悄悄地捆在了一起，而在发现那根红线的一瞬间，彼此是那样的开心，那样的陶醉，不带一丝虚情假意，让他们终身难忘。

他们午饭吃的是西餐。桂芳第一次吃西餐也是和赵诗梦一起吃的，他熟悉她喜欢的菜肴和饮料，面对他为她点的开胃酒和菜肴，让她百感交集。她看着他熟悉的就餐动作，迟迟开不了口，说不出那些摊牌的话。她把话题从杂志到写文章,从西餐到跳舞,从大都会花园舞厅到国际大饭店,绕了一大圈,还没有把话题切入摊牌的正题。眼看着就要上咖啡了,桂芳终于逼出一句貌似正题的话:"你看小青青这个人怎么样?"

突然提到小青青,赵诗梦微微有些诧异,不知道她要说什么,便简单地答道:"蛮好的。"原本想说"蛮可爱的",因为昨晚他和小青青有荒唐的举动,生怕桂芳产生不必要的误会,说他移情别恋,就把要出口的话变成了"蛮好的"。

桂芳没有心思去观察赵诗梦内心的微妙变化,似乎不搭调地说:"以后在大都会花园舞厅里,看不到我了,只有小青青了。"

赵诗梦一惊,瞪着眼睛,条件反射似的脱口而出:"怎么,你不跳舞了?"说此话时,他的面部表情就像是被冻住了似的。

桂芳预料到赵诗梦会有这样的表情,可她不忍看到他如此吃惊的样子,她事先已经谨慎地避开他的目光,把视线慢慢地移向桌上的残羹剩餐,轻声而坚定地说出了让他更加惊讶的话:"我要结婚了。"说出这句话后,桂芳感觉此话对双方都很残酷,仿佛掐死了自己亲手培育起来的一个生命,然而又有一种如释重负的感觉,她低着头,静静地等待着他的回应。

赵诗梦惊愕的表情中夹杂着尴尬和不知所措,这太出乎他意料了,太突然了,他从来没想过桂芳会不跳舞了,更没有想到她会结婚,而且在自己一点都不知情的情况下。他呆呆地注视着桂芳用餐刀在盘子内拨弄着剩餐,过了许久,整理了一下杂乱思路,以极快的速度回忆了一遍自己和桂芳交往的全过程,从头到尾似乎都是该跳舞时跳舞,该喝酒时喝酒,该约会时约会,该玩乐时玩乐,也不乏亲密和风流,他该付钱时付钱,也只多不少,可她从来没有表示过想要嫁给他的意思,也没有提过要和什么人结婚的事情,甚至连结婚这个词也很少提到。即便当他透露出自己是有家庭的之后,也无任何异常,一切照旧,只是到了昨天晚上小青青的出现,似乎硬要将他和小青青绑在一起,有悖常理,如果这是她为自己离开舞厅后的安排,让他以后有新的舞伴,不至于寂寞,可以勉强说得过去。由此赵诗梦得出结论,桂芳是有备而来,她要结婚不像是为骗他而编出来的故事,而且没有夹杂着其他任何以要结婚的名义对他有所勒索的征兆。

桂芳不再做舞女了,即将成为事实,今后在大都会花园舞厅里再也见不到她了,赵诗梦不免有些伤感。在伤感之余,内心对她似乎还存有一丝感激,心想她完全可以对他不理不睬,一走了之,他们之间没有任何的承诺与保证。她昨晚还精心安排了这么一场让人匪夷所思而热血澎湃的节目,也许是想让他不要忘了她。赵诗梦想到这里,心头涌上一股暖流,一股对她的感激之情。

他为了确认自己的想法,不紧不慢地问道:"因为你做不了舞伴了,所以就想出了让小青青来替代你,把她介绍给我。"

桂芳听到这样的问话,略微有点意外,却大大松了一口气,露出一丝笑容,叹了一口气道:"你看出来了。我想这些年你对我不错,我要走了,总想着要感谢你一次,我们做舞女的,想不出其他办法,只有这个。"也许对她而言,最紧张的时刻已经过去,她接着又大胆起来,跟出一句调皮话,"难道你不喜欢小青青?"也许这句是她心里最想问的一句话。

赵诗梦心里的猜想得到了确认,对桂芳的感激之情难以言表,心想她真是个难得的好女人。他深情地回答道:"谢谢你的良苦用心。"然后想进一步表明一下自己的心思,便跟了一句,"你让我选择的话,我当然选择你喽。"可他无法说清楚选择的对象是作为朋友还是恋人,如果是恋人的话,按照道理他没有资格,因为他已有老婆孩子了;如果是朋友,那选择对他俩又有什么意义呢。他看着桂芳惯性地用左手拿刀,右手拿叉,吃力地在切割剩下的最后一块牛排,心想自己以前多次跟她说过西餐要用右手拿刀左手拿叉,眼下又看到这一幕,他已无心再次提醒她了,只是悄悄地对自己说了一声:也许人家不喜欢吃西餐,所以无须分清楚是右手拿刀还是左手拿刀。

桂芳现在已经没有理由让他选择自己了,就把话题往小青青身上引:"其实,小青青是一个很好的女孩,是我们舞厅年龄最小的,人也漂亮。那时她父亲抽鸦片,把房子全都抽光了,要把她带到乡下去过日子,后来是我带她进舞厅的,还教会了她跳舞,她学的时候很刻苦,我们是很好的小姊妹。只不过现在她负担很重,她的父亲全靠她跳舞挣钱供养着,今天早晨她就是去接她父亲回上海看病的。"

赵诗梦嗯嗯哈哈地应着,此时,他对小青青的身世没有兴趣。还有一件事情困扰着他,那就是难道自己配不上桂芳吗?但他有自知之明,知道自己和桂芳在普通人看来仅是舞女和舞客的关系,充其量只不过这种关系比较紧密些,两个人比较要好些,也许还夹杂着一些恋情,由于在这层关系上是付了钱的,恋情也就很难成为他俩的主导关系了,至于那些恋情也有可能只是自己的单方面感受,更可能是花钱买来的感受吧,即使眼下立刻向她表明自己所感受到的恋情,又能怎么样呢,而且自己目前的身份还是个有妻儿的男人,肯定于事无补。可他挣扎着还是想弄清楚这个问题,他谨慎地注视着桂芳,鼓足了勇气,却呆呆地蹦出了一句俗得不能再俗的话:"他比我好,很有钱吗?"

桂芳知道一旦告诉赵诗梦自己要结婚,他肯定会生出这样的误会,肯定会提出类似的问题,她更知道自己不再给他伴舞了,他会很伤感的。她有备而来,显得很沉着,尽管眼睛有些湿润,看着他,不慌不忙地答道:"不是你想的那样。"顿了顿,把目光从他身上移开,缓慢的继续道,"女人总要嫁人的,我们舞女也一样,我要嫁人了,不可能带着你对我的好,去寻找老公的吧。"这样的回答似乎答非所问,也似乎回答了所有的问题。这时,侍应生正好送来咖啡,她不想把场面搞得太尴尬,赶紧接过咖啡杯,低头做出一副准备一门心思喝咖啡的样子,优雅地往杯子加了一块糖,用咖啡小勺子搅了搅,而后抬起眼睛望着他,端起杯子小小地喝了一口。

赵诗梦的好奇心还没有结束,越想越多,心想他经常和桂芳在一起,几乎无话不谈,有时还亲密有加,她是如何做到一点不露声色完成了和另一个男人的恋爱,难道她是一个老到的善于蒙骗男人的舞女或者妓女?一直在哄骗自己吗?而他却从来没有欺骗过她,没有亏待过她。赵诗梦想弄清楚这个问题,至少他想搞清楚她结婚的对象是否和他自己一样,也是舞客,但他知道这样的问题对桂芳来讲,实在有点敏感,有点涉及隐私,让他难以启齿。又想到即使问了,她也不一定会回答,即使回答了,也许是一个胡编乱造的动人故事,这让他犹豫再三,可心想如果今天不问这个问题,他会在今后的日子里想很长时间,还不如现在把问题问了吧。他像是下定决心似的,定了定神,可话到了嘴边却变得吞吞吐吐,甚至有点口吃:"他也是舞厅里认识的,是你的舞客?"

桂芳没有预料到他会在误会里陷得这么深,带着哀求而认真的口气,重复道:"我不可能带着舞女的身份,和你对我的好,去找老公,所以,我只能先离开舞厅。说实话,这是我在跳舞之前就想好的。我做舞女只是为了补贴我弟弟上学,他现在马上就要毕业了。我做舞女的使命完成了,也要嫁人了,一切都结束了。"她又端起咖啡杯喝了一口,露出一丝羞涩,轻声轻气地从嘴里挤出了一句像是求饶的话:"我明年过年,就二十五岁了。"

赵诗梦看着她的神态从沉着镇定转而又到羞涩的样子,他的思绪也回到了原点,还是认为今天的桂芳和以往一样,并无二致,没有撒谎,更不是什么老到的舞女或妓女。她不跳舞准备结婚是真的,只不过在他面前没有说及而已,也许是顾及他的感受,为此还多此一举,弄出了一个小青青,心里再一次泛起对桂芳的敬重,和即将失去一位知己的痛苦。他心里有点隐隐作痛,脸上却平静如水,社会经验和文化教养告诉他该收手了,即使桂芳的故事再温馨迷人,再叫人留恋,也只能结束了。

赵诗梦看着桂芳桌前精致的咖啡杯,莫名地想起了在英国留学时从一部文学作品中读到过的句子:"眼前的女人,就像一杯喝完的咖啡,不能再续杯了,剩下的只是付钱和走人,仅有咖啡的苦味和香气,留在自己的心灵深处。"

　　两人沉默了好长时间,桂芳轻轻地捏了捏他的手,尔后,又缩了回去,湿润的眼睛望着他,缓缓地吐出了一句:"你是一个灵魂飘香的好人……"

第三章 回　　家

有人说：买来的风花雪月，来得容易，去得也简单。这次赵诗梦就遇上了这样的风花雪月，但不论是买来的，还是飘来的，毕竟是一场醉心醉肺的风花雪月，让人刻骨铭心，流连忘返，难以自拔。

自从赵诗梦和桂芳在国际大饭店吃完午饭，他们就算分手了，他没有桂芳的住址，她也不会再在大都会舞厅里出现了，没有意外，他们不会再见面了。他们分手时，赵诗梦似乎表现出异常的平静，很体面，还透着一股绅士的风度，但他内心的惆怅和酸楚却一分都没少，心里空空的。为了填补空虚的心灵，虽然没再去大都会花园舞厅，也没去找小青青跳舞，可为了忘记桂芳，他整天沉迷于和朋友一起喝酒、打麻将还有跳舞，循环往复，玩得天昏地暗的，直到把人搞得精疲力竭为止。那天，没有人来约他喝酒打麻将，他再也跳不动舞了，总算歇了下来，突然想起自己已经一连好几天没有回家了，有了一种不得不回家的感觉，这种感觉总是在他身心疲惫时出现。

天色已晚，赵诗梦开亮了车前大灯，懒得调头倒入汽车间，便直挺挺地开了进去。当他跨出汽车间时，正好看到张妈站在门前的台阶上，一手掖着斜襟大棉袄，一手在扣着最后一粒盘扣，匆匆忙忙的样子，像是她听见了赵诗梦的汽车声音而出来迎接的。赵诗梦带着一点歉意道："你不用特地起来为我开门的，外面冷，快进去吧，我有钥匙的。"

张妈跨下台阶，带着浓重的本地口音，含笑道："我不晓得侬，要勿要吃夜宵？"

张妈也许是这栋房子里和赵诗梦最亲近的人。在他母亲去世后，父亲把原来的奶妈赶走了，张妈是接替奶妈来服侍他的。由于她是替代奶妈的，又姓张，所以赵诗梦从小就叫她张妈，家里人也跟着叫她张妈，一直至今。他长大后留学去了，她就留在他家作为娘姨。她很懂待人之道，又认识几个字，和家里上上下下所有的人都相处得很好，人也很勤快，什么家务都拿得上手，几乎成了他们家里的管家。她对赵诗梦很好，照顾有加，甚至远远超过了赵诗梦的妻子。赵诗梦小时候很黏她，尤其稍微大点时，当隐隐约约知道亲生母亲的事情后，他感到更加孤独，无依无靠，就更依赖她了。在赵诗梦十五岁时，他的父亲看他太依赖张妈，而疏远了家里的所有人，为此感到有些不安，想辞退张妈，好让赵诗梦亲近家庭。当赵诗梦听到要让张妈离开，立即宣布如果家里要辞退张妈，他将离家出走，再也不回来，父亲只能妥协，放弃原来的想法。

张妈接过赵诗梦手里的公文包，跟在他后面，听说他还没有吃晚饭，亲切地说："这种辰光，老爷和太太肯定已都睡下了，侬快点换完衣裳下来，吃点夜宵。"

赵诗梦轻手轻脚地到了二楼，先推开儿子的房门，看见儿子睡得很香，掩上房门走入自己的房间，看到妻子也已进入梦乡，不愿意打扰她，便从橱柜里拿出睡衣，悄悄地退出了房间。

当赵诗梦换上睡衣下楼时，在楼梯转弯处看见张妈正端着托盘出厨房，托盘上放着他从小就喜欢吃的酒酿水潽蛋①。他知道酒酿是张妈自己做的，她在煮蛋时，一定会用两个鸡蛋，雪白透亮的蛋清包裹着蛋黄，蛋黄是外面熟的，里面还是半流质的，有时候酒酿水潽蛋上面还会放一点用糖腌渍过的桂花。这是张妈对他的特别关照，他从小就这么吃的，百吃不厌，也成了他的最爱。张妈身材矮小，端着托盘走路的样子有点颤颤巍巍，在黑黢黢空荡荡的客厅里实在不起眼。他赶紧体

---

① 注：酒酿煮鸡蛋。

贴地说："放在桌上好嘞，我吃完就去困觉了，不要等我，侬先去休息吧。"

张妈没有理会他，一声不响把酒酿水潽鸡蛋放在桌上，回到厨房的门口，开亮了客厅的巨大水晶吊灯后，径直走到餐桌边，在他对面坐下，双手合拢放在桌上，似乎要和他长谈的样子，目光和蔼地望着他，说："当心烫。"顿了顿又说，"侬好几天没有回来了，大概外面蛮忙咯，要注意身体。"

在赵诗梦的家庭情感生活中，他对张妈几乎有一种对母亲的依恋，是唯一可以说说知心话的。赵诗梦知道她不会在家里搬弄是非，在某种情况下，她是自己和家里人联系的纽带，一般在她面前说话无须遮遮掩掩，便实话实说："勿忙，在白相呐。"

张妈好像早就知道他在外面玩似的，笑了笑道："年轻贪白相，没问题，但也要注意自己的身体呀，这样没日没夜的白相，怎么行呐。"她叹了一口气，一边观察着他，一边慢悠悠地说，"这几天，老爷每天早晨见到我，第一句话就是问侬昨晚回来了吗。明天早上，侬还是陪老爷好好说说话，让他开心一点吧。他还是蛮喜欢侬的，可伊老了，需要有亲人陪。"

他往嘴里送了一口带酒酿的汤水，低着头，不以为然道："伊有伊老婆陪。"似乎还留了后半句"还用得着我吗"没说出口。

张妈没有接他的话，仿佛还是延续着自己的思路，慢慢地继续道："少奶奶也问过我几次，问侬是否去外地了。"

他继续低头吃着，一声不响，像是没有听见张妈的话。

张妈又重重地叹了一口气，望着他，直截了当地问了一句他们家里人都不敢问的话："外面有女人了？"

赵诗梦看了她一眼，心想自己刚刚和桂芳分手，心里还空落落的，哪来的外面女人呀，脸上露出一丝让人难以察觉的苦笑，耐着性子道："没有啊，张妈，侬想到啥地方云了。"

在这个家里，只有张妈会问这样的问题，他会心平气和地应付着回答,不会流露出厌烦的情绪,要是父亲或家里其他人提这样的问题,他会立刻不高兴,板起脸来不予理睬或大声发脾气。

张妈一动没动,还是仔细地看着他吃酒酿的样子,以极其柔和的语气,声音里却略带悲凉:"如果侬姆妈还活着的话,也许最担心的也是侬让坏女人勾走。"

赵诗梦已经很久没听到有人在他面前提到自己的母亲了,心想也许在这个世界上除了自己,只有张妈还记得自己的母亲,如果母亲在世的话,也许真能说出这样的话来。张妈从来没有见过自己的母亲,却能替母亲说出这样的话,从内心深处涌出一股感激之情。张妈这话虽让旁人听起来好像还是不相信他外面没有女人,然而赵诗梦听了,却一点没有生气,相反觉得她更像自己的母亲了。

赵诗梦在记忆里搜索母亲的身影,沉默了好长时间,放下调羹,喃喃地像是跟自己说,又像是在回答张妈的话:"我晓得侬是为我好。如果要说我让坏女人勾走的话,那在九年前就已被勾走了。"

他的话让张妈一下子酸到了心里。她知道这话说的是少奶奶,因为在赵诗梦和少奶奶结婚时,她从代替他奶妈时算起,已在他家里十几年了,知道这个联姻背后的奥妙,更知道赵诗梦留学回来后一直不开心的原因。在她朴素的情感中,既希望赵诗梦能够生活得开心,也希望看到他们家庭和睦,可又为他感到可怜,能够感受到他内心的孤苦,还有他和这个家庭的格格不入。她看到自己的话让他想起了不愉快的往事,心里泛起了一阵歉意,勉强地笑了笑,心疼地宽慰道:"不要这样说嘛,少奶奶人还是不错的,还有了小少爷呐,侬要对伊好一点呀。"

赵诗梦对张妈还是很尊重的,一般不会顶撞她,沉默一会儿,言不由衷地说:"晓得了。"后又补了一句,"已经这么晚了,侬还是早一点去困觉吧。"

张妈起身前又叮嘱一句:"明天早上,侬还是和老爷讲讲闲话吧。"

赵诗梦知道这也许是父亲要她转告的,便肯定地点了点头,嗯了一声。他看着张妈收拾起碗调羹和托盘,消失在黑暗的厨房间门口。

赵诗梦回到了二楼,进卧室拿了一床被子,在卧室旁小书房里的一张大沙发上躺下了。刚才张妈的话像一剂苦涩的兴奋剂一样,让他睡不着觉,他想起了在英国留学时,曾经把自己和顾素贞才见过一面就匆忙结婚了,以及婚后自己立刻来留学的故事说给虞凯欣听过,虞凯欣说了一句"你的婚姻呀,不说是全部让你后妈包办,那至少也是一大半给包办了",使他脸面尽失,当下想起来,心里还隐隐作痛。当虞凯欣在了解他家的情况后,说他是他后妈的一粒棋子,还替他分析出后妈如此用心背后的动机,因为父亲比后妈年纪大得多,他俩又没有孩子,当父亲百年后,如果不依靠其外甥女顾素贞,其将和这个家庭几乎没有任何联系,家里的产业肯定由赵诗梦继承,这样后妈甚至可能会失去生活的依靠,所以希望通过他和顾素贞的婚姻与这个家庭形成牢固的纽带,成为其日后生活的保障。

赵诗梦联想到自己母亲蹊跷的死,对虞凯欣的分析深信不疑。他留学回国后,虽家里的每一个人都对他呵护备至,似乎把他当成家里最重要的人物,什么都依着他,然而他却有着说不出的孤独和难受,即使再有心高气傲的脾气也难以发泄出来,毫无办法。这个家庭对他而言,就像一只巨大的无形的手,只要回到家中,他就有被人握于手掌之中的感觉,让他感到窒息和苦闷。每每想到这里,他的心会颤抖,所以只能躲避到外面麻醉自己,而外面的世界又着实让他感到比家里快乐而温暖。他苦恼地想着、回忆着,又想到自己的老婆顾素贞,和他俩的结婚过程。顾素贞长得很标致,人还算随和,平时话不多,只是对她姨妈言听计从。赵诗梦虽对顾素贞并不讨厌,也知道她是无辜的,但自从知道她是后妈布在自己身边的一招棋后,即便她有时候也不乏楚楚动人,可他再也喜欢不起来了,见到她仅是一晃而过的欣赏而已,就如同看到年历画上的美女一样,不会产生兴趣,唯一忘怀不了的是她那一双略带哀婉的眼神。赵诗梦只怨自己当时太年轻,不能识破后妈的用意。儿子出生时他在英国留学,回国后儿子已四岁了,他又不善于哄小孩,在日常生活中他早出晚归,时常不在家,看到儿子睡着的时候多于醒着的时候,儿子和他亲热不起来,这也让他感到无可奈何。

  赵诗梦在黑暗中,辗转难眠,耳边又响起了张妈的声音,"最担心的是侬让坏女人勾走",心想坏女人是谁呀,是顾素贞?是后妈?还是桂芳?想到这里,他捂着被子无奈地苦笑一下,思绪自然而然地又落到了桂芳身上。以往遇到烦心的事都会找她聊,以解烦闷,现在这种机会没有了,有点黯然神伤,可她的身影却难以在眼前抹去。他想起了桂芳去年为自己织的那件鹅黄色的绒线背心,他不一定要穿这件背心,但想看一眼,睹物思人。赵诗梦换下的衣服结婚前由张妈收拾,婚后顾素贞有时也会帮忙整理收拾,心想明天让张妈把那件鹅黄色的背心找出来,看看过一段时间,春天了,是否可以穿,或许可解相思之渴。他就这样想着,迷迷糊糊地进入了梦乡。

  第二天,赵诗梦是家里起床最迟的,梳洗完毕后,慢悠悠地来到楼下。太阳从落地钢窗照射进来,光亮的地板反射使得客厅一片明媚,角落里紫檀木机械欧式立钟的指针已指在十点二十分,饭桌上放着他的早餐,几片面包和一杯牛奶,这是他多年的早餐习惯。父亲坐在靠钢窗的沙发上,舒舒服服地一边喝茶晒太阳,一边在看《申报》。

  赵诗梦看到这样的场景,微微皱了皱眉头,心想按常规早就过了父亲去纱厂上班的时间了,怎么还在家里呀,想来是父亲早晨问过张妈了,特地在等着和自己见面谈话呐。在赵诗梦内心,对于见父亲是有抵触的,能避则避,所以他故意这么晚起床,磨磨蹭蹭,等着父亲去上班了才下来。赵诗梦揣摩着父亲想和自己要谈的内容,一一在脑海里过了一遍:要他去纱厂上班,准备继承或接手工厂;要他和顾素贞搞好关系;还是问他这几天没有回来,去干什么了。如何对付这些问题,他早已了然于胸。

  在没有开谈之前,赵诗梦只能硬着头皮装出若无其事的样子,小心翼翼地走到饭桌前,看了看桌上的早餐,瞟了一眼父亲,发现沙发旁边的茶几上放着一本杂志,是去年最后一期的《蓝玫瑰》,吃了一惊,心想:自己在外面创办杂志的事情,从来没有对父亲说过,也从来没有把出刊的杂志带回家过,这杂志是从哪里来的?像条件反射似的想到莫非父亲在托人调查自己,父亲调查亲生儿子,真是岂有之理,心中冒出一股莫名的火气。他压抑着即将发作的脾气,板着脸一声不响地坐下,拿起桌上的牛奶喝了一口,清了清嗓子,随时准备着反击来自父亲的发问。

父亲慢悠悠地放下报纸,拿起杂志晃了晃,以他那种独有的夹杂着无锡口音的上海话问道:"诗梦,这《蓝玫瑰》杂志是侬主编的吧?搞得不错嘛,为啥不早点告诉我,我也可以帮侬出出主意,介绍一点人脉关系给侬,比如登登广告之类的。"父亲柔和平静的语气,如此的开场白,完全出乎他的意料,让他不知道如何回答,却让他的火气消退了不少。

赵诗梦憋了大半天,虽还板着脸,但以平和的语气冒出一句:"没啥,弄弄白相相而已。"他没有回答父亲的提问,也许认为只要把它说成是玩玩,就可以用不着让父亲知道了。

父亲笑了笑道:"那也不错啦,随便白相相,就能在上海滩白相出一本还算体面的杂志来,不愧是我儿子。要是认真的话,可能会像史量才办《申报》一样,名扬天下了。"父亲的话听上去像是以有这样的儿子为荣,可脸上的笑容似乎还藏着许多意犹未尽的东西。

赵诗梦听不出父亲这话的真实意思,是在赞扬自己办杂志的能力,还是在批评自己办杂志仅仅为了玩玩而已的玩世不恭,但他却意外地发现父亲对自己瞒着家里人办刊物并不反感,而史量才的名字又让他一惊,他一向很崇敬史量才,在自己的杂志上不刊登日本人广告,就是跟史先生学的。好奇心让他脱口而出问道:"侬见过史先生?"

父亲感叹道:"岂止见过。和史先生有过一阵交往,也算是他的壬申俱乐部成员,和他交往,让我印象深刻,深受教育。《申报》在伊手上能够办成国民的喉舌,'不偏不党',实属不易呀。伊是报刊业的奇才,人格也让人佩服,侬办杂志应该向伊学习。可惜呀,这个世道,好人不长命。"这话听上去有点像鼓励儿子把刊物办好的意思。

这时,他们父子间谈话的内容远远超出了赵诗梦的预料,情绪也一下子转好了,刚才的火气已消失得无影无踪,心里还闪过一丝想法,也许自己办杂志的事情,真不应该瞒着父亲。可他还是不知道父亲是怎么将这本杂志调查出来的。他实在憋不住了,壮着胆子,低声问:"侬是从啥地方寻到我办的《蓝玫瑰》的?"

父亲居高临下,轻描淡写地答道:"侬出了第一期,就有朋友给我送来了。"又朝赵诗梦瞥了一眼,像是完成任务似的,从容地起身,拍了拍长衫,像是要拍去身上的浮尘,走到客厅门口,回过头来补了一句,"侬搞这个东西,如果让侬姆妈看到了,伊会为侬感到高兴的。侬就好自为之吧。"而后,父亲目不斜视,直接出了门,扬长而去。

赵诗梦没有想到他们的谈话就这样结束了,呆呆地看着父亲的背影,突然发现父亲的背已有点驼了,后脑勺几乎都是白发,人也消瘦了许多,中式长衫随着步伐,一步一飘,像是挂在晾衣架上似的,里面空空的。他已经好久没有这样仔细观察过父亲了,耳边却响起了一句形容瘦子的本地方言"刮风倒"。他揉了揉眼睛,似乎还想和父亲谈点什么,可父亲已经消失在房门口。虽心里有些失落,但有一种感觉,怀疑自己以前是否错怪了父亲,胸中涌起了一股热浪,让他感到脸上火辣辣的,这种感觉过了好长时间才消退。

客厅里只剩下赵诗梦一个人,显得空荡荡,很静谧,紫檀木立钟的镀金钟摆发出的滴答声,仿佛放大了许多倍。这样的响声让赵诗梦心烦意乱,倍感孤独。他无精打采地看着拿在手上的面包,却一点食欲都没有,把面包捏成一小团扔在桌上,他突然想知道家里其他人都在做什么?怎么这么安静?安静得不像一个家。

这时,赵诗梦看到张妈拎着菜篮子一摇一摆从客厅门口闪过,他赶忙叫住她,问家里其他人去哪里了。张妈答道:"我早上送小少爷上学回来时,看到苟旅长开着吉普车来接夫人和少奶奶一道去龙华寺烧香了。"

他一下子没有反应过来,诧异的问道:"啥人开吉普车?"

张妈凑到他的耳边,笑着轻声补充道:"苟旅长呀,我记不住人名,就知道苟旅长的'苟'字,和小狗的'狗'发音一样呃。去年春节,伊还来过阿拉①屋里厢呃,就是少奶奶的表哥,整天穿着笔挺制服的那一个。"

赵诗梦似乎想起来以前在家里见过一个后妈的亲戚,顾素贞总是表哥长,表哥短地挂在嘴上,他们俩好像在小时候读过同一个学校,此人叫苟思政。他轻轻地"噢"一声,纠正道:"记起来了,这个苟旅长是前年的春节来的吧,我见过。"

张妈一边支支吾吾跟着纠正:"是,现在讲起来,要讲是前年春节了。"一边注视着他,似乎在等他把苟旅长的话题说下去。可赵诗梦似乎不再准备说什么了,张妈见状只能继续问她所关心的事情:"今天,大概伊拉都不会回家吃午饭,侬是否在家里吃午饭?"

赵诗梦愣愣了,答非所问地说:"张妈,侬如果有时间的话,请帮我把去年春天我穿过的那件鹅黄色的绒线背心寻出来,好哦?"

张妈接口道:"就是那件鹅黄色的背心,是哦?好的。我烧饭前就去寻寻看。"

他似乎想起了张妈的问话,补充道:"我中饭不在家里吃。寻衣裳的事体也不急呃,我只想知道还在不在。"其实,他知道张妈做的饭肯定比外面的好吃,并不是不想吃,而是不愿意待在家里太久。

赵诗梦表面上还是优哉游哉的样子,斜靠在早上父亲坐过的沙发上晒太阳,脑子里却乱哄哄的。心想在这个上午他仿佛一下子发现家里所有的人都悄悄地发生着变化,与原来不一样了。顾素贞和后妈的关系一向很好,她俩结伴一起出门不足为奇;现在多了一个苟旅长,又是亲戚,总感到有些怪怪的,让人不舒服;父亲除了变老了许多,还发现他对自己的态度好像和以前不一样,变得不那么令人讨厌了。虽然他说不清他们这些变化意味着什么,但总感到自己有点来不及适应。

他微睁着眼睛,望着窗外院子里的枯枝败叶,太阳光穿过树梢洒在他身上,暖洋洋的,让他半梦半醒。不知道过了多长时间,发现张妈不知不觉已在自己的身旁,听到她声音:"呀,还没困着②啊。我刚刚寻过

---

① 阿拉:(沪语)我们。
② 困着:(沪语)睡着。

了,那仵绒线背心可能让少奶奶收起来了,不知道伊放了啥地方了,夜里我问伊一声。"

这时,他才回到了现实,伸了一个懒腰,似乎才回忆起刚刚张妈说的话,自言自语道:"噢,让素贞收起来了。"又想了想说,"那就不用问她了,也不用再寻了,随便伊去哦①。"张妈应了一声离开了。赵诗梦知道那件背心也许再也见不到了,他转身起来,走到紫檀木立钟前,利用钟上大玻璃的反射,用手压了压头发,整了整衣服,尔后出门去了。

赵诗梦出了家门,有些晕头晕脑,不知道去哪里好,心想这几天自己让桂芳的事搞得心烦气躁,已经好久没有像样地工作过了,案头上肯定有一大摞来稿要看,该定下心来,好好收拾一下了。一会儿,便驱车到杂志社,在进门前,他和隔壁小饭馆老板打了招呼,要他们在午饭时送些饭菜来,以便自己有足够时间审稿。办公室很安静,助手阿敏和小杜都在伏案看来稿,他没有打扰他们,直接到了里间自己的编辑室。

他脱下西装,搭在转椅背上,而后身子往转椅上一靠,几乎斜躺在转椅上,习惯地伸出两腿,交叉地把脚跷到了办公桌上,又顺势仔细地查看了一眼脚上的那双三节头香槟皮鞋,见皮鞋还是铮亮如新,一尘不染,再慢悠悠地顺手从桌上拿起一份来稿,看了起来。

来稿的题目是《女人的优雅和服饰》,文笔流畅,辞藻华丽,论述女人穿衣打扮和姿色相貌的关系,提醒女人如何穿出自己的风采和性感,避免弄巧成拙出洋相。这篇文章很长,他粗粗翻过后觉得符合杂志的风格和女性读者的胃口,准备签字同意发稿时,发现稿件的字迹很熟悉,再看了一眼第一页的署名,他立刻笑了起来,这是夏教授前几天说起的稿子,心想这位教授又写这类文章了。

赵诗梦桌上的来稿,都是由助手事先看过后才放着的,是让他最后定夺的。他懒得看,便把外间的助手阿敏叫了进来,问道:"这稿件看过了吗?怎么样?"

---

① 随便伊去哦:(沪语)随便它去好嘞。

阿敏说："看过呀,蛮不错的,我看这篇文章女性读者会喜欢的。不过太长了,我们可能要分上中下三期刊登。"

他放下跷在书桌上的脚,笑了笑,追问道:"分期刊登,当然没有问题。不过我们的夏教授有没有特别关照过,这篇文章要署笔名吗? 或者用别的什么名字之类的?"他觉得夏教授以往具实名发一些关于女人的法律问题的文章,还说得过去,毕竟也算与法律有关,而这一篇《女人的优雅和服饰》完全与法律无关,再具实名,担心是否会有损教宪政专业的夏教授的面子。

阿敏诧异地答道:"没有呀,看这个稿件的封皮上就写的他自己的真名。"

赵诗梦吩咐阿敏尽快打电话和夏教授确认一下,是否需要别名。阿敏有些不情愿地嘟囔了一句:"有必要问吗?"

赵诗梦示意阿敏在书桌对面的椅子上坐下,问道:"你在杂志社里做事,几年了?"

阿敏不解地看着他,一边坐下,一边答道:"一年,半工半读,四年半,职员。"

赵诗梦说:"干我们这一行当,不但要了解读者的心理,也要知道作者的心思。"他抓起桌上的烟斗,装了一点烟丝,点燃后吸了一口,继续解释道,"写什么样的文章,署什么样的名字,关系到作者的情感和名誉,这里面的学问大得去啦,可能比写文章的学问还大。"他看阿敏有点不理解的样子,又接着用启发式的口气问道,"你读过明代的《金瓶梅》吗?"

阿敏不知道他要问什么,硬撑着怯生生地答道:"没有,但知道有这本书,讲得就是乱七八糟的男女之事。"

赵诗梦道:"知道这是一本怎么样的书就好。那你知道是谁写的?"

阿敏挠了挠头回答:"好像是一个叫兰陵笑笑生写的吧。"

赵诗梦又问道:"那个叫兰陵笑笑生的人是谁? 你知道吗?"

阿敏木讷地看着他,答不上来,赵诗梦像是解密似的说:"兰陵笑笑生是笔名,世界上没有人知道这个人是谁,他有怎样的经历,是怎样的一个人,是山东人还有江苏人,是做官的还是草民百姓,都没人知道。他的真名至今无人知晓,也无从考证,这就是笔名的作用。也许兰陵笑笑生写那本书的时候,就知道自己写了此书后,可能会招世人的骂,给自己带来不好的名声,所以用笔名把自己隐藏起来,即使几百年后的今天,他的书已家喻户晓,可人们仍然只能知道他的笔名,而无法找到他是谁,这就是笔名的伟大之处,也是它的阴险所在。"他看阿敏听得蛮认真,又继续发挥道,"以上当然是我个人的推断。所以,有人就利用笔名,神不知鬼不觉地在文章里隐藏一些不可告人的东西,让人们只知其文,不知其是谁,有些人取了几十上百个笔名来写东西。"

阿敏似乎一下子领悟什么,露出了佩服笑容道:"懂了,我马上去打电话确认。"在起身时,又追问了一句:"夏教授发这篇文章,需要用笔名吗?"

赵诗梦露出一种神秘的笑容,似乎还夹杂着一点自信,答道:"我也不知道。但是笔名的妙用还有很多。他毕竟是大教授,比我们懂得多,我们还是谨慎点为好,问一下,这样对我们大家都有好处。"

自从赵诗梦干杂志这一行当,他发现文章署名中很有讲究。写文章的人有各式各样,他们的目的也各式各样,尤其自己办的这种通俗读物,有些自命不凡的人表面上对杂志不以为然,认为不上档子,可又由于杂志具备趣味性和知识性,却在背地里悄悄研读,甚至为杂志提供文章,这种人一般不大肯用自己的真姓实名;有的女作者为了引起男性读者的关注,喜欢起男性名字发表文章,当然也有相反的;有的为了避免不必要的麻烦,不希望人家知道自己是文章的作者,使用别名的情况也很多;有人仅为了赚取稿费,写出了与自己身份不符的文章,那更是频繁更换笔名。按照赵诗梦对笔名或别名的理解,这是一件顾及名誉和秘密的事情。

阿敏是一位小学老师的儿子。这位小学老师会画一点简笔画,平时喜欢写写小文章,他的简笔画接近漫画,风格质朴清雅,处处体现平常人的喜怒哀乐,他的文章也写的极其清秀朴素,让人有耳目清新之感。几年前,他因为得了肺炎,不能再教书了,为了养家糊口,转而写文章,画简笔画,靠卖文卖画换钱为生,支撑阿敏在职业文化学校的读书和两个女儿的生活费,家庭经济条件十分困难。他经常往《蓝玫瑰》投稿,赵诗梦知道他家里的苦境,一直在稿酬上给予最大的帮忙。后来和赵诗梦混熟后,告诉赵诗梦说自己已无力供养还有一年就要毕业的阿敏,希望他能到杂志社做学徒,吃口饭,学点东西。赵诗梦看他为人不错,便为阿敏安排了一个半工半读的机会,既能赚到生活费,又能继续读书,顺利地支持了阿敏把职业学校的学业学完,为他们家里解决了大难题。当阿敏毕业时,见他聪明机灵,勤奋肯干,就直接雇用了他,还让他兼做账房先生,使他在上海滩上成了一名让人羡慕的年轻职员。

不一会儿工夫,阿敏又拿着稿件进来了,简单地报告道:"夏教授正好在电话那一头,他说不用笔名,就用本名'夏卓'。"赵诗梦愕然地看着阿敏,仿佛在说就这么简单。阿敏补充道:"我问他,这篇文章是否需要用笔名,他好像不假思索地就说不用,其他什么都没说。"

赵诗梦先是一阵诧异,后又感到好笑,感叹道:"哈哈,看来我多虑了。我们的大教授,不在乎人家说他是女性法律问题的专家,也不在乎说他是女性穿着打扮问题的专家,那我也没有办法啦,按他的意思办。"阿敏似乎完全理解了他的意图,也跟着笑了起来。

阿敏准备转身离开房间时,像是想起什么似的,把稿件翻到最后几页,请示道:"我发现他的稿子里有关女人屁股的几句话,好像太俗气了点,是否替他删除了。"

赵诗梦因为刚才只是略微翻了翻,没有仔细读过,不知道阿敏讲的是什么内容,便要求读来听听。

阿敏一本正经地朗读起来:"……女性臀部,配上恰当的旗袍,让人美不胜收,真可谓千姿百态。其中的诀窍在于旗袍开衩的高低,不论丰满与否,以不撑开旗袍之开衩为限。苗条丰臀之人,旗袍开衩可以稍稍高一些,赏心悦目,即使露出修长的玉腿,有蚀骨销魂之感,那又何妨,可谓美妙无比;可腰粗臀大之人,旗袍开衩必须在膝盖处为止,再高则不宜,如果肥腿撑开旗袍之开衩,那就不堪入目,奇丑无比,就如未拉好的帷幕,大有利用帷幕不修,故意勾引男人之嫌,有损自己的人品……"

听了这一段,赵诗梦想起了最近有人在报纸上说:"旗袍开衩就是一条充满争议的时尚之缝,缝之长短,真可谓含蓄中藏着性感,性感中又带着含蓄,随着社会舆论的变化,此消彼长,高低不一,具备了社会性和个性的微妙平衡,是上海滩一道独特的风景";又记起还有人评论说:"……那是你只见旗袍开衩间的腿,却不见女性追求美的自由,去掉你那陈规陋习吧,爱美之心人人有之,那是自由的一部分。"想到这里,他便大笑起来,说:"不愧为大教授呀,也来凑这个热闹,讨论起这条'缝'来了,对旗袍开衩长度还真有一套见解,什么'有蚀骨销魂之感,那又何妨',还有'利用帷幕不修,故意勾引男人之嫌',这样的句子都写得出来,太妙了,就是不免有些下流,真是文人的锦囊佳句式的下流呀。"

赵诗梦沉浸在对夏教授那段话的思考中。他慢慢地抬起头来,对阿敏道:"啊哈,教授能写得出来,还用真名实姓,我有什么不敢刊登的,文责自负嘛。"后又加重了语气,像是放手一搏似的挥了一下手,补了一句,"没问题,不删,我们照登不误。而且按照我们刊物的最高稿酬标准付稿费,让他也高兴高兴。"

阿敏笑嘻嘻地问道:"我记得他在大学里是教宪政的,应该多写点宪政文章才是呀,怎么对这些女人文章这么上心呢?"

赵诗梦笑了笑,耸了耸肩道:"我也不知道,人各有志嘛。有机会我也想问问他。"又添了一句,"也许他觉得写宪政文章有难处吧。"阿敏不解地看着他,似乎在问有什么难的呀。

这时,老黄头在隔壁叫道:"饭来了。"阿敏赶紧出去帮忙了。

赵诗梦要小饭馆送的饭菜来了,老黄头摆开八仙桌,把四菜一汤整整齐齐地放在桌上,当中是枸杞老鸭汤,四周是清蒸鳜鱼,糖醋小排,青菜蘑菇,番茄炒蛋。只要赵诗梦叫饭在办公室里吃,总是四菜一汤,已成了他们四个人吃饭的不成文规矩。

阿敏叫来另一位助手小杜,和老黄头一起等着赵诗梦入座。他们说起来是一家杂志社,但这种吃午饭的方式更像一个家庭。赵诗梦拿着一瓶山西老白汾酒往饭桌上一放,入座后又拿出四张电影票。他对手下的人一向很好,常常施以小恩小惠,使得大家很开心,相互间的关系也很融洽。他知道两位助手都处在谈恋爱的年龄,品咖啡,尝西餐,穿西装,看电影,去舞厅是他们生活中的重要内容,其中阿敏年龄大一点,快要结婚了。

赵诗梦把电影票分别给了两个助手,说:"这是明天下午大光明的《茶花女》首映票,米高梅公司拍的。座位也不错,蛮当中的,你们各自带女朋友去看吧。"

阿敏拿着电影票看了一眼,高兴地说:"我知道,这电影去年年底刚刚在美国上映,是按照法国著名作家小仲马的同名小说改编的,书我在学校里读过。当时读的时候好感动呀,玛格丽特和阿尔芒的爱情故事太让人动情了,真是令人为之叹息的故事呀。"

小杜接着说:"我女朋友跟我说起过,她看到海报,电影是由葛丽泰·嘉宝和罗伯特·泰勒主演的。她的英文比我好,她很想看,首映式的票子我没法搞到,我们原想过了首映后立刻去看。现在好了,可以看首映了,她会开心得跳起来的。"

趁两位助手在谈论电影之际,赵诗梦把那瓶汾酒,推到老黄头面前,微笑着说:"他们都在谈恋爱,喜欢看电影。我知道你喜欢这个,是一个朋友送给我的,可惜太厉害,我喝不了这样的酒,所以给你了,回家慢慢喝吧。"

老黄头接过酒,打开瓶盖闻了闻,赞叹道:"好酒,好酒,留着晚上回家喝,我老婆是舍不得给我买这样好的酒,谢谢啦。"

小杜好奇地插话问:"赵社长,你为什么不去看?肯定很好看的呀。"没等赵诗梦回答,阿敏又追着问道:"社长,你以前读过这本书吗?"

赵诗梦留学英国,读的是欧洲文学,怎么会没有读过《茶花女》呢?他对这本书太熟悉了,不但知道二十四岁的小仲马在写这本书时的背景故事。而且现在还记得书中那些精彩的对白,甚至在前不久和桂芳说话时还引用过,例如:"你是我唯一可以推诚相见之人,在你面前我可以自由思想,自由交谈。"说起这本书,在他内心深处有着一对深刻的矛盾,他既希望桂芳是玛格丽特,又不希望她有玛格丽特那样悲惨的命运。此前他无数次把桂芳和玛格丽特作过比较,而现在一切都随着桂芳的消失而结束了,暗暗为桂芳庆幸的同时,他再也没有勇气独自面对玛格丽特这个角色了。所以,他对阿敏的问题仅简单地回答道:"以前读过。"而对小杜的提问,他默默地吃着饭,迟迟没有回答。

他从得到这电影票的那一刻起,似乎就知道自己是不会去看的,只是为了给两位助手而接受了电影票。对赵诗梦来讲,与其说不愿意观看《茶花女》电影,倒不如说他因担心看到电影里的玛格丽特,而勾起自己和桂芳的故事。

阿敏也许沉浸在即将和女朋友观看这部影片的喜悦中,根本没有注意到赵诗梦异样的表情,得意地向大家介绍自己知道的故事:"你们知道吗,小仲马是按照发生在自己身上的故事写成的《茶花女》。他年轻时,在巴黎一见钟情爱上一个风尘女子。那女子出身贫寒,也很钟情于小仲马,但为生活所迫,不得不一直同阔佬们保持着那种关系。小仲马知道后,忍受不了,就与她断绝关系,出国旅行去了。当两年后小仲马回到巴黎时,却再也找不到那女子了,最后得知她已不在人世了,而且死的时候很可怜,还欠着许多债。那女子悲惨的死,深深触动了小仲马,他在思念与悔恨中,以那个女子为原型,写就了《茶花女》。书中凝结着小仲马永恒的爱情,一经问世,让他一举成名。"

小杜听得津津有味,感叹道:"哦,小仲马也太可怜了,我不知道还有这样一个故事,好动人。看完电影后,我想我肯定还会再读一遍小说的。"

赵诗梦当然知道这个背景故事,在英国上文学课时老师还做过剖析,但他不想参加他们的议论,仿佛他们在讨论的不是《茶花女》,而是自己和桂芳的故事似的,生怕碰触到自己内心深处的伤感故事。他不想再提和《茶花女》有关的事，只想快点把饭吃完，一个人回房清静清静。

当赵诗梦离开饭桌时，听到小杜对阿敏说："阿敏，你的文笔好，看完电影后，你可以写一篇影评，登在我们的杂志上，我想我们社长肯定会同意的，说不定你也会像小仲马一样，一举成名呐。"说完他俩都笑了。

赵诗梦装着没有听见，独自回到了自己的编辑室，依旧斜靠到转椅上，双手交叉放在胸前，把双脚交叉搁到了书桌上，没有心思再看稿子了。虽然闭目养神，心思却还在外面，隐隐约约听着两位助手在讨论《茶花女》和小仲马，眼前又交替浮现出了桂芳和玛格丽特的身影，难以拂去，心想桂芳是妓女也罢，是舞女也罢，都值得自己尊重，尊重这样的女人不会让自己有可耻感，只会让自己的灵魂得到升华。他开始思念起桂芳来了，可恍惚间，耳边又蹦出了张妈那句"我刚刚寻过了，那件绒线背心可能让少奶奶收起来了"，现在那件鹅黄色的绒线背心是他和桂芳唯一的联系，而他知道可能再也见不到这件背心了。接着又出现了大都会花园舞厅里华美而暗淡的灯光，甚至还有小青青靓丽的样子。虽然舞厅也罢，小青青也罢，对他已失去了魅力，他也不愿意让它们再出现在自己的生活里，可在那里能够找到桂芳的影子和线索，这一点让他无法抗拒。他不是一个绝情的男人，桂芳除了按照自己的想法要结婚，可从来没有伤害过他，他们之间的情感在他看来不是随着时间的推移而淡出的，是人为戛然而止的，似乎还有续集。他想，不论将来自己是否与桂芳见面，自己应该或多或少了解她的一些事情为好。

他迷迷糊糊瞌睡了约半小时，醒来出了房间，准备洗把脸，清醒后把案头的来稿看完。这时外间很热闹，两位助手从橱柜后面搬出大镜子，在对着镜子试穿新西装，神采奕奕的，特别是小杜，大概是第一次穿西装，显得有些激动，只听他在说："我要去买一件衬衫一双皮鞋，才能配得上这套西装。"阿敏似乎老到些，慢条斯理地补充道："还有领带，袜子和手帕。"

赵诗梦记起来了,去年他的好朋友吴进源在一家酒吧喝酒,搭识了一个花露水厂商,这家工厂要求吴进源设计花露水的美术广告,吴进源把自己摄影作品中的美女头像做成了广告,并将刊登广告的事情介绍给了赵诗梦,按照吴进源的说法,这就是因酒而来的连环生意,有生意大家做。花露水因广告而在上海滩变得家喻户晓,做广告的《蓝玫瑰》杂志也提高了知名度,还有高额的广告费可以进账。赵诗梦就是用这笔钱为两位助手各自定制了西装,自己也做了两套。

阿敏看到赵诗梦走出房间,急忙告诉他说:"我们上个礼拜去试过尺寸定了型,今天做好了,他们就给我们送来了。他们说就等你什么时候有空,去店里再试一次尺寸。"

赵诗梦点了点头,问道:"你们黄包车费用付给人家了吗?"阿敏愣了愣,有点不知所措地摇了摇头。

赵诗梦略带责怪口吻道:"那你们也太不懂规矩。哪有裁缝店自己送衣上门的,都是我们自己去取的,更何况像这样有名的荣昌祥西服店。他们店里的刘师傅是跟我熟,看你们没有去取,才叫徒弟送来了。记得等他们下一次送我衣服来的时候,一起付吧。"

小杜抢先一步替阿敏回答:"我一定记着,即使现在给他们送过去也没关系。"顿了顿,喜滋滋地说,"下个礼拜天去兆丰公园听露天音乐会时,我就穿这套西装了,可以带女朋友坐在靠前面的位子了,以前穿短打不好意思往前挤。"接着又乐呵呵,傻乎乎地问,"我穿西装,是否要扣纽扣呀?"

赵诗梦朝穿着西装的小杜看了一眼,笑了笑道:"你是两粒扣的,一般不用扣,除非在比较正式的场合才扣。如果是三粒扣,四粒扣或是双排扣的,最好要扣上,否则人家会说这个人是乡巴佬,不会穿西装。"

当赵诗梦洗完脸,看到阿敏正在脱去新西装,便问道:"怎么现在不穿?"

阿敏腼腆地笑了笑,答:"我今年九月份就要结婚了,这么好的西装,在结婚仪式上穿,平时我有西装。"

赵诗梦笑着说:"西装穿一年半载,又不会旧的。"他把毛巾放在架子上,转身说,"你那件是枪驳领双排扣的,款式不错,有仪式感,很洋气的,蛮符合做新郎穿的。你是在九月份结婚的话,可上海滩九月份的天气还是蛮热的,那时市面上穿深色西装的人还不会太多,这套西装颜色可能会显得太深了一点吧。要不今天你跟我一起去西服店,我试尺寸,你再挑一件颜色淡一点的,作为我送你的结婚礼物。"

阿敏一下子红着脸,难为情地说:"不能再让你破费了,我就喜欢这一件,喜欢这种深颜色的,看上去比较稳重,这就算是你给我的结婚礼物,谢谢啦。"

赵诗梦听阿敏这么说,也就不坚持了。考虑到自己试尺寸的事情已拖了蛮长时间,给裁缝店添麻烦了,便决定停下手里的活,先去试尺寸。

赵诗梦开着车,沿着白克路拐弯入派克路,再向南进入静安寺路向东转,在虞洽卿路的交叉口,气派的弧形十层楼建筑迎面而来,是去年新落成的大新公司[①],外立面由竖线条的乳白色釉面砖构成,风格简洁而不失现代派,底层镶嵌在黑色大理石中的巨大橱窗,光彩照人,里边的商品琳琅满目,吸引着趋之若鹜的行人进入商场,使得这个交叉口热闹非凡。穿过虞洽卿路,进入南京路,马路两边的商行招牌鳞次栉比,依次排开,令人应接不暇,各式店铺应有尽有,酒楼茶馆,照相馆,南货行,钟表眼镜店,五金行,还有不少大小洋行银楼,争奇斗艳,招揽顾客。高耸的新新公司[②]、西施公司[③]和永安公司的大楼把南京路变成了一条夹缝,马路上人来人往,熙熙攘攘,车水马龙,黄包车,脚踏车,汽车,叮叮当当的有轨电车,川流不息,还夹进了双层巴士,拥挤不堪。午后灿烂的阳光,童叟无欺地洒在每个人的身上,让人们显得特别的精神。满街的行人,中国人中夹杂着外国人,外国人混杂在中国人之中,有男有

---

① 大新公司:原址现为上海第一百货。
② 新新公司:原址现为上海食品一店。
③ 西施公司:原址现为上海时装公司。

女,男的有长衫马褂,西装革履配文明棍,中山装加礼帽的;女的有旗袍配高跟鞋,西装配裙子的;有穷人有富人,有的光鲜漂亮、珠光宝气的,有的肮脏陈旧、衣衫褴褛甚至破烂不堪的,还夹杂着裹头巾的红头阿三。各式各样的人群有着五花八门的服装,每个人在阳光的照耀下,显出独特的精神面貌,但可以从每个人的服饰中大致能看出那人的职业或近况。

赵诗梦小心地驾驶着车子,在行人和车流中穿梭。五光十色的人群在他车前晃过,不知不觉地想起了有人讲:"上海滩是建在天堂里的地狱",或者"是建在地狱里的天堂",心想无论怎么讲,南京路就是摩登女郎、达官贵人、贩夫走卒、街边乞丐、擦鞋小童、码头苦力同处一街,是上海滩的天堂与地狱的集中体现。

他拐出了南京路,很快就到了荣昌祥西服店门前,找了一块空地停了车。出了车门,整了整西装,又小心翼翼地用双手压了压两鬓的头发,慢悠悠地晃进了店里。

近几年来,他的西装都在这家店里定制的,一来二去,和店里上上下下的人都熟了,他也从这里学到许多有关穿西装的知识,比如不同的季节配不同面料的西装,领带和西装的搭配,他都会听取这里师傅的建议。

刘师傅的徒弟认出了赵诗梦,殷勤地把他引入里间,并为他端上了咖啡。不一会,刘师傅跟着徒弟来到里间,大声寒暄道:"赵先生,最近侬大概蛮忙呃,对哦。量量尺寸快呃,不费侬啥辰光呃。"刘师傅的上海话里夹杂着浓重的宁波口音,发音有点硬和脆,听起来让人感到有点滑稽可爱。

赵诗梦客气回敬道:"不好意思,来迟了,还让你徒弟帮我助手送衣裳,给你们添麻烦了。"

刘师傅从一个很大的橱柜里取出一件半成品的西装,小心地为赵诗梦套上,道:"呀,伊拉学生意空着呐,也没啥事体可做,让伊拉送衣裳,侬的学生子可以早点穿了呀。"接着取下脖子上挂着的皮尺,又替赵诗梦量了肩膀的尺寸,确认了肩衬的厚度。

赵诗梦伸平双手,让刘师傅量手臂,没话找话,无聊地问道:"我看见人家穿中山装,蛮不错的。我考虑也想做一件试试,怎么样?"

刘师傅听到赵诗梦想做中山装,露出了一脸的骄傲,说:"中山装嘛,阿拉是上海滩第一家,吖没人家可以跟阿拉比的。"确认完了手臂的尺寸,要赵诗梦做摆动手臂的动作,边观察半成品上的胸衬和覆衬是否饱满挺括,贴合身体,边语气含糊地嘟囔着,"不过赵先生啊,侬穿中山装,好像不对哦。"

赵诗梦脱下半成品的西装,交还到刘师傅的手里,顺口追问道:"难道我穿中山装,不好看吗?"

刘师傅细心地把西装平放在桌上,半成品上订满了固定用的白色线钉,他小心翼翼地整理着那些线钉,并把刚才量出的尺寸仔细地用白色的裁缝粉笔标在西装上,以便最后定型用,做完这一切,又慢吞吞地嘟囔一句:"不是中山装好看不好看的事体。"接着吩咐徒弟去取第二件半成品,而后转过身来,没有直接回答赵诗梦的疑问,相反问道,"赵先生,侬穿中山装,要做啥事体?穿西装不是蛮好呃。"

赵诗梦不解地答道:"啥事体也不做,穿了白相相,我看有些人穿中山装,卖相蛮好呃,蛮挺括呃。"

刘师傅皱了皱眉头,道:"我看侬呀,留过洋,有知识,洋腔洋调,年纪也轻,又是办杂志的,有识之士嘛。"停了停,又朝他仔细看了看,像是下结论似的,继续道,"西装是像侬这种的人穿呃。中山装嘛,一般都是吃公家饭的人穿呃,侬吖没听到过上海滩有这样的说法?……"似乎一瞬间忘了,语塞了。

赵诗梦感到好奇,问道:"有啥说法?"

刘师傅捏着皮尺,看了他一眼,断断续续地介绍道:"我也讲不好,也不懂,好像是讲,中山装衣裳前头的五粒纽扣是指'五权'……什么'分立'的,四个贴袋是指'礼……'什么的。"接下去他记不起来了。

徒弟赶紧接上来打圆场,替他继续说了下去:"是'五权分立'吧。"徒弟看到刘师傅没有否认的表情,便像背诵滚瓜烂熟的台词一样,一股脑地说了出来，"四个贴袋是指'礼义廉耻'四个字，袖口三粒纽扣是指'三民主义'，后背不破缝，两侧不开衩是指国家和平统一之大义嘛。"最后徒弟还得意地向刘师傅确认道，"是不是说的是这个？"

刘师傅笑着连声道："是这些，是这些。你们年轻人，记性就是好。"接着起劲地说，"我记性不好。侬看看，侬看看，这些东西都是吃公家饭的人要做的事体，而且是只许做好，不许做坏的事体，都是些国家大事，却把这些东西装在一个普通老百姓身上，叫人怎么受得了呢？吃公家饭的人只要把这些事体做好就是了，何必让大家都穿中山装呢，难道大家都成了吃公家饭的人了？"

徒弟带着嘟囔的口气，驳了一句："还叫人家只许做好，不许做坏呐，人家才不睬你呢，你又怎么样？人家手里有枪有炮的，还有巡捕，你敢怎么样？造反？……"

没有等他说完，刘师傅一句训斥："小赤佬，不许瞎讲，小心被巡捕抓起来。"

赵诗梦大笑起来，他知道这些有关中山装的说法，已流传很久，有着不同的版本。还有人说：五粒纽扣代表汉、满、蒙、回、藏五族共和；三粒纽扣代表平等、自由、博爱的共和理念。他感到刘师傅的想法很朴素，很实惠，竟然以这样的方式来理解服饰与政治的关系，政体与个人的关系，既可爱又形象，很好玩，让人一目了然，心服口服，是典型的普通百姓的认知，便顺着刘师傅的说法笑道："有道理，听侬的。我可受不了这些东西，吃不了公家饭，也不想被公家束缚住手脚。那我就一辈子不穿中山装好嘞，让公家人去穿，让伊拉穿着中山装，为我们这些不穿中山装的老百姓好好干活。"

一旁的徒弟笑得合不拢嘴，帮着赵诗梦确认道："是的，来店里做中山装的人，好像都是那些做官的，吆五喝六，排场很大的人，但我看伊拉也不是好好干活的主儿。"

刘师傅并没有像徒弟那样感到这些话有什么好笑，相反似乎感到徒弟的话中有某些危险的成分，便立刻朝徒弟瞪了一眼，以缓和的语气训斥道："小赤佬，侬不要瞎三话四。"刘师傅的这种不允许小辈对官员的不恭敬，完全出自与生俱来的反应，与其说是对官员的尊重或者敬仰，倒不如说是对官员的恐惧和害怕，是上了年纪的人凭经验练就出来的一种自然反应。接着他又用手势制止了徒弟说话，自己则认真地向赵诗梦介绍道："阿拉的店名叫西服店，其实呀，是以做中山装出名的，所以阿拉西装和中山装都做，但很少有客人同时做西装和中山装的，来的一般要么做西装，要么就做中山装。"他接过徒弟递上来的第二件半成品，让赵诗梦套上，在其身上用尺子量了又量，用红色粉笔划了又划，又退后几步端详了一会儿，说，"侬挑的这个面料品质不错，又薄又软又挺括，春天穿蛮灵呃，米色隐形条纹蛮好看呃，市面上已蛮少呃，我可以保证，侬穿这套西装出去，在马路上绝对不会看到有同样的。"

赵诗梦接着他的话："这是侬帮我挑选的，谢谢侬啦。是进口面料吧？"

刘师傅道："阿拉店里，不论做西装，还是做中山装，全部是最好的进口面料，有英国的，有意大利的，否则做不出像样的衣裳来呃。"量完了尺寸，刘师傅吩咐徒弟收起半成品的西装，自己则把皮尺挂到了脖子上，突然问道："侬上一季赛马，赢了不少吧？"

赵诗梦坐回到椅子上，喝了一口咖啡，轻描淡写道："白相相而已，也呒没赢多少，具体多少也忘了。"也许刘师傅年龄比他大，他不想在刘师傅面前卖老。

刘师傅却来劲了，继续好奇地问："侬喜欢买独赢，还是连位？哪个赢的概率大一些？"

赵诗梦听到这样外行的问题，就知道刘师傅是不常玩赛马的，便简单地介绍道："这又没有固定说法的，主要看赔率，赔率大，赢的可能性就小，赔率小，赢的可能性就大，赛马总会都是算好的。每一场都不一样，每匹马又有每匹马的情况，看哪一个赢的可能性大而已。一般买自己熟悉的马，如果一场赛马中有三到四匹马是以前自己遇到过的，晓得伊拉以前比赛成绩的，那就可以考虑买摇彩，如果再有把握的话，即使连位,香槟票都可以买。我以前就赢过香槟票。"

刘师傅羡慕地眨了眨眼睛,瞪着他道:"赢过香槟票,那真过瘾。我是去年开始白相的,大多数都只买独赢,很少买摇彩和连位,但还是输多赢少呀。"

徒弟插话问:"赵先生,侬赢过最大的赔率是多少?"

赵诗梦略微想了想说:"那趟好像买的是连位,赔率大概是七十二吧,是前年的事情了,记不清了。"

徒弟一听,赔率是七十二,一下子兴奋起来了,脱口而出道:"七十二还不大呀,侬要赢多大呀?如果买一块钱的话,就能赢七十二块,侬买了多少?"

赵诗梦有点犹豫,不知道该不该回答。刘师傅瞄了一眼赵诗梦,说:"我们的赵先生,是有钞票人,在英国就开始玩赌马了,买起来肯定不会少,我看至少五十,一百的。"

徒弟张着嘴,惊讶之余全是羡慕,失声叫道:"五十的话,那就是赢了三千六百块。"转头又对刘师傅感叹道,"赛马呀,只要买对了,就能发财,真刺激。"接着像是下决心似的说下去,"以前阿拉店在大马路①的辰光,经常路过跑马厅,会看到里面赛马飞奔而过,即使像我这样呒没买马票的,也会感到很刺激。今后有机会我一定要去好好地赌一把。"

赵诗梦发现这个话题如此继续下去的话,可能会引起他们师徒两人对赛马的误解,误导会让他们盲目参与赌马而输光一辈子的积蓄,便把话收了回来:"白相赌马也是一个学习的过程,一般先上来要多看,多观察,对赛场的每一匹马多少要了解一些。概率大赔率就小,概率小赔率就大嘛。先买赔率小的,熟悉后,有机会再买赔率大的,怎能刚上来就下大赌注的呀,何况赌马还有蛮大的运气成分。"他看了他们俩一眼,又加了一句,"我以前也输过很多钞票。"

刘师傅似乎还沉浸在赌马的马经中,说:"今年春季赛马时,我来向

---

① 大马路:旧时南京东路的俗称。

侬讨教马经。"赵诗梦不是没有资本在他们面前炫耀自己的马经,但想到像刘师傅这样拖家带口,靠工资生活的,不想让他们把辛苦赚来的钱输在赌马上,只是礼貌而客气地应付着,喝完了最后一口咖啡,就急急忙忙告辞了,离开西装店。

当赵诗梦走出店门时,太阳已有些西斜。他又陷入一阵迷茫,是直接回杂志社,还是继续寻找下一个娱乐节目,还是回家,拿不定主意,当然,回家肯定不是他的首选。他晃晃悠悠地坐到车里,不知道开向何方。

第四章　上海的战争

九月下旬的上海滩,即使到了下午四点钟,太阳还是很高,还是那样的炎热难耐。赵诗梦从外面回到杂志社,棉制衬衫的后背已湿漉漉的,浸透了汗水。阿敏连忙从热水瓶里倒了一杯凉凉的酸梅汤,递了过去,赵诗梦接过杯子一饮而尽,转身看到小杜穿着脏兮兮的衬衣,趴在书桌上睡着了,赶紧问阿敏:"他回过家了?他家的情况怎么样?"

小杜的本家在上海北面宝山县的罗店镇,自从他到杂志社上班后,因华界的房租便宜,就和阿敏在附近的苏州河北岸闸北合租房屋住,一个月回家一两次。淞沪战争开始后,日本飞机时常轰炸华界,他俩就不敢再住在闸北了。阿敏的家在市区,原本可以搬回去住,但他家就在虹口的八字桥附近,是战争最先开始的地方,那里也打得激烈,所以阿敏全家早就逃难到租界的亲戚家里避难了。阿敏无法跟着去,就和小杜一起搬到了杂志社住,赵诗梦把楼上的房间让给了他俩。他们从闸北的房子里搬出来没几天,那里的房子就被炸了,房子的周围一连烧了半个多月,他俩就再也没有回过闸北。由于上一个月仗打得厉害,而罗店镇是日本兵上岸后首当其冲的第一站,看报上的报道罗店镇在上个月底已被日本兵占领了,交通早就不通了,小杜根本无法回罗店的本家,更不知道家里父母的情况,所以一直在探寻回罗店的路,赵诗梦劝他等到战事平息后再回家。直到前几天,小杜总算打听到有人曾经绕道去过罗店镇,听回来的人讲,镇里已被打烂了,几乎看不到原来的居民,到处是断垣残壁,不见一间完整的房屋。他实在忍不住,才冒险回一趟家。

小杜听到赵诗梦在问自己的事,便抬头恍惚地看了他一眼,哭诉的声音,没头没脑的一句:"家没有了。"

赵诗梦有点反应不过来,紧接着追问道:"家怎么没有了?那家里的人,见着了没有?你自己没事吧?"

小杜木讷地摇了摇头。阿敏在旁边插话解释道:"小杜也刚刚回来,大概是走了一整天的路,还没喘过气来,就说了一句话,家没有了,倒头就睡了。"

赵诗梦看着小杜一张像死人堆里爬出来的脸,再加上肮脏的衣服,活像一个逃难的难民,这一个月来难民见得太多了,便不再向他打听情况了,关心地说:"那快上去洗一洗,换一身干净的衣服,该睡觉的睡觉,该吃点东西的吃东西。只要人没事,能回来就好。"

赵诗梦知道眼下局面很舌,已经有几十万难民涌进租界,外面华界的战事瞬息万变,让市民人心惶惶,又由于很少有人敢出租界,大家对外面的情况莫衷一是,鲜有人了解确切的情况。有些记者为此冒着危险,跟在国军后面,发布的一些新闻报道和拍摄的一些战事的照片,便成了租界对外了解战况的唯一途径。据有些报道说:在罗店镇中日双方争夺得很厉害,进行了拉锯战,几易其手,让人心惊胆战。他想知道小杜这次回家的情况,所以就留在了杂志社,和他们几个人一起吃晚饭。

到了吃晚饭的时候,小杜还在楼上睡觉,赵诗梦让阿敏上去叫了两次。当小杜下来时已经很晚了,大家都吃完了,他坐到桌边,呆呆地看着为他留的那份晚餐,迟迟不动筷子。大家围着小杜,赵诗梦开口道:"睡了觉,看上去气色还可以嘛,快点吃饭吧。"

小杜从口袋里摸出十块钱来,放到桌上,推到赵诗梦面前说:"没有找到家里的人,钱也没有花掉,谢谢你了。"

这钱是小杜出发前赵诗梦给他以防万一的。赵诗梦没有接,只是看了一眼桌上的钱,说:"这个不急,你先吃饭吧。"

小杜答道:"回来的路上吃过了,不想吃。我昨天晚上起就没吃过什么东西,走了一天,实在太饿了,饿得我路都走不动了,所以一回到苏州河南边,第一件事就找了一家面铺,吃了两碗面,填饱肚子。苏州河北边几乎看不到开张的店铺,有钱也买不到任何东西,再往北边一点,连路人都很少看到。"

阿敏打断道:"你有没有找到家里的人,你家里的情况怎么样了?"

小杜沮丧地说:"没法冲过去,根本到不了罗店镇,估计家里的房子只剩一堆瓦砾了。"接着向他们讲述了这次回家的痛苦经历,"昨天下午,当我沿着沪太路往北走,路上的老百姓只有朝南走的,看不到朝北走的,到大场镇,看到驻扎着许多国军,听当兵的说,罗店镇已经被日本兵占领了,根本无法过去。但我还是想过去看看,继续往前走,沿路两边都是国军用沙包构筑的防御工事,到处是很深的战壕,还有军用卡车什么的,晚上绕道到了泗塘河的南岸,那里的国军再也不让我往前走了,我想等到今天天亮,看看有没有办法过去,就混在国军当中过了一夜。在那里,夜里看到北面天空飘着黑烟,时常还映出火光,听说日本兵用的硫磺炸弹很厉害,碰到任何东西都会燃烧,烧完后,所有建筑都化为一堆瓦砾。我向当兵的打听罗店镇的情况,其中有些人是前几天从那里撤下来的,听他们说,那里几乎没有完整的民房,有些已经夷为平地,更没有居民了。我也不好意思多问,人家当兵的冒着生命危险来打仗,我却缠着人家问自己家里的私事。后来,和一些国军混熟了,发现他们真让人肃然起敬,他们好像都是很远的外地人,赶了许多路才到上海的,他们好年轻,大多数都比我小,从来没有来过上海滩,也听不懂上海话,却心甘情愿跑来帮我们上海人打小日本,说不定他们还要为此受伤,甚至牺牲,真叫人感动,值得我们上海人好好感谢。有个细皮白肉的小国军,白面书生的样子,也许他还没有来得及和上海市民接触,看到我很好奇,很喜欢跟我聊天,笑呵呵地跟我说,他早就知道上海了,是大地方,有名的花花世界,还听说大世界里面很好玩,在他老家的人里,从来没人来过上海,都想来见见世面,来玩玩,以到过上海为荣。他是第一个,想不到却是扛着枪,来上海打仗的,即使死了也值,也算来过上海了。我听到这里,差一点眼泪掉下来,真想把口袋里的钱全部给他。我问他怕不怕死,他说他们是国军,不能怕死,怕死就不能打仗了,后面有督察队。我永远忘不了他的那张脸,一张稚气未脱的脸,如果有机会再让我遇到他的话,我保证请他玩遍上海滩。"小杜拧了一把鼻涕,有点哽咽。

阿敏指着桌上的钱,有点激动,轻声地插话道:"那你就把这钱给他吧,社长又不会怪你的。"

赵诗梦跟着说:"你完全可以把这钱给他们的,他们太可怜了。"又接着感叹一句,"他们是我们民国的顶梁柱,只要有这样的人在,国家就不会亡,上海人要永远记住他们。"

小杜看了一眼大家,继续说:"看到他们睡在马路上的样子,我知道什么是风餐露宿了。他们人都很好,看我没有带吃的东西,就给我吃他们的干粮,那种煎饼,像大饼一样的东西,比大饼薄,却比大饼硬多了,凭良心说,真不如我们的大饼好吃,不饿的话,我是绝对吃不下去的。到了天亮,我趁当兵的不注意,穿过岗哨往前冲,一下子走好几里地,越往前走,防御工事和战壕越密集,路很难走,除了一些在修整工事的国军,根本看不到老百姓,反而在路边两旁的沟里看到越来越多的死人,弥漫着恶心的臭味,加之许多冒烟的民宅,还有底朝天的卡车,散发着焦炭和硝烟的气息,好像这里刚刚打过仗,让人毛骨悚然的,心里直发毛。我沿着马路的边缘向前走,不敢走在正常的马路上,怕被当兵的发现,却又不敢离马路太远,生怕碰到埋伏的日本兵。可还是在最后一道岗哨,被当兵的发现了,他们拉着我说再往前走就是阵地了,已经能从望远镜里清楚地看到鬼子的太阳旗和日本兵了,日本兵随时可能打过来,绝对不让我往前走了。一个长官模样的人问过我的情况后,派了两个勤务兵,把我押送回泗塘河南岸,还说如果让鬼子发现了,鬼子会把我当成这里派去侦察情况的,肯定是有去无回,小命不保。押送我的那两个弟兄对我很好,在路上那个小个子弟兄问我饿吗,他小心翼翼地从军装上衣口袋里掏出一个用白粗布包着的像包子一样的东西让我吃,我一看是一只月饼,看他这样用布包得那么好,肯定是他把月饼当成了宝贝,舍不得吃。我想也许这只月饼是他最后吃月饼的机会,我再饿也决不能吃他的月饼。当走到全是瓦砾堆的地方,我要用手去扶断垣残壁时,他们告诉我,尽量不要碰路旁边的东西,那些东西可能被小鬼子的毒气污染过,碰了会烂手烂脚的。现在想想,还是很感激他们。我回到泗塘河南岸,又逗留了一段时间,突然从北面传来一阵密集的枪炮声,就是从我来的方向传过来的,那边打起来了。顿时所有的国军都精神抖擞起来,警觉起来,个个拿起身边的枪朝前奔跑,在指定地点聚集,准备随时迎战的样子,好险啊。有几个国军冲过来,对我们几个乱作一团的老百姓说要开战了,命令我们全部往后撤,我又被往南赶,实在没办法了,只能再沿着共和新路往回走,当我走出两里多路,枪炮声才平息下来。'

平时不爱说话的小杜,一口气说了那么多,那些惊心动魄的内容让阿敏听得一愣一愣的,不敢插话打断,在场的人都佩服小杜的勇敢和胆量。小杜讲完后,谁都没有说话,房间里的空气仿佛凝固了,似乎大家都在想象小杜说的情景。

隔了好一会儿,赵诗梦说:"没有你父母的消息,也许就是好消息,他们可能早就逃难出来了。他们知道这里的地址吗?"

小杜答道:"我父亲不知道这里的地址,但我们杂志的名字《蓝玫瑰》,应该是知道的。"

赵诗梦说:"这就好,他们会去问人家的,而且我们的杂志背面还写着这里的地址。只要我们的杂志坚持发行,他们迟早会看到的,迟早会找来的,放心好嘞,会没事的。如果急的话,我们也可以去一些难民救济所找找看,也许会找到。"

小杜接着他的话:"我在回来的路上,也一直这么想的。但是,现在上海滩的难民救济所,少说也有一百多个,怎么找呀。"说完了,自我安慰似的苦笑了一下,这时似乎房间里凝重的气氛有了点缓和。

赵诗梦一边进自己的编辑室拿烟斗,一边安慰道:"乡下的房子没了,以后可以再造,只要人没事就好。"

小杜轻声地像是自言自语道:"看这样的打法,家里的房子肯定保不住了。"

小杜本家的房子是典型的江南乡村民宅,一层是砖,二层是木头的砖木混合结构,房屋两侧的墙壁和屋顶,组成了粉墙黛瓦,四周脊角高翘,坐南朝北的正门口,种着两棵桂花树,是祖辈造房子时种下的,树龄和房子一样老,树干比房子还高,从很远的地方就能看见,每棵树下都有一圈石凳,可供人纳凉和给孩子们嬉戏之用。小杜是家里的独子,不仅对这房子有着极深的感情,而且还有着很深的责任感。

阿敏一直生活在市区,对乡下的房子知道的不多,好奇地问:"你家里的房子是怎么样的房子?"

小杜没有心思在这时描述自家的房子,只是泛泛地说:"其实我家在罗店镇北面,离开镇还有一段路,房子就是那种祖传的中规中矩的,虽没有砖雕门楼,但很大,很实用,有堂房厢房七八间,楼上楼下两层,不能和城里的别墅比,不过家门口的两株桂花树,我很喜欢,再过几天就是桂花飘香的时候了。母亲在我很小的时候就跟我说过,在外面玩,走远了,只要看到这两株桂花树,就知道到家了,永远不会迷路。"

赵诗梦捏着烟斗,回到座位上,说:"噢,这种房子我以前在朋友家里住过一阵,很舒服的,冬暖夏凉,一点不亚于别墅和石库门的,如果真的没有了,怪可惜的。"

小杜忧心忡忡地说:"我看报道了,罗店镇打得这么激烈,日本兵用装甲车攻,飞机炸、大炮轰,步兵又是纵火烧,罗店镇不成一片焦土,也只剩一大堆瓦砾了,我家肯定保不住的。"

阿敏在旁边担心地问:"国军能够打退日本鬼子吗?"

小杜看了看赵诗梦,似乎为了表达坚定的信念,提高了音量道:"能,我看能。在沪太路上,我就看到了我们有那么多的国军,难道还打不败他们吗?"

赵诗梦脸上带着凝重的表情,点燃烟斗,吸了一口,说:"我们缺少飞机大炮,小日本在黄浦江汇山码头有出云号巡洋舰,上面的大炮很厉害,可以直接打到岸上的国军,还有从海上过来的源源不断的援兵。我们的国军很难啊。"

小杜问道:"出云号上的大炮可以打到罗店镇吗?"

赵诗梦回答不出这个问题,摇摇头说:"不知道,但愿太远了,打不到吧。"大家又是一阵沉默。

阿敏插话道:"上个月十四日,国军派出十几架飞机对出云号进行轰炸,差一点点就把它炸沉了,国军只不过运气不好。"

赵诗梦补充道:"我后来听说,国军又派过两艘小艇,在一天夜里准备去和它同归于尽,好像结果也没有成功。"其实,有关打击出云号巡洋舰的消息虽然有报道,但确切的战况无人知晓,大家都是道听途说的。

老黄头放下茶缸,慢慢地抬起头来,问:"你这两天在那边看到的死人,是一些什么人呀?是小鬼子吗?"

大家把目光又集中到了小杜身上,小杜显露出不愿意回忆的表情,吞吞吐吐道:"好像什么样的人都有,一些就躺在路旁的水沟里,还有烧焦的尸体,那些烧焦的尸体就像木炭,根本没办法辨认,好恶心,好可怕呀,我不敢走近多看。那里活像一座大地狱,我从来没有见过这样的情景。"又加了一句,"打仗真残酷,那么多的人就这样死了。"

阿敏从抽屉里取出一张照片,这张照片是从苏州河南岸某高处向北拍摄的,仔细查看照片上的一些建筑物的轮廓线,可以辨别出沪太路的位置和远方罗店镇的方向。阿敏指着照片上远处几个冒烟的点,说:"这是几天前我拿到的照片,冒烟的地方大概就是罗店镇吧,听说那里打的最激烈了。"自从淞沪战争开始,上海滩就不断流传着这种战争场面的照片,也许是拍摄者来不及配上文字说明,就直接发出来了,起到了及时发布战事新闻的作用,在市面上的商店、茶楼、舞厅里都可以拿到。

小杜接过照片,仔细地端详了一会儿,说:"应该是我家的方向,也许这两天我看到的那些死去的人,就是在那时被打死的。"

老黄头从小杜手上拿过照片,问:"小鬼子不会打过苏州河吧?我家就在新闸路桥的南边,房子虽小,但也算是在租界内了。我一家老小五口人,现在又有三家亲戚逃难过来,七七八八,总共住着十七个人,要是小鬼子过苏州河,我们往哪里逃呀。"

阿敏有着同样的担心,恍惚地自言自语道:"不会在租界内打起来的吧?工部局他们不会不管的吧?"

小杜愤愤地说:"工部局的那些英国人美国人顶个屁用,上个月底小鬼子还不是在南京路上扔了炸弹,炸了先施公司,把沈大成①也炸烂了,死了那么多的人,我看这些洋人也没去打过小鬼子呀。"

战事的发展没人能够预测,老百姓更如此,他们除了躲避之外,还是躲避。赵诗梦叹气道:"今后还不知道会怎么样呢?"他从皮夹子里抽出一些钱,和小杜还给他的钱放在一起,往桌子中央一推,说:"这些钱小杜暂时用不着的话,这样吧,你们明天去买一点柴米油盐之类的东西,还有大饼,多储存一些,万一战事吃紧,遇到闹饥荒,发生暴乱什么的,至少我们这些人可以对付一段时间,不至于饿死。"顿了顿,似乎发现问题的严重性,加重语气又补了一句,"以防万一,尽量多买一点,如果钱不够,跟我说。"

赵诗梦捡起桌上的照片瞄了一眼,拿在手上晃了晃,对阿敏和小杜说:"现在市面上这种照片很多,到处都有,你们去多收集一些。记住,顺便问清楚每张照片的出处,拍摄的人以及拍摄的时间地点,写在照片的后面,我们挑选一些画面质量比较好,有意义的,过后我去和他们谈,买下这些照片,配上照片说明,争取一个月后我们杂志社出一本有关这次战争的图片专辑,定价为杂志的一半或更低一点。"他扫了一眼他俩,似乎在观察他俩的表情,补充道,"我看市面上有国军脸部特写的照片不多,最好收集一些反映国军精神面貌的照片,一是为了表达我们老百

---

① 沈大成:先施公司隔壁的著名饮食店。

姓对国军的尊敬和爱戴,二也算我们老百姓为国军出力了。"

阿敏老到地答道:"收集这种照片,这不难,现在电影院舞厅里都在发行,但市面上一般都是免费的,或者赠送的,为募捐作宣传用的。我们的专辑是卖钱的,人家会不会说是在赚战争钱?"

受河敏的话启发,赵诗梦进一步说明道:"这倒是提醒了我,不要让人家误解,以为我们是在赚战争钱。我本来是想把专辑做得精致一点,不要像这些零散的照片一样,只具有时事性,没有收藏性,人们看完了就扔了,反正是免费得来的,印刷精致的专辑让人家看完之后可以收藏,作为永恒的纪念,让人们永远记住上海滩有这样一场战争,所以需要一点费用。而且让人们付一点钱,可以让人们重视这本专辑,毕竟是自己用钱买来的,这样有利于收藏,所以我定的只是成本的价格。"他想了想,继续说,"那这样吧,专辑制作印刷的费用全部由杂志社出,卖掉的钱全部捐给国军,在专辑上注明,'所获书款,捐助国军',另外,图片专辑的名字,我也想好了,就叫《一寸河山,一寸血》。"

淞沪会战就像一台巨大无比的机器,把上海滩市民全部卷了进去,改变了他们固有的生活轨迹,甚至原有的思维和情感。在租界的人们也不例外,借着租界的庇护暂得片刻安全的人们,各尽所长,竭尽全力地为自己的军队出力,也得到了良心上的平衡。赵诗梦杂志的印刷协助工厂在虹口境内,虽然被炸了门房间,死了个看门的老爷子,车间倒没有被炸到,还能开工,只是没有工人敢上班,生怕战火再度烧过来,性命不保,已经停工一个多月了,近两期的《蓝玫瑰》也无法发行,他正在筹划的亢战图片专辑更无法出版,长此以往,杂志社的生存也会出现危机。

十月下旬的一个晚上,赵诗梦在自己的编辑室里,正在为杂志的印刷途径发呆。吴进源来到杂志社,推开赵诗梦编辑室的门,见屋内漆黑一片,没有开灯,借着外间的光线,只能隐约看见他半躺在椅子上,两腿交叉搁在书桌上。吴进源开亮了电灯,首先映入眼帘的是赵诗梦那双跷得高高的脚,脚上的那双三节头香槟式皮鞋依然崭新铮亮,一尘不染,在灯光下显得异常耀眼,脚下压着的是一张前几天的报纸,上面刊登着的都是国军撤离上海滩的消息,旁边还有一只空酒杯和一瓶打开的威士忌。吴进源瞪着眼睛,带着调侃的口吻说:"黑灯瞎火的,一个人在干嘛?"又指了指他那双搁在桌上的脚,叫道,"快把脚拿开,没人要欣赏你的臭皮鞋。"而后,把一沓照片和一些英文报纸扔在他的书桌上,抱怨道,"出专辑本应该是我们拍照片人的专利,想不到被仁兄抢先一步,我只能协助你,为你打下手了。"

赵诗梦依然半躺着,没有收回脚,更没有站起来招呼的意思,以调皮的眼光盯着吴进源,用手示意请他在侧面的沙发上坐,笑嘻嘻慢悠悠地说:"我敢打赌,我这双皮鞋的价格,肯定比你全身衣服加起来还要贵。"

吴进源做出一副凶巴巴的样子道:"我没空跟你打赌。没想到打仗就要结束了,今天的四行仓库还打得这么厉害,我在那里守了一整天,国军真是壮烈。要不是答应你给你送照片,我才没时间过来呐。"

赵诗梦答道:"我也在那里待了一整天,回来后什么也不想做,脑子乱哄哄的,所以只能喝酒。我怎么在白天没有看见你呀?你躲在哪里?"他们俩有一段时间没见面了,吴进源似乎黑瘦了不少。赵诗梦抬起头,看了一眼吴进源,见他没有回答,便不紧不慢地说,"你黑了,瘦了,这段时间你肯定捧着照相机,冒充记者到处乱蹿,有人找你打麻将,都不见你的人影。辛苦啦。"

吴进源入座后,继续诉苦道:"是黑了,也瘦了好多,白天冒着枪林弹雨拍照,晚上躲在暗房里洗照片,有空还要为你收集资料。"又拉了拉身上略显肥大的衬衫,说,"哪有时间打麻将。看,原来的衬衫都嫌大了,连去隔壁大新公司买几件合身的衬衣时间都没有。"

赵诗梦看到他黑瘦了,好像很开心似的,坏笑着调侃道:"衬衫不仅显得大,而且还脏兮兮的,看上去像是好几天没换了。你那个白雪女士呢,她怎么不来照顾你,让她帮忙去隔壁买一件衬衣,应该没问题吧?"

吴进源苦笑一下,以不以为然的口气道:"白雪照顾我?呵,那个女人呀,自以为会写一点文章,就感到了不起了,说要闭门不出,写什么小说。现在她很少来我这里,我们几乎有两个月没见面了。"

赵诗梦笑着继续追击,幸灾乐祸道:"大概人家夫妻重归于好了,就把你扔在一边了吧?"

吴进源急忙摆摆手,认真地答道:"不会的,这个女人死都不会和老公重归于好的,这我知道。她想写小说也是真的。"他在赵诗梦面前说话无须遮遮掩掩,直接以怀疑的口吻补了一句,"我的第六感觉告诉我,她好像找到靠山了,很可能是个外国人。"

赵诗梦听了他后面一句,像是发现了重大秘密,大笑起来,道:"那故事比人家夫妻重归于好更精彩,原来人家找到外国人了,你是被抛弃的呀。怪不得,最近你能不顾生命危险,专心致志地去拍这些照片。"

吴进源让他说得不好意思,笑了笑,有点难为情地辩解道:"那倒不是,你知道我做事风格的呀。女人的事情,该结束的,就应该结束,绝不拖泥带水,更不要说还夹着一个外国男人,那我是比兔子逃得还要快。至于拍照嘛,这是我喜欢做的,像我这样的人不去做,谁做?就像你做专辑一样。"

赵诗梦笑着继续戏谑道:"还做事风格呐,简直是耍流氓。"而后起身拿过桌上的照片说,"让我看看,你拍的照片。"

面对赵诗梦的嘲讽,吴进源更是一边自嘲地大笑,一边回敬道:"耍流氓,说得好,现在上海滩,流氓这一词不是什么坏名词。以前有人暗地里叫我们的杜老板,杜月笙也是流氓,可现在人家捐钱捐的最多了。我喜欢你说我是流氓,因为我们太知根知底了,关于女人的事情,你不会比我好多少的。"吴进源看到他仔细地在看自己拍的照片,便不再继续反击了。

赵诗梦指着一张照片问道:"这是哪里拍的?"

吴进源站起来,瞄了一眼照片,答道:"这是刚刚打起来的时候,攻打日本海军陆战队司令部时拍摄的。照片的正前方就是八字桥,那些头戴钢盔的是国军八十八师的弟兄们,拍摄的地方离开真正交火的地点,还有一大段距离。国军的长官以为我是记者,叫了几个弟兄保护我,绝对不让我上去,前面很危险,所以我只能拍到这些,还有后面几张。那里打的很惨,巷战本来就易守难攻,日本人在马路两边高处,暗枪眼很多,火力非常猛,又是交叉火力,路当中还有坦克、装甲车,国军再勇敢也很难往前冲,一连打了好几次,无法攻上去,伤亡很大,到处是死去弟兄们的尸体,担架队根本不够用,好多受伤的亲兄们没办法撤下来,只能让他们躺在马路边上。眼睁睁看着他们慢慢等死,听着他们的呻吟,真是心如刀绞,惨不忍睹啊。"接着叹气补充道,"嗨,我在那里守了两天两夜,看到的全是这种情景,不知道死了多少国军弟兄,叫人心痛。"

赵诗梦抬起头,望着他说:"真是'一寸河山,一寸血',苦了我们的国军弟兄了。这些照片要好好保存起来,现在即使专辑编辑出来了,也没有办法印刷,印我杂志的工厂的工人都不敢上班了,也不知道猴年马月才能开工。"

吴进源答道:"印刷没有问题。你的老同学虞凯欣曾经把我介绍给一个荷兰人,后来我为那个荷兰人拍过许多照片,还以他为模特拍过广告。他有一家印刷作坊,主要印刷外文杂志和报纸的,中文印得不多,在南市的一栋楼房下面的地下室里,现在肯定还开着工。我以前看过他们印的东西,质量也不错,即使价格贵一点也没关系,我去想想办法,实在不行叫凯欣兄出面打一声招呼。"

这时,小杜为吴进源送茶进来。吴进源故意板着脸,指着赵诗梦桌上的酒杯,冲着他叫道:"你这个学生意的,勿看山水①嘛。你老板在喝威士忌,让他的客人喝茶,好意思哦。"吴进源经常来出版社,和小杜阿敏都很熟,他也常常利用他俩的不足之处开玩笑。

小杜让吴进源这么一提醒,便朝赵诗梦悄悄地瞄了一眼,笑着抱歉道:"不好意思,下不为例。"赶紧从柜子里拿出酒杯,以夸张的动作替吴

---

① 勿看山水:(沪语)一点不灵活。

进源倒好了酒,放在桌上,算是对他的回敬。而后,一个转身看到旁边放着的照片,其中有两张是出云号巡洋舰的照片,就指着照片问:"这就是停在黄浦江上的出云号吧?难道我们的专辑上还要登它的照片?"

赵诗梦点了点头说:"当然要登。"

小杜愤愤地叫道:"为什么呀?它的炮轰让我们死了那么多的人,还要让人们记住它吗?"

一旁的吴进源喝了一口酒,替赵诗梦答道:"就是要让人们记住它。五年前第一次淞沪抗战时,它就来过上海滩了,这艘耀武扬威的巡洋舰,在上海滩欠下太多的血债。"

赵诗梦拿起出云号的照片看了看,问:"这照片哪里来的?"

吴进源答道:"这是我从一个美国记者朋友那里弄来的。这种照片,现在市面上很多,但这几张拍摄的质量最好。"

小杜从赵诗梦手中拿过照片,仔细地看了一会儿,问道:"我们国军能把它炸沉吗?"

吴进源答道:"即使今天国军炸不了它,明天也会被炸沉的,放心好嘞,总有一天会把它炸沉的。"

赵诗梦在旁边解释道:"我们的小杜恨死日本小鬼子了。这几天来他一直郁郁寡欢,他在罗店镇的本家被打烂了。"他把小杜去罗店镇的经历向吴进源介绍了一遍。

吴进源看了一眼小杜哭丧的脸,苦笑了一下,宽慰道:"家里的房子就别去想了,肯定不在了,只要人没事就好。"停了一下,又转向赵诗梦介绍道,"我有一个朋友是记者,是《申报》真正的记者,不像我是冒充的。前一段时间里,他跟在国军后面,一直在记录罗店镇的战况,近半个多月,回来介绍时,竟然用了'罗店绞肉机'一词,你想想有多可怕。他说那边打起来的时候,一批批国军上去,一批批倒下,尸体都来不及往回运,前方的罗店镇就像一台巨大的绞肉机一样,把大批的人绞没了。"接着他放慢语速低沉地感叹道,"我们的国军太让人佩服了,他们武器装备没有小鬼子的好,但他们无所畏惧,前仆后继地抵抗着。看到尸体,看到那么多的国军弟兄的尸体,真让我这个流氓也要流泪了,他们凭什么死在离自己家乡那么远的上海滩。"顿了顿又说,"说一句真心话,我真想多捐一点钱给他们。"

大家都没有说话,房间里一阵短暂的沉寂,仿佛都在思考刚才吴进源讲的事情。赵诗梦眨了眨眼睛,又揉了揉,有气无力地叹息道:"我也是如此,也有这样的想法,所以只要我遇到募捐活动,必掏口袋。"接着一下子又躺回到椅子上,双手放在后脑勺,望着天花板感叹道,"现在是国家最危难的时期呀,感动是一回事,而能力又是一回事,个人的力量永远是渺小的。"

小杜朝他俩看了一眼,插话道:"我也想捐款,只是钱少,捐不多,但我更想直接和国军一起去打小鬼子。"

赵诗梦苦笑了一下,接着他的话继续道:"打小鬼子,我可没这本事,我们这些人呀,也只能捐点钱,算是尽力了。杜月笙有钱,捐大钱,捐飞机轮船;我们没大钱,就捐小钱,捐一些首饰戒指,和一些小黄鱼,还可以的吧,几次捐下来,我的几个戒指全都捐了,就如广播中号召的:全市民众有钱的出钱,有心的出心,有力的出力,共同参加抗日。现在市面上,又出现了几年前①舞女为抗日助捐而通宵伴舞的情景,她们又成立了什么'舞女爱国不落人后'组织救亡协会,还在报纸上发表了《告姐妹书》。"

不知道吴进源是听到打小鬼子,还是听到了通宵伴舞的缘故,一下子来了劲,从位子上跳起来,叫道:"不要以为我不会杀人,如果被逼急了,我和他们拼命。"手一挥,提议道,"但今晚,我们去舞厅,跳个够,喝个够。我已经一个多月没有跳过舞了。走,去看看,打仗时候的舞厅是怎么样的。"他指着小杜,像是命令道,"今天晚上,你也必须去,再叫上阿敏,全部上阵。"接着又跟赵诗梦说,"杜月笙是上海滩的名流,今晚我们也学学杜老板做善事的样子。现在我就去买一件衬衣,再回店里

---

① 指1932年"一·二八淞沪抗战"期间。

拿钱。"

小杜从来没去舞厅消费过,也不会跳舞,听说要拉他去跳舞,这时他拘谨起来,口齿不清地回道:"不,不啦,我可不去。你们叫阿敏去吧。"他是真心不想去,一是这种花天酒地的地方,从来没去过,怕出洋相,二来是自己没有钱,也不愿意花别人的钱去这种地方。

吴进源神秘地向小杜做了一个鬼脸,说:"别紧张,我请客,我有钱,今天晚上我有很多钱。"接着对赵诗梦讲,"我辛苦了一个多月,把人家欠我钱的事都忘了,昨天,人家给我送到照相馆里来了。"

赵诗梦将信将疑地看着他,怪笑着反问道:"这个世界上,还有向你借钱的人?"

吴进源一下子笑了起来,实话实说道:"上两个月和人家搓麻将,一个笨蛋输了,把身上所有值钱的东西都给了我,两个戒指和一块欧米茄手表,玩得只剩下裤子了,向我借了钱,可还是输。那天我的手气真是太好啦,一赢三输,我陪着他们玩到第二天下午,他差一点把他老爷子给他的斯蒂庞克轿车押给我,怎么也没办法返本,只能欠下债,灰溜溜地走人。两个戒指和一块表,早就捐掉了,前几天,募捐的游行队伍拉着被单,恰好路过我照相馆门口,她们很有意思,被单四个角,四个女孩一人拉着一个角,被单就像一个大口袋,里面已有不少现金、戒指耳垂和手表之类的值钱的东西,我口袋正好只剩下这戒指和表了,就全扔进去了。这个场面前所未有,令人震撼,那些东西扔进去的时候,真叫个爽,如果那笨蛋把那辆斯蒂庞克押给我的话,我也会把它扔进去的,那个拉被单的女孩子很漂亮,还特地过来亲了我一下。"他顿了顿,摸了摸自己的脸颊,好像意犹未尽,又朝小杜看了一眼,继续道,"后来,我一个多月没打麻将,忙得像一只猴子,天天拍打仗的照片,早就把这笔钱忘了,可这个笨蛋给我送来了,人家还是很讲信誉的,到底是大户人家出来的小开阔少。不多不少,有一千八百二十块钱,今晚,我们把它一次性全花了。"

赵诗梦问道:"他是谁呀?那个输给你钱的人。"

吴进源答道："朱跃中,你们好像见过。"

赵诗梦似乎想起什么,道："哦,就是那个总开着一辆崭新的轿车,长得细皮白肉,文绉绉的。"

吴进源应道："对,就是他,开斯蒂庞克的。"

赵诗梦道："是他呀,怪不得会有人欠你钱。我好像只在聚餐时见过他一两次,从没和他打过麻将。"接着催促道,"好了,你还是快点回去收拾收拾,准备出发吧。今晚,不知道哪个倒霉的舞女,又要来吻你。"说得吴进源有些得意忘形,又肆意地大笑起来。

小杜有点搞不清楚跳舞和捐款的关系,听到有这样金额的一笔款子,像是找到了不用去舞厅的办法,赶忙说："吴老板,你可以做好事呀,把这钱捐掉,何必去那里花呐。这一千八百二十块钱,可以让普通一大家子人过好长时间呢。"

吴进源大笑道："傻瓜,我是要捐,不去舞厅,我去哪里捐?站在马路上等抗战募捐的游行队伍过来吗?"又朝赵诗梦看了看,似乎在讨救兵,"他们两个人的事情,就交给你了。"

赵诗梦尽管喜欢跳舞、赌马和麻将,认为这些不是什么坏东西,但容易沉迷其中而不能自拔,有玩物丧志的可能,所以一般不主张像小杜或阿敏这样的年轻人去舞厅,更不会主动带他们去,可这次有点不一样。赵诗梦笑着解释说："现在这种做法市面上很流行,舞厅茶楼等娱乐场所里都可以为抗战募捐。比如舞厅,在那里我们可以把钱直接捐掉,如果付给舞厅或者舞女的钱,他们也要拿出一半来捐掉,这样跳舞捐款两不误。"朝吴进源看了看道,"就不要辜负了吴老板的心意,你也可以在那里学到许多东西。换一件像样的衣服,叫上阿敏,我们一起去吧。"

走出房门的吴进源又转过身,叫道："你们在这里等我,过一会一起去大都会花园舞厅。"随后人影就消失。

赵诗梦听到是大都会花园舞厅,心里咯噔了一下,有些后悔自己没有问清去什么舞厅,就答应去跳舞,心里有些埋怨吴进源,上海滩有几十家上百家舞厅,为什么偏偏挑大都会花园舞厅呐。虽然,赵诗梦已经有大半年没去那舞厅了,对于和大家一起去,心里存在着矛盾,那里有他和桂芳的足迹,小青青可能还在,如果她出现,可能泄露他和桂芳的秘密,可内心深处却又希望碰到小青青,可以从她那里多少了解到桂芳目前的状况。他有些举棋不定,也不愿意扫大家的兴,心想只能走一步看一步,随机应变了。

  大都会花园舞厅的门口,摆放着一块很刺眼的标语牌,用灯光照着,上面写着"爱国不敢后人",这是战争爆发后,上海滩舞女们发出的不愿意落后于社会的共同心声。舞厅的内部除了多出几幅"一切为了抗日救国""有钱出钱、有力出力"的标语外,与以往并无二致,依然霓虹闪烁,灯红酒绿,歌舞升平,似乎"抗日募捐"再次成了整个上海滩租界的"自我升华",成了人们追求的一种时尚,尤其在一些公共场所,成了人们攀比的举措,比谁捐得潇洒,比谁捐得气派。

  他们四人进入舞厅,已经蛮晚了,虚位以待的坐席不多。吴进源首当其冲,走在最前面,引领大家寻找位子入座,向侍者要了舞票,分发给阿敏和小杜,留着一厚叠放在茶几上,让各位自由使用,又叫了两瓶香槟酒,阿敏一脸兴奋,起劲地抢在侍者前,为大家开瓶斟酒。刚刚坐定,赵诗梦为了知道吴进源为什么对这个舞厅情有独钟,就趁着舞厅黯淡的光线和聒噪的音乐,凑到吴进源跟前,轻声地试探道:"外面有那么多的地方可以跳舞,你为什么要来这里?"

  其实,吴进源选择大都会花园舞厅,除了这里舞厅的名气响,舞池大,没有特别的理由。他想了想,答道:"你怎么这么不领行情的啦?现在外面不像以前了,有那么多舞厅在等着你。虞洽卿路一带的舞厅大多数都已经改成了临时伤兵医院,接受受伤的国军弟兄了。"

  赵诗梦对自己不了解行情,一点都没放在心上,继续用调侃的语气道:"我以为你现在这种时候,还喜欢去四川路上的舞厅呐。"说话间还带着一丝坏笑。赵诗梦知道他以前非常喜欢去那里跳舞,迷恋那里的日本舞女,认为日本舞女是世界上把男人服侍得最好的女人,还曾经一度包养过一个日本舞女作为小情人。

吴进源知道赵诗梦的话有所指,在拿自己开玩笑,便故意板着脸,恶狠狠地回敬道:"我好心请你来玩,你却来戳我心筋①。"尔后,身子舒服地往后一靠,对阿敏和小杜介绍说,"这里的舞娘都弹眼落睛②得不得了,个个好看得张牙舞爪,漂亮得叫人心慌意乱,你们俩年轻人,可要悠着点,性急吃不了热豆腐呀。"说完哈哈大笑起来。阿敏和小杜第一次听到如此露骨的描述,有点难为情,只是羞涩地偷笑着。

赵诗梦不失时机地话里藏话道:"我们的吴老板,真会言传身教呀。以前他就是不小心,吃了热豆腐,把心烫坏了,至今还在隐隐作痛呢。"大家都被这话逗乐了。

这时迎面过来两位舞女,一前一后,后面的还捧着一个红色的募捐箱。吴进源凑到赵诗梦跟前,隐蔽地用手悄悄地指了一下,介绍道:"看,走在前面的一个,大概是他们舞厅的台柱,漂亮吧,过一会我一定要和她跳一曲,怎么样?"没等赵诗梦回答,他就提高了嗓门,既是向两位舞女打招呼,又像是宣布似的:"我们要开始捐钱了。"刹那间,捐钱成了他头等大事,便立即起身,从西装的内侧口袋里掏出皮夹子,抽出三百块钱准备投入募捐箱。赵诗梦暗暗仔细打量了一下这位舞厅的台柱,似乎以前没有见过,心想大概是最近才来大都会花园舞厅上班的吧。

那位台柱笑盈盈地说:"欢迎四位光临。爱国不分大小,有钱出钱,有力出力。"她职业性的笑容,给人有一种似笑非笑的感觉。她伸出细长而白皙的手,接过吴进源递上的捐款,机械地问道:"先生,尊姓大名?"

吴进源用手势,沿着他们几个人划了一圈,恭敬地答道:"这是我的几个兄弟和朋友,他们由我代表了,敝人姓吴。"

这时舞厅的所有聚光灯一下子集中到他们四个人身上,照亮了他

---

① 戳我心筋:(沪语)刺激我。
② 弹眼落睛:(沪语)比较扎眼、出众。

们每一个人的脸,他们成了整个舞厅的焦点,似乎一瞬间周围也热闹了起来,阿敏和小杜惊得有点面面相觑,就是经验老到的吴进源也受惊不小,一瞬间发了呆。舞厅的那位台柱却熟练地高高举起捏着捐款的手臂,向四周晃了晃,以展示捐款。也许灯光太强,她雪白的手臂在灯光的照射下,太显眼,适得其反,大家似乎只能看清她雪白的手臂,而无法注意她手上的捐款。尔后,她大声地向全场的男男女女宣布:"十七号桌,吴先生等四位先生,捐款三百块钱。"她的声音有些沙哑,有点像成熟男人厚重而平稳的声音,还隐隐夹杂着一种职业化的生硬,但不难听,相反可以算是一个不好不坏的特色,在杂乱的人声中很容易辨别,甚至仔细听还能隐约听出一丝悲凉或性感,从她的笑容中也能感觉出一丝僵硬,似乎她心中隐藏着巨大的秘密。她的话音刚落,赵诗梦又递上了二百块钱,台柱接过捐款,问了姓名,继续宣布道:"赵先生再追加二百块钱,总共五百块钱,是今晚捐款最多的一桌。"台柱将两笔捐款叠在一起,在全场的众目睽睽之下,塞进了募捐箱里,尔后,她面对他们四人站挺了身子,以同样的声音说了一声,"我代表国军弟兄,向你们表示感谢。"又深深地鞠了一躬,随后全场响起了一阵热烈的掌声,场子里的有些人还站了起来,尖声呼叫着朝他们这里伸头张望,向他们致敬。转而灯光随着掌声的消失,渐渐地黯淡下来,两位舞女也带着残留在脸上的笑容离开了,一瞬间的热闹也随之消退。

这是舞厅自从有募捐活动以来的一个必经程序,每一批舞客进来,不论捐款多少,都有一次灯光聚集,台柱唱票,掌声感谢,把全场推向一个个高潮,当然捐款金额越多、次数越多的,越有脸面,虽成不了战场上的英雄,至少那晚可以成为舞厅里最耀眼的一个。

台柱身材高挑,紫红色丝绒旗袍让她的背影和正面一样迷人,肩、背、腰和臀部由优雅的曲线连成一体,随着她的步伐起伏有致,裸露在旗袍外的两支白乎乎的胳膊特别显眼,高开衩的旗袍使得她的大腿若隐若现。吴进源的眼睛紧紧盯着舞厅台柱的背影,如同饿狼盯着自己的猎物,一直等到她进入黑暗的角落,回过头捂着嘴,以略带惋惜和自我解嘲的口吻,笑着低声对赵诗梦说:"美中不足呀,我们捐了大钱,而她唱票的声调,就像拍卖行里的老爷子的叫声,一点不带表情,一点感受不到她的感激之情,完全职业化,实在没法与她的卖相和身材相提并论呀。"说着又扭过头,朝舞厅台柱去的那边张望一下,又补了一句,"不过,我还是决定,今晚第一个舞就和她跳。"

赵诗梦以前从没见过这位舞厅台柱,估计吴进源也是第一次见到她,便顺势轻声地调侃道:"捐了钱,人家没有朝你多看一眼,是不是心里不舒服了?你们又不认识,你的钱是捐给国军和难民的,又不是捐给她的,人家凭什么要跟你发嗲呀。"

吴进源不以为然地打断道:"钱虽不是捐给她的,但我们是通过她们手捐出去的,应该对我们要好一点喽。一回生,二回熟嘛,我还要出大价钱,请她们跳舞呐。"

赵诗梦见吴进源对此计较得像个小孩,感到很好笑,带着嘲弄的口气,宽慰道:"人家又不会做你的老婆,只不过跟你跳跳舞而已,你就别挑剔了……"

赵诗梦的话还没有说完,舞曲就响起了,吴进源向他扔出了一句:"但,可以做临时老婆呀!"嗖的一下子,像猫一样从座位上蹿了起来,头都不回,去邀请舞厅台柱跳舞了。

赵诗梦这次来舞厅,除了捐款和跳舞,牵挂的有两件事,第一件当然是在舞厅里能否遇到小青青,如果遇见,可以从侧面打听一下桂芳的情况;另一件,是想看看阿敏和小杜在这种场合的表现,这也是他感兴趣的,因为作为他俩的老板,他有义务知道这些。他朝舞厅扫了一圈,没有发现小青青的身影,喝了一口酒,在慢慢放下酒杯时,又悄悄地向坐在旁边的阿敏和小杜他俩瞟了一眼,心里想发笑。从他俩的面部表情来看,都有些紧张,可紧张的出发点有点不一样,小杜一看就知道是第一次来舞厅,是个舞场新手,拘谨中夹着好奇,担心自己不会跳舞,而搞出一些尴尬的事情,眼神里芎有惶恐,是一种往后退缩的紧张;阿敏则不同,看得出阿敏以前来过舞厅,但不常来,这次就像是难得的机会,一双眼睛发出像猫在搜索老鼠时才有的光亮,在舞厅里扫来扫去,眼神里夹杂着出征前的不安,是一种蠢蠢欲动的紧张。

仿佛舞池黯淡的光线为人们壮了胆,紧紧依偎在一起的男女之间,什么事都可以做,什么话都可以说。吴进源和台柱跳得很欢,时而奔放,时而缠绵,他还不时地用得意的眼神,朝赵诗梦他们那里瞄上一眼,像是在向他们展示自己胜利的果实。赵诗梦在昏暗的舞池里,发现吴进源把台柱搂得很紧,由于他比台柱略微矮一点,所以当他低头时,看上去就像他把头贴在她的胸前,台柱的双手也紧紧地把持着吴进源的肩和腰,似乎还在窃窃私语。台柱白乎乎的手臂在光线朦胧的舞池里,依然显眼,甚至看不清她的脸和其他部位,却能清楚地看见她两只白晃晃的手臂在舞动。他想起了上海滩有位文人曾对舞厅的描写:"东是一块肉,西也是一块肉,这里是一根擦粉的胳膊,那里是一条擦粉的大腿!还有一张一张的血渍似的嘴,一股一股醉得醺死人的奇香奇臭",心想这真是对这里的惟妙惟肖的描述。尽管如此,上海滩的舞厅闻名全国,叫人趋之若鹜,让人心驰神往,男人来花钱,女人来赚钱。转而一想,说这句话的文人,肯定不会跳舞,不会享受这种愉悦,且还是个刻薄之人。

赵诗梦慢慢收回目光,向阿敏和小杜这边靠了靠,以赞叹的口气道:"你们看,吴老板跳得不错吧。"阿敏接话道:"赵社长,你也跳一曲吧。"赵诗梦没有理会,看他俩没有跳的意思,猜测大概自己没有跳,他俩也不敢先跳,所以鼓励道:"下一曲开始了,可以去挑一下舞伴,既然来了,就要跳。"

舞曲结束,舞厅台柱挽着吴进源的手,款款走来,赵诗梦大方而优雅地带头拍手迎接。吴进源一边让台柱入座,一边向大家介绍道:"大都会舞厅台柱之一,曾经拍过电影,甜芯芯女士。"他们一桌的人都点头哈腰的,算是打招呼了,阿敏勤快地为她斟酒。大家干杯后,甜芯芯紧贴着吴进源而坐,一场舞下来,仿佛把吴进源和甜芯芯两人变成了一对黏黏糊糊的情侣。吴进源又扫了一圈大家,起身从茶几上一厚沓的舞票里抽出一本,给了甜芯芯,说:"这是你的。"尔后,身子往沙发上一靠,潇洒地又从皮夹子里掏出二百块钱来,说:"这是捐款。"

甜芯芯再次站起来,向舞厅灯光师拍了拍手,捧着募捐箱的舞女又过来了,又是一套灯光聚集、唱票、鼓掌、鞠躬。热闹之后,吴进源指了指阿敏和小杜,笑着对甜芯芯说:"这两位小兄弟,不常来舞厅,帮忙引见两位舞伴吧,要漂亮点呀。"

新的舞曲又响起,阿敏屁颠屁颠地跟在甜芯芯身后,兴奋显而易见;小杜磨磨蹭蹭,有些犹豫不决,赵诗梦看出了他的迟疑,向他挥挥手,示意快点跟上吧。

赵诗梦似乎有些心神不定,仿佛在寻找桂芳的影子,到底是怎么回事,他自己也说不清楚,望着甜芯芯远去的背影,又扫视了一圈舞厅,虽说以前也经常来这里,但和他跳舞的舞女人数并不多。他左看右看,也没能找到认识的或脸熟的舞女,琢磨着过一会甜芯芯再过来时,是否要向她打听一下小青青的近况,或者直接问一下桂芳的下落。赵诗梦正在胡思乱想时,吴进源好像察觉了他的分心,凑上前来阴阳怪气地问:"我们的赵社长,怎么不去邀一个舞伴跳舞呀?还是在等老相好出场?"

赵诗梦从性格上来讲,是属于一个人闷玩的性子,每当有朋友在场的时候,都会有所收敛,甚至有些谨慎,当其下属阿敏和小杜在场的话,更是如此。对于自己在大都会花园舞厅的故事,在吴进源面前,虽没有遮遮掩掩的必要,但为了避免给他找到调侃自己的素材,能不搭理则不搭理。所以赵诗梦没有理睬他的调侃,漫不经心地实话实说道:"我想看看他俩舞跳得怎么样。"

吴进源朝舞池里扫了一圈,笑着说:"看得出,阿敏活络,跳得还可以,也蛮起劲的。那个小杜不行,你做老板的,要好好带带他呀。"

赵诗梦答道:"他俩都蛮好,阿敏年龄比小杜大一点,快要结婚了,人也聪明,在社里能帮我做不少事情。小杜嘛,才从学校出来,人还蛮老实的,他俩相处得很好,所以我也很省心。"停了停,又接着道,"但是,形势让人担心呀。你看,现在在打的也只有四行仓库一栋房子了,用不了几天国军就会全部撤出华界,以后的形势会怎么发展?日本人控制了华界,接着会不会进入租界?我那边的印刷厂还能否开工?时间长的话,我看一切都难保,没有地方印刷,我的杂志社也难保啦。"他的后半句话透露出来的忧郁,与舞厅欢乐气氛格格不入,这正是生活在租界老百姓的共同特征,一边是生存,一边是毁灭,他们就生活在生存和毁灭的夹缝之中。

吴进源大气地挥挥手,道:"从现在的形势来看,日本人是不可能与英美为敌的,他们进不了租界。你不就是一个印刷的问题嘛,我来帮你解决就是了。出来玩,就不要分心,痛痛快快地玩吧。"接着笑眯眯地盯着赵诗梦,用带有弦外之音的语气问道:"你看,怎么样?"

赵诗梦对他的话,心领神会,知道他是在问对那位舞厅台柱甜芯芯的看法。便故意装起糊涂,反问道:"什么怎么样?是她的人,还是你们的舞,跳得怎么样?"吴进源被问得哭笑不得,嫌他明知故问,夸张地恶狠狠地瞪了他一眼,没有发声。赵诗梦看着他好玩的样子,赶紧补了一句不痛不痒的大实话,"舞跳得不错,唯一美中不足的,就是你略显矮了一点。"

吴进源知道赵诗梦在作弄自己,由于有了实事求是的前半句,也不生气,身子往旁边移了移,不以为然地笑着说:"我又不想讨她做老婆,充其量仅做临时老婆,只要舞跳得好就可以。"接着又凑到赵诗梦的跟前,同样故意眯起眼睛盯着他,似乎要看穿他的内心世界,或者是要防范他说谎似的,一字一句地问道:"你在这里,真的没有相好的?"

赵诗梦正要继续和他打哈哈,蒙混过关时,眼前闪现出一个似曾见过的身影,向自己走来,那人正是小青青。她笑盈盈的,依旧是那样窈窕婀娜,轻盈漂亮,一点没有生分感。他迅速向吴进源瞟了一眼,潇洒地朝小青青招了招手,示意让她坐到自己的旁边。小青青朝吴进源瞄了一眼,甜甜地问道:"赵老板,今天还跳探戈?"这口气就像昨天他们刚刚跳过一样,省略了寒暄和招呼,让赵诗梦措手不及,一时不知道怎么回答,又有吴进源提问在前,所以略显得有点难堪。

赵诗梦只能说:"现在不是探戈的舞曲。多日不见,先喝一杯酒吧。"为小青青斟完酒，有点不情愿地向她介绍了吴进源，她很职业化地举起杯子，在吴进源面前晃了晃，说了一声："干杯。"小青青居然如此不认生，这让赵诗梦大大凉讶了一把。

吴进源看到了小青青，像是发现了赵诗梦一个巨大的秘密，想抓住这个机会，和小青青搭讪，问出赵诗梦以前在这个舞厅跳舞的故事。他侧过脸，朝赵诗梦悄悄地坏笑了一下，又转过头来，装着若无其事，无话找话说的样子，与小青青套近乎，问道："你们舞厅捐款的人，多吗？"

小青青摆出一副骄傲的样子，道："我们舞厅客人多，捐款也就多喽，我们舞娘人数也不少，捐款数大概是上海滩数一数二的吧。"生怕他们没有听懂，又加了一句，"现在我们舞娘从客人那里拿的钱，一半都是捐出去的。"

赵诗梦知道吴进源在动坏脑筋，想把和小青青说话的机会夺回来，一时找不到要说的内容，只是傻乎乎地抢着问了一句："你捐了吗？"

小青青以不以为然的口气道："上海滩人人都在捐款，'爱国不敢后人'嘛，我们做舞娘的，也一样。我当然捐喽，上个月，我每天一个戒指，一连捐了七天，把我所有的戒指都捐了。"她在两个大男人面前伸出洁白粉嫩光溜溜的手，一正一反展示了一下，像是要证明自己的戒指都已捐了，说，"你们看，现在我们许多舞娘都不戴戒指了。"

赵诗梦听到这里，有点感动，神情也有点显得严肃，跷起大拇指，道："好，了不起。"

小青青依然一副满不在意的样子，道："捐点钱，算什么呀！那么多的国军弟兄们在华界打仗，都殉国了，命都没了，这才伟大呐！我们的钱捐了，人还活着，以后还有机会赚钱，不是吗？"

吴进源接着话题，说："你们舞娘捐这么多的钱，真是伟大。看来我们要捐更多的钱喽，才对得起我们的国军弟兄们。"转而又朝赵诗梦暗暗地坏笑了一下，顺水推舟道，"你的戒指捐了，没关系，叫我们的赵老板给你买新的，带钻石的。"

小青青向赵诗梦看了一眼，略带责怪的口气，抢着道："赵老板，你又不常来。自从上次跳了探戈后,有多长时间没来了?"她似乎想了想,继续道,"大概有大半年了吧?"

赵诗梦微笑着点了点头,心想谢天谢地,还算好没有提到桂芳。吴进源听到赵诗梦有半年没有到这里来跳过舞了,心想他也不大可能在这个舞厅里有什么老相好,不会有什么故事,也就不用再转弯抹角向小青青打听了,便想通过她打听一下甜芯芯的情况,以便将来出手,实现讨临时老婆的计划。他向赵诗梦瞄了一眼,做出一副很随意的样子,问道:"刚才,领我们捐款的那位,才来不久吧?好像我以前没有见过她。"

小青青答:"没有啊,她是从其他舞厅过来的,已差不多半年了吧。你没有见过她,那我也没见到过你呀。"停了停,把头扭向舞池,好像是在寻找甜芯芯的身影,继续慢慢地说,"我们叫她甜姐,或甜芯芯,其实她叫田芯芯,是我们这里捐戒指最多的,一共捐了四十九个。她有个哥哥,两个月前,那时开战没几天,就战死在虹口的日本司令部门前,身中六弹。"也许是经常和人提起这些故事,她侧着头,说这话时语气平淡,慢条斯理,就像树叶飘落一样自然。而听这些话的两个大男人,则屏住呼吸,张着嘴巴,诧异地相互对视了一下,不敢出半点声响,仿佛遇到一位伟岸的巨人,压得他们透不过气来,压得他们变得渺小了。

过了好一会,赵诗梦把目光移到吴进源的脸上,轻轻地感叹了一句:"噢,原来是英雄的妹妹呀,你可要对人家好一点。"声音有点发闷发沉,这样的感叹既是一种告诫,又是一种关心。吴进源只是沉默不语,微微点了点头,点头的样子似乎很沉重,似乎是深思熟虑后要去完成一件重大的任务。

两个大男人的轻声细语和微妙的表情,都在小青青扭过头来之前完成的,她全然不知。舞厅依然热闹,光线依旧黯淡,人们还是那样的既亢奋又优雅,一切照旧让人陶醉。

阿敏和小杜双双带着舞伴回到座位上,他们学着其他舞客的样子,潇洒地忙了一阵,向舞伴分发舞票和为她们斟香槟,动作都温文尔雅,体贴周到,完全像一个成熟的舞客。阿敏和舞伴比较热络,一直在交头接耳,低声说笑,两人有点黏;小杜和舞伴略微有些生分,但不失礼貌周全。

赵诗梦朝俩年轻人扫了一眼,只见阿敏的手被舞伴拉着放在她的大腿上,这种肉麻的动作,他在舞场里见过太多了,自己也遇到不少,不足为奇,只不过感到那两只捏在一起的手,在灯光的照射下太刺眼,他没有多想,为了避免打扰他们,很识相地迅速把目光移开了。这时,舞池对面的一桌又有人捐款了,又出现了甜芯芯的身影,还是灯光聚集、唱票、拍手喝彩,汇集了舞厅所有人的目光。

新的舞曲再次响起,正是跳探戈的,自然赵诗梦和小青青要上场了。可能由于探戈有一定难度,阿敏和小杜他们都未出场。吴进源看到阿敏和小杜都有舞伴的陪伴,不愿意搭讪打扰他们的好事,也没找新的舞伴,一边呆呆地看着赵诗梦他们在舞池里挥手扭腰,心里想着甜芯芯和她哥哥的故事。他思绪有些混乱,有些五味杂陈。他嫌香槟酒不够劲,必须来一点更刺激神经的,向侍者要了一瓶威士忌,没想到送威士忌来的却是甜芯芯,她还带来两个威士忌的酒杯。一般舞娘不会端酒上酒杯的,这让吴进源有点小的惊讶,他知道只有当舞娘对舞客有好感,注意到他时才会这样,给予特殊的照顾。

吴进源接过她手上的威士忌,一边斟酒,一边问道:"你也喝威士忌?"这似乎有点明知故问,他自己都觉得有些可笑。

甜芯芯略带僵硬地笑了笑,没有回答,接过酒杯,做了一个简单的干杯动作后,一饮而尽。也许是压抑的太久,也许是一种习惯的刚毅,她举杯饮喝的动作表现出一种势不可挡的气势,然而这一系列动作的组合又不失女性的优雅,一点看不出有做作的成分。她缓缓地转向吴进源,吐了一句:"这几天,没有这个,真不行,已麻木了。"勉强挤出了一丝微笑,像是为自己喝酒的样子表示歉意。显然,从她喝酒的动作很容易看出她是一个喝威士忌很猛的女人。

吴进源从刚刚混乱的思绪中,回到现实,仔细地观察着她,想不失时机地说一点体恤的话,可一时不知道如何表达。他发现自己的感觉不像刚见到甜芯芯时那样春心荡漾,蠢蠢欲动,而多了一份矜持和细腻;他自己也搞不清楚,这样的收敛是出于对她的尊重和钦佩,还是为今后择机而发积蓄力量。

甜芯芯优雅地从香烟盒里取出了一支香烟,吴进源潇洒地为她点上,两人动作默契得天衣无缝,就如他们的跳舞。他们谁都没有开口,只是貌似默默地看了一眼对方,这种眼神的交流虽快如闪电,但透露出的信息往往是最真实的,最迷人的,让人难以忘怀的。吴进源读懂了她的信息,在冷冰冰的表情后面,恰是一条冰封的小溪,只要轻轻地捅破那层薄薄的脆弱的坚冰,下面就是一条清澈如镜的涓涓细流。

赵诗梦和小青青从舞池下来了,有些酣畅淋漓,神采飞扬的感觉。阿敏和小杜为他俩回归,轻轻地拍着手。赵诗梦回到座位,没有直接坐下,而是掏出几张钞票交给甜芯芯,又是灯光聚集,唱票,鼓掌雀跃,把舞厅里的气氛又推向一个小高潮。

下一支舞曲响起,大家都去跳舞了,只剩下赵诗梦和小青青留在位子上。赵诗梦从刚才小青青介绍甜芯芯的情况中,了解到甜芯芯是在桂芳离开大都会花园舞厅后才来的,肯定不知道桂芳的情况,如果想知道桂芳的近况,只能问小青青了。他酝酿着如何开口询问,由于他与桂芳和小青青的三者关系极其微妙,为了避免小青青不高兴,不愿意在小青青面前说得太明了。他慢悠悠地拿出烟斗,装上烟丝,小青青凑过来,殷勤地划亮了火柴,火光在暗淡的舞厅里,变得很亮,照亮了他俩的脸,他瞥见小青青那双明亮有神,黑白分明的眼睛,正盯着自己,目光里混杂着渴望与谦卑,真情与挑逗,没有做作,没有虚情假意,还带着一丝重燃战火的欲望,似乎在问,"今晚,我们还像那晚一样",这让赵诗梦不大不小地吃了一惊,是来舞厅之前,没有想到的,当时只考虑到遇见她,可以打听一下桂芳的近况,没想到会遇见她这样的目光。他从来没想过重燃战火的事儿,他不敢往前走了,有些不知所措,如果他俩当中没有桂芳这一层的话,那就不成问题,完全可以随心所欲,凭着感觉走。他重重地吸了一口烟,心想桂芳的近况还是过一会儿,有机会再问吧,先把她重燃战火的想法打消掉。他小心翼翼地把目光移开,避免目光接触时产生的火花,目不斜视,看着舞池里跳舞的人,不紧不慢,无话找话道:"战争改变人的生活,上海滩有许多舞厅都变成伤病员医院了,你们这里倒没有变化嘛。"

小青青注意到了他避开自己的眼神,也朝舞池跳舞的人扫了一眼,接口道:"嗨,战争改变人的生活,我可一点没变,心里一直有你。"语气中有着上海女人特有的嗲。赵诗梦面对这样赤裸裸的表白,头脑迟钝,不敢轻易搭话,只能继续装模作样盯着舞池出神。小青青仍旧目不转睛地望着他,见他不说话的样子,她感叹道,"哎,我知道,你爱我,只是没我爱你的多。"停了停,继续笑盈盈地注视着他,说出了后半句,"我也知道,你爱桂芳姐,比爱我多一点。但你放心好嘞,我不会吃我阿姐的醋的,也不会抢走她的男朋友的。"说完她起身弯腰,为他俩斟香槟,脸上依然挂着笑容,但刚才激情四射的光芒,褪去了不少。

赵诗梦感到这些话,不乏醋意,但也说出了事实,说出了他们三人的关系;最后一句,虽有点让自己哭笑不得,可觉得小青青身上有一种可贵的东西,这种东西具体是什么,自己也说不清楚,或许她与桂芳有着不一样的性格,而可贵之处是差不多的。他不能继续装聋作哑了,接过酒杯,笑着道:"你们俩都是我的好搭档,不分彼此,让我铭记在心。"

小青青抿了一口香槟,抬起头,望着他,道:"自从那天以后,我看你一直没来跳过舞,我就知道你心里有我阿姐。"

赵诗梦见她说得如此直白,也是一个明白人,便鼓起勇气,直接问道:"她结婚了吗?"

小青青瞟了他一眼,认真地答道:"应该还没有吧。我们不常见面,不过她说过,她肯定会结婚的。"

赵诗梦壮大着胆,继续试探道:"以后,你能不能陪我去,看她一次?"

小青青歪过脑袋,调皮地笑道:"你是否还想来一场那晚的好戏?"他无言以对,呆呆地看着她。

小青青继续道:"桂芳姐吩咐过,让我以后在这里碰见你时,不能提她的事情。"

赵诗梦终于碰到了钉子,他脱口而出:"哦,是吗?她这样说的?"

小青青没有直接回答,却说:"她同我说过,你是个好人,她不想打扰你的生活,你也就不要去看她了。"

那句"她不想打扰你的生活",提醒了赵诗梦,发现这个话题又绕了回来,问题还是出在自己身上,自己没有资格和桂芳结婚,她要的不是情人,不是偏房,或别的什么,自己不配去找她。想到这里,他内心感到非常沮丧,但不想表现出来,不露声色地为小青青倒了一杯香槟,又抓起威士忌,把自己的香槟酒杯斟满,将香槟酒递给她,做出一副感激的样子,感叹道:"你和桂芳都是好人,认识你们俩,真是我三生有幸了。"

小青青调皮地一笑,亲热地在他脸上吻了一下,说:"我们仨,都是好人。来,为好人,干杯。"

赵诗梦让她的神情逗笑了,干完杯后,他喝了一大口威士忌,几乎差一点把杯里的酒喝光。

那晚,他们这一桌,除了甜芯芯时而会离开一会儿,去操办其他人的捐款和一些舞场里的琐事,每次离开时,都会和吴进源亲切地招呼一声,这也许是对吴进源这个朋友的认同和最高的奖赏,小青青和另两个舞娘与他们一直相伴相随,一以贯之,跳舞喝酒,卿卿我我的聊天。他们在跳舞捐款,喝酒干杯的一次次轮回中,赵诗梦和吴进源不知不觉地把口袋里的钱全都捐了出去,这些钱可以买一辆军用卡车了,创了舞厅当日捐款的最高纪录。在租界的庇护下,在属于他们的世界里,他们的灵魂是自由的,他们有着自己的激情澎湃和无所顾忌,他们又是疏财仗义、张扬潇洒和随心行事的。

时间接近翌日清晨了,舞厅的营业也到了一天的尾声,舞厅的气氛已有些萎靡,舞客也不多,没几个摊子了,不论舞娘还是舞客,都显出了疲惫和昏昏欲睡,顾不得体面和雅致,怎么舒服怎么坐,坐相难看的人、东倒西歪的人多了起来,唯有舞厅深处的演奏乐队,依然精神抖擞,一曲接着一曲在演奏,似乎要把强弩之末的舞场气氛再次推向高潮。

就在这时,舞厅门口突然冲进来一位侍者,歇斯底里似地大喊大叫道:"升国旗了,升国旗了,有人给国军送去了国旗,四行仓库楼顶上升起了青天白日满地红啦。"声嘶力竭的喊声,盖过了正在演奏的舞曲,振聋发聩。当人们从语无伦次的喊叫声中,弄清楚所发生的事情时,舞厅一下子安静了下来,舞曲也停止了演奏,人们面面相觑,仿佛在等待即将发生的事情。这时有人喊了一声:"走,看国旗去,为国军助威去。"随之而来的是一阵杂乱的骚动,有人开始往门口跑。

生活在租界的人们,平时对待国旗并不怎么在乎,在租界里国旗也难得一见,因为他们有租界,似乎没有国旗也能生活自如,国旗成了多余之物,甚至有人不知道国旗为何物,从来没见过国旗,或者搞不清楚青天白日满地红和五色旗的区别。正是这场战争,正是国军撤离上海滩,让人们记起了国旗,唤醒了人们对国旗的渴望。

赵诗梦他们随着人群赶紧结账,想不到小青青和另外两个舞女,顾不得向舞厅领班请假,也跟着他们一起出了舞厅。他们七个人,除吴进源开车之外,他们每人腿上坐个女人,挤进了吴进源的别克小轿车里,驱车来到苏州河的四行仓库对岸。

四行仓库的战事已进入第三天了,那里每时每刻,不分昼夜都有成千上万的市民围观对岸的战况,喊口号为国军助威,甚至把敌情用大字写在黑板上为对面的国军通风报信。在同一个城市里,和平生活的市民和血肉横飞的战争仅有一条百米之宽的河流相隔,有些外国记者竟然坐在南岸的高处,一边观察战况,一边喝着咖啡,写出了新闻报道。这种景象,在战争史上极为罕见。

四行仓库对岸的新闸路,离赵诗梦的杂志社和吴进源的照相馆不远,他们那里能够清晰地听到枪炮声,步行也花不了十几分钟就可以到达。赵诗梦他们连着两天都来观战,可从来没想到要看国旗,现在说升起了国旗,无疑对市民是一剂兴奋剂,无疑展示了国军与四行仓库同存亡的决心,鼓舞着南岸的所有民众,也鼓舞着赵诗梦他们。

赵诗梦一行穿过新闸路,来到四行仓库对岸。昨夜下过一场小雨,浇灭了四行仓库周围大部分燃烧的民房,只剩零星的火点,空气中不时随风飘夹带有硝烟和烧焦的气味。原本清晨时分,上海滩的各条马路上行人稀少,人们还处在似醒非醒的状态,可现在那里已是人山人海,到处是观战的人群,把那区域围得水泄不通,人们不但站满了沿岸的堤岸和马路中央,还有楼房的屋顶,即使停在路边废弃的公交车顶上,也都站满了人。从高处望去,黑压压的一片,不分男女老少,都伸长脖子向对岸张望,成群结队地在讨论着最新的战况,随着人们议论战况内容的不同或者对岸传来零星的枪声,都会引起人们一阵阵骚动,这种骚动就像黄浦江的波涛,一波连着一波,一浪接着一浪,似乎在积蓄着更大的力量,大有势不可挡的架势。骚动中,还夹杂着有人引领人们向对岸国军大喊助威的口号,骚动和口号,此起彼伏。

四行仓库是六年前由四家银行共同出资,沿苏州河北岸而建的两栋并排相联的六层大楼,它四面规整,钢筋混凝土结构,是闸北一带最高、最大的建筑。现在呈现在他们眼前的这栋建筑,厚墙高楼已成守军的堡垒,它的背后和西侧都是在冒烟燃烧的民房和残墙断壁,大楼西面的墙壁原本没有窗户,现在已是伤痕累累,布满了烧焦的痕迹,数个巨大的孔洞已成了守军的射击孔。面向南边苏州河一侧,大楼顶上正中位置有一面迎风飘扬的青天白日满地红的国旗,在晨光的照耀下,旗帜中的红色仿佛带着血色,显得特别的醒目,特别的刺眼。此时此刻,南岸自发而来观战的人们看到国旗,无不脱帽立正、挥手致意,给大楼内的国军和国旗予以最高的礼遇。

吴迓源是他们几个人当中,冲在最前面的,拐出新闸路口,抬头一眼就看见了四行仓库顶上的国旗,他盯着旗帜看了两秒钟,转身向阿敏和小杜他们感慨道:"这可能是上海滩最后的青天白日满地红了,好好看看吧。"

小杜带着崇敬而担心的语气,望着旗帜自言自语道:"谢晋元团长,他们会坚守到什么时候?"

阿敏接着他的话,脱口而出道:"我相信国旗在,他们就在,他们肯定会与四行仓库共存亡的。"

小青青的眼睛里已有泪水在打转,像是恳请似的口气说:"我才不要他们与四行仓库共存亡呐,这对他们太残酷了,他们快点撤出来吧。"

阿敏悲哀地说:"他们往哪里撤呀,现在四行仓库就像大海里的一片孤叶。上海滩的华界都让日本人占领了,往我们这边租界撤,英国人是要他们放下武器的。"

小青青的声音里明显夹着哭腔,反问道:"难道上海滩不是我们中国的吗?难道只能看着他们战死吗?一点办法都没有吗?"

小杜板着脸,愤愤地道:"这是没有办法的事情。他们是军人,必须服从命令,只能坚守,如果我在仓库里面,也会同他们一样,与四行仓库共存亡的。"停了停,又介绍说,"听说,昨天一群日本兵在仓库外围找到了一个死角,想用炸药把仓库下面炸出一个洞,可以冲进去,没想到在仓库顶楼的一位国军身上捆满了手榴弹,拉掉导火索后,直接从六楼纵身跳入这群日本兵中间,一声巨响,与下面所有的日本兵同归于尽,真是英雄呀。"

吴进源语气凝重地接口道:"他们没有伸手向我们老百姓要过一滴水,一粒米,却背井离乡,一到上海滩就为我们去受伤,死去。他们是英雄,是中国的顶梁柱,是中国的巨人,八百孤军就是八百壮士,将永垂青史。"他又看了看国旗,解释道,"现在大部分国军撤退得已差不多了,这样的坚守在军事上意义不大,但我们中国人必须在全世界面前彰显抗击侵略者的决心,我钦佩谢晋元团长他们。"

赵诗梦以为阿敏他们几个年龄较小的没有听懂他的话,便又加了一句:"据报纸上的分析,这也许是我们蒋委员长的'苦撑待变'之策。九国公约会议即将在比利时布鲁塞尔举行,我们要在那时候向全世界表达中国人抗日的决心,以便在国际上获得更多的同情与支持。"他们这几个人和在场所有观战的人一样,脸上都弥漫着悲愤的神情。

随着时间的延续,苏州河南岸汇集的人群越来越多,几乎到了摩肩接踵的程度,人们三五成群凑在一起,议论着战况,除此之外,还传颂着一件昨天深夜发生的事情。小杜把从旁边人群里听来的故事告诉大家:"昨天下半夜,有一个女孩,身藏国旗,冒着被流弹击中的危险,渡过苏州河,把国旗送到了守军团长谢晋元手中,从而有了现在对面楼顶上的国旗。"

当人们知道是一个女孩为国军夜送国旗的,都惊讶不已。赵诗梦感慨道:"哦,送旗帜的竟然还是个女孩,让人佩服,让人敬佩呀,只要有这样的人在,中国就不会亡。"这时,对岸又传来了枪声,起先是零零星星的,不一会儿就噼噼啪啪密集起来,赵诗梦他们不远处的一个中年女人,突然站上一高处,以她嘶哑而高昂的声音,高喊起"中国不亡!""中华万岁!""民国……万岁!"的口号,似乎在以自己的人肉之声来对抗枪声,还向空中挥起了拳头,把赵诗梦他们周围的一小群人推向了一个喊口号的高潮,这样的高潮又带动了整个苏州河南岸的人们,万人追随,虽口号声参差不齐,粗听起来就像是一个巨大怪兽的怒嚎,响彻苏州河畔,声扬云端。赵诗梦他们像所有在场的人一样,随着人群的涌动,淹没在这样的高潮之中。

高潮过后,赵诗梦再也没见到小青青和他自己的两位助手。在中午时分,只能和吴进源两人,驱车离开了那里。

第五章 何去何从

　　战事总算暂时平静下来了,是以国军撤退,日本旗插进了华界为结局的。但租界的正常生活秩序远还没来得及恢复,尚有成千上万的难民还滞留着,难以消化。那些在刚刚的战火中失去财产的人,生存受到威胁,他们盲目地躲进了租界,当局提供的难民收容所根本无法接纳数量庞大的难民。难民们白天无所事事,到处游荡,寻找难民救济点,晚上露宿在街道两旁的人行道上,或者弄堂口的过街楼下,无时无刻不受到饥饿、寒冷、疾病等威胁,这些成了上海滩上的一道凄惨的风景。

　　小杜为了寻找家人,走遍上海滩上百个难民收容所。随着时间的延续,天气的变冷,马路上开始出现死去的难民,这使得小杜寻找家人的心情更加迫切,就在这时他父亲找来了。

　　那天下午,杂志社没什么工作要做,小杜打算继续去难民收容所看看,碰碰运气,想不到在门口看到父亲正在向路人打听杂志社的地址。小杜见到父亲激动不已,把他从头到脚看了个遍。他父亲精神状态还算好,也许是天冷冻的缘故,脸色通红,虽从穿着上一眼可以看出是上海滩周边农村来的,可一点没想象中的那么破落,和往常差不多,头戴一顶质地不错的棉制罗宋帽,干干净净的一身短打棉袄棉裤,一双厚实的棉布鞋,还是新的。

　　小杜看到父亲这样的打扮,不像外面看到的难民样子,一阵惊喜,赶紧把父亲引进屋内,让他在八仙桌旁坐下,还特地拐进赵诗梦的编辑室报了喜,叫道:"赵社长,你说得对,我父亲自己找来了。"一边替父亲倒茶,一边打听母亲和这几个月他们的生活情况。

小杜父亲刚坐下,喝了一口茶,还没来得及回答小杜的问话,见赵诗梦走出编辑室,赶忙起身双手合拢,做了一个标准的拱手作揖的动作,带着浓重的宝山口音,恭敬地招呼道:"赵老板吧,久仰久仰!吾俚①儿子一直在我面前说到侬,受侬照顾栽培,太感谢侬了。"

这是他们第一次见面,赵诗梦拱手回敬,客气道:"哪里,哪里,父亲大人可好呀?小杜很聪明,是他帮了杂志社的忙。谢谢你,有这样好的儿子。"接着看了一眼小杜又说,"近半年来,没有你们大人的消息,小杜都快急死了。"他看小杜父亲不像是从难民收容所出来的,便把"小杜在全市的难民收容所里找你们"的话咽了回去。

小杜父亲抱歉地说:"全怪我,怪我不好,我没这里的地址,只记得你们杂志社在国际大饭店的后面,却记不清是在白克路②还是派克路上了,来找过几次,一直都没有找到。这下好了,找到了,托侬赵老板的福,吾俚一家人都平安了。"

小杜插话问:"姆妈和奶奶还好吗?你们现在住哪里?"

赵诗梦再次客气地让座,自己也在八仙桌的对面坐下。小杜父亲坐回到椅子上,向赵诗梦他们介绍说:"一开始打仗,吾俚一家就逃到了南市,那里有我一个朋友,虽是做死人生意,开棺材铺的,以往总觉得和这样的人做朋友不吉利,想不到,关键时候帮了大忙了。晚上我和伊姆妈睡在铺子的阁楼上,伊奶奶爬楼梯不方便,就在下面的楼梯旁搭了一个铺睡觉。由于打仗死人的事情特别多,铺子的生意很忙,所以白天就在铺子里打打杂,或者在旁边的临时难民收容所帮帮忙。还好,一家人没有流落街头,随身又携带了一些钱财,暂时还衣食无忧。今天又看到小杜受侬的照顾,还是那样活蹦乱跳的,伊姆妈和奶奶一定会开心煞了。吾俚一家人,总算平平安安躲过了这一劫,只是罗店镇的家被毁了,暂时回不去了。"

---

① 吾俚:(方言)我们。
② 白克路:今凤阳路。

赵诗梦问道:"现在南市难民还很多吧?"

小杜父亲摇摇头,说:"不谈了,那边的难民多得不得了,也惨得不得了,伊拉①逃出来的辰光,啥都没带出来。伊拉都是从江浙一带逃过来的,几万人的难民,多时会有十几万,一日三餐还有困觉,都挤在那么大的一点地方,真是要人命的事体,那些难民为了一小碗饭,也会大打出手。多亏那个法国天主教神父饶家驹,同日本人交涉,谈判划定了难民区,不让日本兵进来,还算安全,从美国人欧洲人手里搞来一些食品,分发给难民,维持着难民区的生计,救了不少人。要不是有饶家驹神父,真不知道还要死掉多少难民呢。那里,每天排队领取粮食的难民绕着寺庙转圈,我也经常帮伊拉发放馒头或大饼,做一点打杂的小事体。"

赵诗梦皱着眉头,感叹道:"随着战事西移,政府内迁,难民还会源源不断地涌进上海滩。"

说话间,大门被推开了,探进了一个头,朝里面张望,有点像胆怯的小孩,怯生生地问道:"打扰了,问一声,这里是《蓝玫瑰》杂志社?"

赵诗梦一看这个怪模怪样的人,居然是夏教授,一下子笑出声来。只见夏教授一身笔挺的西装领带,外披大衣,与他缩头缩脑的往里张望的动作极其不符。他问完之后,笔直地站在门外,一动不动,似乎不敢轻易进门,似乎在等着里面的人的邀请。

赵诗梦赶紧起身迎了上去,招呼道:"夏教授呀,什么风把我们的大教授吹来了,让敝刊蓬荜生辉呀。"接着示意夏教授进里间自己的编辑室,说,"请里面坐吧。"

夏教授是第一次来杂志社,他并不着急跟赵诗梦进里间,而是慢悠悠地环顾四周,仔细打量着外间的办公室和在座的小杜父子,礼貌地向他俩点了点头,算是打招呼了。

夏教授进入里间编辑室,拘谨地在一旁并排的简易沙发上坐下。在赵诗梦看来,夏教授的拘谨有点夸张,有点做作,像是故意而为之的,

---

① 伊拉:(沪语)他们。

仿佛一个住惯了宫殿的王子,突然掉进了贫民窟,有一百个不适应,一百个好奇心,而又想以体面的动作来遮掩,这让赵诗梦很不舒服,甚至有些讨厌。

当小杜上完茶后,赵诗梦一边耐着性子,客气地问道:"夏教授造访敝刊,有何贵干?"一边在揣测着他来的目的。突然,赵诗梦想起自己尚有一笔稿酬还未与他结清,由于前一段时间太忙,资金也不够宽裕,付款的事情就搁了下来。想到这里,赵诗梦更加不舒服,觉得这个夏教授也实在太小心眼了,居然为如此一笔小小的稿费,竟然亲自登门讨要。

夏教授好像没有听到赵诗梦的问话,继续用他那微微眯起的眼睛,笃悠悠地环顾着编辑室的陈设,好像在寻找着什么,最后目光落在茶几上放着的《一寸河山,一寸血》影集上,拿起来翻了翻又放下,透着一股居高临下的感觉,嘴里还发出"啧啧"的赞叹声,意犹未尽地转身对赵诗梦说:"我呀,路过这里,想来看看你,就闯了进来。"他接着又改变了坐姿,朝赵诗梦一边歪了歪身子,跷起了二郎腿,仰起头感叹道:"你这儿真不错,虽地方很小,人也不多,但看得出很精干,怪不得能出如此之好的杂志。"

赵诗梦对他的话,有点摸不着头脑,他的话算是赞扬杂志社的能干,还是转弯抹角嫌杂志社太小呢,不得而知,这让赵诗梦愈加郁闷,只能谦虚地应付着:"见笑了,让你见笑了,我是弄着玩的,小打小闹而已,成不了大器。"转而主动地提出关于稿酬的事情,故作认真地说:"真对不起,好像敝社尚有一笔稿费还未支付给你,我马上安排付款。"

经赵诗梦的提醒,夏教授似乎也记起了这笔钱,这下轮到他惊讶了,不好意思地赶忙摆摆手,实话实说道:"哦,我不是为此事来的,真的不是为此事而来,我另有事情想跟你商量。"赵诗梦见他说话的样子不再是刚才做作的模样,似乎有点相信他不是为了那笔稿酬而来的,便没有搭腔,等着他把话说完。

夏教授又谨慎地朝房间门口瞟了一眼,以商量的口气道:"我们难得见面,我的这些事情,说来话长,还是换个方便的地方跟你探讨吧。"

他用了"探讨"这个字眼,这让赵诗梦更加确认他确实有事情与自己商量,刚才郁闷的心情也释然了许多。

他们来到了附近国际大饭店里的咖啡厅,似乎夏教授更适应窗明几净,环境优雅的氛围,他不再像刚才那样拘谨了,仿佛换了一个人似的,放肆地张开双臂,往沙发上舒服地一靠,几乎斜躺在沙发上,活像一个主人回到了自己家里的感觉。

当赵诗梦点完咖啡,夏教授坐直了身子,双眼露出狡黠的光芒,像一个老到的面试官,注视着赵诗梦,一本正经地问道:"赵先生,对目前的局势有何高见?"

这样没头没脑的问题,完全出乎赵诗梦的意料,一时无法回答,呆呆地看着夏教授,不知道他葫芦里卖的什么药。夏教授见他没有回答,延续着刚刚的神态,继续问道:"最近,你的杂志经营得怎么样了?还能支撑多久?"

赵诗梦发现提这个问题,有点对自己不礼貌,"还能支撑多久",仿佛在盼着杂志社快点倒闭的意思,心想此话太不近人情了,没人会这样提问题的,心中又涌起一阵不快,瞪了他一眼,又轻蔑地笑了笑,仰了仰脖子,重重地答道:"我的杂志社没有任何问题,笃定可以活一百年。"说话的语气里充满着自信,听上去就像唱出来的一连串紧凑的台词。

也许夏教授意识到刚才的问话太唐突,太失礼,想把话拉回来,尴尬地笑了笑,身子往后靠了靠,以婉转的口气解释道:"现在各行各业,或多或少都有些困难,我这里有点机会,所以想问问你杂志的情况,看看我是否能够帮上你什么忙。"

赵诗梦听他这么说,并未消除刚才的火气,仅出于礼貌,答道:"虽然刚打完仗的时候,纸张和印刷都碰到了一些问题,现在都解决了,来稿和销售方面,好像不比打仗之前差,大概抗日刺激了人们写文章的愿望,来稿不比以前少,带反日情绪的文章很多,租界里难民人数大增,也没影响杂志的销量。"歇了歇,又以肯定的语气补了一句,"照这样下去,不会有什么问题的。"其实,杂志社目前存在着资金短缺的问题,由于战争的原因,各方面的开销都有所增加,另外还捐了不少款,现金流出现了不足,但赵诗梦不想把情况和夏教授说得太详细。在钱的问题上,赵诗梦并不在乎,因为可以从父亲的纱厂领到钱。

咖啡上来了,夏教授喝了一口咖啡,似乎突然想起来似的,抬头问:"那本《一寸河山,一寸血》是贵社搞的?发行量很大吧?"这话的语气似乎听得出有赞扬的成分。

赵诗梦曾以能够出版这样的纪念册为荣,平时每当有人谈及此印集,总会有一大堆话要说,滔滔不绝,可当下还没有弄清楚夏教授来找自己商量何事之前,不想说的太多,只是马虎地应付道:"没有什么,发行量大,但不赚钱,还贴了不少钱,带有义卖性质的。"

夏教授注视着赵诗梦说:"我在重庆、武汉开会的时候,到处都看到这本纪念册,让人印象深刻。原来是义卖的呀,让人佩服,让人佩服,"顿了顿,又煞有介事地补充道,"国家危难之际,最需要的就是像你这样的人。"

赵诗梦搞不清他要说什么,而他说话的态度从傲慢、无礼到赞扬,变化多端,实在让赵诗梦无所适从,只能出于礼貌,脸带微笑,等待他的下文。

夏教授接着以郑重其事的口吻道:"当下的形势对我们国家很不利,重要的政府部门已经内迁得差不多了,学校也在内迁了,苏州本部由他们自己负责,上海分校的内迁决定已经作出,内迁的同时还不能中断教学。这样的计划是很累人的,我们学校里的那些教授都年事已高,全部跟着学校内迁,肯定不现实,像我这样年富力强的教授不多,我义不容辞只能担当起分校内迁的负责人了。尽管我们是教会学校,原本和政府没什么关系,但内迁学校数量庞大,需要一些统一部署,政府看得起我,让我担任上海地区的几所教会学校的内迁联络官,负责有些需要合并的学校的联系,责任重大,任务艰巨呀。虽然政府不开我工资,可我也算是半个政府的人了。"当说到"内迁联络官"和"可我也算是半个政府的人了"那两句的语气,特别有腔有调,透着一层骄傲和自信,还夹杂着一丝炫耀的成分,似乎自己已经有别于老百姓了。他停了停,扫了一眼赵诗梦,继续道,"我想物色一个精明能干的助手,以后可以直接升教授的人。有了这样的人才,我可以做到内迁和教学两不误,符合学校的内迁计划。所以我想听听你的意见,有没有兴趣。"

夏教授说了大半天,说到这里,赵诗梦才明白他来找自己商量的事情,让自己和他一起带学生内迁,还要承担教学任务。赵诗梦虽读过大学,但对当下的大学体制并不了解,夏教授谈天谈地,至今为止能够让他动心的一句话,就是最后一句"以后可以直接升教授的人",而对那句"精明能干的助手"并不以为然。

自从赵诗梦误打误撞干上了办杂志这一行,在接触到的投稿者或读者过程中,遇到过不少教授,那些教授总有某一方面能够吸引他,或引起他的注意,甚至留下深刻印象,这是他除大学以外接触教授最多的地方。就像夏教授那样的,渐渐地在他内心深处有形无形地植入了教授的高大形象,比他学生时代对待教师的态度上,更是尊重有加。即使像夏教授这样的,赵诗梦私下里虽对其颇有微词,但表现出来的还是颇为尊重,更何况自己心里也曾闪过教授梦。现在有这样所谓"直接升教授"的机会,无法让赵诗梦不动心。

至于"精明能干的助手",赵诗梦并不把这句放在心上。其一,"精明能干"的话,他认为这是让人干活的泛泛而谈,哄哄人的话,只能听过且过,不能当成真的来听;其二,"助手"嘛,主要是看做谁的助手,从他内心深处来讲,对自己做夏教授的助手还心存不甘,有点不太买账。

虽对教授的职业有着向往,但赵诗梦无法马上作出决定,心想如果自己去做教授,那么自己只能教文学,就凭在英国留学时学到那些知识,信手拈来也能把文学课上得天花乱坠,再加上这几年做编辑积累的文学知识,那完全可达到炉火纯青的程度,自己也喜欢就文学向年轻人侃侃而谈,吹嘘那些有关文学的故事,他担心的不是自己的能力,而是何时何地才能够直接升教授,内迁去哪里,何时才能回上海,还有他的《蓝玫瑰》杂志将如何处理,这是他着重考虑的事情。

赵诗梦知道了夏教授找自己的目的,似乎朦朦胧胧看到夏教授在为自己描绘了一幅诱人的前景,仿佛自己来到了一个人生十字路口。自己何去何从还拿不定主意,但对夏教授刚才怪模怪样的讨厌已一扫而光,剩下的只是与之探讨未来。他的烟斗没带在身上,只能悠然地从咖啡桌上的烟盒里取出一支香烟,内心却有些冲动,想赶紧抓住眼前的机会,可话出口,变成了:"谢谢教授的提携,这事要容我想想。"口气可谓相当的真诚,而后点燃香烟,又补问了一句,"我知道,你们上海的分部主要是法政专业,我学文学的,你们需要吗?"

夏教授答道:"我们分校虽是以法政系而出名的,但法政专业毕业的学生也必须要有一定的文学素养,我想凭你的文学知识完全可以胜任,就如政治学,我是除了教宪政制度,还教政治学的。"这样的回答很充分,足以让赵诗梦定心。

夏教授见他迟迟不说话,又说:"如果家眷一同内迁的话,那也没有问题,学校会特殊安排的,我也带家眷。"

这时,赵诗梦方才想起自己身后还有一个家,心里闪过一个念头,如果真的跟着学校内迁,去圆教授梦的话,也许是远离那个家的最名正言顺的理由。赵诗梦猛抽了一口烟,尔后从嘴里慢慢地吐出一股青烟,表情凝重地看着夏教授,没有说话,似乎在认真地考虑夏教授的话。

夏教授用右手的手指弹着桌面,神情中夹杂着一丝常人不易察觉的得意,似乎在观赏一盘自己设计好的棋局,只等对方落子。他眼皮朝上翻了翻,瞄了一眼赵诗梦,口气诚恳地说:"诗梦老弟呀,凭良心说,你的《蓝玫瑰》办得还可以,我们历来的合作也不坏,但好时光到头了,日本人来了,眼下的局势对我们很不利。如果你的杂志还是像以前一样,只谈风花雪月,奇文怪事,那又有什么意思呐;如果刊登抗日文章,虽然目前日本人明面上进不了租界,但是他们控制着租界的外围,暗地里肯定会有日本人进来捣乱的,现在已经有这种事情了,所以,到时候生存也不一定容易吧,那时再作何去何从的决定,机会就少了,就困难了。"

赵诗梦认真地听着,感到夏教授的话不是没有道理,似乎自言自语,吐出一句:"是该好好考虑的时候了。"这时,不知怎么的,他的耳畔突然响起了父亲的那句"……不愧为我儿子,要是认真的话,可能会像史量才办《申报》一样,名扬天下了"的话来。平时,他一般不会想起父亲的事情,更不会想起父亲对自己说过的话,在这时忽然冒出这么一句,连他自己也吃了一惊,他只能不露声色,缓缓端起咖啡杯,喝了一口,脑海里却在琢磨着父亲的这句话。当时他就没听明白,它是在表扬自己,还是在批评自己。对面的夏教授仿佛还在说着什么,他一句都没有听进去,他放下咖啡杯,拉回思绪,得出自己的结论,宁可把它当成补药吃,相信父亲是在肯定自己,而不是在嘲讽自己。

夏教授还在滔滔不绝地说着:"……当然,内地的条件是稍微艰苦了一些,不如上海滩,可前途是有的,我看现在的租界也难保呀。"他看赵诗梦吞吞吐吐,说话不那么的爽快,扭头看了看窗外,便说,"这样吧,你也用不着马上作出决定,回家再和夫人商量商量。我这次回上海算是出差,住在金门大酒店,下周二再去内地的学校。你决定了,就来酒店告诉我一声吧。"

赵诗梦送走夏教授后,基本上已经决定不去内地做助手了,也许是舍不得上海滩舒适的生活,也许是舍不得《蓝玫瑰》杂志,也许他想成为教授的愿望不够强烈,是否三者兼而有之,他自己都说不清楚。

上海滩的租界真是一块诡异的地方,租界外一打仗,租界内就多出了许多难民,却又多出了许多空房子。空房子是那些有钱的外国人或者海外有门路的国人逃离上海滩留下的,还有些是跟着政府跑到重庆去的人留下的,这些空房子和难民无关。这一段时间里,赵诗梦周围就有不少朋友不是回国去了,就是去了内地,都离开了风雨飘摇的上海滩,像夏教授这样劝他离开上海滩的人大有人在,可他还是留下了,继续生活在上海滩。

租界就像一张奇怪而又有魔法的大网,罩在苏州河黄浦江上,把战火和繁华的"十里洋场"隔开,把耀武扬威的日本兵挡在了外面,使得界内的人们得到片刻的安宁。也许从这时开始,就是人们常说的"上海孤岛"时期,人们暂时享受着平静,也忍受着耻辱。赵诗梦依然是每天一身西装笔挺,头发整整齐齐,一丝不乱,皮鞋铮亮,一尘不染,隔三岔五还是喝酒看电影,搓麻将跳舞,《蓝玫瑰》按时出刊,一期不缺,与以往并无二致。只是极少出租界,不到万不得已,决不跨出租界一步,因为出租界就要经过日本兵的哨卡,像他如此高傲的人,这种事情能避则避,不愿和日本兵打照面,更不愿受他们的窝囊气。

那个月的第二天,赵诗梦像往常一样,吃过午饭,在自己的编辑室里打了一个瞌睡,醒来后,没有立刻起身,离开座位,而是从抽屉里拿出指甲钳,和一把精致的指甲锉。修手指甲是他每月三次必做的功课,他先剪后锉再修,专心致志地修起了手指甲。此时,外房有个熟悉的声音在说话,他便一边修着指甲,一边听着外面的对话。

说话的人,姓金名宗南,小个子,整天穿着一套西装,虽西服看上去不新不旧,也没有太多的皱褶,但和他里面皱巴巴的衬衣套在一起,总有一股不般配的味道。只听到他气哼哼地说:"……今朝早上头,触霉头,碰到了摸皮夹子的。"阿敏的嬉笑声,说:"侬平常头子蛮活络呃,哪能也会碰到小偷的呀。"他继续说:"今朝的有轨电车挤得不得了,我看到旁边的小子对前头的女人不规矩,摸人家屁股,这个女人回头就是一句'十三点①'。想不到这个小子叫了一句'又不是我,骂我做啥啦②?'在这个女人背后只有我跟这个小子挤在一起,所以伊这样一叫,就等于我在那女人后面不规矩了。我火气上来了,跟伊吵起来了,推了伊一下,心想如果伊还手,我就请伊吃生活③。哎,滑稽了,这小子竟然没有还手,那我也不好请伊吃生活,就这样过去了。下了电车,等到电车开走,我一摸,屁股口袋里的皮夹子没有了。这才想起来,刚刚吵架时,好像那小子后面还有一个小赤佬,伊拉是连档模子。侬讲触霉头哦。"接

---

① 十三点:(沪语)下流坯。
② 做啥啦:(沪语)干嘛啦。
③ 吃生活:(沪语)挨揍。

着阿敏又问:"侬小模子①,打得过人家哦?"他说:"这又没有办法的,打不过也要上。侬看,我推伊,伊就不敢还手。"阿敏大笑起来,说:"那么,侬皮夹子给人家摸掉了呀。"他不说话了。阿敏问:"皮夹子里多少钞票?"他大气的声音,说:"不多,才十来块钞票。"歇了一会,阿敏似乎突然想起来似的,大声问道:"我们这一期的钞票,没有给人家摸掉吧?"又是他神气活现的声音,说:"哪能呐②,这个钞票我是特别当心的,放在我西装上面的内侧口袋里的。"隔了一会,好像是他把一叠钱扔在桌上的声音,他的声音:"这是最新一期的应收款和账单,数数看。"又一会,阿敏不冷不热的一句:"没问题。"接着阿敏推开赵诗梦编辑室的门,说了一声:"社长,金先生来看你了。"

金宗南是为多家报纸和杂志当跑街的,也是赵诗梦委托推销人之一。他负责把杂志从印刷厂派发到指定范围内的各个销售摊位,并从中赚取费用,当然推销得多,赚得也多。他十四岁从周边的农村来到上海滩做报童,为人聪明,脑子活络,在上海滩串街走巷,有多得数不过来的称兄道弟的朋友。赵诗梦和他合作多年,没有出过一次差错,对他有一定的信赖感,偶尔赵诗梦找不到麻将搭子,也会叫上他。虽常常发生输了钱,要向赵诗梦借钱的事情,但赵诗梦却一点不在乎,还是视他为自己的小兄弟。

赵诗梦知道金宗南每月初准时来结账,见了面,更笑嘻嘻地问道:"辛苦了。你自己的佣金扣除了吗?"金宗南殷勤地答道:"扣了。谢谢。"他在赵诗梦对面的椅子上坐下,挠了挠头,说:"赵老板,有一件事要跟你商量。下一期的杂志,是否能考虑我这里增加一百本?"

赵诗梦放下指甲锉,慢悠悠地抬起手,伸直手指,仔细看了看指甲,尔后,故意夸张地做出一副迷惑不解的样子,问道:"现在这种时候,仗刚刚打完,人心惶惶的,还要增加,不要卖不掉了,再来还给我,我可没

---

① 小模子:(沪语)身材矮小。
② 哪能呐:(沪语)怎么会呢。

办法处理，反而赔本。"

金宗南用认真的口气，分析道："现在确实是好卖。奇了怪了，可能租界里难民人数增加的关系吧，最近几期比打仗之前卖得还要快。打仗之后，我就不敢去租界以外的地方了，我把以前放在租界外的份额全部放在租界里面卖，还是很快就消化掉了。你说怪不怪，所以我想增加一点，试试看。"

赵诗梦也曾经听说过当下做任何生意都很好做，远远超过打仗之前，有些饭店还进行了大肆装修，重新开门迎客。按照以往和金宗南合作的经验，赵诗梦对他的主动请缨是有把握的，便朝他点了点头，说："好，下一期我增印三百本，给你一百五十本。"

这时，阿敏开门把头探进来，轻声告诉赵诗梦："社长，有一位女士找你。"金宗南很知趣地赶紧结束谈话："赵老板，那就这样讲定了，我先走了，你忙吧。"

赵诗梦叫住金宗南，从皮夹子里拿出了二十块钱，递给了他，笑着说："听说你今天让人偷了皮夹子，这算补偿吧。"他笑嘻嘻接过钱，连声说了两遍谢谢。

赵诗梦那里，有女士找上门的事情不多，他有些惊讶。讲究绅士风度的他，平时在编辑室见客人的话，也是要衣冠楚楚，一身笔挺，如果客人是第一次见面的，或者是女士的话，那更是如此。他收起指甲钳等杂物，一边起身送金宗南，一边把刚刚打瞌睡弄皱的西服背心拉了拉，扣好衬衫袖口的两粒纽扣，还对着镜子，迅速地检查了一遍自己的衣着和发型，又查看了脚上的香槟式皮鞋，依然还是一尘不染，这才陪着金宗南出房门，在房门口正好看到白雪在等着进编辑室，他诧异地叫道："白雪，你怎么来啦？"接着定格在张嘴的一瞬间，想到了吴进源跟自己说起过他俩已分手了的事，便把后半句"怎么吴进源没陪你来"吞了回去。赵诗梦很快镇定下来，来不及考虑白雪来找自己的目的，已面露礼貌的微笑，招呼她进编辑室，吩咐阿敏上茶。

白雪有备而来，面带笑容，从容地说："呀，好久不见，本来想先写一封信给你的,我嫌烦,不好意思,就直接过来了,来的路上还在想,你会不会出去呢。"

自从赵诗梦在虞凯欣乔迁派对上见过白雪之后,已经一年多了。他虽然表面上镇定自若,但心里还是很乱很慌,这也许是他有生以来第一次与好朋友的女友或恋人单独相处,更何况自己又知道吴进源和她之间的不少故事,所以为了不让人产生误解,故意没有把编辑室的门关严实,留了一条小缝,以示他们之间没有隐秘之事。

赵诗梦的编辑室有两把椅子,两张简易沙发,两把椅子隔着写字桌相向而置,一把在桌子里面,一把在外面给客人坐,一般用于谈公事或生意;两张沙发并排放在靠墙的一侧,中间隔着一个小茶几,一般用于朋友间的聊天。比如,刚才的金宗南只谈工作,坐的是椅子。再如,吴进源作为熟悉的朋友,可以不拘礼节,随便坐,哪里舒服坐哪里。对白雪则不一样,赵诗梦不知道白雪是来谈什么,让她坐椅子,似乎太生分,太一本正经了;让她坐沙发,和她并排而坐,又显得两者之间关系太密切,给人看见容易引起误解,他有些犹豫不决。

白雪已大大方方地站在一张沙发前,解下围巾和携带的布袋一起放在了旁边的沙发上,似乎是准备坐沙发的样子。赵诗梦只能顺势让她坐沙发,自己则拉过桌子外面的椅子,与她面对面,隔空而坐,这样既不显生分,也不显亲密。

白雪环顾编辑室,赞叹道:"不错呀,赵社长有这样一间办公室,还有一份这样好的杂志。"赵诗梦来不及谦虚两句,脑子里一直在想她此行的目的。她笑了笑,接着说,"你的《蓝玫瑰》,我是每期必读的,尤其那些关于女性的文章,更是每篇必读。"

白雪会对《蓝玫瑰》如此上心,是赵诗梦没有想到的,这倒提醒了他,以前听说过白雪喜欢写写弄弄。他朝旁边沙发上的布袋瞄了一眼,心想也许她想在杂志上刊登文章。从白雪进门开始,似乎她一直占着主导地位,赵诗梦只是拘谨地应付着,而他猜到这,便放松了不少。他直了直身子,跷起二郎腿,以轻松的口气道:"你过奖了,杂志搞得很粗糙。我知道你是作家,也是个博览群书之人,如果你喜欢,以后我可以每期让人送到你府上。"

白雪摆了摆手,笑着说:"我哪里是作家呀,只不过喜欢写写文章而已。我倒是有事体求你。"顿了顿,注视着赵诗梦,露出一丝犹豫的表情道,"我实话实说了,你不要见笑。我手上有篇文章,你看看,是否可以登在《蓝玫瑰》上。"

赵诗梦做出一副夸张的受宠若惊的样子:"哦,那我是求之不得呀,是什么样的作品?"嘴上这么说着,心里却在想,如果真的刊登了她的作品,不知道吴进源会不会有意见,只能祈求吴进源不要误会,不是爱吃醋之人。

白雪略显羞涩地从布袋里取出几页文稿纸,捏在手上并不急着递给赵诗梦,抬头说明道:"这是我以前写的,曾寄给在香港的穆时英看过,他让我修改了几句,还说让我来找你。"说完才把稿纸递了过去,又谦虚的补了一句,"也请你提些宝贵意见,帮我修改修改,看看是否可以用。"

赵诗梦从来没读过她的作品,当听她说是穆时英让她来找自己的,而自己和穆时英的交往不深,他不敢马上答应她,也不知道是否需要修改,接过稿纸,顺口问了一句:"你认识穆时英?他在香港干什么?"眼睛却在盯着稿纸。虽是在边说话边读稿纸,但他的主要精力集中在稿子上,他想在白雪离开之前,给她一个肯定的答复。白雪见他看稿子看得起劲,便不想打扰他,没有回答他的问题。

白雪的文章是写在每页四百六十格的文稿纸上的,用的是钢笔,一手蝇头小楷,字迹规整而娟秀,总共十来页,题目是《新女性之独立》,文体似乎是杂谈或者散文体。开篇第一句便是:"战火纷飞,兵荒马乱,像样的男人不知道都躲到哪里去了,剩下只有我们,那些不得不独立的女人……"赵诗梦看到这一句,觉得似乎在哪里读到过,赤裸裸地写出了单身女人的孤独和无助,以及对男人的渴望和怨恨,几乎直率到了可爱的地步,心想大概这种写法已成了当下女人写文章的风格了。他露出了会心的微笑，后面的内容粗粗过目后，心中已有数了，文章的基本内容是讲：在当今的形势下，身边没有男人的女人，是如何生存和奋斗的。他略知她的一些故事，心想也许大部分内容是她自身的经历或感受，文笔也通畅流利，刊登没问题。

赵诗梦从身后的书桌上拿过烟斗，潇洒地点燃后，吸了一口，合上稿纸，在手中掂掂，以征求意见的口吻道："文章很好哎，我看也不需要改动，再让我助手看看，如果不需要修改，就这样刊登了。这里大概有四千多字，我看是否分两期刊登，怎么样？"他揉了揉眼睛，悄悄地瞟了一眼白雪，发现她比上次见到时瘦了，仍然是淡妆，依然妩媚，不过这种漂亮和上次略有不同。上次的美是一种外溢的美，人们见了立刻会说出赞美之词，但一般说过了也就不再会欣赏第二次了。这次的美有一种内敛的成分，人们见了也许不会马上说出口，但会偷偷地再看第二眼、第三眼，花心的男人尤其是如此，他佩服吴进源的眼光，也为其惋惜。

白雪听到了肯定的答复，谦虚地答道："谢谢你啦，如何刊登，你看着办吧。自己写出来的东西，总想登出来，让人看到，否则心里总觉得痒痒的，就像一件事情没做完。"她说这话时，始终面带微笑，这种微笑仿佛女学生得到一个好分数后，才显露出来的那样，溢满了如释重负的幸福感。

赵诗梦拿起稿纸，又翻了翻，问道："你刚才说你认识穆时英？他现在怎么样？"

白雪连忙把自己知道的穆时英的情况说了一遍："前一段时间，他在香港拍《夜明珠》电影，不过好像不是很顺利，后来帮人家做《星岛日报》的副刊，也不太称心，大概因为他不会说广东话，在那里生活也不方便吧，不过听说他好像结婚了。"介绍完，她补问道，"赵社长，你和穆先生很熟吧？"

赵诗梦慢慢地吐了一串青烟，放下烟斗，仿佛回忆似的，说："上海滩上新感觉派小说的'鬼才'作家，谁不认识他呀，以前一直在《现代》杂志上发表小说。听到他的名字,耳畔似乎响起了他的哀叹:'脱离了爵士乐、狐步舞、混合酒、秋季流行色、八汽缸的跑车、埃及烟……我便成了没有灵魂的人。'我拜读过他的几篇新感觉派小说,如《夜总会里的五个人》,还有《上海的狐步舞》。和他本人嘛,算是认识,可能我对他的印象,肯定比他对我的印象要来的深,吃饭喝酒时,听过他像诗人般滔滔不绝的天南地北,让人难忘,很有才气横溢和桀骜不驯的味道,不得不让人佩服。真难为他了,还记得我的名字,还向你推荐我的《蓝玫瑰》杂志。"

白雪双眼放着光芒,声音有些激动地应道:"是的,是的,那句'一个都市人的抱怨',很有名,'……我便成了没有灵魂的人'这一段,我曾经在他的作品里读到过,写的真是神采飞扬,让人过目不忘。"她似乎意识到自己的激动有些过分,便低头笑了笑,把话拉回来,"穆先生向我推荐你,说明你在他心目中印象很好呀,信得过你。"

赵诗梦心想自己随意的夸夸其谈,却引得白雪如此激动,有点不好意思,便笑着道:"这句话确实很有名,不过,有人说这句话是穆先生自身的写照,我想也许更像是对酒足饭饱的上海滩的活写照。"

从本质上讲,赵诗梦是一个胆小怕事之人,由于白雪和吴进源曾经是恋人关系,而白雪独自找来,他的心理上始终存在着顾虑,担心让人误解,其中最担心的是让吴进源误解,以为自己和白雪有什么说不清,道不明的事情,那就伤了自己和吴进源多年的交情了,这是他最不愿意看到的。所以他想与白雪公事公办,完了就结束,不宜久留她,更不想和她生出公事以外的事情,便拿着稿纸去外间,要阿敏安排刊登的事宜。

阿敏在算盘上简单地拨几下,轻声告诉赵诗梦说:"千字二十五元,四千五百个字不到,总计一百十五元。"赵诗梦想了想,扫了一眼自己编辑室没有关严实的房门,在阿敏面前伸出两个手指。阿敏抬头望着他,低声确认道:"付二百元整?"赵诗梦微微地点了点头。

赵诗梦想到白雪有三个孩子要养,和丈夫的关系又如此恶劣,经济状况肯定很糟糕,她不是很困难的话,不会找前男友的朋友来帮忙的。另外,又记起了前不久吴进源曾经说过,白雪似乎找到了靠山,抛弃了他,可自己无法判断此话的真假。不论怎么样,都不要亏待她,在吴进源面前也有一个交代,这样做也算是自作主张替其帮了她一把,所以决定超出标准向她支付稿酬。如果她有靠山,那就算是个人情。

阿敏从抽屉里拿出钱,一边数钱,一边问:"那排版呢?"赵诗梦依然按照刚才的考虑为出发点,超标准操作,答道:"分两次,尽量排进最新一期,如果没有其他重要稿子的话,第一次排在第二篇,第二次嘛,可以略微放在后面一点,也没问题。"

赵诗梦拿着装钱的信封,递给了白雪,说:"刊出后,我会让人送到你府上的,欢迎你今后多多来稿。"白雪见到信封,有些意外,也许在她的想象中这信封里面的东西要在刊登以后才会收到,面露难以抑制的感激之情说:"你帮了我的一个大忙了,谢谢。"接过信封,似乎还想和赵诗梦说几句,但看他没有坐下和自己继续谈的意思,便客气地告辞了。

赵诗梦在白雪接过信封的一瞬间,向她瞟了一眼,意外地看到她眼眶里闪烁着感激的泪花,从而判断出白雪当下肯定没有靠山,觉得自己做得非常及时。他们的谈话中始终没有涉及吴进源,算是两人相互间的默契。

赵诗梦送走了白雪,心想不论她与吴进源的关系怎么样,作为他们中间的朋友,应该把她刊登文章的事告诉吴进源,毕竟他们以前是恋人。他回到编辑室,抽了一口烟,拿起衣架上的西装穿上,又站到镜子前,压了压头发,查看一眼脚上的那双香槟式皮鞋,尔后,向阿敏吩咐说,自己去好莱坞照相馆,有事可以到那里找。

上海滩没有山水,没有花草,春天里除了气温略有升高,几乎看不出什么变化,少得可怜的几枝新芽根本改变不了都市灰褐色的风景,在马路上穿梭的人似乎并不在乎头上的那几枝绿黄色的嫩芽,仿佛这里的人不需要春天。赵诗梦出门沿着派克路向南走,路的两边并不宽阔,也少有树木,穿过了白克路,进入国际大饭店的侧门和卡尔登大戏院①的那一段。大戏院是一所综合性娱乐场所,内设咖啡厅、弹子房、舞厅、剧场等,它的前面是静安寺路的丁字路口,再右边就是大光明电影院,由于狭窄的派克路两边都是高房子,下午两点钟一过就见不到太阳了,加之两旁高楼形成的强劲的穿堂风,那里显得阴冷而风大,更感觉不到春天的味道。那里永远人头攒动,熙熙攘攘,意识不到春天来临的人们依然缩着脖子,各自忙着各自的事情,人们的脸上也毫无春天的感觉。

赵诗梦每天都从这里进进出出,有时开车,有时步行,对这一带很熟,去过这里的每一个地方,甚至闭着眼睛能说出周围所有的餐馆饭店、剧场影院。一阵春天里的寒风吹来,他缩了缩脖子,两手插在裤子口袋里,走出派克路向左拐入静安寺路,路过国际大饭店的门口,就可以看见吴进源的照相馆了。

赵诗梦看到吴进源正在照相馆门口和三个如花似玉的女人有说有笑,好象是在送客。其中一人身材苗条,个子修长的,赵诗梦似乎曾经见过,却记不起在哪里见过。吴进源送完客,转身回照相馆时,也看到了赵诗梦,两人不期而遇。吴进源边笑嘻嘻地招呼他,准备一起进照相馆,边大言不惭地开玩笑说:"现在啊,可怜的上海滩成了孤岛,有钱的人要么逃到国外去,要么就去重庆了,留下这些可爱的姑娘们,就靠我们来照顾啦。"

赵诗梦用手指戳了戳他的肩膀,笑着朝他揶揄道:"你的机会来了,可以大展宏图了。"他们又不约而同地回头,向已走远的那几个女客看了一眼,赵诗梦对那个似曾见过的身影并没有想起什么。

吴进源自以为是的向他进一步介绍道:"你不知道,现在市面上这种事情很多的。昨天,照相馆就来了一位女的,一看就知道,以前肯定是人家的偏房,主人是公家的人,眼下主人带着大老婆去重庆了,却不能带她走,或者她不想跟着去,而主人又给她留下了足够的钞票,可她

---

① 卡尔登大戏院:现名长江剧场。

就耐不住寂寞了,出来玩了。人很漂亮,略微有点年龄,有一种小小的富态,气质不错,也有一定的文化,很有一股小布尔乔亚情调,看了让人很馋的。"

赵诗梦没好气地问:"还很有小布尔乔亚情调,配你的胃口,下手了吗?"

吴进源反击道:"你不要用这种口气说我好吧?人家旁边是有小白脸的,一看就知道。"

赵诗梦笑着调侃道:"看你的样子,就像一只馋嘴的猫,这次只能在旁边流口水了。"

吴进源也笑了,半真半假地说:"我嘛,饱饱眼福而已。以后有好的,我帮你介绍一个。"接着拍了拍赵诗梦的背,推他进入照相馆。

吴进源的照相馆面积不小,门厅蛮气派的,带有一股浓浓的异域情调。正面的墙壁是一幅巨大的热带海滨风光的着色照,两边是墨绿色的大理石罗马柱和丝绒的大窗帘,上面通壁有考究的墨绿色眉帘,勾画出一幅拉开窗帘的大窗户,外面是热带海滨的景色,在景色当中错落有致地挂着几幅大小不一的照片,多数照片是外国美女的人像照,有黑白的,有油彩着色的,也有水彩着色的;左边是接待客人的柜台,后面是暗房;右边是敞开的摄影室,仅用墨绿色丝绒作门帘,摄影室的光线虽较暗,但很宽敞,底部是一堵背景墙,可以更换数十种不同的背景,有富丽堂皇的室内布景,也有室外的山山水水和高楼大厦,给人一种神秘而新奇的感觉;背景墙一边有几间小房间,用于更衣或化妆,另一边存放着各种摄影器材和道具,中间是一架可以移动的大照相机,靠入口处的是几张巨大的沙发,沙发背面放着两柱气派的落地灯,供客人们休息或观赏摄影用。

赵诗梦因经常来这里玩,熟门熟路,甚至记住了这里每一个灯光的开关,如果遇到认识的客人来照相,还会参与一起出主意,摆造型,帮着一起拍摄。

赵诗梦平时过来时,最喜欢坐靠门帘的那张大沙发,坐在那里既可以看他们为客人拍照,又方便和吴进源聊天。吴进源吩咐完摄影师傅如何冲洗照片后,在赵诗梦的对面坐下,打开茶几上放着的一只细长盒子,递到赵诗梦面前说:"这是朋友送的雪茄,据说还蛮贵的。我平时抽香烟的多,抽雪茄的少,你抽着试试看。"

赵诗梦取出一支,自谦地笑了笑道:"不好意思,本人烟瘾不大,但板烟斗、香烟、雪茄,来者不拒,而且价格不菲者从优。"接着从盒子的底部找出了一把小剪子,熟练地把雪茄的一头剪开,尔后划亮一根火柴,点燃雪茄,慢悠悠地吸了一口,朝吴进源瞄了一眼,慢吞吞地直截了当道:"老弟,你的女朋友来找过我了。"

赵诗梦的话,让吴进源一下子丈二和尚摸不着头脑,呆呆地盯着他,疑惑地问:"谁?你说的是谁来找你?"赵诗梦没有立刻回答,似乎在卖关子。

吴进源愣了一会儿,似乎猜出了答案,蹦出一句:"是白雪?"

赵诗梦还是不着急告诉他全部情况,只是反问道:"你有几个女朋友?"

吴进源像是没听懂,呆呆地看着他。赵诗梦继续反问道:"目前白雪的近况,你知道多少?"

这样的反问,让吴进源得到了确定,知道白雪找过赵诗梦了。他定了定神,似乎对白雪有一股怨气,做出一副理直气壮的样子,道:"我和她的故事已经结束了,是她要结束的,我曾经找过她,可她不睬我,大概已有大半年了。她来找你干什么?"

赵诗梦继续追击道:"那她为什么不睬你?她有新的男朋友了,还是你有新女朋友?"

吴进源还是没有得到他想知道的,白雪到底为什么去找赵诗梦,只能皱着眉头回答:"具体我也不清楚。她呀,有文化,但不优雅,也许是读过中央大学的,好像在三年级时肄业回家了,没有读完,会写一点东西,自以为了不起了。"顿了顿,瞄了一眼赵诗梦,继续说,"女人,只有跟她睡过了,才能了解她。你不知道哎,白雪是一个非常想要男人的人,又为人清高骄傲,有时对我爱理不理的,真让人受气。那么一点点蹩脚的英文和法文,周围却总是有一些不三不四的外国男人,我在旁边看了很不舒服。这些外国男人是否她男朋友,我也吃不准。反正我是看不惯和外国男人授受不亲的女人的,更何况是身边一有外国男人,还自鸣得意的女人。"见赵诗梦没有搭话,又愤愤地补了一句:"她还说我女朋友不断呢,真是岂有此理。"

赵诗梦感到那句"她是一个非常想要男人的人",说得太刺耳,太刻薄;至于那句"看不惯……身边一有外国男人,还自鸣得意的女人",赵诗梦已经不是第一次听到吴进源这样的埋怨了。的确,上海滩租界里的那些外国人有着莫名其妙高人一等的优越感,一些女人一旦身边有个外国男人,就表现出自命不凡的样子,仿佛勾搭上了外国男人,就能野鸡变凤凰了,十分让人生厌。赵诗梦也有同感,也遇到过这样的女人,一般都会敬而远之,不去搭理。或许上海滩许多男人都有此同感,但在此时,他不便多加评论,心想吴进源对白雪肯定心中有怨气,可自己没听过白雪是如何评价他的,也不知道他说的对与不对,只能微微一笑,不过还是不依不饶地抓住他最后一句,回敬道:"看来是你周围女朋友不断,把她赶走的吧。"

吴进源到眼下,仍旧没有搞清楚白雪为什么去找赵诗梦,便不耐烦地追问:"你要这么说,我也没办法。她找你干什么?"

赵诗梦没理他的追问,沿着自己的思路说:"我看她现在没有男朋友,也没有什么靠山,这些都是你想出来的。"

吴进源瞪着眼睛,略提高了嗓门,逼问道:"她告诉你的。"

赵诗梦把刚才白雪到杂志社送稿的事情说了一遍,最后说:"如果她有靠山,日子好过,她不会来找我的,更不会在我把稿费给她时,感动得眼泪差一点掉下来,想必她近来的日子不怎么好过。"

听完了这个故事,吴进源沉默了好长一会儿,缓缓地吐出一句:"可能的吧,她有三个孩子要养。"又过了好一会儿,他微微低着头,斜看着赵诗梦,轻声问,"你们提到我了吗?"

这下轮到赵诗梦朝他瞪眼睛了,驳了他一句:"提你干什么?让她骂你?"

吴进源的声音也软了下来,说:"没提我就好,没提我,好,你做得对。"尔后抬起头,以请求的口吻说:"这样吧,算我欠你一个人情,她的稿费由我来付。"

赵诗梦答道:"谁要你的钱了!有机会去看看她吧,人家毕竟是良家妇女。不要让人说'脱裤子干活,提裤子走人',没有人情味。"

吴进源无奈地摇摇头,苦笑着嘟囔道:"你不要说得这么难听呀。你们只看到她好的一面,漂亮的一面,她的骂人,她的刻薄和她的人一样漂亮,会让人受不了,而且终生难忘。"

赵诗梦神情有些得意,像是教训弟弟获得了成功似的,又抽了一口雪茄,仰着头慢吞吞道:"怕难听,不想让她骂,那你事情做得漂亮一点呀。男女之事也一样,至少要在面子上过得去。"

这时摄影师傅进来了,无声地递给吴进源几张照片,大概是刚印出来的样照。他木讷地接过照片,捏在手上并没有看,眼睛直勾勾地望着前面的布景墙,仿佛在思索着什么,又好像是六神无主,喃喃自语道:"我去看她的话,她也不一定会睬我呀。"

赵诗梦看到他一脸忧郁,样子既可怜又好笑,便宽慰道:"其实,我来的路上,一直在想你们的事情。想想你也难,目前白雪毕竟是有老公的,他们还没有正式离婚。你和她搞得太热络了吧,那也会出问题,万一人家老公回来,要与她和好,不肯离婚,那你怎么办?另外,我看你们待在一起,也不一定合适,所以像现在这样断了也好。至于白雪现在的难处,只能怨她的老公,责任不在你。你只不过不要轻易把人家忘了,该关心的时候,还要关心一下。作为旁观者,我也是能帮则帮,帮不上也没办法。"这是赵诗梦为他着想的真心话,是男人之间的私房话。

赵诗梦把心里藏着的忠告说完了,尽到了朋友的责任,如释重负,朝吴进源看了一眼,见他还在发呆,也就不再说什么了,便悠闲地放下雪茄烟,伸手拿过他捏着的照片,随意地翻看起来。

这些照片大概是刚刚拍摄的,显然就是吴进源送走的那三位女客的,照片有三人的合影,也有两人和单人的,个个亭亭玉立,眉清目秀,笑逐颜开。

赵诗梦一边欣赏着照片,一边装出一副感叹的样子道:"你这里真好,正是美女如云呀,还个个笑眯眯地对着你傻笑,朝你发嗲。"由于摄影室的照明没有全部打开,光线不足,不能立刻把照片看的很分明。当赵诗梦翻到第四张时,微微一怔,凑近仔细看了一眼,仿佛发现了什么似的,拿起照片在吴进源面前晃了晃,叫道:"老弟,你的手可真快呀。"这是一张单人照,照片上的人赵诗梦曾经见过,就是大都会花园舞厅的台柱甜芯芯。

突然听赵诗梦这么一喊,吴进源从刚才发呆中醒来,瞄了一眼照片,有点嫌他大惊小怪,不以为然地说:"哦,是大都会舞厅的甜芯芯,是她带来的客人,另外两个也是舞娘。"

赵诗梦脸上露出坏笑,继续调侃道:"居然把我们英雄的妹妹约会到照相馆里来偷情,还拍私房照。"

吴进源有些不耐烦:"不是你想象的那么下流,我们是正儿八经的生意。"接着无奈地介绍道,"她们三人是来试拍的,如果效果好的话,她们舞厅准备为每一位舞娘拍一张,贴在舞厅的入口处,总共有五十七位呐。"

赵诗梦的坏笑变成了大笑,做出一副羡慕不已的样子说:"噢,那可不得了,真是艳福大丰收呀!你成了这五十几位舞娘的总导演了,确实是生意做大了,忙得过来吗?"

吴进源尴尬地笑了笑,没理采赵诗梦的揶揄,继续道:"因为这些照片是放在同一个地方让人观赏的,如果千篇一律那就不灵光了。我考虑拍出五十几个不同的造型,确实有点难,忙不过来,脑筋不够用。以后她们会分批过来照相,我真的还想叫你来帮忙,出出主意呢,对付这五十几个造型呢。"

赵诗梦看他一下子变得开朗了,为了继续缓和气氛,俏皮地说:"你这个人够朋友,不吃独食,我当然愿意奉陪喽。"尔后,两个人都笑了起来。赵诗梦把照片还给了他,补了一句,"造型的事情,这不难。"

吴进源从赵诗梦手中拿回照片,一副仔细端详照片的样子,旁边的人无法看出他是在欣赏美女,还是在思考将来照相的造型。突然,他冒出一句:"我没有她家的地址。"

他们的话题又绕回到白雪的身上,赵诗梦心想,白雪送稿子的故事让他心起波澜,有旧情复发的危险,便把话题往能让他平复的方向拉:"你不一定要去她家里找她呀,如果去她家里,弄得不好,你们俩都会很尴尬的。这种事情你应该知道的,不能勉强,只要心中有她就可以了,万一以后遇见,不要搞得像冤家一样,就可以了。"他知道白雪在杂志社留了通信地址,但不想告诉吴进源自己有她的地址,不愿意让他再钻这个牛角尖,重燃激情,所以找了一个看似与话题有关,却又与他俩情感无关的话题:"听她说,是穆时英向她推荐我的《蓝玫瑰》的,她和穆时英很熟吗?"

吴进源沉默了一会儿,情绪有点激动,气呼呼地说:"她就喜欢周旋于这种男人的周围,所谓的摩登绅士。以前我经常带她去一些私人派对或沙龙,有时候会碰到穆时英,她见过人家之后,就盯着人家问这问那,要跟人家讨论文学,样子很难看,人家只能对她敷衍了事。反正此后,她整天找穆时英写的东西来看,要做他忠实的读者,好像很崇拜他。但依我看,穆时英并不把她当回事,人家跟跳舞的好上了。"

赵诗梦没料到开出了这么一个愚蠢的话题,让吴进源如此气恼。为了再度缓和他的情绪,便把白雪让穆时英修改文章的那一节藏了起来,以免引起他对穆时英的误解,小心翼翼地说:"我看了白雪的文章,还真写得不错。"

吴进源扭过头来,翻了翻眼皮,盯着赵诗梦,脱口而出:"她写的什么文章?"问话的声音,似乎是一种从身体里冲出来的条件反射。

赵诗梦赶紧答道:"好像是关于女性要独立的内容。"朝吴进源瞄了一眼,像是讨好他似的,加了一句:"文章刊出后,我给你拿一本过来。"

后半句话一出口,他就叫苦不迭,后悔了,心想白雪文章的第一句就是"战火纷飞,兵荒马乱,像样的男人不知道都躲到哪里去了",作为旁人可以平安无事地欣赏如此直率的写法,但作为和她有那种关系的吴进源读了后,真不知道会有什么样的感受,是痛骂?还是大笑?谁也说不清楚,还是不让他看到为妙。

吴进源似乎还没消气,硬邦邦地说:"我才不要读她的文章呢,无非是一些骂男人的妙句,或者就是一些做女人有多么委屈的鬼话,我看她这辈子也离不开男人,想要独立,难。"停了停,补充道,"她呀,要好的时候,投怀送抱,花好稻好①,绝对让你感到肉麻得幸福,使你变得稀里糊涂;分手的时候,就是瞎了眼,看错了人,什么骂人的话都套在你头上,刻薄得让你心酸,彻头彻尾的一个泼妇。"说完后,他又做了个两手一摊的动作,意为无药可救。

赵诗梦听了他那句"我才不要读她的文章呢",灵机一动,故作慢吞吞地顺水推舟道:"好啦,不说了,听你的,她的文章我就不送过来让你看了。"把话说得死死的,后又生怕他改变主意,赶紧把话题扯开,"我好久没打麻将了,今天,可以凑齐人吗?"

吴进源放下手中的照片,脸上立马露出另一种笑容,响应道:"要搓麻将,那还不容易,我这里的朋友随叫随到。"停了停,身子惬意地往后一靠,歪着头,仿佛想起了什么,看着赵诗梦说,"现在上海滩许多人都去重庆了,只有家里有产业不能搬家的,才留在上海滩。他们一个个都走了,我们的麻将朋友也要大派换了。冷襄理和他们的银行都去重庆了,他走之前来过我这里,一起吃了饭,他还跟我大谈现在是国家用人之际,政府部门会有很多很重要的职位出来,混得好的话,不出两三年,混个像模像样的一官半职不是问题的,问我有没有兴趣跟他去重庆。我说哪一天日本兵进租界了,照相馆开不下去了,我到重庆去找他,向他要饭吃。"后面又加了一句,"我才不会离开上海滩呐。"

---

① 花好稻好:(沪语)样样都好。

赵诗梦笑嘻嘻地插话说:"老兄呀,你还是留恋上海滩的'美女加咖啡',眷恋南京路的五光十色呀。"

吴进源懒洋洋的叹息道:"是啊,谁不是呢,我也不愿意离开上海滩。用一句做作文人说过的话来讲,就是'离开了上海滩,离开了南京路,我就不能呼吸,心跳也要停止了',此话一点不假。"尔后慢吞吞起身去前台,吩咐伙计倒两杯咖啡,又踱着方步,回到赵诗梦跟前,继续道,"现在的虞凯欣嘛,我知道的情况是:在打仗初期,外滩沙逊大楼门口被炸时,他在大楼里的事务所也受到了影响,有一段时间不能开业了。后来不知道为什么,他似乎对做律师这一行当不感兴趣了,事务所也不要了,整天和一帮勾结日本人的新政府要员混在一起,一会儿武汉开会,一会儿香港碰头,神神秘秘的,一副'国家兴亡,匹夫有责',干大事的样子。曾带一些朋友来我店里拍过照,这些朋友个个神气活现,我一个也不认识,我也不想高攀,没跟他们多啰唆。总之,我们的虞兄,现在是很难找到的,不知道在哪里。我们还是叫朱跃中过来吧,怎么样?"

赵诗梦一字一句地确认道:"朱—跃—中,我认识吗?"

吴进源说:"你当然认识喽,就是那个以前跟你说过的,要把给女朋友的情书全部登在你的杂志上的那个,还喜滋滋地当着大家的面,朗读他的那些情书的。后来我们说,他如果真的把情书登出来的话,他就成了上海滩公开情书的第一人了。"

赵诗梦似乎想起来了:"哦,我记起来了,还有一次我们在一品香吃番菜,吃到一半,不知道谁说他女朋友上官清岚正在回杭州的途中,他听了后立刻放下餐具,跑到北站买了一张火车票,追到杭州去了。此人好像很搞笑,听过他朗读的情书,'小妹妹啊,请你不要走远,听我为你唱一首歌……'好像写得还蛮滑稽的。我总共就见过他两面,都很好玩,可没有一起玩过麻将。"

吴进源笑着拍着大腿,补充道:"对,情书里还有那句很滑稽的,'……如果你觉得我唱得好听,请给我一个吻'。这情书没刊登在杂志上,太可惜了,如果刊登的话,肯定很热闹。"

赵诗梦笑了笑说："还算好,没有刊出,如果登了,我的《蓝玫瑰》杂志成什么啦,真的成了女人和情爱的百科全书了。"

稍息,吴进源嬉皮笑脸地介绍说："他玩麻将水平嘛,可能要比他写情书的水平高一些,喜欢做大的,找刺激,胆子够大,但有时候却输得很惨。他最大的特点就是不怕输,而且很讲信誉,上次我跟你说起过的,那个差一点把那辆斯蒂庞克轿车押给我的家伙,就是他。他整天没事可做,要么在研究如何写情书,要么和女朋友躲在家里亲热呐。"

赵诗梦接着他的话,笑着说"我看他的情书写得也够大胆的,能够直截了当地说出爱是他的生命,你看有多炽热呀,热忱得不但会让对方喘不过气来,甚至自己也有可能被烫伤。"顿了顿,他好奇地问,"他追那个上官小姐,追到了没有?"

吴进源说："追到了,现在和他躲在家里的就是上官小姐。她在杭州也是一个出了名的大美人,据说上官小姐是我们这位仁兄第二十七位女朋友,现在追到了,他们已经同居了。先同居后结婚,现在流行的,他们好像正在筹备结婚呢。我敢打赌,如果我打电话去他家里的话,他肯定在,肯定和上官小姐孵在一起。"

赵诗梦带着玩世不恭的口气说："谈了二十七个女朋友,不算多,我看像他这样有才的人,可以谈七十二个女朋友,那还差不多,否则上不了上海滩的新闻。"

这时,伙计过来打断了他们的谈话,轻声告诉吴进源有电话。吴进源正说到兴头上,一副懒得接电话的样子,不耐烦地问道:"对方说了是谁没有?"

伙计摇了摇头,说："听声音,好像很急。"

赵诗梦笑着说："没有比你更懒的人了,听说有麻将,电话也懒得接了。"

吴进源接完电话,脸色有些诡异,紧张不像紧张,兴奋不像兴奋,在赵诗梦面前沉思了一会儿,一脸的疑惑,说："许少超大概吃到仙人跳了。"

许少超也是他们的朋友,经常一起搓麻将。吴进源的话,让赵诗梦吃了一惊,愣愣的看着吴进源,一时说不出话来。

吴进源带着哭笑不得的表情,把电话内容说了出来:"这家伙在电话里哭唧唧地求我,'帮帮忙,我为了女人的事情,急需两千块钱,看在老朋友的面子上,一定要在今晚十二点之前,给我送来'。又说了一个牛庄跬上的地址,我想多问几句,他却挂了。好像他打电话时,旁边有人逼着他,应该是碰上了仙人跳。"

赵诗梦帮着推断道:"他在电话里这样说,声音又是哭唧唧的,没说完就挂了,那肯定是仙人跳,旁边有人在威胁他呢。"赵诗梦生性胆小怕事,尤其这种和人身安全有关的事情,更是害怕得不行。隔了一会,神情慌张地说,"快点付钱吧,先把许兄弄回来再说。他家里好像没人能救得了他,那些搞仙人跳的人不是好惹的,时间长了,许兄可能要吃苦头的,我们还是快点凑钱,帮帮他吧。"

吴进源看到赵诗梦一脸的紧张,反而笑了起来,有点亢奋地说:"平时,这家伙蛮活络的,怎么会碰上仙人跳?玩女人也不睁大眼睛看看清楚的,真是聪明面孔笨肚肠。"顿了顿,补充了一句自我推断,"他还能打电话,给的时间还蛮长的,将近八个小时,我看至少现在他是安全的。"尔后,安慰道,"你放心吧,这算不了什么大事,无非就是钱的事情,另外,说出去有点难为情而已。"说完,朝外间的柜台走去。

赵诗梦心想他可能是去柜台拿钱了,立刻起身跟在他身后,急切地说:"如果你柜台上没有这么多的现金,我叫阿敏给我送来,保证许兄的安全最重要。"

许少超是他俩重要的麻将搭档之一,他们玩得疯的时候,一个礼拜要玩三场,他们之间也算是知根知底的朋友。他没有像他俩一样留学镀过金,可从学校出来,在一家英国的银行里做事,没几年就凭着一口流利的英文和出色的表现,混到了襄理的位子,因贪玩至今没有成家,平时没什么业余爱好,除了麻将,就是喜欢拈花惹草的。

吴进源让柜台内的伙计查看一下保险箱内有多少现金,突然,他转过身来对赵诗梦说:"不对吧? 一个仙人跳,竟然敲竹杠要两千块,好像不大符合行情吧,那女人真的是仙女?"其实他自己也不知道这种事情的行情,只是感到这种事情不能听之任之,要多少给多少。

赵诗梦一副手足无措的样子,有点着急地说:"钱多少是小事,就算被多敲一点,只要许兄没事就好,不要谈什么行情不行情了,干那些事的人都是流氓无赖,我们搞不过他们。即使三千、五千,我也付,多一事不如少一事,如果你钱不够,我叫他们送来,前几天刚刚进了一笔广告费,我那里肯定有。"

吴进源似乎冷静下来了,对赵诗梦说:"你呀,胆小怕事,喜欢苟且偷生。什么多一事不如少一事哟,上海滩的流氓也要讲规矩的,我是绝对不花冤枉钱的。"而后,指着里间的沙发,似乎命令道,"你先到那边去抽雪茄,我跟黄老板打个电话。"

赵诗梦问:"哪个黄老板?"

吴进源答:"就是先施公司后面麻将馆的黄老板,大麻子,他也在牛庄路上混的,那里这种事情多,肯定比我们熟悉行情。我们不能傻乎乎地跟着许兄做傻事,吃了仙人跳,只能认倒霉,这个倒霉的钱我们付,但也要有行规,我们不能做冤大头。"

赵诗梦知道黄老板的麻将馆就在牛庄路那边的更新舞台①附近,那一带的人口稠密,居民都是些平头百姓,鱼龙混杂,鲜有达官贵人,加之大小弄堂纵横交错,各式小店众多,纠纷不断,治安情况复杂。黄老板混迹那里二十几年,赤手空拳,从无到有,开出数家麻将馆,虽谈不上是那里的地头蛇,或者有那种呼风唤雨的本事,但凭着他为人热情,敢于说话,在那里有一定的威信,小有名气,有时人们因琐事产生一些小纠纷,会让他出来主持公道。由于他脸上有几颗麻子,人称大麻子,而大麻子和大模子,这两个词在上海话中的发音非常相似,意思却截然相反,麻子或者大麻子有骂人的意思,模子则意思是此人厉害,上路②,讲

---

① 更新舞台:现名中国大戏院。
② 上路:(沪语)够朋友。

义气,有赞美的含义。大模子也可以说成个子大,和大块头一个意思。无论是哪一个词,他都不在乎,也愿意接受这样一个模棱两可、含义不清的绰号。赵诗梦心想此人肯定熟悉那里的人和事,或许他有更好的办法,便不再催促吴进源去凑钱了。

和黄老板通完电话,吴进源又笑嘻嘻地回到赵诗梦的沙发前,以轻松的口气说:"大麻子说过了,用不着两千块,顶多三五百块了。他还记得许少超这位麻将客人,答应陪我们一起去谈,这样你可以放心了吧?"

他们先在大麻子的麻将馆会合,再由大麻子按照地址领路,在牛庄路的狭小弄堂里弯弯兜兜,好一会儿,才找到了那栋房子的后门,似乎房子里有好几家住户。进了后门,里面光线很暗,地上湿漉漉的,散发着一股阴潮湿而发霉的气息,很难闻。大麻子在前面熟门熟路地找到了上楼的楼梯口,回头殷勤地关照道:"这里的楼梯不好走,当心上面挂的东西,小心碰头。"自己噔噔噔熟练地快步冲了上去。

楼梯是木质的,又窄又陡,上面黑咕隆咚的,还有九十度的转角,走在后面的人只要稍微落后一点,就根本看不清前面人的身影,只能听到从上面传来很响的脚步声。赵诗梦他俩很不习惯走这样的楼梯,都走不快,吴进源靠拉着扶手,勉强跟着大麻子,赵诗梦更是有些紧张,落在了后面,提心吊胆地一步一步往上爬,心想还算好,有大麻子陪着,要不是他在,就靠自己和吴进源两个人,也许在这种地方真会让人欺负,更不要说把许少超弄回去了。

赵诗梦听到楼上传来的大麻子大声问话:"许先生在这里吗?"尔后有开门声,一个男人惊讶的声音:"呀,黄老板,你怎么来了?"接着又是大麻子粗声粗气的声音:"原来是侬,向人家要铜钿的呀。"又是那个男人赔笑的声音:"这事,怎么会惊动您的呀?"听到这里,赵诗梦提着的心放下了一大半,心想和大麻子一起来对了,他认识这个王八蛋流氓,许少超应该有救了。

为了不打扰大麻子和那人的交涉,赵诗梦放轻了脚步。接着又听到大麻子带着责备的口气说:"怎么不可以是我?侬呀,要铜钿可以,先让我看看人,有没有事体。"那人急吼吼地答道:"人肯定没事体,我没有动过他,看人也没问题,好说。但那家伙要睡我老婆,那还得了,这就不能怪我不客气了。"大麻子的声音:"别啰唆,快去开门。你们这些人的事体,不要以为我不知道。侬哪里有老婆呀。啥人跟着了侬,啥人倒霉。"

赵诗梦听到最后一句,心里想发笑,佩服大麻子如此熟悉这里的人和事,说话又直截了当。仙人跳主要是以人家睡了自己的女人为敲诈勒索的理由,那么没有老婆,也就没有了自己的女人一说,敲诈的理由当然就不能成立了。

当赵诗梦踏上二楼,看到狭小的过道两边各有一扇门,一边的门是开着的,透过来稍许亮光,基本能看清人影,房间里好像还有一个人,也许是那人的同伙;另一边很暗,房门是锁着的,那个男人正弯着腰在开锁,身后紧贴着大麻子和吴进源,他心想房间里边可能关着许少超。

那扇门打开后,吴进源一个箭步冲了进去,叫道:"少超兄,还好吗?"却没有听到许少超的答应声。赵诗梦急了,也挤了进去。屋内很暗,大麻子拉亮了电灯,吊在房间正中的那只没有罩子的白炽灯亮得刺眼,只见许少超在角落里,双手被反绑在一把旧椅子上,嘴里还塞着脏兮兮的毛巾,赵诗梦心想刚才大麻子这么大声说话,怪不得他在里边没有任何反应。

吴进源迅速为许少超拿掉了嘴里的毛巾,松了绑,他一副劫后余生的样子,脸上混杂着惊恐、感激、尴尬和委屈的表情,连声道:"谢谢,谢谢。"随后站起来,抖了抖身子,舒展了一下筋骨,把皱巴巴的西装拉了拉挺,然后退了一步,又躲在了角落里,像等候发落似的。

大麻子等许少超收拾定当,把他从头到脚查看了一遍,问他:"你身子没有受伤吧?"他胆怯地低声答道:"身子没事,没伤,谢谢。"似乎他认出是大麻子,却一时忘记了和大麻子打招呼了。

大麻子说:"身子没有事,就好。"又拍了一下那男人的肩膀,说,"那我们到隔壁去谈个价钿吧。"

141

吴进源等大麻子和那个男人一出房间,立刻关上房门,转身向许少超低声问:"是不是吃了仙人跳?"

许少超尴尬而委屈地点了点头,后又紧张地加了一句说明:"是那女人设的套,我没碰过她。"

吴进源的脸上却意外地露出了笑容,这种笑容里还夹杂着一丝嘲谑,仿佛只要是仙人跳,就算不上危险可怕,事情就变成小孩子玩家家的恶作剧了,感叹道:"许兄呀,许兄呀,你这个风月故事,真不怎么样,大船翻在阴沟里,还把我们吓了一跳。"接着他出人预料地在狭小的空间来了一个漂亮的转身,就像在跳舞时的转身,跟着舞动的还有那只光秃秃的电灯泡,在他们头上晃来晃去。吴进源的表情好像刚才那一幕根本没有发生过似的,对赵诗梦开心地笑了笑,说,"我猜得没错吧"。又对许少超说,"过一会儿,我做东,请客吃晚饭,给你压压惊,然后,打一个通宵麻将,把这个屁事体彻底忘了,就好了,怎么样?"接着用手指着他,调皮地加了一句,"今天,你可是情场失意,赌场肯定得意,抓住机会赢一把。"

许少超还不知道钱的事情怎么解决,根本没有工夫去想吃饭打麻将的事,直白地问:"两位阿哥,我要的钞票带来了吗?"

赵诗梦刚要回答,吴进源抢了先:"放心好嘞,这档子事,让大麻子去解决,不会让他们敲竹杠的。用不了两千块,剩下的都可以作为打麻将的钱。"说完又大笑了起来。

惊魂未定的许少超让吴进源的嘻嘻哈哈搞得没了方向,将信将疑地看了他一眼,又把目光转向赵诗梦,似乎在问,这是真的吗?

赵诗梦开口道:"让大麻子去处理吧,不会多花冤枉钱的。"接着关心地问道,"那个王八蛋打过你吗?"

许少超答:"我一看苗头不对,就答应他们的条件,如果要打的话,他们两个人手上都有刀,我一个人,又不会打架,怎么跟他们打?只能投降,所以苦头倒没怎么吃。但我心里怕得要死,因为身上没多少钱,他们让我打电话向人借钱,如果当时打电话找不到你们,我真不知道有什么样后果了。"

这些情况和赵诗梦猜测的差不多,他嘴里应着:"还好,还好。"环视起房间的陈设来了。他说不清这是一间什么样的房间,比阁楼高一点,比厢房小一点,有一扇不大的窗户,还严严实实拉着窗帘,光线透过浅色的窗帘,把上面脏乎乎的痕迹映得一清二楚,让人恶心。屋内的家具不多,只有一张床,一张四方桌,下面放着两条板凳,唯一的椅子就是刚才用来绑许少超的那一把,靠墙还有一只橱柜,所有的家具都显得脏兮兮的,看不清原来的木质花纹。站着的三个大男人几乎把屋内的空间全部填满了。赵诗梦把目光转回到许少超身上,又问道:"你被他们绑了多长时间?"

这时,大麻子推门而入,对吴进源说:"你们给他们一百块钱吧,以后井水不犯河水,两清了,你看怎么样?"吴进源爽快地从皮夹子里抽出钱来,指着许少超说:"谢谢你啦,那他可以走了吗?"在一旁的许少超嘟囔了一句:"刚才我还被他们搜去一百三十块呢。"大麻子朝许少超看了一眼,安慰道:"算啦,算啦,和他们这些人没道理好讲的。"接过吴进源递来的钱,对大家说:"我去给钱,你们就走吧。"

赵诗梦边朝外走边追了一句:"黄老板,我们在你楼下的小饭馆,等你回来。"当走出房门口时,脚下"咣当"一声,大家吓了一跳。赵诗梦低头一看,原来是两把竖放在墙角落的长长的西瓜刀被碰翻了,明晃晃的刀刃闪着逼人的冷光。他心想也许这两把刀就是许少超刚才提到的,定神又朝这两把刀瞄了一眼,瞬间浑身感到一阵寒意,一阵后怕,他不敢再多看,赶紧跟着吴进源他们快步离开这个不祥之地。

许少超在小饭馆坐定,惊魂才算彻底消除,尽管还没有点餐,便急急忙忙向侍从要了一壶茶。

吴进源看着许少超的样子有些好笑,瞟了一眼赵诗梦后,问道:"今天的事体,到底是怎么发生的?你也算是个老江湖了,难道一点没有看出来那女人有问题?"赵诗梦也对这个问题非常感兴趣,碍于涉及他人隐私,不好意思问,现在吴进源问了,自己可以听现成的故事了,便把目光注视着许少超,等待着他的答案。

许少超朝他们扫了一眼,心想人家这么卖力救了自己,在他们面前说出自己的丑事,也没太大关系,反正丢人已经丢尽了。他喝了一口茶,微微低着头,吞吞吐吐道:"今天中午,我从牛奶公司办完事回银行,路过金城大戏院①,碰到那个女人,当时好像电影就要开映了,她跟我说她有两张电影票,她的女朋友没有来,又不想浪费,想把多出来的那张卖给我。我看她人很朴素的,外表也干干净净的,这种女人不想浪费电影票的钱,也在情理之中,一起看一场电影也不是什么了不起的大事……"

听到这里,吴进源拍了一下手,打断了许少超,叫道:"妙绝了,这个女人聪明。"又自嘲地笑着对赵诗梦说:"如果我们碰到这种事情,我想我们俩谁都躲不过这一劫,会抢着去和那女人一起看电影的。"后又加问了一句,"那女人,漂亮吗?"

许少超看了一眼赵诗梦,有点犹豫地点了点头,说:"是那种良家妇女型的,看上去像少妇,有点像农村来的那种,和我年龄差不多,如果是那种女人,我肯定一眼就能看出来,她不像,我才要了她的票子的。后来去她家里了,我马上就发现不对,房间的布置太差,太脏,根本没有女人味,与那个女人的外表相差太远,显然不是她家,想脱身,但为时已晚,那两个人举着西瓜刀闯进来了。"

吴进源扭过头来,口吻略带油腔滑调,半真半假地对赵诗梦说:"最勾男人魂的,就是这种貌似良家妇女的女人,其实跟娼妓一样。今天我们在那房间里,没看到那女人,那可谓一大遗憾呐,我很想看看那女人长得什么样,让我也长长见识。"

赵诗梦没有理睬吴进源,仿佛并不怎么关心那个女人长得怎么样,或者心里想知道,嘴上却不说,或者对他来讲,更重要的是在许少超的事情上如何吸取教训,自顾自地喃喃地说:"人不可貌相,仅看外表怎么

---

① 金城大戏院:现名黄浦剧场。

能判断呀,好人坏人又不写在脸上的。"

许少超看到大麻子走过来了,赶紧站起来说:"黄老板,今天太感谢你了,要不是你来帮忙,后果真不敢想象。"

大麻子五十开外,看上去虎背熊腰的,有点大大咧咧,个子也大,圆圆的头,又浓又黑的眉毛,粗而有力,看上去就像连环画《水浒传》中的"黑旋风"李逵。在天热的时候他露出手臂,人们会看到他右胳膊上刺着一条很大的青龙,在靠近肩膀处是一个面目狰狞的龙头,看起来蛮吓人的,这是他年轻时引以为荣的标记。他看到餐桌上还是空空如也,没有点菜,就说:"干嘛要等我来才点菜呀?你们肚子不饿?"

吴进源说:"今天全靠你,我们要好好犒劳犒劳你呀。"说完叫来了侍从,点菜上酒。

大麻子拉开一把椅子坐下,摇了摇手,咧开大嘴笑道:"都是朋友嘛,今天的事情没什么,没什么,都是顺便的事。"他说话中明显带有北方的口音,使得软糯的上海话听起来有了些硬直的成分,让人感到多了一份爽快和力量。

自从大家得知许少超安全后,赵诗梦的脑子里一直盘踞着一个问题,搞这种行当的人究竟是些什么样的人,好奇心驱使,趁大麻子刚坐定,就问道:"黄老板,那个搞仙人跳的,到底是什么样的人?他们怎么这么服帖你?"

大麻子笑了笑,先向许少超问了一句:"今天怎么样?吓得不轻吧。"许少超尴尬地点了点头。大麻子又骂了一句,"这帮人,不是人养的"。然后扫了大家一眼,介绍道,"跟我谈事体的那个是弟弟,他还有个哥哥,他们从小就死了爹妈,是在这里附近吃百家饭长大的,我很早就认识了他们,我们去的地方就是他们的家。他们在旁边的菜场里有一个卖肉的小铺子,一天也赚不了几个钱。他哥哥不太好,没钱还要抽大烟,又喜欢赌,两年前因欠钱还不出,让人打成了瘸子。我知道,他们干这种事情已不是第一次了。当然,我们许先生上了他们的当,被那女人领进了他家的门,虽什么也没发生,那就给点铜钿了事,算了,避免事体变大,不好处理。"顿了顿,看了一眼许少超说,"他们也是穷人家,是些小混混。不过他们做这事,有个特点,一般不伤人,以吓唬为主,只要给铜钿,一般都能过去。"这句话听上去,有点像为他们辩护。

许少超听到他们仅是两个如此破落不堪的穷光蛋,而自己是银行的高级职员,却栽在他们的手上,感到脸面扫尽,心中升起一股莫名的怨气,是该痛恨自己,还是痛恨那些人,他自己也分不清楚了,斜着眼睛,鄙意地说:"怪不得,那个瘦瘦的,大概是他哥哥,朝我大叫什么'识时务者为俊杰''拿钱就没事',举着西瓜刀晃来晃去,样子凶极了。当时我真以为自己的末日到了,原来是这种套路。"

吴进源大笑起来,带着惊讶而嘲讽的口气道:"哈哈,抢劫还这样振振有词,说'识时务者为俊杰',漂亮,佩服,今天的上海滩真够文明的,抢劫犯也真够文明的。以前只是听说过,今天总算见识到了。"接着指着许少超调侃道,"少超兄,你大概永远不会忘记在明晃晃的西瓜刀下,听到的这句名言了吧。如果这辈子再听到'识时务者为俊杰',我想你会浑身发抖的。"

许少超只是无奈地苦笑着,望着他们一声不响。赵诗梦插话道:"不识时务能怎么样,人家手上有刀,又是两个人,难道跟他们拼命?那才不值得呢。破财事小,保命事大,我觉得许兄做得没错,先答应他们的条件,再来讨救兵。"他说话的语气糯软糯软的,就像他的性格里永远是理性大于勇气,或者说从来没有过勇气,让人有一种低声下气的感觉。

吴进源想起赵诗梦刚听说许少超碰上仙人跳时的情景,便指着他半真半假开玩笑道:"你呀,永远胆小怕事,一副窝囊相,真是个潇洒而窝囊的主儿。"

赵诗梦听到说自己窝囊相,并没有生气,而是想起了虞凯欣曾对自己有类似的评价,便接着吴进源的话,苦笑着自我调侃道:"我早就认命了,我们的凯欣兄曾说我是个'倒霉蛋',今天依你看,还要加上'潇洒而窝囊'。也许你们是对的,我这一辈子逃不脱你们给的这几个字,一个潇洒而窝囊的倒霉蛋。"

大家听到如此滑稽的自我评价,都笑了起来。大麻子出来打圆场道:"我看你们呀,都是本分的老实人,不会打架、不会耍流氓,不会拼命的好人。"

吴进源似乎对仙人跳还念念不忘,意犹未尽地向大麻子打听道:"那,那个女人是从哪里来的?和他们什么关系?"

大麻子朝许少超瞥了一眼,道:"哪有什么关系呀,伊拉兄弟两人从来没结过婚,这样的人,哪能讨得起老婆呀,那女人应该是临时找来的,事后分铜钿。因为我知道,伊拉俩平时周围没有什么女人,一般的女人也不愿意和伊拉交往。"他喝了一口茶,见他们几个好像听得不过瘾,便又补充道,"我们这一块,这种事情很多,有些人是以此为生的,主要敲诈的对象是外地人。有些是一家子一起搞,或有些是几个邻居凑在一起搞,那么女的可能是他们的妹妹姐姐什么的;有些是固定的搭档,场地是专门借来搞这个的,这种女人嘛,大多数是从向导社或者咸肉庄①里来的,敲到钱后大家就分钱完事,钱花完了再搞,这种人比较难弄,被敲的钱也要多一点。"他注视着许少超,问了一句,"你是在哪里碰到那个女人的?"

许少超朝赵诗梦和吴进源看了一眼,答道:"在金城大戏院门口。"接着把电影票的事情说了一遍。

大麻子听了直摇头,拍了拍大腿,感叹道:"这都是一些骗骗乡下人、骗骗跑单帮外地人的老把戏,你这么一个聪明的、地地道道的上海人,怎么也中这一招呀。"

许少超不好意思地低下了头。吴进源想起刚才自己也承认过不了这一关的,便厚着脸皮解释道:"老套路,我们少超兄也知道,只是俗话说'英雄难过美人关'嘛,男人都逃不过这一劫呀。"

大麻子用手指了指他们,说:"你们这些有钱人,不知道这里面有时

---

① "向导社"为旧上海提供应召女郎的一种变相卖春形式;"咸肉庄"则指低级的妓院。

候是多么危险的。去年,也是在我们这里,和今天的事体,一模一样,双方谈不拢价钿,一个要两千,一个只肯给一千,差一点搞出人命来。遇到这种事情,还是多少给一点为好,保命要紧,尤其你们的命值铜钿,不能和他们一般见识。"顿了顿,他瞟了一眼大家,也许他是这里最年长的,给出了对付这种事情的忠告,"千万要记住,和一面之交的女人做这种事体,即使对方是仙女,也绝对不能到她领你去的地方搞,除非事先就知道她是卖的,或者已谈好价钿的,要么就是老相好什么的,像会乐里的那些女人,那没问题,否则很危险。"

对这样的话题,吴进源兴趣不减,幽默地夸赞道:"我们要记住,这是老前辈的真知灼见,搞这个绝对要有技术。"接着招呼大家,"来,来,今天我们要好好谢谢黄老板,干杯;也为这句真知灼见干杯。"大家让他的话逗乐了。

大麻子笑着回敬道:"你们这些文化人呀,玩这个,还用得着我这个土包子来教吗?别拿我老爷子寻开心了。"大家都笑得很开心,仿佛刚才的那一幕已离得很远很远,即将迎接一场新的开心。

大千世界里,有人留在上海滩,就有人离开上海滩。几天后,赵诗梦的杂志社出了一件不算太大的怪事,阿敏不见了,好像不辞而别了。

那天,赵诗梦刚到编辑室,小杜进来问:"社长,阿敏辞职了吗?"赵诗梦诧异地盯着小杜答道:"没有呀,发生了什么事情?"小杜把早晨醒来后看到的事情说了一遍:小杜和往常一样,醒来后看见阿敏床上的被子叠得整整齐齐的,平时并不这样,因为他俩总是差不多时间起床,一前一后洗漱叠被子,下楼吃早饭。可这天,小杜楼上楼下找了个遍,也没见阿敏的人影,就去打开他的储物柜,一看吓了一跳,储物柜里除了一些没用的东西,几乎什么东西都没了,而这些没用的旧衣服也叠得整整齐齐。

赵诗梦听了小杜的汇报,足足愣了半分钟,然后,一声不响地走到阿敏的写字桌前,拉了拉抽屉,发现抽屉没有上锁,里面也整理得一丝不乱,最显眼的地方放着一封信,上面用钥匙压着。赵诗梦索性坐在阿敏的座位上,打开信封,读了起来:"社长,你好:由于我有难言之隐,原谅我以这样的方式离开杂志社。谢谢你多年来对我的教诲和照顾,在信里我向你叩头了,我会永远记住你对我的好,放心好嘞,我不会在外面做坏事的。还有,原谅我擅自拿走了账上的三百块钱,以后回来,一定还上。"落款是"鲍逸敏敬上"。鲍逸敏是阿敏的大名。

赵诗梦读完信,又朝最后一行"回来一定还上"这几个字扫了一眼,心想"回来",从哪里回来,如果将来有回来的,那么现在肯定是出走,是指离开上海滩,那么离开上海滩他又能去哪里呢,出走又是为了什么呢,他一时无法回答。想起阿敏曾经说起过自己即将结婚的话,后来好像没有办过结婚的仪式,可能打仗的原因推迟了,便问旁边的小杜:"你认识阿敏的女朋友吗?"小杜却反问道:"哪个女朋友?"赵诗梦嫌他啰唆,说:"他以前不是说过嘛,他马上要结婚的话吗?难道还有几个女朋友?"

小杜拘谨地看了看赵诗梦,说:"是啊,那是他家里为他找的那个女朋友,谈得蛮好的,后来打仗了,没有办法举行婚礼,就拖了下来。后来他在跳舞的时候,他自己又认识了一个女朋友,这两个女朋友都来我们杂志社白相过。"

赵诗梦听到这里,似乎发现了什么问题,嘟囔一句:"会不会带女朋友私奔了?"这句话完全出乎小杜的意料,他不知道怎么应答,只是发着呆。赵诗梦又问,"最近,阿敏有什么异常吗?比如跟你说起过他特别想去哪里之类的?"

小杜想了想,也不敢看着赵诗梦,一股脑地回答道:"异常嘛,好像没有,就是自从那次跳舞后,那个舞娘到我们杂志社来找过阿敏几次,他们好像神秘兮兮的,有时候还一起出去,每次出去后,阿敏总是很晚才回来,我问他是否在和谈她恋爱?阿敏说不是的,还挺不高兴的,我后来也不敢多问。但……"

赵诗梦打断了他,盯着他,继续问道:"等一等,你说的那次跳舞,是哪一次？就是吴老板叫你们一起去捐款的那一次,大都会花园舞厅？"

小杜畏畏缩缩,有点像生怕被责备的样子,微微地点了点头。赵诗梦皱着眉头,想起了那次跳舞时好像阿敏是比小杜亢奋的多,和那个舞娘特别热络,小杜的话提醒了他,阿敏会不会和那个舞娘私奔了？要想搞清楚这个谜团,只有跟阿敏的父亲联系。他要小杜找出阿敏家里的地址,准备一去探个究竟。

阿敏的家人还避难在亲戚家里,这个亲戚是阿敏的叔叔。其实叔叔家也不大,和几家人家合住在一栋石库门的房子里,有前后相连的厢房两间,只是没有子女,多出一间后厢房而已。这间后厢房面积不大,阿敏的父母和两个妹妹住进去,已经转不开身了。

当赵诗梦来到阿敏的家时,卧病在床的阿敏父亲似乎已经知道他来的目的了,他吩咐大女儿让座倒茶后,便说："阿敏给你添麻烦了。"哆哆嗦嗦地从枕头下面拿出了一封信,递给赵诗梦说,"这是早上从门缝底下捡到的,是阿敏留给家里的信,但人不知道去哪里了,这小赤佬已是马上要结婚的人了,还叫人这么操心。"尔后,一阵猛烈的咳嗽。

赵诗梦接过信,抽出信纸,信封里似乎还有钱,他扫了一眼信,大概意思：我已向赵社长请了长假,将出走远方,父母放心好嘞,我不会干傻事的。这一百五十块钱是我这几年的积蓄,贴补家用。

阿敏父亲见赵诗梦读完了信,继续道："这个钱是怎么回事呀？他哪里一下子有了这么多的钱,平时他每个月从你这里拿了工资后,把大半的钱交给我的,自己留下的零用钱不多的,哪来这么多的积蓄,我真担心他在你这里干了什么坏事。"

赵诗梦对这笔钱已心中有数了,就是阿敏从三百块里边拿出来的,留给家里过日子用的,心想这阿敏还算有良心,能够惦记着父母,便安慰说："阿敏在我这里很好,没有干过不好的事情。我知道,他有这些钱,是我以前给他的奖金,你放心好嘞,收下吧。"他决不会把阿敏留在抽屉里的信告诉他父亲的,张扬和标榜自己的善意不是他的处事风格。

阿敏父亲将信将疑地说："赵老板你不要骗我,为他瞒着我。"接着又叹息道,"小赤佬,真昏头了,有这么好的工作,这么好的老板,还有蛮好看的女朋友,就这样扔下了大家,走了,叫我怎么面对你赵老板,面对他的亲家母。"

赵诗梦听到这里,更加深了刚才自己的猜想,阿敏很可能和那个舞娘私奔的,但他不敢把这个判断说出来。他想进一步了解阿敏前面一个女朋友的情况,便迂回地问道:"阿敏把女朋友留下了,没有一起出走?"

阿敏的父亲直了直身子,有些激动地叹息道:"要不是打仗,可能这个婚就结完了,那时家里已经把他们的新房都腾出来了,他也欢天喜地的,很想结婚,可打仗了,就耽搁下来了。前一段时间,他回来跟我说不想结婚了,让我狠狠地骂了一通。我不知道现在的年轻人是怎么想的,这么好的女孩子,为什么不要了,结婚怎能说不结就不结的呐?兵荒马乱的时候还要往外走,真叫人担心,真让人搞不懂。赵老板,你见多识广,你帮我想想看,究竟他是怎么回事。"

赵诗梦不可能说出其中的原委,心想阿敏逃婚也罢,私奔也罢,都起源于那次他们去大都会花园舞厅跳舞,而让阿敏去跳舞又是自己请的客,自己对此有着一定的责任,他只能装腔作势,重复着宽慰道:"阿敏是一个聪明的孩子,应该相信他,不会学坏的。"这些话,即使赵诗梦自己也很难相信。

看着面黄肌瘦,愁云密布的阿敏父亲,赵诗梦心起怜悯,对送自己出门的阿敏的妹妹鲍逸芸讲:"这两天我会让医生上门,为老父亲看病的,费用由杂志社支付。"再三关照她阿敏不在了,一定要照顾好父亲,如果家里生活有困难,一定不要见外,要跟他直说。

赵诗梦从阿敏父亲家里出来,凭着他的社会经验,断定阿敏绝对不可能一个人出走,跟舞娘私奔应该确定无疑。在他看来私奔并不是什么可耻的事情,只不过不愿意看到发生在阿敏身上,这种跟舞娘私奔的故事在上海滩不稀奇,每个舞厅隔三岔五都会发生,就连《蓝玫瑰》上刊登那些名人和舞娘私奔的故事就有不少,可赵诗梦没想到自己的杂志

151

社里也会发生这样的故事。一般来讲,老实本分有点小钱的男青年很难抵御舞娘的勾引,只要舞娘愿意,既能周旋舞娘之间,又能不被她们牵着鼻子走的男人还不多。赵诗梦猜不出阿敏他们会去哪里了,按照他身上携带的钱款推算,他们可以在外地坚持两三个月,或者更久些,过一段甜蜜的二人世界,钱用完了,生活碰到困难了就会回来了。两人终身相托的例子并不多,他根本不相信这种爱情会长久,充其量只能说是一种热昏头的浪漫。当然,现实生活中,有私奔成婚的事例,但少之又少,想要知道阿敏他们具体的故事,只能等他们回来再问了。

第六章　遇见"亭子间嫂嫂"

租界经历短暂的经济低迷,很快又让尚未散尽硝烟的上海滩,迎来了繁荣和奢靡的幽灵,再次让她变成天堂里的地狱,或者地狱里的天堂。人们为了躲避战火,寻求和平与生计,大量涌入,上海滩成了一个名副其实的大杂烩。

朱跃中带着女朋友上官清岚来到好莱坞照相馆拍摄结婚照,赵诗梦闲来无事,也来凑热闹。吴进源亲自出马,布置灯光,设计造型,讲解动作。朱跃中和上官清岚按照他的指示,礼服从中式换到西式的,在闪光灯的不断闪烁下,摆出各种不同的姿势,整个下午六家都在忙着,中间休息时,吴进源还为他们准备了香槟酒,几乎把摄影室弄得像婚礼现场的小派对似的。

他们干完杯,赵诗梦灵光一闪,出了一个怪点子,让朱跃中和上官清岚摆出共饮美酒的姿态,为他们拍摄一张与众不同的私照。这个点子得到了在场人的支持,尔后,他俩又是化妆,又是摆造型忙活开了,赵诗梦手捏着烟斗,不断地为他们矫正姿势,也忙得不亦乐乎。当吴进源连续按了几下快门后,宣布这张照片既抓住了他们干杯的动感,又显示出他们相亲相爱妩媚的表情,可能是最成功的一张。他接着说:"我还需要你们两位同意,请允许我把这张照片放大后,放到我照相馆门口的橱窗里,以展示照相馆的最高水准。"

朱跃中和上官清岚相互看了一眼,都开心地笑了。朱跃中答道:"这我们求之不得呢,要谢谢你了,让你的橱窗为我们的爱情见证,让路过的人也都为我们见证。"

赵诗梦也跟着笑嘻嘻地祝贺道:"你们展示天长地久的爱情,他展示照相馆的摄影水准,这真是一举两得,可喜可贺。"

当上官清岚去化妆间后,三个大男人坐在摄影室后面的沙发上,喝起了酒来,等暗房冲洗出来看样照。朱跃中放下酒杯,看了一眼吴进源,凑到赵诗梦跟前,认真地说:"老弟,本人的文笔不怎么样,我有自知之明,不过我还是想把我写给岚的那些书信整理一下,大概长短不一,有十几封,看看你的《蓝玫瑰》是否能够刊登,这也算是真人真事,我和她感情一波三折,走到今天也不容易。"没等赵诗梦回答,又加了一句,"可能我和她结不了婚。我想我们的照片挂在橱窗里,展示我们的爱情,如果我的情书登出来,也算我对她的爱的见证,对世人的一种宣示吧。"

赵诗梦对他前半句话,可以理解,只是考虑刊登这样的私信有点不符合常规,有点怪怪的感觉,但对他后半句"可能我和她结不了婚",有些惊讶,眼前做的事情,不都是为了结婚而操办的吗,怎么会结不了婚呢?如果结不了婚,为何还要这样的见证和宣示呢?他一时理解不了,更拿不定主意是否帮他们刊登,只能一边把烟斗叼在嘴上,装着吸烟,封住自己的嘴,一边思考着如何回答。

吴进源不失时机地插话道:"诗梦兄,我们的跃中兄爱得不容易呀!他很想和上官小姐结婚,可是家里不同意,他家老爷子嫌上官小姐家里有日本背景,说她家是汉奸,跟跃中兄明言说,如果他跟上官小姐结婚,家里就登报声明,与他断绝父子关系。所以他才想出此下策,拍照呀,这些事情是他们喜欢的,他们可能办完这些之后,就去美国了,过两人世界。"

朱跃中在旁边补充道:"家父听说我要结婚,岚是杭州人,就派人去杭州调查她家的背景了。想不到,岚有个后妈是日本人,她父亲靠着这个日本女人,把杭州的丝绸贩到日本,赚了不少钱。家父知道后,就坚决不同意我们结婚,怕有做汉奸亲戚的嫌疑,不过还算开明,同意我和她去美国,如果顺利的话,我们将在两个月后启程。我想把我的情书刊登出来,也是想弥补我俩之间没有结婚的不足,给岚一个惊喜。靠你帮忙了。"

赵诗梦听到这里,已清楚他俩是怎么回事了,朱跃中和吴进源把话说到这个份上,他也没了拒绝的理由,这时他已想好如何处理了。他笃悠悠地从嘴上拿下烟斗,吐出一股淡淡的青烟,说:"想不到跃中兄有这档子苦恼的事呀,敝人理应帮忙,更何况你的文笔本来就不错,刊登没问题。刊登真人真事的情书,市面上不多见,肯定会有意想不到的效果,值得试一试。我想如果是真人真事的情书,那么署名应该是真名实姓喽,只不过有两个小问题想请你首肯。第一,为了便于读者对情书内容的理解,我们要略微作一些你俩故事的介绍,当然会很有分寸的;第二,我们会考虑杂志的篇幅问题,会作一些小的删减,不知你允许吗?"他考虑到朱跃中是朋友,但出于自己职业的谨慎,心想还是把在刊登文章过程中可能遇到的各种问题,最好事先讲清楚为好。

这些话把朱跃中感激得有些语无伦次:"太好了,我当然要用真名实姓,什么允许不允许的,你的要求我全部同意,还要谢谢你呢。删减没问题,不过介绍我们的故事时,最好不要提到岚的后妈,可以吗?"

赵诗梦笑了笑说:"那当然。恋爱是你们两人的事情,不涉及其他人。由于我们也不知道你们恋爱的具体情况,是否劳您大驾,自己写一份简短的恋爱经过,挑有趣的写,供我们参考用。"

吴进源笑呵呵地以调侃的口吻插话道:"对,对,公布情书确实需要介绍恋爱经过。这份恋爱自白书只能由跃中兄自己写,别人不知道他们怎么恋爱的,没办法写。顺便我们也可以看看,让我们学习学习谈恋爱的经验,刊登出来后,肯定读者踊跃。"

朱跃中立刻表态道:"我回去写好后立马把信给你送来。"

赵诗梦答应道:"我争取在你去美国之前登出来,如果来不及的话,我就给你们寄过去。"

暗房的师傅把冲印出来的样照送了过来,吴进源把它们分发给他俩,朱跃中拿着照片,发现照片还有点热,便开玩笑说:"哇,怎么照片还会发烫的?难道是热炒?"

吴进源解释道:"刚刚从上光机上烘干揭下来的,当然是热的。拍得还可以吧?"

赵诗梦也接过照片,一张一张翻看着,看到他们共饮香槟酒的有四张,这是他特别感兴趣的作品,又反复比较了这几张照片。他俩的动作、拍摄角度各有所不同。其中一张令他非常兴奋,朱跃中和上官清岚各占一方,一高一低,深情地注视着对方,双方的眼神里闪烁着充满爱意的光芒,在暗淡的背景下,逆光勾勒出他俩发型的优雅轮廓线,朦胧而迷人。他俩中间两只精致的香槟酒杯恰好在干杯的一瞬间,杯中溅出的香槟酒,有一部分正好融合在一起,在灯光的作用下,显得晶莹剔透,形似火焰,动感十足。两人的脸部和酒杯所占画面的比例恰到好处,虽然是黑白的画面,由于光线的角度和黑白比例运用得当,使得画面非常柔和、非常传神,有一种迷情的美感,传递出一种情爱的感染力,让恋爱的人都想拥有这样一个画面。

赵诗梦将这张照片递给了吴进源,说:"欣赏一下你自己的佳作吧,那一瞬间让你抓住了。光线的运用几乎和伦勃朗的油画所采用的'光暗'手法一样,有着异曲同工之妙。"

吴进源看完后,将照片放在茶几上。这时上官清岚已从化妆间出来,凑到茶几前开始翻看照片,似乎在寻找最满意的。朱跃中悄悄地把那张干杯的照片递到上官清岚眼前,她看到照片后,欢快地叫了起来:"这张太完美了,我喜欢这张照片。"夸张地将这张照片放在嘴唇上吻了一下,补充了一句,"几乎像电影剧照一样,真漂亮。吴老板的技术真好。"

吴进源接口道:"是你们人漂亮,表演技术好,是诗梦出的主意好,我才拍出这样的照片。当时我按下快门时就感觉到了,这张照片可能是最好的一张。如果你们不反对的话,下个礼拜我就把它放大后,挂到外面的橱窗里去,以展示你们的爱情。"

朱跃中和上官清岚带着样照，满意地离开了照相馆。当他们送走了这对恋人，回到摄影室里，无聊的赵诗梦照旧坐回到原来的沙发上，朝摄影室扫了一圈，无事可做，也无话可说，就从茶几夹层里抽出一份报纸，一看是《东方日报》，随意地翻了翻，朝着旁边还在研究照片的吴进源问道："我的同行邓荫先，从徐老板手上接管了《东方日报》，现在的经营状况怎么样了？大概还是很难维持下去吧？"

吴进源仿佛听到了一个熟悉而有趣的话题，一边将朱跃中他们没有带走的照片整理了一下，一边指着报纸说："你不知道？《东方日报》早就起死回生了，邓荫先本事蛮大的，现在每天的发行量达到近两万份。"他看赵诗梦露出诧异的表情，心想也许他还不知道《东方日报》的故事，便介绍说，"以前《东方日报》的销量岌岌可危，这事你是知道的，只有区区三千份，几乎快要倒闭了，我们也为他担心过。但邓荫先胆子很大，邀请了原来以写儿童文学为主的周天籁写连载小说，登在日报上，想不到销量一路飙升，出奇迹了。不过周天籁的连载小说《亭子间嫂嫂》确实不错，他也一举成名了，当下街头巷尾的男女老少每天等着买这份日报，读他的小说，欲罢不能。现在《东方日报》正在连载《亭子间嫂嫂新传》呢，大概也差不多要接近尾声了。"

赵诗梦插话道："周天籁，我知道，他以前曾在《迅报》上连载过一部名叫《孤岛浮雕》的长篇小说，也蛮轰动的。《亭子间嫂嫂》，这个名字听上去好像蛮雅致的，似乎别有一番风味，具体讲的什么故事？"

吴进源瞄了一眼赵诗梦，看到他对此书感兴趣，便又说笑开了，用手指了指他，坏笑着说："《亭子间嫂嫂》嘛，里面讲的是会乐里的姑娘们和你我她的故事，难道你身上没有这样的风流故事？"

赵诗梦还没读过《亭子间嫂嫂》。至于吴进源提到的会乐里，因为那是上海滩名闻遐迩的红粉之地，赵诗梦虽然没在那里玩过，但或多或少知道会乐里有什么样的故事，再加上吴进源这种介绍的口气，也就知道了小说的大概了。然而，这反而把他的胃口吊了起来，急着想知道故事具体的内容，可嘴上不好意思直说，便回敬道："应该是你和她们的故事吧？我知道你是会乐里的常客，老吃老做，还有老相好。我可不能跟你比，我是有家室之人。周天籁到底写得怎么啊？"

吴进源似乎不在乎他说自己是会乐里的常客，得意洋洋、津津乐道地继续介绍道："故事还是蛮有意思的，周天籁真会写。他先写了一个会乐里亭子间女孩顾秀珍的故事，在报上连载了一年多，当写到字数达五十万字时，女主人公顾秀珍因为生病，即将死去，小说也眼看着要杀青了。《东方日报》的邓老板晓得了，急得不得了，跟周天籁说'千万不能让顾秀珍死掉呀，否则报纸没人买了'。周天籁说'按照故事情节的延续，已刹不了车了，只能让顾秀珍凄惨地死去'。所以，他又写了在同一间亭子间里的第二个嫂嫂樊梨花，就是现在的《亭子间嫂嫂新传》，也天天连载，日报照样热销。不过，樊梨花的命运好像比顾秀珍要好一些，大概不会死掉，我猜可能会从良，下嫁给那个癞痢头小皮匠。"

吴进源说了一大通，可还是没有说出故事本身的内容。赵诗梦直截了当地问："小说的内容怎么样？好看吗？"

吴进源跷起二郎腿，抽了一口香烟，笃悠悠道："小说整体还蛮不错的。通过顾秀珍、樊梨花两个亭子间嫂嫂和男人们的交往，结合会乐里和周边的现实环境，写成了一个个几乎独立的小故事，现实感十足，尤其把主人公的性格写得活灵活现，蛮引人入胜的。美中不足的是，顾秀珍的结局太凄惨了一些，也许这样写能够博得更多读者的同情心吧，更符合社会舆论，更符合套路吧，激起读者每天继续读下去的愿望。但按照我的看法，这样的悲剧大可不必，反正我所认识的会乐里的姑娘们，只要不抽大烟，不养小白脸被骗，一般结局不会这样，即使世面上有这样的事列，也是极其个别的，属于天灾人祸的故事。"他将香烟搁在烟灰缸上，拿起香槟，喝了一口，继续道，"好像现在外面的市面上已经有单行本了。我知道你是学文学的，按照你们的说法，这本书应该算是一部写实派的社会小说吧，可以找来看看，好好研究研究，这样的通俗小说算不算是上乘之作。"他朝赵诗梦瞄了一眼，带着揶揄的口吻，补了一句，"顺更也可以研究研究会乐里那里边的故事，也蛮有意思的。"

赵诗梦被他的话提起了兴趣,说:"嗯,这倒是蛮有趣的,写会乐里的姑娘,我要好好读一下。"尔后,仿佛若有所思地自言自语道,"亭子间嫂嫂,会乐里,也许是个不错的题材。"朝吴进源认真地看了一眼,问道,"会乐里,你很熟吗?"

吴进源笑着说:"我嘛,和你不一样,毕竟还是单身,即使去,那也属于正常,没什么不好意思的。"转而向赵诗梦瞪着眼睛,故作惊讶道:"可你不要跟我说,你从来没去过会乐里哝。"

赵诗梦一脸无辜的样子,说:"常人说'吃在四马路①'嘛,那里的会乐里当然知道喽,旁边的一品香,我倒是经常进进出出的,那里嘛,也常常走过路过,就是没有到里面找过姑娘,总觉得是红粉之街,在那里白相女人有点不正经,反正不太符合我的性格,没有在那里白相过。我认识的女人,大多数是在舞厅里,所以那里的情景,我一点都不知道。"听上去口气有点要请教的味道。

吴进源听出了这是他的坦白话,符合他一贯的性格,不像是撒谎,便故意做出一副卖弄老到的样子,以开导的口气说:"没有什么正经与不正经的。其实,我们去的舞厅,很多舞娘都是从会乐里来的。在美国留学时,我听一位社会学教授说过,据考证卖春这个行当,有了人类、有了以物换物的交易时就有了,她几乎和人类商业活动同时产生,甚至更早,可以说是人类的一种最本能的交易行为。妓女是一个古老的职业,可能比神父、巫医还要早,有着悠久的历史。道貌岸然的伪君子、士大夫们想要所谓的净化社会,可你听说过吗?哪朝哪代真正消灭了妓女……"

赵诗梦不想听他歪门邪道的说教,笑着打断了他:"你在美国留学,就学了这么点东西。"

赵诗梦的反唇相讥,把吴进源也给说笑了,但他还是乐呵呵地以玩世不恭的口气回敬道:"学到这点东西也不错啦,免得我不明事理,堕落

---

① 四马路:福州路旧时的俗称。

成假正经。你不是问我会乐里的事情嘛,我必须从它的历史,从这个行当的起源说起啰,否则会误导你的呀。"随后又拿起了酒杯,喝了一口,继续道,"会乐里这种地方,虽常被人们说成灯红酒绿、乌烟瘴气、是非之地,为人不齿,上不了台面。但作为男人,那里不可不去,否则也显得太过迂腐、太不领世面行情了吧,当然,去,则不可陷入其中而不能自拔,玩物丧志,自我毁灭。我嘛,谈不上熟悉那里,只能说略知一二,在那里也有一两个朋友。那里呀,二十几栋房子,每一栋房子里都会有好几家,多的五六家,少的两三家,有中式、西式、仿古的,各式各样,但万变不离其宗。像过去小东门那一带的长三书寓①嘛,从外人看起来那里好像高贵而神秘,可现在这种地方越来越少了,因为那里边繁文缛节,花样经太复杂,一个花样经,一份钞票,噱头大于实质,客人花了钞票,还不知道钞票是怎么花的,看戏不像看戏,迎亲不像迎亲,吊足你的胃口,弄得好像是在选姨太太似的,客人有点像冤大头,不大符合当下的社会潮流,不受人待见。现在都改叫长三堂子了,什么陪酒、陪聊、宿夜都是三个银洋的,这种简易的方式虽非常流行,但依我看,总有点去店里买肉的感觉,似乎过于直白,太直奔主题了,有点下流,失了品位。买卖关系太明确,一点人情味都没有,不好玩,至少我是不欣赏这种玩法的,我想你也差不多,不会喜欢的。"

说到这里,吴进源歪着脸,悄悄地朝他瞟了一眼,见他故作镇定,无动于衷,不感兴趣的样子,一改刚才恣意潇洒的样子,想刺激他一下,略带得意地坏笑着道,"如果你愿意,想在那里夜夜做新郎,那我也管不着。"

赵诗梦眼睛一跳,急忙道:"我可没那么下流,亏你想得出来。"

吴进源看他又无语,似乎在等着自己继续往下说,有些得意,便把瓶里剩下的酒全部倒入自己的酒杯中,一饮而尽,说:"我也是这样想的。不过,我可以领你去找找那里真正的亭子间嫂嫂,去她们家里坐

---

① 长三书寓:旧时的一种高级妓院。

坐,不一定要做什么,和她们一起玩玩纸牌、打打雀战,蛮有味道的。她们那里把玩纸牌叫作发叶子,打麻将叫作雀战或者赌马吊,有时候她们还会弄出一桌子的饭菜来招待你,甚至帮你介绍女朋友,自由度很大,就像去一个老朋友的家里做客,有一种特有的亲近感,会让你忘记这是买卖,忘记这是交易,很少有生意的感觉。只要你不把她们当成那样的女人,尊重她们,这和良家妇女交往并无二致,很不错,虽谈不上浪漫,但这一切都在自由自在、卿卿我我的闲聊白相当中,和周天籁小说里描写的一模一样。我们还可以顺便再找找那个坐怀不乱的朱道明先生①,或者跟她们聊聊《亭子间嫂嫂》。"说完又朝赵诗梦瞥了一眼,查看他的反应。

　　吴进源的偷梁换柱,为赵诗梦描绘了一幅温馨可人的场景,让他垂涎欲滴,心动不已。赵诗梦笑了笑,似真似假地答道:"果真照你说得这么诱人,我倒真想去看看亭子间嫂嫂是个啥样子的。"

　　吴进源估计赵诗梦的胃口被自己吊了差不多了,转着眼珠子,说:"那就现在去吧。我正好把一些照片给人家送去,顺便带你去看看。"他特地用了"顺便"一词,把话说到赵诗梦难以拒绝的程度。

　　此时,赵诗梦倒有点不好意思了,犹豫道:"那也要等到我把《亭子间嫂嫂》读完才好吧。"

　　吴进源看出赵诗梦的心思,便加了一句,为他打气:"去这种地方,没有什么不好意思的,去完了实地,再来读书,不是更有意思吗?"说完对着赵诗梦做了一个鬼脸,算是定下了,接着吩咐伙计找出他要的照片。

　　很快伙计就递给吴进源一个大信封,他从中抽出三张一尺见方的照片,边向赵诗梦展示,边介绍道:"这就是她们前几天来店里拍的。"

　　赵诗梦拿过照片看了一眼,照片是裱糊在照相馆专用的底板硬纸上,只见是一张女人的半身像,微微侧着身子,由于是侧身,显得有些苗

---

① 朱道明:该小说中的第一人称,亭子间嫂嫂的邻居。

条,微笑的神态自然之极,没有一点做作和张扬的成分,透着成熟女人的稳重和温柔,人物的神态拿捏得很准。虽然照片造型上没有什么创新,也不华丽,但人物的这种神态已无须用天使的脸来装饰,就能感化人的内心,不允许人们胡思乱想,妄加揣测,而又让人过目不忘。他由衷地佩服吴进源的拍摄技术,从相片上看那女人的年龄大概在二十四五岁,绝不会超过自己或吴进源的年龄。他朝吴进源扫了一眼,赞叹道:"拍的不错。"尔后,调皮地坏笑着问道,"她就是亭子间嫂嫂?"

  吴进源表情严肃,一本正经地答道:"你不要用这样的口气说人家好吧,人家也是一个不错的女人,我还邀请她做过模特。以前在舞厅里认识的,起先不知道她住在哪里,后来去过她家里玩了一次,才知道就住在会乐里,她的生活和性格和周天籁写的亭子间嫂嫂几乎一模一样。"他说话的语气非常干净,没有掺杂着任何的不恭敬或者玩世不恭的成分,就像在说自己家里人一样的口气。赵诗梦熟悉吴进源,他是一个难得有认真说话时候的人,从他说这话的语气中可以察觉那女人在他心目的位置,或者说他对她的态度中隐藏着一种让人肃然起敬的情感。赵诗梦收起了调侃的劲,又仔细地瞄了一眼照片,发现那张看似平凡的脸,透着一股不平凡,具体是什么,赵诗梦自己也说不清。

  吴进源慢悠悠地又递上来一张,这是一张两个女人的合影,先前的女人坐在一把椅子上,背后站着一个年纪略轻一点的姑娘。吴进源指着那个站着的女孩,介绍道:"这是她的表妹,反正她说是表妹,具体我也不知道,我看好像比她更漂亮一点。"接着又塞上第三张,"这是她表妹的单人照,很漂亮吧?"这是一张侧身的逆光照,背后的灯光勾勒出人物波浪型的长发,这个长度的头发和她的年龄很合适,非常漂亮,脸部上方的补光恰到好处,很柔和,使得额前的刘海,妩媚的眼睛,挺拔玲珑的鼻子,微微上翘的下颌,都带着一层眩光,似乎所有美妙的东西都藏在眩光的后面,变得朦胧了,只有当抹去这层眩光,才能看清她的天生丽质。

  赵诗梦不由得朝第三张照片多看了一眼,赞叹道:"哦,这照片你拍得真不错,正面的补光补得很妙,让照片看上去既朦胧又清晰,给人物增添了一层迷幻的色彩。"

吴进源没有了刚才认真严肃的样子,双眼透出狡黠的眼神,斜瞄着赵诗梦,坏笑道:"难道只有我拍得好,人不漂亮?"尔后,又晃了晃照片,用戏谑而热情的口吻道,"我叫她把这个妹妹介绍给你,怎么样?"

赵诗梦知道他会做出这种超乎寻常的事情,就如拼命给对方灌酒,直到对方喝醉为止一样。他的话就像一贴助燃剂,使赵诗梦感到心里酥酥痒痒的,舍不得拒绝,可又不好意思直接接受,不由得又偷偷地朝照片瞟了一眼,吐出一句言不由衷,答非所问的话:"还是你自己管管好吧,不要惹出什么事情来。"

吴进源看穿了赵诗梦的心思,不慌不忙地夹着烟灰缸上的香烟,深深地吸了一口,以居高临下的口吻道:"你呀,真是有色心,没色胆,在老朋友面前还要装什么正经。"而后,又笑嘻嘻的补了一句,"风尘女子也罢,野鸡也罢,她们也是人,她们和我们一样,大家都生活在同一片蓝天下,同一个上海滩,只要用心去对待她们,是会得到额外回报的。"

赵诗梦没有反驳前半句说自己有色心没色胆,而对后半句深有同感,这让他的眼前闪过了桂芳的身影。他默不作声,没有接吴进源的话继续展开,停了停,谨慎地直接问道:"她妹妹和她住在一起?也在那个地方?"也许这算是同意吴进源为自己介绍一事了。

吴进源在烟灰缸里掐灭了香烟,边往大信封里装照片,边答道:"不知道,我们可以先去看看梅斯斯吧。"停了停补充道,"就是那个大的,做姐姐的,她住在那里。她妹妹只是在拍照时见过面,她的名字叫什么,我不知道,住哪里,我就更不知道了。"赵诗梦受到了巨大的诱惑,便顺水推舟答应他,立刻一起去会乐里。

出门时,吴进源提议:"会乐里离这里不远,无须开车了,坐黄包车更方便。"他自说自话在马路边买了一包糖炒栗子,又为他俩各自叫了一辆人力黄包车。

赵诗梦从小不喜欢坐黄包车,总觉得黄包车很颠,没有汽车舒服。

在上中学时,尽管上海滩满街都有黄包车,可他又认为黄包车不但土,而且是一个不人道的交通工具,很少坐,如果坐了,也要多付钱给车夫;自从英国留学回来,就更少坐黄包车了,常常是在万不得已的时候,比如晚上从舞厅出来,只有黄包车,没有其他交通工具了,才会坐。

吴进源不由分说,上了黄包车,在前面跑了起来。赵诗梦只能坐后面一辆跟上,沿着跑马场的外围静安寺路和虞洽卿路,追着吴进源的那辆,一路飞跑。

虽午后的阳光高照,但冬日的寒风吹乱了赵诗梦挺括整齐的发型,为了抵御寒风,他裹了裹大衣,拉高围巾,缩着脖子,一动不动,整个人像是陷在黄包车的位子里,随着车子的颠簸而起伏,感到很别扭,没了平时的潇洒。但神情处于一种亢奋的状态,似乎即将开始一程探险之旅,有一种特有的刺激,又像是在去一位老朋友家里做客的途中,有一种暌违已久的兴奋。他们一前一后,十来分钟的工夫就到了写有"会乐里"的弄堂口。

上海滩亮丽的不仅是马路和街道,而且弄堂也艳丽。在基督教慕尔堂①后面的会乐里,从建筑上来讲,由一条主弄堂和几条横弄堂构成,与上海滩的其他石库门里弄并无二致,只不过弄堂的两旁多了许多香艳的灯箱名牌。白天弄堂里气氛或往来的人与其他地方也没什么不同,只有到了傍晚,夜幕降临时,这里仿佛开始复活了,表现出与众不同。五颜六色的彩灯高高挂起,不同形状和颜色的灯箱名牌是此时此地的一大特色,有古色古香的、洋里洋气的,其中还夹杂着零星的时髦的霓虹灯,闪烁着耀眼的光芒,鲜艳至极,招揽着行人,让人目不暇接,显示出灯红酒绿的氛围。那时,弄堂里的人也开始多了起来,四面八方而来的游客、白相人云集其中,人头济济,似乎带着一种莫名的亢奋,或朦胧的醉意。不论男女都在探寻着,忙碌着,混杂着迎客的,送客的,还有拉客的或做小买卖的吆喝声,人声聒噪,整条弄堂被浓浓的粉红的胭

---

① 慕尔堂:现名沐恩堂。

脂气息所淹没,真可谓"繁华区里的繁华园,不夜城中的不夜店"。这样的热闹状况一直要持续到第二天的凌晨,所以有人说会乐里是一扇亮出绚丽多姿上海滩的窗户,让普通人迷恋忘返,乐不思蜀;也有人说她是上海滩令人难堪的丑陋的伤疤,让体面的人来这里已只能遮遮掩掩的了。

他们来时,太阳还是高高的,是普通人家准备晚饭的时候,弄堂里的行人并不多,还能看到二楼的小阳台上有女人在闲聊晒太阳。赵诗梦跟在吴进源后面,走近了一栋石库门,准备进门,看到门口有两块叫"夜蝴蝶""西风妹"的名牌,便以调侃的口气,轻声问:"那两块名牌,哪一块是你的相好?"吴进源回头看了看,道:"她才搬来不久,没有挂名牌。"后又低声补了一句,"她不用牌子。好像用名牌,要纳花捐①的。"

他俩进了门后,里面别有洞天,非常暖和,弥漫着浓浓的香味,充满着撩人的女人气息。一个小老太婆模样的人迎了出来,以一种怪模怪样的眼神打量着他们。吴进源没停步,只是向她看了一眼,而她盯着赵诗梦,用夹着很重方言的上海话问:"两位,啊有相好呃姑娘?"吴进源生怕赵诗梦答不清楚,赶紧回过头来,抢先一步用手指了指上面,简单地回答:"我们约好的。"这种小老太婆模样的人,一般是那里的女主人雇用的用人,为她们打理生活和接待客人的,人称为娘姨,每栋房子里都有若干这样的娘姨。

赵诗梦跟在后面,在经过客堂间时,他发现室内的装饰非常特别,完全是一种西式的布置。客堂间虽说是公用的,可摆着沙发和西式家具,非常气派,各个房间的门和过道楼梯都漆成了淡淡的奶黄色,很洋气。在过道里,他看到所有的房门都关得严严实实的,有一种森严而神秘的感觉,联想到了门的里面,耳边响起了刚刚吴进源说的那句"夜夜做新郎"的话,眼前仿佛浮现出那一扇扇门,突然都开启了一条缝,探出一个个女人;有的露出了半个头来,有的晃出了半个身子来,她们面露

---

① 旧社会对娼妓卖淫收入课征捐税,民国时期泛称"花捐"。

诱人而放肆的微笑,伸出光溜溜的手臂,向他们招手,或者撩起高开衩的旗袍,露出白晃晃的大腿,招揽着他们,似乎随时准备着对他们的开放,她们眼神就像猫在发现了老鼠似的,亮的发光发绿,令人心慌意乱。他真的对这一扇扇关着的房门有一丝恐惧,急忙低头,紧跟在吴进源身后。

吴进源看到赵诗梦紧张而疑惑的眼神,便笑着轻声道:"老兄,别紧张呀,你是来这里买货的主儿。"在狭窄的楼梯转角处,调过头来,补了一句,"只要付钞票,在这里可以随意挑。"随后,又得意地露出了一丝坏笑。

赵诗梦嫌他说话太露骨,声音太大,生怕人家听见,在他背上捶了一拳,把话引开道:"这里还蛮洋气的嘛。"

吴进源解释道:"据说这里有两位喜欢讲英文的,所以搞成这副西洋腔调。"后又开玩笑道,"让她们出来跟你说几句英文,你来考考她们?"

赵诗梦笑着感叹了一句:"这里的花头经①,还蛮多的嘛。"

他们来到了楼上,由于室内的装饰也以淡颜色为主,使得原本光线暗淡的过道,变得明亮了许多,没有那种压抑感。过道的一头传来了周璇柔美的歌声,想必有人开着无线电收音机。

吴进源敲了敲过道左边的门,门开了,周璇的歌声更响了。吴进源上前问道:"哦,是侬呀,侬姐姐呢?"

"呀,吴老板,是侬呀。我姐姐啊,伊去买小菜了,马上就要回来了,快点进来坐吧。"周璇的歌声里夹杂着一个女人的声音,听上去是一口的标准吴侬软语,而且有点嗲,这种嗲不是故意做作出来的,是那种天生而就的声音,嗲里又还夹杂着一丝甜,听了让人感到很温暖很亲切,凡是听到这样声音的人肯定都会情不自禁地循声望去。

赵诗梦瞄了一眼那个女的,乍一看上去似乎和第三张照片上的女

---

① 花头经:(沪语)意为名堂、花样。

人有点不一样,但从吴进源和那人的对话推测,这个女人应当就是吴进源朋友的妹妹,就是照片上的那个人。

从房间内腾出一股暖暖的气息,还夹杂着淡淡的檀香,很有女人的味道。他俩鱼贯而入,吴进源便把糖炒栗子和装有照片的大信封随意地往四方桌上一放,脱下大衣,解开围巾递给了那女人。还没等主人招呼,就从四方桌旁拉出一把椅子,坦然地坐下,仿佛他就是这房间的主人,一边示意赵诗梦像自己一样拉把椅子坐,一边得意地介绍道:"她就是梅斯斯的妹妹。"趁那女人还在为他们挂大衣,又向赵诗梦做了一个意味深长的鬼脸,以提示在照相馆自己说过的话。他又招呼道:"妹妹,过来,不要忙啦,我来给你介绍一下,他是我的好朋友,赵兄,赵诗梦。"因为不知道她的名字,只能叫妹妹,所以听上去的口气有点像他是她的哥哥。

她是梅斯斯的表妹,叫纪舒红,是梅斯斯的亲戚。她挂完大衣,转身把五斗橱上的收音机关了,又从收音机旁端了两个盛有长生果和西瓜子的小碟子,放到四方桌的当中,朝赵诗梦点了点头,说了一句:"赵先生,侬好。今朝阿拉算认得了,以后可以常来白相相了。"说话的声调很平稳,嗲中带甜,很好听,虽听上去有点像台词,但听不出任何兴奋和做作的成分。

赵诗梦听着这样的声音很舒服,很想说一些套近乎的话,弄一个令人印象深刻的开场白,可他不是一个自来熟的人,最后含笑只逼出了简单的一句:"好,侬好。"

也许在赵诗梦和吴进源来之前,吴进源说的那句要把她妹妹介绍给他的话起了作用,也许他是有备而来,有所期待,所以从一进门开始,他就有意无意地细心地关注着她,目光总是偷偷地在她身上晃了又晃,感觉她实际看上去并不比照片差多少,只是比照片上更加丰满一些,尤其她刚刚在五斗橱前忙活时,他仔细地打量了她的背影,发现她的背影显示出起伏有致的线条非常柔和,很迷人,从背影就可以看出是个美人的胚子,会让人产生无限的遐想。

赵诗梦关注完她,随后慢悠悠地打量起屋内的陈设。这个房间的布置和他刚刚看到的西式客堂间有点不一样,整个房间的家具摆得比较紧凑,是中西式混合的,但以中式的为主,可房间里不论是摆设,还是气息都充满了女人的味道。他接触过女人不少,但以这样的方式直接进入女人的房间,还是很少,也很新鲜。由于他没有在石库门房子里生活过,对房子的结构并不熟悉,从刚刚上来的楼梯和路径判断,这也许是一间亭子间,房间似乎比他想象的要大一些,亮一些,还有不小的一扇窗户。窗台上有一盆水仙花,正盛开着,小小的白色花瓣中带有鹅黄色的花蕊,下面有绿白色的长长的花茎衬托,非常漂亮,给整个房间带来了一抹清新的亮色。放花那边的半扇窗户开着,窗帘也拉开了一大半,透过来足够的光线,房间里显得明亮宽敞,即使四个人围着窗户下面的方桌而坐,也不显得太局促拥挤。靠墙放着一张西式的双人铁架床,床上的红色丝绸被子叠得方方正正的,被单也铺得平平的,床旁有一只带镜子的小柜子,说不清这个小柜子是中式还是西式的,柜子上整齐地放着几样化妆品,在挂毛巾的架子旁边的墙上有一个精致的小小佛龛,观音菩萨前还有一炷燃至一半的香,是那股檀香气息的来源。房间里唯一凌乱的是五斗橱上,放着一只显得很突兀的大收音机,旁边是一些瓶瓶罐罐,里面装着花生瓜子等,还有一只漂亮的热水瓶,在五斗橱上方的墙壁上挂着一幅年牌,年牌是印制精美的手绘大美人图,透着一股浓浓的香艳和浪漫。他看着这样布置的房间,心想今天也许真的遇见了名副其实的亭子间嫂嫂了。

纪舒红又从五斗橱上取了杯子和热水瓶,为他俩沏了茶,接着指了指那只大信封问道:"这是什么?"

吴进源把信封递给了她,说:"是你和你姐姐的照片。"

她略带羞涩地朝赵诗梦瞄了一眼,取出照片一张张翻看着,看完后兴奋地赞叹道:"谢谢你,把我们拍得比本人还要漂亮,吴老板的技术真好。过一会我就把它们钉在墙上。"她转身把照片一张张竖靠在五斗橱上的瓶瓶罐罐前,一字排开,可以让人一进房间就能看到,尔后,又补了一句,"我最喜欢姐姐的那一张,她笑得很甜。"

吴进源瞟了一眼赵诗梦,笑眯眯慢悠悠地说:"刚才我们赵兄说,他最欣赏的是你那一张,还说我用光技术发挥得炉火纯青,拍得如何如何的好,让你的微笑变得特别的迷人。"停了停,又补充道,"几乎把他的魂都勾出来了。他拿着你的照片左看右看,就是不肯松手。"说完哈哈大笑起来。

这话听起来像是在说自己拍摄的如何好的意思,其他内容都像是无意识顺便带出来的,而实际上这些话有着另外两层意思:一向暗示纪舒红,赵诗梦喜欢你,你把他的魂都勾引出来了;二提醒赵诗梦,我已把话说出去了,接下来就看你自己的了。话里话外,一箭双雕,起了一个双向介绍,推波助澜的作用。

赵诗梦对于吴进源这种添油加醋,煽风点火的话,当然心领神会,让他心里痒痒,蠢蠢欲动。他似笑非笑地瞄了一眼吴进源,大概算是表示对他的感谢,尔后,他想细细地观察一下纪舒红对这话的反应,便装出笃悠悠的样子,不紧不慢地把目光飘向她,想不到她也在观察他。当她发现赵诗梦的目光移向自己时,迅速移开了目光,四目对视仅有一刹那,这种四目对视仅仅是一闪而过,只可能发生在男女之间,但又有别于一见钟情的那种心有灵犀一点通,有一种既想探索又怕被人发现的感觉,有点小小的刺激,说的直白点,就像偷看了不应该看的东西时,被人家发现了的感觉,十分微妙,难以言传。赵诗梦在这刹那间,从她的眼神里读到了他以前不曾见过的东西,是探寻,是躲避,还是好奇,他自己也说不清楚,也许什么都不是,但可以肯定一点,这种眼神里绝对没有矫揉造作,没有卖弄风情的成分,这种眼神在一般风尘女子的眼神里是绝对看不到的,这种眼神为他编织风花雪月的故事增添了信心。

纪舒红只是淡淡的一句:"这是吴老板拍得好。"又从五斗橱上拿了一罐听装香烟放在方桌上,顺便又瞄了一眼赵诗梦,问了一句,"赵先生,侬抽烟哦?"

吴进源从罐内抽出两支香烟,朝赵诗梦跟前扔了一支,问纪舒红道:"这里,你和梅姐两个人一起住?"

"没有呀,前几天姐姐把隔壁房间也租了下来,这间亭子间让给我住了。"纪舒红边回答,边划亮了火柴,准备给吴进源点烟,可他亮出了捏在手里的打火机,制止了她为自己点烟。她转身把燃着的火柴移到赵诗梦的面前,他没有拿出烟斗,而是立刻拾起桌上的香烟,躬起身子,又用手为火柴挡了风,欣然接受了她的点烟,并礼貌地说了一声谢谢。她感叹道:"你们文化人,真客气,点个火,还要说谢谢。"尔后,又拉开了全部的窗帘,为避免房间里烟雾弥漫,打开了另半扇窗户。傍晚金色的太阳光,通过对面房屋的墙壁反射进来,让小小的亭子间充满了光亮。

他们说话间,梅姐推门进来,说:"我刚才在下面听娘姨讲,来客人了,还以为是谁呐,原来是吴老板呀。"

吴进源又把赵诗梦介绍了一遍,梅姐不好意思地搓了搓手,带有一点难为情的口气说:"我这个娘姨呀,从乡下出来时间不长,在家里做做事还可以,出去买东西还不行。"这话听起来有点为自己出门买菜作说明,尔后,有点亢奋的样子道,"今天,我买了带鱼,很宽很新鲜的,难得看到有这样好的带鱼,你们就留下来吃晚饭吧。"

吴进源侧过脸,面向赵诗梦,似乎在征求他的意见。梅姐不等赵诗梦表态,笑盈盈地又说:"在外面吴老板请我吃饭,我从来不拒绝的。你们既然来这里了,就该留下来吃饭,仅是些家常菜,我来烧最拿手的红烧带鱼,其他的,我让娘姨去做。"

赵诗梦看着她,发现她的笑容和照片里的一模一样,真诚而柔和,感到她说话的语气里有一种家庭主妇的特质,就如上海滩那些为人妇为人母、会过日子而又以礼待人的女人,一点不像传说中会乐里的女人,心想也许会乐里的女人名声坏在外面,也许吴进源来之前那句话是对的,"她们和我们一样,大家都生活在同一片蓝天下,同一个上海滩"。

赵诗梦想起吴进源说过在这里吃饭的情景,这对他来讲很新鲜,心里很想尝试一下这种吃饭的感觉,便悄悄地朝吴进源瞟了一眼,看到吴进源似乎也有留下来的意思。这时,纪舒红插话道:"姐姐的红烧带鱼,我最喜欢了,烧得可好啦,给个面子吧,尝尝她的手艺吧。"

赵诗梦很有礼貌地答应道:"如果不麻烦的话,那我们就恭敬不如从命了。"说完后,又朝纪舒红看了一眼,看到她满脸是期待的微笑,荡漾着幸福。

梅姐见他们答应留下来吃晚饭,便高兴地赞叹道:"这就对了。其实,你们到了这里,就应该留下来吃饭,好比到了自己的家里一样。只不过这里的家比较小一点而已,比不上你们那些大户人家。"又转身对纪舒红吩咐道,"你先招待一下他们,我下去弄一下带鱼。"

吴进源满意地朝赵诗梦笑了笑,见梅姐要下楼去忙,便带着殷勤而调皮的口吻道:"梅姐,需要我帮忙吗?"据说梅斯斯比吴进源大几个月,他总是叫她梅姐,即使当着赵诗梦和纪舒红的面也是如此。

梅姐没有转身,答道:"你就等着吃现成的吧。我先下楼去一会儿,你可以跟妹妹说说我们将去电影厂试镜头的事,我还没来得及告诉她呢。"

吴进源听到她提起去电影厂试镜头的事,似乎想起了什么,叫道:"没告诉她的好,去试镜的事,我替你们做主了,这事黄了。"

梅姐一下子站在房门边不动了,回过头来盯着吴进源,似乎在问为什么,赵诗梦和纪舒红也一脸疑惑地看着他。这间房间里只有他知道怎么回事,他生怕赵诗梦和纪舒红搞不清楚是怎么回事,便对着赵诗梦简单扼要地把事情介绍了一遍:"我以前曾经把她们姐妹俩的照片用在咳嗽药水的广告上,放在永安公司的柜台里,效果蛮好,让一个朋友看到了,他来找我,说广告上她俩的模样不错,他正在筹划拍电影,需要招募女演员,是否可以推荐她俩去电影厂试一下镜,看看能不能当演员拍电影。当然喽,最初不可能是什么重要的角色,但对她俩来讲也是一件求之不得的好事,我就告诉了梅姐。"停了停,扫了一眼大家,继续道,"可是,后来我在一份报纸上发现,这个朋友好像背后有来路不明的资金,派头很大,把我都怔住,我有点疑惑,就问了一些人。听我在永安公司的朋友讲,此人背景复杂,跟日本人关系甚密,可能背后有日本人的资金撑着。所以呀,我看这事还是黄了的好,省一点事情,我们干干净净的,不要跟日本人搞得太近。前几天那个人打电话来问,什么时候她们可以去试镜,我就吹一个牛,说你们去重庆了,把这事情回掉了。"

吴进源的话一停,梅姐立刻把话接了过去:"这个牛,吹得好。我们不是随便什么钱都赚的,即使他们特地来请我们,我们也不去。"停了停,瞟了一眼赵诗梦,挺了挺丰满的胸脯,一手插在腰,仰起头仿佛要发表声明似的,补一句,"我们虽是会乐里的女人,但也不是谁想买,就能卖的。"言语简单有力,语气中有一种不容置疑或一丝傲然的成分。

纪舒红跟了一句:"还算好,要谢谢吴老板,事情发现得早。如果我们签了约,真的拍了,那我们后悔都来不及了。"

吴进源在烟灰缸里掐灭了香烟,顺手剥了一粒长生果放进嘴里,得意地朝赵诗梦看了一眼,带着骄傲和调皮的口气说:"果真不出我所料。看来我对她们还是相当了解的,当时估计她们知道背景情况,肯定会放弃去试镜的,所以在拒绝的时候,没有跟她俩商量。"尔后,露出一种欣慰的笑容,对梅姐和纪舒红又说,"你们俩真是好人。够朋友,从今以后,我吴某人欠你们一个大大的情,日后肯定会加倍还的。"

准备下楼的梅姐扭过头来,说了一句:"我们可不要你还。"说完就下楼去了。

吴进源看着梅姐的背影,对赵诗梦介绍道:"你可不要小看她们,以前她们家里也是有钱人,有文化的大户人家。"尔后,笑了笑又加了一句:"她们都识字,并不是只要有钱,就能打倒她们姐妹俩的。"他抬起头望着纪舒红,似乎在问她,自己说的对不对。

纪舒红接着他的话,道:"最初,我们是逃难到上海的,老家农村闹骚动,不太平,没法待下去了,我父亲带着我和母亲,还有梅姐一起逃到了上海。我母亲来的那年就生病死了,父亲靠带出来的一点钱开始投资股票,赚些钱维持我们三个人的生活。起先,我和梅姐还能上学,后来就不行了,父亲抽上了鸦片,投资的股票都亏了,剩下的钱还不够他抽鸦片的,我们就搬到了闸北,五年前父亲去世了。再后来,淞沪打仗了,我们在闸北的房子也被炸了,只能逃到租界里来过日子了。"停了停,又自言自语地补了一句,"父亲抽鸦片,大概和母亲去世有关吧。"

这个故事在赵诗梦听起来似乎和自己接触到的其他女孩的身世没有什么不同,唯一的不同是从她的口音里一点听不出她是从外地来的,便问:"你的上海话说得不错,你老家是哪里?"

没等她回答,吴进源插嘴问道:"你和梅姐是怎么样的亲戚?"

纪舒红难为情地笑着对赵诗梦说:"我当然会说上海话喽,十岁之前就来上海了,老家的江西话,在父亲还在的时候还能说说,现在已经几乎不说了。"接着又对吴进源说,"梅姐对我很好的。她是怎么跟我们一起逃难的,我记不起来了。当时老家的情况很乱,我母亲和她母亲是姐妹,她母亲在临死前,要她到我们家里来,和我们一起逃难的,那时她才十一二岁吧,我才八九岁吧。"

吴进源感叹道:"你们两姊妹在上海滩讨生活,不容易呀。"他觉得这个话题太沉重,太无聊,便转移话题,问赵诗梦:"你注意了吗?我照相馆柜台后面的那幅大照片,就是她们姊妹俩,挂了很久了。"

由于照相馆柜台后面的照片经常会更换,赵诗梦根本记不得有这样一张大照片,但又不好意思说没看见,尤其不想在纪舒红面前说。他的目光又飘到纪舒红的身上转了一圈,可他的脑子比眼珠转得还要快,回答便成了:"是啊,拍得不错,你吴老板亲自拍得嘛。"尔后,又添油加醋地对纪舒红说,"其实,我刚才进门时发现妹妹很眼熟,怪不得,原来我早就在照片上见过你好多回了。"这话听上去的意思是说他在照相馆里的大照片上见过她,而不是在吴进源给他看的照片上看到过她。

纪舒红不好意思地朝赵诗梦笑了笑,说:"吴老板为我们拍照,不但不收钱,而且还给我们钱。"

吴进源不以为然地说:"要找一个好的模特,也不容易,而且价格不菲。我把你们的照片挂出去,就等于我赚钱了,所以要给你们酬劳,这是应该的。"

赵诗梦瞟了一眼吴进源,把目光朝纪舒红这边扫了扫,发现她也正好在看自己,向她笑了笑,准备送她们姊妹俩一个见面礼,以示殷勤,便接着吴进源的话,以潇洒的口吻,拉长了语调说:"看来,我下一期的杂志封面,也可以用她俩的照片了。"转而又对纪舒红说,"你们要给我面子呃,同意在我的杂志上刊登你们的照片。叫吴老板给你们照片取个漂亮点的名字吧。"

吴进源对这话很是心领神会,似乎兴奋起来,对着纪舒红半真半假,笑着推波助澜道:"给照片取一个漂亮的名字,这不难。不过这次我要为你们俩做主,肯定给你们要一个好价钱,和大明星一样的价格。"

赵诗梦面带微笑,好像早就知道吴进源会借题发挥的,像是表演似的神情坦然,气派地答道:"那好,只要是她们的照片,我照单全收,你放心好嘞。"

吴进源看她一时反应不过来,便解释道:"赵老板的杂志叫《蓝玫瑰》,上海滩的每一个报摊都有卖,看的人可多啦。"

纪舒红注视着赵诗梦,兴奋地叫道:"如果赵先生的杂志上印我们姊妹俩的照片,太感谢了,那会有多少人可以看到呀,就是不给钱,我们也要好好感谢赵先生。"

吴进源说:"赵兄,我照相馆里还有几张她俩的合影,你去挑一张作为杂志的封面,名字就叫'上海姑娘',或者叫'上海滩小姊妹'好嘞。"

纪舒红雀跃地道:"嗯,'上海姑娘'不好听,像人家乡下人的叫法,太土了,叫'上海滩小姊妹'吧,我们日常也是一直这么说的嘛,小姊妹,小姊妹的。"

这时,梅姐正好用托盘端着几个冷盆小碟进门,问道:"什么'上海小姊妹'呀?"一边把小碟放在五斗橱上,一边吩咐,"有什么话,放在吃饭时候再说,开饭啦,把方桌收拾一下。"她的口气像是一个家庭主妇吩咐家里人吃饭时的那样,根本不像招待客人,而自己则转身立马开始收拾方桌了。

吴进源很听从吩咐,起身卖力地和纪舒红一起把烟缸、茶杯和小碟子转移到五斗橱上,笑呵呵地对梅姐说:"你说这话的口气,就好像弄堂里的阿姨妈妈,叫一群小孩腾出桌子准备吃饭似的。"

梅姐一边用抹布擦着桌子,一边笑着答道:"你是我们请也请不来的客人,哪能让你动手呀。我们小户人家,就这么一张桌子,吃饭什么的全都靠它了。"

赵诗梦看到大家都在为准备开饭做着事情,就连吴进源也在收拾桌子,自己不做点什么,有点不好意思,见五斗橱上的冷盆小碟,便把它们一一摆放到方桌的中央,心想这些端菜的事情在自己的家里是绝对用不着自己去做的,但现在做起来感觉蛮新奇的,还有一点其乐融融,甚至感到自己仿佛成了这个家庭的一员,又想起了吴进源事前向自己描述过的,来这里吃饭的情景,更朝他瞄了一眼,说:"在这里吃饭,我发现有股浓浓的家的味道。"梅姐看到赵诗梦在摆桌子,不好意思地说:"你是第一次来我们家,怎么能让你动手呀。"

纪舒红接着他的话,说:"是啊,我们当然都是自家人嘛,一起在家里吃饭,不用拘束,那多好呀。"又朝赵诗梦扫了一眼,问了一句,"你们喝酒吗?"

梅姐凑上来替他们答道:"他们一定要喝酒,今晚一定要一醉方休。"说完又转身下去端菜了。

不一会儿,菜已齐了,他们四人各自一边入座。桌上的冷菜有油爆河虾、风鸡、拌海蜇皮、五香豆加花生米;热菜有红烧带鱼、八宝辣酱、炒鳝丝、油面筋塞肉、塌棵菜冬笋炒肉片。

赵诗梦看着这一桌子的菜肴,虽都是些上海滩的家常菜,总感到和饭店里的或自己家里的菜有点不一样,盛器也不如家里成套的漂亮,似乎少了一点考究和装饰,但从菜肴的成色来看,不乏精致和细腻,心想这也许就是上海滩一般家庭主妇做的吧,出自会乐里的女人之手实属不易。

梅姐又端出了一壶温过的花雕酒,吴进源接过酒壶,一面为大家斟酒,一面道:"这种天气,喝这样温过的酒,是最好的了,身子马上会变得暖暖的。"

大家干过第一杯后,吴进源指着菜,问梅姐:"这些菜都是你做的?"

梅姐拿过酒壶,边为赵诗梦和吴进源斟酒,边自豪地答道:"当然是我做的。娘姨做的菜你们肯定不要吃的,会放许多辣椒。她在我这里,最多只能在旁边帮帮忙,我喜欢做菜。这个风鸡、红烧带鱼是我最拿手的。尝尝看,味道怎么样?"

吴进源尝了一块风鸡后,赞叹道:"噢,这风鸡真香,好吃。"

梅姐为赵诗梦夹了一块风鸡,介绍道:"这都是我来上海之后,跟我邻居学的。在进入腊月之前,最好挑选当年的雏鸡,可以肥一点的,然后把鸡洗净,用炒过的花椒盐腌一下,炒花椒盐时也可以放一些八角或者五香粉,这样味道更香更浓。腌时花椒盐要抹得均匀,肉厚的地方可以多抹一点,腌好后用白纸包好,再用细绳把翅膀和腿捆紧,挂在北面阳台阴凉的地方,不能晒到太阳。风干两个礼拜或者一个月后,等到里面的油渗出来了,就知道这个风鸡吃起来肯定肥而不油腻,这时只要取下来洗一洗,按照各人喜欢,放葱姜料酒等调料,蒸一下或者煮一下,就可以吃了,蒸的香,煮的入味,我喜欢蒸的。"尔后,看了一眼吴进源,问道,"味道怎么样?味厚鲜香吧。喝花雕酒,吃这样的风鸡,绝配,一般饭店里吃不到这种味道吧?"

赵诗梦尝了一口风鸡,虽然这种风鸡不登大雅之堂,他是第一次吃,但确实醇香软嫩,不油不腻,吃在嘴里有一股淡淡的香味,回味悠长,与众不同。心中掠过一丝感叹,会乐里的女人不但会做菜,竟然还会精于做如此美味的风鸡,这样的女人肯定是一个不同凡响的人,也许这就是吴进源这家伙喜欢这里的原因吧。他扫了一眼那碟油光发亮、白里透黄的风鸡,又夹了一块放进了嘴里,向梅姐赞叹道:"教你做风鸡的,肯定是个大师傅吧?"

梅姐叹了一口气,朝纪舒红看了一眼,道:"没有。当时我们住在闸北,隔壁有个阿姨会做这个,她每年要做好十几只风鸡,有送人的,有自己吃的,她也送给我们。我平时又喜欢烧烧煮煮的,闲来无事,就去她那里帮忙,跟着学会了。那时,我大概还不到十六岁吧。"

吴进源举起酒杯,笑着说:"想不到,梅姐有这样的手艺。来,为她的手艺干杯。"

干完杯,纪舒红起劲地又为他们俩各夹了一块红烧带鱼,介绍说:"梅姐的带鱼,也烧得很好,尝尝看吧。"

盘中的红烧带鱼,酱红油亮,呈现漂亮的枣红色,让人食欲大开。带鱼是上海人经常吃的,普通的烧法有干煎、红烧、糖醋和清蒸等。可吃带鱼需要去除鱼刺,比较麻烦,有伤大雅,所以一般在上海滩的大饭庄或者酒宴上难觅其踪影,相反常见于家庭宴席和小饭店。

大家各自尝了一块带鱼,喝了一口酒,又干了一趟杯。吴进源放下酒杯,评价道:"这红烧带鱼的味道也不错,先是卖相漂亮,红得发亮,让人馋馋的,其次鱼肉细嫩,干湿正好,咸甜适口。我喜欢这种味道。"

梅姐介绍说:"做红烧带鱼不难,主要是带鱼要新鲜,否则味道就不灵了,煎之前一定要晾干,这样煎起来就比较容易,煮的时候,火一定要旺,而且时间不能太长,否则就会太烂了。"

吴进源身子微微向梅姐倾着,笑眯眯地瞄着她,脑筋一转,半真半假地说:"看来你可以开饭庄了。这样我们以后吃饭就不愁没有地方了,你们也升级做老板了。"这话听上去虽像是开玩笑,但不完全是玩笑,里边藏着他的小心思。他说话的风格就是这样,喜欢把自己的真诚藏匿于嘻嘻哈哈的戏谑当中,只有了解熟悉他的人,才能一目了然地看出他的心思和真诚。

吴进源希望有这样一个饭店,一是他有足够的实力,在金钱上为她们开个饭店并不是问题;二是如果有一个饭店,他和赵诗梦与这对姐妹的关系将会有所发展和延伸,而且能够把关系维持得更长久,这是他所向往的,他可以确定赵诗梦不会计较钱的事,肯定也会同意的;三是如果饭店经营得好,她们姐妹俩也可以有个稳定的职业,等于为她俩做了一件好事,何乐而不为呢,所以他希望她俩接受这个想法。

纪舒红笑嘻嘻地插话道:"她烧的红烧蹄髈也很好吃。天热的时候,还会做各种糟钵头。以前我们开玩笑时,她说不求出息,只求将来开个小饭店,做厨子,笃定养活自己。"

梅姐大笑起来,一边为吴进源他俩倒酒,一边讨好地对他们说:"你们要吃饭,还不方便,尽管来这里好嘞。开饭庄谈何容易。为你们俩,我心甘情愿做一个烧饭的老妈子,我才不想当老板呐。"

吴进源似乎来了兴趣,喝了一口酒,扭过头来,盯着她们姐妹俩,眼神略带色眯眯,和她俩干了杯,一饮而尽后,摆出一副大老板的样子,兴奋地调侃道:"我可舍不得你做烧饭的老妈子。开个饭店又不是什么了不起的事情。你们俩来开,凭你俩如此美貌的姐妹,你又烧得一手好菜,还愁没有客人吗?你们在前面招揽客人,我和赵老板在后面帮你们撑一把;或者搭把手,什么问题都解决了,生意肯定兴隆。"他说话时,放肆地和梅姐凑得很近,几乎要把嘴贴到了她的脸上。

梅姐朝后微微退一下,发着笑,说:"什么呀,前面后面的,听上去像是开黑店的。"

赵诗梦看着吴进源和梅姐的亲密举动,见怪不怪地没理会他们的调侃。他对吴进源的花花肠子一目了然,但他认为开饭店是个好主意,由于他和她们姐妹俩是初次见面,想法也比较简单,只要她们有机会离开会乐旦就好,如果自己和吴进源能够撑她们一把,饭店开成了,那她们就可以搬出会乐里了,也算值得的。他想到这里,接着他们的话题,就事论事地朝前推,试探地说:"现在上海滩周围的打仗停了,租界里边的人口大增,各种生意都好起来了,许多人都在大兴土木搞装修,争着做生意赚钱呐,开饭店的人也不少。主要问题是饭店开在哪里。"他把开饭店的话题直接推到了选址上了。

开饭店的话题,果然引起她们俩的兴趣。纪舒红看了一眼赵诗梦,脱口而出道:"梅姐,要开就开在八仙桥,那里人多热闹,那里的生意肯定好得不得了。"

吴进源一手搭在梅姐的肩上,眼睛盯着赵诗梦,仿佛在开玩笑似的,笑着兑:"俗话说'六月里的债,还得快',我刚才把她们做明星梦毁了,欠下的债,看来现在要赔她们一家饭庄了。这笔债,你也跑不了,跟我一起赔吧。"可他的眼神似乎在告诉赵诗梦,这是我给你和纪舒红相好的机会。

梅姐在吴进源的腿上拧了一把,挥手说:"谁要你们赔啦,如果要开店的话,就大家一起开,我和舒红也一定要出一份子。"

赵诗梦向吴进源瞪了瞪眼睛,接着又心领神会地笑了笑,再朝她俩扫了一眼,爽快地接口道:"凑钱开饭店是好事,承蒙你们看得起我,让我凑份子,我感谢还来不及呢。"

纪舒红没等他说完,急着表态道:"真要开店的话,我也要出一份。"

吴进源对梅姐和纪舒红说:"太好了,那就这么定了。饭店的地方和店面由你们俩去找,找到了告诉我们一声就可以了。"又坏笑了一下,指着赵诗梦,半开玩笑说:"如果要钞票的话,向他要。"接着搂着梅姐的腰,站起来提议说:"来,为我们的饭庄早日开张,干杯。"

纪舒红抢在干杯前问:"如果我们要开饭店的话,那取个什么样的店名呀?"

吴进源不假思索地答道:"你们是姐妹俩,那就叫'姊妹酒楼'吧。"

纪舒红瞟了一眼赵诗梦,急急忙忙地说:"不好听,姊妹酒楼不好听,会让人产生误会的,听上去有点像……"她没有说下去,其实不说大家也明白,这个名字有点像窑子的名字。她想了想,赶紧补了一句:"明明是我们四个人的店,为什么叫姊妹酒楼呀。如果饭店开在八仙桥的话,还不如叫'八仙桥酒楼'呐,叫起来也响亮大气。"

梅姐接着她的话,说:"那里叫'八仙'的、'八仙桥'的店太多了,什么八仙桥旅社、八仙桥菜场,还有八仙理发所、八仙水果摊,我记得好像已有一家饭店叫八仙酒楼的了,一点没有特点。我们四人开的店,就叫'四人酒楼'吧。"

吴进源看到自己开饭店的提议,受到大家如此欢迎,很兴奋,有点忘形,以豪爽的口气,开玩笑道:"人家叫'八仙'什么的,不管这里以前有没有八仙,有没有八座桥,我们四个人又不输给任何人,管它呢,我们就叫'四仙饭庄''四仙酒楼',那也不错,我们大家都可以尝尝成仙的滋味了。"说完,哈哈大笑起来,虽然大家知道这是玩笑话,但似乎说出了大家的心声,也跟着笑了起来,大家笑得很开心,很和谐,很自然,笑声充满了那间亭子间。

赵诗梦笑完后,脸上还带着红光,看了看梅姐,又望着纪舒红,说:"叫'四人饭店',还不如叫'四合酒楼'的呐。"

纪舒红一听这个名字,立刻叫道:"这名字好听,也蛮有特色的。"她把脸转向吴进源,似乎在征求他的意见:"就叫'四合酒楼'吧。"

吴进源见大家对这个店名都感到满意,便起身举杯道:"那就这样定了,我们大家就不要想着成仙的事了。举杯,为'四合酒楼'早日开张,干杯。"

吴进源和梅姐在饭桌上的亲密举止,让赵诗梦感到心里痒痒的,他的目光偷偷地在纪舒红身上游来移去,留意着她的一举一动,见她目不斜视,在灯光的作用下,侧面的轮廓线非常美,一缕卷卷的刘海搭在额前,小巧玲珑的鼻子,微微上翘的下颌显得更加活泼可爱,让他有了想牵她的手的冲动。可她的手始终放在桌面上,他实在不好意思在桌面上伸手去牵她的手,只能一次次地浏览她那冰清玉洁的手指。

这时,娘姨端上来一大碗腌笃鲜,放在桌子的当中。纪舒红赶紧站起来为大家分汤。当一小碗汤放在吴进源面前时,他摇了摇手说:"已够了,不吃了。"顺手抓起一把花生米和五香豆,身子往靠椅上一靠,不拘小节地像表演似的,一粒一粒往嘴里扔,尔后嬉皮笑脸地问道,"开饭店的事情说定了,接下来是否要说说晚饭后,白相点啥了哦,是出去看戏呢,还是待在家里搓麻将?"

梅妵说:"阿拉都是自家人,搓麻将有啥搓头啦,赢来赢去都是自家人的钞票。"

吴进源朝大家扫了一眼,诡异地笑了笑,说:"搓麻将不来钞票,也可以。那我们来一点刺激的,啥人出冲,啥人就脱一件衣服,直到脱光为止。"说完后,放肆地大笑起来。

听到这样的坏主意,大家都笑了起来,这种笑的里边,笑其幽默的成分明显多于谴责的成分,唯有梅姐笑着脱下一只拖鞋,举在手里,朝他头上轻轻地拍去,说:"你要脱,我现在就脱一只拖鞋给你。"一边用拖鞋拍着,一边又加了一句,"亏你想得出来,下作坯。"

吴进源不服输,笑着强词夺理道:"一点不下流,这样搓麻将是很公平的,"他还没有说完,梅姐夸张地举起右手,做出又要打他的动作,而他似乎知道要被惩罚,一边双手抱头躲避,一边叫出了后半句,"不要这样打我,……我也会认赌服输的呀,说不定我手气不好,第一个出冲,那我肯定会脱得光光的。"

梅姐一副又好笑又生气的样子,一边含笑叫道:"没人要看你的光屁股。"一边举起手中的拖鞋在吴进源的身上拍打着,仿佛比刚才打得更加厉害了,几乎要把自己身子压在他的身上了,使他几乎要钻入桌子底下了。其实,梅姐拍打吴进源是有分寸的,带着一种特有的默契和机智,既表达了女性权利不可侵犯,又显示出不喜欢你不会来碰你身体的意思,真可谓验证了那句"打是亲,骂是爱,不打不骂不相爱"的老话。

大家再次哈哈大笑起来,纪舒红朝赵诗梦看了一眼,不失时机地说:"真不巧,我们家里的麻将牌,上一次丢了一张'白板'的牌,找不到了,没法搓麻将了。"说完,自顾自地咯咯笑了起来。

赵诗梦看着他们之间的智斗,笑而不语。他发现纪舒红在说话之前,总是喜欢向自己瞄上一眼,似乎很在意自己的态度,这使得他更留意自己的言行举止,表现出更像一名绅士。

吴进源从桌子下面钻出来,嬉笑着推开梅姐,潇洒地直起身子,整了整西装,还不忘了用双手压了压他的大包头,朝赵诗梦做了一个鬼脸,两手一摊说:"看来今天打不成麻将了,我们还是识相点,带她们去看戏吧。"

梅姐也停了嬉笑,边起身为大家斟酒,边说:"看戏嘛,你们男人要看京戏,阿拉又看不懂;阿拉女人要看越剧,你们又不要看。所以最好的办法是,大家都不要看戏,一走去大世界看滑稽戏或者去跳舞。"

吴进源不太喜欢大世界,总觉得大世界里面太闹,游人太多,便说:

"看滑稽戏,还不如去永安公司的天韵楼听刘春山唱新闻[①]的呐。"

梅姐接着他的话,答道:"天韵楼,我好久没去白相了,上次去还是天热的辰光,在那里的露台上,一边纳凉,一边听刘春山唱新闻,蛮惬意呃。但现在是冬天哎,不晓得那里的保暖帐篷搭好哦?否则勿要冻死呃。"

在他们四个人之间,吴进源和梅姐两人总是有意无意地表现出很热络,一副卿卿我我、无所顾忌的样子,说话的声音也比较响,无意间形成了对另外两个人的冷落,当然也使不甘落寞的赵诗梦和纪舒红两人自然而然成了一对,只不过刚刚形成,有一点生疏,说话的声音也比较轻,有点像窃窃私语。在去看滑稽戏,还是去跳舞的事情上,赵诗梦首先想到的是纪舒红,他凑到她跟前,悄悄地问道:"你喜欢看滑稽戏,还是跳舞?"

纪舒红轻轻地答道:"我已经好久没看电影了,不晓得现在有啥好看的电影,我连《夜半歌声》都没有看过。"

这话正好让吴进源听到,便说:"那我们今晚就去看电影吧,我也有好久没进电影院了,但不晓得看啥电影好,《夜半歌声》是前一期的电影,现在大概已经息影了吧,不过,我们可以去各个电影院逛一圈看看嘛。"

梅姐插话道:"阿拉到外头去逛一圈,啥好看,就看啥好嘞,如果没有好看的,就去跳舞。"

晚饭后,他们四人一字排开,中间是她们姊妹俩,两个男人各自走在她们的旁边,迎着夜色,穿过熙熙攘攘、亮堂无比的弄堂,把会乐里丢在了身后。那天晚上,他们不论是看电影,还是跳舞,对赵诗梦来讲都无所谓,都会陶醉其中,只求漫漫长夜,绵绵不绝。

[①] 唱新闻:以滑稽戏的形式解读新闻。

第七章 纸糊的幸福

　　赵诗梦看得出吴进源和梅姐并非一般狎妓的关系,似乎里边多出了许多内容,包括他们四人一起开饭庄,从吴进源的态度中可以看出不像以前他对待其他女人那样,随时准备着始乱终弃,而是努力表现出把关系维持得能长则长,能真诚则真诚,没有丝毫的欺瞒。有关四个人准备开酒楼之事,虽说是以说笑开玩笑起的头,吴进源却认认真真地在落实,卖力地在找房子,还催促赵诗梦抓紧打听哪里有合适的店面。这些都是赵诗梦愿意看到的,他对纪舒红的态度和吴进源对梅姐的态度相差无几,似乎还有过之而不及,他越来越感到纪舒红有点像以前的桂芳,仿佛又找到了一个可以对自己说不回家的理由,或又发现了一个新的避风港。他已失去一个桂芳了,这次他不愿意再失去了,有时候他有点羡慕吴进源,因为他没有成家,他可以无所顾忌地对梅姐作出许诺,而赵诗梦虽也可以向纪舒红承诺点什么,但总觉得像是有点欺负人家,这也是他在纪舒红面前最为柔软的地方。

　　那年冬至后的三九第一天,是上海滩最冷的时候,是穷人最难熬的,无家可归的流浪汉命悬一线的季节,这个季节也是最能让人睡懒觉的。赵诗梦迷迷糊糊地睁开眼睛,房间的窗帘拉开了一半,和第一次来这里时看到的一样,只不过玻璃窗户上积满了因寒冷而形成的水珠,在阳光的反射下闪闪发光,使房间里亮堂许多。他转头看到了那几份熟悉的早报已放在床头,和前两天一样,想到纪舒红又为自己去买报纸了,而且记住了自己想读的那几份报纸,心里泛起一阵感激。揉了揉眼睛，见她正拿着热水瓶往脸盆里倒热水，为他准备洗脸水。便撑起身子，说了一声："谢谢你，这么早起来，为我去买报纸。"尔后，起身坐在床上，拿起报纸翻了起来。

纪舒红没有停下手上的活，口气略带忧郁地问道："一大早起来，看到死人，是不是很不吉利呀，会触霉头哦？"赵诗梦一下子没搞懂，她为什么会有这样的问题，疑惑地望着她，似乎在等着她继续说明。

纪舒红把赵诗梦要用的新毛巾放入了脸盆里，尔后站直了身子，靠着方桌，低着头继续道："昨天早晨去买报纸的时候，看到后弄堂口有被前一晚寒潮冻死的死人，好像是个流浪汉，衣服很破，整个人缩成了一团，样子非常难看。今天我想避开昨天的晦气，就朝前弄堂走，想不到又看到一个，好像是夜里喝醉了，在外面冻死的，还有收尸车子，车上用草席盖着，好像已经堆着几个死人了，露出了好几双脚，有的脚上连鞋子也没有，我看都不敢看，吓死了。"后又扭过头来，认真地问了一句："你说，会触霉头哦？"

赵诗梦听她这么一说，心里更是感动，放下报纸带着一股感激之情说："大冷天，这么早起来，买报纸，难为你了。以后不用这么早去买报纸。"接着又笑嘻嘻地宽慰道，"现在的世道呀，冬天冻死人是正常的，如果没有人冻死，那就不是冬天了，看到也没啥要紧的，避开就是了，不会触霉头的。何况你这么好的人，上帝会保佑你，不会倒霉的。"

纪舒红勉强地笑了笑，说："你总是拣好听的讲。"

赵诗梦替她着想，说："你可以叫娘姨去买早报，这么冷的天，何必自己去呢？"

纪舒红答道："没什么。娘姨买早点，做个啥吃的，没问题，可她不识字，我怕她买报纸买不拎清①，买错了，耽误你看报纸。"

赵诗梦举起双手伸着懒腰，带着无限的柔情和谢意的眼神望着她，似乎在暗示她，再来一个大大的相拥，而她只是一声轻轻的："该起床上

---

① 拎不清：（沪语）搞不清楚。

班了。"

纪舒红把赵诗梦侍候得舒舒服服,他在她的亭子间里,虽空间狭小憋屈,可对他而言,就如老鼠掉进了米缸里,乐不思蜀。他和纪舒红在一起,还有一种类似新婚的喜悦,他知道这种没有婚姻保障的幸福,也许是纸糊的幸福,但他也要把纸糊得牢固一些,让它持续得更长久一些,或许四合酒楼开出来了,能帮上他的忙。

纪舒红像普通的家庭主妇送丈夫上班一样,帮赵诗梦整了整领带,挽着他的手出了房门。在过道里经过梅姐房间的房门时,他俩不约而同地朝那门望了一眼,又四目相视,都露出了一丝会意的笑容,他们虽没有说话,可他们的目光似乎都在说:我们的相识和甜美,多亏了那房间里的两个人。两人在楼梯口蹑手蹑脚地相拥轻声道别,纪舒红的动作有着一丝缠绵和不舍,她轻轻捏着赵诗梦的左手,直至他转身下楼梯时才让那手从自己的手掌中滑落。这样的送别,是赵诗梦在家里绝对享受不到的待遇,在家里总是一个人静悄悄地离开,最多会和儿子来一个不冷不热的道别。

在去杂志社的路上,赵诗梦想着纪舒红希望在八仙桥那里开酒楼的事情,他希望能够早点找到适合的房子,把酒楼开出来,这样也有了让她搬出会乐里的理由。可他向许多周围朋友打听店面房子的事情,已有半个月,却都没有着落,心里有着说不出的着急。

自从八一三淞沪会战以来,似乎租界能够给人们带来久远的保护与和平,无数的难民涌进了上海滩,给上海滩带来了奇异的繁荣,甚至有人趁机大兴土木,造房开店,地价迅速上涨,用于开店的房子也跟着异常紧张起来。在此情景下,妄想找到适合他们开酒楼的房子又谈何容易。赵诗梦不忍心把实情告诉纪舒红,当然,纪舒红也是一个乖巧的人,她从来不问开酒楼事情的进展。

纪舒红送走了赵诗梦,回到亭子间,收拾了一下房间后,感到有些百无聊赖,甚至有些惆怅,赵诗梦没说今晚是否还会来,她也不愿意问,只能任其自然。她拿起他换下的衬衫,不愿意交给娘姨去洗。她慢吞吞地倒掉赵诗梦的洗脸水,又在脸盆里倒入了热水,不紧不慢地洗着,数九寒冬的,她不愿意用冷水洗衣服。

这时,房门被推开了,随之飘进来一句:"侬房间里的香味道老灵①呃。"楼下的曼丽小姐手里夹着一支带长烟嘴的香烟,慢悠悠地晃到纪舒红床边小柜子旁的镜子前,照了照镜子,飘进来的那句话,算是打招呼了,照完镜子,便径直在床沿边坐下。

纪舒红没有抬头,只是淡淡的一句:"我房间里点着檀香呐。"算是作了回应。她们既是邻居,又是好朋友,或者是闺蜜,楼上楼下的,常来常往。

曼丽小姐扫了一眼房间后,把视线落在纪舒红身上,直来直去地问道:"那人好帅呀,看得出是个舍得花钞票的好男人,伊好像已经在这里住了四天了吧?进项不少吧?"语气里透着一丝羡慕。

纪舒红知道她说的是赵诗梦,可能是她在楼下看到过他的进出,所以才这么说的,但自己不想在她面前评论他,尤其不愿意把钱和他联系在一起。纪舒红没有回答她的话,反而淡淡地问道:"侬怎么这么早就起来了?客人走了?"

曼丽小姐的身子往床里挪了挪,靠在叠好的被子上,懒散地答道:"我呀,这几天没有进项,身子骨不舒服。我也不喜欢现在这几个客人,都穷得要死,小气得要死。伊拉想到我了,就来找我白相相,不想我的时候,就像没有我这个人似的,从来不肯多花钞票,太过分了,真没意思。"她吸了一口烟,看了一眼纪舒红在洗的衬衫,用烟嘴指了指,以不屑一顾的口吻说:"是伊的衣裳吧,交给娘姨汏就可以了。阿拉这样的女人,为什么要为男人汏衣裳呢,莫非想让伊讨侬做老婆?"

纪舒红笑了笑,说:"自己的衣裳让娘姨汏没问题,可人家的衣裳让伊拉汏不太好吧,算了,还是自己汏哦。"这话听上去像是不愿意麻烦娘姨,其实,她根本就没想过要让其他人为赵诗梦洗衣服,似乎在她的内

---

① 老灵:(沪语)此处意为很好闻。

心深处有一种只要亲自为他洗衣服,他就会常常来的想法,可这样的想法在旁人面前说不出口,旁人知道了有这样的想法,会说她是花痴的。她接着夸张地做出一副突然想起来的样子,问道:"娘姨那里应该有熨斗吧?"

曼丽小姐漫不经心地答道:"大概有吧,可我没看到她们怎么用过,她们也够懒的。"后面加了一句,"侬会烫衣裳哦?"

纪舒红抬头笑了笑,说:"侬也太小看我了。我从小家里就没钱了,我记得,梅姐在为我父亲烫长衫时,我还在旁边帮忙呐。烫衣裳的事情,对我来讲不难。"

曼丽小姐说:"侬真是个好女人。我嘛,这辈子都不想汏男人的衣裳。"她一边懒洋洋地起身,把烟灰抖落进放在桌上的烟灰缸里,一边问道,"听梅姐说,伊拉要为你们开饭庄?是真的吗?"

这是纪舒红最不愿意和人谈的事情,一是因为这事情还没落实,怕落空;二是怕人家说她炫耀。她做出一副无奈的样子,笑了笑敷衍道:"呀,这是酒桌上的话,说过,听过,也就过去了,八字还没一撇呢。"

曼丽小姐露出一副老到的样子,道:"据我所知,不至于吧。有人为你们开饭庄,这是好事体呀。做阿拉这一行的,只要有人愿意为侬花钞票就好,说明人家重视侬,喜欢侬,是侬的福气。"

纪舒红内心不同意这样的说法,这有点像是在卖自己,本想向她说明一句:这不是他们为我们开店,是大家一起合作开店。但话到嘴边,又咽了回去,她还是不愿意在这件事上说的太多。

曼丽小姐带着一副遐想的样子,说:"如果饭庄真的开出来了,你们就可以离开会乐里了,搬到别的地方去住,做老板娘了,也不用再干这一行了。"接着又赤裸裸地补问了一句,"听说伊人不错,和正室的那人关系不怎么好,伊会收侬做偏房吗?"

纪舒红在心里有点埋怨梅姐对她说得太多了,继续搪塞道:"我哪有那么好的福气呀。"

曼丽小姐掐灭了香烟,顺手在五斗橱上抓了一把瓜子,一边嗑瓜子,一边说:"什么有福气,没福气的,阿拉又不是要做伊拉的正室,让伊拉花点钞票,收个偏房怎么啦?"

纪舒红看了看曼丽小姐,搬出从梅姐那里听来的有关她的故事,说:"侬那个银行里的老爷子不是让侬做了偏房嘛,还带侬去了美国一趟,结果还不是让人家轰出来。"

说到这里,曼丽小姐一改懒散萎靡的脸容,灿烂地笑了起来,说:"那是我养了一个小白脸,被老爷子撞见了,只能回来了。"她说话的神情中透着一股亢奋,一股骄傲,仿佛在讲述她经历过的最伟大的事情似的,精神实足地继续道,"侬晓得哦,老爷子让我做伊第几房?"她在床上换了一个坐姿,用手比画着,拖长了音,自答道,"伊让我做伊的第九房姨太太呀,我怎么受得了。最初那死老头子还骗我,说我是伊的五姨太,我想那就算了,反正闭着眼睛过日子吧。后来我打听到在我前面还有四个,三姨太早就死了,五姨太、六姨太、八姨太都逃走了,侬讲气人不气人。还要我和那几个姨太太住在一道,虽住的是大房子,天天还是会看到那些黄脸婆的脸色,就像蹲监狱一样。"也许女人之间讲到自己交往过的男人,都会特别提神,而且还会和盘托出,毫无保留。曼丽小姐看了一眼纪舒红,接着道,"老头子是很有钞票,开银行的嘛,但像防贼一样防着阿拉这几个姨太太。在做伊姨太太之前,死老头子倒是很大方,还带我去了美国,可做了伊姨太太,伊就啥事体都要管,还小气的不得了。怪不得前面的五姨太她们受不了,要逃走。我干嘛不逃?留着等死?何况老头子身体很好,等伊死后和伊那些子女和几个姨太太分钞票,不晓得要等到猴年马月了,说不定我的头发都白了。而且那些姨太太又不是吃素的,有的是有儿子女儿的,我又是单枪匹马的一个人,怎么搞得过伊拉呀,到时候我肯定拿不到什么钞票的,还不是竹篮子打水一场空。那时候,我外面的小白脸还等着我呢,我当然卷走房间里所有值铜钿的东西,就跑路了。"说话的口气就像是在一场游戏中大赢了对方,很开心。

纪舒红看到她不再谈论自己和赵诗梦的事了,安心了许多,她很希望这样的话题继续下去,一来可以不用再谈论赵诗梦和自己的事情了,另外,曼丽小姐的故事也很精彩,就像一部活生生的历险记,也很想听听,便慢悠悠地问道:"后来,侬和小白脸怎么又闹翻了?"

曼丽小姐看到纪舒红对自己的故事感兴趣,便忘记了问她和赵诗梦的事情,也忘记了嗑瓜子,兴致勃勃地介绍道:"小白脸呀,我是在仙乐斯舞厅里认得的。侬晓得的,我们这种人,在舞厅里,要么去找钞票,要么就去花钞票,去仙乐斯就是去花钞票的那种。也不晓得怎么一回事,那个小白脸在仙乐斯还蛮有名气的,里面半老徐娘的舞女都喜欢倒贴钞票跟伊跳舞,伊的舞技和卖相确实不错,有一种说不清楚的气场,我也就糊里糊涂地迷上了伊。侬晓得的,阿拉从会乐里出来的人,是不肯认输的,我老头子给我的钞票全部贴到伊身上去了,一次性帮伊买了带埃及大钻石的戒指,两只手表,三双皮鞋,定做了五套西装,外加在金门大酒店长包了房间,把旁边所有的黄脸婆全部撅下去,让伊做到在仙乐斯跟我同进同出,没我在,伊不跳舞,叫伊跟在我后面阿姐阿姐乱叫,灵哦。"

纪舒红知道她的故事里有真有假,有些内容已经不止说过一遍,权当在听一出有趣的说书,漫不经心地追问道:"后来呐?"

曼丽小姐又把身子移到小柜子旁,仔细地看着镜子里自己的脸,说:"后来的事情,侬都晓得的呀,散了。"尔后,又恶狠狠地补了一句,"小白脸,面孔再白还是瘪三腔。后来,竟然提出让我帮伊买车子,侬讲伊过分哦。"

纪舒红微笑着,安慰了一句:"算了,别记着啦,也算侬养过小白脸了。想想,小白脸怎么对侬的,就像侬怎么对老头子的,一报还一报,平了。"

曼丽小姐直了直身子,感慨地说:"是啊,这种一掷千金的日子也算过过了。用钞票买来的幸福,也是幸福呀,钞票用得越多,幸福也就越大嘛。"歇了歇,口气低沉,忧伤地说,"可我没有钞票,只能来得快,去得也快,就像划亮了一根火柴,一亮而已,火柴烧完了,眼前仍然一片漆黑。"说完又瘫软地倒在床上,眼睛无光地盯着天花板。

纪舒红朝她看了一眼,继续安慰道:"那也值了,侬划亮了一根火柴,看清了周围人的嘴脸。"

曼丽小姐的忧伤和她的幸福一样,来得快,去得也快,望着纪舒红,有点倚老卖老的样子道:"是啊,我们会乐里的女人,想要一点幸福多难呀,周围都是一些禽兽不如的东西。"停了停,笑嘻嘻地继续道,"我看侬这么用心地在为男人洗衣服,侬也不要让人家给骗了。"

纪舒红笑了笑,答道:"我可没侬那么有钞票。"然后,端着脸盆出了房门。她心里在想:你曼丽小姐让人骗了,肯定是钱给人骗了,因为你没心没肺;而自己如果上当受骗的话,那肯定受伤的是心,因为自己没有钱,但愿不会如此吧。

不知不觉春天来了,除了几个小得不能再小的公园里增添了一点绿色,上海滩对春天几乎没有反应,马路上的行人还是熙熙攘攘,男男女女的衣着依旧,还是西装旗袍为主。吴进源听说一位朋友有现成的店面房子要出手,就叫上赵诗梦,一起约房东去看房子,谈价钱。由于八仙桥一带人口稠密,华洋混杂,商业繁荣,店面房子很是紧俏,能找到也算不容易。这房子在南京大戏院①后面的转角上,一栋砖木结构的两层楼房,不论地段和位子,还是房子本身,用来开酒楼是不错的选择。房东叫沈新彦,在上海滩几家银行里有投资,平时以金融家自居。

赵诗梦来到该房子前,看到是一家蛮大的老烟馆,门楣上有一块很大的黑匾,写着金色的"仙域阁",外面上着排门板,贴满了形形色色的广告,似乎很久没有开张了。沈新彦已经等在门口,他一身笔挺的西装,旁边还有一个穿着长衫像是伙计模样的人。吴进源上前为赵诗梦和沈新彦相互介绍了一下,沈新彦也把伙计模样的人介绍给了他们,原来这个人是那家烟馆的账房先生,他熟悉房间内的一切情况,所以沈新

---

① 南京大戏院:现为上海音乐厅。

彦把他也叫来了。

他们四人一起进了门,扑面而来的是一股怪怪的气味,好像是那种因房间长期没人居住而发霉的味道,还夹杂着怪怪的香味,也许是鸦片留下的香味。由于窗户都上着排门板,房间内很暗,几乎漆黑一片,外面的光线从排门板之间的细缝中照射进来,映在空气中弥漫的灰尘上,形成了一道道诡异的光柱。账房先生领先一步,拉开了电灯,可以看清正对着大门有一面屏风,上有一副对联:含珠银灯通仙域,卧云香榻吐春风。尽管亮着灯,原本四四方方整齐的大厅结构,因室内用许多烟榻和隔断,弯弯兜兜分隔成许多小间,严重阻隔了光线,显得非常昏暗。露出不多的墙壁上贴满了许多过期的年画,每个烟榻上几乎都有一个矮小的茶几,这些烟榻怎么看都有点像东北农村的土炕。有些角落里堆放着烟枪和烟灯等吸烟工具,还有被丢弃的被子和衣物之类的,乱七八糟,凌乱不堪。赵诗梦平时很少进烟馆,更不要说在如此怪异的时候进烟馆了,看见凌乱而又积满灰尘的烟榻,外加昏暗的光线,有一种鬼魅感,就仿佛看到了一个个骨瘦如柴的烟鬼,面目狰狞,在病恹恹地腾云驾雾。他感到别扭,甚至恐惧,默默地跟在吴进源后面,一声不响,仿佛在用沉默来表达怀疑,这样的房子可以开酒楼吗?

机灵的沈新彦似乎看出了赵诗梦的心思,回头隔着吴进源,笑着直接对他说:"如果你们是开饭庄、开酒楼,拆除了这些隔断,卸下排门板,就会很亮堂的,大小也足够了。房子还是很好的房子呀。"

赵诗梦顺口问道:"烟馆为什么不开了?"

吴进源掉过头来,说:"上个月,老板自杀了。"赵诗梦倒吸了一口冷气,心想吴进源为啥事前没有告诉他。

沈新彦带着惋惜的口吻,感慨地介绍道:"其实,烟馆老板人不错,以前还是蛮有钱的,平时进进出出蛮体面的,待人也很友善,可惜犯了干这行当的大忌,忘记了'贱卖不赊'的道理。人家开烟馆的对付那些穷烟鬼,宁可贱卖也不肯赊账,而他生性大方,倒过来做,谁都可以在他那里赊账,交了一大堆烟鬼朋友,最后自己也染上了这个嗜好,把身体也搞坏了,走了一条不归路。据说到他死的时候,还有很多人欠着他的钱,没有还呐。这都是开烟馆的大忌呀,真是抽了大烟'富人变穷人,穷人变死人'呀。不过他死的时候倒是还有点钱,但照他这样下去,离倒闭歇业只是时间问题,所以他选择了自杀,教训呀。"说到这里,他突然回过头来,对着吴进源说,"哎,这烟馆老板,你吴兄应该见过,就是那次我带着银行股东去你照相馆拍照时,他是股东之一,他也在,好像还跟你开玩笑说,你能把人像照拍得如此漂亮,是否能够拍出人的内心,你说能,可以用医院里的埃克斯光机拍,引得大家哄堂大笑。"

经过提醒,吴进源似乎想起来了:"这大概是两三年前的事了,我记起来了,他看上去蛮谦谦君子的样子,有时候说话也很活跃,我记得他还指着照相馆里女模特的照片,开玩笑要我为他介绍女朋友呢,想不到就这样走了。"后又加了一句,"他给我的印象不错。"

他们一面在房间里东看西看,一面议论着原来房子的主人。为了不冷落赵诗梦,沈新彦把头再次转向他这一边,介绍道:"你别看他是个开烟馆的,他年轻时留学日本,是士官生,可体力不够,身子撑不住,只好转学,最后好像学的是高深的哲学吧,回国后还写过一些哲学文章,可惜他的文章没人读,大概读了也不会全懂吧。论学问,他在我们这些银行股东里大概是最有学问的了,有时候和我们一起吃饭时,他也会和一些朋友争论一些奇怪的问题。例如:人之初,应该是性本善,还是性本恶,喜欢讨论什么'人之性恶,其善者伪也',讨论的结果,他总会牵强附会归纳出'今不如昔,人心险恶',毫无生气可言。有人说他是个不会随波逐流的书呆子,也有人说他是真假难辨的疯子,我看他内心有一种很深的厌世情绪。他没有家庭,没有亲人,一人吃饱全家不饿,不赌不嫖。似乎也知道我们不喜欢大烟,所以他在我们面前,从来不提大烟或烟馆的事情,更不要说抽大烟呢。"

他们走到了上楼的楼梯口,吴进源走在最前,回头应了一句:"像他这样的人,在这个世界里,不死也疯,还是死了干净。"接着又感叹道,"我们都是一些凡夫俗子,苟且之人呀。"

赵诗梦问："既然他这么有学问,怎么会开烟馆的呀？"

吴进源似乎不同意他的看法,直接反驳说："有没有学问,和开烟馆没什么关系吧,只要有机会,谁都会做。"

沈新彦在旁边插话道："我知道他以前在南市就有一家旧的烟馆,那家烟馆是哪里来的,我就不知道了。至于这里的仙域阁嘛,房子是我租给他的。"

账房先生补充说："南市的仙云阁早就关了。"

沈新彦继续回忆道："不过听说他祖上出过秀才,在闽南那边很有钱,很有势力,但到他这一辈,似乎已风光不再了。他从日本留学回来时,正遇上他父亲死去,他是几代单传,在外面开过了眼界,又不愿意待在老家继承祖业,索性就卖掉祖业,带着老母亲来到上海,几年前老母亲也去世了。他最初来我们银行投资做股东时,好像是银行襄理介绍的,当时多亏了他注资,帮银行渡过了难关。"停了停又说,"这个人蛮有意思的,以前每次开董事会需要表态时,他总是一句'只要对银行有利,对储户有利,就是我的态度',好像股东赚钱不赚钱和他没有什么关系似的。"

他们到了二楼,吴进源环视着周围,无心再谈论烟馆老板了,敷衍道："好人,都不长命。"

二楼的格局和一楼差不多,空气中同样飘浮着怪味,或许气味比楼下更重些,只不过朝南的有一排关得很严实的窗户,窗上有着密集的木雕花格子,光线可以从这些小小的花格子里射进来,要比楼下略微亮堂些。二楼的雅间和烟榻比一楼的要宽敞,烟榻和隔断也更加考究,全部是红木的,但因长期烟熏已变成了暗黑色。

账房先生把他们几个人领到一间房间门前,说："这是老板的房间,要进去看看吗？"他推开了房门,走在前面,忙着打开窗户。

房间内的陈设简单至极,靠窗户的角落里有把椅子,椅子前一张大书桌,桌上有些文房四宝,这样的放置很合理,不论看书还是写字,只要打开窗户都会有阳光照射进来,一幅字占据了书桌正对面的大部分墙壁,上有横书"四大皆空"几个潦草而有力的大字,书桌和字之间的一边是一排窗户,下有两把椅子,中间一只高脚小茶几,靠里面一边的墙壁,是一排古色古香透空的书架,书架上没几本书,在上端有一个镜框,里面有一张几个人的合影。

赵诗梦看到这个房间像是读书的圣地,和房间外的景象反差实在太大,便不由得问账房先生:"老板在这里读书?"

账房先生摇摇头道:"我看这里也没有几本书,不知道。我只知道他会在里面待很长时间,不知道在做什么。"

吴进源取下镜框,见照片是一张七个男人的合影,其中只有中间一个人穿长衫,其余的都是西装革履。吴进源端详了一会儿照片,发现在右下角印有自己照相馆的名字,指着穿长衫的那个人,问沈新彦:"在中间的,穿长衫的那个就是这里的老板吧?"

沈新彦接过照片仔细地查看起来,叫道:"这就是在你照相馆拍的,那人就是这里的老板。那是他第一次来我们银行参加董事会,这些人就是我们银行的全体董事,他是第七个董事。我们一般有新的董事加入,就会拍一张合影,放在银行的走廊里,那次是为他而拍的。"随后把照片递给了赵诗梦,说,"他这个人总是穿长衫,我从来没有见过他穿其他衣服。"

赵诗梦看到照片上一群西装笔挺的人当中站着一位身着长衫的人,那人高高的个子,却很瘦,一点不像银行的老板,甚至与两旁的银行老板们有点格格不入。在赵诗梦准备把照片还给沈新彦时,他眼前仿佛突然晃过父亲穿长衫的身影,想起父亲也是从来不穿西装的。他又向照片上那个穿长衫的人细细地多看了一眼,尔后,默默地将照片放回书架上,一声不响踱到窗前,朝下望了一眼。窗下的马路上一副繁忙杂乱的市井景象,心里却想着当下总是穿长衫的人,究竟是些怎么样的人,还有自己父亲的长衫,究竟意味着什么。

沈新彦碰了碰吴进源的肩膀,示意他看身后的那幅字。吴进源把"四大皆空"念了一遍,又不假思索地跟出了一句"万事皆虚",而后他停了停,转身问账房先生:"你老板信佛?"

账房先生摇了摇头说:"不知道,我从来没有听说过老板信什么教。这幅字是什么时候挂在这里的,我也不知道,应该没挂多长时间,我也是在他去世后才看到的。"

沈新彦提醒说:"佛教虽有'四大皆空'这么一说,但它从来没有主张过叫人自杀,我看他不像是个真正的佛教徒,只是比较欣赏这四个字,挂挂而已。"

赵诗梦在旁边一直听着他们的对话,看着墙上的龙飞凤舞似的四大皆空这几个字,感到这个烟馆老板或许是一个与众不同的人,四大皆空或许是他自杀之前的自我意识。仿佛不论是谁,只要人一死,都会留下一些令人费解的事情。沈新彦他们说的烟馆老板的种种故事,激起了赵诗梦的好奇心,他感叹道:"如果他还活着的话,我倒是很想见见他,也许是一个不错的朋友。"

吴进源点点头,脱口而出:"老兄,我也有同感,他可能是一个非常有特点的朋友。"

账房先生看了看吴进源和沈新彦,说:"我最后一次见他时,他跟我说,要去一次老家闽南,大概时间要两个月,叫我向馆里上上下下跑堂的发三个月的工资,我发了。后来,我没见他去闽南,而是整整一个礼拜,每天一个人待在这间房间里,我总觉得怪怪的,后来就发现他……"他停了停,从口袋里摸出一块表,给大家看,说:"他还给了我一块欧米茄手表和一大堆金银首饰,说他不在的时候,会有人上门来取的,叫我把手表和首饰交给那人就可以了。现在想想,他当时没说来取东西人的姓名,这分明是要把这些东西留给我的呀,手表还是新的。"

吴进源朝沈新彦扫了一眼,谨慎地问账房先生:"他以前身体有什么毛病吗?"

账房先生答道:"除了老板人精瘦精瘦外,没有听说过老板有什么大毛病。但大凡抽大烟的人,是很难发现生病的,因为大烟的作用掩盖了真实的病情,如那人胃有毛病,胃疼,可抽了大烟,胃就不疼,以为好了,其实胃的毛病没有好,只不过因大烟的作用,麻醉不疼了而已。所以老板有什么毛病,我们旁边的人是很难看出来的。"

沈新彦说:"是啊,看他外表,也看不出有什么病,就是人瘦。如果他身体有什么病的话,只有他自己知道了,不会让旁人知道的,他是个体面的人。"

吴进源看着账房先生,面露难色,有点犹豫,有点口吃地向他问道:"他,他吊死在哪里?"

账房先生朝沈新彦瞟了一眼,带着沉痛的表情,似乎有点难以启齿,简短地答道:"楼下,楼下的那间储物间里。"他手里还拿着手表,说完低头看着表,那手表还在嘀嘀嗒嗒地走着。

大家陷入一阵沉默,吴进源的提问,似乎有点令人难堪。沈新彦扫了一眼大家,打破沉默,拍了拍账房先生的肩膀,微笑着安慰说:"把表收好吧。你老板不论是什么原因去世的,他都是个好人,我们大家都会记得他的。"

这时,赵诗梦似乎知道吴进源看房没有邀上梅姐她们姐妹俩的缘由了,他什么也没说,跟着沈新彦和吴进源告别了账房先生,离开那家烟馆,来到附近饭店吃午饭。

吴进源心想:按照目前市面的行情,即使出手屋里死过人的房子也大有人要,而且现在知道烟馆老板吊死的人不多,应该赶紧把事情定下来。在饭桌上,他和赵诗梦一搭一唱,连哄带骗,以烟馆老板是在屋内自杀为由,说这是鬼屋,趁机大杀价格。沈新彦势单力薄,一个人对付不了他俩,只能忍痛割爱,以市价一半的价格把烟馆盘给了他们,还让他们从自己投资的银行里贷了一笔款子,作为酒楼开张的启动资金。

他们花了几个月,请人装修改造了这个老烟馆,楼上靠窗的做成三个雅间;外面是一个可放六七张八仙桌的大间,楼下后面一半做厨房,前面一半算是大堂,也可以放七八桌,楼上楼下加三个雅间总共可容得下十六七张八仙桌,规模不可谓不大。

当改造得差不多了的时候,他俩把酒楼交给姐妹俩,让她们按照自己的心愿布置酒楼,购买桌椅板凳。她们看着崭新的酒楼,心想自己将是这个酒楼的主人,仿佛看到了自己人生的新起点。为了经营好酒楼,她们搬出了会乐里,在酒楼的附近租了房间,当然也是那种便宜的类似石库门亭子间的房子,把节约下来的钱投入到酒楼的经营。由于酒楼的规模较大,她们还聘请了三个厨师五个伙计,选了黄道吉日,有模有样,准备开业了。

开张之日一大早,赵诗梦开着车,拐入爱多亚路①西端,首先映入眼帘的就是被誉为"上海的巴黎歌剧院"的南京大戏院。在早晨阳光的照耀下,它规整大气的建筑外形显得非常漂亮,坐南朝北的正面当中突出的部位,有四根端庄的罗马柱,柱子间嵌着三扇巨大的圆拱形窗户,上方是精美的浮雕,下方是气派的大戏院入口的三扇大门,与上方的窗户相对应,柱子两边采用的是乳白色的外立面,再靠外两边的凹陷部位是由米黄色面砖砌成,轮廓清晰,层次分明,显示出西方古典主义建筑的风格。

赵诗梦透过车窗玻璃,看了看大戏院的正门口。由于是早上,只有不多的过路行人,有点冷清,与晚上戏院开演前人声鼎沸的盛况完全两回事,又抬头朝戏院的上方瞥了一眼,先前的《罗密欧和朱丽叶》巨大海报依然挂着,心想:这几天纪舒红忙着开酒楼,等她有闲暇时间,带她一起来欣赏是一个不错的选择。这一段时间,随着酒楼开张的临近,赵诗梦对纪舒红的情感与日俱增,处处会想到她;纪舒红也随之发生着变化,变得越来越如赵诗梦想象的那样,让他内心深处有一种隐秘的甜滋滋的感觉。他们都盼望着酒楼早日开张,生意兴隆,酒楼是他们情感的纽带,情感的庇护所,和共同的未来。

崭新的酒楼,窗明几净,早晨的阳光穿过窗户投射进来,店堂里一片敞亮,一派新气象。赵诗梦来到酒楼,看到纪舒红正忙着往每张桌子上放茶壶。她一身短打,深藏青底色的小碎花斜襟上衣,配一条宽松的

---

① 爱多亚路:今延安东路。

深灰色长裤,干净利落,就如人们常见的一副店堂女掌柜的模样,和原来见过穿旗袍的样子完全不同,像是换了一个人似的。由于这几天纪舒红和梅姐一直早出晚归,赵诗梦有多日没见到她们,她今天这身的打扮,也是第一次看到,大大出乎了他的意料。他悄悄地站在她背后,欣赏了一小会儿,她那略显贴身的上衣和宽松的长裤搭配,一点没破坏她身材的线条感,反而有一种飘逸感,从宽大的袖口露出两支纤细洁白的手臂,显现出一种独特的灵动,让她变得越发迷人和性感,在他看来比她穿旗袍更有魅力,大有让人耳目一新的感觉。

  赵诗梦是一个懂得鉴赏女人穿衣打扮的人,见过无数光彩夺目的旗袍,在他眼里旗袍是华丽的美,是由内往外逼出来的美,是一种外露的美,让人一目了然,可欣赏完后难免会索然无味;而纪舒红的这身短打的美,是由外往里包裹着的美,是一种自然深藏的美,就如宽大的袖口配洁白的手臂,会激发起人对美的探寻和发现,叫人流连忘返。赵诗梦仿佛发现了自己真正喜欢的她就应该是这个样子,趁人不注意,他忍不住凑上去搂着她的腰,在她脸颊上亲吻了一下。

  赵诗梦冲动的动作让纪舒红吓了一跳,她转过头来,发现是赵诗梦,便拉开他的手,羞涩地说:"别这样,这里还有伙计呐。"她那白皙的脸颊上透着可人的光泽,白里透红,完全是一种由健康兴奋带来的,有着一种感染力,让人亢奋,让人爱不释手。

  赵诗梦捏着她的手,关心地问道:"你大概老早就来了吧?"口气中透着那种犹如夫妇般的亲切。

  纪舒红笑盈盈兴奋地说:"今天开张嘛,大家都来得早,吴先生已经在楼上喝茶呐。"

  赵诗梦并不关心吴进源是否来了没有,他又细致地看了一眼她那身打扮,说:"你穿这身衣服蛮漂亮的,比你穿大红大绿的旗袍好看。"接着又笑着补了一句,"还像那么回事。"

  纪舒红把上衣拉了拉挺,问:"什么,像回事?"

  赵诗梦凑到她耳边,轻声说:"像女老板,像女掌柜。"

纪舒红脱口而出："我才不要当老板娘呐，我喜欢在酒楼里干活。"停了停，看了看自己的衣服，妩媚地笑了笑望着他，说："如果你觉得我穿这身衣服比旗袍好看的话，我以后就不再穿旗袍了，穿短打。"

赵诗梦依然注视着纪舒红的着装，说："旗袍有旗袍的美，短打有短打的漂亮，都好看，都很好看。"

纪舒红眨了眨眼睛，似乎在比较短打和旗袍哪一个漂亮，哪一个更符合自己，尔后，开心地笑道："你这么说的话，那我没办法了，以后一天穿旗袍，一天穿短打。"顿了顿，一本正经地更正道，"以后在酒楼，我穿这身衣裳，和你单独在一起就穿旗袍。"

赵诗梦露出一种欣慰而满意的微笑，说道："你穿什么衣裳都漂亮。"后又问了一句，"开张的事情差不多了吧？需要我做点什么？"

纪舒红答道："几乎都准备好了，接下来就可以开门迎客了，用不着你搭手了。"转而补了一句道，"刚才已经有人送东西来了，好像是给你们的贺礼。"看他一脸茫然，便加了一句，"你问一下吴先生就知道了，是他收下的。"

由于赵诗梦和吴进源发了不少请帖，邀请了不少朋友前来参加酒楼开张的宴席。听纪舒红这么一说，心想也许有朋友不能来赴宴，而送来贺礼，他想知道是谁如此隆重人不能出席，还要送贺礼。他又朝纪舒红从头到脚看了一眼，才转身上楼，似乎有些没欣赏够的味道。

赵诗梦来到二楼，吴进源正跷着二郎腿，悠然自得地一边喝茶，一边看报纸，头顶上铜制的吊扇有气无力地旋转着。赵诗梦在他对面坐下，招呼道："老兄，好早呀。"

吴进源打了一个哈欠，毫不掩饰地答道："昨晚我在梅姐这里，她起得早，没办法，我也就跟着，来得早喽。"尔后没头没脑地加了一句，"我不喜欢这样的夏天。"接着叫伙计上茶，又把桌上的一个红信封推到赵诗梦面前，"这是我们的凯欣兄叫人送来的，来人什么都没有说，里面只有一张银行支票，没有信。还有沈新彦也到了，他到下面去查看我们的酒楼了。"

赵诗梦关心的是虞凯欣的近况,知道吴进源发出的请帖中有虞凯欣,但对他能来出席并不抱希望,这几年来自己和吴进源很少见到他,只知道他很忙,而且有点神秘兮兮。他打开信封,看了看支票上的金额,惊诧地叫了起来:"这么多,够我们再开一家酒楼的了。"接着有点不置可否地问道:"这好像,我们有点收受不起吧?"

吴进源放下报纸,面无表情地说:"有什么不能收受的,反正他有的是钱,照收不误。我早就知道他今天不可能来的。"赵诗梦从他语气里听出了弦外之音,带着疑惑的眼神注视着他,似乎在等着他的下文。

吴进源瞄了一眼他,接着说:"这家伙前几个月还去了一次东京。所以他有的是钱,不拿白不拿。"

在上海滩的租界里,经常能够看到日本人,与日本人关系密切的人有之,与其疏远的人亦有之,但能够去日本东京的人寥寥无几,亦非等闲之辈,而去了那里便意味着有了巨大的汉奸嫌疑,一般的老百姓对这样的人唯恐避之不及。赵诗梦再次诧异地问:"你怎么知道的?"

吴进源喝了一口茶,淡淡地说:"前几天,我在一个朋友的照相馆里,正好碰到他的小老婆陆莺,你还记得她吧?我们参加凯欣兄乔迁之喜的那次,她也露过面的。她到那里去拍照,在聊天时她无意间说漏了嘴,在我一再追问下,她说有人答应凯欣兄,将来新政府成立后,让他去意大利做外交官,他想做外交官想疯了。"说完,两个人都没有立刻再说话,也许吴进源的无语如同遇到一件不幸的事情,不想多说;而赵诗梦不说话,则是惊愕的无语。

过了一会,赵诗梦喃喃地说:"凯欣兄这么聪明有才的人,怎么会这样的呢?去日本大概只是为了纯粹的白相而已吧?"

吴进源看着他吃惊的表情,似乎有点同情,便把自己知道的虞凯欣近况和盘托出:"怎么会可能是纯粹的玩呐,那你带我到东京去玩一圈,试试看。当时我也很惊讶,也不愿意相信,但考虑到你和他的交情,就没有急着跟你说。后来我托人打听了一下,人家是重庆方面专门搞情报的,消息来源多,他们跟我说,这家伙完了,他周围一直有这样一群志趣相投的朋友,还和三井物产株式会社的日本人搞在一起,做着什么生意。这种株式会社说起来是日本大财阀控制的,其实都是有政府背景的,里面有许多间谍,神神秘秘的,去东京肯定是这帮人安排的,更何况陆莺说的他还要当外交官去意大利呐。我看呀,他早有打算,以为我们不知道他在干什么,万一将来我们知道了,为了让我们不叫他难堪,所以这次的贺礼金额特别大,而没说自己行踪的片言只语,像是要堵住我们的嘴,这样就不难理解他大金额的贺礼了。"

听吴进源这么说,赵诗梦联系到虞凯欣平时的言行,相信这个故事是真的了,他感叹道:"凯欣兄想当官的性格,我是知道的。他想当官,想当大官,我都理解,何况他早在十几年前就已做过外交官了,还在国外待过一段时间,可我没有想到他当官的瘾这么大,会走这条路。"后又追了一句,"难道外交官就这么好玩,但愿没有那个新政府。"

吴进源拿起抽了一半的雪茄,重新点燃,深深地吸了一口,说:"我也但愿没有那个新政府,重庆方面正在对付它呢。"歇了歇,叹气道,"没办法,人各有志,也许他现在正在南京忙着呐。管好我们自己吧。"

这天,他们邀请的客人中来的最早的是沈新彦,自从他把钱贷给了他俩后,心里总有一团疑雾没有解开,这团疑雾与其说担心他俩的还款能力,倒不如说是为他们的酒楼捏了一把汗。他俩也算是上海滩上吃穿不愁的小开,永远是一对以花钱白相为主,干事赚钱为副的公子哥儿。即使酒楼赚钱,赚来的钱也不够他们零花的,为什么不嫌麻烦要开酒楼呢?再说,他们家里有的是钱,还在乎酒楼赚的这点小钱,可要只是为了白相相,又何必如此兴师动众开酒楼呢?他百思不得其解。

沈新彦和赵诗梦是初次交往,发现赵诗梦还算谨慎稳重,至少不像是拿开酒楼的事来开玩笑的人,在借款时还有几份认真。如果不是赵诗梦在旁边,就凭吴进源一个人,任凭其三寸不烂之舌,说得再花好稻好,他也不愿意放款的。

所以沈新彦趁酒楼开张之日,早早来打探一下他们的虚实。他里里外外,上上下下看了一圈,甚至跑到厨房间瞄了一眼,没有发现任何可疑之处,反倒感到酒楼让老旧的烟馆焕然一新。厨房客堂包间的布局合理,厨师伙计有模有样的,店里的一切都是崭新的,蛮像开酒楼的样子,但看到梅姐和纪舒红她们俩,老板娘不像老板娘,掌柜不像掌柜,却管着酒楼里所有的事情,总觉得有些怪怪的。

　　沈新彦回到二楼,看到吴进源和赵诗梦在喝茶闲聊,就做出一副若无其事的样子,踱着方步来到他俩面前,贺喜道:"蛮好,蛮好。噢,现在上海滩上,少了一家烟馆,又多了一家响当当的酒楼,好事体呀,这样的事情多多益善。祝贺,祝贺,开市大吉大利。"他的到来,打断了他们不愉快的沉默,也忘记了虞凯欣的事。

　　赵诗梦看见是房东,便起身让座,满怀感激的口气,客气道:"托你的福,酒楼终于开张了,望多多捧场。"尔后,又殷勤地吩咐伙计上茶。

　　吴进源拱手作揖以示欢迎,由于他与沈新彦是老相识,免去了客套,笑脸相迎道:"我们银行的沈襄理来了。酒楼不错吧,有这样的酒楼在赚钱,欠你银行的银子就不用担心了吧。"

　　沈新彦回敬道:"如果把钱贷给你们也不放心的话,那就没有生意好做了,我们的银行也要倒闭了。"接着他话锋一转,像是在提醒他们,又像是在倚老卖老:"开个酒楼,白相相,无所谓,但要开好,开成百年老店不容易呀。上海滩的人来自四面八方,口味各有不同,俗话说众口难调,开酒楼嘛,要'一人巧作千人食',不是件简单的事情呀。你们俩怎么会对开饭庄这种事情感兴趣的呀?你们请的厨师是哪里的?"

　　吴进源只热衷于把酒楼开出来,对于如何开好酒楼并没有认真考虑过,而且把这些运作酒楼的事情全部都交给梅姐和纪舒红她俩了。他不以为然,朝赵诗梦瞄了一眼,做了一个鬼脸,含糊其词地答道:"我们想有个自己的地方吃饭,所以就心血来潮开了这个酒楼。当然喽,请的厨师必须是上海的,我们都吃本帮菜。"他不愿意说出酒楼是由梅姐和纪舒红她俩操作的事情,这是他们四个人的秘密。

　　赵诗梦听到吴进源说是为了"想有个自己的地方吃饭",心里感到一阵好笑,也觉得他机智过人,而表面上若无其事,一声不响。

从这样的答案里,沈新彦听不出他们开酒楼的真正目的,他知道这是吴进源敷衍自己的说辞,但只能啧啧称赞,应付道:"本帮菜好,本帮菜好,我也喜欢吃上海的菜,嫌四川菜太辣,受不了,广东菜太清淡,没味,本帮菜嘛,味道比较适中,我们上海人百吃不厌。"又加了一句,"可喜欢吃是一回事,开酒楼嘛,则又是一回事啦,开好本帮菜馆就更不容易了。"他努力把话题向如何开好酒楼上引,望能通过谈论如何开好酒楼,来探出他们开酒楼的目的。

赵诗梦顺着他的话,接口道:"人家到上海滩来,也吃不惯我们的本帮菜,嫌我们用糖太多,菜太甜。"

沈新彦扫了他俩一遍,一时想不出如何再继续发问,试探他们开酒楼的目的,只能接着这个现成的话题道:"本帮菜确实是有点甜,但至于用糖太多嘛,其实这个糖并非用于增甜,而是用于提鲜,本帮菜的甜,是鲜中带甜,用糖就不足为怪了,不足为怪呀。这是本帮菜的烹饪之道,鲜中带甜是精髓,如果没有这个甜,就成不了上海滩的本帮菜了。"

吴进源笑着插话道:"看不出来呀,我们的沈襄理,倒像是个开酒楼的行家,说起本帮菜来,一套套的,头头是道的。"

沈新彦笑了笑,摇摇头说:"我不行,还是你们有魄力,在做好自己的生意同时,在三个月里,从无到有,弄出这么一个气派的酒楼来,精力旺盛,佩服,令人佩服呀。"这话听上去像是在夸奖他们,其实他还是想从他们对夸奖的反馈里听到开酒楼的真正目的。

他们就这样有意无意,有一句没一句地聊着,直到其他邀请的客人陆续到了差不多,吴进源和赵诗梦才起身楼上楼下兜了一圈,和每位客人打招呼。

他们的客人中有各式各样的人,绝大多数是在上海滩算不上有头有脸的,但都有一番不大不小事业之人,在租界里衣食无忧,不但手头有点钱,而且还有点文化,略享这个世道的养尊处优;他们关心时局,有自己的政治见解,可仅限于关注局势的变化,自觉自愿游离于血腥的政治活动之外。他们留恋上海滩的繁荣与平和,沉迷于逍遥自在,不愿意撤离上海去重庆,也无本事去国外,如书局的经理,印刷所的老板,开汽车修理厂的,等等。这些客人主要是赵诗梦和吴进源在日常生活中交往的朋友,有要好的,有熟悉的,有生意上提携的。

梅姐和纪舒红对这天的开张宴请心存顾虑。她俩由于有着共同的会乐里的经历,不约而同地不愿意在宴席上过多的抛头露面,更不愿意太招摇,虽然她们已悄悄地查看过邀请客人的名单,这些人中没有她们俩以前的客人。但是她们以前认识的客人并不都留姓名,即使留了也不一定是真名,生怕有哪位经常出入会乐里的冒失鬼会认出她们,说一些不合时宜的话,给酒楼或者给她们的两位朋友带来不必要的名誉上的麻烦,所以她们主动要求不上宴席,仅在店堂里帮忙。

吴进源和赵诗梦回到主桌边,看到客人都已到齐了,两人拱手作揖,向各位客套了一番,招呼大家开席。大家相互敬酒后,边吃边聊的话题都围绕着酒楼。

首先开口的是戴子道,他是吴进源和赵诗梦在麻将桌上共同的朋友。由于吴进源是个自来熟的人,赵诗梦有点内敛,所以戴子道跟吴进源话比较多,往来比较多,与赵诗梦不太说话,仅一起打过麻将而已。戴子道相貌一般,个子不高,人家一眼就能看到其头顶心,长长的细发从后脑勺的左边一直拉到右边,前面露出一个油光光亮晶晶的脑袋,前脑门一根头发都没有,精光铮亮。他开了一家专卖乌漆墨黑煤球的店,取名叫天堂煤球店。他在人群里特别喜欢问东问西,打听人家的私事,话也特别多,而且有时候还说的不得体,有些尖刻的朋友在背后称其"人来疯";其自视喜欢吃西餐,但吃西餐时又喜欢喝白酒,所以他去吃饭的地方往往是在弄堂里的,那些在中式的饭店里增加几个西式菜肴的小饭店,能够满足他古怪的要求,他还常常说这样的吃法是中西合璧,最佳组合,似乎他身上有着一种天然的不搭调。他放下酒杯后,大声便问:"赵兄,你们有钱为什么开酒楼,不开西餐馆呀?"

赵诗梦其实很不喜欢有关开酒楼的话题,因为话说多了,迟早要说到为什么要开这样一个酒楼的问题,所以他半开玩笑地敷衍道:"我们只会吃西餐,开中式的酒楼呀。"引来了一片笑声。

吴进源侧过身子慢悠悠地补充道:"我们想弄一个自己吃饭的地方,当然就开酒楼喽。西餐不行,对上海人来说,西餐吃吃白相相没问题,可天天吃,很快就腻了,哪有中国菜这么丰富呀,看看两者的菜单就知道了。"看了大家一眼,继续道,"在国外待过的人都知道,吃西餐一个礼拜,不吃中餐,还能撑着,如具撑的时间再长一些,肯定就难熬了,赶紧要去找中餐馆子了。我们毕竟是中国人,是吃中餐的种,所以就只能开酒楼喽。"在座的连连点头。

戴子道唯唯诺诺地跟了一句:"是啊,是啊,我虽然没出过国,想也能想象得出,一个礼拜不吃中国饭,会馋成什么样。"

这时,赵诗梦听到有人在六声问:"吴老板,你们四合酒楼的店名好像有什么含义吧?"问话的语调有点像探秘,有点像调侃。他抬头一看,此人是郁剑秋,一名小有名气的记者,他为杂志社提供过不少好文章,也采用过不少照相馆的照片。

赵诗梦知道在记者面前说谎,谈何容易,虽知道郁剑秋没有恶意,即使把真实的开酒楼故事说给他听也没关系,只不过不愿意在这么多人面前说,心里有点担心吴进源的回答,便灵机一动,笑嘻嘻地抢着答道:"人们不是常说天合、地合、人合、己合嘛,我们就取了'四合'作为名称了。"

郁剑秋朝大堂扫了一眼,面露坏笑道:"不是指四个人吧?我还以为'四合',是四个人合开的意思呐。"这种带有怀疑的口气,像是有意要出他们俩的洋相,傻子都听得出来。

坐在郁剑秋旁边开钟表店的费老板瞄着他们俩,笑嘻嘻地煽风点火道:"我敢赌手腕上的这块英纳格手表,和他们合开的人肯定是女的。"还挽起袖子,露了露手腕上的表。大家的目光都集中到赵诗梦和吴进源身上,似乎等着回答,要看打赌的输赢,把他们俩逼入死角。

吴进源瞥了一眼郁剑秋,心想这是个难缠的家伙,喜欢让人出洋相,一定是嗅出了什么;旁边那个费老板也不是省油的灯,他们两个人一搭一档,能够唱出一台滑稽戏。

吴进源要主动出击,堵住他们的嘴,故意做出一副从容的样子,若无其事地一边为大家斟酒,一边补充道:"天合、地合、人合、己合,是第一层意思;第二层意思,这个酒楼确实是四个人合开的,还有两位女士。"顺手朝姊妹俩干活的方向指了指,又加了一句,"她们俩是姊妹,而且都非常漂亮能干,所以我和赵兄都很省心,将来几乎用不着管酒楼的事。"他索性故意把话说得让人羡慕,说得很满,先发制人,堵住他们的嘴,省得这些话由他们来说。

男女之间的故事,尤其是背后的隐秘是最能吸引人的,大家都露出了惊讶的表情,等待着下文。费老板仿佛赢了一手好棋,得意地向郁剑秋看了一眼,带着调侃的口气,称赞道:"真聪明,看不出来呀,人家是金屋藏娇,你们俩是酒楼养美女呀,真叫人羡慕,和两位漂亮的老板娘搭档,而且还是姊妹俩,赚钱和浪漫合在一起了,两不误,罗曼蒂克,罗曼蒂克。"看大家跟着啧啧称赞,他又有感而发地加了一句感叹,"即使叫我卖了家产,来开这样一个店,我也心甘情愿呀。"而后,大家笑声一片,是笑赵诗梦和吴进源他们酒楼养美女的故事公布于众呢,还是笑费老板的滑稽,那就无人说得清了。

费老板用的"罗曼蒂克"字眼,几乎说出了赵诗梦的心里话,看到在座的带着或多或少羡慕的眼神望着自己,心里感到甜滋滋的,知道如果说出他们的全部故事,肯定会引起大家妒忌,心想即使纸糊的幸福,那也是实实在在的幸福呀,心中涌出一股得意,可他没有办法对付这对搭档,把话自圆其说,看了看吴进源,只能笑嘻嘻招呼大家喝酒吃菜,混出一句敷衍的话:"当然喽,'四合'也有四人合开的意思。"

郁剑秋眨着眼睛,像是不肯罢休,朝赵诗梦笑了笑,说:"赵兄,你有钱,我们大家都知道。"转而又对吴进源逼问道,"吴老板,你是有名的脱底棺材,有一百块要花一千块的人,哪里来的闲钱开这么大的酒楼呀?"

吴进源不想在大家面前把开酒楼的细节讲得太多,看到大家的气氛如此活跃,索性大吹起来,想把话题引开,他不露声色地看了一眼坐在对面的沈新彦,他知道这位房东是银行襄理,有义务为自己保密借款的事情,不可能戳穿自己的胡言乱语,接着便扫了一眼大家,一本正经地清了清嗓子,吹牛道:"各位,实不相瞒,去年秋季赛马时,我们几位白相得很开心,后来赵兄感到不过瘾,给我们出了一个主意,让我们几个按照自己喜欢的数字,凑在一起去碰碰运气,买了几张马票,我们都没把它当一回事,照做了,想不到运气好翻天,其中一张中了大奖。我们赵兄不愧是赌马高手,他从英匡一路白相马票回来,还真没有白白相。我们事先约好的,中了奖金大家一起花,可我们几个很难凑到一块花钱,而这笔钱实在太大,花了一段时间,还没有花完,就想出了开酒楼白相相的主意,有了一个属于自己吃饭的地方。"他摇头晃脑地,像模像样吹了一通,后又煞有介事地加了一句,"这是真的,不骗你们,我们银行的沈襄理应该知道此事呀,这店面房子就是我们从他那里顶下来的。"

吴进源的假话里混真话,真话里掺假话,让人将信将疑,又将原本就想探个究竟的沈新彦推到了证人位子,让他哭笑不得,支支吾吾地答道:"是这样,是这样,这里的店面房子是从我这里顶的。"他说完这一句,想到自己曾经一直在猜测他俩开酒楼的动机,吴进源用一句"想有个自己的地方吃饭"来搪塞自己,现在看来已经一目了然了。他面带微笑,夸张地做出无奈的样子,像是恶作剧似的对吴进源补充道,"可是,你们俩如何和那两位女士合作的,那我倒是真的不知道,是吧?"大家似乎都很心领神会,被这句问话的言外之意逗笑了,赵诗梦和吴进源只能也跟着笑了,笑的有点尴尬。

一旁的郁剑秋看到自己的目的已经达到,就如他记者职业中揭秘成功,准备在见好就收之前,再把话题朝前推一把:"他们如何与那两位女士合作,他们是情人关系,还是外室关系,是他们的隐私,他们不说,我们是不好意思打听的,反正我们知道他们的合作肯定就像费老板说的,赚钱和浪漫,两不误。"

费老板不失时机地补充道:"依我看,他们关系里的成分肯定是浪漫多于赚钱,因为他俩都不缺铜钿。"他有意把后面半句拉长了音调,又引起了大家一阵哈哈大笑。尔后,他像是打了胜仗的军人,挺起胸膛,举起酒杯,倡议道:"来,来,为他们的不缺铜钿,为四合酒楼干杯。"干完杯,坐下时他又补了一句,像是为刚才的恶作剧似的逗乐而道歉,"现在世道不好,租界外面都是日本人,我们这些人都不想出去,唯有在里面开开玩笑的好。"

坐在旁边的栾记书局董事长栾仲洪,接着费老板的话说:"还是待在里面好,跟日本人搞在一起的,没有好结果,前几天张啸林不是被杀了吗,他竟然还想跟日本人去做什么浙江省的省长。"顿了顿又说,"我是佩服林怀部的,为民除害,是一名义士,不论他真与张啸林吵架,一时冲动;还是假的吵架,有预谋的,只要能杀死张啸林,那就了不起。"

赵诗梦虽早些时候也在报上看到张啸林被杀的消息,但是现在又听到有人重提这件事,心里咯噔一下,想到了刚才吴进源告诉自己的有关虞凯欣的事,不由得莫名地感到一阵紧张,似乎在为虞凯欣担心起来,毕竟自己与虞凯欣有着较深的交情,虽不希望他和日本人搞在一起,也不希望他因此而被暗杀,心里有难言的矛盾。接着,想起了他今天托人送来的巨额礼金,还想到了自己以后该如何面对他,还做朋友吗?思虑至此,心头升起一股惆怅,无心搭话,只是默默地看着周围的朋友。

郁剑秋推了推鼻梁上的金丝边眼镜,说:"张啸林是该杀,日本人来了,黄金荣闭门谢客,杜月笙去了香港,唯独这个家伙还要出头,想投靠日本人独霸上海滩。听人说为暗杀他,重庆方面准备了已经不是一两天了,上次在善钟路①和霞飞路②交叉路口,因为他坐的是防弹轿车,司机闯过了红灯,让他逃过一劫,这次总算成功了,而且还死在了家里,这叫活该。"他的语气里透着恨是显而易见的,停了停,又说,"还有上两个月的那个穆时英,神气活现地还不坐防弹轿车,一个人坐黄包车,不带保镖,最后横尸马路上。我估计他当主编的那份《国民新闻》的寿命

---

① 善钟路:今常熟路。
② 霞飞路:今淮海中路。

也长不了。"

沈新彦感叹道:"穆时英,这个家伙真不应该去当那个该死报社的总编辑,还是社长。不管他当什么长,凭他的才华在租界里什么位子找不到呀,就靠写写小说赚点钱,也比死在马路上的好。"他扫了一眼在座的朋友,继续说,"其实,上海滩有不少人崇拜他的小说,我就很喜欢他以前写的小说,比如《夜总会里的五个人》,小说的构思妙绝了,他真是个鬼才。"

或许穆时英在上海滩的名气太响,在一般聊天的人中,如果对他的小说不说上几句评论或赞美,就像不是上海人似的。戴子道从来不看小说,仅在报纸上见过几篇有关小说的评论文章,却想以此在大家面前高谈阔论一下,以展示自己的见识和学问。他眨了眨眼睛,摸了摸自己的脸颊,扫了一圈在座的,以阴阳怪气的口气,插话吹嘘道:"我不太看小说,但他的小说,我倒看过几篇,没全看。小说颓废而伤感,有时还有点华丽,就和他人一样,聪明而时髦,总有点纨绔子弟的味道。就我个人而言,实在谈不上十分喜欢他现有的作品,想等着看他以后更好的小说,可惜他已经没了。"说完脸上还留着微笑,这种笑似乎带着一丝不加掩饰的幸灾乐祸。

栾仲洪跟了一句:"穆时英的小说我也看过,'五个快乐的人映出五个失意的人',确实写得不错,尤其他的短篇小说,虽有些胭脂气息,但写出了现实,写出了当下上海滩的男女风情,我很喜欢,读了不少。他这方面的才华,我是很钦佩的。"歇了歇,若有所思地说,"穆时英主要经不起'弄堂政府'的诱惑。"

坐在戴子道旁边的一直没有开口的徐老板用夹生的上海话问道:"栾兄刚才说的是什么政府?"徐老板是杭州人,隔三岔五地到上海来贩运一些书报给杭州的各书店或书局,也算是一个专门贩卖书刊的跑单帮,在知晓上海滩流行语方面总是慢半拍。

这给了戴子道一个卖老的机会,他笑了笑,饶有兴趣地解释道:"是'弄堂政府'。这是上海市民送给他们的一个雅号,上海人说话委婉风趣,弄堂里的政府,说明其名不正,言不顺。"

徐老板仿佛一下子领悟了,笑着自言自语道:"弄堂政府,这个叫法好,文绉绉的,妙,妙不可言。"

刚刚锄奸的话题给这一段插话打断了,戴子道重新拾起刚才的话题:"我想也是,重庆方面肯定有一份锄奸名单,只要是做汉奸的,迟早会被锄掉。"

栾仲洪接着又感叹道:"在动荡的世界里,我们小老百姓何去何从,真该想清楚,否则你哪怕再有本事,再聪明,都会一失足成千古恨。"

吴进源补充道:"可惜呀,谁能想到穆时英会走这条路,以前我们还是常来常往的,一起办沙龙喝酒,跳舞打牌的。自从这次他从香港回来,去了那个报社,就几乎不和我们来往了。他平时进进出出都要有形影不离的保镖陪着,看了就别扭,想不到现在他已经死了。"他虽然嘴上这么说着穆时英的事,可心里却想着虞凯欣的事,他和虞凯欣关系的密切程度远远超过他和穆时英。

赵诗梦何尝又不是这样,他比吴进源多想了一层,还想到了白雪曾经与自己说起过的,她是穆时英的忠实的追随者,现在真不知道她应该如何面对这个追随的对象。他看上去像是在参与和大家聊天,思绪却沿着自己的轨道在走,想到了虞凯欣是否也会有和穆时英同样的结果。他脸上有些阴郁,凑到吴进源跟前,轻声问:"我们的凯欣兄,也横尸街头,你我该如何处置?"

吴进源喝了口酒,没有回过头来,以低得只能让他听到的声音说:"那没办法,只能让他咎由自取了,爱莫能助。作为要好的朋友,我会送他一副好棺材呃。"

赵诗梦边靠回到原来的位子,边笑了笑应了一句:"大概我们也只能如此了吧。"

吴进源好像不曾被赵诗梦的问话打断,一直在和大家聊的样子,他看大家没有接话,就又接着刚才的话题,补了一句:"但我真的想不通,在锄奸攻势如此厉害的上海滩,他一个穆时英,怎么敢只身一人乘坐黄包车出门呐？真让人搞不懂。"大家一阵沉默，相互看了对方一眼，仿佛在等待着有人来回答这个问题，却没有人能回答，吴进源和赵诗梦也无法回答。为什么穆时英敢不用保镖，而独自外出成了一个谜。

当一桌子的人都被吴进源提出的问题弄迷惑的时候，恰巧梅姐和纪舒红一前一后鱼贯而入，除了赵诗梦几乎没人注意到她俩。他看到梅姐的着装和纪舒红一样，也是一套短打，笑眯眯地为大家端上了菜盘，动作精细而文雅，心里一阵高兴，身子微微往后靠了靠，不动声色地欣赏着她俩上菜的动作。可高兴之余，心中掠过一丝不安，他知道她们姐妹俩的交际也很广，担心在座的客人中会不会有人认识她们，他只好带着侥幸，祈求在座的客人没有注意到她俩。

想不到吴进源放下筷子，指着她们俩向大家说："诸位，我给大家介绍一下，她们俩就是我们酒楼的当家人，以后还恳请各位多多捧场。"

准备离开的她们俩停下脚步，梅姐微笑着向大家招呼道："欢迎各位光临，今天开张，大家吃得开心，以后再来。"

沈新彦向她们俩笑嘻嘻地竖起大拇指说："你们酒楼的菜品不错，这些红烧鲫鱼呀，滑炒虾仁呀，芙蓉鸡片呀，看上去酱汁浓厚，口感软糯丝滑，都很合我的口味，实在好吃，可以说色香味俱全。"接着朝赵诗梦和吴进源瞟了一眼，又指着刚刚端上来的扁尖老鸭汤说："你们请的哪里的厨师？手艺不错，看这老鸭的淡姜黄颜色，就知道味道错不了。"他的这些溢美之词有着另外的企图，似乎想通过这种方式尽可能多的了解他们四个人的情况。

梅姐客气而简单，滴水不漏地答道："我们请的是本地师傅。马上要到中秋，所以上个老鸭汤，让大家尝尝。只要菜合大家的口味就好，欢迎以后再来。"

沈新彦看她们俩像是要马上出包间了，心想这难得的见面机会马上就要结束了，他看了看老鸭汤，故意做出一副惊讶的样子，叫道："哟，哟，老鸭汤里加了红枣、枸杞，真是神来之笔呀，会让老鸭汤鲜得让人掉眉毛的。这是你老板娘的主意呐，还是厨师的呀？"他想继续套出梅姐说出点新的情况。

赵诗梦听着他们的对话,知道沈新彦早有打探他们四人之间关系的想法,一直被自己和吴进源挡了回去,估计沈新彦这次想从梅姐这里打开缺口,略有担心。他注视着梅姐,看她如何应对,随时准备开口援助。可他瞥见了在梅姐身后的纪舒红,她也正巧在看他,他们瞬间的四目对视,两人都露出了旁人难以察觉的微笑,这微笑中融合着两人隐秘的情爱,还带着一丝小小的刺激,隔着距离和那么多的人,像电流一般,流遍了赵诗梦的全身,让他感到浑身舒坦。

梅姐好像看出沈新彦的意图,含笑不多不少地答了一句:"老鸭汤都是师傅烧的,如果好吃,请多吃点,我会转告师傅的。"说完,她和纪舒红朝大家委婉一笑,转身出了包间。

郁剑秋看到旁边的戴子道直勾勾地盯着她们姐妹俩的背影,像着了迷似的,样子滑稽可笑之极,说:"别看了,人家已经走了。"这话听上去像劝说,可口气有些调侃的味。

回过神来的戴子道似乎意犹未尽,自言自语道:"她们俩真漂亮。像仙女一样,有这样的女人做掌柜,生意肯定兴隆。"

费老板听了这话,感到好笑,调侃道:"戴老板,你也可以找个漂亮女人再开一家煤球店,说不定生意还要好呐。"大家一下子哄堂大笑起来。

看着大家笑了,赵诗梦也笑了,他不是随波逐流的哄笑,而是发自内心的笑,刚才的担心全已烟消云散,剩下的只有满满的幸福感。

在此后的日子里,酒楼运行的越来越顺当,他们四人关系变得越来越默契。赵诗梦和吴进源都很珍惜这个酒楼,每逢请客吃饭,他们都会把朋友拉到酒楼来。赵诗梦记起在英国留学时,有个英国人在自己的酒吧里喝酒或者请客,都向自己的酒吧照单付钱,他不理解就问那个英国人:"在自己的酒吧里喝酒还要付钱吗?"英国人说:"酒吧是我的,但酒是酒吧的,不能和我口袋里的钱混为一谈,否则酒吧亏本了,我也不知道。"赵诗梦心想这似乎和中国人讲的"亲兄弟,明算账"如出一辙。他从这个故事中受到启发,准备照搬这种做法,他向吴进源讲了自己的想法,为了酒楼的正常运行,他俩在酒楼吃饭请客都应该自己照单付钱,不能把自己该掏腰包的钱和酒楼的营收混在一起。这个想法得到了吴进源的理解和响应:"我们不能因为帮她们姐妹俩开了酒楼,就以此揩她们的油。"而后每当他们请客时,客人看到他们自己付钱,有人理解,说是一种文明和细腻;也有人不理解,说是多此一举,特地演给旁人看的。后来他们为了避免不必要的误解,索性再也不说这酒楼是他们参与开的了,继续自掏腰包请客,久而久之成了一种习惯,仿佛酒楼真的不是他们的了。梅姐和纪舒红从此有了一个华丽的转身,她们俩经营酒楼成了一种职业。

第八章　过　年

　　一九四三年的除夕,下了一场大雪,赵诗梦和杂志社的员工吃完年夜饭,又守了岁,到了新年第一天的凌晨才离开杂志社。

　　他开着车子回家,发现雪把夜空反射得很亮,周围几乎没有行人。路灯散发着鹅黄色朦胧的光芒,雪白的马路中央有两道平行的漆黑的车轮印,这是夜宵车留下的痕迹,一直延伸到前方很远的尽头。路两边房子偶有亮着的窗户,家家户户的窗台上都积着雪,光秃秃的行道树树干上也都积着厚厚的白雪,仿佛雪给这个城市盖上了洁白的绒毯,又仿佛使得城市里的房子、马路、路灯、行道树成了绒毯上的一幅幅画,美极了。车前的挡风玻璃上还不断随风飘落的雪花,周围没有平日里的喧嚣,非常安静,偶尔从远方传来几声爆竹声,点缀着宁静。

　　尽管已是深夜,赵诗梦心情好极了,把车子开得很慢,一边欣赏着难得的雪夜景色,一边胡思乱想,一会儿在心里感叹雪给上海滩带来的美景,一会儿感叹时光的飞逝,又迎来了一个辞旧迎新。在快到家门口时,他还提醒自己,在睡觉前不要忘了在儿子枕头底下塞压岁钱。

　　第二天年初一,赵诗梦没有睡懒觉,起得比平时早,在下楼经过厨房间时,看到张妈正在往锅子里下汤圆,便拿出红包递了过去,说:"张妈,新年好,一点心意而已。"

　　张妈看到是红包,说:"红包,少奶奶已经给过了,你给小少爷吧。"

　　他回道:"儿子的已经给了,大家都有,这是我的一点心意。"

　　张妈用围兜擦了擦手,接过红包道了谢后,问:"大家都吃过了,这锅里的汤圆是你的,你在这里吃,还是我帮你端出去?"

大年初一早上,上海人有吃汤圆的习惯,赵家也一样。由于他们家每个人起床时间不一样,大家凑在一起吃汤圆的机会很少。赵诗梦不想在大年初一早晨就让家人看到自己又是最后一个吃早饭的,便说:"就在厨房间吃吧。"尔后问道,"今天有谁来拜年?"

张妈看了一眼窗外还在飘落的雪花,想了想答道:"老爷和少奶奶没有特别关照过,大概还是原来的老样子吧,总归是这几批人,韩厂长他们一家子肯定会来的,而且会来得最早。"

赵诗梦就这么站着,三下五除二地把汤圆吞下了肚。这时门铃响了,是有人来拜年了,他放下碗和调羹,便迎了出去。

第一个来拜年的是韩启良,华兴纱厂的厂长,大家都叫他韩厂长。他和往年一样,是带着妻子秦丹莉和女儿韩茜茜一起来的。赵诗梦知道家里在父亲的面上已没什么亲戚了,韩厂长一家子成了他们家最重要的客人,甚至胜过亲戚,他为父亲管理着整个纱厂,父亲对他也是尊重有加,对他家人也呵护备至。

赵诗梦出了厨房,看到全家人都在客厅门口和韩厂长互贺新年,一边是父亲和后妈,只听到父亲在感叹外面还在下雪;另一边是自己的妻子顾素贞和儿子赵稚君,他悄悄地在离开儿子和妻子一步之遥的背后站定,扫了一眼父亲和后妈,发现他们并没有注意到自己的迟到。他和妻子之间隔着儿子,让人看起来他们一大家子的人齐聚一堂,正在迎接韩厂长一家的光临。

两家人家的大人们抱拳作揖,相互祝贺后,韩厂长的妻子悄悄地推了一把身旁女儿,说:"茜茜给爷爷奶奶磕头拜年。"

茜茜是个可爱的女孩,梳了一个童花头,整齐浓密的刘海下一双灵动的大眼睛,让人会联想到百货公司橱窗里的洋娃娃。她羞答答地朝前站一步,乖巧地双膝跪地,向赵逸飞夫妇叩了头,祝贺道:"爷爷奶奶新年好,恭喜发财。"赵诗梦见后妈拿出红包塞在她的小手里。

老爷子叫出了小孙子赵稚君,要他向韩厂长夫妇磕头拜年。赵稚君比韩茜茜大三岁,原本大年初一小孩多半要穿小马褂,戴瓜皮帽的,可他完全是一副摩登的上海滩小少爷的打扮,梳着油亮的三七开小分头,一身格子呢西装,打着漂亮的红色领结,脚上一双乌黑锃亮的皮鞋,这都是他母亲的杰作。他从父母旁边穿出来,恭恭敬敬磕了头,叫了一声:"韩叔叔,阿姨,新年好。恭喜发财。"韩厂长妻子拿出一份红纸包着的压岁钱给赵稚君,这些动作虽老套,但仿佛是他们新年碰面的必经程序。

赵稚君接过红包,还没来得及说谢谢,一旁的爷爷笑着说:"小稚君已经读中学了,不该再要压岁钱了。"

韩厂长急忙说:"小少爷才刚刚读中学呐,还是小孩呀,压岁钱要的,要的。"

赵诗梦的后妈亲切地拉过赵稚君,把他拥在怀里,对韩厂长说:"您太客气了,每年都给他红包。"

顾素贞看到儿子小手里捏着红包,犹豫不决,不敢放进口袋里,便说:"收下吧,还不快点谢谢叔叔阿姨。"

赵稚君手拿红包,又磕了一次头,机灵地眨了眨眼睛,抬头看了一眼爷爷,含羞地说了一声:"谢谢叔叔阿姨。明年我长大了,就不要给我红包了。"说完自己先笑了起来,尔后两家大人们也都笑了,站在后面一步之遥的赵诗梦也跟着笑了。

韩厂长低头看着赵稚君,笑道:"等你赚钞票了,我就不给你红包了。"随后,抬头对大家道,"新年嘛,小孩子红包还是要的,图个喜庆。"

赵诗梦依然站在原地笑眯眯地一声不响,像是局外人,又像是为大家礼尚往来而高兴,等他们互换红包结束,殷勤地跟着父亲把韩厂长引进书房,而后,听到后妈在对两位女人说:"今天正好我表妹也在,我们四个姐妹玩麻将吧,茜茜由小稚君带她去玩。"

韩厂长年龄比赵诗梦大两岁,从大学一毕业就来华兴纱厂干事了。他聪明勤快,很快胜任了厂里的管理工作,赵逸飞很欣赏他,在各个方面培养他,使他成了一名出色的厂长。他高高的个子,冬天西装外套呢大衣,夏天白衬衫配领带,每天皮鞋铮亮,白皙的皮肤,一丝不乱的头发,戴着一副玳瑁架眼镜,镜片后面的眼睛闪烁着智慧而和蔼的光芒,薄薄的唇边常挂着一丝浅浅的微笑,有着一副温厚可亲的样子,给人有亲切而稳重的感觉。

  像韩厂长这样一表人才的男人,非常引人注目,不论他已婚与否,在一大堆纱厂女工里很容易成为追逐或引诱的目标,工厂里流传着好几个有关他婉拒或者躲避美女的故事。其中有这样一个故事:两年前的一个雨天,韩厂长和一名仓库统计的女工姬兰娣在从仓库去办公室的路上,由于是雨天,他们只有一把伞,所以两人合撑一把伞。姬兰娣不知道怎么回事,不慎跌了一跤,说"脚踝受了伤,疼得要命,走不了路"。韩厂长表现得很有绅士风度,一手搀扶着她,一手撑着雨伞,送她去厂里的医务室。他们两走得很别扭,她紧紧搂着韩厂长,两人几乎扭成了天津的麻花般,一瘸一拐,歪歪扭扭。半路上,她说要上厕所间,韩厂长无奈只能扶她到女厕所门口。这样花了好长时间才到厂医务室,想不到到了医务室,她笑嘻嘻地对医生说"不疼了,没受伤",又含情脉脉地对韩厂长说"你真温柔,我好喜欢你喔"。韩厂长被弄得哭笑不得,只能当她开玩笑或者当她神经病,自认倒霉。也许是韩厂长表现得太有绅士风度,对她太有吸引力了;也许是姬兰娣从来没有感受过男人的如此温情,从那以后她开始想入非非,自作多情地在他人面前扬言自己要嫁给他。于是,她经常在上班时间,有事没事挺着胸脯去厂长办公室找他,仿佛她那高耸的胸脯是征服男人的武器,吓得韩厂长只能躲到别的办公室去办公。后来,她又公开宣称非他不嫁,每天下班打扮得漂漂亮亮,理直气壮地站在厂门口等他下班,也不在乎人们背后说她是"十三点",是"花痴",我行我素要和他约会。由于那时韩厂长还没有自己的车子,很难避开她,引来许多好奇的职工看热闹,搞得满城风雨。韩厂长最后只能出了一个绝招,让自己的老婆每天晚上来接他回家,才把那女工赶走,平息了这场粉红色的风波。赵逸飞对韩厂长是知根知底的,在私底下把韩厂长喻为"金刚不破之身",此乃真君子,是他老婆的福气；韩厂长在私下诚惶诚恐地摇头说"自动送上门的，没好货"。此后，姬兰娣虽没有再骚扰过韩厂长，但埋下了很深很长的单相思。

　　赵诗梦对韩厂长从心底里有一种特有的敬重，其原因有二：一是韩厂长的人品和才干无可挑剔，为人勤恳，是一个可以信赖的人。此外，赵诗梦往日在厂里和他不多的交往中深有感触，他不但是父亲最得力助手，而且还是至交，父亲对他的信赖甚至超过了对作为儿子的自己。二是赵诗梦知道近期父亲很少去工厂，自己作为儿子本应替代父亲承担重任，而自己一直躲在外面懒得顾及，厂里大大小小的事情都靠韩厂长撑着，虽心里对工厂的事情不感兴趣，但还是对他有一层说不清的歉意。所以赵诗梦看到韩厂长来家里拜年，仿佛是自己获得了一个可以答谢他的机会，知道韩厂长有冬天喝红茶，夏天喝绿茶的习惯，便吩咐佣人为韩厂长上红茶。

　　赵逸飞在沙发上坐定，趁儿子在场，夸耀起韩厂长来，说："诗梦啊，这一段时间多亏了韩厂长里里外外周旋，我们才能过一个太平年呀。"

　　赵诗梦从佣人手上接过茶，恭敬地递给了韩厂长，说了一声："谢谢你，厂里的事情让你费心了。"

　　韩厂长把手套放在茶几上，欠过身子，接过茶杯，说："前一段时间，确实事情多，现在好嘞，全按照董事长的意见完成了。"他看到董事长正注视着自己，似乎在等他的下文，便继续说，"今年发给职工的年货，大米面粉各十斤和八斤，咸肉和腊肉各一块，和去年差不多，今年增加了一块糖年糕。现在外面兵荒马乱的，马路上每天饿死的也不少，看到米袋子全都疯了，抢米抢粮的事情很多。我生怕女工们把一包包年货带回家时被抢，所以我把这些年货分成好几次发放，每次一点点，不引人注目，这样就不太会被抢了。"

　　赵逸飞点着头，同时瞟了一眼赵诗梦，微笑着赞许道："你的点子不错，想得周全，把年货分开来发，便于携带，很安全，很好。我厂里的工人都要感激你呀。"接着问道，"现在要想搞到粮食之类的东西可是越来越难了，你是从哪里搞到糖年糕的？"

"在黑市上只要愿意付大洋、美金,总有一些要钱不要命的人,能帮你搞到一点东西的。在两个月前,我就跟那些跑单帮的说好了,要他们去附近的嘉兴买,价格稍微高了一点。只是在运回来的时候,有惊无险,闯过了哨卡。"

"不错,这样厂里的工人总算能够过一个有年味的年了。我替他们谢谢你啦。"

韩厂长谦虚道:"哪里,哪里,这是我应该做的,我们对职工好,反过来他们也会更卖力地干活。"接着汇报道,"我还从黑市上进了一点棉花,品质不错,等到过完年就开工生产这批棉花。反正黑市进来,黑市出去,不会亏钱。"

"在这个非常时期,只要能够养活工人,就够了,我不求在这个时候有所发展,赚钱是其次的,和大家一起安全渡过难关是主要的。"

韩厂长继续道:"从目前来看,工厂持续下去还是做得到的。就是那个日本人又来过了,我说你去香港了,不知道什么时候回来,把他打发走了。"看董事长有些茫然,便提醒道,"就是我在电话里跟你说过的,他第一次来的时候是在一年多之前,中国话说得歪歪唧唧的,和你见过面,他说要帮我们的忙,避免被日本军部没收,要参股我们的工厂,你骗他说工厂亏本,已经抵押给一个英国人了,让他滚蛋的那个人。"

赵逸飞像是想起来了:"哦,知道了,那个日本人叫池田什么的。"停了停,慢悠悠地说,"那人是日本的一个骗子,而且骗术并不高明。他上次来了之后,我就拿着他的名片,托我军统的朋友调查过。"他略带崇敬的表情道,"你别说,我们国军打仗不行,可搞情报还有一套。他们没几天就把他调查得清清楚楚了,他们跟我说,此人出生在日本关西,有着严重的日本关西方言的口音,连日本人也懒得理他,大概这种方言很难听吧。早年他跟着开拓团来到我们的东北做农民,他不好好种地,整天想跟在日本军部后面做生意,可一事无成,从第一次淞沪战争后,就混到上海滩来了。他名片上的那些日本军部的头衔要么是假的,要么是在东北的日本旧机构,在上海滩一点用都没有。他一没什么钱,二在日本军部也没什么人脉关系,如果有的话,不可能自说自话印出这么蹩脚的名片来,连中国人也骗不了。他没有参股的钞票,只能仗着自己是占领国的商人,来连哄带骗,吓唬吓唬我们中国老百姓,想捡个便宜,不用理睬他。不过据我所知,他在无锡用同样的办法,还真弄到了一个小纱厂,一分钱也没付给人家。在上海滩,想来骗我,门都没有。"

韩厂长赞同地说:"是啊,这次他来还吓唬我说,现在英国差不多也算是日本的敌对国,你们的工厂抵押给英国人,工厂就可以算是英国人的,是日本的敌对国资产,迟早要被日本军部予以没收的,还不如趁早卖给他,可以收回投资,还说让我们好好考虑考虑。"韩厂长想了想,又补了一句,"以后他可能还会来。"

赵逸飞听了这话,轻蔑地笑了笑,说:"他真有那么好吗?他恨不得现在就叫日本军部来把工厂没收了,送给他呐。"尔后,身子往后微微一靠,笑着说:"韩厂长,你以后再碰到这个家伙,你就跟他讲,我们工厂又抵押给德国人了,看他怎么说。"这话把韩厂长和赵诗梦都逗笑了。他想想又补充道,"戳穿人家的西洋镜,那也没有这个必要,我们只要不上当受骗就可以。他再来,你就客客气气跟他说,上海滩的外国人有的是,到时候你随便说,说工厂抵押给意大利人也可以,他们不都是轴心国嘛。"

赵诗梦从父亲和韩厂长的对话中,听出了韩厂长的不易和精明,听出了父亲的大气和硬朗。他没有过多参与工厂的事情,在旁边插不上话,只有听的份儿,有点像局外人,可对他们有了一种说不清的佩服,甚至希望自己也是其中的一分子,做点什么。

这时,佣人进来通报说又有客人来拜年了,他们几个纷纷出书房迎接。每年的大年初一都几乎差不多,祝贺、拜年、吃喝、玩乐,他们家里随着一批批来拜年的客人,迎来了一次次的热闹。

春节就那么几天,一晃就过去了,年头的那场雪给以后的日子带来了好天气,雪融化了,天空湛蓝湛蓝的。赵诗梦想起了节前栾仲洪要他去结账的事，他想趁新春伊始，生意还没有完全开张，去一次书局，既是向老朋友拜个年，又是结账。

栾仲洪的栾记书局位于四马路，四马路正名叫福州路，是一条极有特色的东西向的马路：西段是上海滩有名的妓女云集、夜夜笙歌的娱乐之地，会乐里就在此马路的西端；此路的东段或者旁边的支马路上是书局书店报馆的聚集之地，大凡上海滩所谓代表着"新文化"的出版机构和报馆均在此落户。有些玩世不恭的人称之为"妓女卖身，文人卖文"集于一街，是上海滩灵魂的写照。

栾记书局是栾仲洪家里祖传的，在上海滩也小有名气。他家起步是搞印刷、卖书报杂志的，由于搞得比较早，比较成功，他父亲靠这个书局的收入养家糊口，送栾仲洪出国留学，当下已传到栾仲洪的手上，他成了董事长。栾仲洪是个能静得下来的人，虽不是什么教授学者，可身上有一股学究气，经营书局花不了他多少精力，平时喜欢写写弄弄，近水楼台先得月，在自己的书局里出过两本小册子，其中一本小有影响，书局嘛，经营得也算不错。

栾记书局就在该马路的东段，二层楼的坐北朝南沿街房子，和两边毗邻的房子并无差别，只是在门口的上方有一块黑色六匾额，上书：栾记书局。里面是集出版和书铺于一体，楼下是书铺，赵诗梦的《蓝玫瑰》也放在这个书铺里出售，他们有着长期的合作关系；楼上用于编辑出版的办公。

赵诗梦去书局有一个习惯，一般先不着急找栾仲洪，而是在楼下的书铺里逛一逛，细细地浏览一下柜台内外堆着的书籍，了解出版业的行情，尤其注意新版的书和杂志。

虽是新年初五，书铺停业五天后第一天开张，铺内已熙熙攘攘有了不少客人，环境也布置得焕然一新。一进门迎面而来的是一张巨大的矮平桌，上面整齐地铺满了各种书报杂志，在矮平桌的里端紧靠两根大木柱，两柱上以黑底金字写着一副前朝古人的对联：万事莫如为善乐，百花争比读书香。铺子的两侧都是书架，摆满了形形色色的图书，在左边的角落里还有一个外文书架。

桌子外沿的最显眼地方放着一部名叫《花开花落》的小说,该书的封面设计非常醒目,淡蓝的底色上方缀着几朵浅红色的小桃花,花的下面有几片散落的花瓣,中间是精细的黑色立体美术字的书名。这是白雪的处女作小说,书名暗含着结婚离婚之意,故事讲的是一个年轻女人结婚离婚的心路历程,在去年年初出版的,各大报纸都为她宣传过,据说很成功,卖得很好,她也给赵诗梦寄来了一本。书的旁边还竖放着和书一样大小的牌子,上面是白雪的一张近照,她微微抬头,眺望远方,表情似希冀,又似思索,一头符合当下时尚的乌黑浓厚的卷发,迎风展开,让人印象深刻;照片下面有一段简练的推荐词:《花开花落》讲的是:一个普通女性与众不同的故事及非凡的见解。

赵诗梦已经读过这部小说了,但在书铺的柜台上看到这本书,还是第一次。他瞟了一眼那块牌子上的照片,顺手拿起《花开花落》翻了翻,若有所思地放下了,又看了一眼白雪的照片,看得出这是一张局部放大的生活照,应该是在公园或者某个地方拍摄的,白雪笑得很开心,额前被风吹落的散发,动感十足,为她增添了几分迷人的色彩。赵诗梦心想这张照片会不会是吴进源为她拍摄的,他不得而知,但他知道在拍照时,抓画面中人物动感是吴进源的拿手好戏。他盯着照片,又想到她和吴进源的那段感情,不免有点为他们感到伤感。由于他与白雪认识,也多少知道一点她的故事,所以在读《花开花落》时,特别留意,当成了她的自传体小说来读,仿佛这样可以窥探到她的内心世界和她的过去,甚至发现书中有吴进源的影子。可无论窥探到什么,他总能感受到她的艰难和不易,变得对她的态度,永远是理解多于指责。当他的眼神在从照片移开的一瞬间,流露出一层敬意,也许是他周围发表文章的人不少,能写书的还真不多,更何况是一个女人写的,故多了一份尊敬。

赵诗梦抬头扫了一圈矮平桌,在对面的角上找到了《蓝玫瑰》杂志,算是完成任务似的,随后上了二楼。

栾仲洪的董事长办公室,在靠窗的最里面一间,屋内充满阳光。栾仲洪和书局经理侯松明正在晒太阳,喝茶聊天,他俩见到赵诗梦来了,起身双手抱拳高拱,作揖以示祝贺新年。赵诗梦还礼后一边在他对面坐下,一边说:"贵书局的生意不错嘛,新年伊始下面的客人就不少,还有新书不断上市。"

栾仲洪客气道:"托你的福,生意过得去。"接着开玩笑道,"你老弟太有钞票了吧,我们要付钞票给你,还要请你来。"

"哪里,哪里。"赵诗梦客气道,说了一些无关紧要的话后,看一眼侯松明,问栾仲洪道:"白雪,你也认识?我在下面的书铺里看到她的《花开花落》。"他好久没有白雪的消息了,很想听听他们俩对白雪和这本书的评价。

栾仲洪答道:"噢,这书不是在我们这里出的,是朋友介绍的,起先她叫我帮帮忙,卖掉一点,就一直卖到现在。"后加了一句反问,"白雪嘛,人不错。怎么,你们认识?"

赵诗梦应道:"好莱坞照相馆吴兄和白雪很熟,我和她也算认识。她的书卖得怎么样?"

栾仲洪答道:"去年,她把书拿来的时候,我翻了翻,市面上类似的小说多得是,先是男欢女爱,卿卿我我,怀孕生子,后是男恨女怨,寂寞难忍,直到最后吵架离婚,我并没有当一回事,放在书铺里卖,就算做个人情吧,帮帮人家的忙。后来,想不到卖得很好,现在不得了了,倒过来了,成畅销书了,人家都抢着要她的书,她倒也蛮好的,不忘旧情,还是往我这里送,算是她帮我的忙了。"停了停问,"你也读过这本《花开花落》?"

赵诗梦知道栾仲洪翻过此书,便答道:"去年秋天,她给我寄来一本,读了。作为处女作能够写到这种程度,应该已经很不错了,我估计里面有许多是她自己的故事。"

栾仲洪应道:"是啊,我也有同感。不过后来这本书引起了大家的追捧,争相购买,甚至比张爱玲的小说还要畅销,我就拿来仔细地拜读了一遍,研究了一下,发现白雪确实很聪明,写得也有独到之处,写出了上海滩女子特有的风采，优雅和泼辣集于一身，写出了动荡年代里女子的真实心声，还有就是……"看了看赵诗梦，笑了笑说，"让我们这些保守的人读起来，就是有些话写得太直白，太豪放，她人嘛，又这么漂亮，人称美女作家。据说小说里的事就是发生在她自己身上的故事，书中的男主人公和她离婚的那个老公一模一样。这样的女人写的东西，男人女人都喜欢读，则不足为怪了，有人就当她的隐私小说来读，小说内容也成了街头巷尾议论的话题了。短短的半年多，就发行了六版，我们书铺里每天有人来买她的书。"

赵诗梦听出话里有话，他不愿意人们在背后这样议论白雪或者她的小说，想直白地为她说点好话，便道："小说是文学作品，一部小说要人人喜欢，人人讲好，很难，写得露骨也罢，隐私小说也罢，在上海滩比比皆是，可能够像她这样脱颖而出的不多。"

栾仲洪也许感到自己的话有些过分，或者感到赵诗梦对有些事有所不知，慢悠悠地打断他的话："我晓得，我晓得，她确实有本事，有独到之处。你看看，现在的各大报纸上三天两头有介绍她和她的小说，这本书被誉为上海滩市民文学的典范。"他瞄了一眼旁边的侯松明，继续用比先前更加拉长了的语调，口气里夹杂着一丝不屑，"这就是写小说以外的功夫了。你知道吗，目前要在某些日报上大力推荐，闹出这么大的动静，除了书本身要过得去，还需要有什么样的背景吗？"

赵诗梦从这种语气中听出他并不是出于妒忌或者其他私心，心想自从白雪为了在《蓝玫瑰》上刊登文章，自己与她在杂志社见过一面后，近四年没有见过面了。除了她寄来那本书之外，也没有她的任何消息，即使从吴进源那里也没得到过任何消息，也许她已经发生了很大的变化。他觉得"闹出这么大的动静"似乎话里有话，故他没有回答，等着栾仲洪继续说下去。

侯松明看了一眼栾仲洪，他俩又像是互换了一个眼色，插话替栾仲洪答道："人家现在走的是上层路线，和汪精卫手下的宣传部吴次长有往有来的。有那样的人帮忙，能不火爆吗？"他的口气和栾仲洪刚才的口气如出一辙,却没有那种谈起大人物桃色新闻的神秘和猥琐,仅夹杂着一丝淡淡的蔑视。

  这是赵诗梦没有想到的,有点诧异。看他俩一搭一档说话的神态和口气不像是胡编乱造、信口开河,可能他俩知道一点什么,这让他感到诧异,让他无言以对。同时记起了吴进源曾说起过的白雪已经找到了新靠山的话,心想也许此人就是那个新靠山了,而且靠山又是那样的人,难怪他俩会有如此的神态。他暗暗地扫了他俩一眼,发现他们正注视着自己,像是在等待自己的表态,他们的眼神让他有些不自在,仿佛自己也成了那样的人。他想让他们讲得再具体点,却又无从开口,只能应付说:"哦,有这样的事情,我倒不知道。"尔后,又试探地加了一句,"你们知道的情况,可真多呀。"

  侯松明似乎不相信赵诗梦不知道白雪的近况,笑了笑说:"我们又不是搞什么情报的,没有特别渠道,她的故事也不是什么机密,就连她本人发的文章里也在炫耀呐,只不过隐去了那个人的姓名而已。"

  这些话让赵诗梦确定了白雪的这个故事是真的,他在心里是同情她以往的遭遇,对她找靠山或者找情人都能理解,在上海滩这种事情并不稀奇,在他周围就有不少这样的女人,可是她找的那个人离他的想象实在太远,他除了惊讶,无言以对。

  栾仲洪也许看出了赵诗梦的惊讶,像是宽慰道:"人家现在风光的很嘞,我们书局都在为她卖书。至于她将来能怎么样,那就没人知道喽。"后面又拖了一句,"其实,我们也是如此。现在是弄堂政府时期,我们只能这么混下去,打仗结束了,还不知道会发生什么事呐。"

  赵诗梦无心再谈论白雪的事了,想起刚才在外间看到有外国人坐着,既不像客人,也没听说过他们书局里有外国职员。由于太平洋战争爆发后许多英美人都逃走,上海滩的市面上外国人不多了,他有些好奇,问道:"现在上海滩的美国人、英国人差不多逃光了,你们这里怎么多出来两个外国人呐?"

  "你说的是外面那两个高个子外国人?"栾仲洪确认地问道,尔后,含笑不语。

侯松明替栾仲洪答道："这是我们董事长做好事。他们是犹太人，我们已经聘他们一年多了，在书局里做外文秘书。"

"哦，侯兄，你的老板真是一个好人呀，救人一命胜造七级浮屠。"赵诗梦笑着对侯松明赞叹道。

"救人一命，谈不上，只不过给人一个方便罢了，还是受人之托。本来他们受雇一家英国书店，打仗了，那个英国人没办法，在逃走之前把他们托给我了，我不能无情无义拒绝吧。"栾仲洪谦虚地说，停了停，看着赵诗梦，似乎带着回忆，"早年，我在英国留学时，曾经借住过一家人家，他们就是犹太人，对我照顾得很周到，也让我学到了不少东西。"说到这里，他转过身来问赵诗梦，"在英国的犹太人不多，你留学时遇见过犹太人吗？"见赵诗梦有点木讷地摇了摇头，他饶有兴趣地继续道，"他们家里有个老头，那时，他大概有七十多岁，人很好，蛮噱头的。他们在英国待得时间长了，也喝下午茶，我闲来无事，常常和老头一起喝下午茶，他话不多，每次喝茶都必须一模一样，每天在同样的时间，坐在同样的椅子上，喝同样的红茶，吃同样的饼干，就连一壶茶分几次喝完，中间吃几块饼干也都一模一样，分毫不差。这种一模一样的习惯，好像也不是刻意为之，而是自然形成的……"他摸了摸下巴，若有所思地似乎想起了什么，接着道，"回国后，我把那老头的故事讲给我父亲听，你们猜猜看，我父亲怎么说？"他扫了赵诗梦和侯松明一眼，自答道，"我父亲说，能笃悠悠地过一成不变的生活，那是一种求也求不来的福气。"

侯松明有口无心地应了一句："也许是吧，一般老人讲的话，都有一定的道理。"赵诗梦没有答话，只是注视着栾仲洪，虽外表看上去像是在等待栾仲洪的下文，可脑子还是在想着白雪的故事，她现在怎么样啦？

栾仲洪仿佛没有听见侯松明的话似的，慢悠悠地接着道："那犹太老头说要免费教我希伯来语，还说'一个人多会一门外语，就等于多了一份财产'。他教我的那几句希伯来语我都忘了，可这句外语是财产的话,却一直记到现在,可能要记一辈子了。那时,我还年轻不懂事,现在想起来蛮有意思,那老头真可爱。"他又扭过头来,朝门外两个犹太人坐的方向看了看,说:"你别看他们在这里只是做个秘书的工作,他们在自己的国家里,以前都是体面的教师,在这里只能帮我们书局整理外文图书,其实我们也没有多少外文书。他们没有钞票,也没有身份证明,一无所有,能来上海已经很不容易了,听说那时上海滩是一个无须签证、宣誓书、担保书,甚至无须任何官方的身份证明文件就能入境的地方,在全世界范围里是他们唯一可去的地方。他们四年前来到了上海滩,由于买不起船票,他们还有家人留在了他们自己的国家,现在生死未卜。既然他们来到了上海滩,所以我们这些老上海,有条件的,能够帮忙的,就帮他们一把吧。"

赵诗梦仿佛被栾仲洪的话拉回了现实,应了一句:"我们现在也有点自身难保了,上海滩的租界名存实亡了。"他的语气里有着一种忧郁和惋惜。

侯松明有话没话地抱怨道:"虽然,租界名声不好听,但它毕竟让我们老百姓太太平平生活了那么多年。现在租界没有了,随着战事的变化,我们这些人会不会像这些外国人一样,像美国人、英国人一样也要逃离上海滩?像犹太人逃离自己的国家。你们两位都留过洋,又有钞票,逃到国外去不成问题,我可没有地方去呀,只能赖在这上海滩。但现在租界里一天不如一天,要过新年嘞嘛,买不到大米和肉,还叫老百姓吃什么六谷粉①,在上海滩,啥辰光吃过这种东西,真是'王小二过年,一年不如一年'呀。前头几天还要好嘞,依看呀,为了省电,外头马路上的红绿灯也不开了,叫人家如何过日子?以后还不知道会变成啥样子呢,真叫人担惊受怕,还是逃为上策。"

栾仲洪听了这话,有点郁郁寡欢,愤愤地说:"逃,怎么逃呀,背着书局逃?"尔后,口气又变得无可奈何,"还是我父亲说得对,人啊,能一成

---

① 六谷粉:玉米粉在当时的俗称。

不变地活一辈子,是福气。"

赵诗梦也许感到话题的气氛有点沉重,心想新年新事的,不愿意让这种气氛打扰,故半真半假地寻开心道:"一成不变地活一辈子,我也想要呀,可世道在变,有什么办法。福气这东西,可遇不可求呀,遇不到,那就瞎活一辈子吧,等着呗。"

这话调动了侯松明的情绪,他有点放肆,起劲地应着:"对,对,今朝有酒今朝醉。瞎混,现在哪里还管得着一辈子的事情呀,只要上海滩的舞厅还开着,有跳舞,有喝酒,还有你们这些朋友在,就够了。"

栾仲洪不依不饶,慢吞吞地跟着道:"瞎混、瞎活也难呀。诗梦兄,你喜欢的跑马厅现在不是被关门了嘛,英国人美国人的电影也不让放了,西餐也不见了,不知道哪一天连美酒加咖啡也会喝不到的,还白相个啥?"三个人都尴尬地笑了,笑声很难听,有点像哭。

这时,在杭州跑单帮的徐老板探头探脑地出现在门口,一见到他们,劈头盖脸就是一句:"啊,大家都在呀,你们看见我的皮包了吗?"

侯松明从桌子底下取出一个黑色皮质的拎包,问道:"是不是这个?"见徐老板惊喜得说不出话来,他解释道,"小年夜,阿拉吃年夜饭时,侬不是提前走的嘛,啥人叫侬急急忙忙,脱头落攀①呃?阿拉吃完饭,看到侬位子上有这个拎包,便给侬保管到现在,看看里面少了钞票没有?"

徐老板一把拿过拎包,一边翻找起来,一边说:"钞票无所谓,可有比钞票更要命的东西。"总算在拎包底下翻出一份类似证件的东西,合在两手的手掌心内,朝天拜了拜,叫道,"还好,还好,没事。"接着语无伦次地把经过说了一遍,"是啊,是啊,那天我和你们在杏花楼一起吃饭,为了赶火车提前出了饭店,直奔北站,上火车前发现皮包没带,就不敢上火车了。心想我的良民证在皮包里,下了火车,那里必查这个证,没有的话,被伊拉送宪兵队也说不准,那是要死人的事体。我就跑着回到

---

① 脱头落攀:(沪语)丢三落四。

杏花楼找你们,可你们都已散了,饭店里的人说没有看到过皮包,我又赶到书局,书局里黑灯瞎火的一片,呒得啥①人。我又没有你们的家里地址,只能到浦东朋友家里过年,今天你们开张,所以我就赶来了。"后又加了句,"我一整个新年没有回家,我婆娘肯定以为我在上海滩有女人了。"

大家听了他的这话,都笑了,一笑他急成一副猴样;二是由于他从小在江苏长大,又在上海和杭州一带跑单帮,平时说上海话时总夹着南腔北调,听上去很奇怪,这次又加上说得急,更是滑稽可笑。

侯松明笑完后,说:"啥宝贝啦?拿来让阿拉开开眼。"顺手拿过他手中的良民证,翻开证件,拿腔拿调地念了起来,"良民证,编号:二四三……姓名:徐三宝"。他瞥见证件上徐老板的照片,笑着叫道,"徐兄,上面的照片可真难看呀,像个鬼似的。"

徐老板也笑着答道:"是啊,是啊,阿拉老百姓是呒得啥办法呃。伊拉要拍照,只好让伊拉拍,难看怕啥?反正阿拉老百姓是不看这种照片呃,鬼就鬼好嘞,吓死伊拉。"

栾仲洪透着一股藏而不露的轻蔑,笑了笑,说:"哦,良民证上还有照片。"但并没有伸手向侯松明要过那份身份证明来看,也许他认为自己不值得看这种东西。停了停,他带着无奈的口气继续说道,"这种东西的目的就是要证明人的身份,还要叫人随身携带。用这种东西监视人,是最恶毒的办法,只有伊拉日本人才想得出来,像防贼一样,防着阿拉老百姓。我看呀,即使伊拉给阿拉每人发一张,天天检查,伊拉也不见得能够太太平平地待在中国。"

徐老板接着道:"是啊,是啊,我看伊拉也没有太平日子。年初二,我朋友家那边有唱庙会的,我想去看看,可刚出门就听到枪声,就听说有人在查良民证,好像是为了抓共产党,吓得我赶快再躲进朋友家里。听人家讲,伊拉最终还是没有抓住那个共产党,后来我就一直不敢出

---

① 呒得啥:(方言)意为没有。

门,还担心他们会不会上门搜查。真是心惊肉跳,呒得啥办法。"他摇了摇头。

侯松明玩弄着手中的良民证,继续念道:"大家听,这里还有呐,'注意事项:一、发给良民证,为保护良民之安全……'"他突然大笑起来,继续道,"伊拉还真有一套,说什么这是'保护良民之安全',蛮好笑的。"后又学着徐老板说话的样子,补了一句,"跟伊拉,真是呒得啥道理好讲呃。"

栾仲洪像教授破解实验结果似的,说:"这是伊拉对阿拉的私人空间的入侵,伊拉当然不会说是为了监视阿拉喽,肯定只会讲好听的,是为了保障阿拉的安全和自由,因为伊拉晓得,阿拉根本呒没跟伊拉讲闲话的权利呃。"

赵诗梦忧心忡忡地插话说:"说不定,以后我们这些住在租界里的人,也要有这种破玩意了,真让人感到恶心。"

侯松明说:"当下租界的那些洋人自身难保,上个月日本人已经对在上海滩没有逃走的英国人美国人进行所谓的侨民登记了,以后阿拉上海人的日子将会越来越难过。"

接下来又是一阵沉默,徐老板宽慰道:"上海滩嘛,毕竟是个大地方,不论是法国人、英国人,还是现在的日本人或者弄堂政府,伊拉在上海滩还是要做一点表面文章的吧?不让阿拉活,不让阿拉这些生意人做生意,那是不大可能的吧?"

栾仲洪道:"我想也是。不过像阿拉做出书卖书生意的,以后阿拉就不是想出啥书就出啥书,想卖啥书就卖啥书了。总而言之,阿拉老百姓只能苟延残喘,能够赚一点钞票,有一口饭吃吃,那已经不错了。"

赵诗梦接着补充了一句:"但,阿拉可以不出自己不想出的书,也可以不卖自己不想卖的书,我想这一点,阿拉还是可以自己说了算的吧。"

徐老板看到由于自己的良民证,惹出这么多不愉快的话题,便邀请道:"找到了这鬼东西,我也不再担心了。为了谢谢你们,我请你们新雅饭店吃饭。"

侯松明一边把良民证还给他,一边开玩笑说:"徐老板请客嘛,当然好喽。不过侬不是急着要回去,免得让侬老婆讲侬外面有女人吗?"

徐老板不好意思地笑道:"婆娘的事体,只要带一点伊喜欢的东西回去,把手头的钞票一交,哄哄伊,就好啦。"

侯松明笑道:"没想到,阿拉徐老板,还蛮怕老婆呃。"

徐老板知道侯松明还没有结婚,带着一点倚老卖老的腔调,笑着说:"侬呀,还年轻,不懂呀。上海滩有句老话说的好,'男人怕老婆,发财呃',侬不晓得吧?"

如此的反击,让侯松明没想到,一时语塞,看了一眼栾仲洪,像是在讨救兵。栾仲洪一边起身取下衣架上的呢大衣,一边笑着故意说:"今天,徐老板请客,我可不能帮侬说瞎话。在这个三妻四妾属正常的上海滩,徐老板能说出这样的话,实属难得,了不起。怕老婆也没什么要紧的,这年头,世道不好,家里有个好老婆,是很重要的。"大家都会意地笑了。

赵诗梦不露声色地朝大家扫了一眼,也跟着笑了,笑得有点勉强,眼前闪过自己妻子顾素贞的身影,尔后很快又变成了纪舒红的身影,心里算了算,年前年后,自己已有一个礼拜没和纪舒红见面了。赵诗梦在家里和妻子及后妈的情感裂隙毫无弥补的迹象,在纪舒红面前又难以摆脱纸糊幸福的阴影,这种突兀的心理,时常会在不经意间冒出来,最初还会想方设法寻找为自己辩护的理由,久而久之成了一种习惯,麻木了,这种彷徨和犹豫,也许是他天然的性格所致。

赵诗梦和大家一起在新雅饭店吃完午饭,又去了东志社,处理完一些琐事,傍晚时分,他去了自己的老饭店——四合酒楼。

路上行人不多,从不远处的马路对面就能看到酒楼门口高挂的两只大红灯笼,灯笼内还亮着电灯泡,把灯笼映得通红通红,在从屋内映出的灯光衬托下,非常显眼,一副新年喜庆的景象。这是他们酒楼开张以来第一次过新年,赵诗梦也是第一次看到酒楼门面装饰的如此喜庆,心中先是一阵喜悦,为她们姐妹俩有如此漂亮的酒楼而高兴,后又掠过一丝歉意,仿佛在责怪自己这次来得间隔时间太长了。

赵诗梦进门就看到正面的墙上新增了一副对联和几幅年画,对联是:天增岁月人增寿,春满乾坤福满堂,由楷书写成,虽字体不能算老到漂亮,但也属笔画平直,端庄方正的那一类。他一看这笔迹,就知道这对联出自吴进源之手,而且把"福满门"写成了"福满堂",不知道是吴进源故意为之,还是无意弄错,心想不论怎么样,自己真应该早点来,像吴进源那样和她们姐妹俩一起装饰酒楼迎新年,内心难免有点自责,甚至夹杂着一丝对吴进源的妒忌。

纪舒红笑盈盈地从小小的结账柜台里迎了出来,她在一身深色布衫外套了一件暗红的无袖齐膝的棉夹袄。无袖的夹袄可以让她两手做事自如,符合做女掌柜的特征,夹袄齐膝恰到好处勾勒了女人的三围,可以让她的身材显得饱满而不失苗条;软缎面料的夹袄周边用丝绸精细地滚了边,配梅花形的小盘扣,下端绣着几枝细碎的粉色寒梅点缀,这套衣服搭配低调而不失精巧。赵诗梦也是第一次看到她穿这套衣服,让他眼睛一亮,感到她这身打扮对她再合适不过了,既不张扬又漂亮实用,几乎穿出了江南女子的秀气和上海女人精致的嗲。

纪舒红看到赵诗梦没有带朋友,是独自来的,便没有客套地说新年好,而是直接轻声问:"想吃点什么?"这样的问话,让赵诗梦感到舒服,听上去有点像在家里的感觉,而不像是在外面的酒楼里。另外,也许他的潜意识中最不愿意在这里被问及新年好,因为新年好的问候之后,自然而然就会谈及新年是怎么过的。他知道她们是以酒楼为家,自己则在此以外有一个表面完整的家,在她们面前背负着这样一个家,似乎有点尴尬或一丝罪过。

赵诗梦含笑偷偷地瞄了纪舒红一眼,仿佛忘记了这是她们新年第一次见面,和往常一样问道:"吴兄来了没有?"

她答道:"他刚才让朋友叫走了,好像去对面喝酒了。"

赵诗梦一边往自己常坐的老位子走,一边说:"那就按老样子,随便来一点吧。"

梅姐迎了上来，打招呼道："赵老板，新年好。怎么新年里还和平常吃的一样呀？"她知道他说的老样子是指的什么。赵诗梦最近一个人时，经常吃的什锦砂锅，内有他喜欢吃的白菜、粉丝、蛋饺和咸肉，冬天吃了很暖和，一般他独自一个人时不喝酒。

赵诗梦打哈哈道："和平常一样，也没什么不好呀。"后又调皮地加了一句，"这样的东西能吃到老死，已经很不错了。"这话把纪舒红和梅姐都逗笑了。

梅姐接着他的话，顽皮地追了一句："啊哈，这话可不像你们做老板说的。"

纪舒红吩咐完厨房间，沏了一壶茶，回到赵诗梦的八仙桌旁坐下，他轻声赞叹道："你这身打扮，蛮嗲的嘛。"

纪舒红略带羞涩的神情说："这是我去年入冬前和梅姐一起在那边绸布庄买的料子做的，在店里干活穿很方便，又暖和，没什么漂亮的。"她两手交叉捏在一起搁在桌上，双眼凝视着他，而赵诗梦也深情注视着她，两人就这样含情脉脉地看了对方好一会，仿佛这种相视无语也会带给他俩某种默契、某种幸福。

自从酒楼开张以来，纪舒红已养成一种习惯，一般不会在客人的位子上久坐，除了陪赵诗梦，她会在他的对面或者旁边静静地坐上很久，就像一对正经历着热恋的情侣，一切无须用语言交流，就能知道对方的心思，就能得到满足。

纪舒红打破了沉默，带着凝重神情说道："你在报纸上看到了没有？不知道是在年三十的夜里，还是在初一的晚上，我们酒楼隔壁的银楼出事了，金银首饰被洗劫一空，年初二伙计来开门才发现的，好怕人呀，银楼也一直被封着。大概因为那个小偷是破窗而入的，那窗户就在我们酒楼后门的旁边，巡捕房的人还来我们酒楼查看过，问了好多乱七八糟的问题。这事情已经上了这两天的报纸了。"

这种新闻上海滩经常有，只不过这件事发生在隔壁，赵诗梦并没有大惊失色，只是简单地问道："酒楼没有事吧？"

纪舒红答道:"我们酒楼没事,我们晚上没有人,也不会把钱留在店里。"她看赵诗梦的神情,似乎才知道此事,便叫伙计拿来了报纸,翻到那一页,指给他看。

赵诗梦接过报纸一看,原来是前天的晚报,在一个社会新闻的角落里刊登着非常简短的一条:"今晨,法捕房接报,本市仙桥银楼遭盗贼,被窃项链手镯戒指金银件若干,失主损失巨大。怀疑盗贼从银楼后面破窗而入,现场留盗贼的斧头一把,法捕房正在严密调查、缉拿盗贼中。望知情者报告。"他看完这条新闻,放下报纸,在好奇心的驱使下,让纪舒红带他去后门看看。由于事隔两日,现场已整理干净,只能看到破窗户上新钉的木板,还加了巡捕房的封条。

他们回到店堂里,恰好郁剑秋和欧紫生说说笑笑进门,纪舒红迎了上去,脱口而出:"欢迎,欢迎。"后又指着他们俩,笑嘻嘻地问道,"一位记者,一位包打听,你们俩一起来,难得的呀,肯定有啥好事体了。"

欧紫生是这一带协助法国巡捕房办案的包打听,从日本人接管了部分法国巡捕房起,他自己也不知道是在为谁做事。这个酒楼开张以来,他经常来混吃骗喝的,一来二去,与梅姐和纪舒红她们俩混熟了,在酒楼里赊了不少账,和赵诗梦吴进源也算认识,当然在他看来酒楼是属于她们姐妹俩的。由于他不但名字按上海话发音很像"猴子";而且他的脸相是眼睛大,耳朵大,也有点像猴子,所以大家都叫他"猴子"。

赵诗梦跟在纪舒红后面,客气而礼貌地和他们俩打了招呼,心想郁剑秋自从酒楼开张就来了,可不知道他如何与欧紫生混熟的,也许出自他记者的门路吧。

郁剑秋拍着欧紫生肩膀,笑呵呵地对大家说:"当然喽,有好事体。猴子立功了,巡捕房马上就要授赏给伊了,今天由伊来请客。"

纪舒红笑着跟了一句:"噢哟,猴子发财了?"

赵诗梦把他们领到刚才自己坐过的八仙桌旁,让座后,居高临下地问道:"欢先生,立了啥功呀?"赵诗梦一般不愿意轻易叫别人的绰号,在酒楼里大概只有他叫欧紫生为欧先生。平时他与欧紫生也难得碰面,即使碰面了也不太说话,只是打个招呼,礼貌地微笑一下而已,似乎他有意无意地与欧紫生这一类人保持着一定的距离。他小时候在闲书中读到过一段关于包打听的描写,"包打听就像苍蝇一样,哪里有腥味,就往哪里飞,打听不该听的,看不该看的……",也许深受此话的影响,对包打听这个职业有所成见;也许是潜意识中认为欧紫生不符合他交朋友的品位,不愿意和这样的人有所深交,故敬而远之。不论怎么样,他就是懒得和欧紫生说话。

欧紫生听赵诗梦称自己为先生,而不像其他人直吁其绰号,又看到酒楼里的两个老板娘对他尊敬有加,所以对他也特别恭敬,在和他说话时,犹如对待上司,从来不在他面前说脏话。欧紫生怯生生地摘下了礼帽,露出长而油腻得发亮的中分头,他弯了弯背,算是鞠躬,头发掉落在眼前,挡住了他的视线,他用双手将头发捋至额顶两边,露出双眼,又认真地拨了拨,恭恭敬敬地陪着笑脸,道:"赵先生,您好。鄙人今天只不过办成了一件小差事。"

在旁边的郁剑秋看不惯欧紫生这种猥琐的装腔作势的样子,便爽快地大声替他答道:"就是你们酒楼隔壁的盗窃案件,被伊破掉了,而且两天就破了,真可谓神速的。伊可以到巡捕房领不少赏钱呐,我也要找个同行,为伊吹嘘一下,帮伊扬扬名,以后成了大侦探,可不要忘记了我们呀。"

赵诗梦心想平时不起眼的欧紫生,今天竟然能够破案,好生奇怪,问道:"哦,真的吗?怎么破的?"

欧紫生露出了一副得意的神态,挺直了背,又拨了拨掉落的头发,骄傲地蹦出一句:"破案嘛,要动脑筋。"接着神气活现地用手指着自己的脑袋,转了一圈,意为动脑筋,做完了这个手势,又慢悠悠地继续道,"阿拉一看现场,就晓得是内部人作案,就向失主要来了所有店员的照片,到周围的几个赌场里逛了一圈。逛到第四家,果然有人认出那个贼骨头了,现在人也被巡捕房抓起来了,快哦?"说完笑嘻嘻地朝周围的人扫了一圈。

细心的纪舒红看了一眼赵诗梦,见没有人提问,忍不住插话问道:"侬是如何晓得内部人作案的呀?报纸上不是说,'盗贼从店后,破窗而入'的吗?内部人作案不需要破窗而入的吧?"

欧紫生看到大家对如何破案很感兴趣,更是得意洋洋了,点了点头说:"还是老板娘问到点子上了。大家都这么想,窗户破了,玻璃碎了,贼肯定是从窗户爬进去的。"停了停,看了一眼大家,又用双手拨了拨中分头,把头一甩,提高了嗓门否定道,"其实不然"。接着有声有色地介绍起破案经过来,"我发现现场的窗户木框里面有斧头砍过的痕迹。侬想呀,如果那个贼是砍破窗户,再爬进去的,怎么会在窗户里面留下斧头砍的痕迹呢,所以我当时就吃准贼骨头是从后门开锁进去的,是内部有钥匙的人。伊为了迷惑巡捕房,在离开现场之前故意把窗户砍破,制造从窗户进去的假象。但伊忘记了,制造假象,应该从外面往里砍破窗户,敲碎玻璃才是。伊这一招可以迷惑巡捕房,可迷惑不了我。当巡捕房在跟记者说是破窗而入时,我也懒得纠正伊拉,报纸上这么说,让那个贼看到了,反而更好,伊就不会逃走了,我可以慢慢地把伊找出来。既然确定了是内部作案,那就好办了。失主给我拿来的照片,共有七个店员,一问他们的情况,只有一个人没有成家,而且喜欢赌博。侬想呀,春节前上海滩的赌场生意不要太好噢,去白相的人那么多,这家伙肯定混在其中,我就去八仙桥周围,估计伊可能经常去的赌场里问问看。想不到一问就让我问到了,人家认出了伊的照片,讲伊是常客,在春节前输得很厉害,欠了许多赌债,在大年初二,拿着几根金项链和几个戒指来抵账的。我又叫赌场里的人让我看了这些项链和戒指,和失主报案的一模一样,神了,赌场的人连那个贼骨头住的旅馆都知道。晓得了这些情况,我就吃准是伊了。"随后,还忘不了加了一句自我吹嘘,"我叫巡捕房去抓人时,伊拉还蒙在鼓里呐,问我有没有搞错,结果抓来一问,伊便自己承认了,还在他住的旅馆里搜出了那些没来得及变现的项链和戒指。这下子,巡捕房的人无话可说,只能承认我的本事了。"

这时,梅姐也凑了上来,插话道:"侬倒是门槛蛮精呃嘛,晓得了是内部人做的,还不讲,让伊拉巡捕房去瞎忙。"

郁剑秋替欧紫生答道:"这个侬就不懂了。怎么能讲呐,一讲,赏金就变成人家的了。"

欧紫生转着眼珠子,笑了笑,吞吞吐吐地说:"呀,其实破案嘛,破大案小案的窍门都一个样,遗憾的只是这个案子小了一点……"似乎未把后面半句"案子小了,赏金就少"说出来。

大家一时还没领悟他这句话真正的含义,郁剑秋斜眯着眼睛,盯住他,敏锐地追问道:"难道侬的意思是说,最好这个贼骨头还杀了一个人,案子成了盗窃杀人案才好,侬破的案子就由普通的盗窃案变成了杀人盗窃案了,赏金也跟着多了,名也出得大了,是不是这个意思?"

欧紫生知道自己说漏了嘴,立刻摆手,摇头否定道:"不好瞎三话四呃,我根本没有这种想法呃。"他一摇头,中分头的两辺头发又掉了下来,赶紧再用双手捋开头发,露出眼睛,瞟了一眼大家。

梅姐像是幡然醒悟,口齿伶俐,凶巴巴地叫道:"猴子,侬这个包打听也太不上路了吧?为了领赏金,总想着天天有杀人案,那这个世界还有太平日子啦。"大家被她这么一叫,都逗笑了。

郁剑秋笑着对大家说:"伊嘛,就是唯恐天下不乱之人,否则不叫包打听了。"尔后,又故作疑惑地问欧紫生,"猴子,现在日本人来了,侬到底是向啥人领赏,法国巡捕、弄堂政府还是日本人?"

欧紫生结结巴巴地说:"目前表面上好像还是法国巡捕房负责治安,以后就不知道了,我只和法国人打交道。"

郁剑秋纠正道:"现在侬要注意喽,法租界已名存实亡了,法国人也靠不住了,轴心国已占领了法国,他们自己也是弄堂政府了。不要一不小心拿了不该拿的钞票,那就身败名裂了。"

梅姐抢着说:"侬以后呐?可不要跟在日本人屁股后面转,如果侬为日本人卖命,我们四台酒楼就把你赶出去。"她的口气有点像大人训小孩的味道。

欧紫生拼命地低头承诺:"不会的,不会的,我怎么会跟着日本人走

237

呢。"他没有想到,原本破了案子,是一件很有面子的事情,却在他们这里搞成了如此狼狈。

赵诗梦接口道:"欧先生破了案子,是好事,今天他还没有领赏金,那就由我来请客,为他庆功,等他领了赏金再请大家。"接着又和纪舒红商量,在刚才为他准备的什锦砂锅基础上,再增加几个菜肴。

纪舒红和梅姐两个女人离开了桌子,去厨房准备为他们配菜,郁剑秋看着那两个女人的背影,说:"猴子,侬这次领了赏钱,可以讨小老婆了。"

要讨小老婆是欧紫生一直挂在嘴上的一个重大工程,他也不避讳,人人知道,即使在女士面前也叫嚣着要讨小老婆。郁剑秋的这句玩笑话,立刻让他来了精神,他一本正经地说:"我有个女人,想讨她做小老婆,可这点赏钱哪里够呀。你们都是正经人,不知道现在要养一个从四马路出来的女人,要花多少铜钿。"他瞟了一眼赵诗梦,接着又半真半假地冲着郁剑秋,说了一句,"侬又不借铜钿给我。"

郁剑秋笑着对赵诗梦说:"啊哈,赵兄,听听,这正是男人的心声呀。"接着又冲着欧紫生答道,"我可没钞票借给侬讨小老婆。我看侬还是先把自己变成大侦探了,再谈讨小老婆,那我倒可以帮侬在报纸上吹吹。"

赵诗梦虽和郁剑秋很熟,但与欧紫生属点头朋友,他不愿意在不熟悉的朋友面前谈论什么讨小老婆的事,自然只是笑笑,没有接他们的话,把目光投向了厨房间的门口,或许他想的是男人的心声不能随便透露。

这时纪舒红和梅姐正好从厨房间出来,她们看到隔壁银楼老板石炫钟站在门口,向里面张望。他见她们俩迎面而来,顾不得打新年好的招呼,就急忙问道:"欧先生,欧大侦探来过吗?"

两个女人听到"欧大侦探"这一称呼,这是她们从来没有听到过的,先是一愣,后是"噗嗤"一声闷笑,尔后,梅姐忍着笑,把石炫钟引到欧紫生坐的那八仙桌旁。只见他一步冲到欧紫生面前,恭恭敬敬地高高举起双手,抱拳作揖,犹如对待菩萨一样磕头膜拜。可能由于激动或者心急,动作有点走样,生硬滑稽,嘴上还念念有词道:"谢谢,感谢欧大侦探。"声音也有点言不由衷,像是被逼无奈才说的,说完朝周围的人瞟了一眼,表情像是不愿意看到这么多的人。

欧紫生见石炫钟如此恭敬,得意洋洋,刚才的狼狈样一扫而光,像一个打了大胜仗的将军,回到了感恩戴德的老百姓当中,挥挥手,神气活现,词不达意地说:"免了,免了。"

郁剑秋看到这滑稽的一幕,有点反胃,瞥了一眼赵诗梦,不温不火地吐出一句,"今天,真正要请客的人,总算来了。"

石炫钟反应极快,跟着说:"对,对,今天我要请客,要好好请请我们的欧大侦探。"他扫了一圈,见桌上还没有上菜,便说,"我们换到包间去吧。"这时他似乎才想起欧紫生旁边还有两位,是否要征询一下他们的意见。郁剑秋是今天上午在巡捕房里和欧紫生一起碰到的,算是认识了,知道他是一个神通广大的记者,在这件事情上欧紫生也听他三分;至于赵诗梦早就是邻居了,你来我往中见过几次,但不熟,只知道酒楼的两个老板娘也对他和另外一个吴先生都十分敬重,看得出也不是等闲之辈。石炫钟赔着笑脸道:"我还有更大的事情要和欧大侦探商量,也请两位先生帮忙出出主意。我们到包间去说吧。"

郁剑秋凭着记者的敏感和好奇心,看石炫钟这种乱了方寸的样子,相信其肯定还有更为难的事情还没说出来,他便想知道接下来还有什么奇怪的故事;赵诗梦原本对这种案子的事情缺乏热情,懒得把自己陷得太深,但由于银楼是酒楼的隔壁邻居,看在两位老板娘的面子上,也应出面装装样子,以示关心,所以他俩谁都没推脱,随着石炫钟和欧紫生一起上楼去了包间。

一到包间,大家刚坐下,石炫钟的脸部表情有些抽搐僵硬,慌张地起身,把门关得严严实实的,而后对欧紫生又是一阵抱拳作揖,说:"欧大侦探,刚才在外面人多,不好意思说,太抱歉,太谢谢侬了。"有点语塞,有点语无伦次,"今天的事情太谢谢侬。但……但是,我在巡捕房里没敢说,那个偷东西的人是我的外甥,你看现在怎么弄呀?"

欧紫生一下子跳了起来,失控地叫道:"贼骨头怎么会是侬的外甥?"后又略微控制了一下情绪,补了一句,"那侬为啥不早讲呀?还要报案?"

石炫钟十分尴尬,急促地解释道:"报案的不是我,是我的店掌柜,他初二来银楼上班,准备开张,看到店内一塌糊涂,值钱的东西都被偷了,就慌了,先报了案,再告诉我。我先前也不知道是我外甥干的,直到昨天我姐姐告诉我,她的宝贝儿子年初一之后就不见了,失踪了,我就猜到了是他干的,但在巡捕房我不敢说。他被抓起来的事情到现在为止,我还没敢告诉我姐姐呐,叫我怎么说呀。"尔后,又一脸苦相重复道,"现在怎么弄呀?"

包间内一下子安静了,大家都没有说话,这屋子里除了石炫钟,其他的人都在消化突如其来的变化。原本准备为抓住小偷而庆功的事情,突然变成要商量如何搭救小偷了,这对欧紫生刺激太大,他的脑筋已经不够用了,更不用说如何搭救那个贼了。郁剑秋瞄了一眼欧紫生那张难看的脸,转而冷静地问石炫钟,"侬的外甥是侬银楼的职员?"

石炫钟答道:"我姐姐家里条件不怎么好,她看儿子读不进书,就让他在我的店里做事,可以学点东西,以后还可能像我一样,自己开一个银楼。他来了半年多,干事还蛮机灵的,万万没想到他会动这个脑筋,我怎么向我姐姐交代呀。"

大家又没了下文,相互看了几眼,都没有发声。郁剑秋默默地从口袋里拿出香烟,抽出一支,叼在嘴上,把香烟盒扔在桌上,一声不响,似乎在动脑筋,又像是无动于衷。

赵诗梦心想郁剑秋欧紫生他们俩和石炫钟的关系,只是因这起盗窃案才有了联系,属初次交往,而且就一般而言,欧紫生把那个偷银楼的贼找出来,并没有什么过错,他们俩完全可以不管此事,甚至一走了之,唯独自己和石炫钟低头不见抬头见的,看在纪舒红和梅姐的面子上,也算得上半个邻居。他知道郁剑秋有时会和巡捕房打交道,巡捕房也少不了像他这样的朋友,他在那里肯定有不少熟人,只要付足够的保金,把人弄出来不会很难,也许今天就是他为了帮欧紫生上报纸,去巡捕房了解案子的。他扫了石炫钟和欧紫生一眼,在石炫钟脸上多停留了一秒钟,又以商量的口气向郁剑秋问道:"是不是能把他外甥先保出来?案子的事情以后再说。"

郁剑秋没有直接回答,而是向石炫钟问道:"侬外甥把店里所有值钱的东西洗劫一空,胆子还蛮大的。他平时是怎么样的一个人?"

石炫钟说:"我姐姐太宝贝他了,把他当成活宝了,平时他起床刷牙,我姐姐都要为他把牙膏挤到牙刷上搞好,才敢去把他叫起来,在她眼里是一个乖宝宝。他嘛,今年刚好十八岁,说大不大,说小不小的年纪,除了读书不灵,好像也没有什么太大的不良嗜好,去赌场的事,我还是第一次听到,估计他姆妈也肯定不会知道的。现在出了这种事情,真是急死人了。"

郁剑秋点燃香烟吸了一口,转向欧紫生问道:"猴子,怎么样?有没有办法把他外甥保出来?"这个问题听上去有点像故意为难欧紫生的,但语气中一点没有抱怨他的成分,或者只是一个为了说出下文的引子,甚至还透着一股胸有成竹。

欧紫生凑上来,从桌上捡走香烟盒,抽出一支,额头两边的头发又掉了下来,他顾不得再拨头发了,透过头发偷偷地看了一眼石炫钟,支支吾吾道:"我提供情报给伊拉,现在又要保伊出来,人家不要骂我的,而且我的身份……"

郁剑秋打断他的话,说:"要把人保出来嘛,保人的身份很重要。猴子肯定不行。"转而对石炫钟说:"你嘛,石老板有身份、有实力,但却是案子的报案人和被害人,现在又要当加害人的保人,自相矛盾,也不像。"石炫钟似乎想争辩,却欲言又止。郁剑秋又抽了一口烟,继续说:"我嘛,身份应该没有什么问题,不过我与巡捕房太熟。做了保人,人家以为我是那孩子的什么重要的人,以后让他们敲起竹杠来,那就没有底了。我看还是麻烦赵老板帮帮忙,做一个名义上的保人,保证金由石老板出,怎么样?"

石炫钟听了这话,连声说:"钞票没问题,钞票没问题,现金或金条都可以。"立马把目光盯着赵诗梦,等待他关键性的回答。

赵诗梦没有犹豫,点了点头,简单地问道:"什么时候办?"石炫钟又连声向赵诗梦道谢,而他的头像拨浪鼓一样,即刻转向郁剑秋等待下文。

郁剑秋把刚才脑子里盘算好的点子和盘托出:"保人的事情要快,最好明天上午我和赵老板就去一趟巡捕房。"他见赵诗梦点头没有异议,继续说,"我们先把人弄出来,尔后再找一个律师和巡捕房交涉,说这个孩子脑子有点小毛病,跟他姆妈和舅舅吵架,人小脾气大,把银楼里的金银首饰全都席卷一空,藏了起来,不是真正的盗窃,是个恶作剧罢了。我想这些小事情,随便找个律师都可以说清楚的,我再找个同行朋友配合一下,叫他在报上发一篇小文章,标题我都想好了,叫《傻孩子暗恨姆妈和娘舅,年三十夜大闹银楼》,为交涉推波助澜。"

如此缜密的计划,听得石炫钟连连点头,兴奋地连说了三声好。欧紫生耷拉着脑袋,人像是个泄了气的皮球,闷声不响,坐在旁边,也许在担心自己的赏钱不要泡汤。郁剑秋向大家扫了一眼,说:"还有一件很重要的事,当人保出来了后,不要马上让律师上门去交涉。"停了停,看了一眼欧紫生,继续笑着说,"哈哈,我们不要坏了欧大侦探讨小老婆的重大工程,等他领了赏钱,我们再叫律师去交涉。"

这话虽听上去充满着调侃,像是说笑,却不乏真诚和精细。由于办理保人手续,几乎无关案子性质的确定,即使人出来了,巡捕房该给赏钱的还会给;律师出面交涉,则是要改变案子的性质,要那孩子无罪,或者不应该被抓。如果先确定了那孩子无罪了,等于抓错了,那巡捕房就不可能给欧紫生发放赏钱。所以郁剑秋的计划是,要等欧紫生领完赏钱后,才派律师去交涉。

对郁剑秋似真似假的说笑,赵诗梦很快就心领神会了,在佩服他的睿智之外,最先露出了笑容;欧紫生虽有些尴尬,但暗地里一直悬着的心放下了一半,跟着一阵难看的苦笑,笑得很被动,像是被逼无奈的笑;石炫钟虽对郁剑秋的说笑理解了一半,但他不知道欧紫生讨小老婆是怎么回事。只是此时,欧紫生是怎么回事已经不重要了,看郁剑秋说得有头有脑,滴水不漏,所以也跟着放心地笑了,笑当中夹着一丝被蛊惑的味道。

这时,梅姐和纪舒红正好端着菜推开房门进来,她们没有听到他们全部的谈话内容,只听到最后一句有关讨小老婆的话,还有看到他们各自的笑容。女人也许对类似讨小老婆的这种话特别敏感,或许特别容易入耳,梅姐一边从纪舒红端着的托盘里拿冷盘,往八仙桌上摆,一边笑着问:"你们这些臭男人,躲在房间里说什么呐?谁要讨小老婆?"可眼睛盯着欧紫生,这是明摆着的,这房间只有他敢大言不惭地谈论讨小老婆的话题。大家又都笑了,郁剑秋笑得最厉害,他直起笑弯的腰,说:"猴子要讨小老婆,我们都在成全他。他讨了小老婆之后,就可以少来酒楼了,省得他整天在你们俩面前晃来晃去的。"

纪舒红在旁边插了一句,"他呀,欠了一屁股的债,大老婆还没有呐,就整天想着讨小老婆。"大家又是一阵大笑,欧紫生也笑了,笑得很轻松,似乎忘记了先前的尴尬。

那天,赵诗梦在酒楼里待得很晚,和纪舒红一起回了她住的地方。

石炫钟外甥的事情按照郁剑秋的点子,实施的很顺利,他外甥第二天就被保出来了。在报纸上刊登了那篇小文章后,巡捕房很快就撤销了案子,事先欧紫生也领到了赏钱。

第九章 上善若水

  自从阿敏出走后,赵诗梦为了照顾他们一家,把阿敏的妹妹鲍逸芸安排到杂志社里工作,像帮助阿敏一样,让她边读书边做事。鲍逸芸虽比阿敏文化程度低一点,但会记账。起先赵诗梦只让她做财务记账这一块,偶尔会指导她如何排版和审稿。由于她跟父亲学过简笔画,会画一些鸟鱼花草,他就会在排版时,有意在页面上留出一点空白,让她可以画一点小画,填补空白,增加信心;在审稿方面,她最初整天拿着一本字典,东查西查的,好在她有着天然的细心,弥补了文化的不足,进步很快,几年下来,她在社里几乎能够独当一面。

  那天,鲍逸芸没有来出版社,这已经是她连着两天没来了。赵诗梦在办公室里未看到她,便向小杜打听。小杜说鲍逸芸来过电话,好像她父亲生病住院了,病情堪忧,似乎快不行了。

  赵诗梦听到这一消息,没有说话,一声不响地坐回到自己的编辑室,依旧把一双脚搁到写字台上,跷得比头还要高,斜靠在椅子上,慢悠悠地点燃了烟斗,吐着烟圈,眼睛盯着脚上的那双香槟色皮鞋发呆,脑海里浮现出了阿敏出走前前后后的故事,想着为什么会变成这样。这些年来阿敏音讯全无,远远出乎了他的预料,随着时间的延续,使他越来越感到不安,心想也许和阿敏私奔的舞娘施了什么魔法,让其不思回家。他使劲地想回忆起那次和阿敏跳舞的舞娘长什么样,可怎么也想不起来,又想到阿敏的出走,给这个家庭带来巨大的伤害是显而易见的:两年前,阿敏母亲是喊着儿子名字去世的,现在又轮到其父亲了。

他想假如自己没有带阿敏去跳那场舞,也许这个家庭就不是今天的样子,阿敏会按部就班地结婚生子,照顾一家老小,甚至还会其乐融融。赵诗梦不由得把这个家庭的不幸都归责于自己数年前一次偶然的鲁莽,深感自己的罪过不小,所以他从来不敢把那次自己带阿敏去跳舞的事情告诉他们,对于这个家庭,他心中一直有着一种很深的内疚,久久挥之不去,于是他决定去医院探望老人。他在出门前,问了一下阿敏父亲住的是什么医院,小杜答道:"是广慈医院①。"

赵诗梦驱车在医院大门口停下,车外阳光明媚,直射的太阳让人睁不开眼睛。他拉了拉那件薄型的棉麻西装,穿过草坪,看到几栋错落有致,漂亮气派的清水红砖楼房,每栋楼房都有巨大的窗户,从窗内飘出洁白的窗帘,楼房之间绿树成荫,整个医院的格局让人感到静谧温馨,亲切怡人。可眼下却被一道黑色的篱笆一分为二,原医院的病房楼已成了日军野战医院,可以透过绿化和篱笆,隐约看到黄绿色军装的身影。那里,上海滩的老百姓是不能进的,就医的市民只能住进老房子。

由于医院的一半变成了日军野战医院,许多市民都避开这家医院,不到万不得已,一般不会来此就诊,所以老房子虽不大,但里面的病人不多,医生和护士也很有限,显得空荡荡的,冷清而没有生气。赵诗梦没费什么劲,就找到了阿敏父亲住的病房,房间里非常干净整洁,高高的房顶符合作为病房的通风要求,可以容纳七八张床位的病房里只有两个病人,显得很安静。

靠在病床上的阿敏父亲先看到赵诗梦,抬了抬头,背对着门口的鲍逸芸回头见是赵诗梦,赶紧站起来,说:"哦,社长呀,我爸爸病了,还让您过来看望,真不好意思。"

阿敏父亲的脸瘦得就像骷髅一样,面无血色,灰败不堪,脸上的皮肤仿佛紧紧绷在骷髅表面似的,样子很怕人,不知道是不是他看到了赵诗梦的缘故,整个脸上唯独两只眼睛带着一息生气,透着一层微笑。赵

---

① 广慈医院:今瑞金医院。

诗梦看着骨瘦如柴的他,先是一阵惊讶,心中不免升起了一股怜悯,老人的病容超出了他的想象,他平生第一次这么近、这么直观地面对如此羸弱的病人,心想人生了病怎么会变成这样。见老人一边咳嗽,一边用手支撑着准备坐起来,他想上前阻止,以免其咳嗽更加厉害,可鲍逸芸赶忙扶起父亲,往其背后塞了一个大枕头,说:"让他坐起来吧,否则会咳很长时间。昨天晚上他一躺下来就咳,坐着略微好一点,他就坐了一整夜。"

赵诗梦安慰了几句阿敏父亲,把鲍逸芸拉出了病房,询问她父亲的病情。她简单地介绍说,父亲已经咳嗽大半年了,上个月开始咳血了,医生已经用尽了所有的药,都没有什么起色。赵诗梦心想病入膏肓大概就是这个样子吧。

鲍逸芸朝病房里的父亲瞥了一眼,侧过身子,像是避免给父亲听到似的,轻声叹气道:"听医生讲,没办法了,爸爸坚持不了几天了。"停了停,低头补了一句,"这几天,我想好好陪陪爸爸。"

赵诗梦捏着她的手臂,点了点头说:"应该的,社里的事情你不用考虑,现在只要照顾好你父亲,比什么都重要。"仅凭常识就可以看出,这段时间的医药费不是小数字,他心想按照他们家庭的条件是无法承受的,自己面对他们家的灾难,除了给钱和口头安慰,什么也做不了。他松开捏着她手臂的手,盯着鲍逸芸的眼睛,问了一句,"钱够吗?"

鲍逸芸扭过头,吞吞吐吐道:"我把姆妈留给我的一点点软货全当了,还向邻居凑了一些钱。"

赵诗梦听了她的回答,有点发急,愠怒地低声叫道:"你为什么不找我要?如果你早点告诉我,也许你父亲能够早点住进医院,就不是这个结果了。我的办法肯定比你多。"

鲍逸芸再也抑制不住自己了,一下子扑到赵诗梦的怀里,呜咽道:"爸爸不让。"而后就哭着抽搐起来,断断续续道,"他说姆妈死的时候,已经用了您许多钱,他生病绝不能再用您的钱了。"

赵诗梦扶着鲍逸芸的身体,一动不动。在他看来她还是一块未经雕琢过的玉,一个纯情的少女,除了父亲和哥哥,还没有与其他男人有过如此亲密的接触,他能够感受到她身子在颤抖,但他无法判断这样的颤抖,是因父亲的病情而悲痛所致,还是第一次倒在男人怀里紧张所引起的。他一动不敢动,无言以对,让她趴在自己的肩膀上哭了一会儿,递上了自己的手帕,让她擦干眼泪,随后,两个人进了病房,从外表看起来他们都非常平静,可赵诗梦却心起波澜。

阿敏父亲睁开眼睛,看到他们已站在床边,有气无力地说:"我知道自己的病情。我担心的是,我走了以后逸芸和她妹妹的生活。"

赵诗梦赶紧答道:"你会好起来的。她们姐妹俩,你也用不着担心,如果有难处,我会好好照顾她们的。现在鲍小姐在社里干得很出色。"尔后,跟了一句,"你不要多说话了,好好休息。"

老人吃力地抬起眼睛,犹犹豫豫问道:"还有,阿敏还是没有消息吧?"说完这句话,很明显他的眼眶有点湿润。

这是赵诗梦最怕的话题,虽然他不曾向老人讲起过,是自己带阿敏去舞厅的故事,但还是感到仿佛是自己弄丢了他的儿子,是自己对这个家庭犯下的罪孽,他除了硬着头皮战战兢兢地点了点头,无法多说一句话。鲍逸芸在旁边替他解围,回答了一句:"爸,哥哥这么大的人了,又聪明,肯定会自己管好自己的,你不用担心。"

老人向鲍逸芸挥挥手,示意让她出去,他看着女儿的背影,硬撑着拉过赵诗梦的手,握在手里,摇了摇头说:"阿敏这个孽种,要不是你这么帮他,他只配在上海滩做个小瘪三,我不想他了,就当我没生过这个儿子。"顿了顿,大口换气后,又吐出一句,"你看逸芸怎么样?"

赵诗梦感到老人握住自己的手是冰凉冰凉的,大夏天被这样的手拉住,让他背脊直冒冷汗。他顾不得缩回自己的手,不知道老人要问什么,迟疑了一下,只能泛泛地答道:"你女儿,鲍小姐很好,聪明好学,在社里的工作也很能干。"

老人似乎没有在听,自顾自地继续说:"她姆妈活着的时候,看逸芸经常回来说你的好,就有了一个心愿,想把她嫁给你。即使做小,也可以。她姆妈在两年前去世的时候,正式问过逸芸,孩子也没意见。我想现在该是跟你说这话的时候了,如果你能娶她,是她的福气,我跟她姆妈也安心了。"老人不知道哪里来的气力,一下子把这段话一股脑地说了出来。

赵诗梦从来没有想过这个事情,想不到老人在这个时候提出这样的想法,感到非常诧异,让他一时无所适从。从前他对鲍逸芸的好,是他的人品所致,和这个家庭发生的各种故事有关,绝非对她存有非分之心。他注视着老人,像条件反射似的,以很认真的口气答道:"鲍先生,不要想得太多,您放心好嘞,不论怎么样,您女儿是个好姑娘,做她的夫君,我配不上,但我会把她当妹妹一样照顾好的,只要我有一口饭,就不会饿着她的。其他的,您就不要多想了,好好养病吧。"

老人慢慢地眨了眨眼睛,带着期许的眼神,以微弱的声音说:"拜托你了,她是个好姑娘。"老人说完这句话,似乎很累,微闭着眼睛,但紧绷在脸上的皮肤有所松弛,仿佛还带着一丝微笑。

赵诗梦再次默默地点了点头,突然他发现鲍逸芸不知何时已在自己的身旁,他不知道老人刚才对自己说的话,她是否听到,心想但愿她什么也没听到,他似乎感到身受这对父女的两边夹击,产生了尽快离开的念头。他趁老人微闭眼睛之时,便轻声说了一句:"鲍先生,好好养病,不要多想,今后的事,您放心好嘞。"转身对鲍逸芸吩咐道,"让你父亲好好休息养病吧。"他给她留下了足够的钱,就匆匆离开了病房,算是结束了探望。

病房外依旧艳阳高照,树荫下郁郁葱葱,一片生机勃勃的景象。赵诗梦来到了室外,感到一阵轻松,可耳边不时地响起老人的那句"即使做小,也可以",虽然他已经说了"我配不上"的话,但心里还是感到痒痒的,无比喜悦,也许有人愿意做小是对男人最高的奖赏吧,是一件值得纪念和骄傲的事情。

赵诗梦的眼前浮现出鲍逸芸的身影。平心而论,自从她来杂志社做事,除了有关社里杂志的事情之外,他并没有特别关注过她,尤其没有对她有非分之想,即使从男人欣赏女人的角度来讲,他也很少注意到她的漂亮和可爱。

　　让赵诗梦唯一印象深刻的一次,是鲍逸芸刚来杂志社做事不久。那天也是和当下一样的盛夏,午饭过后,一个宁静的午后,社里的人都在打瞌睡,赵诗梦也在编辑室里屋跷着双脚午睡,听到外面马路上有老太太"栀子花,白兰花"的叫卖声。在这条马路上,类似这种叫卖声不稀奇,稀松平常,甚至有时候叫人嫌烦,却想不到鲍逸芸听到了,一下子从椅子上弹起来,噼里啪啦奔到外面,叫住了老太太要买花,竟然把大家都吵醒了。当大家重新开始做事时,屋子里充满了花的芬芳,香气甜润。由于此前社里没有女孩子,栀子花白兰花之类的,从来不入门。赵诗梦有些好奇,看了看她衣襟上挂着两朵白白的白兰花,在桌子角边的小碟子上盖着湿漉漉的手绢,他又揭开手绢看了看,下面整整齐齐地摆放着两对四朵白兰花,一根细铅丝的两端分别绑着两花儿的尾端,组成一对,铅丝中间可以随意绕在衣服的纽扣上挂起来,作为女孩子的一种随身装饰,既雅致又清香。他拿起一对花儿端详一会儿,又闻了闻。鲍逸芸偷偷地瞟了他一眼,难为情地一笑,像是赵诗梦窥探到了她的秘密,低垂着眼睛解释道:"刚才这位老婆婆卖的花特别便宜,我替妹妹也买了两朵,这样用湿布盖着,花儿就不会发干了。"

　　赵诗梦周围虽有不少各种各样的女朋友,不乏矫揉造作的,妩媚发嗲的,但像鲍逸芸如此可爱可心的纯真女孩还是第一次遇见。他转身对在一边的老黄头和小杜说:"我们的鲍小姐真好,这么照顾妹妹,今后要是谁娶了她,肯定是个有福之人。"这让鲍逸芸红了脸,低着头,一声不响。

　　老黄头应了一句:"那是肯定的。"他过来也拿起一对花儿,放在鼻前闻了闻,说,"这花真香,把我们房间里的烟臭味,全都赶走了。"

　　鲍逸芸不好意思地说:"你们不喜欢,以后我就不买了。"

　　赵诗梦按原样放下花儿,像是哄小孩似的口吻安慰道:"没有,没有,我们都喜欢这样的香味。花香让办公室变得雅致了,是一件好事。"

此后,每当马路上有"栀子花,白兰花"的叫卖声,他们的办公室里就会弥漫起淡淡的花香。这一段小插曲,是赵诗梦第一次感到鲍逸芸是一个可爱之人,把她当成一个小女孩,但仅此而已,绝无任何苟且之心。眼下听到这样的女孩竟然愿意做自己的小老婆,不论今后这等好事是否能够成真,免不了让他情不自禁地春心荡漾。

　　赵诗梦一路胡思乱想,回到了杂志社,得意地用食指转着钥匙圈,一进门便不由自主地朝鲍逸芸平时坐的位子瞄了一眼,想不到这个位子上恰巧吴进源坐着,悠然自得,跷着二郎腿在等他。赵诗梦没想到吴进源会在办公室等自己,有点小小的惊讶,问道:"有何贵干?"

　　吴进源调侃道:"这几天,在四合酒楼没见到你人影,想你了,来看看你究竟在干什么。"

　　吴进源手里捏着一只信封,跟在赵诗梦身后,进了里间编辑室,毫不客气地在客人用的沙发上一坐,说:"承蒙弄堂政府看得起,敝人也算上海滩的名流,被邀请参加庆祝收回租界的晚会,请帖上还注明可以携贵宾一位。据说晚宴后,有美女如云的舞会,我有了这等好事,总是忘不了你,我现在向你发出邀请,意下如何?"

　　赵诗梦朝他手上捏着的信封瞄了一眼,坐到写字台前,弯腰从桌下的废纸篓里捡出了几片撕碎的纸片,放在桌面上压平,拼凑了一下,原来也是一只信封,和吴进源手上的一模一样,阴阳怪气地问道:"我的请帖已成这样了,不知道还能不能用?"

　　吴进源有些诧异,有些尴尬,道:"哦,他们的请帖也发给你了。"他故作沉着的样子,脱下西装,搁在旁边的沙发上,画蛇添足似的说明道:"你是知道我性格的。就一般而言,这种为日本人贴金的晚会,我是不会去的。但据说在晚会上没有日本人,只有一些老面孔,我想去看看有哪些老面孔。"

　　赵诗梦感到有些蹊跷。自己所了解的吴进源本应对这种聚会是不屑一顾的,他不会不知道出入这种聚会的人的社会背景的,大多是弄堂政府想拉拢的人,或者是想讨好弄堂政府的那些人。为什么这次如此上心呐,口口声声说要看老面孔,是说说而已,还是另有所指,如果有所指,那么让他如此上心的是什么人呐,却不得而知。赵诗梦顺着他的话,问道:"吴兄,你想看的是那些老面孔呀?"

吴进源打了个嗝,答道:"嗯,我想今天去的人当中肯定有些著名的作家什么的,"语气有点仓促,似乎未来得及仔细推敲,后又加了一句,"或者什么文化名流之类的。"

赵诗梦听到"作家"两个字时,一下子明白了吴进源想去聚会的真正用意了,凭经验就能猜出和弄堂政府走的很近的白雪肯定会出席这样的聚会,于是用怪里怪气的口气道:"是不是想去看看我们的著名女作家?"他故意没有说出白雪的名字,接着又拉长了语调,"这种场合见面,不太好吧?"瞟了他一眼,又补充了一句,"主要是名声不好听。"赵诗梦想如果自己没有猜错的话,吴进源应该能听懂这些没头没脑的话。

吴进源有点心虚,投降了,不再拐弯抹角了,直接问道:"你说的是白雪吧?是否听到些有关她的什么事了吧?"

赵诗梦看到自己没有猜错,吴进源确实是奔着白雪想去参加晚会的。看来在猜测白雪是否也会出席这样的聚会上,他俩是相当的一致,也许这可以从白雪近来的出名和她的所作所为中推导出来。虽然,赵诗梦不希望吴进源参与这种聚会,但也不会把道听途说来的有关白雪的故事全部告诉他,便转了个弯,开导起他来:"现在,她可不得了,是大作家了,肯定已经把你给忘了,你再挖空心思地去见她,有意义吗?"

吴进源不关心白雪是否出名,他更关心的是她和哪些人搞在一起,说:"我已经四五年没有见过她了,早已把她忘得差不多了,不过我知道她的小说《花开花落》,让她名气响了不少,我想看看她现在周围是哪些朋友。"

赵诗梦知道他们的恋爱故事,又了解吴进源的性格,由于他几乎是被她甩掉的,而不是他甩掉了她,这种事情在他的罗曼史上不多见,他有一种不服输的耿耿于怀的感觉,或者尚存一丝情感。赵诗梦突然想起《花开花落》里有吴进源的影子,书中后半段出现的和一个女主人公纠缠不清的照相馆老板有点像他,而且把他描写成是一个"像动物一样的男人",非常丑陋。如果吴进源仔细读过这本书的话,他肯定知道白雪写的这个照相馆老板是自己,或者以自己为模特儿写成的,有点变相的在骂他。赵诗梦小心翼翼地问道:"好像她的《花开花落》卖的不错,你也读过?"

吴进源身子往后一靠,使劲地恶狠狠道:"当然读过,而且还读得很仔细,她真是一个用身体写书的女人。"停了停,又笑了笑,"不过蛮好白相呃,书里面的那个开照相馆的,好像讲的就是我,把我描写的奇丑无比,像个小开加流氓,恶劣得不得了。"

赵诗梦听了,笑了起来,心想他的气量倒蛮大的,并不在意白雪在书中如此诋毁他,便宽慰道:"开照相馆的人多得是,书中的人又不一定是你,而且小说本身就是杜撰之物,何必自取其辱呐。"

吴进源说:"那个开照相馆的人,怎么可能不是我呢?书中说'在上海滩最高的国际大饭店下面开了一家照相馆,一半是为了赚钱,一半是为了勾搭女人,对于他来讲,再也没有比这种职业更好的了',这不是明摆着指我嘛,上海滩谁不知道在国际大饭店下面开照相馆的只有我吴某人一人,还说我是玩弄女人的高手,是女人的一剂毒药,和我相处过的女人无不爱恨交加,含泪收场。我真想带着这本书,让她在书的封面上签名,谢谢她对我的美誉。"他说这段话的口气很滑稽,从愤愤然开始,却以笑嘻嘻结束。

这段话让赵诗梦笑得更加厉害了,笑停后,看吴进源一点不忌讳谈论《花开花落》中的自己,索性带着调侃,语气轻松地劝说道:"你本来就是个情场高手嘛,难道她写的不对吗?人家这么绝情,把你的老底都兜出来,公诸于世了,我看你们的见面嘛,还是省省吧。你要是有胃口,也可以写一本,骂骂她,也许也会来一个大热卖,我闲来无事,在旁边也可以拜读拜读,看看热闹,取点经。"

吴进源沉思了一会,说:"听说她和宣传部的吴次长勾搭上了。我想今天的这种晚会,那位次长大人肯定会出席,她嘛,我看不会不去。

所以我想去看看，他们到底是怎么回事。"他终于说出了自己的打算。

赵诗梦出于对朋友的爱护，不想和吴进源多说有关白雪和那个吴次长的故事，原因其一，这种故事没有实质性的证据，属道听途说，小道消息；其二，探究这种故事的真伪，对他没有任何好处，只能把他带入歧途。赵诗梦也不想让他有这种探究的念头，直截了当地分析道："我断定即使他们两个人都到场，肯定不会有什么破绽的，装也要装出大大方方，体体面面的样子。这种苟且之事，怎么会在公开场合让你看出什么蛛丝马迹呢。即使有什么事，你已经和她没有关系了，她跟别人有什么来往，关你屁事。"

吴进源听他说的有理，一声不响地看着他，隔了好一会，蹦出一句："好，就听你的。"尔后，他拿起请帖，慢慢地将其撕成了两半。

赵诗梦看到他不去聚会已成定局，急忙为他填补晚上的空缺，说："我很想打麻将，帮我凑一桌吧。"

吴进源歪着头，两眼放光，笑嘻嘻说："前几天，我遇到了一位老朋友，你也认识，就是那个为美国人推销别克小汽车的'瞎子'，贾孝平，以前考究得不得了，受美国人影响，嫌麻将不卫生，现在却到处找人搓麻将白相。"以戏谑的口气，补了一句，"哼，日本人来了，美国人逃走了，从此他就失业了，有空搓麻将了。"由于贾孝平深度近视眼，在麻将圈内大家都叫他"瞎子"。

赵诗梦叹息道："自从太平洋战争爆发后，这一年多来，上海滩像他这种失业的事情太多了。好啊，我已好久没见到瞎子了。前几年轿车卖的那么好，忙得搓麻将的时间都没有，他也赚够了，这些钱够他玩一段时间的嘞。"另外一位麻将搭档，他们邀请郁剑秋。

贾孝平是被美国老板调教出来的，大热天依然是西装笔挺，一丝不苟，尽管戴的眼镜镜片像啤酒瓶底一样，却总是一副趾高气扬的样子。贾孝平一进门，看到其他三个人已经在茶几旁，喝茶抽烟聊天等他，可他连招呼都没打，直接手舞足蹈地叫道："这几天，马路上到处是祝贺收回租界的标语，看了真让人受气，租界没有了，我们的自由又少了一层，弄堂政府跟在日本人后面,能把上海滩管好吗?还不如不收回呐。"尔后,似乎嫌这通牢骚还不够,又加了一句,"真让人受气,弄堂政府还恬不知耻,居然要开庆祝派对,愚弄老百姓。"

他的滔滔不绝,引起了其他三人的哈哈大笑,吴进源朝赵诗梦看了一眼,以笃悠悠的口气道:"上海滩的老百姓是见过世面的,不好愚弄。他们的派对嘛,也不值钱,我们在座的都收到了他们的请帖,却都聚到这里,来陪你打麻将了。"

郁剑秋插话说:"我们报社前一段时间让他们检查了好几次,气都气死了,这次要我们派记者去采访庆祝会的'盛况',我们没有一个人愿意去。有个记者的回答,真叫绝了,说他今天晚上有更重要的事,要去采访一个妓女过生日的派对,没空。"又引起一阵大笑。

等到大家笑停,贾孝平看了一圈大家,从麻将桌旁拉过一把椅子,坐下,点了一支香烟,叹气道:"车行关了,不搓麻将,真不知道还能做啥。现在,我手上还有两辆别克没有出手,你们知道有谁要,就告诉我一声,就当帮我贾某人的一个忙。"

吴进源消息灵通,知道他的一些情况,笑着揶揄道:"我上次碰到你,你没说过嘛。这两辆车是哪里来的?不会是从你美国老板那里偷来的吧。"

贾孝平一本正经地说:"我的车虽是行里的,但不能算偷,要说偷只能说是从日本人手下解救出来的。"看大家都盯着自己,他便继续解释说,"那天,日本人来得太快了,老板根本来不及准备,就逃了。他知道这一去,不知道何时才能回上海滩,所以把行里的三辆作为样品的车子都给了我,要我把它变现,分给行里的十一个职员,算是遣散费。前几个月我总算处理掉一辆。另外,还有行里在银行的钞票,老板个人在汇丰银行保险箱的金条和房契,他去取的时候,已经都被日本宪兵作为敌产冻结了,拿不出来,也算是给我们了,可我也没办法把它拿出来。在座的有没有这个本事,当然,我贾某人是会付酬劳的。"

郁剑秋说:"你的美国老板蛮大方的嘛,遣散费还不少呢,这些东西变现了,你们这些人可以花一段时间了。但愿美国人早点打败日本人,省得你们乱花老板的钞票。"

赵诗梦的口气像是老到的时事评论员:"我看快了,最多还有两三年吧。"接着扫了一圈大家,补充道,"听人讲,今年年头日军就撤离了瓜达尔卡纳尔岛,太平洋战争的局势调了个头,美国人开始进攻了,日本人变成防守了;在欧洲,苏联也开始反攻了,德国人和日本人一样,也在朝后退。"其实,这些消息都是他从短波收音机里听来的,但不愿意在人前直说自己在听海外广播。

贾孝平煞有介事地点了点头,以示赞同,用很肯定的语气添油加醋道:"美国人了不起。当然,打败日本人只是迟早的事情。"

吴进源向贾孝平问道:"我们不管打仗的事了。我先问你,那三辆轿车,是怎么弄出来的?"

听到有人问车子的事情,贾孝平有点得意,兴致勃勃地答道:"那天,我手快,一看日本人进来了,苗头不对,连夜把那三辆轿车开出去,藏了起来,又马上赶回车行,做好假账,以备日本人来查。想不到他们第二天真的就来了,扑了一个空。好险呃。后来我才知道,他们为什么这么急着来检查我们的车行,其实,那时他们也急需我们行里的那种高级轿车,供他们的头儿使用。"

吴进源接口说:"银行的事体,我来给你想想办法,找个跟日本人打得上交道的朋友,叫他们帮帮忙。"转而问道,"怎么还有房契?是你老板自己住的房子?"

贾孝平想了想,答道:"房契是车行现在用的房子,是老板在民国十几年顶下来的,不是他自己住的,他喜欢住酒店。银行保险箱里的东西嘛,主要是十几根大黄鱼和这份房契,银行里的现钞没多少,拿不出来也无所谓。"

吴进源调过头来,对赵诗梦说:"去找找我们的凯欣兄,他是你留英的老同学,不知道行吗?"

赵诗梦有点不置可否,也不太想管这摊子烂事,犹犹豫豫把自己知道点滴有关虞凯欣的近况说了出来:"听说他经常不在上海,在南京,好像又讨了第三房小老婆,正春风得意,热闹着呢。不知道他在那里还够得着上海滩的事情吗?"委婉地补了一句,"哪天有空,去问问他,顺便欣赏一下他的新老婆。"

吴进源眼睛一跳,装出一副非常妒忌的样子,笑着叫道:"是嘛,这个家伙还真有本事,我到现在为止连一个老婆都还没讨呐,他大大小小讨了三个。"大家都跟着笑了。他似乎看出了赵诗梦不想管贾孝平的事情,在后面跟了一句,"我跟诗梦兄以前和这位仁兄很熟,可几年前,这个家伙和日本人搞在一起,实在不讨人喜欢,让人敬而远之,我们也有好久没见面了。"这话听上去像是对贾孝平打预防针,万一办不成,不要埋怨。

贾孝平看他们俩一唱一答,都不能明确,只能退一步,说:"不急,现在我还有钱可用,这事放在心上,等以后有机会吧,等我们吴兄讨了老婆再讲也不迟。"尔后,他把椅子移到麻将桌旁,转身脱掉西装,搭在椅子上,坐下带头伸出双手开始洗牌,笑嘻嘻地呼唤大家,"还干坐着干嘛,快入座吧。"

郁剑秋跟着站起来,离开茶几,坐到麻将桌旁,用双手在桌上大幅度地洗牌,竹骨麻将发出清脆的碰撞声,"哗啦啦,哗啦啦"的洗牌声似乎有着一种神奇的魅力,把剩下的两位也召集到麻将桌旁。他一边开始筑起麻将城,一边说:"来,入座吧,派对就免了,让我们以搓麻将的方式悼念逝去的'租界先生'吧。以后我们可再也没有它的庇护了,'租界先生'安息吧。"他竟然把租界尊称为先生。

赵诗梦感叹道:"这话听上去蛮悲哀的。哎,还是指望着早点把日本人打败吧,才能算把租界这一段历史翻过去。"

贾孝平推了推眼镜,双手使劲地在筑着麻将城,叫道:"日本人敢跟美国人开战,那就死定了。大家勿要牵丝扳藤[①]了,快快洗牌筑牌吧。"

---

① 牵丝扳藤:(沪语)意为磨磨蹭蹭。

麻将就像老酒一样，有着麻痹作用，而他们这些人对麻将的喜欢是深埋在骨子里的，一旦玩上了，不但能够让人遗忘现实，那一点小小的刺激又像是催化剂，能把遗忘催化到无以复加的地步。随着优雅清脆的洗牌声，一阵高过一阵的"哗啦啦"声，他们忘记了现实，忘记了各自的身份，忘记了租界已经死亡，忘记了悲哀，甚至忘记了屋外还有一个漆黑的上海之夜，就这样一直持续到天明。

第二天早晨，赵诗梦没有回家，直接去了杂志社，在编辑室里打了个瞌睡，醒来后，犹豫再三，决定打电话给虞凯欣。于是他喝了一口茶，清了清嗓子，拨通了虞凯欣在上海别墅的电话。正巧，虞凯欣在家，听说赵诗梦他们有事找自己，他盛情邀请他们去别墅小聚。赵诗梦考虑到去他家里可能有保镖守着，进进出出有所不便，就约他在国际大饭店吃午饭，虞凯欣略微犹豫一下，还是同意了，并答应准时到。

赵诗梦叫上吴进源，按时闲坐在国际大饭店西餐厅里，等着虞凯欣。吴进源滔滔不绝地讲述着他在照相馆遇到的形形色色的客人，赵诗梦打着哈欠，却一句都听不进去，在心里梳理着自己和虞凯欣的往来。自从那次去他家里庆贺乔迁之喜之后，掐指一算，他们俩已有六年多没见面了，寻思自己如此冒失地打电话邀他出来是否妥当，尽管他一口答应，但不知道为什么，这个问题从挂了电话之后，一直萦绕在他的脑子里。他们毕竟六年多没见面了，他心想一场战争把上海滩的有些人贴上了不同的标签：老百姓窃窃私语中的汉奸，可在报纸上照片里，光鲜夺目，飞黄腾达；周围的环境发生了如此翻天覆地的变化，人岂能不变呢，问题是他现在变得怎么样了，偶尔从报纸能够看到他的消息，是弄堂政府的重要人物，处理着外交大事，貌似一个不小的人物。赵诗梦想到这里，伸了个懒腰，抬起眼皮，打断吴进源的自说自话，问道："你有多长时间没见过凯欣兄了？"

吴进源想了想说："好像有五六年了。在第二次淞沪战争结束的时候，为了你那本《一寸河山，一寸血》专辑，在那个荷兰人的印刷厂的地下室里见过一次。荷兰人是他帮我介绍的嘛，荷兰人先是疙里疙瘩不肯印,我谈不下来,没有办法,就把他抬出来了。不知道荷兰人欠了他什么情,他一到很快就谈好了,结果还很便宜。这件事后,就一直没跟他联系过。"

赵诗梦感叹道:"他这个家伙,乱七八糟的朋友可真多,还有荷兰朋友,那本专辑真要谢谢他了,我也有很久没有见过他了。"想了想,又补了一句,"我比你还要久没见到他了,现在我们这样匆匆忙忙把他约出来,好吗?"

吴进源不以为然地答道:"只要他肯出来,这就说明他现在虽在弄堂政府里做官,算是汉奸吧,可他还没有忘记我们,应该没有什么问题吧。"

赵诗梦想了想,吐出了一句似乎是说给自己听的话:"但愿如此吧。"

他们俩又等了许久,餐厅里客人不多,在他们这一片,只有他们俩,略显孤零零的。吴进源扫了一眼周围,不见虞凯欣的人影,又看了看手表,抱怨道:"已过了半小时了,这个家伙也迟到得太久了,太过分了。"

赵诗梦也向餐厅门口瞥了一眼,又看了看窗外,开玩笑说:"他在出门时,不要让抗日志士给刺了。你我都认识的穆时英,不就这么死在马路上的。"停了停,又加了一句,"如果是这样的话,那就太不好玩了,我可就欠他一辈子的了,看来我们今天不应该约他出来。"

吴进源应着他的玩笑,似乎自言自语道:"我真应该在以前记住他的身高尺寸。"

赵诗梦没听懂,不明白地问道:"为什么?"

吴进源故作认真地答道:"这样,我就可以为他量身定制一副好棺材了。"而后,偷偷地坏笑,盯着他,看他的反应。

赵诗梦恶狠狠地瞪了他一眼道:"你这个人,嘴真坏。"

吴进源继续做出一副认真的样子,开导道:"你说的这种事情,完全有可能在他身上发生,他们这些人出门不离保镖的。到这里来,他要穿过大半个上海滩,你想想要经过多少个红绿灯呀。每次停车等红灯,都是一次危险,而且每条马路上又有那么多的人,保镖的一个疏忽,他就完蛋了。第一次刺杀张啸林的时候,人家不就是想利月等红灯时行刺的嘛。"顿了顿,用手指着赵诗梦,面露那种夸张的幸灾乐祸的坏笑,加了一句,"你这个老同学呀,一点都拎不清,这种时候叫他出来,也真够为难他的了。"

赵诗梦抑郁的脸上,露出了一丝僵硬的微笑,这种微笑带着自嘲和苦涩的成分,说:"如果他真的死在了路上,你可真要为他买一副好棺材。"

吴进源听出他话里的担心,哈哈大笑了起来,尔后宽慰中带着调侃道:"你这个家伙真不是东西,人是你自说自话约出来的,出了事情,又都赖在我身上。你放心好嘞,他现在不是好人,是坏人,命长着呐。"

赵诗梦吞吞吐吐地挤出一句:"也许我真不应该约他到这里来,而是我们去他那里。"后又把头往后一靠,一副无奈的表情。

吴进源感叹道,"这年头,汉奸也没那么好当的,还不如我们太太平平过日子呐。以前我们去过他家的那个香樟园,我估计,现在那个气派的草坪周围的几棵香樟树上,肯定缠着密密麻麻的铁丝网,弄得不好,假山旁漂亮的亭阁,已变成了碉堡,还有人二十四小时值守呐。"说完,他露出了一丝微笑,这笑里有一股惋惜和嘲讽。

赵诗梦跟了一句:"完全有这种可能。如果真的这样,那香樟园已完全没有了一个家的样子了,变成了一个固若金汤的城堡了。"

吴进源没有接话,只是无奈地笑了笑,笑完一抬头,看到虞凯欣正朝他们走来,立刻起身迎接,说:"哦,老朋友,等你好久了。"

赵诗梦一看到虞凯欣,刚才的抑郁表情立刻烟消云散,跟着笑脸相迎,心想但愿他没有听到刚才自己和吴进源的对话。

虞凯欣身着薄薄的深色呢制西装,配金色纽扣,西装袖口处恰到好处地露出半指宽的白衬衣,铮亮的黑色皮鞋,全身干净利落,考究得体,又十分精神。挺括的身板透着一股成熟男人的魅力,潇洒地拉开椅子入座,从西装的内侧口袋里取出一支象牙烟嘴,熟练地插上香烟,尔后点燃深吸一口,这一系列的动作优雅而洒脱。

赵诗梦仔细地观察着他,心想如此精神的男人,不愧可以讨三个老婆。他笑眯眯地故作眯起眼睛,细细打量的样子,夸奖道:"老兄,看你的气色很好嘛,穿得山青水绿①的,面孔白里透红,日子肯定过得很滋润吧。"

侍从递上菜单,虞凯欣没有看,也没有接,一口气快速报出了自己想吃的,尔后,向赵诗梦摇了摇手,亲切地笑着应道:"哪里,哪里,一言难尽呀!请不要用这样的眼神看着我,久违的老朋友就不要这样挖苦我啦。"而后,直奔主题,"老弟,找我什么事,尽管说,只要能够办的,我将尽力而为。"

吴进源一本正经地把贾孝平的美国老板故事说了一遍。虞凯欣表情严肃,想了想说:"银行的事情比较复杂。现在的上海滩被他们搞得一塌糊涂,银行呀,冻结财产这种事情归日本宪兵管,我只能说试试看,如果行的话,我打电话给你们。"顿了顿,像是突然想起来似的,"你们还是编一个中国人吧,说是他和那个美国人或者那个车行,准备一同新开一家汽车修理厂什么的,只是把金条放在美国人那里的,再搞一些契约、收据之类的凭证。这样我比较好说话。"接着问道,"不论成功与否,一个礼拜之内,我打电话给你们,是打给你,还是诗梦兄?"

吴进源没想到,事情就这么简单地谈定了,他伸了伸脖子,瞟了一眼赵诗梦,自告奋勇地答道:"电话打给我吧,主要是我揽下的这个麻烦事情。那个放款人也就算是我吧,我们做的那些凭证是否要让你过目?"

虞凯欣应道:"那些骗骗日本人的东西,我就不看了。不过做得好一点,逻辑性强一点,像真的一样。"尔后,笑着说,"到时候,我把国际大饭店下面的好莱坞照相馆,赫赫有名的吴老板抬出来,大东亚共荣圈可不能挡着他发财的路呀。"三个人都笑了起来。

---

① 穿得山青水绿:(沪语)衣着整齐清洁。

吴进源笑停后,说:"我们的凯欣兄,不愧是做过律师的,编起故事来,也这样有声有色。事成后,我一定让这家伙来好好谢谢你。"

虞凯欣应道:"不用谢,下个礼拜我可能不在上海。只要能够骗过日本人,就是小事一桩。"

他们的正事不到五分钟,已经全部说完了,就像是拉开了见面的序幕。吴进源一改刚才严肃略带紧张的表情,露出一副嬉皮笑脸的样子,伸出三个手指晃了晃,发问道:"听说,老弟又逢喜事啦,有了第三房?"

虞凯欣的表情像是被将了一军,一下子抽住了筋,但瞬间就恢复了平静,说了一句:"你们的消息倒是蛮灵通呃。"又看了赵诗梦一眼,面露苦涩的表情,笑了笑,认真地说,"哦,真不是你们想象的那样。人家小女孩跟我是事出有因,她人很漂亮,可被一个日本小赖皮缠上了,为了摆脱纠缠,叫我帮她举行一个婚礼,然后租一间漂亮的房间,就算是我的第三房了。但我们仅仅只是做给日本人看看的,免得那个小赖皮纠缠不休,没有结婚的实质,就是这么一回事。"

吴进源故意睁大眼睛,调皮地做出一副惊讶的样子,笑着说:"这样的忙,我也很愿意帮,以后有这样的好事,只要招呼我一声,我肯定做的尽善尽美。"

赵诗梦没有笑,或许比吴进源多想了一成,相信虞凯欣说的故事是真的,又似乎感到吴进源不应该如此戏谑,便恶狠狠地瞪了他一眼,阴阳怪气地调侃道:"吴兄,很遗憾,你好像没有这个资格。"

虞凯欣没有理睬他们俩的对话,自顾自地解释说:"那个女孩你们大概也知道,名字叫叶苒雯,是穷人家的孩子,好不容易做了演员,拍了电影,艺名是苒苒,当然在上海滩的女演员中算不上头牌,只拍过两部电影,也不是什么主角,可还是树大招风,引来了日本人。这个日本小赖皮仗着他叔父是关东军军官,就到上海滩来耀武扬威了,在一个什么日中文化交流会上见过那女孩两次,想霸占她。女孩家里只有一个姆妈,周围的人不知道什么原因,看到日本人都很害怕,不敢说话。她姆妈差一点就答应了那个小赖皮,最后求到我头上,我也想不出更好的办法,所以就演了这一出。我大摆酒席,从南京请了我所能够请到的那些日本的大人物,有军部的、政界的、商界的名流,再把那小赖皮也请来,他被我的排场吓住了,搞得一愣一愣的,没了办法,只能规规矩矩地向我祝贺新婚大喜。大概就是我的酒席摆得太大了,所以这个事情就传到了你们的耳朵里。自从我跟她假结婚后,小赖皮就再也不敢纠缠她了。"

吴进源会心地笑着,说:"芊芊倒是听到过,剧照也见过,是一个蛮漂亮的上海女孩。"他不再继续开玩笑了,见虞凯欣并没有把自己当外人,说话没有一点遮遮掩掩的,而是有名有姓,毫无保留,内心升起一股强烈的好奇心,想知道他在弄堂政府里的真实感受,笑眯眯地盯着他,似乎要从他的脸上看出自己想知道的东西,试探道,"不过想不到她是和你老兄搞在一起。你真有一手,英雄救美女,还弄得这么刺激,想必在你的圈子里,也有你的难言之隐呃。"

虞凯欣挺了挺胸,抿了抿嘴,苦笑了一下,眼神里依然透着精明,但似乎少了一层以往的自信,他看了看赵诗梦,又瞄了一眼餐厅的入口处,似乎欲言又止。

其实,赵诗梦和吴进源一样,他们周围没有像虞凯欣那样在弄堂政府内身居要职的人,对他的近况,或者说对他和日本人走得如此之近,有着同样的好奇心,只苦于没有机会和不知道怎么开口询问,才作罢没有打听,一直搁在心里。赵诗梦看吴进源已把话题引入了试探的切入口,便想抓住机会,一问到底,却一时找不到恰当的言词,只能笨拙而直白地问:"凯欣兄,近来过得怎么样?"此话一出口,觉得问得不够明确,刚才听到吴进源的话里有"你的圈子里"一词,觉得这词用得太妙了,有特定的指向,避免了臭名昭著的"汉奸"两个字,又含而不露,赶紧加进了这词,重复了一遍,"近来在你的圈子里,过得怎么样?"

虞凯欣又瞟了一眼吴进源,笑了笑,虽笑里明显带着一种难言的勉强,但从他的眼神可以看出,他对这样的提问早已了然于心,有备而来。他又抿了抿嘴,像是下了决心似的,说:"我知道,在大家上海人的眼睛里,我就是一个的的刮刮①的汉奸。我们这么多年的老朋友了,在你们面前我也不说假话。这个世界变化多端,人嘛,也有身不由己的时候,像我这样的情况,我有自知之明,所以我从来不敢主动找你们。今天赵兄打电话要我见面,对我来讲求之不得,让我激动了一番,老朋友没有抛弃我。我们这么久没有见面了,你们想知道我的感觉如何,也在情理之中,我也不想隐瞒。说句实话,目前的感觉,就像乘着一艘豪华的大轮船,可这艘船的船底已漏水,大家都知道,可能用不了多久就会沉入大海。至于我怎么会走到这一步的,我自己也糊里糊涂。我如此精明的人,怎么会走到这一步,到现在我还没想明白呐,我想……人啊,大概总有筋搭错的时候。但,现在有一点是明确的,我是没有将来的。"他的话一气呵成,就像他以前在法庭发表的辩护词一样,除了在说话间朝餐厅门口瞟了一眼,几乎没有停顿,似乎是预先准备好的,可他说话的声音远没有以往在法庭上那样铿锵有力,却是越说越沙哑,越说越沉闷,和光鲜亮丽的餐厅氛围极不协调,如果在黑暗中听到这样的声音,会让人联想到棺材里发出的声响,不吉利。他看到赵诗梦和吴进源一脸惊讶迷惑的表情,又解释了一句,"看看当前轴心国的形势,就知道我的将来了,不用猜。"最后一句的语气,似乎充塞着由心而发的哀怨,还夹杂着一丝绝望和挣扎,然而等他说完后,表情却表现出一种难以言状的轻松。

　　虞凯欣的话一下子把气氛带入冰点,浇灭了他俩的好奇心,赵诗梦不敢直视他,吴进源不敢再试探什么了,可又不知道说些什么,才能把这个话题继续下去。如果要说欣赏的话,谈不上;要说宽慰的话,也不合适;要说同情的话,似乎更难出口了,老朋友间深厚的情感和大是大非的觉悟混杂在一起,让人的脑子不够用,大家一下子尴尬地沉默着。

　　虞凯欣看了他们俩一眼,从烟嘴拔掉抽剩的半截香烟,重新插上一支,点燃吸了口,打破了沉默,自嘲道:"以后哪一天,我万一有个三长两

---

①　的的刮刮:(沪语)完完全全。

短,还望两位老兄对我好一点,送副好棺材,我会在地底下感谢你们的。"他把话题逼到了死胡同里,听上去有点像是在安排后事,让人无法接口。

赵诗梦惊讶地又一次听到了"好棺材"一词,和吴进源在闲聊中说的一模一样。他相信虞凯欣说的是由衷而发,是对时局的判断而作出的,心中升起一股悲哀,不是为时局,而是为虞凯欣,如此聪明绝顶、才华横溢的人竟然变成了这样。

赵诗梦抬头正好又看到虞凯欣朝餐厅入口处瞟了一眼,也随之向餐厅门口看了看,却看见有两个怪模怪样的男人在餐厅门外晃来晃去,猜测这两个人也许是虞凯欣的保镖,或者是跟来监视的,感叹他生活在一个怎样的世界里,内心涌出一种矛盾的感觉,既为自己感到不应该在这种时候约虞凯欣出来,给他带来麻烦甚至风险;同时又感到虞凯欣能在这种情况下来与自己和吴进源碰面,实在不容易,说明自己和吴进源在他心目中的地位,这是他没忘却他们之间友情的最好证明。赵诗梦想说点什么,却不知道说什么好,脑海里涌出了一句不知道哪里读到过的,"在动荡的时局潮流中,暗流涌动,个人只要一不小心,就会变成一支无根的浮萍,甚至会让你粉身碎骨,死无葬身之地",心想眼前就是这句话的真实写照。

侍从端上了主菜薯烩羊肉,放在虞凯欣面前,这是他自己点的。虞凯欣拿起叉子,熟练地叉起一块羊肉,闻了闻,尔后往嘴里一送,赞美说:"好香,正宗英式的。"接着又叉起一块,仔细看了看,苦笑着说,"我已经好久没吃西餐了,有点馋痨①,尤其是英式西餐。"见他们俩疑惑的样子,却没有刚才那样紧张和严肃了,他想这个话题可以继续,便解释说,"那些日本人,真是些乡下人,只会自以为是,夜郎自大,什么都不懂,拒绝所有的英美文化,比如禁止上映英美电影,禁止出版英美书籍,在他们圈子里甚至禁止英美饮食文化,包括英式西餐和美式西餐。但

---

① 馋痨:(沪语)嘴馋。

西餐有意式、德式、法式、俄式西餐等,一般人很难分清楚哪些是英美西餐,哪些不是英美西餐,更何况他们日本人当中有许多人在来上海滩之前,都没见过西餐几次,他们就粗鲁地把所有的西餐当成了英美文化来处理,加以拒绝,真是愚蠢之极"。

吴进源眼睛里放着光芒,像是发现了新大陆,好奇地问道:"原来那些神气活现的日本人,都是他们国家的乡下人?"说日本人是乡下人,在见多识广的吴进源或者赵诗梦听来,确实有点稀奇。也许他俩接触日本人的机会不多,只能看到日本人作为占领者的外表,没有像虞凯欣那样深入。

虞凯欣看到赵诗梦的眼神里也有同样的疑问,仿佛找到了一丝以往的自信和气场,他松了松领带,放下叉子,说:"就花花世界而言,即使日本的东京也没有办法跟我们的上海滩比,这你们都知道的,上海滩是和纽约、伦敦、巴黎齐名的。只不过我们的洋务运动失败了,他们的明治维新搞得好,国民的平均教育水平比我们高,很早就消灭了文盲,国力比我们强。至于那些在中国的日本人,他们中许多人的老家就是地地道道的乡下,最多只是一个中学毕业的农民,到中国来之前,甚至还没有去过他们的东京或者其他大一点的城市,直接就从乡下过来了,他们哪里看得懂上海滩的花花世界呀。就拿看上苒苒的那个日本小赖皮来说,他的老家就在日本东北秋田下面的,一个名不见经传的叫什么半岛的小地方。那里冬天整天冰天雪地的,冷得要死,家里是靠做咸鱼酱谋生的,他中学毕业在家里做了几年咸鱼酱,加入了他们的军队,训练了几天,就来上海滩了。在这之前他哪里都没有去过,且有时候也穿西装,领带的结却打得歪歪扭扭的。他们这种人到上海滩来,已算是跨了几大步了,见了大世面了,这样的货色,在日本人当中很多。"说到这里,他的脸上流露出一种抑郁,补了一句,"还有许多比那个小赖皮还不如的日本乡下人呢,就是这些人在上海滩吆五喝六的。"他最后的那句话,把他们俩带入了阴郁的气氛中,又是一阵令人尴尬的沉默。

吴进源转着眼珠子,在虞凯欣和赵诗梦之间来回移动,似乎在考虑说什么话,才能打破这样的沉默。他头一仰,用手上的刀叉比画着,笑着说:"那个日本小赖皮竟然敢跟你吆五喝六,争女人,太自不量力。再怎么日本人,乡下人总归是乡下人吧,他就是一个吃咸鱼酱长大的,不开眼的小瘪三,怎么能跟我们凯欣兄这样吃牛排长大的相提并论。"

沉默没有像吴进源预想的那样被打破,虞凯欣和赵诗梦依然沉默,没有笑,也没有说话,似乎在想那个小赖皮是属于哪一种人,或者在上海滩的日本人是属于哪一种人。

他们三人静了好一会,赵诗梦回过神来,自嘲地笑着说:"我们这些上海人,读过大学,留过洋,要钱有钱,要生意有生意,却被这一批日本乡下人统治着,可悲呀。"

吴进源接着他的话,好像放弃了对三人说话气氛的负责,叹息道:"还有呢。我们生在上海滩,长在上海滩,想吃大餐就吃大餐,想要女人有女人,要什么有什么,却成不了上海滩的主宰,以前不是英国人,就是法国人,现在轮到日本人了。真他妈的,上海滩是一块什么样的鬼地方呀?"

虞凯欣像是自言自语,轻声说了一句:"还是以前好,有租界,让人生活过得去。"这一句简短的插话,让赵诗梦和吴进源感到很惊讶,难道他现在的心情不舒畅吗?他们的目光不约而同地聚焦在他的脸上,他也反应极快,"你们不要用这样的眼神看我,别以为我是白痴,虽然我没有伟大的情操,但我也不是闭着眼睛瞎活着的。想念以往的租界生活,是我的真实感受。你们知道的,我只是想弄个一官半职,我也喜欢上海滩,可没想到上海滩会成这个样子,变得一点乐趣都没有。"他顺手指了指马路对面的跑马场,以一种惋惜而抑郁的口吻说,"看,现在的跑马场成了什么样子。"只见巨大的跑马场一角,多出几个像营房似的帐篷,旁边还插着日本的军旗,在一片绿色中显得非常突兀,非常刺眼。跑马场上方跑马总会的旗帜早已不在,主人也消失得无影无踪,当下成了日本宪兵的操场。

赵诗梦虽留学回国后,没有和虞凯欣一起玩过赛马,但他的马经是在英国留学时由虞凯欣传授的,他知道虞凯欣从来不会错过每个赛季,喜欢和一些欧洲的狐朋狗友混在一起赌马,乐在其中,而且输赢不小。记得他曾经开玩笑说过"只要在赛马的季节,我绝不离开上海滩,哪怕让我去别处做皇帝,我也不去"。赵诗梦心想他嗜赌马如命,也许是他喜欢上海滩的理由之一,自己也喜欢赌马,感同身受,便应一句:"噢,我跟你有同感。现在呀,每当赛季的时候,我心里空落落的,好像总感到少了一点什么东西。"

吴进源或许有一种能把悲伤的事情说成笑话的本事,或许在虞凯欣面前说话总喜欢转个弯,避开点什么。他笑哈哈地插话说:"哈哈,跑马场变成了兵营,是我们这些人最大的损失。就为了恢复跑马场,我们拼老命,也要把日本人赶走。"他话一出口,发现自己的那个弯没有转好,弄巧成拙,不该当着虞凯欣的面说"把日本人赶走"。他心想他们在今天的聊天谈话中,始终小心翼翼,自觉不自觉地避开对立的观点和敏感的词汇,以维护三人之间的情谊。这一句"把日本人赶走",无意间将他们之间不同的立场摊上了桌面,让人无法继续聊下去。

虞凯欣有些尴尬地笑了笑,说:"日本人在上海滩的时间,不会太长了,长的两三年,短的一两年,看看太平洋上的战局,就一目了然了。明摆着的,我不骗你们。"这句话,又让赵诗梦和吴进源吃了一惊,他们没想到虞凯欣会如此评价局势,和他们私下评价的完全一致。他的态度如此坦然,不加掩饰,那么接下来的问题是,日本人被赶走了,你这个弄堂政府的高级官员将怎么办,他们太想知道他对这个问题的看法。但这个问题太敏感,对他刺激太大,他们不敢轻易问,唯有面面相觑,沉默不语。

虞凯欣看到他们俩的神情有点怪模怪样,不想再就这个话题往下说了,也许意识到这类话题会让他们俩感到拘谨不自然,也容易破坏老朋友之间难得见面的好心情,或许在三人当中他年龄最大,能够左右话题的方向,他缓缓地继续道:"我们难得见面,就不要让这些乱七八糟的事情来打扰我们的好心情。近来你们过得怎么样?"

吴进源伸了伸懒腰,说:"我们还是照旧,我拍我的照,他出他的杂志,偶尔打打麻将,跳跳舞,没有新花样。"

赵诗梦瞟了一眼吴进源,顺口反驳说:"他开照相馆的没问题,上海滩的美女要拍照的欲望不受局势的影响,当然,生意照旧喽;我的杂志可就叫苦不迭了,现在纸张被管制,可以印刷的地方越来越少,也被管制着,刊登的内容又要接受检查,还要担心文章是否会触犯他们的《出版法》,而且这个法每天在变,不断增加新的禁止刊登的内容,叫人无所适从,只能混混而已,难啊……"说到这里,他突然想到不应该在这个时候向虞凯欣吐露自己的苦楚,免得引起误会,以为自己在向他寻求帮助。为了冲淡此层意思,他手一挥,做了一个放纵的手势,以轻松的口吻加了一句,"哪一天我嫌烦了,就把它卖了。你们知道的呀,反正我也不把它当饭吃。"

吴进源显得很活跃,以调侃的语气替赵诗梦加了一句:"老弟,反正像你这样天生的小开,麻将从来没少打过,舞从来也没少跳过。只要在麻将桌上不输钞票,你就不会有损失,日子照旧过。"

虞凯欣似乎在思考他们俩的对话,再次拿起烟嘴,慢悠悠地插上香烟,点燃,吸了一口,动作优雅。吴进源夸张地露出欣赏的神情,看着他点烟的动作,说:"老兄,你抽烟的动作,依然文绉绉的,只不过烟瘾比以前大多了。"瞟了一眼烟灰缸里的烟蒂,"今天在这里不一会儿,就抽了五支了。"

虞凯欣没有理睬吴进源的调侃,面无表情,语气里带着一种谨慎,对赵诗梦说:"老弟呀,你也看得出来,现在的形势不靠这样压着,不行呃,尤其对你们出版的行当。只要你看得起我,有难处尽管跟我说,我会尽力而为的。"

吴进源笑着,亢奋地插嘴说:"老弟,有我们凯欣兄在,你放心好嘞,你的杂志会越卖越好的。"

赵诗梦后悔刚才反驳他的话,引起虞凯欣的误解,所以不想就这个话题继续,更忘了应该礼貌性地对虞凯欣说一声谢谢了,只顾低头吃东西,没有理会吴进源。

　　他们三人,虽说是要好的朋友,可也有很长时间没见面了,尤其虞凯欣对另外两人的近况不是太熟悉,只能凭记忆中寻找话题。他记起了白雪,在他的印象里白雪是吴进源的恋人,心想大大赞扬一番白雪,肯定不会有错,便说:"不久前,我见到白雪了,她名气很响,非常引人注目,人嘛,也更加漂亮,更加光彩照人,几乎成了全场的焦点。"当他一说出白雪的名字,立马吸引了另外两人的目光,似乎都在问,是在哪里见到她的。虞凯欣看着他们的神情,继续说,"上海滩真小,总会碰到熟人。那次,好像是在一个文化活动的场合,她介绍写《花开花落》的过程,还被誉为著名作家。"他说到这里,发现他们的神情有些木讷,惊奇地问,"白雪出版了《花开花落》的小说,你们不知道?"

　　赵诗梦看了一眼吴进源,担心他羞于回答这个问题,便笑了笑替他答道:"我们的吴兄,和白雪吵翻了,他不关心白雪出的书。"

　　吴进源神情坦然,慢悠悠地问虞凯欣:"她的书,我看了,你说的'文化活动',是什么活动?"他慢条斯理的语气并不是漫不经心,可以让人忽略的那种,而是会更让人引起关注的那种,是一种意犹未尽,是等待下文的那种。

　　虞凯欣瞥了一眼赵诗梦,略微想了想,轻描淡写地答道:"哦……,就是一般的文化交流活动,好像有几个作家模样的人出席,我也去凑一下热闹,正好碰到她。"

　　虽然,虞凯欣没有具体说出文化交流活动的内容,但明眼人一听就明白,这是市面上由日本人操控的中日亲善活动,所以虞凯欣在他们俩面前只能含糊其词。赵诗梦听吴进源问起这个活动,他马上意识到这是一个什么样的活动了,心想虞凯欣在这样的活动中碰到白雪,那是很自然的事情。面对这样的话题,虞凯欣略显有些尴尬,一时不知道说什么。

　　吴进源瞟了一眼虞凯欣,说:"在那些活动上,她肯定忙得不亦乐乎,又是介绍写作过程,又是新书签名,她就喜欢这种活动,招摇过市。"

语气里似乎有一种不屑一顾的成分,可听不出是对白雪,还是对这类活动。

虞凯欣不想把话题集中在这个活动上,又听赵诗梦说吴进源和白雪吵架了,所以也不能多说有关白雪的故事,却不知道怎么把话题收回去,只能淡淡地说:"不管怎么样,白雪的那本小说,还是写得不错的。"

吴进源接着说:"她呀,就喜欢把自己的私事全都抖搂出来,取悦读者。"顿了顿,朝赵诗梦瞟了一眼,说,"书中那个在拍照时喜欢趁机在女人脸上摸来摸去的照相馆老板,大概写的就是我吧。"眼神里透着调皮的苦笑,又添了一句,"精彩吧?"

这句话一出,虞凯欣和赵诗梦大笑起来,笑得前俯后仰,东倒西歪。大家笑停了,赵诗梦说:"我一直不敢向你推荐这本书,就怕你看到这一段,想不到你自己却读了。"

吴进源说:"我当然看过唠。现在她称心如意了,所有上海滩的人都知道了,国际大饭店下面有一家照相馆,老板是个下作坯。"

赵诗梦看到吴进源心情不错,戏谑道:"不,不,一点不下流,只不过浪漫过了头。"

虞凯欣调侃道:"对一个女人这样,没问题,不是下流,是浪漫;如果对所有女顾客都这样,那就是桃花盛开了。"

旁边的赵诗梦,起哄道:"凯欣兄,此话精辟,不愧是律师出身。我们的吴兄确实是'桃花盛开'了。"

虞凯欣继续笑道:"吴老弟,你就是用这样的办法,把白雪搞到手的吧?看来我下一辈子要做照相馆老板,好有桃花盛开的机会。"

吴进源自谑道:"下一辈子?我下一辈子再也不开照相馆了,也用不着碰到她了。"

虞凯欣感到他们俩不会再提什么活动了,继续拿吴进源开玩笑已没意思了。他朝他们俩各看了一眼,并在他们脸上各停留两秒钟,露出一丝戏谑的微笑,问道:"你们开的那家酒楼,好像不是为自己开的吧,听说还有两个很漂亮的老板娘,跟你们关系不一般,现在生意可好?"

赵诗梦一愣,赶忙看吴进源的反应,想不到他已笑了起来,笑得很灿烂,笑的像小秘密被人揭穿而不好意思的那种,又像是小孩得到了嘉奖一样,他伸了伸脖子,笃悠悠,笑眯眯地回敬道:"你们这些人啊,怎么老是'只许州官放火,不许百姓点灯',自己有了两房、三房的,却不允许人家搞点小乐子。"他这样说,几乎是不打自招,已经承认了自己和老板娘有某种关系。

赵诗梦再也不能编胡话糊弄了,只能以笑而不语,加以应付,显然笑中也藏着一种难以言表的开心,只是不知道虞凯欣是从哪里知道的,开张那天,虽然他叫人送来了贺礼,可他从来没来过酒楼。心里有点纳闷,因为这是自己和吴进源的一个秘密,他从来没对谁说起过自己和四合酒楼的真正关系,估计吴进源也不会透露。

虞凯欣不紧不慢地答道:"我可没有'不许百姓点灯'的本事,祝贺还来不及呢,为你们找到开心而高兴,有机会我真想见见她们俩。"他又扫了一眼他们俩,含笑问道,"不知道,两位肯不肯给我一个面子?"

赵诗梦听到他最后一句,不知道为什么,心里打了个咯噔,正在考虑如何答复。吴进源又抢先一步,学着店里跑堂的,拉长了语调,爽快地应道:"欢迎你随时光临。本酒楼以本帮菜为主。"

赵诗梦只能在后面吞吞吐吐,无关痛痒的跟了一句:"你看这家伙,好像是个为酒楼拉生意的。"三个人都笑了。

他们这次三个人聚在一起,吃饭是其次,主要的意义在于重新拾起多年不联系的私人情谊,尤其对虞凯欣来说,利用这样的机会,向他们两位表明自己虽处事之道与他们俩不同,但在乎他们俩的友情。

国际大饭店外面,天空依然清澈湛蓝,阳光照旧炽热明媚,风和日丽,热烘烘的空气中弥漫着各种气息,有好闻的难闻的,有香的臭的混杂在一起,有从饭店厨房排气孔排出菜肴的味道、食品店里飘出美妙的香甜味、理发店里透出诱人的香气、黄包车夫身上的汗臭味、女人的脂粉气、男人的烟酒味、水果摊散发出让人可心的水果清香和腐败发酵的酸臭味、弄堂里的煤球炉冒出呛人的烟气、路边水沟蒸腾出令人讨厌的恶臭，还有被太阳晒化了的柏油路面上发出的怪味。但每一种味道浓淡不一，有时好闻的浓一点，有时候难闻的淡一点，这些味道汇集在一起，就像一股城市气味的大杂烩，随着微风在大都市楼宇间游荡，让人窒息、让人回味、让人兴奋、让人沮丧。

他们三人一起走出饭店，都有点嫌热，穿着西装的虞凯欣似乎出汗了，他站在饭店门口的台阶上，拿出墨镜戴上，看了看对面跑马场上方空旷的天空，拎了拎西装的领子，透了透气，抱怨说："上海滩的夏天，太热了，到处都充满着奇怪的气味，真不是人待的地方。"尔后，转身向他们俩告别。刚才在餐厅门口的那两个人，跟着虞凯欣一起钻入了那辆黑色的防弹车。

吴进源看着虞凯欣的背影，似乎接着他的话，嘟囔道："上海滩不是人待的地方，可我们却谁也离不开上海滩呀。"随后，和赵诗梦分手，准备回照相馆了。

赵诗梦看着远去的轿车，心里感叹虞凯欣过的是种什么样的日子呀，出门吃饭还有人盯着。

一个礼拜后，鲍逸芸父亲去世了。赵诗梦做得很投入，或许她父亲那句让女儿做他小的话灵验了，或许他对老爷子有着深厚的情感，或许他天生就有这样怜香惜玉的情怀，全力替鲍逸芸操办她父亲的丧事。当他获悉鲍逸芸父亲去世的消息，第一时间向小杜父母避难的那家棺材铺订了一个上好的棺椁，在出殡时，他腰缠白麻，和披麻戴孝的鲍逸芸姐妹俩靠得很近，并肩走在最前面，形影不离，全程陪同，像老爷子的晚辈一样行礼，一连忙活了几天。她们姐妹俩因身边有赵诗梦，似乎有了主心骨，在悲痛之余不再显得那样六神无主和慌乱了。不知内情的旁人，还以为他是老爷子的女婿了，然而，这些善意的误解不时也会传入赵诗梦和鲍逸芸的耳朵，却谁也没去否定，只是有时候赵诗梦淡淡地向人介绍，自己是鲍逸芸父亲的学生。人们常说：帮助人家办喜事，是锦上添花，让人增加喜庆；帮助人家办丧事，是雪中送炭，叫人终身难忘。这几天赵诗梦的辛苦,也让鲍逸芸姐妹久久难以忘怀。

丧事结束了,鲍逸芸和往常一样,恢复了上班。那天,她早早地来到杂志社,卖力地扫地擦桌子,烧水泡茶,等赵诗梦来上班时,一切都就绪了。

接近中午时,赵诗梦来了,走进门后,见鲍逸芸正坐在写字桌前做事,他像往常一样,朝她点了点头,又向坐在对面的小杜点了点头,算是招呼,一声不响,没有停下脚步,没有多余的动作,朝里间自己的办公室走去。鲍逸芸想对他近些日子帮忙办丧事,表示一下感谢,刚要开口,他却只留下了背影。

鲍逸芸在来上班之前,总有一种隐隐约约的感觉,通过这几天办丧事,似乎看到了赵诗梦的心事,内心自觉不自觉地在期待着发生某种变化,而今天一大早,却见赵诗梦的表情,像是没了前几天办丧事时那种对自己的关怀。她心想老板可以忘记对自己的关心,自己却不能不知道感恩,所以还是想进他的办公室,向他说几句感谢的话,一是表示真诚谢意,二是可以观察一下他对自己的态度。

鲍逸芸拿起暖水瓶,像往常一样为赵诗梦倒茶。当把茶杯推过去的时候,刚说了没几句感谢的话,就被他很客气地打断了:"我们杂志社的人不多,你和小杜是社里的职员,大家就像一家人一样,不用客气。"她从他的话里,听不出自己想听的话,发现他的态度和自己想象的也不一样,他的客气中仿佛隔着一层屏障,完全是一种老板对雇员,老师对学生的那种客气,温文尔雅,礼貌周全,看不出有什么与众不同的成分。当她退出他的办公室时,内心多了一份惆怅,可她还年轻,在情感方面还是以被动为主,看到自己的老板是如此正人君子,心里产生了一丝高兴,也多了一份安全感,心想反正我不着急。

然而,对赵诗梦来讲鲍逸芸的父亲就像点石成金的巫师,让他发现了早已在自己身边的金子。这些年来,他仅仅把她当成一个毫不起眼的小姑娘,就像童话里的丑小鸭,不容易让人发现她的美妙,普普通通的,即使她的聪明和漂亮,仿佛也只停留在小女孩的那种,不会让人从她是个女人那方面去想,他也从没有那种非分之想,是老爷子的那句"即使做小,也可以"的话,就像拉亮了电灯开关,让他看到了金子,瞬间点燃了他心中的欲望。他无须思考,无须回忆,只要闭上眼睛,她的一幅幅画面就会出现在脑海里,她的聪明变成了可爱,她的漂亮变成了迷人,这种可爱和迷人又成了无法抗拒的诱惑。虽然,赵诗梦在她面前,脸上的表情还是一如既往的淡定,不露声色,但心起波澜,已自觉不自觉地,悄悄地开始挖掘她身上闪光的东西。他听出了她柔和的声调中带着的嗲,看出了她素色旗袍所显示出那妩媚动感的身姿,发现了她黑白分明的眼睛里充满着青春的渴望,就像一颗成熟可人的果子,在等待他的采摘,绝对不亚于闪闪发光的金子。

赵诗梦不是不为鲍逸芸的美貌所动,拒绝诱惑。他想要得到她,并非难事,可以说易如反掌。按照她父亲的遗言,趁机收她做偏房,至少在她母亲活着的时候她本人不曾反对此事,那现在更是顺理成章的事情了。然而,他不愿意这么做,或许他认为在此时让她做偏房,不但有乘人之危的嫌疑,仿佛在叫人家对他感恩,更关键的,偏房对如此纯洁女子来讲,几乎是一种亵渎;或许他所受到的教育告诉他,他们的结合应该有爱情,而爱情应该是平等的,不应该有交易和感恩的成分,不应该有杂质的污染。

赵诗梦虽偶尔沉溺于风花雪月或者灯红酒绿,年纪和经历已不是那种觉得爱情就是一切的人了,但有时也会对纯真的恋爱产生向往,这也许是他们那种人的人之常情吧。他考虑到现在和鲍逸芸匆忙结合,在她的感情中感恩的成分多于爱情的成分,甚至会把爱情和感恩混为一谈;再说,做偏房对她不公平,还会破坏他们之间美好的爱情。在他的眼里,鲍逸芸有别于桂芳和纪舒红,没有半点风尘女子的味道,是一块洁白无瑕的玉,当下只能倍加呵护,耐心等待时机成熟,培育出只有属于他俩的爱情。

赵诗梦拿起杯子喝了一口茶,望着鲍逸芸背影,心里涌出一股从来没有过的愿望。那种愿望不是想女人,而是想恋爱,想一场没有交易,没有感恩,没有杂质,完全是你情我愿、纯洁无瑕的恋爱。他不知道这种恋爱是什么滋味,甚至不知道世界上有没有这样的恋爱。他在脑海中把以前看过的电影、读过的书报杂志上的恋爱故事搜索了一遍,突然记起了,好像以前读过的一本书中有过这样一个故事:讲的是一个有志青年,在上海滩找女朋友,找了三年,和许许多多女人谈了恋爱,却始终找不到一个称心的,按照他的话说,这些女人都被大都市的世俗污染了,便发誓自己造一个称心如意的女朋友。经人介绍,他认识了一个乡下女孩,他认为她从小在农村,没有被大都市所污染过,可以造就成自己喜欢的女朋友。他从零开始教她认字说英文、教她喝咖啡跳舞,教她看电影看话剧等,同时还让她与世俗的东西隔离,不被污染,恨不得把她放在真空里培养……赵诗梦想到这里,可怎么也记不起书中的主人公是否如愿以偿,还是自己根本就没有读完这个故事,仿佛依稀记得在读这个故事时,觉得如此造一个女朋友的事,一点都不切合实际,非常可笑,而现在想起来,则不然,具有现实性。他想可以仿效那故事,设计一场没被其他与爱情无关的情感所污染的恋爱,一场洁净的恋爱。

赵诗梦正在两眼发呆,胡思乱想,吴进源进来坐在他对面,他也浑然不知。吴进源看了发笑,对他叫道:"大中午了,发什么呆呀?"

被吴进源叫回到现实中的赵诗梦笑了笑,抹了抹脸,装糊涂问道:"你来干什么?"顺手拿起桌上的烟斗,一边往烟斗里装烟丝,一边盯着他,又补问了一句,"看你笑嘻嘻的,有什么好消息?"

吴进源兴冲冲地说:"我们的凯欣兄在日本人中蛮吃得开的。从那天我们碰面后,我立即和贾兄做了一份英文的假凭证,说我和他美国老板要开汽车修理厂,修理厂由他老板来开,我出十根大金条。我们凭证刚刚做完,凯欣兄就来电话了,叫我们去找警察局里的经济科长横田一郎,还特地关照我,去的时候一定要有大老板的样子,在气势上压倒他们。我和贾兄一搭一档,还特地事先准备了一支上好的雪茄。那天去了那日本人的办公室,我派头十足地往沙发上一坐,点上雪茄,一句话也没说,仰着头,瞪着那家伙。贾兄在旁边吓死了,抖抖索索地拿出假凭证,语无伦次地说了一通。"说到这里,吴进源拍了一下大腿,喜滋滋叫道,"绝了!不知道这个家伙是看不懂英文呐,还是让我的腔调唬住了,我们做的假凭证,他看都不看,用蹩脚的中文跟我连说两声,'我知道,知道这件事情',要我们过两天和他一起去汇丰银行取金条。前天,我们开着贾兄还没有卖出去的新别克轿车去了,同样也派头十足。到了银行,一个大概是宪兵司令部管银行的人已等在那里了,由他陪我们到地下室,打开保险箱,取出了金条和房契,金条正正好好十大根,金光闪闪,铿铮有声,让我两眼放光呀。最后,他们在送我们出来时,这家伙把我们拉到旁边的一个小房间里,凑到我跟前,悄悄地说,希望我能够拿出两根金条,用来感谢银行里面帮忙的宪兵。"

赵诗梦急切地插话问:"给了吗?"

吴进源答道:"我这样的派头,能不给吗?我眼睛眨都不眨,随手拿出两根扔给了他,就像用零钱打发叫花子一样,连旁边的贾兄,我都没有朝他看一眼。"说完,他哈哈大笑起来。

赵诗梦也跟着笑了,问:"你这个老兄,慷他人之慨,为什么还这么肆无忌惮,看都不看人家一眼。万一贾兄不同意呐,怎么办?"

吴进源笑停了,说:"老兄,不能看呀!那时候,我是老板,金条是我的,哪有老板花钱,要问伙计的。再说,这种钱,我们敢不给吗?"尔后,又得意地摊开双手,自我夸耀一句,"干得漂亮哦?就这么简单。接下来,贾兄要请客了。"

这时,赵诗梦想到了一个问题,如何答谢虞凯欣,如果贾兄请客时,邀请的人很多的话,是否要邀请他。这对吴进源来说,也许不是个问题,生性胆大且足智多谋,看淡一切;可赵诗梦则不同,生性胆小怕事,一向谨慎小心,他不愿意让太多的人知道自己有这样一位朋友,便转了个弯,问道:"我们欠凯欣兄一个情,考虑怎么还人家?"

吴进源似乎看出了他的心事,便说:"我已经打电话去他家里了,他家人说他去南京了,不知道什么时候回来,我就往他家里寄了一张明信片,说了一声谢谢。所以过几天,贾兄请客的时候,不用考虑他了。"后又望着他，补了一句，"在人多的场合，他还是少露面为好。一个是为他的安全考虑，另外，我知道，你不愿意让太多的人知道我们有这样一位朋友。"

赵诗梦不喜欢欠人情，凡欠人情债，必须趁早还，他喃喃地说："这样的话，我们还是欠凯欣兄一个人情。"

吴进源则不以为然，而且有点不耐烦地跟了一句："那就欠着吧。你放心好嘞，我们的凯欣兄没那么小气，不会怪罪我们的。"随后，又哈哈大笑起来，赵诗梦尴尬地跟着笑了笑。

这时，窗外飘进来一个老婆婆软软的叫卖声，"栀子花、白兰花要哇？栀子花，白兰花，两个铜板买一朵……"这声音显得特别的柔软而悠长，让人觉得舒坦而平静，仿佛这软弱的声音背后有着神奇的力量，能够钻入人的内心，融化人们心里所有的块垒，让人安静下来。他们俩不再继续这个烦人的话题了，像是剧场中间休息一样，一个喝茶，一个掏出雪茄，准备点烟。过了一会，一阵花的清香从外间飘了进来，赵诗梦知道，鲍逸芸又去买花了，露出了一丝让人难以察觉的微笑。

第十章　乱 世 图 存

在上海滩沦陷后,市民就被要求办理收音机登记,如果不履行登记,或者持有超出收听范围的收音机,将被视为违法,有可能被处以没收收音机的处罚。聪明的上海滩市民马上意识到收音机也许是个好东西,或者意识到将有利可图,黑市上出现了接收能力强的短波收音机,以方便需要收听海外广播的人。

赵诗梦知道当局控制收音机的意图,是为了禁止市民了解真正的局势。其实,为了及时了解局势,包括太平洋上的,乃至欧洲的战事,避免被日伪的宣传所蒙骗,赵诗梦很早就开始收听海外广播了。为了避免不必要的麻烦,他并不想让周围的人知道,也不愿意使用家里放在客厅里的那台无线电收音机,特地托人在黑市上搞了一台,放在他卧室旁边的小书房里,这间小房间一般只有他使用,他时常在深夜时分去收听。

自从和虞凯欣见面后,赵诗梦看到他对局势比自己了解的多得多,越发觉得收听海外广播的重要性,他收听海外广播更加频繁了。每当夜深人静的时候,他盥洗完毕,轻轻地走过卧室的房门,躲进了小书房里,拉严窗帘,开亮台灯,压低灯罩,调暗光线,从口袋里掏出烟斗,和火柴一起放在茶几的角上,旁边还有一本英文版的袖珍世界地图,半躺在一个巨大的单人沙发里。每次一样的动作,一样的程序,不多不少,不紧不慢,很有仪式感,有时候会泡上一杯红茶,或者会在身上盖一条毯子,像是体验一种神秘的享受。他会戴上耳机,对照着自己记录的广播时刻表,不论是中文的,还是英文的,依次收听,主要是收听美国之音的频率。他从收音机里第一时间了解到:缅甸在日本支持下宣布"独立",意大利投降后又对德国宣战,中美英在开罗开会,美军占领塞班岛全境,诺曼底登陆战役结束,美军登陆菲律宾莱特岛,美国总统特使赫尔利飞抵延安,等等。广播中不但有最新的消息,而且还有他赞同的理念,比如为什么要消灭法西斯,什么是民主社会,等等,这些消息和理念使他成瘾,就像他喜欢抽烟或者喝咖啡一样,让他着迷,让他兴奋,让他眼前一亮,成了他在饭余茶间和朋友们讨论的重要内容。仿佛验证了一句流行语:战争在教育国民。

由于收听的设备问题,或者是外界干扰的原因,收听的效果不可能始终如一的好,有时候一遍听不清楚,需要花很长时间等待重播;有时候由于身体疲乏,甚至在收听时会睡着,每次收听都会到清晨才结束,所以他去杂志社也越来越迟,有时候到了中午才去。

那天,赵诗梦在不到二十四小时内,接连碰到了两件倒霉事:白天,警察局来人通知他,《蓝玫瑰》被处罚,要停刊一期,以示警告;晚上,在收听广播时,又发现收音机坏了。对于第一件倒霉的事,他无能为力,除了不满,只能等待这个月的过去;对于第二件事,他想及时弥补,不想漏过太多的广播。以前也曾经坏过一台收音机,而市面上只有日本人检查过的普通的收音机,那种可以收听海外广播的收音机没有卖,那次,他花了整整一个礼拜,才在黑市上重新淘到一台。这次,他不想耗这么长时间去淘了,而是去找人修理,心想也许这样更加省时。

翌日,赵诗梦无奈,带着杂志被停刊的沮丧心情,捧着收音机,来到大新公司后面六合路上的一家无线电收音机修理行。那里的老板叫曹旭,年龄与赵诗梦差不多,为人很热情,以前是在一所文化职业学校教书的,有时候会拿着学生的文章,送到《蓝玫瑰》上刊登,当然是经过他挑选和修改过的。赵诗梦称呼他曹先生,也参加过曹先生举办的几次读书会,还被邀请向同学们演讲,可他对此并没什么兴趣,也不知道讲什么,弄得很搞笑,有点不欢而散的味道。他们来往的次数多了,也就成了朋友,虽谈不上友情很深的那种,却也是有求必应的那一种。后来,不知道什么原因,曹先生老师不做了,又干过许多职业,有过许多身份,开过糖果店和杂货铺,还跑过单帮,做过电车驾驶员,轮船公司职员。侄他还是一如既往,一般有事无事,只要路过杂志社,都会进来坐坐,聊聊天,有时候两个人也会一起出去喝杯咖啡,吃顿饭。

曹先生的服饰打扮非常独特,虽是一些很平常的服装,但会不停地换装,不像赵诗梦他们没有特别的情况,一般在同一天只穿西装,或者穿长衫。他一天中会穿不同的服装,上午是长衫,可能到了下午就换西装或者短打,或者工人的背带裤。听他自己说,只要他穿中装,就只喝茶不喝咖啡,要是穿西装的话,则喝咖啡就不喝茶,这一点他绝对不会搞错。有时候他会莫名其妙地戴眼镜留胡须,甚至戴假发,搞出各种花样来,反正在服饰打扮上虽谈不上考究,但也有着丰富的奇思妙想,穿得像老师,像小开,像工人师傅,像职员,变化多端,而且穿什么像什么,有时候即使熟悉的朋友也会搞错,弄出笑话来,赵诗梦戏称他是化装博士。他还失踪过一段时间,略微有点神秘感,他的无线电知识不知道是从哪里学来的,听他自己讲是自学的。

这天曹先生一身短打,戴着一副很旧的眼镜,胡子也没有刮干净,双手还套着袖套,有点邋遢,像是个修钟表的老师傅。他站在柜台后面,接过收音机,取下收音机背后的挡板,看了一眼,立马朝门外马路上的行人扫了一眼,说了一句:"来吧,进来说。"头也不回地抱起收音机,朝里间走。

里间其实是个宽敞的过道改成的房间,没有窗户,光线全靠从开着的门透进来,中间有一张工作台,上面放着两盏很亮的台灯,还有一本已经翻了很旧的《无线电原理和收音机修理术》,工作台的两侧有两把椅子,房间最里面的深处还有一扇门,旁边是通往上面的楼梯,楼梯下面堆着许多旧收音机的壳子和零件,整个房间看起来暗暗的,脏兮兮的。曹先生把收音机往工作台上一放,口气严肃地说:"这收音机是黑市上淘来的,改装过的,带九灯和短波线圈,大概没有登记过吧?"尔后,吩咐在外面干活的伙计上茶。

赵诗梦知道当下禁止老百姓使用有七个以上电子管和带短波线圈的收音机,自己的这种收音机根本无法登记。市面上的收音机不改装,是收听不到海外广播的,所以他不敢把它送到外面普通的修理铺去修,就老老实实地向他点了点头。为了不让他再问,便先发制人地问道:"大概什么时候能够修好?"

曹先生一边让座,一边解释说:"这里沿马路,来来往往的人杂,这种没有登记过的东西,放在柜台上,不好,让人看到了,会有麻烦的,所以拿进来为好。"又看了看收音机,说,"这东西,从外观上看是日本货,里面好像是改装过的。有一个电子管坏了,型号有点特别,不容易配,需要一点时间,让我到其他店里找找看吧,应该能够修好。"

赵诗梦吃准就凭自己和他不紧不疏的关系,他是不可能出卖自己的,所以把收音机拿到他那里修理,原本就没有打算对他隐瞒,实话实说道:"这几天,我正听得兴头上,欧洲盟军和苏联军队两边夹击,已经打到柏林附近了,前几天,又听到美国罗斯福总统去世了,不知道对太平洋战事有没有影响,所以天天在听,把管子烧坏了。我能不能明天晚上来取?"

曹先生应了一句:"战事不会变,德国马上就败了,日本人也输定了,最多撑不过几个月的。不过在这个时候,你可不要大意呀,眼看就要熬到头了,不要在这个时候翻船,现在他们查得很紧。"

赵诗梦略微有些诧异,他发现曹先生对刚才自己提到的从海外广播中听来的战事,并不以为然,似乎早就知道似的,心想曹先生应该也在悄悄地收听吧。他一副无所谓的样子,由于以前没来过这里,边打量着房间,边问:"我们都是躲在家里听的,他们这样查,有用吗?"

曹先生说:"查到了,就麻烦了。比如你拿到这里来的路上,碰到他们检查,怎么办?小心为好呀。"歇了歇,又补充道,"他们查你们这些收听美国广播的,是其次,主要是查像我们这样的,一台收音机在我们手上,只要有零件,一转眼就可以变成一台发报机,他们怕的是这个。所以,他们对我们管得很严。上海滩干修理这一行的,还有卖收音机的,都需要在他们的警察局里登记备案,生怕我们造出发报机。"

赵诗梦不以为然地插话,怀疑地问:"在上海滩,真有这么多的人要发报机吗?"

曹先生端起茶杯,喝了一口,像上课的口吻,说:"你要知道,上海滩以前有租界,几乎是自由世界,人员结构复杂,有英国人、法国人、美国人、日本人、罗宋人,他们背后代表着不同的力量,都不是吃素的,还有我们上海人的各个帮会,都是一呼百应的主儿。现在的新政府,势单力薄,又缺乏上海老百姓发自内心的支持,虽背后有日本人撑腰,想要维持社会的基本体面,哪里管得过来呀。你看,现在市面上,有悄悄地为美国人干的,有暗地里为重庆干的,有在帮苏联人忙的,还有明的暗的为日本人干活的。说是大家都在做生意,可人们脸上没有写字,其中就混杂着做走私的,干间谍的,做买卖情报生意的,搞绑架暗杀的,什么都有,谁说得清楚呀,但都需要靠这个东西,收报发报来联系。所以有关改装收音机,装配发报机的事情,都是由日本宪兵直接管着,从这一点就可以看出这种东西的重要性了。"

赵诗梦觉得他的话把上海滩说得像是一个谍报城似的,但细想起来,不无道理,不无精辟之处。突然,他记起半年前曾经在美国人的广播中听到的一则消息,便谦虚地问:"去年底我还听到这样的消息呐,美国人飞去延安了。他们真的会支持延安吗?"

曹先生机敏地瞄了他一眼,又朝门口看了看,勉强笑着答道:"延安的事情,我不清楚,我就知道上海滩这个行当里的一点事。"赵诗梦觉得他的这个回答,太缺乏水平,和他刚刚的滔滔不绝不相称,像是在敷衍自己,或者在掩盖什么,也就没说下去了。曹先生转过身来,拍了拍收音机,接着又说,"这东西就放在我这里,很安全,我们先去吃饭吧。"又朝他笑了笑,补充说,"我总是去你那里喝咖啡吃饭的,今天你难得来我这里一趟,我请你吃饭,去南边的燕云楼,北京烤鸭,怎么样?"尔后,让赵诗梦等他一下,上楼去换衣服了。

赵诗梦心想杂志被暂时停刊了,回社里也没事可做,便答应了。他在外面拿着烟斗,抽着烟,看着六合路上人来人往。六合路不像旁边的南京路①,行人比较单一,大多数都是附近公司商社进进出出办事的职员,他们要么穿西装,要么穿长衫,大约各占一半。可不论他们穿什么着装,手里或者腋下都有一个公文包,个个差不多,面无表情,行色匆匆,粗看起来,难以区分谁是谁。赵诗梦收回目光,朝店门上面的那块"天明无线电收音机修理行"牌子看了一眼,想着曹先生刚才的话,似乎感到有一股神秘的力量,围绕着自己的周围。又往深处想了一步:曹先生会修理收音机,是否也装配过发报机?那么,让他装配发报机的人,又是些什么人呐?想到这里,想不下去了。

曹先生脱去了眼镜,脸也修得干干净净,换了一身浅色的长衫,手上提着一个半新不旧的公文包,一点没有显眼的地方,一副再普通不过的老派商社职员的打扮。赵诗梦见了曹先生这身简洁明了的服饰,眼睛一亮,脱口而出道:"哇,判若两人呀。"又偷偷地朝他手里的公文包瞄了一眼,心想和我吃饭何必带包呐,这公文包里装的是什么呀,难道是化装的一部分,是道具?脑子里闪过以前不知道哪本书中提到的,"干间谍,第一要务是要融入周围环境,不显眼,不引人注目"。心想从这一点上来讲,曹先生这位化装博士,完全够格。

曹先生顺口答道:"出门嘛,总得干净一点。"随后,他们一个西服,一个长衫,并肩混入了熙熙攘攘的人群中,谁也没注意到他们。

燕云楼在上海滩的口碑不错,有"北有全聚德,南有燕云楼"的好名声,尤其烤鸭做得出众,闻名遐迩,即使中午,也食客满堂。他们到燕云楼的时候,时间还早,客人不多,可以任意选座,曹先生挑了一个角落里的位子。赵诗梦注意到,从他们俩坐的位子放眼望去,整个饭店的场面,一目了然,如果发生点什么事情,他们自然而然就会第一时间看见,而这个角落却又不容易被人注意。他又记起那本关于间谍的书中,对

---

① 南京路:今南京东路。

这种位子有一个专门的名词,具体叫什么,记不起来了。赵诗梦想到这里,好奇心陡增,他看着曹先生在菜单上指指点点,向堂倌点菜,心里在想曹先生到底是个什么样的人。

曹先生把菜单递还给堂倌,说了一句流行语:"不点烤鸭,不必来燕云楼。"堂倌可爱地笑了笑,收起菜单,为他们各自倒了一杯茶水,离开了。曹先生喝了一口茶水,似乎进入了老朋友碰面的正式程序,按照常规路子问道:"我们有多长时间没见面了?别来无恙?"

"别来无恙"几个字,让赵诗梦想起了自己被停刊的事情,忘记了回答上半句,说:"我的《蓝玫瑰》,被停刊了一期。"

曹先生诧异而敏感地问:"怎么回事,停刊了?杂志上登了什么文章呀?"

赵诗梦苦笑着答道:"我一向小心谨慎,可他们还是说我刊登了不利于中日亲善的文章。"看了一眼曹先生,发现他似乎很希望听下去,便介绍说,"我那里的小姑娘,不知道从哪里弄到了几封西南联大同学往来的信,全都是一些隔了好久的陈年旧信,内容都是关于男女学生恋爱的,我看文笔不错,又符合杂志的性质,就取了个好听的标栏,叫'两地书',这样就登出去了,反响好像蛮不错的。他们却说我刊登抗日分子的书信,破坏中日亲善,影响极坏,真是无稽之谈。"

曹先生听得很认真,若有所思地点了点头,淡淡地说:"哦,他们不但看文章的内容,而且还看作者是哪些人,把西南联大的学生也归入了抗日的。"赵诗梦听了他的话,总觉得他把事情的经过提炼到了一个分析归纳的程度,言简意赅,不是一般人泛泛而谈能够讲得出来的。停了停,曹先生关心地问:"停刊了,那杂志社怎么办?是否找找熟悉警察局的人,或者熟悉日本人的朋友,叫他们帮帮忙?"

找人帮忙,赵诗梦不是没有想过,事发的第一时间,他就想到了虞凯欣,但后来很快让自己否定了。他看了看曹先生,答道:"不啦,找人也麻烦。他们没有禁掉我的杂志,只让我停刊一期,算是警告。反正杂志社的职员不多,日常开销也不大,就等一个月吧。"

堂倌端来了烤鸭,把烤鸭和一碟碟辅料摆在桌上,他们俩都没有动筷子。曹先生一副沉思的样子,又点了点头,说:"哦,原来没有彻底禁掉,只停一个月。那倒是用不着找人帮忙的,找了人,还欠人情,反而不值得。"又歇了歇,想了想补充道,"现在呀,可能他们在太平洋上战事吃紧,所以在这方面的压制有所收敛,生怕出现大规模反弹,避免弄得不可收场。"赵诗梦一听,又是一句透彻的形势分析,在佩服的同时,更增添了先前的好奇心。

　　曹先生把荷叶饼摊在手心上,慢悠悠地往上放蘸了蒜泥甜面酱的葱丝黄瓜丝,又在上面盖了几片烤鸭,用荷叶饼卷起,尔后送入嘴中,咬了一口,说:"好吃。"看了赵诗梦一眼,接着刚才的话,继续说,"只有名不正言不顺的政府,才会不让老百姓听真话,不让老百姓说真话。现在我们的新政府就是这样,背后的日本人,他们在自己的国家也是这样。他们收敛也罢,放肆也罢,都会灭亡的。"赵诗梦结合市面上禁止收听海外广播和停刊两件事,对他的话深有同感,只不过觉得这个话听起来太熟悉了,仿佛在哪里听到过。

　　赵诗梦试探着问:"曹先生,你对形势好像了如指掌,是否也经常听海外广播呀?"

　　曹先生没有直接回答,指着烤鸭说:"趁热的吃呀,热的好吃。"

　　赵诗梦向旁边的堂倌要来了一小碟白糖,曹先生看他要白糖,便笑着道:"烤鸭蘸白糖,是北方大户人家太太的吃法。"

　　赵诗梦说:"我蒜泥的味道不习惯,蘸糖吃,好吃。上海滩很多人这样吃,南北有别嘛。"

　　曹先生看着他把裹着白糖的烤鸭塞进嘴里,又朝大堂扫了一圈,笑着回答起他刚才的提问:"像我们修理这些东西的人,免不了要听一下的。比如,你的东西修好了,总要调到这些频率试听一下吧,这不就听了嘛。"

　　赵诗梦觉得曹先生太聪明了,这句回答也太妙了,用发生在自己身上的事情,把自己的嘴堵得严严实实的。但他还是有些不甘心,迂回地问:"干你们这一行,改装发报机难不难?"

曹先生的眼睛盯着大堂,神情轻松地答道:"现在的世道,只要给钞票,就是杀头的生意也有人做。不要说这种事情了,没有什么难不难的。"尔后,笑眯眯地望着赵诗梦说,"不瞒你说,我还欠着一屁股的债呢,现在的米价又这么贵,乡下还有老婆和两个孩子要养,不干,行吗?"

曹先生说这些话的口气,就像一个贫困的农民,可赵诗梦听上去觉得好像是事先准备好的,随时可以拿出来用的,他也没把这话全部当真的。接着他大着胆子,又问:"那些要改装发报机的人,是一些什么样的人?"

曹先生又卷了一块烤鸭,放进嘴里,咀嚼着,歇了歇,笑了笑,仿佛面对一个预定的终极问题似的,说:"人家要这东西,又不是向你借钱,需要问清楚用途。所以只要有人付钱,我从来不问,也不想知道他们是什么人,甚至完事后希望再也不要见面。好奇心没有任何好处,只会害死人。"接着看了他一眼说,"比如,像你拿来的这东西,如果我不是认识你这么久,我们之间不是朋友,是绝对不可能为你修的。谁知道迎面而来拿着收音机的人,是不是他们的暗探,或者是间谍,弄不好会闯祸的,日本宪兵队不是吃素的。"赵诗梦就像一个好奇心很强的学生,受到了老师的制止,怏怏地看了曹先生一眼,看到曹先生在说到最后一句时,虽脸上的笑容还没有完全消失,眼睛里却隐藏着一丝恐惧和冷血。赵诗梦马上意识到具备这样眼神的人,肯定是一个非凡的人,背后有着与众不同的经历。

曹先生的这些话,浇灭了赵诗梦的好奇心,他避开曹先生的眼神,偷偷地朝放在旁边椅子上的那个公文包瞟了一眼,不敢再东问西问了。在赵诗梦眼里,曹先生已经不是一般的人了,不是抗日分子,也是与抗日有关的人员。他以前有那么多的稀奇古怪的职业,包括做教师,都是虚晃一枪,只不过是为了他背后更重大的事业,这个事业是重庆方面的,还是海外某个国家的,则无法判定,或者是两者合为一体的。随后他们谈天说地,甚至说起了在这里晚上经常出没的女子,再也没有说起从收音机海外频率听来的事情。

赵诗梦从燕云楼出来,回到杂志社已是下午两点多钟了,一进门,鲍逸芸没等他开口招呼,就蹦了起来,哭唧唧地说:"社长,停刊的事都怪我,这个月的工资,我不要了。"坐在对面的小杜也跟着站起来说:"这个月的工资,我也不要。"

他俩的举动让赵诗梦吃了一惊,看到自己的职员如此体贴自己,心里感到欣慰无比,便安慰道:"这个事情,和你们俩没关系,要怪也要怪这个世道,不是你们的错,和你们拿不拿工资也没关系。"

鲍逸芸争辩说:"那些信,是我找来的,栏目的标题也是我取的,要是没有这些信,我们的期刊也就不会被停刊的,所以我要自罚一个月工资。"

赵诗梦有点纳闷。前一天赵诗梦去警察局接受处罚时,是一个人去的,关于为什么被停刊,他不想告诉他们俩,也就没跟他们说起,所以他不明白他们是怎么知道是因为"两地书"而被停刊的。便问道:"你们是怎么知道的?"

小杜递过来一张像是公文的纸片,说:"他们讲昨天忘记给你了,今天早上送来的,停刊的理由,上面都写着呐。鲍小姐看了,哭了一上午,说对不起杂志社。"

赵诗梦接过纸片,瞄了一眼,是一份处罚公函,便对鲍逸芸说:"这几封信,虽是你拿来的,但我都仔细读过,我也很喜欢,所以才决定刊登的,跟你没关系,不要胡思乱想。"尔后,笑着继续说,"我想过了,这不一定是坏事。你们看,读者看不到这一期,肯定会好奇地问,为什么停刊,带着这样的疑问,也许会更期待下一期。"他灵机一动,挥了挥手中的公函,面带笑容地加了一句,"我想,在下一期的第一篇文章,由我们自己来写,就把这个公函的内容原原本本地登出来,告诉读者为什么会停刊的事实,说不定会有更多读者来看呐。这样一来,停刊等于为我们杂志做了一次免费广告,到时候,我要好好谢谢你,还来不及呐。"显然这一套原本是安慰鲍逸芸的话,说着说着变成他对付停刊的对策了。

287

小杜笑着叫了起来："对啊,很有可能像社长说的。如果我是读者的话,肯定会关注停刊到底是怎么回事,等着读下一期。越是不让看的,越想看个究竟,这叫作'越禁越要看',是一种大众的逆反心理。"又朝鲍逸芸笑着说,"你就不要哭得这么伤心了。也许通过这次停刊,我们的杂志名气会更响,读者会更多。"

　　破涕为笑的鲍逸芸朝小杜瞪了一眼,背过身去,抹了抹眼睛,坚持说:"不管怎么样,我还是不能原谅自己。这个月的工资,我不能要。"虽说这话听起来有一股固执的劲道,但里面还是掺杂了任性和发嗲的成分。

　　赵诗梦像是哄小孩似的说:"你不要工资,那杂志社就麻烦了,我怎么敢雇你呀,以后这样好的文章,再也没有人帮我找了。"他看到鲍逸芸蒙头趴在桌上,为了引她高兴,便继续道,"这样吧,如果你们嫌空着,不好意思的话,那你们俩就准备一下,下一期要刊登的第一篇文章,就我刚才所讲的复刊词,怎么样?题目就叫《复刊词》或者《致读者的信》,你们商量着办吧。"

　　鲍逸芸再次从位子上蹦了起来,抢在小杜前面说:"好,我先写草稿。他们竟敢停我们的刊,限制我们的言论自由,我保证把他们驳得体无完肤。"

　　小杜像对小妹妹似的,向她做了个鬼脸,唱了一句上海滩的童谣:"一歇笑,一歇哭,两只眼睛开大炮……"接着又补了一句,"照你这样的写法呀,我们的刊物又要被停刊一次。"

　　鲍逸芸夸张地做出一副愤怒的表情,高高举起手一挥,像是对小杜宣战,叫道:"不,不许你胡说,我会得到读者支持的。"样子可爱至极,他们三人都笑了,似乎都笑得很开心。

　　鲍逸芸的父亲已经去世两年多了,她父亲对赵诗梦提到那句"即使做小,也可以"的话,仿佛在他心中埋下了一颗小小的火种,有了火种,就有梦想。这颗火种的火焰随风摇曳,时盛时歇,不时地烧烤着他,时而让他感到灼热难忍,时而让他感到温暖舒心,但他始终不敢让这颗火种熊熊燃烧起来,生怕燃烧起的火焰吞没了他的梦想,更不愿意让它熄灭,如果没有这样的火种,他的生活会变得暗淡无趣。赵诗梦所接受的西式教育和他自身的经历告诉他,没有爱情的婚姻是不可想象的,他的梦想是想为自己创造一个完美的恋爱,拥有完美的爱情。他喜欢上了鲍逸芸,希望自己和她能够真正的恋爱,建立旁无杂念的婚姻,而不是如她父亲所言的"做小"。然而,在赵诗梦看来,他们的恋爱或者结合,就眼前的状况而言,还存在着巨大的障碍。虽然,鲍逸芸或许无所谓有否障碍,她也不会明白赵诗梦的内心苦楚,在这场恋爱中,她处于被动地位。有时候,赵诗梦看到鲍逸芸期待的眼神,欲言又止的样子,他完全能读懂她的心思,却只能含而不露,或者装聋作哑。他内心有着中学生般的狂热,爱着她,却又以超常的控制力,把火焰控制在恰到好处,既不会熄灭,也不会烧成灰烬。在社里,赵诗梦会自觉不自觉地满足她所有的要求,很溺爱她,甚至把她当成比亲妹妹还要亲的人,这次开辟"两地书"专栏,或多或少有这方面的因素,有些私情。平时,他会悄悄地欣赏着她每一个动作,倾听她发出的每一个声音,同时,又会不声不响地在她面前展示出自己最完美的一面,静待时机的来临。

赵诗梦搞定了他们因停刊而引起的不愉快,看到他们重新笑了起来,也轻松地进了自己的办公室。由于昨晚摆弄了一整夜的收音机,几乎没有睡觉,想补一个觉,便斜靠在座椅上,双脚依然跷到书桌上,双手合胸,开始闭目养神。可眼前不断轮换着浮现出鲍逸芸和纪舒红的身影,这种事并不常有,可出现了,就挥之不去。当出现鲍逸芸的身影时,他会心猿意马,向往不已,就像一个演员期待一场即将开演的好戏,到时候他可以充分地表现,与观众分享精彩的剧情,和接受掌声;当出现纪舒红时,他会有些伤感,不知道今后怎么处置,回忆多于向往,就像在观看一部喜欢的老电影,尽管倒背如流,但还是留恋那些迷人的情节;在她们俩交替出现的同时,还夹杂着顾素贞的身影,虽是暗淡的一晃而过,就像剧场里的,或者电影院里的杂音,让他心烦意乱,无法集中精神享受这一切,或许这才是他难以克服的障碍。他知道只要父亲还在,后妈还在,自己是绝对摆脱不了她的。

赵诗梦就这样梦游般地睡着了。当他醒来时,已经接近晚饭时间,外间很安静,小杜和鲍逸芸都已下班了。他想到最近一直在忙着收听海外广播,已有一段时间没见到纪舒红和梅姐了,现在收音机正在修,听不了广播,正好去她们那里看看。

他来到酒楼门口,却发现铁将军把门,两旁的排门板也没有卸掉。他记忆中酒楼新年都不停业,而现在却铁将军把门,不知道怎么回事,便去了对面不远处的她们姐妹俩住的地方,可她们都不在房间里,邻居也不知道她们的去向。赵诗梦有点担心,无奈只能在弄堂口的中药房里借了电话,打到吴进源的照相馆,想问问他,是否知道怎么回事。接电话的是照相馆的伙计,说吴老板给他留了话,叫他去东方饭店,可没有说什么事情。

赵诗梦感到有一种不祥的预兆,又没办法,不由得多想,只能去东方饭店,好在饭店离得不远。他一路走,一路猜想,说不定吴进源和她们姐妹俩一起在饭店里。但有什么事情可以让她们停业,把他们三人招到东方饭店来呐,则无论如何也想不出。东方饭店对赵诗梦来讲再熟悉不过了,以前隔三岔五出入那里。那饭店刚刚建成的时候,他是那里的客房、餐厅和舞厅的常客,可这几年来,这个饭店连续传出几起客人在房间里自杀的案件,尤其看到那起《申报》所报道的"一对年轻的夫妇因感情问题,在四楼的房间内,服毒自杀,死状可怕,惨不忍睹"后,赵诗梦担心沾上这些自杀者的晦气,就很少再去了,一般会尽量避免自己主动去预定那里的房间,除非其他朋友已经预约好了,非去不可才去。

上海滩暮春的黄昏来得很迟,那时马路上的行人依旧熙熙攘攘,落日熔金,晚霞似火,把半边天空映得金光通红,西亮东暗,也把这个城市粗略地分成了两种颜色,一红一黑,面朝西方的建筑,闪烁着金光灿烂,美不胜收,而面向东方的,暗淡无光,阴气十足。

赵诗梦拐入西藏路,前面交叉路口的东方饭店就映入了眼帘。它是一桩高大的钢筋混凝土结构,外围呈现尖三角形的大楼,尖角正好指向虞洽卿路,在晚霞的映衬下闪着金光,看上去酷似一艘巨轮,昂首冲破暗淡无光的天际线,驶向金光灿烂的西方。这艘巨轮的船首恰好是饭店的大门,门的上方有两柱气派的大理石通顶壁柱,下面是巨大的门楣,与铁质镂空大门相配,显得与众不同和独特的大气。

赵诗梦急步穿过饭店的门前圆厅,在四楼找到了吴进源订的房间,敲了敲门,没人应答,又听了听,房内竟然寂无声息,走廊里也极其安静。他有些犹豫不决,正准备离开时,吴进源从隔壁房间的门缝里探出头来,将食指放在嘴边,示意不要说话,一副神秘兮兮的样子,叫他过去。

赵诗梦一声不响地跟着吴进源,心想从吴进源神秘的表情来看,肯定发生了什么事情,但又没见他表情中有惊慌的成分,似乎又不是什么大不了的事情。赵诗梦进了房间,果不出其所料,看到她们姐妹俩也在,都呆呆地坐在窗前的椅子上,一脸疲倦,紧闭嘴唇,垂头丧气的样子,见赵诗梦进房间,也没像往常一样热情地招呼。房间角落里放着两只小行李箱,还没打开,好像是从外地刚刚到饭店住下。

"出了什么事?怎么都到这里来了。"赵诗梦急切地问道。

吴进源往床上一摊,半坐半躺,替她们俩答道:"她们闯祸了,收了不该收的大米,现在警察局在找她们呐,只能躲到这里来了。"但听他的口气仿佛不像他说的那么严重,表情也有些诡异,甚至脸上还露着一丝幸灾乐祸的表情,像是长辈发现晚辈闯了祸,帮着收拾残局的样子。

梅姐白了吴进源一眼,皱着眉头,气呼呼没头没脑地为自己辩护说:"都怪那只十三点兮兮的猴子不好,是他硬要我买下这些大米的,说什么米价便宜,米质又好,买下来够酒楼用两个月的;说什么过了这村,就没这个店了。我想想也是,不买白不买,就收下了。"

赵诗梦一下子没有反应过来,对她说的似懂非懂,朝吴进源和姐妹俩扫了一圈,似乎在等待下文。

吴进源理解此时她们俩的心情,深情地瞄了一眼梅姐,说:"不要着急。"又歪过身子问赵诗梦,"身上带香烟了吗?刚才急急忙忙跟她们出来,忘带香烟了。"

赵诗梦一边从口袋里掏出烟斗扔给他,一边反问道:"房间没有香烟?'

吴进源笑嘻嘻地答:"房间里好像只有威士忌,没有香烟。"点燃烟斗,吸了一口,又问赵诗梦,"你,'猴子'认识的呀,就是那个经常来酒楼的,做包打听的欧紫生。"

赵诗梦疑惑地看了她们俩一眼,道:"他呀,我认识。怎么啦,你们都叫他猴子,人家可做过协助法国巡捕房办案的包打听呀。"

吴进源笑了起来,说:"就是这个家伙。现在巡捕房没有了,叫警察局了,他算是协助当局警察办事的。可嘴上无毛,办事不牢呀。惹出了这么一档好事……"

赵诗梦从吴进源嘴里听清了事情的原委:原来,大概在一个礼拜前,欧紫生表面上为了感谢酒楼对他的赊账,用卡车拉来了一车大米,共有二十八大包,要卖给她们酒楼。大米是市场上最紧俏的物资,除了配给的,不容易搞到。姐妹俩想到市面上大米天天涨价,看大米品质好,价格又便宜,就收下了。可是,今天中午,欧紫生急急忙忙来到酒楼告诉她们俩,有人告密,说这一卡车的大米是从日本走私过来的,还惊动了宪兵司令部,警察局正准备来抓人了,包括他自己,叫她们快点离开酒楼,出去避一避,所以姐妹俩找了吴进源。后来,她们按照吴进源的办法,先从银行里拿了钱,打发走酒楼里的所有伙计,关了门,以后她们俩就拖着吴进源,躲进了东方饭店,再也没有出去过。

赵诗梦问:"猴子把米拉过来时,不知道这是从日本运来的走私货?简直是笨蛋一个。"

吴进源看了看姐妹俩,可她们谁也答不上来,就猜测地说:"我看,这个家伙未必知道,即使知道,借他一百个胆子也不敢,肯定转了好几手才到他那里的。"

这个故事让赵诗梦哭笑不得。说严重吧,很严重,按照官方宣布的规定来看,大米属于重要的管制物资之一,老百姓私自买卖管制物资,以走私认处。如果警察局把事情移交给日本宪兵司令部来处理,让他们抓走了,那可是不得了的事情,性命攸关;现在问题好在他们这些人都在外面,如果躲过去了,也就平安无事。眼下只能躲起来,希望其他相关的人也能逃得无影无踪。

对于赵诗梦或者吴进源来说,帮她们姐妹俩躲藏起来,凭着他们四个人私密的感情,不可能不帮忙,帮这个忙也不难,算不了什么,大不了就把四合酒楼废了,或者等到事情彻底过去了,再选一个地方,另外帮她们再开一家酒楼就是了。想到这里,赵诗梦心里有了底,也理解了吴进源刚才那种诡异的表情。

等赵诗梦知道了事情的全部经过,梅姐怏怏地说:"好不容易有了这么好的一个酒楼,没做多长时间,就碰上这样的事情。"

吴进源安慰道:"只要人没事,就可以。其他什么都好说。自从酒楼开张以来,你们姐妹俩没好好休息过,没好好白相过。这几天,就不要去想这件烂事了,该休息的,就休息,该白相的,就白相。大不了,再搞一个酒楼,说不定以后搞的,比现在的还要好呐。"

赵诗梦听吴进源这么一说,心里又定了一大截,尤其那句"大不了,再搞一个酒楼",几乎和自己的想法如出一辙,同时另外一个小问题冒了出来,便问吴进源:"那怎么会选择躲在这个饭店来的呀?"

吴进源看了看姐妹俩,不能确定地答道:"好像是那个猴子要她们住这个饭店的,大概为了今后联系方便吧。"

纪舒红表情凝重地说:"我们最担心的是连累你们。我和梅姐是逃出来了,他们警察局找不到我们,可酒楼还在,他们找到酒楼的房东很容易,一问是你们俩顶下来的房子,那不是立马就找到了你们,那就麻烦了。"

赵诗梦一时还没有反应过来,望着吴进源,只见他拍着大腿,瞟了一眼站在桌边的赵诗梦,问道:"诗梦兄,酒楼的房契我们拿到了没有?"

赵诗梦答道:"我们借沈新彦银行的钱,还没有还清呐,怎么会拿到房契呐。"

吴进源脸上露出轻松的表情,说:"那就没有问题了,我们跟沈新彦明说,万一警察局来问的话,就说房子租给了外地人,再做一份假的租约,笃定让警察局呀,日本宪兵队呀,去查吧,他们永远找不到我们俩。大不了,我们再把房子还给沈新彦。这样就万无一失了,我过一会就去找他落实这事。"

赵诗梦看了一眼窗外暗红带着一丝血色的晚霞,便说:"这样吧,我和你一起去找沈襄理,我们请他出来吃晚饭吧。"

吴进源和赵诗梦先去了沈新彦的银行,听那里的职员说他下班了。他们在银行附近一家饭店的饭桌上找到了沈新彦,吴进源生拉硬拽把他从饭桌边拉到了旁边茶楼的雅间里。沈新彦埋怨地叫着:"搞什么鬼,你们把我拉到这里,太不通人情了吧,现在喝什么茶呀。我和朋友约好的,吃完饭后,去土耳其浴室,松松筋骨的。"

赵诗梦听到他直呼要去土耳其浴室,心里一喜,心想他并没有把自己和吴进源当外人。在上海滩有不少土耳其浴室,一般的体面之人即使要去洗土耳其浴,也是暗暗地去,一般不会挂在嘴边,尤其在不太熟的人面前。因为土耳其浴室名声不好,与普通的风俗场所相比,有过之而无不及,他在他俩面前直说要去那种地方,证明他对他俩一点都不避讳,是自己人。

吴进源笑嘻嘻地让沈新彦坐下,像是抓到了俘虏似的,阴阳怪气地给了他一个下马威,说:"还想去土耳其浴室?如果你今天去了,说不定你明天就可能被日本人抓去了,在宪兵司令部里松筋骨了。所以今晚还是跟我们待在一起,商量商量如何对付日本人吧。"

沈新彦一头雾水,神情略显紧张地反问道:"我做了什么啦?他们凭什么抓我?"

吴进源得意地朝赵诗梦瞟了一眼,不露声色地做出副一本正经的样子,说:"因为你把房子顶给了专门收赃的人了,罪还不轻,与收赃的人同罪,现在只有我们才能救你。"

沈新彦呆呆地看了一会儿吴进源,似乎听懂了一半,不能确定,又觉得他的神情有点像是在讹诈自己,不可全信,便把目光移到赵诗梦的脸上,希望他能够告诉自己实情。

赵诗梦不愿意跟他兜圈子,把俩姐妹买米的事情扼要地说了一遍。由于急着说明情况,他忘记了掩饰他们和这俩姐妹的关系了,吴进源在一旁为自己的恶作剧而哈哈大笑,插话说:"吓死了吧,你老兄,也怕日本宪兵呀。"

沈新彦知道上了吴进源的当,把自己吓得不轻,便做出恶狠狠的样子对他说:"看来,我真该跟日本人说,那个收赃的人,就是你这位仁兄,快点把你抓起来。"

吴进源自信而笃悠悠地笑着,说:"你会跟日本人这么讲,我就不来找你了。"

沈新彦像是突然想起了什么,笑着眨了眨眼睛,说:"我早就知道你们开饭店,不动好脑筋,原来果真是在养女人呀!当时我没有猜错吧。现在闯祸了,就来找我了?"

赵诗梦知道自己说漏了嘴,但心想这也是没办法的事情,便口气诚恳地说:"不好意思,沈襄理,我们欠你情了,今天土耳其浴室的开销,我们包了。"

吴进源凑到沈新彦跟前,笑眯眯的眼睛眯成了一条缝,语气怪怪地插话说:"沈兄,不会在土耳其浴室里,还有什么特别安排吧?"这个"特别安排",在场的另外两个人一听就懂,肯定是指风俗节目或者直指玩女人,这似乎是约定俗成的代号。虽然,吴进源是个自来熟的人,他与沈新彦也有一起吃饭打麻将的经历,但没有一起玩过女人,他们的交往还没有到这一步。不过这句话一出,虽是一句调侃的话,却把彼此的距离拉近了不少,点通了彼此心中的隐秘。在他们的圈子里,存在这样一句玩笑的话,"只有同流合污的人,才能成为圈子内的朋友",在玩女人方面,同样的道理。那些在上海滩上貌似体面的男人之间,也只有共同游历了风月场所,才算是圈内的知己。

这话把沈新彦逗乐了,露出了一阵明显的坏笑后,反唇相讥说:"谁像你们俩,一对活宝,一起金屋藏娇,伪装成开酒楼,还做起了连襟。"

沈新彦的这句话仿佛点破了他们有同样的秘密,吴进源却哈哈大笑着,说:"好,我们是活宝,不说了,不说了。今天,你的土耳其浴室,也就算了吧,喝完茶,我带你们去一家新开张的,洗芬兰浴的地方,那里既清爽,又安静,还有冰镇啤酒喝,保证舒服惬意。沈兄,你想要的那些,那里也有,而且肯定比土耳其浴室的灵光。"

沈新彦一下子来了兴趣,但眼神里还带着怀疑,盯着吴进源看了一会儿,耐不住问:"哪里有新开张的芬兰浴室?我怎么没有听说过呀?"

吴进源答道:"今年冬天开张的。老兄,鄙人玩过的上海滩白相的地方,肯定比你多得多。"他回答了问题的一半,看到已吊起沈新彦的胃口,便不慌不忙地把对付日本人的办法说了一遍,要他协助,他没有二话,爽央地答应了。随后,他们三人也很快离开了茶楼。

这家芬兰浴室离茶楼不远,就在十六铺码头附近,是一个地道的外国人开的。赵诗梦和沈新彦都是第一次光顾这里。在更衣室里,吴进源率先脱光了衣服,经外间淋浴后,下身用毛巾围住,按照手中的小木牌,领着他们穿过大堂,找到了属于自己的那小间房间。

这房间与其称是桑拿室,倒不如说是个木头盒子。除了门上镶着一块不大的带花纹的磨砂玻璃,房间的四周、地面和天花板都铺满了芬兰木,面积不大不小,大概可以舒服地容纳七八个人。那天,吴进源买下那晚所有的时间段,所以这个空间只属于他们三人,足够宽敞的了。整个桑拿室,在白炽灯下显得淡淡的金黄色,和人体皮肤的颜色差不多,一点没有压抑感。由于桑拿室中间热炉上烧烤的矿石已经滚烫,把室内的空气都烤干了,人进入室内,只感到一阵干热。吴进源从角落的水槽里舀出一勺冷水,浇在石头上,顿时发出"呲呲"的响声,从石头上喷出的一股股白乎乎的热浪,弥漫开来,充满了整个室内,他们立刻沐浴在蒸汽中,感到高温高湿,心跳加快。

吴进源拿起放在木架上的树枝条,晃了晃,问道:"你们猜猜看,这是什么树的枝条?干什么用的?"

沈新彦接过枝条，往自己的身上抽了几下，答道："派这个用处，'自虐'；这是上海滩难得见到的白桦树枝条，不知道这里的老板从哪里弄来的？"他白皙的胸脯上立刻映出几条红红的抽痕。

吴进源看了赵诗梦一眼，插话赞叹道："哦，沈襄理到底是上海滩的白相人，周游过世界，见多识广呀，很会白相嘛。"

沈新彦没有理会他的赞扬，总结似地说："桑拿浴中，最有风情的莫过于芬兰浴了，集优雅舒服私密于一身，而土耳其浴略显有些土里土气，比如在大庭广众之下搓背，松筋骨，虽然惬意的不得了，可少了一点雅趣。"

赵诗梦看了吴进源一眼，笑嘻嘻地说："人家是银行的襄理，我们还欠着他的钱呐，你竟然把人家当成不领世面的乡下人，还要让人家猜猜看。"听上去像是在为沈新彦说话。

沈新彦同样也没有理会他的溢美之词，又用枝条往背上抽了几下，就丢还给了吴进源，问道："这里的老板是外国人？"随后躺倒在旁边的木架上。

吴进源接过枝条，一边抽着身子，一边答道："大家只知道他是个欧洲人，名字叫'热拉尔'，就跟浴室的名字一样，却没人能说得清楚他是哪一个国家的人。他本人有时候说自己是芬兰人，有时候讲自己是意大利人，反正都是些日本人不讨厌的西洋人。可有人看到他在太平洋战争前用的是英国人护照，也有人说他的英国护照是买来的，跟他关系密切的朋友讲，他可是的的刮刮①的犹太人。我们上海人的眼睛里很难区分谁是犹太人，谁不是犹太人，他们看上去都是差不多的欧洲人，而依我从他'热拉尔'的名字来看，更像法国人。反正他是哪一个国家的人，无关紧要，问题是人家这个浴室仗着漂亮干净新潮，浴资可以贵得要死，一个冬天，就够它收回投资的了，现在客人少一点，可已经开始赚钱了。"

---

① 的的刮刮：(沪语)此处意为地地道道。

赵诗梦不想用这个树枝条"自虐"自己，直接躺到了木架上，面孔朝天笑道："上海滩是一块神奇的地方，有骗不完的傻瓜，就像你我这样的人。"

吴进源抽完了身子，和另两位一样躺下了。他们三人每人一边，都平躺在木架上，谁也没有说话，持续了好一会，沈新彦没头没脑地说了一句："吴老弟，现在日本宪兵没有什么可怕的，他们就要败了。"

吴进源猜他是在说买米的事情，答道："这里不是太平洋，是上海滩，他们还是拿着枪的宪兵。问题是，这个买米对我来讲，倒没什么大不了的事，躲起来就是了，可牵涉到的人太多，她们担惊受怕。"

沈新彦好像对他们买米的事情并不关心，继续说："上个月，美军攻占硫磺岛和冲绳岛；前几天，盟军在易北河会师，苏联人也已快打到柏林了，德国人没几天了，接下来是日本人了。"口气就像一个战事播报员，接着又问道，"你们知道美军中的超级空中堡垒吗？"不等有人回答，便继续说，"就是美国的 B-29 轰炸机，号称'超级空中堡垒'，开战时这种飞机还轰炸过东京，最后有些飞机降落在中国的境内。现在可不得了了，这种飞机可以从硫磺岛和冲绳岛直接起飞，轰炸日本的本土了。"他自说自话，滔滔不绝地向他俩介绍着，口气又像是一个武器专家。

赵诗梦心想这些消息肯定也是从收音机里听来的，为了确认，故意问："这些战况，你是从哪里听来的？"

沈新彦扭过头来，脸上有着一丝惊讶，反问道："你不听短波广播吗？"后面跟着一句叹息，"哇，你真是弄堂政府的好国民，真听话，他们说不能听，就不听了。"

吴进源知道赵诗梦一直在收听广播，而且还很认真，就嘲笑道："我知道，赵兄绝对不是什么好国民，只是胆小怕事而已，装戆。他是对着地图，听战事通报的主儿。"

沈新彦略略提高了嗓门，说："赵兄，按理说桑拿房里，大家光着屁股，是最坦诚相见的时候，我们又不是泛泛之交，而且都是朋友，你还要抖抖霍霍①装戆,不灵光。"

赵诗梦心里有些过意不去,像是为自己辩护,又像是说明情况,赶忙低声说:"不是,这几天,我真的是没有听,我的短波收音机坏了,送去修了。"他的话说对了一半,其实收音机坏掉,只是昨夜的事。

沈新彦说:"老弟,你记住,如果哪一个政府有不许老百姓听、不许老百姓说的,那么这个政府必定心中有鬼,肯定是短命的。"

听沈新彦这么一说,赵诗梦感到自己先前是有一点装傻过了头,不够朋友。为了消除这样的影响,他诚恳地说出了自己收听海外广播的体会:"我觉得现在听的这些广播,除了获得战时的动态信息,而且还受到了西方民主理念的教育,所受这些教育的深度,远远超过我在英国留学的那几年,或许留学时我还年轻,不能理解其中的道理吧。所以,有时候听了会上瘾。"

沈新彦笑道:"你这样说,让我想起了一个朋友,他说:听到美国之音,仿佛看到了自由女神。"

吴进源面朝天花板,插话问道:"你见过自由女神吗?站在她下面往上看,好大呀,好壮观呀。"

沈新彦答道:"当然看到过,去纽约,不看自由女神不算到过纽约。说给你们听一个笑话:我刚去美国不久,就和一群新到的留学生去参观自由女神。我们在她的下面一边观看,一边聊天,其中有一个傻乎乎的女生叫道:'我太喜欢她啦。哪天,我趁着风高月黑之夜,把她扛回去。'大家都笑死了,问她扛回去放在哪里。她可能是上海来的女孩,她说:'我们没有自由岛,没有哈德逊河,可上海滩有黄浦江,我就把她竖在外滩对面的拐角上。'这下热闹了起来,七嘴八舌的,一些调皮捣蛋的男生就吃起她的豆腐,说:'你真伟大,你还不如把自己塑成塑像,放在那里,供上海滩的国民观赏呢,我帮你收门票。'更有甚者,说话就不堪入耳了,说什么最好是裸体的。你们看这个女孩傻不傻,自我作践。"

---

① 抖抖霍霍:(沪语)战战兢兢。

吴进源大概第一次听到这样的玩笑,似乎很感兴趣,立马撑起头,笑道:"我看这个女孩一点都不傻,很伟大,那些小男生不是东西,下流坯。在外滩对面的拐角上,立一个自由女神,真是个不错的主意,那我们上海滩就和纽约一样了,黄浦江就和哈德逊河一样伟大了,我举双手赞成。"说话的语气中夹着一丝认真,一丝为那女生打抱不平,歇了歇,一本正经地像是宣布,大声道,"如果我发财了,第一件事,就是弄一个自由女神摆在那里。"

赵诗梦对着天花板,笑道:"我可没去过美国,也没见过自由女神,就等着我们吴兄在外滩对面,竖起一个了。以后,我每次路过那里,我将朝她多看几眼,当然,也会想到这是我们的吴兄竖的。"

突然,外面传来了低沉的防空警报,大家沉默几秒钟,似乎想弄清楚发生了什么,尔后,沈新彦调侃道:"我们盟军的飞机又来了,希望他们投弹投得准一点,别把我们炸死了……"话音未落,桑拿室的电灯就灭了,房间里一片漆黑,只有中央的热炉发出一丝暗红,让人的眼睛一时难以适应。对此,他们三个人并没有惊慌,这几年来,在上海滩这种警报加断电的事情常有发生,最多的时候一天几次,一般会持续一个多小时,或者更长时间。不一会儿,又从远处传来了高射炮的射击声。

三人又屏声静气地在听外面的动静,吴进源苦笑着,感叹道:"停在黄浦江上的那几艘日本军舰,真该炸。"

一阵高射炮的射击声后,听不到轰炸声,又恢复了安静。沈新彦听到没有什么动静了,有点不耐烦地说:"黑灯瞎火的洗芬兰浴,还是第一次,但愿他们有备用的发电机,或者让我们早点出去。"

吴进源提醒道:"他们哪里会有备用的发电机,即使有,大概在防空警报期间,他们也不敢用吧。"

赵诗梦有些担心地说:"如果防空警报长时间不解除的话,那就尴尬了。"另外两位没有接话,似乎也有同样的担心。

过了好长时间,电没有来,可浴室的伙计送来了马灯,又换了热炉上的矿石。桑拿室亮了不少,可他们三人进入了两难的尴尬:一直待在桑拿室里吧,人会受不了,也不是个事儿;如果去冲沐更衣吧,虽有马灯照明,不成问题,但由于当局规定,在防空警报期间不得任何人上街外出,所以即使他们更完了衣,也走不出浴室。没办法,他们索性就叫伙计拿来了冰镇啤酒,借着马灯的昏暗光亮,把桑拿室变成了啤酒屋。可桑拿室就只有一个烧石头的炉子和土里土气的马灯,一点看不到身居繁华大都市里的华丽,仿佛在荒山野岭。在以后的时间里,时而从不同的方向传来高低不一的射击声,却没听到飞机声和轰炸声,他们身上裹着的毛巾湿了又干,干了又湿,狼狈不堪,一直熬到第二天拂晓,防空警报解除时,他们已经精疲力竭,快快地离开那个芬兰浴室。

他们三人来到外面,天色已微明,东方散发着暗青色的光亮,西边的月亮还高高地挂着,显得非常的明亮,清新的空气里弥漫着湿漉漉的气息,黄浦江上吹来初春的微风,让人感到一丝寒意。马路上稀疏的路灯还亮着,两边沿街的小店和商铺都上着排门板,放眼望去,马路两边楼房的轮廓线清晰可见,却找不到一扇亮着灯的窗户。周围死一般的寂静,马路上除了几个拉粪车的工人,和一些从十六铺挑着蔬菜而来的农民,几乎没有行人。他们西装革履地出现在那里,显得非常诡异和突兀,在这种场景下,即使他们的西装再昂贵,再漂亮,也失去了平时拥有的光泽和自信。

吴进源从来没有在这样的时间出现在上海滩的马路上。从桑拿房带出来的一点热气,很快就消失殆尽,为了抵御寒意,紧了紧领带,竖起西装领子,看了看东方的天色,又回头看了一眼在晨曦中的芬兰浴室的招牌,调笑地宣布道:"朋友们,今天待在桑拿房里的时间够长的,我这辈子再也不洗芬兰浴了。"三个人都笑了,笑得有点苦涩和无奈。尔后,他们像是逃避瘟疫似的,向前走去。

赵诗梦有点后悔,昨晚没有开车过来,这么早,看不到电车或者黄包车,没有任何交通工具,只能徒步。而且,他们三人还面临着一个共同的问题,就是去哪里。因为实在太早了,如果回家,家人还在梦乡中,肯定要受到打扰,弄不好还要解释昨晚尴尬的一幕;如果不回家,对他们这样的白相人来讲,一宿未归,也属于常事,但问题是,现在这种时候又能去哪里呢。他见沈新彦和他们一起向北走,便问道:"沈兄,你住在哪里?"

沈新彦答道:"我家在十六铺的南面,不过我的银行就在前面。现在就去银行,打个瞌睡,为你们的事情准备一些材料,接下来吃个早饭,整理一下办公室,也就差不多该上班了。"

赵诗梦听到了他最想听的,赶忙说:"沈兄,现在就去帮我们准备材料,太感谢了。"后又追了一句,"别忘了,把租房人写成外地人,叫他们无法核查。"

吴进源不失时机地赞叹道:"诗梦兄,交给他的事情,你放心好嘞。我们的沈兄,是一个办事认真之人,你看他把这么短的时间,安排得井井有条,瞌睡、准备材料、早饭、整理,滴水不漏。"

沈新彦好奇地问他们,如何安排这段时间,吴进源朝赵诗梦看了看,说:"我和你一样,回照相馆睡觉,我那里什么都有,还很舒服,我估计,赵兄大概也差不多吧。"

这时他们正好来到四岔路口,沈新彦的银行就在对面,没有等赵诗梦回答,说了一句:"我到了,再见啦,祝你们好运。"便和他们分手了。

他们俩目送沈新彦穿过马路,尔后他们俩拐入三马路①,继续朝前走。赵诗梦问道:"好像你以前就和沈兄很熟吧?"

吴进源说:"也没怎么太熟,只不过为他拍过几张照片,还就是他把酒楼的房子顶给我们。"

赵诗梦说:"我想也是,不过他的人可真好,你开始时这么作弄他,他却义无反顾地帮我们的忙,真是个好人。"

---

① 三马路:汉口路旧时的俗称。

吴进源有些不以为然地答道:"在上海滩,像我们这样有点小身份的人,彼此做事情都有个度,做生意相互利用赚钞票,是一个方面,但都是懂道理之人,像现在我们遇到这种因乱世引起的难处,一般大家不会见死不救,更不会落井下石,这就是我们这些人的最起码的人品。反过来讲,也一样,如果你碰到这种事情,也会帮这个忙的。"

这句话似乎让赵诗梦想了很久,喃喃地说:"说的也是呀,大家相互照应。"尔后,他们俩谁也没有再说话,仿佛都在想沈新彦这样的一类人是怎么样的一群人,或者在想他们自己是怎么样的一类人,沿着三马路一直往西,直至静安寺路附近。

赵诗梦自从得到鲍逸芸父亲那句话后,就没有在办公室的楼上睡过。他担心自己睡在办公室的楼上,让鲍逸芸看到不太好,会让她猜测自己在外面鬼混的,留下不好的印象,便坦白地对吴进源要求道:"老弟,去你的照相馆怎么样?打个瞌睡,醒来一起去茶楼喝早茶,像广东人那样。"

吴进源爽快地答道:"好啊,我那里有的是惬意的大沙发,你睡沙发,没问题吧。"可奇怪的是,他们俩谁都没提到要回东方饭店她们姐妹俩那里去,也许他们有共同的想法,不愿意打扰她们。

沈新彦的承诺,让他们俩吃了一颗定心丸,赵诗梦吴进源他们的日子,除了不去四合酒楼,有点小小的忐忑之外,其他并无二致。

几天后,猴子贼头贼脑地在东方饭店里找到她们姐妹俩,告诉她们说:日本人不再查这件事了,可以回去了。她们俩问他为什么,他说:后来,那个告密的中国巡警想拍日本警察的马屁,自告奋勇地要带日本人来查你们的四合酒楼,可日本警察说他已经派人查过了,不可能有人从日本走私大米,宪兵司令部已没有丢失过大米,宪兵队也根本不管这类事情。还训斥了那个马屁精,如果抓错了人,要拿他是问,如果听信谣言,诬陷日本人,小心脑袋搬家。

这个消息把大家都搞糊涂了,他们还是不敢轻易回酒楼。后来,吴进源几经多方打听,才了解到:原来确实有人偷偷地运来大米换钱,远远不止他们收下的那一车二十八大包。总共有三大车,全都卖给了上海滩的各个饭店酒楼。但那走私大米的人不是中国人,而是宪兵司令部的日本人自己干的,所以他们相互包庇,日本控制的警察局当然不可能追查这种事情,弄得他们四个人一场虚惊。

第十一章 喜忧参半

上海滩的八月份，总是骄阳似火，处处冒热气，处处发烫，让人抓狂。吴进源上着米色的英式短袖猎装，下穿浅色西装短裤，白色的长筒袜直到膝盖，脚蹬镂空的香槟色皮鞋，一副凉快的夏装打扮，兴冲冲地来到赵诗梦的杂志社，喜形于色地告诉他两个消息：第一个是，有人说，前些天美国人在日本丢下的大炸弹，是一种神奇的原子弹，把日本都炸平了，美国人很快就会在日本登陆；第二个是，梅姐怀孕了，我要结婚了。

赵诗梦还是那副两脚朝天，少爷坐办公椅的样子，慢条斯理地答道："第一条已不算新闻了，还可以加上日本人接受波茨坦公告，已指日可待了……"说到这里，他突然一下子坐直了身子，诧异地看着吴进源，问道："第二条是什么？谁怀孕了？你要结婚了？和谁？"

吴进源一本正经，一字一句地答道："梅姐怀孕了，我要做爸爸了！"说到"爸爸"两个字的时候，声音特别响，脸上露出骄傲的神情。

赵诗梦瞪大眼睛，脱口而出道："哦，那确实是新闻，恭喜你。"嘴上说的是恭喜，可还是着实地吃了一惊。

吴进源把铜制的台式电风扇调向自己，甩着大包头，来了一个响指，有点得意忘形，笑着补充道："我已和梅姐选好了结婚用房，就在八仙桥西面，离我们酒楼不远，现正在叫人帮我布置房间呢，择日请你们上门贺喜。"

赵诗梦追问道："你结婚……那我还要吃你的喜酒呢。"

吴进源感慨地答道:"虽我们是奉子成婚,喜酒嘛,当然要喽,而且还必须体面隆重。我已经跟她说过了,就办在我们的四合酒楼里。"

他们的结婚实在来得太快,太突然,赵诗梦显然没有一点心理准备,甚至大大出乎意料。他们俩虽然谈的是吴进源的婚事,赵诗梦却想着纪舒红。如果梅姐和他结婚了,那自己和纪舒红怎么办?这是个显而易见的问题。他和纪舒红结不了婚,那种明媒正娶的结婚;他又不愿意纳妾,还是这样持续下去吗?那她会怎么想呐,旁人又会怎么看,他很难继续想下去。想对她补偿点什么,可又觉得再怎么补偿,也不合适;又想起了前几天沈新彦的那句"还玩起了连襟",心里不免有点妒忌吴进源,他可以结婚,而自己则没有这样的机会,升起了一股难以言状的惆怅。盯着喜滋滋的吴进源,两眼发呆,说:"奉子成婚,那也是正儿八经的结婚呀。"这话听上去好像是接吴进源的话,可对赵诗梦来讲,似乎更像是说给自己听的,而且语气中除了祝贺和肯定,还隐藏着一种羡慕。

上海滩的人们还没从庆祝抗战胜利的喜悦中退却,赵诗梦他们又迎来了吴进源和梅姐的喜酒,四合酒楼张灯结彩,还挂起了最时髦的彩旗,各色旗帜中夹杂了不少美国、英国、苏联的国旗,还有青天白日满地红的旗呗,这彩旗标志着胜利的喜庆和新婚的喜悦混在了一起,按老百姓的说法,就是喜上加喜。

那天,他们的酒楼里,来了许多体面的人,其中包括从重庆回来的老朋友·以前中国通商银行的襄理冷中宝,现在的身份是行政院的特派员,他是随第一批军政要员坐飞机来的接收大员,成了上海滩最有权势的、大红大紫的一类人,也成了婚礼嘉宾中最显赫的一位,被吴进源邀请为证婚人。

在致证婚词时,冷中宝站在吴进源和梅姐当中,面色红润,一身美军的橄榄绿,卡其布夹克式军装,配美式军用领带,不带任何军衔肩章等标识,气派依然不减当年,只是他比梅姐要矮一些,他们三人并排在一起,成了中间凹陷,两头高的局面,看起来有点小小的滑稽。他拿出了稿子,念的时候声音洪亮,铿锵有力,大有官员训话之势。第一句是"时值抗战胜利之际,迎来了……",或许是重庆来的缘故,说这话的语调略拖长了一点,透着一股骄傲或者高人一等的味道,让人有一种仿佛是靠他打赢了这场战争的感觉,这样的语气不得不让人会一瞬间忘记这是在举行婚礼,肃然起敬,有人说这种自以为是的口气,是这时从重庆来的人的通病,好像自己就是救世主。冷中宝的证婚词不长,缺乏浪漫华丽的辞藻,让人感觉是在宣读公文,只是在最后一刻,当他以有点沙哑的声音念到"祝贺他们早得贵子"时,引起了在场一些人善意的嬉笑,这个笑,是笑他说话怪异的口气,还是笑梅姐肚子里已有孩子了,因人而异。

致完证婚词,主桌的客人开始入座,冷中宝最先带着一位穿军装的女士,坐在赵诗梦旁边,新郎新娘和伴郎伴娘正好坐在他们的对面,这一桌大多数是熟人,大家都笑盈盈的,一副喜庆的景象。

纪舒红是梅姐的伴娘,原来美国车行买办的贾孝平是吴进源的伴郎。赵诗梦的目光常常碰触到纪舒红的眼神,看她打扮的不亚于新娘,只是在服饰上有点稍许区别,梅姐是一件洋红色加黄色碎花的短袖旗袍,而她是一件米色浅花纹的旗袍,仅有湖绿色的滚边和盘扣作为点缀,显得温馨素雅,恰好衬托出新娘的华美。当赵诗梦和纪舒红的目光相遇时,都会露出会心的微笑,很明显,这种微笑是受喜庆场面的感染所致,又似乎所有的一切尽在不言中。

冷中宝和赵诗梦也算是老相识了,两人相遇,一阵客套。等到新郎新娘起身开始环场敬酒答谢时,气氛活跃了起来,说话的自由度一下子提高了不少。冷中宝眯着眼睛,看了一眼赵诗梦,说:"赵老弟,这次我回上海滩,任务繁重呃,百年不遇呀。首先,要在政治文化经济全方位展开接收,还有惩治汉奸,还要立刻恢复上海滩的政府功能……"眼睛迅速地朝餐桌扫了一圈,最后目光落在一盘腐乳肉上,流露出孩子般馋嘴样,足足停留两秒钟,而后又慢悠悠地伸出筷子,夹了一块大肉,直接放进了嘴里,一边咀嚼着,一边扭过头对旁边他带来的女人介绍说,"这个肉好吃,在重庆吃不到这样的。"又举起杯子,抿了一口老酒,等彻底咽下那块大肉,继续对赵诗梦说,"你看看,有那么多的工作要做,都是重要工作,中央机关短时间里派不出那么多像样的人,而现在跑在前头的那些人,不是我看不起他们,都是一些没有见过世面的乡巴佬,做起事来无法无天。政府部门用人是一件非常讲究的事情,关系到今后事情的成败与否,就是政治,就是国家利益,我看他们实在靠不住。我这里急需像你这样的人才呀。"在他说出最后一句时,又朝赵诗梦瞟了一眼。

  赵诗梦做出一副虔诚聆听的样子,虽谈不上装腔作势,但也露出了几份必要的真诚,还麻利地为冷中宝夹了一些菜。赵诗梦记得他是一九三八年去的重庆,已有七年没见面了,他又比自己大几岁,所以对他像对待尊贵的客人一样,尊敬有加,殷勤备至,当然,也记得他喜欢大吹大擂,有着一副从骨子里生出来的吹牛的本事。

  冷中宝看赵诗梦没有回音,以为他只顾得为自己夹菜,没有集中思想在听,便又喝了一口酒,直勾勾地注视着他,继续开导说:"现在是国家急需人才的时候,这时候如果你能为国家做事,与己与国都有利呀,我们都为了国家在干事,我看你还是出来,跟我干吧。"

  赵诗梦见他的酒杯又空了,赶紧一手拿起酒瓶,一手接过酒杯,认真地给他重新斟满,但仍旧一声不响。

  冷中宝见赵诗梦没有答应的意思,以为自己刚才说得太含糊,便把话说得更加直白,更加赤裸裸了,笑嘻嘻地说:"你看看,日本人留下来的部队、武器、财政、仓库、银行、工厂、商店、住房,甚至妓院都要接收。说是国民政府接收,那政府的事情还不是要有人干的嘛,那就是我们接收唠。只要接收的事情,干好了,到那时候,我们还不是要什么有什么,说到底,这些事情,哪一件不是升官发财的事情呀,正如有人说的,那是百年不遇的机会呀。"说完这话,他脸上一片灿烂,又悄悄地用余光朝旁边那位穿着军装的女人扫了一眼,凑到赵诗梦的跟前,压低声音说,"说得难听点,就是他们留下来的妓女或者小老婆,也要接收呀,这是没有办法的事情,这是历史选择了我们,历史赋予我们的使命。"说到这里,冷中宝露出了一种难以言状的笑容,笑声虽然很低,有所克制,但这是一种抑制不住的笑,由心而发的,就像是在打牌时,摸到了一副旷世好牌而露出的兴奋,其中还混杂着一丝让人难以察觉的猥琐。尔后他直了直身子,以宣布命令的口气补了一句,"现在我缺人手,尤其像你这样留过洋,有教养有知识的人才,又熟悉上海滩。如果你肯干的话,我保证你在不远的将来,飞黄腾达,过几天等到新的上海市长来了,我去替你打个招呼,在政府部门里给你留一个位子,级别绝对不会低。"

不管是真话还是假话,这话说得太明了了,赵诗梦实在无法再继续装傻了,必须有个明确的答复,问题是他对冷中宝说的百年一遇的机会并不感兴趣。他天生就是一个做小开的料,在他的脑子里,从来没有升官发财的想法,他生来就没缺过钱,也没少过乐子,不需要发财;至于升官嘛,他对吃官饭的,虽谈不上十分反感,可也算得上不屑一顾。另外,他天性喜欢自由自在,高官厚禄和他无缘,所以没有这方面的欲望,他不喜欢借助权力做事情,喜欢当老百姓,喜欢过百无禁忌的生活,所以冷中宝费尽心机向他描述的飞黄腾达几乎与他无关。

赵诗梦见他喜欢吃腐乳肉,心想他们在重庆的日子大概不怎么样,吃的方面可能缺少油水,否则不会觉得放在桌上增添喜庆的腐乳肉好吃的。他向桌中央的那盆又红又亮的大肉看了一眼,试探着又往冷中宝的碟子里夹了一块大大的漂亮的腐乳肉。赵诗梦看了看他,不好意思直接回答他刚才的提议,没话找话,迂回地问道:"现在新的市长人选定了没有?"

凡是谈及官员的事情,冷中宝有着天生的热情,他来不及把碟子里的那块肉送入嘴里,只是留恋地朝那块红红的腐乳肉瞟了一眼,放下筷子,态度认真地答道:"据我所知,应该是钱兄,蒋委员长的八大金刚之一,钱大钧,他今年五月份已当选为国民党第六届中央执行委员了。"接下来,他的口气中带着一股骄傲,仰了仰头说,"我记得,钱兄是因双十二事变受伤的,民国二十六年初在上海养伤。那时,我两头跑呀,从南京回来不进家门,先去探望他,几乎一个礼拜要去看他四五次,眼下我们虽各忙各的,有一段时间没有碰面了,但交情还是很深的,我跟他之间就像亲兄弟一般。"他又转过脸来,挂着得意的微笑,进一步问,"到时候,我把你引荐给他,怎么样?"随后,他看了看碟子里的那块亮晶晶的腐乳肉,把它夹起来,笃悠悠地送进了嘴里。

这一问,把赵诗梦吓了一跳,原本是随便问问的,却被冷中宝误以为是自己向他发出承诺的信号了,也不管他说的是真的,还是吹牛,连忙抱歉地纠正道:"哦,我不是这个意思,我出来做事还有点……羁绊,还没有想好。"他说话有点吞吞吐吐,"羁绊"这词是在他脑子里转了一圈才蹦出来的,与其说他是否出来做事的事情还没有想好,倒不如说他接下去该说什么还没想好。看着冷中宝一脸的疑惑,他诚恳地吹起了牛来,"家父一直身体不好,他希望我把工厂完全接过来。现在实际上我身兼两职,一方面打理家父的工厂,另一个就是我自己的杂志,所以,出来做事……"其实,这话并不是完全瞎编的,父亲一直在催促着他多关心厂里的事,他去厂里的次数也确实比以前多了不少,只是远远未达到父亲所要求的而已。他的回答只是放大了这一块,其余的都是事实,可不论怎么说,面对冷中宝的盛情,这样的回答,让他感到有些尴尬。

这时,坐在赵诗梦旁边一直没有说话的郁剑秋插话问:"钱大钧,就是那个讨了姐妹俩做老婆的家伙?"由于他和冷中宝以前没见过面,这话听上去像是在问赵诗梦,其实也有向冷中宝提问的意思。

赵诗梦听到他这么一问,像是找到了救星,有了转移话题的机会了,赶忙向冷中宝介绍道:"我们的大记者,郁剑秋。"

冷中宝也许不喜欢他们的谈话被打断,也许天生不喜欢记者这个职业,或者不喜欢郁剑秋以这种不恭敬的口气,用"家伙"来称呼将上任的市长大人,但对他提出的问题,倒是蛮感兴趣的,很想回答,可以展示自己结交大人物的经历。他淡淡地看了郁剑秋一眼,眉宇间有种不屑一顾,或居高临下的威严,随后,并非对着他,而是对着赵诗梦答道:"钱兄有一对姐妹妻子,有两房不假,但事出有因。当时他老婆,就是姐姐的那个,因为病入膏肓,生怕自己死后,孩子被后妈虐待,就给钱兄下了一条死命令,'如果我死了,你可以再娶,但必须娶我妹妹'。并把自己的三妹介绍给了他。在后来的日子里,钱兄就和那个三妹一起共同照顾自己老婆。这个三妹也是漂亮可爱至极,那就不用多说了。他和三妹日久生情,相互喜欢上了,有了夫妻之实,而他老婆的病却奇迹般的痊愈了,依然光彩照人。可钱兄和三妹已是生米煮成熟饭,那个姐姐也没更好的办法,只能姐妹俩共侍一夫,成了一个传奇的故事,成为大家的美谈。"说到这里,他瞥了一眼郁剑秋,顿了顿继续说,"钱兄,真是好福气呀,她们姐妹俩我都见过,都如花似玉,鄙人也不胜羡慕呀。"语气里充满着为钱大钧辩护的味道,神情中带着自己有钱兄这样一位朋友而骄傲。

郁剑秋斜瞟了一眼冷中宝,眼神里似乎带着一丝桀骜不驯,接话说:"中华民国的民法早已规定了一夫一妻制,这样的人,自己的屁股都没擦干净,就来当我们上海滩的市长,会不会不服众呀?上海滩的老百姓真可怜,随随便便塞给一个人,就来做市长了,怎么不自己选一个市长出来?选举一个屁股干净的出来。"他说话的样子完全不同于赵诗梦的唯唯诺诺,语气里充满着怀疑,有着记者的职业锋芒。

冷中宝脸上立刻浮现出不高兴,他何尝不知道法律里规定了一夫一妻制,但不允许有人对他所崇拜的人如此不恭,这种不恭敬就如同对他本人一样,叫他无法接受,他必须教训这个骄傲的记者。他喝了一口酒,倚老卖老,又夹杂着一层圆滑,一板一眼地说:"你怎么能把人人羡慕的艳事,说成屁股没擦干净呢?更何况说的是我们将来的市长大人?人家毕竟将是上海滩的行政首长。你这个记者呀,一点没有儒雅之风,说得难听一点,真有点不知道天有多高,地有多厚。"从口气中可以听出,说这些话时,他是压抑着火气的,脸色也有点不太好看,说完扭过头去,扫了一眼桌面,又伸出筷子夹了一块软软的腐乳肉送嘴中,一声不响,卖力地咀嚼着,样子略显滑稽,不像是愤怒,更像是一头贪吃的怪兽。

赵诗梦一看苗头不对,立马拉起了圆场,笑着说:"三妻四妾,这是男人常有的事,大人物没三妻四妾,那就不是大人物了。郁兄,你就别死脑筋了,儒雅一点吧。"这话听上去像是在开导郁剑秋,但本质上并没有否定他刚才的怀疑,只是劝其顾及面子,不要太认真,要儒雅。

冷中宝看到郁剑秋不响了,可还有点不甘心,脸色更严肃,更难看,居高临下地开导道:"刚刚我过来的时候,看到南京路上的大新公司转角外墙上,挂着我们蒋主席巨幅的宣传画,旁边还写着'蒋主席万岁',我的心情激动不已。为什么现在老百姓又叫出了'万岁',我想这是我们老百姓有感而发,呼喊出来的,说明老百姓爱戴我们的蒋主席,欢呼我们的胜利,拥护我们国家的政体,这是潮流。你这个记者呀,不为党国说话,还说什么'怎么不自己选举一个市长',真是不知国体,不了解时事,不符合潮流啊。"

赵诗梦一向胆小谨慎,凭良心说,他并不喜欢冷中宝说的那套万岁的说辞,也知道郁剑秋对此肯定也不会买账,但他感到冷中宝说这些话的神情有点像是真的生气了,如果遭到郁剑秋进一步驳斥的话,担心他们俩将会发生争执,弄坏了喜庆的气氛,便赶紧逼出几句话来圆场,以平和的语调道:"这让我想起了英国人,他们的丘吉尔领导英国国民打赢了对德战争,那里的老百姓却冷冰冰的,不但没有人喊丘吉尔万岁,相反,随着战时内阁的解散,丘吉尔连首相都没得当了。与此相比,我们的老百姓既可爱,又善良,有一点点喜事,归功于领袖,就连皇帝专用的'万岁'都喊出来了。我看呀,还是老百姓不懂民主的好呀,善良一以贯之,'万岁'喊得恰到好处。可以理解,可以理解呀。"他受过西方教育,又主动接受过西方广播的诱导,略微懂得一点现代民主的道理,所以虽说是为了圆场,但他也不可能说出违心的话,只能以一些模棱两可的反话来和稀泥,给足了冷中宝的面子。

郁剑秋却微笑着,放下筷子,喝了一口酒,这种笑容像是小孩子看到了自己的恶作剧有了成效而浮现出的笑脸,眯着眼睛,以油腔滑调的口吻,冲着冷中宝说:"对不起,特派员大人,不要生气,我只是说一句玩笑话,何必当真呐。你看到的那幅老蒋的肖像画,前几天就挂在那里了,我也看见了。可有人说,乍一看到'万岁'两个字,以为慈禧老佛爷回来了,吓了一跳。如果挂这幅画是代表老百姓的话,那我看我们的老百姓真是善良到了愚蠢的程度了,还想念着喊'万岁'的日子。我们可怜的国家,两千多年里,打了几百次的仗,出了几百个皇帝,别的没有教会老百姓,喊万岁的习惯却让老百姓在心里根深蒂固,真是民智未开,民智未开呀。"他顿了顿,瞟了一眼冷中宝,推了推金丝边眼镜,借着酒劲,继续道,"我看,国体也罢,政体也罢,万变不离其宗,就是通过以上面对下面任命的方法,来保证下级对上级的绝对服从和忠诚,来实现其所谓的伟大目标,所以在我们国家里,溜须拍马的人升得快,因为他们眼里只有上峰,而没有黎民百姓,这就是他们嘴里的国本和政体呀。"尔后,又哈哈大笑起来,大声追出一句,"说笑,说笑,特派员大人,您千万别当真的呀,就当我们这些老百姓的酒后胡言乱语吧。"聪明的郁剑秋用这种半真半假,嬉皮笑脸的方式顶撞了他,让他一时语塞,却又不能发作,难堪至极。

这时,新郎新娘恰好敬完酒回来了,做伴郎的贾孝平走在最前面,拿着酒杯,走到离冷中宝还有两三个座位时,就毕恭毕敬地以他干涩而响亮的嗓子叫道:"特派员先生,今天承蒙您大驾光临吴先生的婚礼,让您辛苦了,谢谢啦,我敬您。"他的大嗓门,让周围的人都转过脸来关注冷中宝,似乎一瞬间这里成了中心。

冷中宝突然听到如此恭敬的称呼和谢词,立即两眼放光,紧绷的脸也松弛了下来,扭过身子,循着声音,看到贾孝平正微微地弯着腰,恭敬地端着酒杯,等着向他敬酒,又看到旁边赵诗梦递过来的为他斟满酒的酒杯,顿时对郁剑秋的不愉快一扫而空。他慢悠悠地扫了一圈周围的人,接过酒杯,轻轻地碰了一下贾孝平的杯子,乐呵呵地笑着说:"哪里,哪里,吴老弟的婚礼,我怎么可能不来呢?即使在重庆,我也要坐飞机赶来参加的呀。"

赵诗梦知道冷中宝和贾孝平是在婚礼上才认识的,为了避免自己回答冷中宝的邀请,便继续把话题引开,殷勤地向他介绍道:"贾先生原本在上海滩做美国汽车生意的,小有名气,日本人来了,只能蛰伏了。"

贾孝平大声顺口答道:"我以前的生意,不值得一提,仓库里还有一辆轿车至今还没卖出去呢,三年多了。今后我的生意,还要仰仗特派员大人的照应呐。"他的大声,明显是想给冷中宝面子。

冷中宝的眼神多了一丝敏感,和颜悦色地看着贾孝平,问:"美国轿车不好卖?"这种眼神,明眼人一眼就能看出他对车子感兴趣。

贾孝平索性从旁边拉过一把椅子,坐到冷中宝身后边,作出一副很委屈的样子,抱怨道:"以前有日本人在的时候,因为是美国车,我不敢拿出来,生怕被他们弄个什么罪名,被抢走了,所以只能一直停在仓库里。"他瞄了一眼冷中宝,又郑重其事地加了一句,"车子嘛,我保管得很好,现在还是崭新的呐,仓库费就花了我不少钱。"

冷中宝转着眼珠子,笑哈哈地说:"那现在你可以大大方方地拿出来卖了。"尔后,一副漫不经心的样子,转过脸来,直勾勾地盯着贾孝平,问了一句,"什么牌子的美国车呀?"

贾孝平朝冷中宝跟前凑了凑,起劲地介绍道:"是'别克'。四年前,在上海滩是最新的款式,曾是美国总统专用的车型,即使现在上海滩的马路上也几乎看不到。如果特派员大人有兴趣的话,我什么时候把它开过来,让你看看。"

冷中宝的眼神里浮现出可爱的光芒,就如他刚才看到腐乳肉一样,眼睛笑得眯成了一条缝,一副馋嘴的样子,虽不令人讨厌,但也一点不像是个成年人,爽快地答道:"看,就不用了。相信你,车子我要了,省得把我原来的车子从重庆运过来了,我也不想坐日本人留下来的车子。"顿了顿又说,"贾兄,不过,我可给不了钱,只能跟你交换。你可以跟我去,从日本人手上缴获的车子中挑选几辆,那里有军用卡车、吉普车,新的旧的,什么都有,随你挑。"

贾孝平听到冷中宝称呼自己为贾兄,心里一阵高兴,但转而露出了一脸难色,苦笑着轻声说:"我是个卖车子的,再要车子做什么呀?"

郁剑秋听出冷中宝话里的真实含义,凑上来插话道:"贾先生,你别傻不拉几的了。你没有领会特派员大人的意思,车子换车子,即使换坦克也没问题,数量由你定,你拿了车子还可以卖,照样可以做车子生意。说不定,这是特派员大人给你指的一条生财之道。"郁剑秋或许感到刚才自己对冷中宝的态度有所不周,有点傲,想挽回些什么,所以特地连续两次称呼其职务,而没称他为冷先生,并画龙点睛地对贾孝平提了醒,给足了冷中宝的面子,让他脸上生光。

冷中宝见到郁剑秋说出了自己想说的话,便居高临下地用手指点了点贾孝平,说:"你这个做生意的人,还不如人家做记者的脑筋转得快。"尔后,瞟了一眼郁剑秋,对贾孝平补了一句意味深长的话,"数量好商量,好商量。"

贾孝平和赵诗梦似乎都理解了冷中宝那句"数量好商量"的含义,大家都笑了起来,仿佛达成了某种共识。赵诗梦心里还有另外一个庆幸,或许冷中宝不会再提让自己去政府部门做事的事情了。

他们的笑声吸引了吴进源,他拿着酒杯来到他们当中,问道:"你们这里很热闹呀,在说些什么?"

郁剑秋故意做出一副大大咧咧的样子,双手一摊,开玩笑道:"我们正在帮贾先生推销美国车呐。"

吴进源朝冷中宝看了一眼,已猜出了八九不离十,说:"现在呀,上海滩上最大的老板就是我们的冷特派员了,日本人留下来的一切,包括对那些汉奸,都握有生杀予夺之大权。贾兄,你可要多多请教冷特派员呀,听他的,保你发财。"说完,哈哈大笑起来。

冷中宝依然摆出一副官腔,摇了摇手,说:"哪里,哪里,鄙人只是一个区区特派员,只不过来得早一点而已,哪有这样的本事。以后还要成立'敌伪机关及资产接收委员会',接收的事情由委员会管,那时候,我就清闲了。现在,是贾兄在帮我的忙。"他最后一句,像是交换车子的事情已和贾孝平敲定了。

贾孝平不失时机地跟着道:"务必请特派员大人多多指教,多多指教。"算是对冷中宝的提议做出了承诺。

见吴进源过来聊天了,赵诗梦几乎彻底解脱了对冷中宝邀请的担忧,他无心再和他们闲聊了,若有所思,笑眯眯地看着圆桌对面落单的新娘和伴娘姐妹俩。她们看上去很开心,很亲密,正在热络地说着悄悄话。当她们看到赵诗梦在注视着她们时,也回以同样的微笑,这种微笑看上去甜甜的,很应景,可他觉得她们的微笑里,应景的成分多了一点。她们俩笑完了,又继续说她们的私房话,他很想知道她们在说些什么,猜想她们说的内容说不定是和自己有关的。他突然记起了不知道哪一位刻薄文人说过这样一句话:"中国男人有两大爱好,一个是拉良家妇女下水,一个是劝风尘女子从良。"心想不知道自己属于哪一种,前者吧,似乎不像;后一种吧,也许有这种可能,觉得吴进源肯定属于后一种;又想到自己和纪舒红的故事,想着纪舒红未来的样子,想着或许她也希望能像姐姐一样怀孕,尔后结婚,也有这样一个婚礼,也许这些都是所有女人在盼望的好事。想到这里,他脸上的微笑有点凝固,有着一丝让人难以发现的惆怅。

旁边聊天人的声音越来越响,打乱了赵诗梦的胡思乱想。当他听吴进源提到了惩治汉奸时,他的脑海中又晃过了虞凯欣的影子,虽然他关心虞凯欣的命运,每天看报纸,都在关注此事,可最近的报纸上并没有太多的提到惩治汉奸的消息,心想也许时间还没到吧。他很想向冷中宝打听政府准备如何处置汉奸的情况,包括对虞凯欣这种人的处理,但他知道在这样的场合,不便提到此人,只是目光移到冷中宝身上,悄悄地打量了一番。

这时,吴进源从身后过来,在赵诗梦肩上轻轻地拍了拍,示意借一步说话。他起身到旁边,吴进源凑到他耳边,轻声说:"趁现在我还没忘记,告诉你,省得过一会喝多了,忘了。你尽快把手上的中储券用完,听冷中宝说,过几天政府就要宣布沦陷区的中储券和法币的比价了,可能中储券的价格很低。"

中储券是在沦陷区使用的货币,抗战胜利了,上海滩将不再使用这种货币,恢复使用原来的法币,在此期间,存在一个兑换的价格,这就是他们说的比价。其实,这个比价随行就市,随时可变,十分敏感,在政府公布之前,应该属于相当机密的经济情报,一般政府官员是绝对不可能对外泄露的,否则会引起金融混乱。

赵诗梦一副幡然醒悟的样子,带着一点紧张,问道:"比价大概是多少?"

吴进源说:"具体多少,这家伙没说,只说了一句'快点花掉',可能低得超乎我们的想象,反正我们按照他的意思做,绝对不会错,把手上的中储券全部抛掉,抛不掉,就换美金和金条,实在不行换法币也可以,一点不留。"

赵诗梦嘟囔一句:"这年头,哪里去弄法币呀。"但还是点了点头,以示懂了。尔后,他和吴进源一起,像什么事也没发生的样子,回到了大家的聊天之中。

就一般而言,在那个时期,只要是有一些生活经验的人都意识到中储券将会被取缔,肯定会大幅贬值,但不可能知道具体的贬值幅度。翌日一大早,赵诗梦不管三七二十一,就叫大家手上的中储券尽快兑换掉,尽管物价已经上涨了不少,他告诉大家,哪怕用中储券买日用品囤起来,也比留在手上好。不出一个月,政府宣布了中储券和法币的比价为二百比一,中储券价格惊人得低,而且两个月后在市面上禁止流通中储券。那时候,整个上海滩骂声一片,人们大骂这个比价好比是在抢钱,却无可奈何。可熟识赵诗梦的人,承蒙他的关照,庆幸自己手上的中储券已所剩无几了。

梅姐怀孕后,经常挺着大肚子,脸上挂着自信而幸福的表情,在四合酒楼里走动,生意好的时候,不时为妹妹搭把手;纪舒红在酒楼里接替了梅姐的不少工作,楼上楼下忙得不亦乐乎,和姐姐一起沉浸在孩子即将出生的喜悦中。吴进源来酒楼看梅姐的次数明显增加了,他们凑到一起,像是一家人似的,最多的话题是有关女人怀孕的感受和生孩子的事情。这些话题对赵诗梦来讲,有点远,不是太感兴趣。凡是在大家说得起劲的时候,他很少插话,甚至显得有点格格不入,久而久之,他内心深处对四合酒楼有了点厌倦。另外,赵诗梦发现纪舒红也有了微妙的变化,这些变化看似很微不足道,却影响深远。以往,只要赵诗梦独自一人来酒楼,她总会陪伴在他身边,即使很长时间不说话,也会默默地守在他旁边。现在,虽然同样也坐在他旁边,可他有了不一样的感觉,发现她有点心不在焉,有点坐不住,坐一会儿就会跑到厨房去吩咐一些什么事情,一会儿又到柜台前去办点什么,尔后再回来坐一会儿。离开的时间有长有短,去厨房的时间似乎稍微长一点,仿佛那里有什么东西吸引着她,反正他们两人相守的时候,会受到不少打扰,或许是现在酒楼里的事情多了起来,或许是有其他原因,这个他就不得而知了。他不喜欢她跑开,不喜欢被打扰,喜欢她像以前一样安静地陪伴在身边。现在的这种状态,在他看来,她虽然就在自己的身旁,可她的心却在酒楼里飘浮不定。她的眼神也不如以前了,以往她会静静注视自己,很专注,哪怕自己在吃东西时,她也会关注哪些菜吃的多了,哪些菜留下的多,在抽烟的时候,会把烟灰缸移到自己的跟前,如果在点烟斗时候,还会把火柴递过来,而现在,她的眼神始终是游离的,不是关注那些客人,就是在酒楼的前台和门口之间游荡。其实,赵诗梦内心也有一种愿望,想趁梅姐怀孕之机对纪舒红说点什么,比如他们的将来,或者她在他心目中的地位,可他不知道怎么开口,是现实阻碍了他开口,还是内心不愿意,他自己也搞不清楚。接下来的日子这样的感受一直藏在他的心里,从不往外表露,显示出来的只是减少了去酒楼的次数。

  赵诗梦不知不觉间发现自己对父亲的工厂有了一点兴趣,尤其在那次他果断地决定让工厂持有的中储券全部换成了实物,包括发给员工的大米和咸肉等食品和日用品,为工厂和员工避免了重大损失,赢得大家的称赞之后,去工厂的次数明显增加了。只不过他去工厂时,一般挑父亲不在厂里的时候。他尽量避免他和父亲同时在厂里,也许他认为,和父亲同时出现在厂里,会影响其对工厂的影响力,或许和父亲一起出现在厂里,他还没有准备好。

人们常说:每当人劳累的时候,或者心累的时候,都会想躲在家里,以逃避外面的风雨,让自己的心安静下来。赵诗梦有点相反,待在家里的时候,却感到无比的心累,让他无所适从。由于战争已经结束了一段时间,赵诗梦已不再收听海外广播了。所以那天早晨,他起床相对早了一点,梳洗完毕后,一边考虑如何打发这一天,一边下楼,看到父亲已坐在沙发上看报纸,靠沙发不远处的落地窗一旁,放着几盆盛开的菊花,这些菊花是父亲的最爱,有名贵的像拳头大小的黄半球、粉毛菊,还有白毛狮子和墨菊,也有叫不出名称的野菊花,在阳光的照耀下,争奇斗艳,漂亮华贵,吸引了赵诗梦的目光,让他向这些应季的花卉多看了几眼。

赵诗梦知道父亲身体不适已好几天了,一直没有去工厂,看样子今天也不会去,心想今天如果父亲不去工厂的话,自己就去,反正在昨天已把这个月杂志的所有样稿都交付给了印刷厂,接下来只是一个校对的工作,这些校对不是难事,有小杜和鲍逸芸两个人足以完成。想不到父亲像是看出了他的心思,对他说:"我已经多天没有去厂里了,如果你今天有空的话,你代我去一下吧。"

这正合赵诗梦的胃口,心想父亲难得这样直白地开口,便爽快地答应道:"好的,我去。"

父亲说明道:"今天,织布厂潘老板的儿子潘勇贤要来,可能你们以前见过,他们大概要向我们周转一些资金,前一段时间你不在厂里,我已答应他们今天来取的,你就和他履行一下手续就可以了。几个月前,政府帮他们从日本人手里把厂子收回来了,可潘老爷子身体不行了,就把厂子交给了潘勇贤,他干劲十足,想扩大生产,说要把那些在日本人占领期间的损失补回来。你和他说一下,我们工厂尽力满足他们的要求,看看他们需要帮什么忙。"

赵诗梦记起了,潘老板和父亲是同乡,私交不错,他们一起到的上海滩,一前一后办起了工厂,潘老板的工厂生产的产品和自家的工厂差不多,但厂子的规模要小得多,只有自家工厂的一半都不到。赵诗梦在留学回来后,在家里见过几次潘勇贤,他是跟着父亲潘老板一起来的,已过去八九年了,印象已很模糊了。记得当时自己和他并不怎么合得来,和他也没什么共同语言,甚至有点看不起他,认为他是一个不会玩的人,有点口吃,又不太喜欢说话,似乎有些愚钝;不过对他的父亲潘老板有不错的印象,很健谈,很会说笑话。

  赵诗梦一边回忆着,一边慢慢地坐到桌边,答应道:"好的,我会告诉他的。"他的回答很简短,很清楚,但不愿意多答一句,似乎不想给父亲继续说下去的机会。

  父亲继续道:"潘老爷子和我一样,都是白手起家的,他为了建造这个工厂,吃了不少苦,后来被日本人强行收购了,又受了不少气。可他儿子,勇贤很争气,从中学一毕业就在厂里帮忙,也有十几年了,可以说今天的工厂有他一份心血。"顿了顿,补了一句,"他年龄和你差不多,虽没有像你那样留过学,可非常勤奋好学,我看他替父亲把厂子搞得不错,将来肯定会很有出息的。"

  赵诗梦听出父亲说这话的用意,希望自己能像潘勇贤一样接手工厂,可即使他现在有所转变,对工厂有了兴趣,有接替父亲的意愿,他也不愿这么早就告诉父亲,以示自己的独立。他没有搭理,一声不响地吃着早饭,父亲见没有回音,也就不说什么了。

  这时顾素贞和苏曼各自拿着一条大毛巾,有说有笑从门外进来,她们像是刚刚打完太极拳。当后妈看到赵诗梦在吃早饭,便露出一脸的喜滋滋,问道:"早啊,诗梦起床了。今天的咸肉皮蛋粥是我烧的,好吃吧?"

  赵诗梦放下了调羹,机械地点了点头,应付了一句:"好吃,你辛苦了。"不想再多说话了,便迅速地拿起白煮蛋,往桌面上敲了敲,又低下了头,似乎很认真地剥起了白煮蛋。

  或许后妈听到他说自己烧的粥好吃,突然脸上露出了兴奋的表情,直接坐到他的对面,笑盈盈地盯着他,客气地问道:"今天晚上,你可以早点回来吗？我们家有客人要来吃晚饭。"赵诗梦一般很少和后妈说话，即使说话也是一些无关紧要的事，所以说话的语气都非常礼貌和客气，犹如正式的外交场合，但直接要求他做什么事情，或者像今天要他早点回家，还是很少见的，而这种怪异的表情则更少见。然而，在赵诗梦看来，自己在家里像是个户外人，或者多余的人，父亲后妈还有他妻子是一家子，他们背后有着密切的联系，只有儿子赵稚君游离于他和这一家子之间，所以自从他留学回国后，养成了一般不参与他们活动的习惯。由于他不知道是谁来做客，也不想问，所以就无法确切地回答，只诧异地看着后妈。

顾素贞凑上来，坐到了后妈的旁边，依偎着她，双眼散发着奇怪的眼神，注视着赵诗梦，像是在探险，既兴奋又恐惧，插话解释道："姆妈的外甥从重庆回来了，他在那里升了官，我们为他接风洗尘。"她说话的速度极慢，像是在发嗲，又像是一边在观察他的表情，一边随时准备改变说话的内容，说完停了停，看他没有任何反应，又补充说明了一句，"就是战争前，来拜过年的苟旅长，后来去了重庆，现在又回上海了。"尔后，笑了笑，又好像笑得很小心，仿佛生怕自己的笑，会引起他预想不到的反应。

她的最后一句，让赵诗梦想起了苟旅长这个人，他对这个人除了身着一身漂亮挺括的军服之外，没有其他印象，可内心深处却有着一种自己不太可能和这人成为朋友的感觉。他只是抬了抬头，不冷不热地"哦"了一声，顺手拿过装细盐的小瓶，一边细心地往雪白的白煮蛋上撒盐，一边想着如何应付。

顾素贞微微低着头，看着他吃蛋的样子，谨慎地追了一句："人家现在升官了，好像做了什么参谋长了。"语气里似乎多了一份骄傲，转而继续说，"人家很看得起你的。第一次见过你后，他就悄悄地跟我说，你是上海滩上最有涵养，最儒雅的公子。你们会谈得来的呀。"说话的声音里，还夹杂着兴奋和惧怕。

赵诗梦避开她直视的目光，连忙把白煮蛋塞进嘴里，做出一副专心的样子咀嚼着,不过那句"上海滩上最有涵养,最儒雅的公子",有点让他哭笑不得,他不知道这句话是什么意思,从何说起,但从顾素贞说这句话的神情来看,似乎是赞赏,但他吃不准这种赞赏是对这句话里的人而言,还是对说这句话的人而言。在此期间,赵诗梦发现坐在沙发上看报纸的父亲一直没有说过话,像是没有听见他们的对话,仿佛这个客人对父亲来讲并没像她们说的那么重要,或许原本就不算是父亲的客人,自己完全可以拒绝回来吃饭,他想趁白天的时间好好考虑一下,便朝后妈瞥了一眼,勉强笑了笑,留了一个活口,简单地答道:"看情况,我尽量回来吧。"可他脑子却想着赶紧出门吧。

在去工厂的路上,赵诗梦一直想着顾素贞的那句"你们会谈得来的呀",仿佛这句话的前提条件是你们原本应该是谈不拢的,由于她和后妈的撮合才使得他们谈得来的,又似乎他们的谈得来对她和后妈很重要,他想着为什么她们要让自己和这个家伙谈得来呢,可他怎么也弄不清楚他们之间是怎么一回事。

赵诗梦已有好几个礼拜没进厂里的那间办公室了,办公室里依旧一尘不染,他脱下大衣,刚挂好,韩厂长就进来了,说申华织布厂的潘厂长已在隔壁的会客室等着呐。赵诗梦问了一下放款需要哪些手续,就叫韩厂长带潘勇贤来自己的办公室,韩厂长在出门前,说了一句:"潘厂长说你们以前见过面,他好像很期待跟你见面的。"赵诗梦点了点头,什么也没说,心想今天怎么啦,又是一位要见自己的人。

潘勇贤一身青布长衫打扮,恭恭敬敬来到赵诗梦的办公室,一阵客套寒暄后,他说道:"我一直听令尊说起你,他很欣赏你,说《蓝玫瑰》办得很不错,我也几乎每期都读,到底是英国留学回来的,做什么像什么,哪像我土包子一个,开个工厂也累得像个狗似的,只能靠工厂吃饭。你知道的,现在父亲把这个厂交给了我,它是我们一家人的命根子,我有六个孩子要养,还有父母。"

赵诗梦难得听到父亲在外人面前对自己带有褒奖的评价,一阵惊喜,但转而一想,这些话也许只是潘勇贤的恭维话而已,又细细地打量了他一番,发现他一点没变,或者和自己预想的一样,依然是老实巴交的,看上去眼神里似乎总有一种古怪的凝重感。赵诗梦凭着自己的阅历,可以看出他的生活除了工厂家庭之外,别无他物,同时想到,他也应该算得上是上海滩小开,也可以逍遥自在,可他有着和自己周围的那些人完全不同的地方,一心办工厂,照顾家庭,而且相当卖力。想到这里,胸中升起一股崇敬之情,也理解了父亲为什么如此愿意帮他的原因了。

潘勇贤把话说得如此谦虚平直,让赵诗梦不得不提起精神,拿出热情来对待。赵诗梦心里暗暗地打定了主意,凡是他的事,能帮则帮,尽力满足他的要求,便客气地回道:"哪里呀,彼此彼此。家父的工厂只不过开得早了一点,现在的日子还算过得去,彼此照应是常有的事。你的款子,韩厂长正在准备,可能一部分是现金,一部分是票据,没有关系吧?"

潘勇贤急急忙忙带着口吃说:"当然没……没关系,谢谢你还来不及呐。这次让那个一比二百的比价搞得一塌糊涂,我差一点被弄成穷光蛋。厂子收回来了,原来应该是一件好事,可最需要用钱重新恢复生产的时候,手中仅有的一点中储券都成了一堆废纸,如果没有你们的帮忙,真不知道怎么办呐。利息按照多少算?"

赵诗梦直话直说道:"哦,家父吩咐过,这笔款子不计利息。"从潘勇贤的话里,知道了他工厂缺钱的原因,便问,"你们难道没有事先兑换一点,这样损失会小一点。"

潘勇贤用手拍着大腿,叹息地叫道:"我们老百姓哪里……哪里知道政府会宣布这样低的比价呀,就像流传的民谣唱的一样,'想中央,盼中央,中央来了更遭殃',这简直就是从我们沦陷区的老百姓手中抢……抢钞票。"

赵诗梦笑了笑,似乎深有同感,又似乎暗含着一丝难以察觉的同情,意味深长地说:"现在市面上中储券不值钱,法币又不够,今后的物价和原材料价格还有可能飙涨。以后,我们相互提携吧。你们工厂复工后,除了资金短缺,还有什么困难?"

潘勇贤答道："不瞒你说，我是想和你商量些事情。我们收回工厂时，原来一些有本事的老师傅不愿意为日本人干，都早已离开工厂了，不知道去了哪里，找不到。现在厂里的机械维修，包括机械装配的师傅，还有产品检验的人都很缺，要做到全面复工非常难，望贵工厂能否临时借几位师傅，让我们渡……渡过难关？"尽管他带有口吃，却说得很诚恳。

赵诗梦轻松地用手指弹着桌面，转了转眼珠，爽快地答应道："那我们工厂向你提供一名机械工程师，两名检验员，他们是我们厂里最好的员工，算是我们工厂的援助，我想家父知道你们有这样的需求，肯定也会这样做的，这三名员工在你们工厂期间的工资由我们承担。你们需要他们工作多长时间，半年够了吗？"

听到这样的允诺，潘勇贤激动不已，他的口吃更加厉害，他结结巴巴地说："那太……太好了，不……工资不能由你们来付，三……个月就够了。"

赵诗梦怀着一丝好奇，道："不要争了，这个事情就这么定了。我问你，令尊现在的身体怎么样了？厂子的事已完全交给你了？"其实，这也是一个他自己即将面临的问题。

潘勇贤怏怏地答道："三个月前，父亲中风了，差一点要了他的命，落下了半身不遂，只能躺在床上，说话也很吃力。前几天，令尊还来我家，看过他一次，我看到他们俩都流泪了，也许他们为以后见面机会越来越少而流泪吧，令尊好像身体也不太好，我在旁边听着他们说话，好伤心，可又无能为力，心想工厂是他们一辈子的心血，我们只有把厂子搞好，方才对得起他们。"

赵诗梦听得很仔细，听到他在最后一句中的"我们"，胸中咯噔了一下，心想父亲也有同样的想法，想把工厂交给自己，或许父亲把这个想法告诉了他们，所以他才会这么说的。想到这里，他陷入了沉思。

潘勇贤看了他一眼，谨慎地问道："我来过贵厂好几次了，都没碰到你，你大概不常来厂里的吧？"后又加了一句，"我还是羡慕你，有自己的杂志社。"

赵诗梦若有所思地答道："杂志社没有什么，只是玩玩而已。也许以后厂里会来的次数多一点。"

韩厂长进来了，说财务已把款子准备好了，只要潘勇贤去财务室领就可以了。赵诗梦考虑到他要领一部分现钞，有一定的重量，便问道："你是怎么过来的？"

潘勇贤诧异地看了看他，答道："脚踏车呀。"

赵诗梦想到贾孝平那里车子生意做得很火，好心地提醒道："老弟，你也是一厂之主了，可以买一部车子了。如果要的话，我可以帮你挑一部，保证又好又便宜。"

潘勇贤皱着眉头，略带难为情地说："不瞒你说，现在呀，我的钱还是投入生产吧，先把厂子搞好了。轿车嘛，享受的东西，以后再说了。"他的话让赵诗梦有点惭愧。

赵诗梦殷勤地陪着他领完钱，送他到厂门口，看着他认真地把钱捆在脚踏车后面的架子上，撩起他青布长衫的后片绕过坐垫，抬起右脚，熟练地跨上车子，一溜烟地骑出工厂大门，直到消失，心想今天父亲要自己来厂里的目的，大概就是要让自己看到这些吧，感叹父亲的用心良苦。

送走了潘勇贤，赵诗梦回到办公室，叫来了韩厂长，落实了派遣工程师的事后，又和他商量了一些事情，感觉不错，仿佛做了一件值得自我欣赏的事，想起了晚上回家吃饭的事情，也不再心神不宁了，拿定主意，回家吃晚饭，一探究竟。

这天傍晚，赵诗梦在家门口看到一辆军用吉普车，心想这个家伙到了。家里的人正在客厅隔壁的书房里和客人聊天，顾素贞听到他的声音，从书房里迎了出来，也许是兴奋，也许是羞涩，她脸色绯红，以娇柔的声音叫道："啊，诗梦回来了，我们大家都在等你呐。"说话的声音似乎有点大，大概是为了让书房里的人也能听见，似乎今天赵诗梦成了家里的客人。

赵诗梦看了她一眼,仅仅"嗯"一声,心想自己平时回家,她可从来没有像今天这样热情迎接过,今天家里只是来了一个男人,竟然让她变得如此亢奋,如此贤惠,真不知道葫芦里卖的什么药。

赵诗梦放下公文包,拉了拉西装,提起精神,进了书房。苟旅长一见他进来,立刻起身亲切地迎接,笑嘻嘻地招呼道:"表哥,您好,我们等你多时了。大概很忙吧?"还伸出手来,要和他握手。苟旅长的样子和赵诗梦来之前想象的一样,笔挺的军服和笔直的身板,显得英俊挺括,大盖帽为他平添了一份严肃,他的身高和赵诗梦一样,可这身戎装使他一点都不输给赵诗梦的西装革履。

赵诗梦觉得自己被他称"表哥",有点怪怪的,但已记不起来上次见面时,他是怎么称呼自己的,见他如此恭敬,只能跟着倾了倾身子,伸出手和他握了握,似乎这样的握手中礼貌多于热情,接着应付道:"不忙。听说你升职了,恭喜呀。"两人客套了一番,而后,赵诗梦就在他对面的沙发上坐下。

坐在最里端的赵逸飞看了看儿子,向他问道:"今天,厂里的情况怎么样?"他把上午和潘勇贤碰面的事情,简要地说了一遍,顺便把临时借给他们三个员工的事报告了一声。

父亲略微沉思了一会儿,以满意的口气说:"你做得很好。上海滩的纺织业竞争很激烈,要有自己的朋友意识。这么多年,我和他父亲就是这么一路过来的,我帮帮他,他也帮衬我。"说完站起身来,客气地对苟旅长说,"医生说我不能久坐。我要去伺候外面的那些花花草草了。你就和诗梦他们多聊聊吧。"他把这一摊子踢给赵诗梦,出了书房。赵诗梦听出父亲是找借口离开,心想父亲陪苟旅长聊天,也许迫于他是后妈的亲戚吧。

顾素贞生怕苟旅长不快,马上跟着说明了一句:"阿爸呀,最喜欢他的菊花了,太阳落山,是他给那些宝贝疙瘩浇水的时候。"

书房里剩下四个人,苟旅长和苏曼一边,赵诗梦和顾素贞一边,正好位于茶几的两边,相向而坐,两个女人的脸上都挂着灿烂的笑容,像是在过节似的。赵诗梦为了尽地主之谊,显示男主人的本色,无话找话,说了一句那时对重庆回来的人常说的开场白:"去重庆八年了,回上海滩,感觉怎么样?"

苟旅长说:"我是打完武汉会战,负伤后,最后一批撤出武汉的,民国二十七年底才到的重庆。那旦虽然是陪都,但条件太差了,不能和南京或上海相比。胜利了,能回到上海滩真好。"

苏曼大惊失色地问道:"思政啊,你还受过伤,伤在哪里?"顾素贞带着惊恐而佩服的眼光看着他。

这一问,恰好撞上了苟旅长的枪口,他似乎立即意识到这是大谈英雄故事的好机会,可以好好为自己脸上贴金。他瞥了一眼顾素贞,慢悠悠地说道:在一次战斗中,日本人的飞机轰炸他们的指挥部,土庙塌了,头部受伤,伤口很大,出了许多血,被埋在瓦砾中昏迷了大半天,后来被救出来,醒过来时,头上就已被缝了十一针。

苏曼立刻显露出长辈的关爱,一定要看看他头上的伤疤,站起来自说自话地摘下他的大盖帽,拨弄着他的头发,寻找伤疤。拨弄了一会儿,叫了起来:"还好,还好,没有留下疤痕,一点也看不出受过伤。"

顾素贞也激动地站了起来,规矩地双手放在背后,倾斜着身子,起劲地伸长脖子看着,几乎尖叫似地附和道:"哎,真的看不到伤疤呀。"眼睛里还闪烁着激动的泪花。

赵诗梦实在不喜欢这样的场面,两个女眷围着一个男人的头颅,仿佛在寻找什么宝贝似的。另外,他发现顾素贞头发特别蓬松服帖,发型虽还和以往差不多,但可以肯定是今天新做的,他心想也许就是为了迎接这位表哥吧。趁大家不注意,他打了一个哈欠,心想如果真像苟旅长所说的有如此大的伤口,怎么会没有疤痕呐,可从嘴巴里冒出的是:"现在的医疗技术好,有时候缝针后不一定会留下伤疤的。"也算是给足了苟旅长的面子,迎合了气氛。

苟旅长瞄了一眼赵诗梦,若无其事地戴上了大盖帽,原本半靠在沙发上的身子也挺直了起来,开始滔滔不绝地大谈激烈的武汉会战,说由于他们的英勇抵抗，消耗了日军有生力量，迟滞了日军推进的速度，使得战争进入战略相持阶段，仿佛国军的英雄就是他的个人英雄，国军的功劳就是他的个人功劳，把自己描绘的神乎其神，说得两位女眷一愣一愣的，睁大了眼睛，张大了嘴巴，一脸钦佩的表情，不言而喻。

赵诗梦知道现在市面上打日本鬼子的故事是最畅销的，讲故事的那批人就是从重庆回来的，这是所谓的时代潮流，不可逆，不可抵抗。当他看到后妈斜着身子，靠在沙发上，聚精会神地听苟旅长讲故事，便侧过身子，用余光瞄了一眼坐在旁边的顾素贞，只见她两眼放光地注视着苟旅长，就像一头母狼，直勾勾地盯着她的猎物，眼神里溢满了欲望，这种眼光是他一辈子都没见过的。他暗暗地叹了一口气，有点黯然神伤，收回了目光，不愿意再观望这两位女眷了，不愿意多想了。打断他们不符合他的性格，免得让人觉得他太小气，于是强打起精神，有一句没一句地听着，直到张妈进来，问大家是否开饭才为止。

赵诗梦发现张妈的脸上有着一丝阴郁，说话的声音也很沉，她的眼睛没有看另外坐着的三位，他像解脱束缚似的，跟着张妈出书房了。

在餐桌上的客套是必需的。当大家首轮干杯后，苏曼就去了厨房，一会儿她端出来一盘松鼠黄鱼。坐在赵诗梦旁边的顾素贞一下子站了起来，像小孩似的兴高采烈，赶忙接过那盘松鼠黄鱼，放在苟旅长的面前，故作惊讶地说："呀，松鼠黄鱼。表哥，这是姆妈特地为你做的，她说你在重庆这么多年，肯定没有好好吃过鱼。"后又眼睛放光地补了一句，"姆妈做松鼠黄鱼，最拿手了，可好吃啦，快点尝尝看。"她说话的声音要比平时嗲得多，也尖得多。

那条翘头翘尾的松鼠大黄鱼，呈现出可人的金黄色，鱼的身上和张开的嘴里都铺着松子仁、冬笋、海参、火腿等颗粒，让人垂涎欲滴，称得上宴席上最亮丽的一品。

或许桌面上有赵逸飞坐着，苟旅长的说话不像刚才那么多了，只是瞄了一眼顾素贞和舅妈，眼神里藏着一丝感激，规规矩矩，淡淡地说了一句："重庆，哪有这样好的鱼呀，太谢谢舅妈了。"算是回应了她们俩，但没有轻易率先动筷子。

赵诗梦发现顾素贞在苟旅长面前,说话时有些莫名其妙的兴奋,声音也高了一截,有时候还带有大幅度的手势,看样子这样疯疯癫癫还会持续下去。她的这种举动,赵诗梦可能早有预料,并不惊讶,可他不知道如何得体地阻止这种亢奋的延续,所以,他依然一声不响,压抑着内心的不愉快,装着没看到,心想真不应该答应她们回来吃饭,来看这一出,还不如眼不见,心不烦的呐。

坐在正中的赵逸飞,仿佛根本没看到端上来的松鼠黄鱼,也没有听到她们的说话,转过脸来,面向赵诗梦,突兀地问道:"今天,韩厂长把宿舍楼的图纸给你看了吧?"

由于战争结束了,上海滩所有的工厂都忙着恢复生产或者扩大规模,他们的华兴纱厂也不例外,准备在工厂后面的空地上建造新的宿舍,以接纳更多的纺织女工。赵诗梦早就知道此事,宿舍的图纸也看过好几遍了,便说:"早就看过了,今天韩厂长没有跟我提这个事。"

父亲像是旁若无人地又问道:"你看过了,那么认为设计得怎么样?"口气有点像要即刻讨论这个事情,还不容置疑。

赵诗梦一时语塞,不知道如何评价设计,顺口答道:"蛮好,可以住六十至八十个职工,足够了。"但他不知道为什么父亲要在这样的家宴上提这个事,有一点疑惑。

老爷子向大家扫了一眼,说:"宿舍分两层,盥洗室和厕所只有一楼有,二楼没有,好像对住在二楼的职工不是很方便吧,而且盥洗室里没有热水。"

赵诗梦还在想着父亲为什么要在此时提这些事情,支支吾吾答不上来,可看到苟旅长举起了准备夹鱼的筷子又放下了,突然他明白了父亲为什么要在此时和自己讨论这些事情了,很明显父亲是想要掌控家宴的氛围,这正符合自己的心思,一阵窃喜,却记不起来父亲刚才说什么了,只能呆呆地看着父亲。

父亲看他没有说话,继续说:"像我们这种有大锅炉的工厂,拉一根热水管子过来,不是难事,这样她们就可以一年四季有热水用了。所以你明天去厂里的话,你跟韩厂长说一声,宿舍二楼像一楼一样,增加盥洗室和厕所吧。这事情又花不了多少钱的。"

赵诗梦心想父亲可能也不太喜欢他们三个人这样,但又无法直说,只能用这样居高临下的办法掌控局面,所以他原本没想第二天再去厂里,他以前也从来没有过连续两天去纱厂的,可为了感激父亲有意无意地阻止了两位女眷亢奋情绪的蔓延,迅速地答应道:"好的,我明天一早就跟韩厂长说。"他灵机一动,又加出了一个话题,"现在厂里的医务室太小,太旧了,是否考虑翻新一下,再找一个好一点的驻厂医生来。"

苏曼由于身份的原因,不可能阻止赵诗梦说话,但她可以对丈夫这样做。这时,她实在忍不住了,以不耐烦的口气催促丈夫:"老爷子哎,吃饭的时候,说什么宿舍不宿舍的事情,还说到厕所呐,快点吃鱼吧。"

老爷子仍然没有拿筷子吃鱼的意思,转过脸来,慢悠悠地对苏曼说:"我们如何对待职工是一件比吃饭更重要的事情。正是她们的辛勤劳作,我们才能有今天,所以她们的宿舍也罢,厕所间也罢,对我来讲善待职工就是头等大事,以后上海滩的竞争会越来越激烈,只有自己厂里职工的待遇比其他工厂好,能干的工人才能留厂里。你们妇道人家,哪里知道我们男人在外面行事的艰难。"老爷子几乎把这个家宴变成了工厂工作联席会议了,他朝苟旅长瞟了一眼,口气柔和地问了一句,"思政,你也不是外人,你说我讲的对吗?"

苟旅长瞄了一眼舅妈,勉强挤出一丝笑容,机械地点头说:"是啊,是啊。"不敢多说一句。

苏曼大概听出老爷子说话的语气,严肃大于客套,也不敢搭话,双手放在膝盖上,一动不动,神态像是在听他说话,又像是在生他的气。

赵诗梦偷偷地瞟了一眼放在苟旅长面前的那盘松鼠黄鱼,这时心里别提有多高兴了,只碍于面子不能表现出来,又朝顾素贞看了一眼,只见她知趣地埋头吃着自己盘子里的食物,一声不响,虽脸上没有笑容,却还是那样的娟秀。无意间,他又发现顾素贞好像换了一件旗袍,性感了许多。他记不起她刚才穿的是哪一件,但绝对不是现在身上的这件素银色的旗袍。他曾经听她说起过,她最喜欢这件素银色的,说素银色的看上去高雅,有超凡脱俗的感觉。他心想她别出心裁地在吃饭时还特地换了一件旗袍,或许也是为了在表哥面前更加好看点吧。突然,他耳边飘过了一句中学时代常说的"遇到老婆的表哥,要当心"的顺口溜。

这时,父亲再次扭过头来,打断了赵诗梦的胡思乱想,对他说:"你这个想法很好。医务室的事情,有两种做法,一个是翻新一下旧的,另外一个,就是将来搬到新宿舍的一楼。你可以和韩厂长商量决定,增加一名驻厂医生,从现在开始就可以物色了。"

赵诗梦知道父亲这是在给自己面子,便起劲地答应道:"我明天就跟韩厂长商量落实。"他从来没有在家里和父亲交流过如此多的纱厂的事情,也从来没有像现在这样感到父亲的可爱之处。

老爷子露出了满意的微笑,尔后,身子往靠背椅上靠了靠,向大家扫了一圈,看大家都没有说话,最后把目光停留在苟旅长身上,客气地说:"思政,动筷子呀,这黄鱼是舅妈为你做的。"

"舅父,你也吃呀。"苟旅长干巴巴地迎合道。

老爷子看到苟旅长有点缩手缩脚,动筷子的动作很迟缓,又瞟了一眼苏曼和顾素贞。她俩默不作声地望着苟旅长,不失时机地以柔和的语气问:"思政,你这次来上海,要留多长时间呀?"

苟旅长立马放下筷子,挺了挺胸,显出军人的模样,答道:"大概要一直待在上海了。这次我是向淞沪警备司令部报到的,可能要参与驻守上海,具体的任务还没有下达。"军人固有的刻板口气中,混杂着一丝骄傲和得意。

老爷子伸出筷子,拨弄着黄鱼,招呼道:"吃,吃……"尔后,似问非问,自言自语道:"要驻守上海……战争结束了,就连政治协商会议也马上在重庆召开了,上海难还要驻守吗?防着谁呀?"

苟旅长搞不清楚他这话是什么意思,茫茫然地轻声道:"要驻守,不守怎么行呢?"

老爷子慢悠悠地说道:"抗日结束了,和平了,军人的建功立业时机已过了,接下来军人就是一个不那么光彩的职业了。你还年轻,是否考虑转行?"

赵诗梦不知道父亲为什么要用"不光彩"这个词,猜想他可能是因那句"好人不当兵,好铁不打钉"的老话而出此言的吧。

苟旅长一脸疑惑,愕然地答道:"怎么会呢?"或许他从来没有听到过有人这么说军人的。

老爷子对他的诧异似乎预料之中的,诱导式的反问道:"还想在打内战中建立功勋吗?"

"内战在即,明摆着的事情。"苟旅长壮着胆子说,语气中大有不能有辱军人使命的味道。

老爷子叹息道:"大概我人是老了。"接着皱着眉头,继续道,"我就是搞不懂,国共两家人可以在这么苦的时候一起打日本人,日本人被赶走了,现在好了,怎么两家就不可以在一起过太平日子呢?打日本人没有办法,只能挺身而出,难道打内战也要勇往直前吗?打仗是要死人的,要死成千上万的人,连学生都知道不能打内战,难道这个世界上真的有比成千上万人的性命更重要的东西吗?打赢了又能怎么样?我看也逃脱不了打内战的名声。"他转过脸,盯着苟旅长,追问了一句,"你能保证在内战中不死吗?难道……难道你要靠杀中国人来建立功勋吗?"

老爷子的最后一句"你能保证在内战中不死吗",大概击中了苟旅长的要害。他算是经历过战争的人,可已没了刚才讲英勇故事的神气了,口气也变得低沉了许多,似乎没了军人的底气,说:"舅父,你说出了我们职业军人的可悲之处。打与不打,这些都是政治,没几个人能搞得懂,决定权不在像我这样的人手中。我又能做什么呢?听天由命吧。"后又眨了眨眼睛,恶狠狠地回敬道,"我们不准备打仗,那难道让他们杀我们来建功立业吗?打仗,是为了保护国民的和平与自由,也是被逼无奈之事呀。"

老爷子似乎知道他要这么说，微微闭了闭眼睛，像是自言自语道："老百姓真可怜，他们的和平生活，只能靠你们中国人杀中国人来实现了。杀戮就是杀戮，还被赋予了漂亮的名义，真是岂有此理。"

赵诗梦皮笑肉不笑地跟着一句："政治，都是骗骗我们老百姓的东西，常常把一些子虚乌有的东西说成了宏大的事业，去为他们的杀戮当遮羞布。"

苏曼担心地问苟旅长："内战真的会打起来吗？上海滩会不会遭殃？"

苟旅长在女人面前似乎有点恢复了自信，瞥了一眼顾素贞，说："虽然谈判有了协议，但看现在的样子，内战肯定要打，不过只可能集中在长江以北，上海滩应该不会有事的。"语调中仿佛有一种躲避了灾难的侥幸，好像在说，我是在上海，我不会死在战场上的。

在场的人没一个希望上海将会打仗的，所以大家都没说出相反的话。顾素贞又站起来，一边为大家斟酒，一边不安地自言自语："如果上海打起来，我们逃的地方都没有。"

苟旅长沿着自己以往的思路，以笃定的口气接话道："即使打起来了，绝对不会打到上海滩来，放心好嘞，肯定无须逃离上海滩的。"

此刻，家宴上的每个人似乎都找到了自己说话的感觉，两位女眷又活跃了起来，她们展开无限的想象，祈祷上海滩不要打仗，自己幸福的生活不要被打扰；老爷子似乎也累了，陪着她们聊天也心有余而力不足，时常会微闭一下眼睛；赵诗梦不再忍了，当着大家的面，打起了哈欠，只想着尽快结束家宴，或者找个借口离开饭桌；只有苟旅长耐着性子，听着她们俩那些不着边际的聊天，不时向另外两个男人瞄上几眼。

苟旅长也许轧出了苗头，在这个家庭里，两位女眷是真诚地欢迎他的，而两个男人只是出于礼貌才和他坐到一起。吃完饭后，尽管两位女眷一再挽留他多坐一会儿，可他识相地早早回去了。

饭后，赵诗梦感到很无聊，有些六神无主的样子，从这间房间晃到另一间，从楼下晃到楼上。他晃到卧室，灯亮得明晃晃的，窗帘还没拉上,空无一人,有些凌乱,两扇大衣柜的门敞开着,衣柜旁边丢着两双高跟鞋,床上有一件随意扔着的旗袍,袖子衬里翻在外面,就像一团破布。他瞟了一眼像块抹布似的皱巴巴的旗袍和横七竖八的高跟鞋,心想她不但换了旗袍,还换了高跟鞋,真是用心良苦。可如此随便扔下的旗袍,实在毫无美感可言,甚至有点让人厌恶。他想起了不知谁说过的一句刻薄话,"旗袍只是女人用来引诱男人的漂亮的外壳,如果不常洗,也同样会散发出汗臭,让人恶心",心里泛起一阵不舒服,让他更加心神不定。在房间里踱了一个来回,毫无睡意,浑身不爽,好像遗忘了什么,又好像走错了房间似的。他索性离开了卧室,晃到儿子的房间门口。他明明知道儿子在住校,要明天才回来,可还是推开了房门,想看一看漆黑一片的里面,仿佛想在黑咕隆咚的房间里找到慰藉或者希望。这时,他突然记起了自己的公文包里还有几本美国的《时代周刊》杂志要给儿子,这是儿子前几天为了练习英文,特地向他索要的,于是他一阵振作,生怕再次遗忘,快步下楼,从公文包里翻出杂志,摸黑放到儿子的床头。

尔后,赵诗梦又晃到了卧室隔壁的小书房,开亮了大灯,黄色的灯光照亮了整个书房,接着又拉亮了茶几上的台灯,看到了收音机,仿佛找到了兴奋点或者自己想做的事,一下子对国家的形势发生了兴趣,或者是想确切知道上海滩是否会打仗,心想海外广播可能比国内报纸的消息来得更客观些吧。他按照老习惯,拉上窗帘,关了大灯,让自己沐浴在柔和的台灯下,打开收音机,等待电子管预热,旋转着调电台的旋钮,发现原来常听的几个电台都还没有开始广播。他一屁股坐在沙发上,身子往后一靠,跷起了二郎腿,舒舒服服地仰起头,摸出烟斗点燃,就这样一边抽着烟,一边胡思乱想,等待着广播的开始,再也不想从沙发上起身了,感到浑身的舒坦和自在,似乎找到了避难所或者落脚点。

第十二章　一九四六年

一九四六年似乎给老百姓带来了一个平稳祥和的春节,节前国内在重庆召开了政治协商会议,国际上也有了联合国的国际机构,仿佛它们都对老百姓作出了永远和平民主的保证。不论怎么样,这样的平稳祥和是暴风雨来临之前的平静也罢,还是虚假的和平也罢,可那年的春节,让上海滩的老百姓实实在在地感受到了希望,市面上一片歌舞升平,欣欣向荣,尤其在那些稍微有点钱,有点文化的人当中确实引起了不同的凡响。在吃喝玩乐和做生意赚钱之余,他们解脱了莫谈国事的束缚,茶余饭后开始自由自在地高谈阔论起来,谈的内容都是从报上看来的政治协商会议的点滴消息,结合自己的处境和猜测,展开了前所未有的遐想,甚至做起了美梦。

过完春节的间隙,贾孝平第二个美国车行要开张了,庆典仪式设在华懋饭店。他动足了脑筋,因地制宜,借着饭店的豪华,把仪式搞得异常的华美和与众不同。展览轿车和招待宾朋一分为二,饭店楼下的大门外,展示着两辆漂亮的轿车,一辆是车头装饰有"奔跑中女神"立标的别克,另一辆是双门敞篷的克莱斯勒,两款都是最时髦的车型,被誉为富翁的玩具,在饭店门前的灯光照耀下,熠熠生辉;楼上的宴会厅,灯火通明,洋气十足,在宴请各方宾客。

赵诗梦上了电梯,心想今天的排场,吴进源说不定会带梅姐一起来的吧,如果是这样的话,就糟糕了,万一纪舒红知道姐姐来了,而自己没有来,会怎么想啊?赵诗梦心里有点后悔,觉得来之前应该跟吴进源商量一下,统一行动才好。

从电梯出来,就看到宴会厅入口处有一张签到台,后面竖着一幅巨大的"新大陆车行"的正面照,上面标着具体的车行地址。赵诗梦脱下大衣,认真地在红色的签到簿上签了名,随后朝那幅巨大的车行门面照下方瞄了一眼,果然不出他所料,照片制作人的落款是好莱坞照相馆。

赵诗梦进入宴会厅,接过侍从递上的酒杯,扫了一眼大厅。这是一个很时髦的西式冷餐会,大厅中央的水晶灯下,是一张巨大的桌子,桌上放满了西式的美味佳肴和精美点心,中间是一尊翩翩起舞的美女冰雕,在水晶灯的映衬下晶莹剔透,闪闪发光。大厅的周边放着让人小歇聊天的高脚茶几,嘉宾可以拿着酒杯或端着点心,自由穿梭在宾朋之间,边品尝佳肴,边寻找朋友,也可以围着茶几和朋友边吃边聊,不拘泥形式。大厅的深处一支身着白色西服的萨克斯管乐队正在演奏。

由于赵诗梦迟到了,大厅内嘉宾已开始三五成群,自由用餐了,错过了冷餐会的开场白。他首先想找的是本次冷餐会的主人贾孝平,或者其他熟悉的面孔,可第一个看到的是冷中宝,正在窗前围着茶几和几个朋友在讨论着什么。虽然每个人手上都拿着酒杯,可脸上的神情仿佛有点过于认真,很热烈,甚至有点争论的味道。只见冷中宝虽西装笔挺,却依然摆脱不了他那麻将牌的身材,和他旁边的一位瘦高个成了鲜明的对比,一高一矮,看上去有点滑稽,赵诗梦对那个清瘦的高个子感到有些面熟。

赵诗梦不知道他们在讨论什么,便拿着酒杯,谨慎地迎了上去。在记忆里搜索到那瘦高个叫苏唯一,是从美国留学回来的,淞沪战争前在国立中央大学理学院教化学的教授,他和他的学生曾经都为《蓝玫瑰》科普专栏撰写过多篇文章,已有多年未见面了,心想冷中宝怎么会认识苏教授的。

冷中宝看到赵诗梦,热情地招呼道:"赵老弟,来,来,我给你介绍一下……"

这时,苏教授也认出了赵诗梦,惊讶地叫道:"啊,《蓝玫瑰》杂志主编,赵先生,多年不见了。"

冷中宝见他们是旧友,便改口说:"老朋友相逢,可以相谈甚欢了。"等赵诗梦和苏教授寒暄后,他又把旁边的轮船公司董事长郭安其,妇产科医院院长俞秉章介绍了一遍,尔后,出人意料地向赵诗梦问道,"我们这些老朋友,都已经向贾先生的车行预定了新车,下面的两辆样车,你喜欢哪一辆呀?"

赵诗梦曾经听说冷中宝把从日本人那里接收来的一大批军用卡车,都交给了贾孝平去出售,回笼的资金又投入了新大站车行。他在车行里的股份甚至比贾孝平还多,只不过他不宜抛头露面打理,所以才对外说成车行是贾孝平的。贾孝平在喝酒时,曾经透露过一句自嘲的话,说自己当下的生意就是把日本卡车先大贱卖,而后再进美国轿车出售,是两次戏法,无本万利的买卖。

赵诗梦不想买新车,可只能略带羞涩,笑眯眯地说:"我对那辆黑色的敞篷轿车情有独钟,很漂亮,很拉风,可惜囊中羞涩呀。"

冷中宝宛如一个老练的推销员,半真半假地笑着说:"今天不用付钱,五个月后拿车,酒会过后只需在那边办个手续,就可以了。"口气就像买车不花钱似的,大家都笑了。

正当赵诗梦不知道如何继续搪塞,有点支支吾吾时,有人从他身后传出一句:"只要办个手续,那我也要一辆,挑车头前面有奔跑中女神的那辆。"但一点听不出想买车的意思,倒是像以这样的方式向大家打招呼。他叫高振光,是个画家兼古董商,据说他的古董客户都是外国人。吴进源说他画家是假,卖古董真,也有人说他的画画得不错,可卖的古董都是赝品。他一手拿酒杯,一手挽着他的外国太太。他的太太有着一双漂亮的淡褐色的眼睛,配在她白皙的皮肤上,就像电影画报里的外国明星,可身材太丰满,明显比他大一圈,他们走在一起时,就像一个大妈带着孩子一样,很滑稽。他在不同的场合,介绍太太时有不同的版本,有时候说是波兰人,或者笼统地说是欧洲来的,如果在陌生朋友面前会说是德国人,而据熟悉他的朋友透露,他是从林森中路①上一家白俄咖啡馆里弄来的白俄女人。

冷中宝转着眼珠子,瞄了一眼赵诗梦,又朝高振光夫妇客气地笑了笑,说:"高先生,你要为漂亮的太太买一辆气派点的车子,那辆破吉普车早该换了。开着吉普车去卖古董,能卖得掉吗?你应该和诗梦老弟一样,开敞篷的克莱斯勒,旁边坐着美丽的太太,那你肯定会成为一名非凡的画家,那时候,你的古董生意也将应接不暇,保证发财。"他的话巧妙地把画家和古董生意联系了起来,又一箭双雕,把赵诗梦和高振光锁定成一定要买车的人了。

高振光口齿伶俐地接话道:"是啊,是啊,我有一对乾隆皇帝用过的青花凤凰牡丹宝瓶,足够可以换一辆克莱斯勒了,等我把宝瓶处理了,就来换一辆。"他每次说到自己的古董,都会加上一句,是某位皇帝用过的,熟悉他的朋友开玩笑说,他前世一定是宫里伺候皇上的太监,所以他有那么多的皇帝用过的宝物。

高振光的话,明眼人都听出是托词,冷中宝似乎并不在乎,好像宁可信其有,不信其无,笑了笑,举起酒杯,碰了碰他的杯子,说:"好,好,干杯。"一副像是成交了大生意的做派,引发了一片欢笑声。

苏教授说:"好啊,好啊,卖车,买车,生意兴隆呀。民国三十五年也许真是个好年份。才年初,重庆那里嘛,大人物们刚刚开完政治协商会议,从此结束了打打谈谈的局面,政治开始开明了,也惩处了汉奸;世界也大变样,和平了,联合国也成立了,中华民国还是安全理事会常任理事国;上海滩这里嘛,大家都忙着做生意,生意越大越好,政治经济双喜临门,不论国内国外,一派新气象,民国三十五年,真是个伟大的年份呀。"说话的语气,似乎有感而发的感慨,虽有些空洞,但不乏希望和梦想。

俞院长推了推眼镜,一本正经地插话说:"我是衷心支持政治协商

---

① 林森中路:抗战胜利后,原来的霞飞路更名为林森中路,即现在的淮海中路。

会议上提到的所有内容,什么政府组织案啦、国民大会案啦、和平建国纲领啦、军事问题案啦、宪法草案啦,我都举双手赞成,没有一个不好的。假如按照这些案做,就像报纸上所说的,今后我们的国家就和美利坚合众国差不多了,是一个真正的民主国家了,没有独裁,军队属于国家,数量也相应减少,养军队的钱省下来给老百姓用,那多好呀,我举双手赞成,我们国家变好了。"他顿了顿,看了看大家,把杯子里的酒一饮而尽,略微提高了嗓门,补充了一句,"我同意苏教授的说法,民国三十五年,将是属于我们中国人的一个伟大的年份。"他说话时很激动,有点歇斯底里,好像急着要进行重要的表态,青筋暴出,红光满面,洋溢着一种难以抑制的热情,放光的眼睛似乎充满了期许。

赵诗梦听了这两段话,看到了俞院长说话的表情,他知道了他们这几个人刚才在讨论什么事情了。他对这些内容也同样感兴趣,近些天来,不断收听海外广播就是为了这个,但他一般不太愿意在不熟悉的人面前发表见解,反正他们的讨论,让他免除了回答是否买车的尴尬,便一声不响地听着,心想这种巨大的话题,应该是冷中宝最拿手的,很想听听他的高见,心情有点像在看一出与己无关的戏剧。

郭安其慢悠悠地笑着说:"哎,我亲爱的俞院长,我的俞大夫,你说的这些事情太大了,跟你没关系,你千万不要如此激动呀,看你激动得脸红脖子粗的,像是喝醉酒似的,你这副样子,有哪个女人敢找你看病呀,像是要吃掉人家似的。"此话一出,大家都笑的前俯后仰。

俞院长一点不觉得尴尬,反而认真地争辩着:"我没喝醉,只是说了今年民国三十五年,是个伟大的年份,年初的形势,就是一个很好的开端。怎么和我没关系呢,这是真正的国泰民安呀。"

郭安其继续调侃道:"很好的开端?如果没有人按照这些东西做,你举双手双脚赞成,都没有用。"他向周围的人扫了一圈,举杯朝大家晃了晃,又夸张地睁大眼睛,盯着俞院长,又斜了斜嘴,这种表情一看就知道是准备恶作剧的,或者准备说怪话的表情,他坏笑着继续说,"你别嫌我说话粗鲁。这种写在纸头上的东西,如果没人遵守,就等于一个屁。

我看呀，你别听那些报纸上乱说，到头来和平呀，民主呀，什么都是一场空，民国三十五年对我们来讲，就是一个屁，就是国家放的一个屁。"他一连说出了几个"屁"字，把每个"屁"字都说得很有力，而且还拖长了音，有声有色，听上去却一点不粗鄙、不猥亵，就像经过深思熟虑寻找出来的一个文雅词一样。说完他一个人自顾自地大笑起来，笑得有点放肆，眼神里又混杂着一丝绝望，顿了顿，他或许感到那个"屁"确实不雅，补了一句，"如果不是个屁，那充其量，也只是一个子虚乌有的'乌托邦'而已。"

郭安其的这些话和夸张的表情弄得俞院长一脸的尴尬，他望着冷中宝和苏教授，仿佛在向他们讨救兵。

赵诗梦觉得此话太难听，太不入耳，也不可信。他的这种不相信，与其说他不相信，倒不如说他不愿意相信这些预言将被验证。他从海外广播里听到对中国国民是否可能获得持久的和平和自由，也莫衷一是，没有一个定论。赵诗梦想冷中宝在重庆有高层的朋友，消息肯定要比自己猜测来得准，想趁此机会听听他的看法，便转过脸来，也望着冷中宝，等待他的开口。

高振光插进来，手舞足蹈地说："郭先生到底是轮船公司的大老板，不但赚钱有本事，财大气粗，就是说话也灵光，妙不可言，用最斯文的腔调，说出这个最难以启齿的'屁'字，讲出了最基本的道理，即使在这高雅的冷餐会上，也显得一点不俗。他说得很对，国家就像一个人，会生病，有生有死，当然也会放屁。我们的国家就是这样，像一个'先天不足，后天失调'的人，现在又正处于大病初愈，身体还没有完全恢复过来，肚子不舒服，当然屁多喽。屁也罢，乌托邦也罢，对我们老百姓来说，都一样，都是一场空。"

苏教授淡淡地笑了笑，为了顾全大家的面子，插话圆场说："中国的老百姓一向是最温顺，最善良的，他们从不会以怀疑的方式来揣测自己国家的前途，总是一厢情愿地希望国家会好起来的，明天会好起来的。所以，但愿一九四六年是个好年头。"

郭安其朝苏教授扫了一眼,阴阳怪气地接话道:"我们的苏教授说话真幽默,把中国的老百姓说得像我家里养的那只小狗,只要给一点吃的,就不会汪汪乱叫,变得温顺了,不发脾气了,而且还天生不会怀疑,可敬呀,可敬呀,中国的老百姓可敬,我们的苏教授更可敬。"听了这些反话,大家不置可否的微笑着,算是回音。

赵诗梦一向不善于这样唇枪舌剑的聊天,更何况还有几位刚刚见面的朋友,拘谨的他也只能一声不响地跟着笑了笑,但他很想听冷中宝的高见。可不知怎么的,此时冷中宝却只谈轿车,不谈时事。

这时,贾孝平和吴进源拿着酒杯晃了过来,贾孝平大声叫道:"承蒙捧场,谢谢大家,我先干为敬。"尔后,把酒杯里的酒一饮而尽,大家纷纷客气地举杯回敬,旁边的吴进源接着他的话,感慨道:"上海滩这个鬼地方,真神奇,不论打仗,还是和平,永远不缺有钱的人。卖车的行当,生意永远兴隆呀。"

他们这一圈子,开始人多嘴杂了,虚情假意,相互吹捧的话也开始多了起来。赵诗梦悄悄地移到苏教授身旁,有点难为情地轻声问道:"我可买不起这样的车子,你买了吗?"

苏教授笑了笑,轻声地告诉他:"我是让冷特派员拉来的,他说只是来参加一个酒会的,没说过买车子的事。"尔后,两个人都笑了。

有人打开了通向阳台的门,一股清新的夜风吹了进来,从前面传来一声:"快来欣赏外滩的夜景吧,真美。"大家一进餐厅门时,已脱掉了大衣或外套,这时只能穿着室内的衣服跨出餐厅去露台,但依旧潇洒地拿着酒杯,慢吞吞的鱼贯而出,观赏起外滩的夜景。

大楼下面是大家再熟悉不过的黄浦江,它在此拐了一道大弯,变得尤其开阔。在夜幕笼罩下,它好像远离大都市的喧嚣,周围的五光十色也已全部退去,似乎披着一层薄薄的黑纱。在早春的夜风中,江面的一切变得有些模糊,有些陌生,甚至有些怪异,江水显得黏稠而乌黑发亮,没有了白天的那种浑浊和流畅。江面上渡轮的一点点灯光,就像飘荡在梦境中的幽灵发出的冷光,水中映出外滩的灯火就像飘浮不定的鬼火,这两种亮点,在黑幕般的江面上游动,一实一虚,神神秘秘,闪闪烁烁,似有似无,仿佛孤零零的黄浦江下隐藏着巨大的秘密。江面上的诡异平静,似乎有一种波澜不惊,一路既往,能够承受更大苦难和血腥的味道,或许可以用来占卜上海滩的未来,或许等待着人们最终去揭开那层薄纱。

他们右侧海关大楼上的大钟,据说这只大钟与伦敦大本钟、莫斯科红场大钟齐名,由英国进口,当时总造价耗资高达五千多两白银,号称亚洲第一大钟。整个钟面发出漂亮的黄中透白的光芒,把周围从建筑物窗户里透出的亮光比了下去,宛如夜空中一轮巨大的满月,给寒夜里的城市带来一丝暖意,与漆黑一片,空荡荡的黄浦江对岸形成鲜明的对比。大钟的位子几乎和他们站的露台齐平,平视而去,那个大钟要比从地面看大了许多,亮了许多,会让人感觉很不真实,只有当她准时响起威斯敏斯特报时曲,人们驻足而观时,才会让人回到现实的时空中来,悠扬的钟声穿过整个城市的夜空,响彻云霄,给人们带去一种温馨,让人难以忘怀。

赵诗梦和苏教授两人落在了这群人的最后,只听到前面有人对着漆黑的夜空,用豪爽的声音在说:"啊哈,站在华懋饭店上,就等于站在了亚洲的中心。"可在旁边有人大声纠正道:"不,是世界的中心。"紧接着又有人插话,反对道:"这里空空的,黑压压的,要成为世界中心似乎少了一点什么吧?"这声音不高,像是普通议论的口吻,只是泛泛而谈。赵诗梦觉得有些寒意,缩着脖子问苏教授是否进室内。

这时,赵诗梦只听到吴进源的声音在说:"如果在对岸拐弯处竖一个自由女神像,那不就成了真正的世界中心了吗?"说话的语气带着一种戏谑和玩笑,甚至有些挑逗的成分。赵诗梦记起了在芬兰浴室吴进源开的玩笑,想不到他把这个玩笑话搬到了这里,便停下脚步,伸直了脖子,朝前面张望,想听个究竟。

吴进源话音刚落,立刻有个陌生的声音响应道:"那还不简单,我们就募集资金,造一个吧。"又有人带着笑声,出主意道:"在对面建一个公园,竖一个自由女神,卖门票,肯定赚钱。"接着有人以起哄的语气,叫道:"这是个好主意,我愿出一二。"这下热闹了起来,好像在比谁钱多,不断有人跟着叫:"我出两千""出五千""出一万",最后有人大声吼道:"别吵了,别吵了,有谁来成立自由女神公园筹建委员会,我愿意出五十万。"随后,笑声叫声起哄声混成了一片,谁也听不到谁在说什么,伴随着聒噪,只看到人们对着隐约显露在夜色中的对岸,热闹地指指点点,仿佛发现了发财的机会,或者梦想的真谛。

赵诗梦也朝黑漆漆的那个拐弯处望了望,心想如果真有自由女神竖对岸,那此时肯定是一片灿烂;他又看了看周围闹哄哄的人们,想知道这个玩笑是否会成真。

原本想跟着赵诗梦进室内的苏教授,也驻足看起了热闹,他凑到赵诗梦耳边笑道:"自由女神,岂能这样用钞票买到的?用来赚钱的?"赵诗梦虽然同意他的说法,却不愿意接他的话,装着没听到,依然看着大家的热闹,想看出个结果来。

一阵从黄浦江对岸刮来的寒风,很猛,很冷,吹得让人吃不消,大家顾不得热闹和潇洒了,更顾不得自由女神了,都缩起脖子,竖起衣领,低着头,快速向赵诗梦站着的门口涌来,有人打起了喷嚏,还有人在叫:"欣赏美景,如果让人挨冻受寒,那也会叫人倒胃口的。"人群簇拥着,很快就把赵诗梦他们推进了室内。

冷餐会结束后,赵诗梦被朋友拉去别的地方喝酒了,没和吴进源一起,直到喝得醉醺醺的才回去。当然,在整个冷餐会上,他也没看到梅姐的身影。

当赵诗梦醒来已是第二天中午了,才想起今天是杂志社发薪的日子,匆匆赶到办公室。鲍逸芸交给他一封信,说是上午有一位女士来找他,等了一个多小时,临走时留下的。

赵诗梦向鲍逸芸交代了有关发薪的事情后,脱下大衣,独自一人在里间,笃悠悠地开始拆信了。他发现信封是自家杂志社的,且未封口,估计是那人等不及了,向鲍逸芸他们要的信纸信封写的。他打开信纸一看,与其说是信,倒不如说是便笺,仅有一句话,"望有时间来一次,我有事相求",后面是一地址,再是落款人"陆莺"。他呆呆地看着这张纸,无论如何想不起来陆莺是谁,从留下的地址来看,那是靠近苏州河南岸的一家很不起眼的旅馆,他想象不出自己周围有谁会住在这种旅馆里,而且还要叫自己过去。

赵诗梦拿着信纸,来到外间问鲍逸芸和小杜,来的人是怎么样一个人。鲍逸芸正低头写着什么,头也没抬说:"是个女的。"这等于没说,赵诗梦等着她的下文,可她继续起劲地在写,没有再补充的意思,赵诗梦只能转身指望小杜能够多说出点线索。

小杜望着他,说:"是一个很漂亮的女士,也很有礼貌,我们就让她坐在你办公室的沙发上,她也一声不响,后来留了信就走了。"

从这些信息根本无法让赵诗梦想起陆莺是谁,他又觉得今天鲍逸芸的态度怪怪的,或许是因为有女人来找自己的缘故吧,心想那个陆莺或许是哪一个读者,如果真的有事,她肯定还会来的,准备等她重新上门,便顺口道:"大概是哪个读者,要寻求帮助的吧。"

鲍逸芸突然冒出一句:"不像是读者,她好像说过,自己是什么开心的朋友。"说完又马上低头写她的东西了。

她的语速很快,当赵诗梦听到"开心"两字,"开心"和"凯欣"是谐音,瞬间联想到虞凯欣,"开心的朋友",让他瞬时想到了那人是虞凯欣的姨太太。他感到一阵莫名其妙的颤栗,仿佛触电似的转过身来,又看到鲍逸芸伏案在写,好像只愿意让他听到她的说话,不愿意让他看到自己的眼神。

这时,赵诗梦已经无暇考虑鲍逸芸古怪的表情了,他知道几个月之前,上海滩的报纸上刊登的逮捕汉奸名单中已有虞凯欣,而现在其姨太太来找自己,究竟是为了什么呢?莫非是寻求帮忙吧。赵诗梦可以确定的是陆莺肯定不属于汉奸,但在眼下的局势,即使汉奸的家属亦是处境艰难,再联想到她留下的短而又短的便笺和上面的地址,他已猜出了八九不离十。

赵诗梦回到里间的办公室,准备处理完手头的事情后,立刻就去看她,心里一直在想着这个事情。此时,他的情绪比刚才冷静多了,心想自己只知道虞凯欣的姨太太是一个蛮漂亮的女人,已有八九年没有见面了,在此前也没见过几次面,现在她的容貌也忘得差不多了,具体长什么样也想不起来了,甚至怀疑虞凯欣的姨太太是否叫这个名字。他定了定神,想跟吴进源打个电话,确认一下这个名字,如果虞凯欣的姨太太确实是这个名字的话,看在她老公的面上,一定赶快去看一下,如果不是,则就另当别论了。可又想如果真是她,她现在的身份,不便惊动更多的人,想到这里,他抿了抿嘴,下决心先自己跑一趟,即使不是虞凯欣的姨太太,那也无所谓,权当为了读者。

按照便笺上的地址,旅馆离杂志社不远,赵诗梦不想太张扬开车去,决定步行。初春的上海滩,一点感觉不到暖意,依然寒风凛冽,天色也灰不溜秋的。他裹着大衣,缩着脖子,沿着原来的派克路,现已更名为黄河路,一直向北而云。

在去的路上,赵诗梦尽力回忆虞凯欣姨太太的所有信息,但内容不多,甚至他们俩都没有过像样的对话,更别说两人的眼神交流了。按常理说,对于他们俩各自的身份来讲,应该是属于见面打招呼,过后即相忘的那种关系,所以一时姓名都对不上号,也实属正常。他感到奇怪的是她怎么记住自己的姓名,又从哪里得到杂志社的地址。对自己来讲印象深刻的一次,那就是在虞凯欣乔迁至香樟园的那次聚会上,在参观他们的别墅时,自己还偷偷地瞄了一眼她的卧室,和飘出窗户的那诱人的窗帘。可那次因为自己想起了母亲的故事,对她这种女人产生了厌恶感,而使自己提前离开了,可现在却相反,一点找不到对她厌恶的感觉,脑子里充满好奇和希望帮助朋友姨太太的冲动。他自己都感到很奇怪,觉得自己的这种行为和冲动不可理喻,心想:人啊,真是此一时、彼一时的动物。觉得自己以往的厌恶感,或许是由于当时自己还年轻,碰到的女人还不够多,而又想得太多,过于敏感所致;又想到在惩处汉奸的大环境中,如此轻率地去帮一个汉奸家属是否妥当;又想到如果真的帮助了她,自己又能怎么样呢,她毕竟是朋友的女人,汉奸的家属……他越想越多,脑子里仿佛塞进了一团糨糊,什么事情都想不清楚了,可脚步还是不停地向前走着。

赵诗梦找到了那家三层楼的旅馆,房子很旧,外墙红砖已斑驳,大门口右侧的落水管断了一截,张开了一个黑乎乎的口子,仿佛在等着人们往里面扔钱,木框玻璃门上衬着的白色纱布已是灰蒙蒙的,玻璃也很脏,好像很久没有擦了。他推开玻璃门,一个双手磕在柜台上抽烟的脏兮兮的老头,一动不动,只抬了抬眼皮,无精打采地问:"住宿,还是找人?"

"找三楼丁室的。"赵诗梦礼貌地回答道。

"那个女人在房间里,她已经有四天没有付房租了。"老头的口气中明显有一种鄙视,根本谈不上礼貌。

赵诗梦面无表情,硬着头皮朝老头点了点头,直径上了楼。楼道里的地板和墙壁都是木制的,他走在上面发出了很大的响声。到了丁室的房门口,他还没伸手敲门,房门就开启了一条缝,露出了一双拘谨而有些兴奋的女人眼睛,当房间里的女人,看到是他,便开大了房门,说:"听到了脚步声,我想大概是你来了,快进来。"声音有点激动。

"哦,看到信,我就来了。"赵诗梦在说此话时,悄悄地朝她瞥了一眼。虽然,这个开场白极其简短,就像两个熟得不能再熟的老朋友相见,没有拖泥带水多余的话,可滑稽的是他们已有八九年没见过面了,赵诗梦才在刚刚的一瞥中,就确认了便笺落款的人名和自己想到的是同一个人。

赵诗梦跨进门,扫了一圈房间的陈设,房内的家居简单而且破旧,不大的木制窗户下是一张四方桌,桌子下面有一只方凳,桌子的两边是一张单人床和一个五斗橱,靠门一个洗脸盆的架子。室内没有盥洗室,可能门外有公共的盥洗室。床上铺的是很旧的格子被单,床下有一个气派的牛皮箱子,一看就知道是房间主人带来的,也是这间房里最贵重的东西了。床靠窗的一端有一条叠成四方的被子和枕头,被子和枕头上有明显被压的痕迹,显然是房间主人刚才靠在上面休息的。好像房间的窗户朝北,脏兮兮的窗帘是拉着的,但能听到从窗户外面传来苏州河的河水拍打防洪墙的声音。

到了室内,赵诗梦习惯地准备脱下大衣,想寻找可以搁大衣的地方,一看她也套着一件薄薄的浅色呢大衣,再一想这儿虽窗户紧闭,可和室外的温度相差无几,便又合上大衣。陆莺面无表情地让他坐方凳,又从洗脸盆的架子下拿起热水瓶,为他倒了一杯白开水,尔后,就坐到他对面的床沿上,直视着他,以谨慎而客气的口吻说:"这么多年没有见面,突然就冒冒失失地把你约到这里来,真不好意思。"后又补了一句,"你也看到了,我实在没办法。"接下去,低下了头,慢慢地搓着双手,似乎在等待他的发问。

赵诗梦摸了一下大衣口袋,发现没带烟斗,只拿出了火柴。陆莺从被子旁边拿起一盒烟,抽出一支递了过去,说:"我只有这个。"她的口气里一点听不出那种谦卑或者尴尬的成分,言外之意是"在我这儿,你就别嫌弃抽蹩脚香烟了"。

赵诗梦发现她确实很美,尽管脸上没有一丝笑容,甚至没有表情,素面朝天,单单鹅蛋形的脸蛋,让人依然迷恋。他望着她,在记忆里搜索着上次看到她的样子是怎么样的,她化妆后又是怎么样的,却一无所获。他接过香烟点燃,跷起二郎腿,说了一声谢谢,却不知道怎么往下说,他想起便笺上写着"有事相求",便以不失尊重对方的柔和的口气,直截了当地问:"有什么事,我可以帮忙的?"

陆莺把桌边的烟灰缸移到他跟前,抬起头直视着他,果断而直白白地说:"上海滩,我待不下去了,要去香港,能否借一笔钱给我,让我买船票,作盘缠?"

赵诗梦注意到她的眼神里留着一丝赌徒的勇敢,而绝非是祈求怜悯的懦弱,这种倔强的眼神在一般女子中很少见。他预料到她需要钱,口袋里也为她装着钱,但没有想到她要去香港,便带着安慰的口吻说:"没问题,钱的事情没问题,我会帮你的。你为什么要去香港?"他的神态使他的承诺和疑问都充满着真诚。

  陆莺答道:"我想去我姨妈那里。"由于赵诗梦刚才说话的神态,让她少许安了心,接着向他和盘托出自己在大半年里的经过:日本一宣布投降,他们这些人就像是惊弓之鸟,纷纷寻找躲藏的地方。那天虞凯欣回家,他把她和大老婆孟嫣钰叫到一起,给了她们每人一份休书,说以后碰到什么事情可以拿出来让人看,又给了她们一些钱,要她跟着大老婆孟嫣钰一起躲起来,而他第二天就失踪了。起先,她和孟嫣钰还有三个孩子,在外面租了一套公寓,还能够偷偷地回别墅拿一点东西,后来别墅作为敌产查封了,进不去了,他和孟嫣钰都没有收入,靠着变卖东西过日子,心情也很差。几个月下来,她们俩开始吵架,以往的积怨毫无保留地暴露了出来,孟嫣钰说要带着孩子投靠娘家,不再管她的事了,而她父母早亡,只能投靠在香港的姨妈,心想随身带出来的一点细软变现,足够在联系姨妈这段时间用的,一边住在南京路的东亚旅馆,一边等姨妈回信。可想不到的是,在旅馆里不到一个礼拜,她装细软的小箱子被偷了,一下子落了难,姨妈那边回信迟迟未来,她的生活很快没了着落。她去找过一些朋友,不是找不到,就是躲着她,要么就是动她坏脑筋的,没有一个肯真心实意伸手相帮的。实在没有办法,只能搬到这种小旅馆来住,已经三个月了,现在连这样的旅馆也快要住不起了。

  外面一阵风吹来,把松动的木头窗户弄得砰砰作响,寒风从缝隙钻进房内,窗帘的边缘也随之扭动起来。陆莺瞟了一眼窗户,把身上的呢大衣裹了裹,似乎感到寒冷,面无血色地感叹道:"我碰到他们两个人,算倒霉,嫣钰是一个财迷心窍的女人,一心要凯欣赚钱,不管钱是从哪里来的,哼,现在一无所有了;凯欣嘛,太官迷心窍,什么官都想做,当时我叫他别跟着日本人,他就是不听。现在好了,把自己弄成了汉奸,吃官司,还要连累我们,把我们弄成了汉奸的家属。"

  她说的这些,都带有虞凯欣家事性质的内容,是赵诗梦从来没有听说过的。他把才吸了两口的香烟掐灭在烟灰缸里,诧异地问:"你跟他讲过,别跟日本人?"

陆莺搓了搓手,抬起头,像是很委屈的样子,答道:"怎么没跟他说过呀,我从一开始就提醒他,不要和那帮人混在一起。"她看了看赵诗梦,咽了一下口水,略带羞涩地说,"那时,我进他家门没多久,他天天晚上到我房间来过夜,我天天同他说的,他只是表面上应付我,其实根本不听我的。哎,谁叫我是这样的一个角色呢,人微言轻,他官瘾又特别大,喜欢当官的排场,人家给了一个小小的外交官的职位,他就欢天喜地得不得了。嫣钰为此还记恨我,每当他升了职,出了国或者捞着当官的好处了,就帮着他一起得意,一起庆贺,变着花样来奚落我,说我什么都不懂。"她又咽了咽口水,补了一句,"凯欣做汉奸,嫣钰有一半的责任。"

赵诗梦心里对他们三人之间的私生活有着天然的兴趣,但不便多问,当然对虞凯欣的思路轨迹也有着疑问,他旁敲侧击地问:"那当时,凯欣兄就没有察觉到日本人快要完蛋了吗?"

陆莺想了想,说:"其实,他刚和他们搅在一起,大概在民国二十九年夏天。张啸林被暗杀时,他就觉得事情不对,怕得要死,一直叮嘱我们,不许我们随便出门。那时起,我房间他不来了,嫣钰房间也不去,每天晚上一回家,就像神经病一样,躲进了自己的小房间里,再也不肯出来了,不知道搞什么名堂,可能是怕遭到暗杀吧。我劝他,我们逃走吧,他说哪有这么容易呀,外面都是日本人的天下,真是'上船容易,下船难'呀。那以后,我看他就没怎么真正高兴过,把家里搞得像个监狱,惶惶不可终日的样子,每天在高官厚禄和胆战心惊中度过,真不是人过的日子。"

赵诗梦不好意思再问其他的了,便回到正题上,问:"你准备什么时候去香港?"

陆莺说:"只要有钱了,越快越好,这里我实在没法待下去,那里也许好一点,至少没人认识我。姨妈以前在上海时,就和我相依为命,香港有个不错的老头看上她,就是为了我,她一直没有去,直到我嫁了凯欣之后,她才去了香港的。这次不知道什么原因,迟迟没回信,我想去看看。"

赵诗梦以鼓励的口吻说:"去看看也好,如果那里过不下去的话,再回来。我这两天就帮你准备钱和船票,其他人你就不要再联系了。"窗户又发出砰砰的响声,他扫了一眼房间,补充道,"不过,这里你不能住,我帮你换到原来的东亚旅馆去吧,那里我也比较熟悉,过一会我去替你结账。"说完,他又朝发出响声的窗户瞄了一眼,看到脏兮兮的窗帘在颤动,可眼睛里闪现了从香樟别墅那一扇窗户里飘出的雪白色的窗帘,心头掠过一丝不舒服的感觉。

陆莺一声不吭,缓慢地点了点头,好像在想着什么心事。

赵诗梦看她只点头,而没有动作,就催促道:"要我帮你收拾行李吗?"

陆莺不愿意让他动手,说:"其实,也没什么东西可收拾的。"便从被子下面取出一些杂七杂八的小玩意,类似女人化妆用的小瓶子。

赵诗梦发现这些瓶子中有一瓶像是装药片的小瓶子,眼明手快地顺手从她手中拿了过来,一看是安眠药,便立刻装出一副若无其事的样子,将小瓶子把玩了一番,又在她面前晃了晃,笑着说:"啊,谢谢,这正好给我,最近我总是睡不着。"

陆莺看了小药瓶一眼,又看了看他,感激的眼神里混杂着对眼前这个男人的细心和善良的佩服,她用牙咬了咬嘴唇,蹦出一句:"放心好嘞,从今以后,我不会用它了,给你吧。"说完从床底下拉出箱子,把所有的东西一股脑地塞了进去。

赵诗梦并没有对她话中的"从今以后"多加考虑,随即不慌不忙地把小药瓶放入了大衣口袋,让人忌惮的一幕化于笑谈之中。为了调节气氛,他没话找话,问道:"你是怎么找到我的杂志社的?"

陆莺低着头,说:"我知道你的《蓝玫瑰》杂志,上面有地址,为了找你,前两天,我就去买了一本来。"

赵诗梦听了,觉得有点好笑,在人海茫茫的世界里,找自己竟然如此容易,又觉得有点自豪,他不露声色地说了一声:"哦,对了,杂志上有地址。"

陆莺一边合上箱子的盖子,一边斜睨着眼睛,小心翼翼地看了他一眼,说:"凯欣不止一次提到你是好人,说有难可以找你帮忙。在和他分手时,他又郑重其事地关照过我,如果和嫣钰吵架了,过不下去了,叫我就去找你。"她的眼睛有些湿润,低头揉了揉眼睛,轻声补了一句,"我不知道,你们还认不认他这个朋友?"

这句话让赵诗梦百感交集。他不知道历史洪流将把虞凯欣冲向何方,将来他们还是否能够做朋友,他无法回答,但至少曾经是朋友。他喃喃地说:"凯欣兄,以前是我们要好的朋友,你放心好嘞,我们会帮你的,其他就不要多想了。"他注意到她最后一句用了"你们",心想她可能指的是包括吴进源在内,所以他也相应用了"我们"来回答,也算是替吴进源回答了。

赵诗梦一向不习惯坐黄包车,为了陪陆莺去东亚旅馆,只能将就一下了。由于他们出门时,临时叫不到两辆黄包车,他们又只能一路同坐一辆。如果黄包车的座位让一个人坐,还是蛮舒服的,可挤入两个成年人,还要塞进陆莺的那个皮箱,实在太拥挤了。陆莺坐正之后,赵诗梦只能侧着身子,掀开大衣挤入座位,而大衣的一角又搭在了她露在旗袍外面的小腿上,他的左手无处可放,几乎是搂着她的身子而坐着的。两个人就这样绞一起,镶在座位里,到了耳鬓厮磨的程度。多事的车夫看到赵诗梦愿意多给钱,以为他们是一对片刻不愿意分开的恋人,特意为他们拉上了车棚,放下了前面的布帘,将他俩遮得严严实实的。在这么一个私密狭小的空间里,随着车子的颠簸,她散落的长发,滑过他的额头,绕着他的颈脖,让他感到酥酥痒痒的,感到心跳加快,甚至有些慌张。他努力克制着自己,极力目不斜视,紧盯着车棚和布帘之间的缝隙,望着车外,希望车夫跑的快一点,再快一点,尽快到达东亚旅馆。他们相互能够闻到对方的气息,可他们之间没有说话,都一动不动,任凭寒风从缝隙中吹进来,似乎在颠簸中享受着这种腻在一起的缠绵,又似乎有一种压抑的气氛伴随着他们,让他们无法再进一步接近。

在东亚旅馆门前,他们下了黄包车后,赵诗梦把她送入旅馆房间,脑子里掠过是否要和她一起吃晚饭的考虑,他想了想,为了避免让她对自己真心真意的帮助产生歧义,便从口袋里拿出了一些钱,放在桌上,说:"你先用这些钱,打发今晚,我过两天再来看你。"

赵诗梦走出东亚旅馆,南京路上已是华灯初放,人声鼎沸,流动着各式男女组成的人头涌动的潮流,两旁林立的霓虹灯放射着奇异的光芒,伴随五花八门的广告和店招络绎不绝地闪动着,整条马路上弥漫着霓虹的虚幻和光怪陆离的炫目。

然而,赵诗梦对这一切都熟视无睹,毫无兴趣,低着头沿着南京路,快步向西走着,想着为陆莺买船票的事情,可脑子里突然闪过鲍逸芸的身影,结合她刚才在办公室的表情,想象着她看到陆莺时的情景。他心里有种奇怪的感觉,希望她们俩没碰过面。之所以为什么不希望她们碰过面,自己也说不清楚,反正他觉得女人见女人,就会多出许多事情来,或许他内心深处不愿意让她看到自己在外面认识太多的女人。至于为什么,他自己也无从谈起。

前面的虞洽卿路几年前就已经改回了西藏路旧名,赵诗梦穿过这条马路,再前面就是好莱坞照相馆了。以往赵诗梦碰到这种与虞凯欣有关的事情,首先会同吴进源商量的,并得到他的支持。可这次,赵诗梦有些犹豫了,陆莺毕竟是汉奸的家属,拉着人家一起帮忙,人家是否愿意。

照相馆门口的大橱窗里又换了照片,这次是两幅美女开车的照片,动感十足,车子正是那晚在华懋饭店门口看到的敞篷克莱斯勒,美女随风飘逸的长发,特别显眼,占据了照片的中心位子,这让赵诗梦想起刚刚在黄包车里从额前拂过的散发。他看着照片,摸了一下自己的额头,整了整大衣,还是推门进了照相馆。

赵诗梦见到吴进源,第一句话就是:"外面的照片不错,拍的是哪家女子呀?"

吴进源摇了摇头,说:"什么事情都逃不过你的眼睛。这是贾孝平要挂的,那女人是他的女朋友,一举两得,既为他的美国车做广告,又讨好了未来的老婆。"

赵诗梦在他经常坐的大沙发上坐下,说:"难怪会有这样的照片。不过这个照片挂在你照相馆门前,人家当然知道是你们拍摄的广告,又精细又漂亮,那就算了;如果挂在别的地方,人家还以为是在做洗发膏的广告呐,这么大一堆乌黑发亮的头发,飘来飘去,喧宾夺主,也不嫌难看?"

吴进源迎了过来,恍然大悟似的拍了一下手,笑着接口道:"到底是内行呀,一眼就看出了问题所在,就是话说得有点刻薄。"

赵诗梦眨着眼睛,想着如何告诉他有关陆莺的故事,有口无心地问道:"最近我们的贾兄,买洋车,发财了吧?"

吴进源答道:"和冷特派员搞在一起,能不发财吗?那些卡车就像白送的,再加上他的美国老板回来了,美国车源源不断地运来。他是天时、地利、人和,一个不缺,不发财也难呀。"

赵诗梦感叹道:"这个世界真奇妙,又真平衡,有人发财,就有人遭殃。"

吴进源半真半假地做出诧异表情,问:"谁遭殃了?你又遇到什么难事了?"

赵诗梦把陆莺的事情说了出来,吴进源沉默了一会儿,神情有点严肃地说:"你做得很好,帮帮她吧。现在这种时候,没人会帮她的,由着她自己想办法,弄得不好会跑到会乐里去混的。"顿了顿,又说,"她又不是汉奸,应该有像样的出路。"

赵诗梦从口袋里掏出那瓶安眠药,说:"她已经在准备这个东西了。我去的时候,估计到会发生点什么,就特别留意,当这东西在我面前一出现,就把它收了起来。"

吴进源拿起瓶子看了看说:"好像药性很大,这一瓶下去,够她受的,很可能有去无回,还算好,你去得及时。"

赵诗梦流露出对自己帮助陆莺的事有点担忧,生怕人家说他帮助汉奸,补充说:"虞凯欣好像在被抓之前,跟两个老婆都离婚了。"说完他茫然地看着吴进源。

吴进源说:"他们这种离婚,人家会说是为了掩人耳目的,不一定算数。不过虞凯欣这一点做得还像个男人,自己要遭殃,还想着不要连累她们。"他望着赵诗梦,仿佛看出了他的心事,停顿了一下,又说,"她给我的印象不错,怜香惜玉是我们男人的天职。这样吧,到时候,我跟你一起去码头送送她吧,这也算对得起我们的凯欣兄。"尔后,苦笑着加了一句,"也算是我们送给他好棺材的一部分吧。"

他又提到了"好棺材"一词,这话听上去虞凯欣像是肯定会被判死刑似的,赵诗梦问道:"这家伙会被判死刑吗?"

吴进源答道:"谁知道呢,比他大的陈公博、褚民谊、梅思平等,那些大汉奸的案子都没判,而只是刚刚逮捕,现在还轮不到他呐。"

赵诗梦跟了一句:"但愿等到陆莺去香港以后再判。"

吴进源坦然地说:"诗梦兄,你也别天真了。这种事情,肯定要上报纸的,她在香港也能看到的,没有什么可隐瞒的,拍着脑袋都能想得到。要怪只能怪虞凯欣自己不好,喜欢做日本人的官,上海滩拒绝伪职的人还少吗?"

赵诗梦帮助陆莺的事,得到吴进源的首肯,心里踏实了许多,他不再想谈有关汉奸的事了,便问道:"最近,梅姐怎么样了,要生了吧?"他原来想说的是"你老婆怎么样了",可话到嘴边改成"梅姐"了,他不愿意因梅姐的身份变化,让人联想到自己是否会和纪舒红结婚的问题。

吴进源答道:"她呀,现在肚子好大,医生说可能在下个月底分娩。"后又加了一句,"是男是女还不知道呐。她老是感到肚子痛,真有些担心。"说到生孩子的事情,似乎他的话多了起来。

原本赵诗梦对女人生孩子的事情并不感兴趣,只是无话可说找来的话题,然而却摆出一副过来之人的样子,口气老到地说:"女人生孩子都这样。"其实他妻子生儿子的时候,他在千里之外的英国,对此的经验无从谈起。接着又关心地问,"那现在,梅姐基本上都在家里休息?"

这句话让吴进源想起了赵诗梦已经好久没去四合酒楼了,他没有回答,反问道:"你好像很长时间没去酒楼了吧?"

自从梅姐怀孕后,赵诗梦有着说不清道不明的原因,去酒楼的次数少了,到目前为止,已有一段时间没去了,确实很长时间没见到过梅姐了,对酒楼发生的事情也知之甚少。可他不太愿意在吴进源面前承认这一点,只能敷衍道:"去的,只是在酒楼很少见到梅姐,我想大概她需要在家休息。"

吴进源似乎看穿了他的心思,夸张地眯起眼睛,盯着他,直截了当问道:"是否对纪小姐没兴趣了?"

赵诗梦瞟了一眼他,不敢直视他的眼睛,感到有些紧张,有点坐立不安,心里发虚,躲闪着说:"哪里的事呀。"他和纪舒红的关系中确实有点问题。自从吴进源和梅姐结婚后,虽然他不知道是自己对纪舒红失去了兴趣,还是她对自己冷淡了,可敏感的他总觉得有些异样,他俩相互之间敷衍的成分多了,陶醉的事情少了,待在一起的时间也变得难挨了,刚认识她时的那份感觉不见了。如果只有他俩,那事情也简单,说散也就散了,新时代本来就提倡恋爱自由,男女平等,好聚好散,即使按照俗人的眼光来看,他在她身上也花了不少钱,至少半个酒楼的钱是有的,也用不着良心上过不去。但问题是他俩旁边还有一对吴进源和梅姐,而且他们结婚了又有了孩子,两者之间就有了比较,反差还如此之大,这让他左顾右盼,不好拿捏了。还有,想和纪舒红提出分手,担心遭到吴进源和梅姐的侧目和白眼,甚至会破坏了自己和吴进源的友谊,仿佛在这件事上,他很孤立无援。更要命的是,这事还不能和吴进源商量,所以只能一直拖着,反正酒楼也不常去。

这次吴进源戳到了他的要害,继续追逼道:"我的好老弟,不要骗我了。我问过纪小姐的,她说你已经三四个月没去四合酒楼吃饭了,是不是在躲着纪小姐?"

其实,从吴进源结婚后,赵诗梦就几乎不去四合酒楼了,远远不止三四个月。赵诗梦没有想到他会直接问纪舒红,几乎到了无法不承认的地步,但他还是不打算告诉他实情,像条件反射似的抵赖,吹牛道:"哪里,哪里,我跟她没事。只因为前一段时间,家父的纱厂里的事情多,我确实有些时间没去看她了。"

吴进源对他的态度一点不以为然,完全像是事先知道似的,甚至有点幸灾乐祸,笑着说:"一对男女,坠入爱河,开始游戏,热闹过后,爱河的水也干了,爱也随之消失了,这很正常,何必忌讳呐,没人关心你这点破事。"轻松的口气,仿佛像是在念一段顺口溜,接着又说,"你这点心事,我还看不清吗?不要以为我和梅姐结婚了,你却和纪小姐断了,就感到难堪。你们是我介绍认识的,我可以明确告诉你,你们没有义务必须像我和梅姐一样结婚,你也没有义务必须娶她,本来就是玩玩的,这种事情不能强求。你知道的,我也不是什么好男人,只是还没有结婚而已。我随遇而安,没结过婚,有个梅姐,又怀孕了,那就结个婚吧,也没什么大不了的事情。"吴进源仿佛知道赵诗梦的心思,这些话句句说到了他的心里。

赵诗梦心想吴进源真不愧为知己,完全知道自己的想法,心底涌起感激之情,也减轻了不少压力。可他还是不想立刻谈这件事情,硬着头皮说:"你就别为我瞎想了,我们没事。"

吴进源笑着说:"没有关系,别急,今天我不叫你去见纪小姐。"顿了顿,摇头晃脑地问道,"你还记得朱跃中和上官小姐吗?就是硬要你在《蓝玫瑰》上公开自己情书的那一对。"接着没等他回答,自说自话地转身走开了。

不谈纪舒红的事情了,让赵诗梦放松了许多,从茶几下面的雪茄盒里,取出一支,慢悠悠地把一头剪开,再用长杆火柴点燃,深深地吸了一口。突然,想起了在陆莺的旅馆房间里抽的廉价香烟,不由得摇了摇头,等着吴进源过来。

吴进源拿来一幅大照片,一边朝他走来,一边向他展示,问道:"你还记得他们吗?"这是一幅朱跃中和上官清岚的结婚照。

赵诗梦答道:"当然记得,这照片就在这里拍的,我还帮他们摆造型呐。"他端详照片,回忆道,"他们情书中,男欢女爱的内容太多了,分两期刊登后,杂志社收到了不少读者来信,绝大多数是女性的,有人还很喜欢他情书中的那句,'如果你爱我,那就快点到我床上来',他们也说得太露骨了,几乎成了一句名言。好像有一封来信中说,'真遗憾,我这辈子就没碰上对我说如此浪漫情话的男人',一看就是一个耐不住寂寞的女人写的,大概这些具有挑逗性的句子,女士特别喜欢吧,反正这种信好多,很好笑。"

吴进源也感到蛮好笑的,笑着说:"这应验了一句老话,'男人喜欢被勾引,女人喜欢被挑逗',不是吗?"语气像是一个看透世故的老者。

赵诗梦补了一句:"其实,那些闷骚的女人给我们写信,也是一种发泄。不过我倒是很佩服这位朱老兄的魄力,见文如见人,能够写出这样的东西,他应该是一个与众不同的家伙。"

大概吴进源第一次听说这类有关读者来信的故事,他饶有兴趣地问:"读者来信中,就没人反对他们的?"

赵诗梦笑着说:"当然有喽。有人来信说他们下流,骂他们不要脸,好像有一句骂他们'是一对掀开被子,让人观赏的狗男女',还有人骂杂志社的,说我们不怀好意,缺乏应有的道德,为了增加销售数量,不惜散布下流内容。其实,这些信里面我们一个字都没有动过,全是他们的原版情书。这些读者来信,我看了以后,一封不少,全部打包,让我寄到美国去了,不知道他们看了后会怎么想,他们也没回信。现在他们怎么样了?从美国回来了?"

吴进源略显诧异,忘了回答赵诗梦的提问,愤愤地说:"这些道貌岸然的士大夫、伪君子,凭什么这么骂人,还骂你,难道他们不知道中华民国是标榜有言论自由的国家吗?老百姓有说话的自由,同样也有说'下流话'的权利吧?你认为下流,认为不道德,你有权利不喜欢,可以不看不听,但你没有阻止其他人这样做的权利,何况这些话一点不下流。难道他们的那句'掀开被子让人观赏的狗男女',不下流吗?你反击了吗?

如果是我，我就把这些信全部刊登出来，让大家来评评理，这样才有意思呐.'他说话的口气就像是在论战。

由于事情已经过去，赵诗梦显得很平静，不以为然地淡淡道："我是与书面的东西打交道的，伪君子碰到得多了，用不着跟他们计较。"后又追问了一遍，"他俩现在已回上海了？"

吴进源答道："他们是在美国结婚的，现在回来了。前几天到照相馆来过，要我为他们再印几幅当年的照片，说是布置他们的新房。约定今晚来取，我邀他们在国际大饭店请客。"顿了顿，笑了笑说，"他们在你的《蓝玫瑰》上刊登情书，自己心满意足，爽了，给你惹了麻烦，今天一并让他们还情。"

国际大饭店的摩天厅里灯火通明，他们到时，朱跃中夫妇已经到了，坐的是靠窗户的位子。朱跃中的清水大包头，一丝不乱，雪白笔挺的衬衫，配米黄色的西装背心，外加橘红色的格子领带；上官清岚长发披肩，浅红色的西式长袖连衣裙，胸前宽松地围着一条大花纹真丝围巾，这对夫妇在窗外暮色和室内灯光的映衬下，特别的亮丽显眼。当朱跃中看到他们，往椅背上一靠，放下了刚才一直握着上官清岚的手，雀跃地向他们挥了挥，像是来了个长官阅兵的大招手。吴进源放下巨幅照片，指着赵诗梦说："我给你们带来了一位老朋友。"

一车热闹的寒暄后，朱跃中整了整胸前的大大的领结，向赵诗梦介绍道："我和岚，十天前回到上海的，我们通过长期的努力，也迎来抗战的胜利，老爷子总算屈服了，还我们自由，同意我们俩的婚事，包括办婚礼。按岚的意思，想在家里补办一个小小的婚礼派对，主要邀请的是我们周围的一些要好朋友，不邀请两家的家族和亲戚朋友，所以现在叫吴老板帮忙布置，到时候请务必赏光。"

他们毕竟好几年没见面了，赵诗梦想把话说的礼貌而又得体一点，客气道："祝贺……"可一时想不清是说"祝贺新婚愉快"，还是说"百年好合"，现在他们已不是新婚，说"祝贺新婚愉快"肯定不太应景，眼下又不是在婚礼上，说"百年好合"，也不合适，他脑子一转，冒出一句，"祝贺你们心想事成。"

在赵诗梦看来,他们俩特别有夫妻相,只不过在中国人眼里多了一份洋气和浪漫,他们在寒暄的短短的两三分钟里,朱跃中的手还是不离上官清岚的细腰,就像刚刚结婚在一起的新婚燕尔,心中不免泛起一阵羡慕,又莫名其妙地眼前晃过纪舒红的曼妙身姿,但没有想去找她碰面的念头。

吴进源一边起身,殷勤地为各位斟酒,一边插话问:"跃中老弟,在胜利日那一天,纽约街头怎么样?热闹吧?"胜利日是怎么过的,已是这段时间里大家谈得最多的话题了,也是回忆的最多的。

朱跃中夫妇相互看了一眼,两人的眼神好像在告诉赵诗梦他们,回忆幸福时光就要开始了。朱跃中笑着说:"我们去了时代广场,那里满世界欣喜若狂,就像《生活》杂志的摄影师阿尔弗雷德·艾森施泰特拍的《胜利之吻》那样,纽约街头是一种不分种族、不分男女、不分童叟的狂欢不止,百无禁忌,尽管我和她很晚才赶到那里的,那里依然人声鼎沸,热闹非常,还是很感人,很感人。一堆堆的人群都在狂欢,我们俩从一堆人群挤到另一堆人群,后来,又从一家酒吧进到另一家酒吧,喝了好多酒,醉醺醺地直至第二天早晨。那天,是我们到纽约多年来,最幸福的,最疯狂的一晚。"

吴进源拿着酒杯晃了一圈,骄傲地笑了笑,说:"那天,我就在这国际大饭店里见证这一历史时刻。"他看了一下他们夫妇俩,抿一口酒,自豪地接着道,"那天,中午我在照相馆里做事,突然,听到从跑马厅那边传来一阵急促的枪声,我跑出去看,马路上已是人山人海,听人讲日本人要投降了,刚才他们用机枪打死了不服从投降命令的几个想造反的日本士兵。我赶紧熟门熟路地冲进国际大饭店,电梯根本挤不进去,只能爬楼梯上来,在三楼孔雀厅里已经全都是人了,也根本挤不进去,就赶快再奔到十四楼。餐厅朝西南的窗户前已经挤满了人,我踩着椅子,趴在别人的身上,越过人家的头顶往外看,看到跑马厅西面的角落里,乌压压的一大片日本兵和平民。日本士兵已没了昔日的威武,好像没有配武器,和一些日本平民都跪在地上,前面台上搁着一架收音机,好像是在播放投降的命令。后来才知道,收音机里播放的就是日本天皇宣布投降的诏书,当播放结束,日本士兵和平民围成一团,痛哭流涕,捶胸顿足。这时,餐厅里有人跳上了桌子,大叫'日本人宣布投降了',接着沸腾起来了,乒乒乓乓开香槟酒的声音,响成一片,人们开始狂饮,餐厅里传应生也高兴得不收钱了,拼命地往人们的酒杯里倒香槟,让大家随便喝。在场的每个人拿着杯子,喝呀,唱呀,跳呀,香槟很快喝完了,后来不管什么酒都喝,只要杯中有酒,不论旁边是谁,干了杯就一饮而尽,这样的狂欢一直持续到第二天凌晨,大家都热泪盈眶,喉咙沙哑,精疲力竭,烂醉如泥,有些人醉到第二天傍晚还没醒。那天人们再累,再醉,都是高兴的。从十四楼往下看,马路上全是人,水泄不通,一道警戒线把人群和跑马厅隔开,一边是死一般寂静,一边是像火山爆发,很有意思,这是历史性的时刻。"他两眼放光,一口气说了一大堆,说完又一口干完了杯中的酒。

  赵诗梦起劲地拿起酒瓶,为吴进源斟酒,笑哈哈地接话说:"那天下午,我就在下面的人群中,马路上的人实在太多了,又亢奋的不得了,个个都活蹦乱跳,敲锣打鼓,不论男女老少都在叫呀,喊呀,跳呀,发了疯似的高兴。如果没有那道警戒线,人们真的有可能冲进跑马厅,把里边所有的日本人都打死。"他说完,把目光移向窗外,其他三人也随之探过头来,极目远望。楼下广阔的跑马厅几乎没有一丝灯光,漆黑一片,而它的周围,灯火阑珊,连成一片,其中不乏霓虹灯的闪烁,宛如飘浮不定的彩云,映亮了半边天空,跑马厅就像镶嵌在彩云之中的一块巨大的黑宝石。

  在如此美景面前,上官清岚不由得趴在朱跃中的背上,指着窗外,感叹道:"哇,亲爱的,上海滩的夜景,嗲得咉没闲话好讲嘞[①],一点勿输给纽约的。"

[①] 嗲得咉没闲话好讲:(沪语)此处意为漂亮得无话可说了。

她调过头来,对着赵诗梦和吴进源道:"看到了这样的夜景,让我想起跃中在去美国之前,曾经胡乱写过的诗:

上海滩这座城市,
既让我欣赏,又让我忧伤;
既让我陶醉,又让我无奈;
既让我伤感,又让我恋恋不舍;
……

现在坐在这里,看看想想,确实是这样的,上海滩既让人喜欢,又让人无奈,真是一座魔都。在纽约,我们想的最多的就是上海滩,他还笑话我,说我一提到上海滩,就眼泪汪汪的。"

上官清岚讲得很投入,很深情,赵诗梦看着他俩,若有所思道:"我在英国时,好像没有像你们那样,一点都不想上海滩。也许那时,我还年轻,感觉不到乡愁吧。"

朱跃中夫妇去美国时,日本兵还没有进入上海的租界,跑马厅的赛马依然按时进行。朱跃中望着窗外,似乎还在想象他们刚才描述的胜利日的情景,问道:"在太平洋战争后,日本兵进了租界,英国人的跑马厅被他们当成兵营了,是吗?"

吴进源看了一眼赵诗梦,答道:"是的。我们赵兄最喜欢赌马了,可恶的日本兵赶走英国佬,竟然把跑马厅变成了兵营。所以他恨死他们了,这下好了,以后又可以赌马了。"

上官清岚把头搁在朱跃中的肩上,以甜润优美的声音插话说:"赌马,我们的跃中也特别喜欢。有一段时间,他整天跟我说以前他赌马的事,在美国,还特地跑到肯塔基州去看赛马呐。"他们俩亲密无间的动作,落落大方,自然而成,一点没有做作的成分。

大概"跑到肯塔基州去看赛马"的话,让吴进源产生了联想,他把头靠在椅背上,朝天花板翻了翻眼睛,似乎在追忆往事,尔后,口气中混着一股洋气,感慨道:"哦,The Kentucky Derby①,每年五月份第一个星期六举办。"他扭过头来,对赵诗梦介绍道,"我在美国留学的时候,每年都去,那旦的赛马很有名,每年都是名人荟萃,不少人盛装出席,比赛也精彩纷呈,惊喜不断,被誉为'世界上最惊心动魄的两分钟',那种骏马奔腾,万人齐呼的情景,叫人终身难忘。"接着举起手中的酒杯,提议道,"来,为上海滩早日恢复赛马,干杯。"他们四个人都笑了起来,举起杯子干杯。

干完杯,赵诗梦沉思着说:"不知道为什么,好像在我的记忆中,我看好的美国马很少能为我赢钱的,赢得多的似乎还是我喜欢的英国的马。"

朱跃中转过脸来,一本正经地注视着赵诗梦,仿佛医生看病人的眼神,说:"英国的马和美国的马当然有区别,这两个国家赛马的文化背景也不同。美国的国家历史才两百多年,而英国三百多年前就开始有赛马了,他们的赛马文化中包含着西欧民族远古尚武精神的某些积极因素,代表着骑士精神,包括以个人身份的优越感为基础的道德与人格精神,为二流社会所吸收,并标榜为贵族文化或者贵族精神,又将这种赛马文化反馈给社会,成为绅士风范和高雅的全民参与的大众活动,十七世纪的英国国王查理二世,还把这项运动命名为'国王的运动'。然而,赛马的发展离不开赌马,不论是合法的,还是非法的赌马,赛马和赌马是一对孪生兄弟。那时英国的赛马业已发展成国家最重要的产业之一了,当然也伴随着蓬勃而来的赌马,但它还是精神成分多于商业成分;美国的赛马只不过是后来者居上而已,美国的赛马文化中,商业的成分明显多于精神的成分。从历史传统的悠久性上来讲,英国的好马应该多于美国的好马。"他说这话的态度,绝对不亚于教授在学生面前解说自己的学问,充满了学究气质。

这一段话,远远超出了赵诗梦对赛马的理解,感到自惭形秽,觉得

---

① The Kentucky Derby:(英语)肯塔基赛马会。

朱跃中不是一般玩赌马的泛泛之辈，心想他绝不只是一个赌马的内行，或许他身上还有比赌马更精彩的故事。今天他说这话的神态，与以前在麻将桌上的神态似乎有着某些相通的地方，这让赵诗梦很诧异，对他刮目相看。

赵诗梦以前只认为朱跃中是一个无所事事富裕的小开，只会赌钱和写情书追求女孩的纨绔子弟，内心或多或少地有点看不起他。自从那次把他的情书刊登后，引起的不同反响，开始对他的看法发生了微妙的变化，觉得他有很不一般的地方。的确，情书这玩意，打动女朋友，不稀奇，然而，能够惊动这么多的读者，那也不是一件简单的事情。赵诗梦从他身上明白了一个道理：其实，不论是应景文章，还是有感而发，文章代表着写文章的人，更不用说有的敢拿出惊世骇俗的文章来公开，还要有相应的魄力。虽然，朱跃中的出发点很简单，只是为了证明自己的爱情给女朋友看，让广大的读者为他作证；情书的内容亦是真情直白，并没有附庸风雅或攀附权贵之嫌，却表现出他的才华和魄力，这是上海滩一般的小男人所不可能做的。赵诗梦望着朱跃中，胡思乱想着，忘记了接话。

吴进源有些漫不经心，见赵诗梦被朱跃中的话怔住了，笑着继续调侃地补了一句："啊，看不出呀，我们的朱老弟，不但在上海滩麻将白相的潇洒，对海外赌马也有研究，而且还一套套的，可以去大学里开课了，课目的名称就叫：赛马传统和赌马技巧学，学生肯定不会少。"

朱跃中笑着看了一眼旁边的上官清岚，说："你别说，在国外还真有养马的学校，而且不稀奇。我要开这样的课嘛，应该不会有问题。可现在的上海滩，连个跑马的地方都没有，还有赛马到了上海滩，什么精神呀，精髓呀，都没有了，只剩下赌马了，跑马经也变成了赌马经，还开什么课呀，没办法教。"大家笑了起来，或许是笑他故意卖弄养马和赌马的概念，或许是笑他大言不惭，说自己"要开这样的课嘛，应该不会有问题"。

大家笑停后，歇了一会，吴进源指着赵诗梦说："你刚才说，美国的马没能为你老兄赢钱,我恰恰跟你相反,我看呀,那是你和美国的缘分还没到呀。"他说话的语调有点诡异,是真是假没人看得出来。他看大家只是面露疑惑的微笑,没有接自己的话,便继续道,"我在美国待过四年,美国是个了不起的国家,打赢了大战。你们看看就知道了,谁和她好,谁就有和平,谁就富裕发达,谁和她作对,谁倒霉。"大家都高高地举起了酒杯,又不约而同地笑了,笑的更加显而易见了,是笑他说得对,还是笑他说错了,却没人知道了,笑完又欢快地干了杯。

在晚餐结束前,上官清岚优雅地为他们斟满了酒,尔后说:"吃完饭,找个地方去跳舞好吗?为我们家里的派对舞会,预练一次吧。"

朱跃中望了一眼赵诗梦他们,征求意见似的响应道:"那就去百乐门吧,以前和她一直在那里跳的。"

赵诗梦答道:"还是去其他地方跳舞吧,百乐门就免了……"

朱跃中和上官清岚不解地望着吴进源,像是在问为什么。

吴进源似乎知道赵诗梦指的是什么,便吞吞吐吐地解释道:"百乐门已不像刚刚开张时那样了,你们去了美国后,那里发生许多事情。"

朱跃中有些不以为然地说:"哦,我知道,不就是前几年发生的开枪打死舞女的事儿,在美国的报纸上都登了,我们都看了,没有关系的。岚就喜欢那里的弹簧地板,那里蓬嚓嚓时,有晃动的感觉,还想去看看老地方。"

吴进源看了一眼上官清岚,笑着说:"那里没什么好看的了,现在变的一塌糊涂。这里有女士在,我也不好意思直说,现在那里都是那种女人的天下。"他很有绅士风度地避开女人最讨厌的那个词"妓女"。

上官清岚双手搁在餐桌上,手指交叉在一起撑着头,略带思索,仰了仰头,问道:"你说的是,那里的舞女里有很多妓女吗?"

吴进源默认地点了点头,说:"差不多吧。"又看了一眼赵诗梦,补充道,"我推荐一个地方,还是仙乐斯吧,我想你们以前也去过的,那里还不错。"

朱跃中看了看上官清岚,笑着揶揄道:"我的两位好兄弟,怕抵抗不住诱惑,远离妓女。"

上官清岚白了一眼朱跃中,训斥道:"谁像你,我在旁边看着,还这么不正经。"她转向赵诗梦他们俩,问,"仙乐斯那里,你们有舞伴吗?"

因为从来没有人问过他们这样的问题,赵诗梦和吴进源搞不清楚她说的舞伴,是指跳舞的女朋友,还是指舞厅的舞娘,一时回答不上来。朱跃中听明白问题的真实意思,趁机道:"放心好嘞,不用为他们担心,像他们这样挺括的男人,在舞厅里一站,周围的舞娘马上会走马灯似的围拢过来,招呼他们的。"大家都笑了起来。

上官清岚兴奋地举起酒杯,提议说:"来,快点干了,我们去仙乐斯。"

他们仿佛是上海滩的宠儿,上海滩为他们而存在,吃饭,喝酒,聊天,跳舞是他们重要的日常活动。那天,他们又玩到很晚很晚。

一个礼拜后,陆莺要去香港的日子到了,事不凑巧,是一个阴雨绵绵的天气,上海滩早春的毛毛细雨,无孔不入,冰冷刺骨。赵诗梦和吴进源早早地来到东亚旅馆,看到她有点萎靡,眼神有点呆滞和凝重,脸上没有化妆的痕迹,却依然洁白清秀,一身阴丹士林蓝旗袍,朴素中透着一股雅致,在房门口放着那个皮箱,似乎已整理好行李,在等他们。吴进源和她是多年来第一次见面,他大概想搞出一个愉快的氛围,按照套路,客套道:"呀,好几年不见了,虞太太一点没变,依然漂亮动人。"

陆莺面无表情,微微低着头,轻声说:"我现在已经不是虞太太了,这样叫,让人听见了不好。"一下子把气氛降温了许多。

赵诗梦赶快出来圆场,把话题引开,对陆莺说:"开船时间是下午三点钟吧?我们还有时间,好好吃一顿饭,你看在哪里吃好?"

陆莺抬起头,望着他们,想了一会儿,答道:"我想云老饭店荣顺馆吃本帮菜。"顿了顿,以轻柔的口吻又说,"我这一走,不知道什么时候还能回来,免得以后想吃,吃不到,会馋的。"说完脸上露出一丝羞涩的苦笑,她说这话的声音和那丝苦笑,无不让人产生恻隐之心。

吴进源没想到送人的气氛会这样,为了不让这样的气氛持续,赶紧提议道"那我们拎上箱子过去吧,那里离码头也近,吃完饭,可以直接去码头。"两个大男人像伺候小孩一样,又是打伞,又是提皮箱,生怕陆莺淋雨,又生怕不小心说错了什么,让她伤心难堪,小心翼翼地陪伴着她来到荣顺馆。

　　吴进源在点菜时,不停地征询着陆莺的意见,只挑她喜欢的点,她要了八宝鸭,油爆虾,清炒鳝糊等。他不想让她喝了酒后上船,为大家点了一壶西湖龙井茶,以茶代酒,再外加代饭的小笼包和酒酿圆子。

　　吃饭的气氛有些沉闷,他们俩拼命地劝她多吃一点,还尽量说一些无关紧要的笑话,想冲散这种气氛。

　　突然,陆莺放下筷子,呆呆地望着窗外的细雨,叹气说了一句:"我真不想去香港。"

　　或许赵诗梦比吴进源更加心软一点,或者对她更加了解一点,就顺着她的话说:"那你就别去,现在还来得及。"

　　陆莺的神情中有一种恍惚,就如常人所说的"丢了魂似的",她看了看他们俩,补了一句:"像我这种人,谁不是悄悄地溜走的?看到你们对我这么好,我真不想离开上海。"

　　凭着这两个男人的实力,帮助她弄一份能够糊口的事做做,在上海滩继续生活下去,并不是一件难事。可现在法院还没有对一个汉奸作出惩处,他们无法预计形势的发展,将来是否会涉及像她那样身份的人,是否会出现对她更加不利的后果,都一无所知,所以他们不敢轻易为之。这些事情他们在去旅馆接她之前,已经探讨过许多次了,认为她离开上海滩是最好的选择。或许吴进源比较冷静客观,他让她歇了歇,尔后宽慰道:"香港地方小,那里比较土,待不惯,再回来也不迟,就算是出去散散心,换换空气,看看姨妈。"

　　陆莺点了点头,咬了咬嘴唇,神经质似的蹦出一句:"我恨死他了,把我搞成这个样子。"

　　赵诗梦和吴进源都知道,那个"他",指的是虞凯欣,可他们却不知道如何接这个话,只能静静地陪着她。

场面沉闷了一会儿,陆莺用手捏了捏鼻子,眨了眨眼睛,似乎调整了情绪,说:"赵先生,借你的钱,我有了一定会还你的,放心好嘞。"

赵诗梦吓了一跳,她憋了半天竟然说出这样一句话来,立刻答道:"钱的事情,你不要放在心上,这点钱算不上什么。你千万记住,在香港待不下去,不要寻死觅活的,你要马上回来。"

旁边的吴进源接着他的话说:"如果你到了香港,万一找不到姨妈啦,或者姨妈没有办法收留你啦,一定要马上回来,不要在那里停留。反正我和赵兄一直在上海的,只要你回来,我们会随时帮你的。"

陆莺自从和虞凯欣分手后,再也没有听到如此亲切的话语,在此期间,遇到的都是些心怀鬼胎,敷衍了事之人,遇到了赵诗梦,就如溺水之人抓到了救生圈。现在,这两个大男人的言语如此诚恳,不能不打动她那颗濒临死亡的心,她一下子控制不住,哭出了声来,呜咽着拼命点头,断断续续哭着。她掏出手绢,把眼睛抹了又抹,眼泪还是止不住地往外涌,带着哭腔说:"今天,两位哥哥特地来送我,我会记住你们一辈子的。"样子有点破相,有点难看。

他们俩看到她哭成这个样子,有点手足无措,有点发慌,不知道如何安慰她。吴进源灵机一动,笑着夸张地说:"哎,你千万不要再哭了,我们两个大男人围着你一个哭唧唧的女人,人家会以为我们在欺负你了,在向你逼债呐。弄得不好,他们会把警察找来的,那大家就难为情了。"

陆莺被他的话逗笑了,赶紧用力抹了一下眼泪,收起了手绢,说:"你们都是好人。"歇了一会儿,她抬起头,理了理落在额前的头发,望着他们俩,认真地补了一句,"请你们放心,我会好好地活着来看你们的。"

天色比先前暗了许多,雨还在下,而且变大了。他们把陆莺送上船,算是完成了一件大事,站在黄浦江边,撑着雨伞,看着轮船起航,她不顾风雨,在船舷上向他们挥手。

风把冰冷的雨水吹到了他俩的脸上,让他们感到刺痛,随着凄厉的几声汽笛声,轮船缓慢地滑向江心,浑浊的江水泛起了浪花。赵诗梦心里知道,对于陆莺来讲,这就像一艘时代的巨轮,载着她驶向一个未知的世界。可他说出口的却是:"但愿她能找到姨妈,平安无事。"

吴进源感叹道:"都是凯欣这个家伙造的孽。"

赵诗梦突然问:"我们这样送她走,不违法吧?"

吴进源瞪着眼睛答道:"违什么法?汉奸的名字都刊登在报纸上呢,她又没在其中。"随后,两个人沉默了很长时间。

陆莺离开上海之后几个月,全国各地的法院陆续开始审判汉奸了,有的作出了判决,先是一批那些罪大恶极的。也许在赵诗梦的熟人圈里,能够算得上汉奸的大概只有虞凯欣,或许好奇心,或许出于对以往朋友的关心,此后,他开始更加留意报纸上的这方面消息,可迟迟没有看到审判虞凯欣的消息,心想他或许只是一个小汉奸,或许用不着为他准备棺材了。

五月份的一天,妇产科医院的俞秉章突然找到赵诗梦,说吴进源的妻子梅姐生了一个女孩,可她自己却产后一直昏迷不醒,最后没有能抢救过来。

吴进源按照纪舒红的意思,把梅姐和纪舒红父母葬在一起,墓地在七宝镇附近,他们租用那里的灵堂。出殡的那天,赵诗梦在去的路上,脑子里满是以前他们四个人欢乐的场景,他们一起吃饭喝酒,一起去看电影看戏,一起去郊区踏青,甚至去苏州无锡游玩。在那段时间里,他们四个人如胶似漆,腻在一起,不分彼此,没你没我,如疯如傻、似痴似醉,玩成了一家人似的。虽然他们整天没心没肺的玩乐,但也玩出了他们之间胜似亲朋挚友,胜似兄弟姐妹的情感。四合酒楼见证了他们的美好,让他难以忘怀,直到梅姐怀孕了,和吴进源结婚后,才发生了变化,应验了那句"世上没有不散的宴席"的老话。他又想到了自己已有半年多没去过四合酒楼,没见过纪舒红了,心中有股难言的歉意,在这种时候见到她,不知道说什么好,脑子里又变成了一团乱麻,觉得在她面前,自己就仿佛是一个没有完成作业而逃学的学生。

赵诗梦来到灵堂,烟香缭绕,黑绫高悬,巨大而乌黑发亮的灵柩搁在正中,旁边吴进源和纪舒红坐在白色的垫子上守着灵,一边还有几个和尚在诵经超度。其他人在他们身后挤进挤出,轻声轻气地忙着各自的事情,一大半的人都是些熟面孔,似乎在几个月前出席梅姐和吴进源婚礼的大部分朋友都在。赵诗梦按照习俗,向灵柩鞠了三个躬,又敬了三炷香,同守灵的吴进源和纪舒红简单地招呼了一声,他们俩的回敬也只是默默地向他点了点头。赵诗梦前天晚上接替吴进源守过一个夜晚,那晚他没有见到纪舒红,他知道梅姐是她唯一的亲人,梅姐的离开对她的打击有多大是可想而知的,他想找机会向她说点什么。

四合酒楼隔壁的银楼老板石炫钟迎了上来,轻声感叹道:"好人呀,我从来没有遇到过像她这么好的老板娘,就这么走了,真可怜,真可怜!吃他们的喜酒的事就好像在昨天,可今天要吃她的豆腐饭了。"

赵诗梦默默地点了点头,像是表示同意他的说法,他不由得朝正前方墙上挂着的加了黑框的梅姐遗像看了看,相片中的梅姐戴着贝雷帽,笑得很自然,很开心,一看就知道这是出自吴进源之手。在他记忆中,拍这张照片时,他和纪舒红都在场,好像是那年春天他们四个人在法国公园①游玩时拍的,那顶贝雷帽还是他给她戴上的,虽戴得有点歪,可看上去更加鲜活,更加可爱。

石炫钟继续道:"我好像在酒楼很久没有看到你了,很忙吧?"

赵诗梦依然表情凝重,支支吾吾搪塞道:"有点忙……没办法,事情多。"

守灵结束,在准备出殡的间隙,纪舒红由两个女人陪着坐在灵堂一角呜咽抽泣,两个女人一边一个,凭穿着打扮判断,一个可能是在酒楼里做事的,另一个可能是会乐里来的旧友。赵诗梦向她走去,直到她跟前,她才慢慢地抬起头,看着他,一言不发。他看到她一双哭红的眼睛,

---

① 法国公园:今复兴公园。

他们四目相视,没有眼神的交流,她的眼睛里除了忧伤,眼白发红,依然妩媚漂亮,可少了一点他所熟悉的成分。他不知道安慰的话从何说起,只是把手搭在她的肩膀上,轻轻地压了压,算是安慰,他突然发现她在低下头去的时候,嘴唇动了动,仿佛想说句什么,却欲言又止,他又一动不动地等了一会儿,可她依然没说话,也没再抬起头来,他似乎懂了,一切都在不言中。他悄悄地用余光瞄了一眼在纪舒红两旁的女人,其中一个像是会乐里来的女人,神情里明显藏着蔑视的成分,他觉得她们不欢迎自己,便一声不吭地慢慢走开了。

在出殡时,赵诗梦和吴进源一样,腰间缠着白布,走在最前面护送灵柩,他想和吴进源说点什么,一时想不出合适的话,另外在仪式中也不方便说话,只能一步一步的朝前走,脑子里空荡荡的,一会儿想到梅姐这一走,吴进源也不会常去四合酒楼了,以后的酒楼里有可能只剩下纪舒红一人;一会儿又想到梅姐身前对大家的好,为大家带来了许多开心的事,她虽然年纪比自己和吴进源要小,可大家在一起疯玩时候,却像一个姐姐,掌握着分寸,关照着大家,想到这么好的一个人没有了,以后他们四个人的故事再也不会继续了,心中升起一股难言悲痛。一路浑浑噩噩,直到要放下灵柩时,他轻声地向吴进源问了一声:"你女儿呢?"

吴进源没有扭头,简单地答道:"还在医院里,由我姐姐陪着。"直至下葬结束,赵诗梦一直没有机会跟纪舒红说上话。

他们的豆腐宴安排在七宝镇上一家上好的饭店里。按照江浙沪民间流行的葬礼习俗,葬礼结束后,要举办叫豆腐宴的酒席,俗称"豆腐饭",这是对死者的一种尊重,也隐含着对参加葬礼宾客的一种感谢,希望宾客们可以通过豆腐宴,不要再延续悲伤的情感,回归正常的生活。所以就一般而言,在豆腐宴上,有着与葬礼不同的气氛,不再让人感到悲戚的肃穆,而是让人感到比较轻松。当然,由于哭哭啼啼的葬礼和吃吃喝喝的宴席挨得实在太近,两种截然相反的情绪在瞬间切换,每次人们不但都能成功地转换,而且还习以为常,这也成了一道奇特的风景,也是该习俗的奥秘所在。

他们的豆腐宴共三桌,一桌以吴进源和赵诗梦的朋友为主,男宾居多;另一桌以纪舒红和梅姐生前的朋友为主,女眷居多;还有一桌,主要以四合酒楼的员工为主。

略显疲惫的吴进源,先向大家敬酒致谢,尔后就让大家胡吃海喝,也懒得说话了。围着餐桌的都是一些老面孔,彼此有熟悉的,有不熟悉的,有近有远,平时,熟悉的也最多只有三三两两,偶尔聚一聚,不熟悉的更是最多在碰面时点点头,像今天这样,大家聚集在一起的机会实在不多,所以显得有点热闹。在餐桌上大家仿佛约定俗成似的,谁也没有再提死者或与之有关的话题,大家聊的都是重复着人们在市面上茶余饭后的谈资,甚至可能是一些外面流行的。虽百无禁忌,不管是在喜宴上,还是豆腐宴上,聊得内容差不多,但一般聊得最多的是与自己的利益或者见解息息相关的事情,不太会直白地高谈阔论,即使有这种倾向,也只是把一些不着边际的内容,藏在话里话外的只言片语。

酒过三巡,煤球店的老板戴子道闷了一口酒,大着嗓门问道:"我搞不明白,绑匪怎么没有拿到赎金,就释放荣德生呢?他们不是白干了?"

号称上海滩"面粉大王"的荣德生遭绑架案,是这两个月里在上海滩街头巷尾谈得最多的话题。前几天,荣德生毫发无损地回到家里,这又为案件平添了几分神秘,让大家更加猜测不断,众说纷纭了。

开钟表店的费老板看了看在座的,一本正经地回答道:"按照上个月底的《大公报》上讲,淞沪警备总司令部和市警察局除了在荣家布置警网外,并在上海电话公司内加派干探,守候荣家的往来电话,致使绑匪无从与荣家谈判,最后时间一长,绑匪自知难逃法网,没办法了,才释放荣德生的。所以从报纸上看,荣家应该没付赎金,如果付过赎金,报纸上肯定会提到的。"

书局的栾仲洪笑了笑说:"看起来,是绑匪慑于警备总司令部和市警察局的威力,自动放弃了赎金,那么就算警备总司令部、警察局这帮人立功了。"他的笑和说话的语气明显带有怀疑。

郁剑秋接话道:"很明显,因为荣家费了很大周折,避开警察局和军警付了赎金的,现在荣德生回来了,不愿意再得罪那些绑匪,所以也就对外说没付赎金;当局也不愿意公开荣家和绑匪在自己的眼皮底下达成交易,让自己丢尽脸面,所以也不愿意说荣家付赎金的事。淞沪警备总司令部、上海市警察局的这帮人多下流啦,他们就希望老百姓看了报纸后,有这种效果,哪怕是错觉也好,正好掩盖了他们自己的无能,甚至阴谋诡计,让老百姓以为他们威力无穷,把绑架的那些人吓怕了,他们赢了。我可以断定绑架的人肯定和警备总司令部或者警察局内部的人有关。"

费老板诧异地盯着他,问道:"老兄,何以见得?"

郁剑秋答道:"绑匪开的是淞沪警备司令部的车子去作案的,还抛出一句'荣德生是经济汉奸',用逮捕的方式把荣老板带走的,当时他的三儿子荣一心眼睛尖,看清了那张红色逮捕证,上面盖有'第三方面军司令部'的大印。据说逮捕证是真的,上海滩没人敢冒用这样的逮捕证来绑架的,以此可以判断作案的人肯定和军警有关。"

戴子道露出一副谦虚的样子,插话问:"那张红色逮捕证是什么东西呀?"

郁剑秋答道:"京①沪卫戍总司令部司令,也就是第三方面军司令部的总司令汤恩伯,为了在上海滩肃清汉奸,尤其是肃清那些以前位高权重或者有钱有势的大汉奸,特别制作了一种由他直接签发的逮捕证,是用红色印制的,军警们只要在上面填写拘捕人的姓名,就可以抓人了,是一份很厉害的逮捕证。如果作案的人在司令部里没有关系,怎么能搞到货真价实的这种红色逮捕证。所以,这种案件不难破。"他扭过头来,向旁边一桌扫了一眼,继续道,"即使把案件交给坐在那里的猴子,他也能破,他现在被国民政府收编为警察了,还做了探长。"

大家一起朝那女人多的一桌张望,不知道谁大声叫了一声:"猴子

---

① 京:这里指南京。

警察过来,这里有案子要你破。"

欧紫生的外表已与做包打听时有所改变,原来长长油油的中分头,也换成了大包头,但依然油腻亮晶晶。他这天没穿警察制服,而是一身中装,颜色略微深了一点,与春末初夏的时节不符,可能领子有点紧,他不时地会左右转动脖子,到最后索性解开了衣领,露出了脖子。他听到有人喊自己,便转身站了起来,起劲地向他们应道:"叫我?叫我?什么事?"尔后,就一手拿酒杯,一手携着身边的女人过来了。

银楼的石老板跟他交往比在座的多一点,笑了笑,以揶揄的口气对他说:"我们这里的大记者说,你能够破'面粉大王'被绑架的案子。"

欧紫生面露红光,得意地晃了晃酒杯,像是发现了一个表现自己本事的机会,接话道:"我在这里说说,在外面我可不认账呃。这个案子只是大,而不难,为什么?首先,上海滩能够做这么大案子的没多少人,范围不会很大;其次,最初赎金达一百万美金,这是个什么数字呀,即使做这票的人最后只拿到三分之一,那也不得了了,也是个天文数字,而且现在荣府的人出来了,这说明他们已经拿到了赎金,这批亡命之徒拿到这笔钱后,一定会大手大脚地花钱,上海滩几个花钱的地方大家都知道的呀,那肯定会露马脚;再次,从做这票的过程来判断,肯定有军警方面的人参与。如果让我破的话,肯定不出一两个礼拜结案。"

他一番老到的破案经,说得大家一愣一愣的,有人频频点头,有人佩服地望着他,似乎在等待他的下文。

石老板不买账地再次发问:"现在整个上海滩的军队、警察、宪兵、特务等已经全部出动了,都在搜查这几个作案的人。你这么有本事,那还等什么,快点自告奋勇地去向警察局请缨,破了案子,可以领赏啦?"

大家的目光又集中到了欧紫生身上,他当仁不让,索性拉了两把椅子,让自己和女友一起齐进了他们这一桌,神气活现地继续道:"这个你们外面的人就不懂了,任何事情都不能破了规矩。啥人立功,哪能[①]论

[①] 哪能:(沪语)如何,怎么样。

功行赏的事，上峰不发声音，下面是不好乱来呃，这是有规矩的。另外，啥人晓得这张红色逮捕证是怎么出来的，背后还有啥花头经，吆没人晓得呃。领赏不是这么好领呃，这个发财梦我做不了。"听他这么一说，大家都笑了起来。

赵诗梦发现欧紫生身旁的女朋友，就是在出殡前坐在纪舒红旁边的那个对他蔑视的女人。他记起来了，她正是以前住在纪舒红会乐里亭子间下面的，叫什么曼丽的小姐，曾经在纪舒红的亭子间见到过几次，心想欧紫生跟她搞在一起，大概是纪舒红牵线搭桥的。想到这里，他无意识地稍微歪了歪头，向女眷居多的那一桌瞄了一眼，看到纪舒红正在和隔着两个空位的男子有说有笑地在干杯，他的好奇心让他多朝那个男的看了一眼，发现此人是四合酒楼的厨师。虽叫不出名字，以往他在那里一个人吃晚饭时，据纪舒红介绍，那厨师是酒楼里的大师傅，他吃的每次单独小灶，都是此人做的。又发现她们这一桌，除了过来的欧紫生外，那人是唯一的男人，从推测来看，他们之间隔着的两个空位，应该是欧紫生和其女朋友的。他又朝纪舒红瞄了一眼，她还在和那个男的说着什么，好像很开心，她笑得依然有一股甜美。这幅情景，让他觉得怪怪的，她的甜美似乎和他离得太远，他不可避免地在内心开始胡乱猜测，他感到自己与纪舒红的情感已到了穷途末路的份上了。想到这里，心中泛起一阵带着嫉妒的坦然，心想不论她和那个男的是什么关系，以后也许有了名正言顺的理由，不去四合酒楼了。这难道不是自己想要的吗？

赵诗梦趁纪舒红没有注意到自己，很快收回了视线，他眼睛的余光看见离自己三四个座位的吴进源正默默地盯着自己，他只好装着没看见，做出一副依然在听大家说笑的样子，空荡荡的头脑里，浮现出他们四个人一些可回味的往事。可一想到现在走的走，散的散，大有人去楼空的感觉，他悄悄地又朝吴进源瞄了一眼，感到一阵莫名其妙的心烦气躁和空虚。

郁剑秋笑着，半真半假地对欧紫生说："上个月不是新市长吴国桢来了嘛,听说他人蛮不错的,你可以把破案的思路告诉他,让他封你一个临时局长当当。"

在座的人都是一些有点文化、有点知识,但算不上职业的知识分子;有点钱,有点财产,吃喝有余,有时还能花天酒地,但算不上上海滩顶有钱的;有点生意,有点买卖,但算不上市面上的巨贾,都是靠自己的聪明能干或者靠上一辈白手起家赚来的;他们不是官宦之人,却又以自己有做官的朋友为荣;他们只不过是在上海滩仅属于中上等水平的一群,时代巨变,日本人来了,他们无力反抗,只能蛰伏或者躲避,但他们不会把自己卖给日本人;日本人被赶走了,他们出来继续经营自己的一片小天地;纷乱动荡的社会、光怪陆离的世界,让他们变得秉性乖巧,变得精明能干,让他们从骨子里生出了精于拨弄小算盘的本事,对上海滩发生的大大小小事情有着天然的兴趣。虽然他们没有惊天动地、非同寻常的想法,但他们喜欢了解上海滩的时局,喜欢将时局与自己的切身利益联系起来,研究这些事情,产生对自己最有利的联想。当郁剑秋提到吴国桢时,无疑又把大家的话题切换到了上海滩的新市长上来了。

欧紫生知道郁剑秋在拿自己开心,只是笑而不答。栾仲洪接话道:"这位新市长还可以。五月十八日他上任当天,上海滩的清道工人一点不买这位新市长的面子,宣布罢工,扛着扫帚上街游行,我想这样一来,家门口堆积如山的垃圾,要持续一段时间,臭味也要飘上几天了。想不到他在新旧市长交接仪式后,立刻就和清道工人谈判,轻松搞定,二十一日他们就复工,铲除了垃圾,恢复了市面的整洁。我看呀,这个新市长不简单,好过上一任。"

吴进源插话道:"人家是在美国普林斯顿大学获得过哲学博士学位的,在重庆也做过市长,当然不简单咯。听说他还要在黄浦江下面造隧道,如果是真的,那倒是造福上海市民的,蛮好的。"

贾孝平推了推鼻梁上的眼镜,接了一句:"上海滩,好像现在有个叫什么越江工程委员会的机构,他可能是主任委员。"

银行襄理的沈新彦跟了一句:"吴国桢似乎要力挺在外滩中正东路①下面建造隧道的方案。前几天,他们好像开过一个什么会,出席的都是上海滩的头头脑脑。听参加那天开会的人说,他是一位有魄力的市长,他说如果上海能够建成黄浦江隧道,那是在世界上数一数二的隧道,就像旧金山的金门大桥,从此上海滩将和美国纽约、英国伦敦齐名。建造这隧道,需要钱,在筹措资金方面,他说上海是开放的上海,如果国内投资不够,准备力主吸引外资,听说好几家美国公司和英国公司都看好黄浦江隧道,对此很感兴趣。我想,我们穿过黄浦江底去浦东的日子,指日可待,那时,浦东浦西连成了一片。"

戴子道瞪着眼睛,兴冲冲地跟着叫道:"如果真的黄浦江下有隧道,那太好了,我半老头子,可以在浦东家门口提前过上摩登生活了,那我要好好感谢这位市长。"接着看了看大家,摇头晃脑地继续道,"黄浦江下真的建隧道,我就在浦东再开一家煤球店。那里我有祖上传下来的六上六下,一直空关着的老宅,也就有救,会变得值钱了。老宅的房子很大,即使这里所有的人都去那里打麻将,笃定可以全部装得下。"大家听到他这句,都笑了起来。

妇产科医院院长俞秉章不知道哪里听来的关于戴子道的故事,拉长了语调插话道:"戴老板,你就不要再开煤球店了。你卖的煤球里混入了许多沙子和泥土,人家点都点不着,烧出来的都是夹生饭,和你的煤球一样夹生。"在座的又是一场大笑。

戴子道对俞秉章瞪着眼睛,回击道:"他们烧出夹生饭,关我屁事,不加水,怎么做煤球呀?"

不知道是谁,替俞秉章说了一句:"那你不能加沙子和泥呀。"

旁边一直没有开口的钟表店费老板,带着调侃的口吻插话说:"你卖煤球的,再开麻将馆,可我们这里没人愿意去煤球店隔壁打麻将,免得弄上一身的煤灰。"在座的一阵嬉笑。

---

① 中正东路:今延安东路。

欧紫生喝了一口酒,坏笑着,插话道:"戴老板,到时候隧道通了,生意好做了,麻将铺也就算了,还是卖你的煤球。不过你可以悄悄地在浦东再讨房老婆了,保证你现在的大老婆不会发现。"

大家还没有反应过来,戴子道一副厚皮样,迅速响亮地接话道:"我向你们保证,等到黄浦江隧道通了,我肯定再讨一房,我戴某人还要心甘情愿地对吴国桢先生磕上一百个响头。"这话又引来一阵笑声,戴子道本人也笑了。

沈新彦凑上前来,笑嘻嘻地不温不火道:"来,来,但愿我们的吴国桢市长干活麻利一点,为上海滩的隧道早日建成,干杯。"大家纷纷意犹未尽的笑着举杯饮酒。

笑停后,郁剑秋夸张地做出一副像是在动坏脑筋的样子,斜睨着眼睛,瞟了一圈大家。虽然新市长的话题是他挑起的,但他仿佛对大家说新市长的好话,有着不一样的感觉,一边思索,一边慢吞吞地说:"啊,沈老板说到吴国桢时的语气,像是在说他的儿子,要他'干活麻利一点'。我可爱的兄弟姐妹们,上海滩的市民们,真是善良呀,对行政院胡乱塞给我们的每一位市长,一概欢迎,来者不拒,一点没有自己的想法。你们可不要忘了,我们前一任市长是怎么走的,而这位在重庆做市长时候,又是怎么样卸任的。"说完,他露出狡诈的坏笑,笃悠悠地看着大家的反应,似乎等着反对他意见的人出现后,再继续发表自己的高见。

因为欧紫生与郁剑秋以前有过交往,他们比较熟,或许欧紫生自以为听出了这话里话外的含义,有点故意为难他的样子,道:"你说的意思是指:民国三十一年,重庆发生大隧道惨案,吴国桢因此被免去重庆市长职务;这次钱大钧因贪污被人告发,而辞去上海市长职务。你好像对这两位市长都不满意,那就你来做市长吧。"接着,又顺手拿着筷子点了点他,笑嘻嘻地补了一句,"你这个赤佬①真勿灵光,讲闲话太刻薄,而且只讲半句。其实,啥人②来当这个市长,都一样,关我们什么事情。"

---

① 赤佬:(沪语)家伙。
② 啥人:(沪语)谁。

戴子道眨着眼睛，有意露出一副馋猫似的色眯眯样子，怪里怪气地问道："我们以前的钱市长大人，不是因为讨了姐妹俩而被辞职的？"大家知道他明知故问，过时的旧事重提，想重提"姐妹共夫"这个男人都喜欢的故事，可大家只是笑了笑，没有接他的话。

石老板似乎想说些什么，可能为了避免朋友间的不愉快，小心地看了看郁剑秋，只见他依然面露笑容，优哉游哉地看着大家，似乎在等着谁说话；又瞧了瞧欧紫生，只见他在埋头吃着女朋友搛给他的一块鱼，便帮腔道："郁先生说的也都是事实，又没说错，说上海滩的老百姓善良，那也没错，按照我们现在的国体，老百姓只能这样咯，还能怎么样？"这话听上去不痛不痒，好像既没帮欧紫生，也没明显反对郁剑秋。

栾仲洪眨了眨眼睛，仿佛在遐想似的说："年头，我看报纸，重庆不是开了政治协商会议嘛，里面还有人提出过什么地方自治的，实行地方自治的地方长官不是委派的，而是自选的。如果这样就好了，我们可以选一位自己的市长了……"他顿了顿，扫了一圈大家，把目光停留在郁剑秋身上，以揶揄的口吻说，"到那时候，我们就选郁先生，不选他，也至少要选一个像他这样的人。"

欧紫生跳出来，自以为是地叫道："你们别做梦了，什么'地方自治'呀，放心好嘞，在那里开会的人，没人会同意的，掌权的都怕给老百姓自治权呀，选举权什么的。"

欧紫生不合时宜的话，对大家的谈兴一点没影响，依然热闹了起来，有人七嘴八舌地跟着起哄道，"我只选郁剑秋，其他人一概不选""我选他，叫我们的郁市长，先把我家门前的马路扫扫干净"。

无意间的玩笑，让郁剑秋哭笑不得，不知道怎么应付。这时，贾孝平又开腔了，也许在这里，他是最有钱的，或者发财最快的，所以他喜欢说一点标新立异与众不同的话来让大家惊讶，以高八度的声音，不以为然地说："栾先生呀，栾先生，你想得倒美，未免太天真了吧。什么时候了，还提什么政治协商会议？我们的东北，四平那里早已打起来了，国军的十个师，飞机、坦克和大炮全都用上了，打得天昏地暗，一塌糊涂，不知道已经死了多少人呐,人家早就把政治协商会议的事儿忘了。"他的话,就像一盆冷水,浇得大家一声不响了,仿佛浇灭了大家心里的那点热气。

上海滩似乎有着神奇的魔力,不论外面的世界风起云涌,惊涛骇浪,上海滩总能风平浪静,而且大有平地起高楼的样子。人们每天照旧忙着赚钱花钱,醉生梦死也罢,冒险闯荡也罢,只要你懈怠于阅读报纸和收听广播的话,那真的还以为这样的和平会一直继续下去,不会感到战争危险,也不会有战争的恐惧。

赵诗梦在席间没怎么说话,一边胡思乱想,一边有一句没一句听着,时而内心也会随着大家聊天的内容而起伏,他也让贾孝平的话,浇了个透心凉。他脑子里又掠过不久前听到的那句"民匡三十五年,就是一个屁"的粗话。

他感到有一种难以言状的悲哀,无精打采,心情黯然地看着一桌子的人嘻嘻哈哈,热热闹闹,他不知道自己的这种悲哀或者郁闷来自何处,是葬礼上的悲痛气氛,还是看到了纪舒红和那厨子谈笑风生的那一幕,或许是想起了那句"是个屁"的粗话,他自己也不得而知,或许三者都有。

然而,上海滩是一座魔都,在光怪陆离,虚幻与真实之中,不论是个人的,还是集体的,悲伤之事,欢乐之事,荒唐之事,很快都会被人遗忘,被稀释得无影无踪。那些人所谈的事情是如此,赵诗梦的坏心情亦不例外。

第十三章　私人舞会

　　赵诗梦周围有着一批像吴进源这样的朋友,他们在上海滩的地位不算顶高,但也不低,却非常活跃。他们有钱,有时间,有脑子,智商不低,平时在一起,有生意,做生意;没生意,上蹿下跳,变着办法吃喝玩乐,形成了一张时疏时密的网,只要市面上一有风吹草动,他们就会共享消息,一起出击,大家赚钱。所以当国军有的军头把该发的军饷不发,一批批地用火车飞机运到上海滩来购买黄金美钞,市面上初现抢购黄金美钞端倪时,他们手上的法币已所剩无几,都已变成了黄金美钞,甚至变成了实物,他们这些人总有办法会领先全国一般老百姓一步。

　　自从赵诗梦决定答应父亲去纱厂履职,他就把时间一分为二,一半去纱厂,一半在杂志社。当行政院颁布《经济紧急措施方案》,重新对黄金实施管制,禁止买卖黄金,市面上抢购物资的风潮也随之涌来了。那时候,赵诗梦已经在父亲纱厂的仓库里囤积了不少物资,原材料可以用于生产,生活必需品可以代替贬值的钞票发给职工。战争给社会带来的物资匮乏的局面,还未得到改善,所以工厂只要能够生产出产品,还是非常好销的,赵诗梦家里的纱厂也不例外,开足马力,加紧生产。

　　由于父亲早已把厂子管理得井井有条,韩厂长也很尽心尽力,包揽厂里大小事情,对赵诗梦尊重有加,所以他在厂里,真正要他做的事情并不多,空闲的时候很多。他会独自一人,捏着烟斗,在厂区里各个部门间溜达,看着高大气派的红砖厂房,锯齿形的屋顶,听着从里面传出隆隆的机器声,想象着父亲在建造这些厂房,置办这些设备时的情景,感叹父亲的不容易,感受到父亲的苦心经营,甚至还会猜测那时亲生姆妈也许很支持父亲吧。虽然他只能看着姆妈的照片想象姆妈的情景,但还是感到这个厂子里应该有姆妈的影子,心中无限感慨,萌生了应该把这家工厂在自己的手上继续延续下去的想法。

那天,阳光明媚,风和日丽,赵诗梦像往常一样在厂区里溜达,从食堂后面拐过一个弯,是两排杉树。虽杉树叶子开始发枯,可依然茂盛,像一堵墙似的与厂区隔开。绕过这排杉树墙,崭新的员工宿舍楼出现在他面前。这是他自宿舍楼建好后第一次来这里,他放慢了脚步,绕到宿舍正面,走一步,看一步,由远至近欣赏着这栋房子。由于纱厂里绝大多数是女工,宿舍又是女生专用,所以这排杉树墙后面不太会出现男人,那里便是女人的天下,几乎成了一个女儿国,女人们就像待在家里一样,无拘无束。

远处望去,宿舍二楼敞开式走道上有女工在活动,栏杆上还晒着被子,在晾衣绳上挂着各式衣服,让人感到一下子有了生气,甚至有点神秘和性感,心想大白天在宿舍的,肯定是上夜班的女工,而且都是一些未婚单身之人。看到她们能够如此舒坦地住在自己建造的宿舍里,有一股自豪感,这里包含着不单单是自己参与了建造房子,还有如何善待自己员工的考虑,心想自己或许会把父亲的这个工厂发扬光大,推向新的顶点。

赵诗梦越走越近,他看到她们个个年轻活泼,透着朝气,有的趴在栏杆上晒太阳,叽叽喳喳说笑着,有的在晾衣服,还有在做头发的,一幅日常生活的景象,有点像石库门里生活的场景。她们都没有化妆,有些人甚至还衣冠不整,但在他看来,她们个个青春漂亮,活力十足,与他平时在外面接触的女性有着天壤之别,没有任何的做作和伪善。她们的素面朝天和没有修饰的穿着,使她们看上去更加健康,更加自然真实。她们穿的衣服也很平常,是那种被她们私下称为家里穿的衣服,都是一些半新不旧的,价格相对便宜,以舒适为主的衣服。

他悄悄地挨个欣赏着她们,心里一阵惊讶,想自己的厂里竟然藏着这么多年轻貌美的姑娘，真是自己的福气。然而，无边无际的想象就如空气，迅速填满了他的周围，让他有了一种飘飘然的感觉，他想再走近点和她们说说话，或许还会有更多的惊喜。在他慢慢向前移动的时候，突然想起他曾经认识的一位舞娘，听她自己说，她也曾在一家纺织厂里做过，说那厂里女多男少，女工们待在一起唯一的话题就是研究男人，再苦再累的工作之后，还会为了争夺那些破男人，明争暗斗，争风吃醋，更有些女人还会大打出手，把纺织厂说成了仿佛是一群母狮子待的地方。当时听了，他并未感觉到什么，只觉得"母狮子"这词用得妙，用得好玩，可现在随着他在厂里的时间越来越长，发现确实是这么回事。前几天，韩厂长刚刚开除了一个男性机修工，这个人利用修理机器的机会，同时和六七个女工谈恋爱，占便宜，不但把有些女工搞得神魂颠倒，还弄大了一个女工的肚子，差一点出人命事故。想到这里，他对眼前的景象多长了一个心眼，可人还是继续向前移动着。

女工们发现楼下有男人在张望，立即停止了说笑，安静了下来。先是一阵警觉，悄悄地瞥了一眼，看他只是单身一人后，就伸长了脖子，放肆地从头到脚打量着他。他头发乌黑发亮，一丝不乱，身着浅色格子西装，合身而挺刮，脚蹬一双漂亮的香槟色皮鞋，一尘不染，潇洒中透着洋气，不论年龄还是打扮，都是市面上最符合大多数女人胃口的那种。就如一盆美味可口的食物，一下子吸住了她们所有的眼球，都目不转睛地瞪着眼睛看着他，有些人的眼神里似乎放出了亢奋的光彩，仿佛饥饿的狮子看到了猎物，等待着奇迹的发生。由于她们平时不去厂里的办公楼，而他又不常在厂里，她们当中鲜有人认识他，所以没有人向他打招呼，只是诧异地看着，都在猜测这位闯入的英俊男人是谁，或者他是来找哪一位幸运的女工，犹如他是一个闯入女儿国的怪物。

他停下脚步，仰起头，不置可否地朝她们点点头。有些胆小的女工不敢搭理，缩回了脖子，装着没看见。其中有一个女工叫道："啊，那不是我们老板的公子，总经理赵先生嘛。"这么一叫，原本没有伸出头来的人，也好奇地伸出头来观望，十几个女工的目光集中在他身上，还有一个胆子大的女工无拘无束地向他喊道:"总经理,您好,欢迎您,大驾光临。"声音里明显带着调皮,甚至有点戏谑的味道,后又有一个声音叫道:"总经理,上来看看你给我们造的宿舍吧。我们要好好谢谢你。"这个邀请,引起了其他几个女工的共鸣,一股风似的跟着哄了起来,嘻嘻哈哈地要欢迎他上楼参观宿舍。

尽管赵诗梦算是一个驰骋舞厅的老手,女人堆也见识过不少,可他从来没有见识过这样的场面,受这么多女人的欢迎,加之刚才想到的"母狮子"这一词,让他犹豫起来。这个宿舍就像是他的作品,建造时就投入了许多心血,现在确实很想上去,看看她们在宿舍里过得怎么样,但不知道上去后会发生什么事情,生怕遇到不必要的尴尬,他望而却步了,心想如果韩厂长在就好了,还是等以后邀了韩厂长一起来吧。

赵诗梦面带微笑,笑容是由衷而发的,或许感到这些女工的举动太搞笑,或许为厂里有如此可爱的女工而高兴。他抬起那只捏着烟斗的手,向她们挥了挥手,算是招呼,也算是告别。在回办公室的路上,想起了父亲经常说的那句话:不要以为厂里的钱物才是财富,其实厂里的女工就是我们最大的财富,我们要赚钱,就要善待她们。又想到了周围有几家纺织厂发生女工罢工的事情,百感交集。

回到办公室,韩厂长进来向他汇报了一件事,说最近有女工偷厂里的细纱,藏在身上带出厂,积少成多在外面卖,问下一步是否要像其他工厂一样,实施放工抄靶子①制度。

赵诗梦点燃了烟斗,深深地吸了一口,问道:"那偷细纱的人还在厂里?"

韩厂长答道:"还在,怎么处理,想听听你的建议。这是我们厂里今年第三次发生这种事了,是否要加重处罚。"

赵诗梦面露难色地问:"怎么加重?"顿了顿又问,"那么其他工厂,碰到这种事情怎么处理的?"

---

① 抄靶子:(沪语)意为搜身。

韩厂长不假思索地答道:"一般是先示众,后开除。"赵诗梦以前听说过这种处罚,但不能确定和韩厂长说的是同一种,所以没有做出任何反应。韩厂长以为他没有听懂,又解释道,"示众嘛,就是在放工人最多的时候,叫她脱光衣服站在厂门口,让大家看她身上绑满的细纱,以儆效尤。"

赵诗梦好像是想着什么,哼了一句:"对女工,这样做,好像太过了吧。"接着又问:"以前,这种办法,我父亲用过吗?"

韩厂长诚实地摇了摇头:"没有,从来没有。但我们总要想个办法,阻止这样的事情再次发生喽,否则形成风气,对厂里也是一种损失。"他看了一眼赵诗梦,继续道,"要么,从今天起开始和其他厂一样,实施放工抄靶子制度?"

赵诗梦不想实施这种制度,原因有两个,一是他觉得这种做法太不雅观,太不文明了,他所受的教育和思维习惯不允许这么做;其次,这种办法市面上早就流行,父亲却始终没那么做过,他不愿意破这个先例。他没有急着回答,只是重重地抽着烟斗。韩厂长见他没有回答,也掏出香烟,开始抽起烟来了,似乎在思索这个问题。

两人沉默了一会,赵诗梦开口问道:"是否可以从源头上掐死这种事情的发生?"

歇了好长一会,韩厂长说:"我想没有什么更好的办法。即使在抄靶子的厂里,也还有这种偷偷摸摸的。这种事情,真得很难绝迹。"

赵诗梦似乎突然想到了什么,脸色凝重地问:"我们工厂会不会罢工?"

韩厂长好像对他提出这样的问题没有准备,犹豫一会,疑惑地答道:"罢工? 我们工厂不会吧,现在,外面几家罢工的工厂早已复工了。"又仰头朝天花板看了看,吸了一口烟,好像经过思考后,认真地继续道,"我们二厂对女工并不吝啬,她们的待遇和那几家罢工的厂比起来好多了,不论工资、上班时间、干活数量,食堂的伙食、住厂的宿舍条件都比他们的好。只要没有外界的影响,我们工厂的那些女工平白无故地罢工,好像不太可能吧。"

赵诗梦听他的语气里没有半点奉承的意思,便放心地继续道:"既然我们女工们的待遇比周围工厂要好,那就宁可继续多花点心思,把她们的待遇搞搞好,并保持下去,不要怕花钱,员工毕竟在为工厂干活。至于放工抄靶子的这种不体面事情,也就不用了吧,不要为了抓几个小偷,坏了我们工厂的名声,而且又在罢工四起的时候,免得让别有用心的人抓住把柄,说我们工厂不人道。今后在招工时,多注意一点,尽量挑一些规矩本分的人,这种事情应该可以避免的,或者减少的。"顿了顿,又道,"至于今天那个偷细纱的,就直接开除,算了。"韩厂长不时地点头,表示同意。

赵诗梦又问:"现在我们发的工资里面,一半是大米,这样能维持多长时间?"

韩厂长答道:"我们工资里面加大米的做法,以前也用过,只要外面的物价指数高居不下,我们就一直发下去。当时,你父亲董事长与周围那些产粮食大户的关系都很好,只要他们手中有,肯定会第一个供应给我们的。目前,我们仓库里堆着够发三四个月的吧,不过粮食不是棉纱,存放时间不能太长,否则容易发霉。"

赵诗梦满意地点了点头说:"现在的世道太乱,仗打得遥遥无期,这种事情,还是早做准备为好。"

韩厂长跟了一句:"好的,我再去检查一遍。俗话说'手中有粮,遇事不慌'嘛。"

赵诗梦突然想起了什么似的,问道:"我们厂子里有没有常年顾问律师?"

韩厂长答道:"有啊,一个叫同之融的律师,不常来。以前令尊有什么事情,总是叫他过来的,有时候也会亲自去他的办公室,每年我们都付顾问费的。"

赵诗梦说:"以后有机会叫伲来一次,我也想见见伲。花了钞票聘请了,不用,不是浪费嘛。我们自己先检查一遍手头的事情,有哪些吃不准的,列出来,问问他。大概就分两块吧,一块是厂子生意方面的,这块我估计问题不大;另一块是重点,就是管理员工方面的,至少我们在这方面不要有违法在先,尽量不要让人家捉牢扳头①,闹罢工。"

韩厂长爽快地应道:"没有问题。"

似乎重要的事情谈完,赵诗梦将刚才去宿舍楼,没敢上去的故事说了一遍。韩厂长哈哈大笑道:"还算好,你没上去,不然她们说不定会把你给撕了,生吞活剥给吃了的。"

赵诗梦诧异地看着他,像是在问为什么。

韩厂长说明道:"她们上班在车间里做生活②的时候,看到的全部是女人,下班在宿舍里看到的又全部是女人。她们都是单身女人,又那么的身强力壮,你这样的男人,正好配她们胃口,不把你吃了才怪呐。"看赵诗梦听了自己的解释,还没有回过神来,又加了一句,"总经理呀,今天你没上去,做得对,以后要去的话,我陪你去。外面不是有一句话:纱厂里的男人,就像夏天时髦而又好吃的冰激凌,每个女人都想上来舔一口。"

赵诗梦可能第一次听到这样有趣的说法,结合刚才自己的感受,觉得这句话形容得非常贴切,拍手跟着笑道:"啊哈,在这里,我们男人竟成了冰激凌了,言外之意,不让她们舔,自己也会化掉。"尔后,两个大男人大笑了起来,或许为自己是冰激凌,或许为自己会化掉而发笑。笑停后,赵诗梦仰起头,朝天花板翻一眼,蹦出一句:"大概作为厂里的男人,真应该和女工吊一次膀子。"此话一出,两人发出了一阵会意的笑声,笑完后,又补充了一句,"你我以后想想办法,找点男人来,把她们都嫁了"。此话一出,两人又笑了起来。

韩厂长跟着说:"数量太大,不容易找吧。"而后,深情地看了他一眼,赞叹了一句,"在对待员工方面,你一点不亚于令尊大人的。"

赵诗梦纱厂和杂志社两头跑,似乎更没有时间考虑四合酒楼的事

---

① 扳头:(沪语)意为把柄、借口。
② 生活:(沪语)工作。

了,或者这正是他所乐意的。四合酒楼成了他和吴进源两男人之间一个共有的老故事,纪舒红成了他的一个旧梦。在那段时间里,赵诗梦彻底不去酒楼了,最多在不得不经过酒楼门口的时候,会匆匆看上一眼。他和吴进源依旧往来,依旧同桌打麻将,依旧时常一起吃饭喝酒,甚至一起进舞厅,只是很少提到酒楼,很少提到纪舒红。

那天,吴进源又来到赵诗梦的办公室,问他:"贾孝平的请帖收到了吗?礼拜天他家的派对,你去不去?"

赵诗梦觉得他这样的提问,有违于他的性格,反问道:"收到了,为什么不去?"

吴进源似乎意识到自己的提问,没有达到预期的效果,疑惑地一字一句道:"可是,派对是在虞凯欣的香樟花园的别墅里。"

这一句更把赵诗梦弄糊涂了,一下子愣住了,继续反问道:"怎么会呐?"经这么一提醒,他想起了,收到请帖时自己好像没有看具体的地址,便急急忙忙在书桌上一堆信件纸片中寻找。

吴进源看着赵诗梦诧异的样子,说:"不要找了,派对是在虞凯欣以前的香樟花园,这没有错。两年前,敌伪产业处置委员会没收了香樟花园,前一段时间,贾孝平又从那个委员会那里买下了它,听说价格极其便宜。他简单装修了一下,就住了进去,现在他得意得不得了呐。"赵诗梦停下翻找,抬头望着他,一时说不出话,又似乎在等着他继续说下去。

吴进源在赵诗梦对面的椅子上坐下,仿佛说出了最沉重的事情后,一阵轻松的样子,跷起二郎腿,接着道:"其中,我们的冷中宝特派员可能帮了他不少忙吧,也捞了不少好处。"

赵诗梦总算弄清楚是怎么一回事了,定下神来,问道:"贾孝平认识虞凯欣吗?"

吴进源知道他为什么这么问,也许认为如果贾孝平认识虞凯欣,再买下香樟花园,未免有些太不够朋友了。他想了想答道:"他们应该不认识。当时,虽然靠虞凯欣的帮忙,从日本人手上弄出了金条,但好像他们没见过面,后来也没见过。"

赵诗梦跟了句:"那冷中宝,肯定知道虞凯欣的事情。"

吴进源说:"冷中宝虽然和我们一起去过香樟花园,但已是好多年前的事了,他不一定记得,未必能够把香樟花园和虞凯欣联系起来。反正卖给谁,都是要卖的,卖给贾兄可以捞好处,他何乐而不为呢。"停了停,他又补了一句,"其实,仔细想想,同样的道理,即使贾兄认识虞凯欣,买下了花园,那也无可非议。谁叫他做了汉奸,吃了官司的呀,那香樟花园,人家又不是从他手上偷的,抢的。"

赵诗梦斜着头,靠在椅背上,眼睛朝天花板翻了翻,想了想他的话,也有道理,苦笑着问道:"老弟,如果你有机会买下香樟花园的话,你会买吗?"

吴进源瞟了他一眼,愣了许久,吞吞吐吐答道:"我嘛,……如果是我嘛,真不知道会不会买。大概一般不会吧,因为这有乘人之危,占人家便宜之嫌。但有机会不买吧,也蛮可惜的,总有人会买。如果我和凯欣兄不认识的话,则另当别论,肯定买,有这么便宜的东西,谁不要呢。"

赵诗梦眨了眨眼睛,好像展望将来似的,带着好奇,自言自语道:"香樟花园没有了,五年后,凯欣兄从牢里出来,不知道会住到哪里去呐?"

吴进源大笑道:"啊哈,还算好,他被判了五年,反正我们用不着为他准备棺材了。"笑停后,加了一句,"这个家伙鬼着呢,他肯定会私藏钱财的,饿不死他,你放心好嘞。弄得不好,说不定他出来后,还会和大小老婆团聚呢,政府这么处置汉奸,便宜他了。"

赵诗梦跟着笑了起来,叫道:"我才不为他担心呢。"顿了顿,附和了一句,"我想也是这样。他在被逮捕前,有那么多的时间在外面,可以安排许多事情,何况他是个那么聪明的人。"

吴进源不以为然地说:"这家伙坏就坏在太聪明了,聪明反被聪明误。"接着似乎想起了什么似的,大声问道,"贾孝平的派对,你到底去不去?"

赵诗梦答道:"去,去看看凯欣兄的'遗产',变成了什么样子了。"心想去了说不定会遇见冷中宝,不知道他是否会记得那是虞凯欣的别墅,反正自己和虞凯欣以往的事情,已成为不光彩的故事,在他人面前不会主动提及。

赵诗梦感到在这个世界上,人永远是渺小的,一不小心就被生活的巨浪抛得东倒西歪,还会粘上各种各样的标签,粘上了就再也无法抹去了。要知道自己是渺小的,如果要使自己不被巨浪打倒,不被粘上标签,那就必须远离那些已经被巨浪打倒的人,远离那些被粘上标签的人,处事要小心再小心。

吴进源接话道:"我也想去看看。"尔后,他露出诡异的微笑,补了一句,"我看我们的贾孝平,也不是块什么好料。"

那天傍晚,他们去了贾孝平的派对。花园里冷冷清清,周围的香樟树比他们以前看到的茂盛了许多,暮色下,像一只只巨大的黑手,罩着中间一栋孤零零的别墅,轮廓线依旧是英伦乡村别墅的风貌。走近别墅,才显现出门口的张灯结彩,布置得有些夸张,一副喜气洋洋的氛围。进了楼下的大客厅,灿烂的灯火好像都躲在帷幕后面,让人有一种灯多而不明亮的感觉,有些暖意融融,让人感到朦胧而暧昧,甚至在这种不清不楚的氛围里,让人产生蠢蠢欲动的感觉。厅里已有不少男男女女的客人了,有人拿着酒杯在闲聊,有人坐在沙发上抽烟,还有男女搂在一起跳舞。角落里有一支小乐队,乐师们正在起劲地演奏着,另一侧有一架钢琴,虚位以待,似乎在等待客人中有哪一位喜欢演奏的。规模比虞凯欣在乔迁之喜那次要小得多,客人也少得多。这种私人舞会夹杂着冷餐会的味道,有吃的,有喝的,可站可坐可跳舞,相对比较自由,更可以穿梭在人群之中,是典型的中西合璧式,上海滩独有的海派风格,不乏花里胡哨,有点浮华过了头。由于是私人邀请,场内的男男女女大多认识或者相识,没有了外面营业舞厅的生分感,氛围似乎更加浓烈厚重,甚至有些拥挤和乌烟瘴气。

进门后,吴进源对赵诗梦说:"哈哈,上海滩如果真的禁舞了,看他们脚痒痒的,怎么熬呀。"

恰好让迎上来的贾孝平听见,他笑嘻嘻地带着油腔滑调的口吻说:"欢迎两位光临。鄙人办的是非营业私人舞会派对,与国民政府禁舞令无关,尽管白相好嘞。"接着潇洒地伸出右手,把他俩引入客厅的深处,继续炫耀道,"这里虽谈不上金碧辉煌,但也可以算是流光溢彩了。今天的灯光,我是特地请了人家做布景的人来设计的,在这种灯光下,不论男女,缺点都模糊不清了,优点都显而易见了,不亮不暗,正正好好,灵哦?"说着,他自说自话地大笑起来,看到赵诗梦和吴进源没有跟着笑,就立刻收住了笑容,后又神秘兮兮地加了一句,"这个客厅还蛮大的,足够供二十几对舞伴跳的。今天请来的舞娘和乐师们,都是上海滩最好的,不但舞艺高超,而且卖相也灵得不得了。上海滩马上要禁舞了,伊拉就要没饭吃了,现在伊拉都想在禁舞之前多赚一点,所以个个像是上足了发条似的,起劲得不得了,两位好好过把瘾吧。"

吴进源对贾孝平一连串的介绍并无兴趣,也无好感,他发现贾孝平在这短短两年里,变化巨大,从一个到处苦苦哀求卖车的,摇身一变成了上海滩的新贵,说起话来也有点摇头晃脑,神气活现了。吴进源向他瞥了一眼,毫不相让地回敬道:"上海人真会白相。不禁舞,有的是白相,禁舞,也有的是白相。大概,你最近卖洋车,赚了不少钱吧。"

因为吴进源当初帮过贾孝平的大忙,而且知道他的老底和发迹过程,他不敢在吴进源和赵诗梦面前得意忘形,立刻低头哈腰,谦虚地答道:"不多,不多,哪里能与你们两位比呀,都是托你们的福,托抗战胜利的福,才有了这样一个摊子。"他看到又有人进门,急着要去招呼,便丢下一句,"不好意思,我先失陪一下。"转身离开了。

上海滩开埠以来的每次巨变,都会给生活在那里的人们带来应接不暇的变化。殖民也罢,革命也罢,战争也罢,孤岛也罢,沦陷也罢,胜利也罢,变好也罢,变坏也罢,都会有人因此而一夜成新贵,富翁辈出,成为风光亮丽的人上人;也会有人瞬间成为众矢之的,成为穷光蛋,一败涂地,永远翻不了身;然而,更多的人,则是按照自有的轨迹,没有拐点地继续小心翼翼地生活,顺应着时代的节奏。贾孝平就是属于前一种人,算是踏准了时代的步伐,顺应时代的变化,咸鱼翻身了,再也不用去求爹爹、告奶奶地推销洋车了,可以过上逍遥自在的生活;虞凯欣就是那种在沦陷时,一步踏空,成千古恨的,最后沦落为阶下囚;还有许多人,像是随波逐流,又像是在蛰伏等待下一次巨变,而眼下生活无恙。

吴进源看着贾孝平匆忙离去的背影,说:"这家伙,神抖抖①的样子,与其说他托抗战胜利的福,倒不如说托冷中宝的福。"

赵诗梦笑了笑,说:"不奇怪,世道轮流转,庄家轮流做。"后面又不痛不痒地补了一句,"这位新贵,当初是你力求要帮的人呃。"

这时,他俩看到靠窗一侧站着的冷中宝,他身着一套考究的双排扣深色暗格子西装,手里端着小碟子,一边吃着食物,一边和几个身穿戎装的年轻人在说着什么。吴进源对旁边的赵诗梦说:"你注意了没有,冷中宝这家伙穿着还是很有一套的。在穿西装的人多的时候,他喜欢穿中装;在穿中装的人多的时候,喜欢穿西装,以展示他的与众不同,高人一等。今天他的这身西装不错,在一群橄榄绿军服中显得非常特别。"

赵诗梦笑着道:"到底是场面上混的人,这是起码的嘛。不过像他这样胖墩墩的身材,穿什么都不会有样子,尤其不能穿今天的带大格子的西装,未免显得过于大腹便便,但他自信满满的神态弥补了他的这一不足,所以依然光彩照人。"他向冷中宝身旁的两个军人冷冷地扫了一眼,他自己也不知道从何时开始,不喜欢和穿军装的人打交道,甚至连和穿军装的人说话都不愿意,以往在苏州河边为国军助威呐喊的劲头,彻底没有了,或许家里有了一个穿军装的亲戚,让他对这种人敬而远之,或许他天生所致。他不解地加了一句,"今天怎么了,这里穿军服的人这么多呀?"或许在上海滩跳舞的场所里,确实很少见穿军服的人,或许他的意识中,在舞场里有一个穿军服的人也嫌多。

吴进源脱口而出:"现在美式军服很吃香,学生模样的都这么穿,成

---

① 神抖抖:(沪语)得意忘形。

了时髦的东西了。"他朝全场看了一眼,道,"哎,好像是的,现在的贾孝平怎么和这种人走得这么近?"尔后,又自言自语解释了一句,"我估摸,他肯定是听冷中宝的,那些人可能都是冷特派员拉来的吧。"

此时冷中宝恰好看到了他俩,便腾出右手来,热情地向他们招了招,示意让他俩过去。当赵诗梦和吴进源走近时,他立马开始介绍起来,先指着他俩,向两位穿军装的人介绍道:"他们两位是读书人加老板,上海滩上有钞票的小开,一个是南京路上好莱坞照相馆老板,一个是赫赫有名的《蓝玫瑰》杂志主编。"尔后,他又逐个介绍了身边的两位年轻人,说他们是淞沪警备司令部的,还说了许多他们在军中有多能干的话。

赵诗梦觉得这两位穿军装的很奇怪,在冷中宝介绍时,他们的眼睛始终没有看过自己,对吴进源也是这样,这种无视对方的神态,不像是故意做出来的傲慢无礼,却有点像小孩做错事后,不敢看家长眼睛的那种,这和眼神甚至可以直接描述成胆怯或者猥琐,与挺括的军服极其不配,与军人极不相称。一个要么在不停地眨着眼睛,要么眯着眼睛,从来不敢直视他人,像是生怕人家看穿他内心有见不得人的秘密;另一位总是在东张西望,眼神飘忽不定,说得不好听一点,有点贼样。赵诗梦心里嘀咕着冷中宝怎么弄来这么两个所谓的军官,他根本记不住冷中宝刚才送个报出的军衔和职务,朝他俩显眼的肩章和眼花缭乱的勋表看了一眼,可什么名堂也没看出来,只能客气地挤出笑容来应酬。又听到冷中宝说:"虽然他们官职不大,但权力不小。你们俩在上海滩有什么事搞不定,就找他们好嘞,淞沪警备司令部的抬头还是很好用的,碰到一般的事情,大家都会给面子。"

赵诗梦很想听听冷中宝如何介绍这栋别墅以及别墅的前主人,可冷中宝什么也没说,只顾着替这几个军人在吹嘘。他有点不想和这些人混在一起,准备趁机开溜,侧着身子,仔细地打量起整个客厅来,似乎想看出客厅的变化。他凭着以前模糊的记忆,发现客厅的护墙板、大吊灯和壁灯这些东西还是原来的,只是有点旧,而窗帘、沙发、茶几和四周墙上的几幅画是崭新的,至于客厅的布局和摆设都和以前差不多,心想贾孝平几乎全部继承了这栋别墅,乃至风格。

突然,从客厅的顶端,乐队的旁边,传来浑厚凝重略带沙哑的歌声,唱的是《夜来香》。这歌声凝重得有些低沉,沙哑得有些像男人发出的打呼声,非常少见,但不乏真诚,没有一丝做作。自从上海滩有了那首歌,赵诗梦听过无数次,却第一次听到女人用这种像似男人的嗓音唱这首歌,别有一番韵味。循声望去,看到了一个久违的身影,或许他天生就有对女人过目不忘的本领,一下子认出了唱歌的就是原大都会花园舞厅台柱甜芯芯。她依旧那样漂亮性感,前凸后翘,妩媚动人,耀眼夺目,依旧一身红色,他知道那女人是吴进源的心驰神往。

赵诗梦看到吴进源正和冷中宝他们说得起劲,没有注意到歌声,便悄悄地碰了碰吴进源的手臂,歪了歪头,示意让他看那唱歌的女人。吴进源回过头来,看到甜芯芯在唱歌,人像是被瞬间冻住了,一动不动,就连眼皮都不眨一下,呆若木鸡似的足足持续了半分钟,而他的心却随着歌声舞动,狂跳不已,血液澎湃。赵诗梦看到他的痴样,心中暗自好笑,笃悠悠地调侃道:"没想到在这里能够遇到老相好吧?"后又瞄了他一眼,拖长着音,补了一句,"望好好珍惜这次机会吧。"赵诗梦嘴上是调侃的语调,心里却想起他们在大都会花园舞厅的那一幕,已过去了将近十年,仿佛就发生在昨天,真心希望他们有一场精彩的重逢。同时眼前掠过了另一个女人的身影,那就是桂芳,还有那一件绒线背心。

吴进源目不转睛地盯着甜芯芯,脱口而出道:"我一直在暗地里找她。"

欢快的音乐所带出的低沉歌声,拥有一种独特的穿透力,让人入心难忘,"……月下的花儿都入梦,只有那夜来香,吐露着芬芳。我爱这夜色茫茫……"仿佛唱歌的人,就是那一朵美丽诱人的夜来香,随着歌声扬起,吸引了在场所有人的目光。

赵诗梦听到从身后传来两位穿军装的人的对话,虽夹杂着浓重的方言,可他还是听清楚了他们说的。一位以阴阳怪气的语调说:"怎么?

一个抗日英雄的妹妹,竟然唱这样的靡靡之音。"另一位似乎以不屑一顾的口吻答道:"那有什么,人家是靠唱歌跳舞吃饭的,客人点什么歌,就唱什么。"

等到甜芯芯唱完,吴进源向身后两位穿军装的问:"你们认识那个唱歌的?"

冷中宝接上话,替那两位答道:"甜芯芯,她的同胞哥哥殉国在第二次淞沪战争中。前几年,她在重庆劳军方面蛮有名气的。"停了停,又说,"在重庆她也吃了不少苦,那时是她最光鲜亮丽的时候,多少达官贵人追求她,而她始终一句话'抗战不胜利,不结婚'。现在,抗战胜利了,她人也老了,追求的人少了,而且都是一些蹩脚货,她当然看不上咯。今天她来这里,是我让贾老板请她来的。"

旁边的一位穿军装的皮笑肉不笑地插话道:"那时,她还有一句酸溜溜的话,好像是说'你可以听我唱歌,可以跟我跳舞,也可以让我陪你喝酒,但娶我之人,必定是我仰慕之人',很好玩。"口气中还夹杂着一种蔑视。

另一位穿军装的也跟着笑了笑,笑容就像捡到了便宜东西的乞丐,不失时机地补了一句:"上海滩的交际舞女,能说出这样的话,那也不简单呀。"

吴进源从他们的对话中听出,他们在重庆时见过甜芯芯,可能隔着很远见过,有关她的故事只是道听途说。据他自己对她的理解,她对眼前这类人是不屑一顾的,可现在这两人明显有一种吃不到葡萄说葡萄酸的心理。他实在按捺不住,捏着拳头,瞪着眼睛,上前一步,缓慢而又咬牙切齿地对着他俩,气势逼人地说:"两位兵兄,她从上海去重庆劳军,是因为她有殉国的哥哥和你们一样。她敬重她哥哥,所以她才看得起当兵的,那是打日本人的兵,但绝不是像你们俩那样的。那时,她捐掉的钱财,足够你们买几身军皮了,包括你们的军衔。在上海滩,如果你们俩脱了这身军皮,没人会朝你们多看一眼,只能做个垃圾瘪三。"

冷中宝一看吴进源的腔调不对,似乎感觉到什么,立刻用上海话圆场道:"吴兄,吴兄,勿要发火,勿要和伊拉一般见识,伊拉是整天待在军营里的人,全是一些拎不清的阿木林①,勿懂外头规矩呃,我今天只是带伊拉出来见见世面的。"说完又转身对着那两个当兵的,以一种上级教训下级的口气道,"你们怎么可以这样对待劳军模范的,真是岂有之理。"

或许这两个当兵的是由冷中宝拉来的,知道他虽不是军官,也不是他们的上级,但知道他在军中的背景,就像下级接受上级训斥一样,一下子把身背挺得笔直,一个说:"对不起。"另一个说:"知道了。"声音洪亮有力,似乎又显示出军人的特质,大有行军礼之势。吴进源对他们没多看一眼,就转身盯着甜芯芯,想知道她是否还会唱第二首。

赵诗梦心中暗自好笑,心想冷中宝原本以为在自己和吴进源面前通过介绍这两个淞沪警备司令部当兵的,可以增加一点身价,想不到当兵的不争气,让吴进源训了一通,出了一个大洋相。

吴进源见甜芯芯没再继续唱,便循着她的身影迎了过去,此时,他眼睛里在场的所有的人都成了透明人,只有她的红色礼服在闪动。

赵诗梦想即刻跟着吴进源离开,但觉得有点让冷中宝太难堪了,正在犹豫时,贾孝平领着苏教授和高画家过来了,只听到苏教授向自己招呼道:"赵编辑,你也来啦。你看,贾老板的别墅不错吧。"好像已经喝过酒了,口气有些亢奋。

还没等赵诗梦回应,冷中宝凑上来插话招呼道:"苏教授,高画家,你们两位可好呀。"接着紧跟了一句,"贾老板发财了,当然住大房子喽。"赵诗梦只能跟在后面,笑脸相迎,算是回应了,他想这次也许贾孝平会对别墅大吹一通,或者会大谈得到房子的经过,自己旁边听听,也会很有意思的。

这时,两个当兵的看到有冷中宝的朋友过来,便悄悄地溜走了。苏教授大步流星地过来,开玩笑道:"冷特派员,我的接收大员,你什么时

---

① 阿木林:(沪语)傻瓜。

候也帮我和高画家各弄一栋这样的汉奸的房子?"

冷中宝用手指了指苏教授,以一本正经夹着追悔莫及的语气,答道:"高画家我不敢说,可是你,又不是没问过你。两年前,我们从重庆回到上海的第一天,就跟你说过了,这次我主要任务是接管日伪敌产的,你想要什么,就趁早直接跟我说,不要羞羞答答的。我问你想开工厂哦,车子要哦,你就是死活不开口,我又不知道你要什么。我是第一批到上海滩的,比中央的任何部门都早,手里又捏着行政院第一批发出的委任状,淞沪警备司令部都是在我后面到的。他们刚到时,什么都不懂,东南西北都分不清楚,上海滩的事情,他们都要向我请教。"他扫了一眼大家,略微提高了音量道,"那时候,整个上海滩都在我的手下,除了日本人留下来的飞机大炮、军火不能动,接收下来的日本人工厂、码头、仓库、轮船、古董名画、洋房什么都有,在我那里什么都可以贱卖,什么都可以处理,而且全都是上海滩最好的,最吃香的,最值钱的,要什么有什么。有些东西,只要一件,就够你花一辈子的嘞。房子之类的根本不在话下,就连你缺老婆,我也能帮你弄一打过来。你现在说,晚啦,什么都不剩了,房子的话,就剩淞沪警备司令部下面还有一些,敌产管理委员会下面的,都处理得差不多了。现在淞沪警备司令部已经过来了那么长的时间,他们那些外乡人在上海滩生了根,翅膀也硬了,我也有点难说上话了。"他滔滔不绝地说了一大堆,炫耀着他那时在上海滩的呼风唤雨。

贾孝平在一旁为他贴金,说:"这栋房子,就是冷特派员给我挑的,说房子保养得很好,原来住的汉奸一家子已妻离子散,他本人在逃离上海滩时,被逮捕了,也面临着牢狱之灾。我说等他被法院定了罪后,我再接手这房子也不迟,他说等到法院给他定了罪,房子早就让人家抢走了。"说完大笑起来,是一种庆贺的开怀大笑。

一位侍从端着酒从他们身边走过,冷中宝顺手拿起一杯香槟,晃了晃,得意地说道:"贾先生,你别忘了,我们忍耐了八年,我们是胜利者,他们是汉奸,我们无须等待审判的结果,怎么都可以。"声音中有一种势不可挡的气势,赢得了在场的一片欢呼。他心满意足地看着大家的雀跃,一扬头,把那杯酒一饮而尽。

大家都笑了,笑得很自豪,赵诗梦虽然没有听到原房子主人汉奸的名字,可似乎听到了自己想听的,也和大家一起笑了,然而脸上的笑容不像是因笑而起的,而更像是画上去的,但不算难看。

苏教授跟着喝完了杯子中的酒,放下酒杯,笑嘻嘻带着揶揄的语气说:"噢,胜利者,可惜胜利者把我忘了,连一口汤都不剩,让我只能跟在后面空欢喜一场了。"他不愧为教书的,把话说得口齿清晰,抑扬顿挫,仿佛他的话音会留在脑中很长时间,去和现实联系。

高画家态度认真地对冷中宝说:"哎,我是第一次听说,你们收缴的敌产中还有古董字画。哪一天你领我去看看,说不定我能够发现其中的宝贝。"

冷中宝爽快地答道:"我在他们报上来的材料中,就看到很多处提到古董字画,当时还不知道怎么处置呐。我们到上海滩的任务,第一步处置出售的是大东西,比如工厂、仓库、房子。如果是工厂,找人让它尽量早点开工;如果是仓库,则涉及如何分配处置里面的物资;房子的话,如何尽快变现,回笼资金。到现在,这些事也差不多了,是到处置这些小东西的时候了。可我们搞不懂这些东西的真伪和价值,到时候叫你来帮忙鉴定一下吧。"

高画家乖顺地应道:"好,好,鉴定东西是我的专长,让我这个沦陷区的画家也为国家做出点贡献。到时候,我必定尽心尽力。"

苏教授听了,不温不火拖长着音,笑道:"接下来,我们的画家要发财了。"

此时,正好郁剑秋挽着女朋友过来,他听到了下半句,便大声问:"谁要发财了?"

苏教授简单介绍了冷中宝要聘请高画家做鉴定的事,郁剑秋接着开玩笑地对高画家说:"你不要把真品鉴定为赝品,把赝品鉴定为真品,中饱私囊呀。"引起了大家一阵笑声。

这句玩笑话,让高画家有些尴尬,急得他满脸通红,瞪了一眼郁剑秋,有点急吼吼的样子反击道:"你们记者来了,就没有好事。如果这个世界少了记者这样的人,那就太平多了。"尔后,当着大家的面,向冷中宝行了一个不伦不类的军礼,连连保证道:"冷特派员,你放心,我高某人绝对不是那种贪赃枉法之徒。"他滑稽的样子,又让大家笑了一通。

郁剑秋不把他放在眼里,笑眯眯地回敬道:"哦,礼不是你这样的人敬的,你只要不心怀鬼胎,你就不会痛恨记者了。"大家又是一阵嬉笑,郁剑秋旁边的女朋友拉了拉他的袖口,让他不要这样锋芒毕露。

冷中宝劝解道:"你们就别再闹了,还是欣赏欣赏人家吴老板跳舞吧,他都走到你们前面了。"在客厅的当中,吴进源搂着甜芯芯,尽情展示出华尔兹的飘逸和潇洒,已经在他们几个谈话的人面前转了好几圈了,很招摇。冷中宝转向大厅中央,盯着吴进源和甜芯芯看了一会儿,笑哈哈地拍着手,对大家说,"我刚才一眼就看出甜小姐是吴兄的旧相好,跳得如此默契,以前肯定是老搭档了,看他们多情投意合呀。"尔后,又补了一句,"他们可能多年没见面了。"

郁剑秋听冷中宝这么说,也不再纠缠于和高画家斗嘴了,悄悄地拉着女朋友来到赵诗梦身边,问道:"和吴进源跳舞的,你认识吗?"

赵诗梦知道吴进源和甜芯芯的故事比在场的人多一点,但他却不知道那次募捐之后,他们后续是如何进行的,他在大家面前不敢多说,另一方面,也想替吴进源暂时保密一下,最终由他俩自己来解释。所以,他抿了抿嘴,笑嘻嘻地打哈哈道:"好像以前没有见过。"他心里有点发虚,没有把握让这个火眼金睛的记者相信自己的话。

郁剑秋目不转睛地在看他俩跳舞,似乎想看出他俩的过去、现在和将来的故事,缓缓地转过头答道:"噢,这个女人,居然你都没有见过?"似乎话里有话,有点不相信赵诗梦的敷衍。

高画家在旁边羡慕地咽着口水,盯着吴进源他们,自言自语道:"以前他们俩肯定一起跳过,跳得真好,俗话说'小别胜新婚'嘛。"

在灯光的作用下,贾孝平的金属眼镜架闪着光,他推了推眼镜,仿佛发现新大陆似的,赞叹道:"吴兄啊,还有这一手,福气不错。甜小姐人不但漂亮,而且舞也跳得灵光,还抗战抗到了重庆,是个的的刮刮①的抗战小姐呃。"

苏教授看着客厅当中跳舞的人,感叹道:"自从颁布了所谓的戡乱救国动员令,已有大半年了,听说行政院副院长王云五先生发誓要禁舞,还得到了老蒋的支持。这次上海滩的禁舞,可能要动真格的了,以后这些漂亮的舞姿,就难觅踪影喽。"

或许冷中宝答应高画家邀请其参与鉴定,让他有些飘飘然,他按照在外面的道听途说,添油加醋地发挥道:"我知道,王云五这个家伙不是个东西,按照自己的喜好发布禁舞令。他禁止全国国民跳舞,主要是因为他的一双儿女都毁在舞女手上。他的女婿讨了个舞女做小老婆,把他女儿气得服毒自杀;他的儿子也想娶上海滩舞女做老婆,气得他直跺脚,大叫'有辱门风'。所以他对跳舞、舞女之类的事,痛恨得咬牙切齿,在这样的情况下,他能不发布死命令吗?"还煞有介事地跺跺脚,像是在学王云五的样子,惹得大家都发笑,接着又加重语气,继续道,"可因为他家里的事,就认为全国国民不该跳舞,真是滥用职权之极呀,国民能服帖吗?那帮舞女也不是吃素的,不造反,才怪呐。"

冷中宝笑了笑,神秘兮兮地瞟了大家一眼,犹犹豫豫地说:"你们发现了吗?我们的蒋主席也不喜欢跳舞。"大家一听,先是一惊,后又都会意地笑了起来,把所有的注意力全都集中到了他的身上,等待他的下文。他笃悠悠地继续道,"而他夫人宋美龄的舞跳得不错,还很喜欢跳舞。"他有点像卖关子似的,又有点像畏畏缩缩,停了停,看到大家几乎都要把眼珠子都瞪出来了,得意而神秘地说出了最后一句,"如果我们的第一夫人太喜欢跳舞了,肯定会令我们的蒋主席不开心的吧,所以就有了……"他说此话的语速越来越慢,直到最后不说了。这样吞吞吐吐,欲言又止,和他平时谈论大人物的样子有点不一样。与其说这种谨

---

① 的的刮刮:(沪语)此处意为不折不扣。

小慎微的样子是对大人物的尊重,倒不如说在大人物的权力面前不敢放肆,没了说话的自由度。

冷中宝意犹未尽的话,启发了苏教授的记忆,他频频点头道:"我在陪都时,听说过这样一件事,现在看起来八九不离十,是真的。那时,据说重庆嘉陵宾馆为了招待美国人,常常举办舞会。有一次,大概接待比较重要的美国客人,老蒋和夫人也去了,老蒋看到夫人和一位舞艺高超的中国人在跳,其间有说有笑的,老蒋醋意大发,向左右打听,此人是谁,侍从回答说该人只是交通部里工作的一个留美博士,他便向交通部发令,永不录用该博士,害得人家丢了饭碗。"大家一下子都笑了起来,在感到好笑之余,都在询问和宋美龄跳舞的人是谁。

苏教授含笑不语,看着大家,冷中宝插话道:"我也听说过此故事,那人,也是我们上海人,好像姓潘,具体记不得了。"

郁剑秋一手拿着酒杯,一手搁在女朋友的肩上,以拿腔捏调的口吻接起话题,像是总结似的,说着反话:"不论这个故事是真是假,看来我们的老蒋认为跳舞是一项很危险的活动,所以要全面禁舞,还给出了许多冠冕堂皇的理由。"又眯着眼睛,扫了大家一圈,感叹道,"这就是我们老百姓的可悲之处,任人胡搞,被愚弄了还不知道,还真的以为跳舞会毒害我们的生活。"

郁剑秋的女朋友插话:"如果我有选举权,我就不选这些乌龟王八蛋。"语气中带着一股愤愤不平。

苏教授瞟了一眼冷中宝,大笑道:"幼稚,我们的政府怎么可能让老百姓来作主呐,如果那样,那早就没有这种禁舞的事了。"

这时,舞曲再次响起,大厅的灯光也开始由亮变暗,郁剑秋趁机打断苏教授,以高八度的声音,语速很快地说道:"这叫作善良软弱的国民,造就了野蛮的政府。"说完,他便转身挽着女朋友和大家一起随着音乐开始旋转起来。

赵诗梦凭着做职业编辑的洞察力,发现这个话题超出了是否应该禁舞的范围,有些敏感,过于激进,牵涉到政府背后隐藏着不可抗拒的恶，秉性懦弱的他不想就这个话题在大庭广众面前说出自己的看法，觉得不论说深了，还是说浅了都不好。他看了看郁剑秋这对可爱的恋人，不露声色，一声不发，只是淡淡地跟着笑。随后开始重新搜索起吴进源和甜芯芯他俩的身影，目光移向客厅的中央，滑过冷中宝的脸时，发现他神情中有一种莫名其妙的威严和一丝尴尬。

高画家看到有人去跳舞了，起哄地叫道："趁现在还没被禁掉，我们还是抓紧时间，多跳几曲吧。"便忙着去找舞伴了。

贾孝平跟在高画家后面，扶了扶眼镜，放肆地大声叫道："我这里是私人舞会。别把舞娘搂得太紧了，让她们到我这里来投诉你。"听清楚的，没有听清楚的，大家又是一阵嘻嘻哈哈的笑声，就是没人回头。

这边只剩下赵诗梦、冷中宝和苏教授。赵诗梦虽喜欢跳舞，但按照他的习惯，在这种熟人多的场合，以免出洋相，喜欢先看大家跳一会儿，而后再出手；冷中宝和苏教授大概年龄略微偏大一些，可能跳舞不是太擅长，一般不轻易跳。

赵诗梦只听到在旁边的冷中宝对苏教授冷冷地说："你看看，郁剑秋这家伙自以为是，小佬嘎[①]一只，没有吃到苦头，神气活现，思想极其反动，怪不得混到现在，还只是一个不入流的小记者。"

苏教授对话道："或许他们年轻气盛，不了解国家的情况。现在市面上不满意政府是一种时髦的举止，又受共产党的影响太大，所以，才如此反动的吧。"

冷中宝好像想了一下，以鄙视的口吻说："我看不一定。对国民政府不满意的人，未必都会受到共产党的欢迎。他们这些年轻人想要的东西，不论在中国何朝哪代，绝对是不可能的，他们这些人也不会有人真正喜欢。"

赵诗梦心想他俩肯定是对那句"善良软弱的国民，造就了野蛮的政府"有所不满，才对郁剑秋如此恶语相加的。他不想听在背后议论他人

[①] 小老嘎：(沪语)假装成熟、老练的小年轻。

的坏话,低着头,晃到一边,向侍从要了一杯香槟,独自坐到角落里享用。他无聊地注视着酒杯,轻轻地晃了晃,杯壁上晶莹剔透的气泡缓缓上升,直至酒杯上方消失,在暗淡的光线下显得非常美妙。他慢慢地抿了一口,看了一眼跳舞的人们,没有看到吴进源和甜芯芯,他对他们俩的举动心领神会,认为他们是很般配的一对,甚至为他们祈福;又朝四周扫了一圈,想看看今晚是否有合适自己的舞伴,或许由于刚才看到了甜芯芯,他眼前又浮现出桂芳的身影,让他心神不定,像是无轨电车,又想到了自己的杂志在开展该不该禁舞的讨论,乱七八糟的事情想了一大堆,感到很无趣,根本无心再跳舞了,心想自己来这里的目的已经达到,便悄悄地溜出别墅。

吴进源与甜芯芯重逢没几天,就传出他们结婚的消息了。世上的事情总是卤水点豆腐,一物降一物,吴进源这样一个留恋在女人堆里的桀骜不驯之徒,终于在高他半个头的甜芯芯手里收住了步伐,而且又是如此之快。他们没有举办婚礼,甚至最初没几个朋友知道,唯一的变化,就是南京路上的好莱坞照相馆多了一位老板娘,在朋友圈里成了特大新闻。甜芯芯常常在照相馆露面,此后,来照相馆拍照片的杂七杂八的女人,少了许多。

这场声势浩大的全国性的禁舞,由来已久。自从三十年代,政府开始推行"新生活运动",禁止公务员涉足舞场后,随着局势的变化与城市的不同,取缔舞场的声音一直此起彼伏,直至一九四七年七月,政府颁布《戡乱总动员令》,实施禁绝营业性舞厅。禁舞的理由无非是为"戡乱建国",防止人们尤其青年的堕落,上海市政府又在此上加了一条"节约消费"的理由。同年九月,上海市政府为了落实中央政府的《总动员令》,颁布了"禁舞令",要在同月底之前,关闭上海滩所有的营业性舞厅。由于上海滩跳舞业的历史久远,靠跳舞吃饭的从业人员众多,舞女被称为非同一般的"弹性女孩""蓬嚓姑娘",不具有可塑性。她们是一群很难被调教的人,上海滩舞厅业又有着良好的同业公会组织系统,他们联合了舞厅业劳方各工会组织,善于维护自身权益,因此当政府的禁舞令一宣布,立马遇到强力反弹。舞女们纷纷走上街头,从请愿到集会、募捐到宣传,做得滴水不漏。她们聚集开会,并叫出"我们要吃饭""节约不是制造失业"的口号,甚至有人到社会局去示威,对禁舞进行了有组织的抗争,并深得上海滩市民的同情和理解。

身为《蓝玫瑰》杂志主编的赵诗梦很快就发现禁舞事件值得关注,便在杂志上报道与之有关的各种有趣的故事和消息,还开辟了专栏,适当刊登有关讨论的文章,效果不错,这几个月的销量也有所上升,并收到大量反馈的读者来信,又专门设置一个版面来刊登。在来信中,他发现不赞成禁舞或同情舞女的和强烈要求禁舞的人数,相差无几,势均力敌,他按照各占一半的比例,如实刊登,并将版面上加了"来信照登"的标题。

翌年二月第一个礼拜一,离春节还有十来天,天气依然寒冷,北风瑟瑟。赵诗梦从车上拎下一个鼓鼓囊囊的大包,像往常一样,午饭前来到杂志社的办公室。那个大包里是父亲纱厂发给工人的年货,他替杂志社的每个人也拿了一份。自从他去纱厂次数多了以后,经常这样做,因为上海滩的物价指数一直很高,生活不易,钞票不值钱,实物尤其食品不容易买到。所以只要纱厂里发实物,他总替杂志社的人拿一份,算是发给他们的福利,以减轻他们的生活压力。

他一进门,将大包往门边一放,看到小杜和鲍逸芸正在热烈的讨论着什么,似乎情绪很亢奋。他们的书桌上铺满了各种各样的报纸和信件,小杜见到他,便大声问道:"社长,礼拜六,上海市社会局被舞女砸了,当局还抓了许多舞女的事情知道吗?"

小杜说的事情:上个月三十一日,正好是礼拜六,这天上午,上海市社会局按照原定的分批抽签,抽中的先行停业的禁舞计划,开始实施抽签,以决定第一批禁舞的舞厅名单。被抽到签的包括仙乐斯、百乐门、米高美、丽都等上海滩一流的舞厅,想不到激怒了这些舞厅里的众多舞女和从业人员,她们高喊"去社会局评理"!那时社会局局长叫吴开先,所以有人甚至喊出了"枪毙吴开先!"的口号,以示愤怒。到了下午,又有更多的舞女和群众坐着大卡车,举着旗帜和棍棒迎着寒风,涌向马当路的社会局,要求局长吴开先出来,做出解释,收回成命。他躲着不见人,派人出来敷衍,出来的人没有起到安抚的作用,反而惹怒舞女和群众,结果愤怒的舞女冲破了警察的封锁线,潮水般地冲上了社会局二楼的办公室。暴怒而亢奋的舞女,大哭大闹,往日温情可人,端庄典雅的舞女,个个变成张牙舞爪的母老虎,爆发出恐怖的凶猛强悍的力量。她们高喊着"我们要吃饭!""没饭吃!大家一起没饭吃!""要死,大家一起死!"的口号,见东西就砸,见文件就撕,捣毁了一大批办公家具,撕毁了所有的办公文件,砸东西的乒乒乓乓声响彻大楼。接着她们又捡起破椅子破桌子的碎片当武器,不管三七二十一冲到三楼,把三楼办公室里能扔的东西,全都扔出了窗外;能够砸的东西,全都砸毁了。平时衣冠楚楚,养尊处优,颐指气使的官员吓得失去了体面,斯文扫地,屁滚尿流,抱头鼠窜,躲在角落里瑟瑟发抖,舞女几乎捣毁了整个社会局。最后,不远处的嵩山区警察分局出动了大批警察,赶来抓人,通过一阵混打,有几十个舞女被带走,才算平息此事。这事件立刻惊动了全国,在第一时间里上了上海滩的所有大报的头版头条,报社争相报道,发表社论、采访评论,等等,真可谓铺天盖地,连篇累牍,据说还惊动了远在南京的蒋介石。

到了礼拜一,这事已经不是新闻了,赵诗梦在当天的晚报和礼拜天的日报上已经看到这个消息了,不以为然地反问道:"我知道,怎么啦?"

小杜说:"我在和鲍小姐打赌,这样一来,反对禁舞的人数肯定会多起来,超过支持禁舞的,她相反,你说呐?"

这时,赵诗梦知道了书桌上为什么会有这么多的报纸,以及他们在讨论的事情了,但是,至于禁舞支持者成功,还是反对者获胜,这是一个非常微妙的问题,难以回答。他知道小杜是不支持禁舞的,认为政府禁舞欠妥当;鲍逸芸是一贯支持禁舞的,认为禁舞势在必行,一般女士都愿意禁舞。他们两位年轻人这几个月一直在打探他对禁舞的态度,而他总是躲躲闪闪,从没有正儿八经地回答过。因为,首先他个人喜欢跳舞,认为跳舞没有害处,更不会亡国,没了舞厅就对他个人而言,少了一项娱乐,当然不愿意禁舞;但在他们俩面前又不能直说自己喜欢跳舞,尤其在鲍逸芸面前不能说,可也找不到不支持禁舞的合适的理由。如果说自己是支持禁舞的,那有点虚伪的感觉,他也不愿意这么做,所以每当被问及这个问题,只能王顾左右而言他,蒙混过关。他瞥了一眼书桌上的读者来信,做出夸张的表情,问道:"怎么,这么快,就收到这么多的来信?"

鲍逸芸抢着答道:"是啊,本来每逢礼拜一,信就多,这个礼拜特别多。主要因为上个礼拜六,那些舞女太过分了,激起了大家的反对,所以都是来支持政府禁舞的。"

紧接着小杜反驳道:"不一定吧。我看大多数人都很同情那些做舞女的,万一禁舞之后,他们为舞女的生存担心,上海滩的物价指数这么高,她们没了收入来源,怎么活呀。"

鲍逸芸毫不示弱,顺手取出一叠来信,瞪着大眼睛,略带情绪地大声说道:"看看,有这么多的妻子来信,说她们的老公被舞娘拐跑了,还有为了供舞娘花销,欠了一屁股的债。舞娘仗着年轻漂亮,破坏人家家庭,还会腐化青少年。舞厅不关闭,真是天地不容。"赵诗梦发现她瞪眼睛也有一种迷人的妩媚,急促的话语里也伴着一种动听的嗲,但觉得她说的那些禁舞的理由,只不过是泛泛而谈,很大众化,还有女人之见的嫌疑。

小杜镇定地昂起头,像是要发表演说,他深吸了一口气说:"我虽然不喜欢跳舞,但还是不希望政府这样子禁舞。因为我们的政府如果想要国家好,除了禁舞之外还有好多好多事情可以做,比如把内战停下来,治理官吏之腐败,这些当务之急的事都不做,偏偏要盯住老百姓那点跳舞的事,真叫人形容不出。我想,除了那些当大官的可能因自己的原因不喜欢跳舞,或者认为跳舞让人堕落,丧失斗志,认为禁舞比停止内战、官吏整治还重要之外,没有人认为禁舞是紧迫的,必须的。就像人家说的,这种禁舞的事只有专制政府才做得出来。上海滩的官吏为了往上爬,只会唯上是从,欺压百姓,不顾舞女们的生存,作出这种不合情理的禁舞决定,所以我不支持政府的这种禁舞。如果我们的政府很开明,很民主,经过国民讨论,如讨论结果是需要禁舞,舞女们的生活有着落,那我肯定支持禁舞。"他说这些话,虽然声音不高,但神情特别认真。

赵诗梦有些诧异,敏感地发现小杜头头是道的说辞中隐藏着一些时髦的东西,不知道他是从哪里得来的这些观点,心想会不会他是从杂志编辑工作中学来的,笑着套他的话,问道:"你最近长进不少呀,知识丰富了不少,这些说法是从哪里听来的?"

小杜谦虚答道:"哪里知识丰富啦。我们《蓝玫瑰》已经连续四期刊登了对禁舞的讨论,这些说法,杂志里面都有,我觉得蛮有道理的,就记住了。"

赵诗梦听他这么一说,心想果然如此,来了兴趣,想进一步考考他,便故意问道:"你的意思是'经过国民讨论,如果需要禁舞的',你就支持。那么,国民怎么才能讨论呐?"

鲍逸芸抿了抿嘴,趁机追击道:"是啊,我们老百姓怎么讨论呀,我们又没有决定权。"

小杜想了想说:"我也说不好,我想应该可以讨论的吧……只要政府愿意听。"

鲍逸芸看了一眼赵诗梦,像是发现了攻击目标,抢着说:"那政府不睬老百姓,我们怎么办?就像现在的那些舞女,政府根本就不理睬她们。"她几乎忘记了自己是支持政府禁舞的,而她这一乘胜追击提出的问题,有点像指责政府当局的味道。

小杜面露难色,有些疙疙瘩瘩地说:"那就像舞女们一样,造反……"不知道他是要转移话题,还是突然灵机一动,拿起桌上的一份稿子,说,"这是我刚才看到的一篇好文章,念一段给你们听听。"打开稿子道,"这是文章里引用的一个舞女说的话,'可怜的我们,已经喊蒋委员长万岁了,怎么还要禁舞呐?让我们饿肚子,把我们逼上绝路呀',文章的标题是《善良软弱的国民,造就野蛮的政府》。对,政府不睬,那就是野蛮政府,这篇文章写得太好了,简明扼要。社长,你看看,能不能刊登?"

赵诗梦又听到了那句冷中宝讨厌的话,伸手向小杜要了那份稿子,问道:"是谁写的?"心中在想不会是郁剑秋吧。

小杜把稿子递给赵诗梦,答道:"好像是你的朋友,郁记者。"

赵诗梦拿着稿子晃了晃,笑着道:"哦,果然是他,这个家伙的文章,写得很刁钻,很有煽动性,千万要小心。"

小杜跟着笑道:"我觉得他有点像共产党,老是和政府作对。这篇的结束语,也蛮有意思的,说'如果这次禁舞,政府能够收回成命,那我们这个政府还有救,反之则反',噱头哦,还将了政府一军。"

赵诗梦想起了冷中宝对他的评价,便轻描淡写地答道:"不像,他哪里懂共产党的那一套呀。他自以为自己是记者,无冕之王,凡事以向政府发难为乐趣。"

一直在旁边不响的鲍逸芸突然蹦出一句:"我们的社会就缺这样的人,管他刁钻不刁钻呢,这样的人多多益善。"这句话把两个男人都逗笑了,她自己也捂着嘴在笑。

赵诗梦接话道:"不过这句话,有点像闹学潮的大学生惯用的。既然你们都欣赏这个家伙,那我们就把他的文章登出去吧。你们俩代表着读者的想法。"

赵诗梦捏着稿子,推门进入自己的编辑室,回过头来,对他们俩说:"门边的包里是大家的年货,你们分一下吧,那瓶酒是给老黄头的。"他脱掉大衣,往书桌前面的椅子上一靠,开始拜读起郁剑秋的文章来。

他读完这篇文章,很想把这篇文章发好,发得醒目,让读者引起注意。他闭上眼睛,想了一会,再次回到外间,问他们俩:"郁剑秋的文章不错。但有个问题,他的文章形式有点不伦不类,有国民和政府之间关系的论述,又有对禁舞的具体事件的评论,所以这个文体既不像论文,又算不上时事评论,而且还有标题,我们应该怎么处理呢?把它放在哪个版面?"他想考考他们两位编辑的能力,故意在这里提了该文章有标题。按照杂志以往的惯例,读者来信是不带标题的,这就意味着它不能算读者来信了。

两个年轻人被问住了,面面相觑。小杜说:"那就不用标题,算读者来信刊登吧。"

鲍逸芸说:"我虽然还没有读过,但觉得这个标题蛮吸引人的,一看就是有内涵的那种,而且蛮言简意赅的。如果没了标题,减轻了文章的分量,岂不可惜了。"

她的话有一定的专业性,让赵诗梦感到很欣慰,朝她瞟了一眼,笑了笑说:"那就作为带标题的读者来信吧,排在下一期那栏的第一篇吧。"这样操作达成大家的心愿,但登在"来信照登"栏里还有一个微妙之处,他没有说,那就是读者来信的观点并不一定代表杂志社的观点。

看到他们俩年轻人满意的神情,赵诗梦也很开心,觉得自己做对了一件事。这么多年来,赵诗梦每每和鲍逸芸说话,虽然不露声色,但还是会时不时在脑海里冒出那句"即使做小,也可以"的话,让他心里痒痒的。他转过头去,悄悄地多看了她一眼,她依然曼妙动人。

这时,老黄头进来问,说隔壁饭店送午饭来了,是否要开饭。赵诗梦已有一段时间没有和他们共进午餐,便愉快地叫道:"来吧,人是铁,饭是钢,一顿不吃,饿得慌。大家还是先吃饭,再看稿子吧。"小杜立刻响应起来,忙着拉桌子,鲍逸芸准备碗筷,办公室里立刻显示出一副其乐融融的家庭氛围。

两个月后,上海滩禁舞风波逐渐平息,数十名舞业从业人员将获罪,政府也在舆论的压力之下,收回了成命。舞潮案就此落幕,成为上海滩一个传奇的故事。此后每晚,市面上舞厅的霓虹灯依旧闪烁。

第十四章　支 离 破 碎

赵逸飞已有很长时间没去纱厂了,身体每况愈下,骨瘦如柴,还伴随着动作迟缓,说话越来越少,声音也越来越轻,还有不停地咳嗽,已无法自行上下楼梯了。他说自己上去了就下不来了,再也不愿意睡楼上的卧室了,所以大家就在客厅旁边的大书房里搁了张床,让他睡在楼下,而且他睡觉的时间越来越多了;进入秋天后,已变得白天里有一半时间都躺在床上,甚至有时候连一日三餐都在书房里,所以这个家聚在餐厅里一起吃饭的机会几乎没有了;有太阳的日子,他会叫家人把自己搀扶到院里,坐在藤椅上晒太阳,不然就坐在书房的窗前,望着外面树上的落叶随风飘落,听收音机,让人觉得有一种晚年凄凉的感觉。钱医生每隔一天来一次,或许老爷子病得时间太长了,该说的都已经说过了,所以每次来话不多,家里的人如果不问病情,他也不会主动说,总是一句"还好,我后天再来看看",听不出让人感到有希望的成分,也听不出让人担心的成分。自从老爷子搬到楼下来睡,家里的佣人说话的声音也变得轻声细气,好像声音一响,就会影响他的健康似的,又好像是在静静地等待着重大事情的发生。整个家里很静谧,弥漫着一股凝重而压抑的气氛,大家似乎都知道这个家庭已到了即将支离破碎,接近崩溃的边缘了,暗地里在做着各自的准备。

那天,赵诗梦的儿子赵稚君要去美国留学了,整装出发前,向老人告别,为这个已安静了许久的家庭,稍许增添了几分活跃的气氛。赵诗梦夫妇带着儿子来到书房,父亲和后妈各自坐在一张大沙发上,两张沙发当中隔有一台落地收音机,旁边放着一盆盛开的黄色菊花。父亲身上盖着一条毯子,扶手边有一只高脚痰盂,窗帘全部拉开在两旁,秋日的阳光从大窗户外洒了进来,照亮了客厅,也照在父亲的身上。他好像刚刚由用人为他刮过胡子,看上去苍白而干瘦,不过还蛮精神的。他们见赵诗梦一家人进来,后妈关闭了收音机,父亲只微笑着,没说话,似乎在等待赵诗梦他们先开口。

亮晶晶的打蜡地板的反射,让赵稚君看上去光鲜亮丽,他已是成年人了,透着一股意气风发的朝气,洋溢着青春,可他有点像其父亲,在性格上有点闷,不善于外露。他走上前,向老爷子深深地鞠了一躬,说:"爷爷,我走了。您多保重,我会写信回来的。"

也许就如那句老话"隔代亲",老爷子看到赵稚君,仿佛见到了一生钟爱的宝贝,眼睛一下子散发出久违的光芒,透着智慧和慈爱,笑盈盈地问道:"你,今年十八了吧?"赵稚君不知道他接下来要说什么,便认真地点了点头。老人似乎带着一种回忆,笑着淡淡地说,"你留学,比你爸爸早,你爸爸是十九岁出头,才去英国留学的。"他笑得很灿烂,笑出了老人才特有的慈祥,大家都附和着,笑嘻嘻的。他们爷孙俩的对话,让赵诗梦心潮起伏,想起了自己出发去留学时的情景,不由得瞥了一眼站在旁边的妻子顾素贞。

坐在老爷子旁边的苏曼,看了一眼赵诗梦夫妇,做出一副非常慈祥的样子,没话找话,应景地问道:"啊,我的小稚君,去美国学什么呀,定了没有呀?"

顾素贞插话道:"现在还不能定呐,他进的是大学预科班,要等到预科结束了,才可以选择将来学什么呐。"

赵稚君抬头看了看赵诗梦,犹豫一会,一本正经地对着爷爷,答道:"我想学航空制造,将来可以造飞机。"青涩的语气中含着一丝骄傲和憧憬。

苏曼夸张地拍了拍手,一副兴奋的样子道:"好呀,我们的小稚君有出息了,将来一定能够造出大飞机来。"

老爷子咳嗽了几声,勉强笑着,感叹道:"好啊,等你回来造飞机的时候,可能我已看不到喽。你就好好学吧。"原本这句略带忧伤的话,却被大家忽略不计了,淹没在愉快的氛围里,或许欢快的气氛太浓烈。

赵稚君有点像撒娇似的,说:"不,爷爷,我会回来看你的,你好好养身体,等我回来看你。"口气依然愉悦欢快。

赵诗梦站在妻子后面,没有说话,脸上挂着微笑,听着大家的说话,可眼前出现了一幕幕自己留学出发前后的画面,这些画面与今天的场景截然不同,是一种逃离,是一种摆脱,对留学要去学什么,甚至没有想过,只盼着早点上船。而今儿子有自己的想法,不论这种想法是幼稚也罢,单纯也罢,毕竟是儿子自己想要的东西,心里感到一阵欣慰。他原本最担心的是父亲在对孙子的临别嘱托时,会说出一些关于纱厂的事,比如要赵稚君子承父业,学成回国后参与办纱厂之类的话,让儿子感到有压力,可父亲一句都没说,甚至可以说连长辈嘱托的话都一句没有,这让他有了一种释怀的感觉。心想或许父亲看到自己留学时最终没学纺织专业,吸取了教训,所以就不提纱厂的事了。他自己在对儿子教育的事情上,并没花费多少精力,从教育的方式上来讲是完全开放的,任其自由发展。

在阳光下,家里所有的人都围着老爷子,又有赵稚君即将留学的喜事,大家都笑呵呵的,似乎整个家庭是那样的和谐美满,其乐融融。可赵诗梦的心头掠过一阵阴影。随着儿子的离去,父亲的病入膏肓,这个家庭犹如风雨飘摇的上海滩,他和身边的两个女人如何相处也许会变得难以捉摸,使他不敢继续想象,但他已做好了万全的准备。

没几个礼拜,这个家庭迎来了一个最冷清的春节。虽然家里弄得非常暖和,却还是觉得冷清,拜年的客人们在新年祝贺之外,增加了一份对赵诗梦父亲病情的关怀,拜年的时间也缩短了,当然有不愿意打扰病人的因素。唯一让赵诗梦感到惊奇的是小杜一家人和鲍逸芸也来拜年时,鲍逸芸还带来了她的妹妹鲍逸虹。她们姐妹俩在他的帮助下,鲍逸虹也很争气,今年顺利地从商业学校毕业,进入了永安公司工作,这是上海滩的好公司,从此她们俩在经济上完全独立,他也为她们感到骄傲。

赵诗梦已有四五年没见过鲍逸虹,而这个年纪又是女孩子变化最大的时候,起先他一时还没有认出来。她们虽说是姐妹俩,都是大美人,却略微不同。姐姐可能让人第一眼不会引起太大的注意,她的美需要时间欣赏,很难描述,有一种恬淡让人安静的美,而且欣赏得越久,越让人难以释怀;妹妹是另外一种美,有点像市面上"摩登女性"的雏形,会让人很快联想到可爱两个字,陶醉在她洁白无瑕与天真烂漫之中,感受到她的青春活力,同样让人难以忘怀。赵诗梦在看到鲍逸虹可爱的样子时,滑出了一句"丑小鸭变成白天鹅了",一下子逗乐大家,让她不好意思了好久。

他们几个人刚坐下一会儿,玄关里传来说话声,赵诗梦知道又来客人了。不过,这个客人的声音是他最不愿意听到的,他根本不愿意与这个人打照面,于是灵机一动,对大家说:"趁大家都在,我们把好莱坞照相馆的吴老板约出来,去中山公园白相,一是看看他的新娘子;二是让他为我们拍照。"然后,就带着大家准备出门。当这位客人进书房向老爷子拜年时,他们正好走出玄关。赵诗梦朝后扫了一眼,只看见这个客人的背影,又是一身挺括的军装,旁边还是后妈和顾素贞陪着。

小杜和鲍逸芸虽在杂志社工作了很长时间,但平时赵诗梦很少开车带他们一起出去玩,所以大家都特别开心。小杜坐在副驾驶座位,杜太太和五岁儿子加上她们姐妹俩一起挤在后座上。小杜和太太一前一后,大谈过去游玩公园,听露天音乐会的故事,还有小孩,叽叽喳喳,很热闹。可能鲍逸芸姐妹俩很少去公园玩,只是偶尔插话。赵诗梦刚才见到鲍逸虹的好心情没了,他佯装一门心思开车,没有搭理大家,可脑子里总是浮现出那个穿军装的背影,还有刚才出门时,差点撞上停在家门口的那辆军用吉普车,怎么也拂之不去。这些细微的情绪周围几个人无从知晓。当他们到达中山公园大门口时,吴进源和甜芯芯已经等在那里了。

吴进源依旧是高高的飞机头，围着一条漂亮的米黄色围巾，胸前挂着照相机，右手拎着一个鼓鼓囊囊的包裹，起劲地向大家挥手，旁边的甜芯芯已看不出有新娘的羞涩，和上海滩街头巷尾的少妇并无二致。她手拿一只小巧的银色化妆包，身着墨绿色的盘扣旗袍，外套时髦的浅灰色的长大衣，衬肩垫得高高的，夸张到几乎要把双肩拉成一条直线。或许为了掩饰和吴进源在身高上的差距，脚上仅是一双坡跟皮鞋，这样看上去她的身高与吴进源差不多，显得很般配。大家见面后，忙了一阵相互介绍。甜芯芯比赵诗梦带来的三个女人明显要时尚得多，年龄也略微大一点，她的漂亮和开放的性格，很快把她们几个女人凝聚在自己的周围，有说有笑的，犹如是她们的姐姐。

虽说是在春节里，由于真正的春天还未到，公园里游人不多，具有西式风格的露天音乐广场上，没有人在演奏，显得空空荡荡，草坪泛着枯黄，旁边除了松柏有一点暗绿色，其余的都是枯枝败叶，残花败柳，只有光秃秃的几根古典式的矮柱栏杆，映衬在布局灵巧的园林之中，周围有假山斜坡，起伏有致，曲径小路，蜿蜒曲折，只有看到这些，才会让人想到：在这里，春天的景色应该不错吧。天空上有一层薄薄的云，遮住了太阳，让光线变得柔和而均匀，人们不论站在什么位子，都不会产生阴影，非常有利于拍照。他们在露天音乐广场的舞台前摆出了不同的姿势，拍了不少照片，其中有一张是赵诗梦、小杜和鲍逸芸三人的合照，鲍逸芸说要为杂志社三个人写一篇文章，这张照片也可以登出去。拍完照，甜芯芯从包裹拿出毯子，铺在草地上，摆出瓶瓶罐罐吃的东西招待大家，可毯子太小了，只能坐得下她们几个女人和孩子，而三个男人，只能踱到了旁边的中式亭子里，小歇闲聊。

吴进源感叹道："老蒋打不过共产党，宣告'引退'后，李宗仁可收拾不了这个烂摊子呀。说不定几个月后，共产党长驱直入，渡过长江，拿下南京，就进入上海滩呀。听几个南京来的朋友说，老蒋已偷偷地把南京金库里的黄金运到台湾去了，以备不测。"

赵诗梦附和道："我也听说了。不过，目前上海滩的金库好像还没动。"

吴进源不以为然地说："我看,也快了,大概共产党真的要打过来了。"

小杜插话说："那有什么呀,不论谁来,我们老百姓还不是一样过日子。"

赵诗梦想了想,说："如果真的共产党来了,肯定和国民政府做的那一套不一样。"

吴进源朝周围扫了一圈,感叹道："上海滩这个鬼地方,真神奇。你看,长江北面的仗,打得这么厉害,上海滩的老百姓还是这样笃定,市面依旧繁华,人们照样欢天喜地过春节,一点没有惊慌失色的样子。"他点燃一支烟,接着介绍道,"我父亲吓死了。前几天,他从南洋回来,一本正经地要我和姐姐早作打算,说如果上海发生什么变故,我们可以去他那里做生意,他还在那里买了一栋大房子,等着我们去住呢。"说完做出一副无可奈何的样子,摇了摇头。

赵诗梦问道："你父亲怎么去南洋了,原来的五金厂,不开了?"

吴进源说："五金厂早就关了,日本人来时,就开不下去了。抗战胜利后,他和几个做生意的朋友在南洋买下了作为敌产的一个很大的橡胶园,做起了橡胶生意,返销到上海或者美国,好像还蛮赚钱的。"

赵诗梦问道："那你考虑去吗?"

吴进源叹了一口气,说："我是舍不得离开上海滩的,离不开这个花花绿绿的南京路。我嘛,除了开照相馆,什么都不会。南洋这种土不拉叽的地方,又没有南京路,我去干什么呐。"他顿了顿,犹犹豫豫地继续说,"可到时候,共产党真的来了,也许由不得我。有可能我姐姐另有打算,她听我姐夫的,姐夫以前是李宗仁手下管总务的,也算是个军官,路子比我多,也比我野,他们肯定有其他想法的。"

赵诗梦不常听吴进源说起姐姐和姐夫的事情,可一听又是一个军官,让他感觉怪怪的,不舒服。自从家里出现了一个不受他欢迎的穿军装的之后,他就开始讨厌那些穿军装的,军官之类的人。或许为了发泄心中对军装、军官的厌恶,他带着嘲弄的口吻,取笑道:"共产党的大军还没到,你就找好了靠山,准备逃了。"

吴进源答道:"非也,非也。我的女儿由我姐姐养着呐,有时候还是需要听听她的意见。"

赵诗梦知道这女儿是吴进源和梅姐的,他含笑瞄了吴进源一眼,看了看小杜,又慢悠悠地朝在露天音乐广场玩的女人和孩子扫了一眼,尤其看了看甜芯芯,自以为是地问道:"是甜芯芯不同意住在一起?"

吴进源认真地纠正道:"哦,不是她不肯,她是个好女人。"语气中充满了对甜芯芯的敬重,顿了顿补充说,"我女儿一出生,就由我姐姐养着。我和她结婚后,她倒很好,曾提出是否要把女儿接过来,但我嫌麻烦,而我姐姐和姐夫又没有孩子,女儿和他们很亲,索性还不如放在我姐姐那里呢,不过我们常常去看她。"

赵诗梦从吴进源回答的腔调中,能够看出他对甜芯芯的满意,知道自己问错了话,赶快补救道:"老兄,你总算找到好归宿了。"算是对甜芯芯的肯定。

吴进源笑了笑,没有接他的话,他转身拿起照相机,对着不远处的那几个女人和孩子,由于距离太远没法拍,他又跨出亭子的栏杆,去为他们拍摄。赵诗梦的目光追随着他镜头的方向,看到鲍逸芸姐妹俩并肩盘腿而坐,在吃着什么小点心,有说有笑,他别有一番滋味。心想她们姐妹俩在自己的辅助下,总算熬出了头,成了大人了,从今以后,再也不用为生活为前途而发愁了,也算可以告慰她们的父亲大人了。在高兴之余,他突然记起刚才一路过来,鲍逸虹一直悄悄地在观察自己,眼神有些好奇,有些神秘,仿佛是在为姐姐把关,看这个男人是否可以做她的姐夫。他不知道鲍逸芸在妹妹面前是如何介绍自己的,便自作多情地想,在她们姐妹俩面前,应表现得好一点,给她妹妹留下好印象,脑子里又冒出了那句"即使做小,也可以"的话。想到这里,他脸上露出一丝旁人难以察觉的得意,也许对于男人来讲,这种话不论将来是否会变成现实,都会记住一辈子的吧。

这时,吴进源为她们拍完照,带着甜芯芯过来,她拿着一个金边细瓷的小碟子,一边走,一边对吴进源说:"我做的牛肉干,她们都很喜欢。"小碟子里装着牛肉干,她把小碟子大大方方送到赵诗梦和小杜跟前,让他们品尝。

赵诗梦拿了一块,放进嘴里慢慢地咀嚼着,对吴进源赞叹道:"哇,老兄,你真有口福,这牛肉干比市面上南货店里卖的还要好吃。"

小杜跟着道:"好吃,甜中带鲜,有点微辣,软硬恰到好处,嚼了后还有浓郁的回香,比外面的五香牛肉干,要好吃得多了。"

吴进源笑道:"昨天,她弄了一整天,做了一大堆,家里都是八角、桂皮、丁香的味道,活像是一家牛肉干加工厂。"

吴进源的话听似抱怨,可赵诗梦听出了他们夫妻间的温馨,他朝吴进源胸前的照相机瞟了一眼,道:"老兄,你刚才忘了为你们自己拍照了,我来替你们夫妇拍一张吧。"

吴进源没有拒绝,动了动身子,随便朝甜芯芯身边靠了靠,站在他们正面的赵诗梦在取景器中看到他们俩,就像是并排放着的两张标准像,实在有些呆板难看,心想这个替人家拍照的人,竟然不知道如何为自己拍出一张像样的照片,感到有些好笑。他只好悄悄地围着他们俩移动着步子,直到他手上拿的照相机与他俩几乎处于同一平面为止,这样他俩的脸和目光也只能随着镜头移动,两人都从正面变成了侧面,而且吴进源在后,甜芯芯在前,取景器中出现了一幅非常可人的画面,甜芯芯侧过头大概要跟吴进源说点什么,而吴进源从后面伸出双手,动作恰似要把甜芯芯搂抱在怀里,两人显得非常亲密无间,如胶似漆。赵诗梦说了一句笑话:"帮会拍照的人拍照,真是一件苦差事。"他俩一下子都笑了起来,笑容极佳,赵诗梦抓紧时机,摁下快门,并大声报告他俩,"这张,保证你们满意,灵得不得了。"他真诚祈求他们俩的生活就如停格在静止的照片里一样,笑容永驻。

春节后两个多月的一个晚上,赵诗梦的父亲突然心衰发作,叫来了钱医生,他也束手无策,无力回天,一个小时后去世了。虽然,老爷子卧病在床,病入膏肓已好长时间,家里人思想上对他的离开有所准备,可一旦事情临头,在悲痛之余,还是大乱方寸。赵诗梦怕忙不过来,半夜里叫来了韩厂长帮忙。

第二天一大早,底楼的客厅还没有完全布置好,仅有灵台上老爷子的遗像,及当中的一个香炉和两炷的蜡烛。香和蜡烛都点燃着,两旁的挽联还没有挂上,小杜和鲍逸芸就来了。赵诗梦把他们引到灵台前,一旁的顾素贞利落地拿出了香递给他们,鲍逸芸接过香,拘谨地看了一眼顾素贞,又回头看了看赵诗梦,随后转向灵台,跟着小杜一起敬香。

赵诗梦瞟了一眼顾素贞,发现她虽一动不动站在那里,面无表情,无法判断她在想什么,可眼睛却紧紧地盯着鲍逸芸,一刻都没离开过,对旁边的小杜看都不看,目光中混杂着警觉,嫉妒,愤怒的成分。在赵诗梦的记忆中,这些年来顾素贞总共没见过鲍逸芸几次,即使见了,也是一晃而过,自己也从来没留意过顾素贞的眼神。这种母狮子般的眼神,让赵诗梦略感诧异,在诧异之余,心中有了一丝暗暗的高兴,像是出了一口多年的怨气。

赵诗梦把目光移向鲍逸芸,看着她神情专注,用那双细嫩粉白的手把香插入香炉,又朝后退了一步,面对着遗相,跪拜磕头。她做得很认真,随着她的头一低,两边的头发也随之下垂,遮住了她白皙的脸颊,在肃穆的气氛中有了一种灵动的感觉。赵诗梦欣赏着鲍逸芸吊唁的每一个细微的动作,心里有一种说不出的欣慰,耳边又响起了那句他想忘也忘不了的话:"即使做小,也可以。"

小杜他们俩敬完香,问赵诗梦是否需要他们留下来帮忙。他已把所有的事情托付给了韩厂长,应该无须自己再操心,可他脑筋一转,让小杜回杂志社看门,鲍逸芸则留下来帮忙。

到了中午,客厅已成了黑绫低垂,烟香缭绕的灵堂,从寺院请来的法师已在做超度,诵经声绵绵不断,隔壁的大书房变成来吊唁人休息的地方。前来吊唁的人络绎不绝,一批接着一批,老天爷也来凑热闹,飘起了蒙蒙细雨,是那种极细极细的,会随风飘来飘去的,冷到骨子里去的细雨。花园里搭起了白色的帐篷,供人歇脚喝水,使得花园看上去很拥挤。韩厂长还请了纱厂的一些员工来帮忙,他们身披白麻,腰系白带,穿梭在帐篷与房间之间,负责吊唁人的迎来送往,送水倒茶,这个家的里里外外弥漫着沉闷而肃穆的气氛。

大书房里的一侧临时搭的床铺撤掉了,恢复了原来的样子,没有挂黑绫,只是多加了几只沙发和几把椅子,茶几当中摆满了水果和点心,旁边有不少咖啡杯和茶杯,一角还有一盒雪茄,窗户和两边的门都敞开着,不时会飘进来夹杂着诵经声的细细春雨。房间里正好集中了一批来吊唁的人,或者吊唁完毕休息的人,这一批恰好都是赵诗梦的朋友,这些人当中有麻将的搭档,也有生意的伙伴,彼此之间,有些是旧友,也有面熟的,吊唁为他们聚在一起提供了机会,而正是吊唁的氛围压抑着他们说天说地,大谈赚钱花钱的劲头,使得他们的谈话聊天断断续续,时有时无,冷场不可避免。

轮船公司董事长郭安其不声不响已坐在沙发上有一段时间了,他从嘴上取下雪茄,慢悠悠地自言自语感慨道:"古人有个说法:'人生七十三、八十四,阎王不叫,自己去,'七三、八四是人生的坎,老爷子没有福气过第一道坎,就走了。人生苦短,遗憾呐。"这句自言自语,像是打开了一条说话的缝隙,引来了大家的目光。

坐在旁边的天堂煤球店的戴老板接话道:"七三也罢,八四也罢,人要活得潇洒,该吃的吃,该白相的白相。"随后像是压低了嗓音的样子,可实际上他又让自己的声音确保周围的人都能听到,不紧不慢地补充道,"前几天,我在土耳其浴室听到过有这样一个老头,他光着屁股,死在桑拿房里,更要命的,旁边还有两个光屁股女人陪着,可大家都说这种死法倒不错。"说完一个人咻咻地笑了,略有点放肆。

坐在单人沙发里的银楼老板石炫钟放下手中的报纸,凑过来,问道:"那老头,是七三,还是八四呀?及时行乐,也要有好的身体才行呀。"

郭老板像是深思熟虑的口吻说:"那也不好。乐极生悲,反而送走自己的性命。"

东吴大学的夏卓在这里几乎不认识什么人,他是看了早报上面的讣告过来的,想趁此机会和赵诗梦谈一下在《蓝玫瑰》上刊登招生广告的事宜,可赵诗梦实在太忙了,所以他一直等着,时而翻翻书架上的书,时而听听周围的聊天,发现这个话题还蛮有意思的,便就不再当听客了,转身插话道:"人啊,在快乐中、开心时死去,那当然是一件求之不得的好事。可那个老头的死法也太不体面了,而且又在公共场所,被人家当新闻,说来说去的,有失身份。"

戴老板好像只听到了前半句,没听到后半句,迫不及待地说:"是啊,是啊,人只要能够舒舒服服地死,哪里管得了那么多。"

或许开心和死亡是一对矛盾,很难碰到一起,死亡是普通人最害怕的事,却又能在人最开心的时候发生,这实属罕见。世界上没有人能够预计自己的死亡方式,开心地死去,还是悲苦地死去,是一件可遇不可求的事,只能祈求上苍。夏桌佩对戴老板的话,并不以为然,感到他曲解了自己的意思,瞥了他一眼,说:"人舒舒服服的,就不肯死啦。"把话引入了一条死胡同里去了。

贾孝平与房间里的人都不太熟,和戴老板也只见过一两次,不太相信他的故事,也有点看不起这种卖煤球的。也许憋着蛮长一段时间没有说话而难受,便夸张地转着眼珠子,做出半信半疑的样子,搭话道:"不管七三,还是八四,我看那老头大概是被那两个女人弄死的吧?"大家都意会地笑了,碍于在吊唁的场合,是一种有节制的笑,像是偷笑,然而,这笑阻断了戴老板继续说下去,场面似乎又恢复了刚才的样子。

郁剑秋进来了,扫了一眼大家,一看大多数在座的都有点认识,便活跃了起来,招呼道:"哎,朋友们,你们知道吗?昨天共产党的军队已经彻底占领了南京,还冲进了总统府。"

戴老板愕然地瞪着眼珠,看着他,说:"没这么快吧?我早晨听了收音机,没说共产党的部队已打下南京城的事呀。"

419

郁剑秋面露嘲讽，回道："你呀，真是拎不清。现在已经不能再听国民政府的广播了，他们讲的全都是没用的废话，已经没有新闻了；要听就听共产党的广播，才能听出一点花样经来。"

钟表店的费老板笑着道："我早就预料到了，共产党过长江，进南京是迟早的事情，不算新闻。我看汤恩伯守上海滩也守不了几天，最终还是要逃到台湾去的。现在问题是，他们什么时候打进上海来。"

郁剑秋说："是啊，上海滩马上又要听到隆隆的炮声了。共产党进上海滩也只是个时间问题，我知道有许多朋友都走了，美国侨民都按照他们国家发布的警告，已经走得差不多了，他们原来居住的大楼也已空出了一大半。"他又扫了一圈大家，神秘兮兮地继续道，"我估计，在座的当中，大概也有人正在准备离开上海滩呐。"

贾孝平和郁剑秋算是朋友，还邀请过他参加自己家里的私人舞会，便笑嘻嘻地抬起头，迎着他说："老朋友，算你猜对了，鄙人将于下礼拜四，坐船绕道香港去美国，我老板在那里等着我，去帮他打理生意。"

大家都"哦"了一声，流露出羡慕的眼神。戴老板有点讨好地说："你美国老板，真好，给你留了一条后路呢。"

贾孝平没看戴老板，却骄傲地对着郁剑秋道："我老板，当然好唠。当时我要买别墅的时候，就劝我不要买，说中国的局势不稳定，不动产无法背着走。现在没有办法了。"接着开玩笑道，"半价卖给你，怎么样？"

郁剑秋带着戏谑的语气："我可没有这个福气，不敢住你的香樟花园。"

从年初开始，北方的局势一直吃紧，一群有财有产之人或者外国人正在悄悄地打算逃离上海滩，这种势头就像瘟疫一样，在他们当中弥漫，让人蠢蠢欲动，惶恐不安。他们两个人的对话，提到的内容又是别墅，又是去美国的，话题似乎涉及了应景当中最最时髦的话题，是否需要逃离上海，所以大家一下子安静了下来，屏气凝神地等待他们的下文，想从中寻到一点对自己有用的见解。

贾孝平自嘲道:"局势变得真快呀,一眨眼的工夫,我那漂亮的别墅,美丽的香樟花园,就成了一个烫手的山芋,卖也卖不掉。"他扫了一眼大家,继续道,"两个礼拜前,我去老板的苏州河旁边的公寓时,看到公寓里面几乎已没有住户了,有些漂亮的房间里,就连那些铮亮的餐具都还放得整整齐齐的,仿佛主人出去度假似的,在等着他们回来呢。"摇了摇头,感叹道,"世事难料呀。"

郁剑秋俯视着他,有一丝暗暗的得意,笃悠悠地逼问道:"所以,你也要走了,丢下香樟花园,也在所不惜?"

贾孝平的腔调有点像赌徒,答道:"共产党来了,谁都不知道会怎么样,还是出去避一避。如果没事,再回来,那别墅又不会生出腿来,自己走掉的,那有什么关系呢?更何况我一直在卖美国人的车子,可从来没去过美国呐,去逛一圈也不错,能进能退,两全其美。"语气中充满着圆滑和自信。

郭老板抬起头,瞟了贾孝平一眼,慢悠悠地赞叹道:"好主意,年轻真好,出去转一圈,也不耽误什么。"

坐在旁边的银楼石老板与郭老板有过一面之交,凑上来笑了笑,插话道:"活络嘛,在座的,谁都不能跟你郭老板比。你的轮船公司最活络了,有大轮船,说走就走,而且一家一当全部带走,那多好呀。"大家听了都捂着嘴笑了起来。

郭老板等大家笑完了,摆了摆手,说:"老弟呀,你是只知其一,不知其二。我是有几条破船,可早就被我们的国民政府征用了,它们现在在哪里,连我都不知道。"

石老板说:"反正你有大轮船,活路比我们多。"顿了顿,以一种哀怨的口吻补充说,"可像我们这样的人,年龄也大了,有产有业的,上有老下有小,既不能搬家,又不能出走……"接着叹了一口气,无奈地摇了摇头。

费老板说话的声音有点高,双手摊开着抖了抖,有点急:"我们不可能说搬就搬的,我不可能去美国开钟表店的呀。"

戴老板跟着直直白白地叫道："跑它干什么？我们上海滩的人，什么世面没见过，就是最坏的日本人也见过，他们也没能把我怎么样嘛，我照样卖我的煤球，活得好好的。不论谁来，老百姓的煤球炉还是要烧的，那我就照样卖我的煤球。"

大家听了戴老板的话，都笑了起来，这次笑，好像没人遮遮掩掩，大概都忘记了吊唁的事了。

等大家笑停，郁剑秋转了一个身，踱着方步，像是经过深思熟虑之后公布一件大事，又有点像老师给学生上课一样："我同共产党打过交道。民国三十五年在重庆，我采访过他们，没什么可怕的，他们又不是红眉毛绿眼睛，也是讲道理的，只是主张与眼下的政府有所不同而已。"或许他为了引起大家对自己的注意，或许为了在这群人中争得面子，语气里透着一股朗诵诗歌般的自信，而眼神里却很明显有着一丝卖弄的成分。

身为教授的夏卓，有着敏锐的洞察力。他看出这房间里的人，除了郁剑秋和郭老板走南闯北，有去过重庆的经历，大多数人都没怎么离开过上海滩，更没有去过重庆。他也想为自己挣一点面子，便做出一副颇有见识的样子说："抗战胜利后，我有些事情要办，从云南去重庆，在那里待了几个月。那时，恰好是政府和共产党谈判谈得最起劲的时候，我闲来无事，仔细地研究过他们的《新华日报》和一些书。至少在表面上看，他们的主张是很开明的，他们也喜爱民主，不亚于当下国民政府的，在美国独立日，他们还颂扬过美国的民主。我们经过了民国，又捱过了日伪时期，说不定会迎来一个顶顶像样的好政府。"他慢悠悠地瞟了大家一眼，补了一句，"一听到共产党要来了，何必把自己弄得像一个惊弓之鸟似的。"他神气活现的话，把贾孝平刚才说要去美国的风头压了下去。

大家还在你一言，我一句地讨论，而这个话题，让郁剑秋突然想起了冷中宝，可今天一直没看见，心想贾孝平是在座的人当中与其关系最密切的，他坐到了贾孝平旁边的空位子上，轻声问："今天，你看到冷中宝来了吗？"

贾孝平同样轻声答道："哦,他前几天就不辞而别了,听他跟班说,去广州了。如果再过几天,共产党真的进了上海滩,我想他们这种人,肯定不会回来了。不过他很早就对我说过,如果上海滩失守,叫我快点去美国,生个根,免得以后台湾守不住时,再找出路。"

郁剑秋猜到了冷中宝肯定会逃离上海滩,可没有想到这么早,又准备逃得那么远,低声感叹道:"这家伙,算计够远的。人还在广州,已算到去美国的出路了。"

贾孝平继续道:"他们都是一些对行情拎得最清①的人。我还听说苏教授,就是国立中央大学的苏唯一,可能已经直接飞台湾了,帮行政院去那里筹建什么大学了吧。"接着关心地问道,"我周围有许多人,都准备离开上海滩,甚至离开大陆,去南洋,去香港的都有,现在去这些地方的船票已经很难搞到了,价格也翻了好几倍。你准备去哪里?"

郁剑秋朝房间所有的人扫了一眼,看到夏卓还在起劲地说着什么,又耷拉着眼皮,向贾孝平翻了翻,毫不掩饰地说道:"我可没你那么福气,哪里也去不了,等着吧……"随后又想了想,补了一句,"我就在上海滩,等着你们这帮人回来吧。"这种感叹,或许发自他内心深处,是一种自然的流露,没有半点的做作和虚假的成分,或许最后补的那句,是为挽回自己的面子而说的,也是一种希冀。

贾孝平随着他的最后那句,好言相劝道:"这是最好的啦,谁愿意背井离乡的,我想他们去台湾的人也一样。可现在的国军,兵败如山倒呀,共产党很快就会进上海滩的,有备无患,要早作打算呀。"

郁剑秋苦笑了一下,开玩笑道:"我还是留在上海滩,帮你看香樟花园吧。等你回来,再来邀请我,去参加私人舞会吧。"

郁剑秋这样说,让贾孝平感到很有面子,大笑着说:"那好,那好啊,但愿如此吧,那是最最理想的了,你我之间,肯定会后会有期的。"

这时,大家看到赵诗梦正经过书房门口,好像是在送一对父子。老

---

① 拎得清:(沪语)理解。

爷子骨瘦如柴,面容憔悴,走路摇摇晃晃,由他儿子扶着,他们就是申华织布工厂潘老板和他的儿子潘勇贤。有时候世界上的事情很奇怪,潘老板的身体一向不如赵诗梦的父亲,而且年龄还大六岁,人的生与死,真是毫无规律可循。大家看到赵诗梦毕恭毕敬的样子,有人感叹:"那老头肯定是诗梦父亲的挚友,都老成这样了,真是令人唏嘘。"

当赵诗梦送走那对父子,准备进书房和大家招呼时,被一个女人叫住了,她就是多年未见面的白雪。他一脸惊异地盯着她,叫道:"啊,是你呀,白雪。"

白雪含着一丝笑容,望着他,从容地答道:"怎么,我不该来吗?"虽然,她的笑容谈不上吊丧的标准表情,但符合久违相见的神态。赵诗梦一时语塞,白雪仰了仰头,说,"我看到报上的讣告了,心想你一定很伤心的,所以就过来了。"

赵诗梦微微点了点头,算是感谢,尔后把她引向灵堂上香,心里在想:不论怎么样,她这时候过来,都应当感谢,问题是他们之间可以谈点什么呢,如果谈到吴进源,又该说点什么呐。他看了一眼白雪,她穿的是一件镶着黑色滚边的深紫色旗袍,非常得体,可在他看来她妆化得很浓,明显可以看出用粉来掩饰眼角纹的痕迹,与以前见到的她有点不一样。赵诗梦陪着她上完香,毛毛细雨还没有停的意思,由于书房里的人太多,他准备让她到室外的帐篷里歇歇脚,可在这时,吴进源夫妇合撑着把黑布大伞,恰好迎面过来。

白雪与吴进源夫妇在这里碰面,是赵诗梦最不愿意看到的一幕。他知道吴进源是一个擅于卖弄女人缘的男人,担心他在她俩面前说出什么出格的话,伤了这两个女人的面子。想不到,老到的吴进源先招呼起来:"啊,白雪,你也来了。"一手撑伞,一手从甜芯芯的腰间抽出,伸向白雪,以略带调皮而自信的口气介绍道:"这是我太太,甜芯芯。"尔后,又落落大方地用手示意了一下,向甜芯芯介绍道,"这位女士,是大名鼎鼎的小说《花开花落》的作者白雪,我们以前就认识,是朋友。"白雪一句话都没说,吴进源一瞬间已完成了介绍,让尴尬变成了潇洒,让在旁边的赵诗梦暗暗赞叹他的风度。

白雪见到吴进源,眼睛一下子亮了起来,仿佛等到了期待已久的那一刻,伸出纤柔的手先同吴进源握了握,笑盈盈地说:"真没想到,在这里还能见到你。"听上去他们的见面像是很意外,但赵诗梦从她的眼神里看出了她预谋已久的东西,心想或许她在这里遇见吴进源,也是来吊丧的目的之一。白雪的眼神飘过了吴进源,没有停留,直接又飘向了甜芯芯,轻轻地握了握她的手;这两个女人面对面站在一起,甜芯芯的身材明显高大了一些,她握手时还稍微弯了弯腰,肩膀似乎也有了一高一低,在注视白雪时,让人觉得她有居高俯视的感觉;她们只是微笑代替招呼了,手握完的瞬间,她们互视一眼,似乎已把要向对方说的话都说完了,都已心知肚明,也深刻理解了吴进源在介绍时的最后一句"以前就认识,是朋友"中的"以前"两字。虽她们的微笑谈不上由心而生,但都笑得很漂亮,都没有输给对方,为自己挣得了面子,又不乏礼貌周全和体面。

吴进源和甜芯芯没有停留多余的脚步,直接去灵堂上香了。赵诗梦瞟了一眼吴进源他们的背影,发现他们的身高差距不像以前那么大了,感到有一丝好笑。他回过头,领着白雪,坐进了帐篷里。

白雪看了一眼他,问道:"吴进源什么时候结婚的?"

赵诗梦拿出烟斗点燃,看了看她黯然的神情,心想单纯回答这个问题不难,但他知道她接下来要问什么,这让他有点为难。所以,索性从一开始就把她挡回去,吞吞吐吐道:"我也不太清楚。他鬼得很,没有办婚宴,今年春节的时候,就把老婆带出来了。"

白雪没有继续问,两人沉默了一会儿,赵诗梦心想或许自己不该一上来就说"我也不太清楚",便没话找话,想到她以前要离婚,想问她现在离婚了吗,但又觉得不妥,结果只问道:"最近,你还好吧?"却又感到这样问太过于礼节性,便加了一句,"还在写小说吗?"大概认为这句话可以缓和一下气氛。

她低下了头,沉默了一会,又一仰头,看到佣人来送茶,她接过茶,喝了一口，等佣人离开了，说："有人在报纸上说，我离汉奸只有一步之遥。我写的东西，还会有人读吗？许多书局把没有卖掉的《花开花落》都退了回来，我还写什么呀。"

赵诗梦从她沉默到仰头的变化，就可以判断出她说的是大实话，但不知道怎么接她的话。他也不敢主动说《蓝玫瑰》来刊登你的文章，她自己也没有具体提出来，或许没有必要，也只好王顾左右而言他了："你的《花开花落》确实写得不错，只是生不逢时，在那个时期红了起来，跟是不是汉奸没什么关系。"这话虽有点勉强，但也有一半的道理，至少前半句是有公认的，至于后半句，不是由某个个人说了算的。

白雪苦笑着说："你这样说，是你的好意，可人家把话反过来说，不是那个时期，你的书就根本红不起来。这样的书上海滩有的是，而且这种话，特别有人喜欢听。"听她这么讲，赵诗梦也无话可说，一声不响地抽着烟斗。

白雪望着细细密密的雨，无话找话地问道："栾记书局栾老板跟你很熟吧？"

赵诗梦想起了在栾记书局里看到的《花开花落》，栾仲洪对她为人的评价还是不坏的，估计他们的关系不错，便答道："栾老板的人品和学识都蛮灵光的，我很敬重他；书局又是一家老店，我的杂志有一小半在他那里卖出去的，也很感谢他。"

白雪慢慢地扭过头来，面无表情地说："上个礼拜五，被军警抓走了，怀疑他是共产党，可能凶多吉少。"

赵诗梦一下子闷住了，盯着她好一会，问道："你怎么知道的？我记得在上个礼拜二，他还来过电话呢。"

白雪平静地答道："我现在可以说说话的朋友不多。礼拜天下午，我去了书局，看到门口贴着封条，吓了一跳，就到处打听，后来找到了以前经常帮我送书的伙计。听他说：前天，军警出动了三辆警车，当场把书局封了，带走了所有的人，包括来书局购书的读者，个个过堂盘问，最后就把栾仲洪留下了，说他是共产党，还抄了他的书局，好像还去他家搜查了,翻出了许多有关共产党的文件,认定他是一个共产党组织的头目。我又问伙计,他以前是否知道老板是共产党。他说:一点都没看出来栾老板是共产党,只知道他为人不错,有许多朋友。"她顿了顿,叹气道,"你说滑稽哦,说被抓,就被抓走了,这个世道真是没法形容。"

赵诗梦仿佛从梦中醒来,说:"我和栾记书局交往近二十年了,没有想到栾老板是共产党。现在好像外面抓人抓得特别厉害,那个掌柜,侯经理没事吧?"

白雪又看了看蒙蒙细雨,接着介绍说:"我问了那个伙计,他说:礼拜五,侯掌柜恰巧没有去书局,所以逃过一劫,后来就再也没有露过面,好像还搬了家,大概逃走了,但愿侯经理没事吧。"

赵诗梦叹息了一声:"但愿吧。"看了看她,接着道,"现在的世道,真不安定,人心惶惶的,上海滩以后会变得怎么样,真没人知道,千万要当心。"栾仲洪是共产党,这是赵诗梦没想到的,再加上侯松明的人间蒸发,感到这个世界扑朔迷离。他想到白雪以前有这样一段不明不白的经历,身份特殊,想在最后特别嘱咐一句,要她自己也要当心,但生怕引起她的误会,所以话到了嘴边,只变成了一句没有主语的提醒,"千万要当心",仿佛也在提醒自己要当心。

隔了很长时间,白雪以哭唧唧的声音说:"栾老板对我蛮好的,我的书有好大一部分是从他那里卖出去的,我把他当大哥来看待,他要是真的被枪毙了,我会哭得很伤心的。"后又低下头,以极低的声音呜咽了一句,"怎么我的命这么苦,对我好的男人,都是这样的命运。"这话让赵诗梦想起一个有关她的传说,那就是以前有个汉奸次长帮她推广了《花开花落》,让她一举成名。

白雪带来的这个消息,不会让人兴奋,只会让人恐惧和郁闷,他们沉默地挨了一会。白雪突然一扬头,前言不搭后语地问道:"是在他那照相馆里认识那女人的吧?"她问的是吴进源认识甜芯芯的过程。

赵诗梦先是一愣,尔后,迅速记起了她在《花开花落》里曾经写过一个照相馆老板如何利用拍照,勾搭女人的情节。虽说是小说的情节,圈内的人都能看出,说的那个照相馆老板就是吴进源,当时就觉得这是根据白雪自己的故事写的。他知道她想试图拼凑起吴进源和甜芯芯的恋爱故事,然而,他不希望她过多地纠结于他们的故事,不愿意说出他们是在舞厅里认识的,更不愿意说出甜芯芯曾经是舞女,所以只能慢慢吞吞,看上去像是心不在焉的样子,答道:"他太太,好像不是他照相馆的客人吧。"或许为了让她打消再继续打听吴进源的念头,或许真心为她着想,或许还没有彻底想好,突兀地蹦出一句,"你也该找个人了。"说出此话,他有点后悔,一般男人不应该对女人有此类劝说,免得遭到女人的白眼。

白雪却相当的平静,没有一丝反感,她轻轻地叹了一口气,用双手捧着茶杯,喝一口,略带羞涩地苦笑着,说:"现在的我呀,不缺男人,缺的是老公,男人和老公是不同的。"在她笑的表情里有点孤寂和调皮,但她的坦率,着实令赵诗梦吃了一惊,心里暗叹道:不愧是一个能够写出饮食男女之书的女人,说出许多独处女人的心声。

虽然,白雪是来吊丧的,有关吊唁的话,却没说上几句,额外碰了两个软钉子,也不再提栾记书局的事了,最后只能礼貌地说上一句:"赵编辑,你是个好人,可惜比以前瘦多了,当心身体,节哀顺变。"识相地起身,准备打道回府了。赵诗梦客气地把她送出了家门,让人为她叫了一辆黄包车。

在傍晚时分,吊唁的人该来的都已来了,该走的都亦走了,书房里几乎也空了。赵诗梦忙了一整天,想打一会儿瞌睡,刚要瘫坐在沙发上,这时,鲍逸芸领了一位客人进来,此人一身接近黑色的深色中山装,头戴礼黑帽。赵诗梦吃了一惊,精神立刻抖擞起来,一边感动地叫道:"啊,还惊动你,谢谢。"一边起身准备带他去客厅敬香。

鲍逸芸轻声道:"曹先生已敬过香了,在签到簿上也签完了。"

那人是天明无线电收音机修理行老板曹旭,看到赵诗梦如此激动的样子,便解释道:"在报纸上读到了令尊大人仙逝的消息,就赶过来了。"

赵诗梦见他已敬过了香,便请其在旁边的沙发上入座,按常规简单介绍了父亲生前的病情,曹旭也照例说了一些礼貌的客套话。鲍逸芸端上茶后,也离开了书房。

曹旭环顾了一下书房,像是聊天地说道:"我们俩也认识十七八年了吧?是老朋友了。"

赵诗梦想了想,振作精神,应道:"差不多吧。"心想曹旭与自己往来不多,他们之间的每次见面,一般总是礼在先,情在后,先是礼多情少,后再是情多礼少,大概这也算是君子之交了吧。自从那次修理收音机后,他们已有四年没见面了。今天他能特地来吊唁,着实让自己深受感动,心里暗暗对自己说,不要怠慢了这位不常见的朋友。

曹旭看着赵诗梦略显疲惫的脸,做出一副亲切随和的样子,道:"原本有些话不应该在这种时候与你说的,但形势紧急,也顾不得这些了。"尔后,自说自话地起身,小心翼翼地关上了书房的门,回到沙发上,继续道,"你这么多年,看到我的各种身份,像修收音机的,电车驾驶员,糖果店老板什么的,其实都是假的,我是为国民政府工作的。以前有日本人在,我们不方便公开身份,所以只能让你看到这些。"停了停,看了一眼赵诗梦,认真地接着道,"其实,你曾经救过我的命,知道吗?"

赵诗梦诧异地瞪大着眼睛,看着他,似乎在问"是吗?怎么我不知道"。

曹旭笑嘻嘻地说:"我去你杂志社,总共两次。你还记得第一次,我是怎么出现在你的办公室吗?"赵诗梦摇了摇头,等着他的下文。他接着道,"大概是在民国二十五年的春天,那天我被两个日本人的间谍盯上了,从外滩一路跟踪过来,我还去了一次大新公司,都没能甩掉他们。在你杂志社门口,正好有一辆车子挡住了他们的视线,我就趁机溜进了你的杂志社。半个小时后,和你一起出来,我偷偷地看了一下周围,那两个人早已不见了,就和你去了卡尔登大戏院里的咖啡厅喝咖啡了。这事你还记得吗?"

赵诗梦有点懵懵懂懂,似乎记起了此事,问道:"是吗,我当时怎么一点都感觉不到呢？"

曹旭笑道："这种事情怎么会让你感觉到呢？都是命悬一线的事，在此我还是要谢谢你的救命之恩呀。"

赵诗梦客气道："哪里，哪里，这事我自己都不知道。"心中掠过一丝疑虑，他为什么要在今天重提旧事。

曹旭继续道："你不要惊讶，也请你原谅，我们在暗中对你做了长期的观察。以前我们每次碰面，我都向上峰汇报过，你的性格稳重，为人精细，聪明能干，富有正义感，给我们留下了深刻印象。上峰对你的评价是：认为你只要愿意，可以干好每一件事。在目前党国危难之际，我们急需像你这样的人才。"

赵诗梦听到这里，更是吃了一惊。其一，果不出所料，以前自己对曹旭的怀疑，得到了证实，他是属于特工之类的人；其二，发现自己无意识中已成了人家监视的对象，还进行了评估，大大地出乎预料，而且非常可恨，几乎让他愣住了，一时说不出话来。

曹旭装模作样端起茶杯，喝了一口，眼睛却始终没有离开过赵诗梦的脸，见他不说话，继续道："为党国工作，党国绝对亏待不了我们。眼下有个很短的学习班，大概只有两天时间，学习完了，该干什么还干什么，不会有任何变化。学习的内容主要是当国军撤离上海滩后，你们留守人员的注意事项。这是一个庞大的计划，还望赵兄考虑加入。"

听到这里，赵诗梦似乎终于明白了曹旭要让自己做的事情，却在心里暗暗叫苦不迭：首先，觉得自己不是做那种事情的料，自己只适合闲云野鹤般的生活；其次，心想你们已经调查过我了，怎么还看上我呢，这只能说明你们的调查评估完全是错的。不想参与政治是自己的一项原则，即使朋友间的闲聊，凡遇敏感的政治话题，自己都懒得参加。此外，曹旭刚才所说的救命故事的目的也已清楚了，是让自己以为已经是他们一条船上的人，故事的真假，则更值得怀疑了。

赵诗梦对曹旭的要求已有了答案。问题是他与曹旭一直相处得很融洽，很客气，拒绝的话，如何说出口是一大难题。

此时,赵诗梦想抽烟,先摸了摸口袋,却没找到烟斗,便想从茶几上的烟盒里取一支雪茄,却把烟盒弄落到了地上,慌乱地捡起烟盒后,东张西望到处寻找火柴,却又发现找不到,可能搜寻的动作幅度太大,而且不连贯,样子有些笨拙和难看,这一系列动作与刚才被说成为人精细似乎相差甚远。这时曹旭不慌不忙地递上了打火机,赵诗梦露出一丝歉意的微笑,接过打火机,点燃雪茄烟,打定主意,觉得自己虽与此人有着面子上的很大交情,但在这件事上不能拖泥带水,回答必须干净利落,直来直去。他又深深吸了一口雪茄,吐着青烟,慢悠悠地说道:"你们高估我了,本人有自知之明。一,向来不关心政治的事;二,更无远大抱负,只想种好自己的一亩三分地。委我重任,是在害……"他把后面的"害我"两个字,说出了一半,心想无须说出完整的,已足以表明自己的想法,曹旭是个聪明的人,其能够联想出"害"字后面的词,顿了顿,又补上一句:"我希望不要因为我们的志趣不相投,影响我们两个人之间的交情,凡是你曹某人个人需要我帮忙的,我将义不容辞。"

正等着曹旭的回复,这时有人敲门,赵诗梦起身开门,一看是鲍逸芸,她手上捏着一个白色信封,悄悄地对他说:"这是那位曹先生送的,里面装的全是美金,整整五千,数字太大了,我想先跟你说一声。"

赵诗梦接过信封说:"你说得及时。"尔后,回到了书房,把信封递给曹旭,道:"无功不受禄啊!我想这不是你个人的钞票吧,还是拿回去吧。放心好嘞,我们的交情还在。"他几乎把曹旭继续要求自己的路都堵死了。

曹旭似乎觉得有点难堪,支支吾吾道:"哎呀,这些抚慰金与此事无关,是上峰的一点心意,收下吧。"

赵诗梦心里开始有点讨厌这样的人了,因为这种人可能会影响自己太太平平的生活。为避免以后此人再找上门来,便以最客气的语气,说出最不留后路的话,笑了笑道:"我以前从来不与政府方面的人打交道,我想以后也不会。你我是老朋友,请不要改变我的习惯。"看曹旭没有再将信封塞过来的意思,便赶紧把话题引开,明知故问道,"现在外面的形势到底怎么样啦?"心想自己永远成不了他这样的人。

曹旭顺着话题,答道:"汤恩伯守不住,撤离是趋势。主动权掌握在共产党那一边,他们想什么时候进来,就什么时候进来,所以我们最近特别忙。"

原本赵诗梦还想问一句"忙点什么",可转而一想,与他这样的人谈话,大概他说的话就像他的外表一样,都化妆过的,说不定他曹旭这个名字都是假的,与这样的人说话,与这样的人交朋友,难道还有意义吗?赵诗梦想到这里,也只能看在以往的面子上,嗯嗯哈哈的了。

他们接下来的闲聊很快就结束了,赵诗梦把他送到大门口时,曹旭还认认真真地说了一句:"后会有期。"赵诗梦也客气地回敬了一句:"再见。"脸上却一点没有想再见的样子。

那天晚上,韩厂长替赵诗梦送走最后一批吊唁的客人,却迎来了厂里的常年顾问律师周之融。他们打完招呼后,周律师把自己的公文包递给韩厂长,说:"谢谢你,请帮个忙,替我把这个包拿到书房里去。"

随后,周律师直奔灵堂,赵诗梦和苏曼还有顾素贞都在守灵,他以同样的幅度,向他们一一点头,神情严肃,速度很快,似乎不容大家与他说话或打招呼,又转身拿起三炷香,在旁边蜡烛的火苗上点燃,双手把香插入香炉后,快而恭敬地连磕了三次头。尔后,对守灵的赵诗梦他们说:"请尔们一起,来书房一下。"

当赵诗梦他们鱼贯而入,进入书房时,周律师已坐在一张书桌前,拉亮了台灯,面无表情地从公文包里取出薄薄的一页纸,看了大家一眼,说:"人齐了,那我就宣布遗嘱了。"遗嘱的内容不多,极其简单,从头到尾读完不超过一分钟,大致内容为四句话:一、华兴纱厂必须由赵诗梦经营,收益亦归其所有;二、卧室保险箱里的所有财物归苏曼所有;三、此处的房屋由赵诗梦和苏曼一起居住;四、此后家里的日常开支由赵诗梦负责。

周律师宣读完遗嘱,除了一句"请大家遵照执行"没有多余的话,也没有做任何说明或解释,依然快速收起公文包,礼貌地朝他们每个人点了点头,也没对谁多说一句话,像是完成了任务急着赶回家,或者像是生怕人家要打他似的,一溜烟地出了书房,让要送他的人,追都来不及。然而,周律师从进门上香磕头、读遗嘱到出门,一气呵成,是有其道理的,似乎避免与继承人有任何接触,避免不必要的非议,显示其公正性,颇有职业素养。

赵诗梦他们三个人对遗嘱都没有异议,出奇的平静,或许他们事先已经知道了遗嘱的内容,或许遗嘱的内容和他们心里想的一样,周律师过来,只不过履行一下手续而已。

子夜,天空乌黑乌黑的,春雨也开始大了起来,淅淅沥沥的,花园里弥漫着雨滴声。客厅里依然灯火通明,可诵经声已停了,来帮忙的人都回家了,佣人也休息了,两位女主人都已上了楼,客厅里只留下了赵诗梦和韩厂长。他们坐在灵堂一侧,算是守灵,他们两把椅子中间,放着一只高脚茶几,上面有烟缸和茶杯,一切都像静止似的。赵诗梦环顾客厅,随后又敬了一炷香,像是很累的样子,坐回到原来的位子上,拿出烟斗,装烟点燃,深吸了一口,注视着父亲的遗像,慢慢地吐出了一句:"父亲总算把厂子交给我了。"像是在传达父亲遗嘱内容似的。

韩厂长说:"令尊生前不止一次和我说过,厂子是他毕生的心血,他最大的心愿,就是把厂子交给你,希望你把它继续做下去,做好,还要我好好地协助你。"

隔了一会儿,赵诗梦喃喃地自言自语道:"问题是局势不稳呀。"自从抗日战争结束,随着他去工厂的次数增加,尤其他帮着建造了宿舍楼后,他对工厂的态度也随之改变了不少,不再像以前那样讨厌工厂了,当然不是出于他的兴趣,而是有点像不请自来的一种责任。在听到周律师宣布工厂由他负责经营时,这种责任突然一下子变得确定了,增大了,成了一种不可推卸的责任了。这种感觉,绝不是像常人得到遗产的感觉,更像是一个不可丢弃的大包袱。

韩厂长慢悠悠地答道:"局势不稳,有局势不稳的做法,我们又不是没有遇到过。在日本人占领时期，我们遇到过什么收购呀，管制呀，合并呀，还少吗？我们连哄带骗，开开停停，在他们眼皮底下把厂子保护得好好的，不是也过来了嘛。"顿了顿，又说，"你也用不着太担心，只要我们自己不放弃，就可以了，没有过不去的坎，谁也不可能拿走你的工厂。"赵诗梦心想，或许他听父亲说起过自己以前对工厂不感兴趣，所以说出了最后一句，来鼓励自己，胸中涌出一股感激之情。

赵诗梦叹了一口气，犹犹豫豫道："话是这么说，可这次有点不一样。现在就有许多人走了。刚才来的好莱坞照相馆吴老板夫妇，我的一个很要好的朋友，前几天，匆匆忙忙地把照相馆三钿不值两钿卖掉①了，大后天就去南洋，他们吃定②以后在上海滩的日子不会好过的吧。"又情绪低落地补充道，"本来，今天晚上我要去吃吴老板的送别饭，还准备好好地送送他呐。"

韩厂长说："哎，每个家庭，有每个家庭的情况，他们走，或许有他们的道理，或许他们本来就在外面有个根，现在正好是机会。"歇了歇，又说，"处理一个厂子，可不比处理一家照相馆那么简单。"

赵诗梦纠正道："哦，我不是说要像他们一样，要离开上海滩，而是说，我的吴兄这么一去，不知道什么时候才会回来，朋友都变得七零八落了。"语气有些沉重，有些哀愁。

这时，张妈端着两碗水潽蛋，轻手轻脚地进来，把水潽蛋放在茶几上，轻声道："吃点点心吧。"

赵诗梦吃了一口水潽蛋，说："张妈，你别忙了，早点去睡吧。"

张妈默默地为他们收拾了烟缸，重新倒了茶，尔后，敬了一炷香，又合起双手，对着遗像拜了拜，才去休息。

韩厂长或许知道赵诗梦无处可去，或许知道他不会离开上海滩，他望着张妈的背影，说："上海滩开厂子的不是我们一家，他们能够过，我们也能过。如果过不下去，我们再处理厂子也不迟。"

---

① 三钿不值两钿卖掉：（沪语）意为打折、廉价处置。
② 吃定：（沪语）认定。

赵诗梦说:"是啊,我也是这样想的。以前我有些讨厌去厂里,现在,我倒是想要好好地把它办下去了,不知道行不行。我想老话说得好,'船到桥门自然直',总会过得去的吧。"

赵诗梦知道,眼下他们讨论这个话题是不会有结果的,他便劝韩厂长早点回去休息。韩厂长伸了伸脖子,叹了口气,又敬了一炷香,说:"令尊对我不错,让我多陪陪他吧。"此后,两个人默默地坐了很久。

上海滩五月份的傍晚,来得很迟,晚饭过后,才有了夕阳,明一层暗一层,高低不同的云堆积在天空中,随着风不断地在翻滚,不断地在博弈,显露出或明或暗,或灰或蓝,变幻莫测。当太阳接近地面的一刹那,就像一头巨大的怪兽,钻出层层厚云,张开一张通红通红的血盆大嘴,喷薄而出的阳光,冲破云层,射出一道金红色的光芒,仿佛把混乱灰暗的天空一劈为二,横贯上海滩的上方,就像一把带血的红色利剑,直指远方深蓝的天际,染红了下方的马路、弄堂、房子、车辆、树木还有行人,城市的一切淹没在暗红色之中。

赵诗梦此时恰巧驾车离开纱厂回家,他一边开车,一边欣赏着奇特的美景,随着时间的推移,他发现车窗外的天色渐渐地暗了起来,不知不觉中,那道光芒也随之由通红变成了暗红,血红变成了红里带黑,越来越暗,直至变灰变黑,像燃尽的木炭灰一样,让人感到凉凉的。

赵诗梦一路回家,目睹了夕阳的全过程,在天完全黑的时候到家了。客厅里没有开灯,很暗,他拉亮了电灯,放下公文包后第一件事,依旧是在家父的遗像前上三炷香。当他正准备合手叩拜时,看到遗像旁边放着一封信,感觉有些不同寻常,停下手来,取信打开读了起来:

诗梦:

  姨妈要去台湾,要我送她到那里,我去去就回,大概一两个月时间。望多保重。

落款一个字"贞"。她俩要去台湾,赵诗梦事先一点都不知道,在他的意识中她俩妇道之人,在如此兵荒马乱的时候,怎么可能出得了上海滩,去得台湾呐,肯定背后有什么人在操纵,甚至是阴谋。

他拿着信,在厨房间找到了张妈,询问情况。张妈抬起头望着他,像是自己做错了什么事似的,慌慌张张地说:"今天中午,那个军官,苟旅长急急忙忙地来了,他们三人在楼上待了一会儿,后来,就叫人帮忙拎下来几只箱子,搬上了苟旅长的吉普车,少奶奶把这封信放在了那里,要我提醒你看,就走了。我看他们像是出远门去的,问他们什么时候回来,少奶奶说最多一两月就回来,去哪里也没有说。"她看着赵诗梦手中捏着的信,像是在问,信里是怎么说的?

张妈的回答,证实了赵诗梦的猜测,他一点没有惊愕,相反有点释怀的感觉,他说:"他们去台湾了,不会回来了。"

张妈怀疑地补了一句:"他们带的东西不多,只有三只箱子,两大一小。"言外之意,如果他们不准备回来,则要带更多的东西。

赵诗梦介绍说:"现在,台湾不是谁都可以随便去的,需要特别的通行证,而且大多数是坐军舰去,或者坐飞机去,当然不可能带很多东西,他们只要带走保险箱里的东西就够了。父亲留在保险箱里的钱,足够她们在台湾再置办一个新家的了。"说出这句话时,他眼睛一亮,突然发现家父有先见之明。

张妈疑疑惑惑,自言自语道:"她们怎么可以这样呢,说不回来,就不回来呢?"她替赵诗梦倒了杯茶。

赵诗梦喝了一口茶,解释道:"以后上海滩是共产党的天下,那个姓苟的,还敢回来吗?他们三人沾亲带故的,是一家人。他们怎么会回来呀?"

张妈愣了好长时间,叹了一口气,道:"哎,她们这样一走,这个家,就支离破碎了。你看看呀,你在上海,儿子在美国,少奶奶在台湾,老先生在天国。"语气中充满了伤感,她掏出手绢,揉了揉眼睛。

赵诗梦对于她们的出走并不感到难过,也不气愤,只不过有点意外,似乎来得早了点,但看到张妈能如此看重他们的家庭,这是他没有想到的。他无限的感慨,轻轻地抚摸了一下她的肩膀,苦笑着安慰道:"不要难过,支离破碎了,也许我们会过得更好。"说出这句话,他似乎感到自己有了新的起点了,而且用了"我们",似乎他的心里已把张妈当成了自己的亲人。

那诡异的晚霞出现之后,接连好几天,时阴时雨,让人心烦意乱。赵诗梦的家庭在一个月内发生了太大的变故,虽然这些变故不是没有一点征兆,但对他来讲,还是有着巨大的冲击,这种冲击不是由于悲伤引起的,而是他面对今后生活思考所产生的。他现在变成了茕茕孑立之人,连一个不完美的家也没有了。那个以前被叫作"家"的地方,成了他单纯完成睡觉的地方了;白天幸好还有纱厂和杂志社,表面上他依然在这两个地方两头跑,只是发呆的概率增多了,他的内心世界正在发生着微妙的变化。

那几天报纸上,每天都在连篇累牍地报道上海滩周围的战事,仿佛在预示着一个巨大的变化,然而对赵诗梦来讲,家庭变故给他带来的冲击,远大于外部世界的变化。有时候,他坐在杂志社的办公室里,匆匆浏览报纸后,会对着外间出神,胡思乱想,有意无意地关注着外面两个年轻人的一举一动,尤其对鲍逸芸,甚至在脑子里时常浮现出那句"即使做小,也可以"的话,每当这个时候,他不免联想到自己已是孤家寡人了。

外面的形势变化很快。前几天让人心惊肉跳的远处的炮声和近处的枪声渐渐消失了,转而传来的是欢呼雀跃、人声鼎沸的欢迎声,口号声一阵高过一阵。整个上海滩沸腾了,大街上的游行队伍源源不断,喜欢看热闹的市民把马路围得水泄不通,人山人海,还有人在马路中央扭起了秧歌,打起了腰鼓,处处是标语,人人在喊口号,似乎空气中洋溢着一种亢奋。

那天是上海滩连日阴雨之后难得的一个好天气,赵诗梦和小杜他们跨出办公室,小杜和鲍逸芸像过节日的小孩冲在前面,兴奋无比,充满了热情。或许赵诗梦的年龄比他们大许多,比不上他们活跃,跟不上他们的节奏,总显得力不从心,一副姗姗的样子,跟在后面。杂志社门口的两条马路早已更名为凤阳路和黄河路,他们三人先后到达黄河路口,国际大饭店下面,那里正好是一个丁字路口,马路比较开阔,游行已在进行,路两旁挤满了市民,远处望去像一座人墙似的,有人还爬上了树,朝马路当中张望,只听到锣鼓喧天,却无法看到敲锣打鼓的人。一眨眼的工夫,落在后面的赵诗梦已找不到他们两个人了。为了看清游行队伍,他不得不一点点地扒开人群,慢慢地人贴人,挤进了人墙,幸亏身材略微高了一点,越过人们的头顶,看到游行队伍前行的很慢,几乎停滞不前。一群人拿着简单的道具,正在打腰鼓,扭秧歌,这种花鼓歌舞以前在上海滩很少见,在马路上表演则更少,赵诗梦也是第一次看到。他又往前面挤了挤,发现许多男男女女市民也混在其中扭着秧歌,突然看见有人向他挥手,定神一看是鲍逸芸。她笑得很开心,就像小孩在玩一个新奇的游戏,卖力地跟着鼓点,歪歪扭扭地扭着,他微笑着同样朝她招了招手,似乎在说尽情地玩吧。游行队伍又开始缓慢朝前移动了,他看着鲍逸芸扭秧歌的背影,她的身材虽很好,似乎她穿着的那件旗袍不太适合扭秧歌,动作幅度不是太大,就是太小,有点不协调,但不失清新柔美,在花花绿绿扭秧歌的人群中显得特别招摇。他暗暗感到有些好笑,心想自己从来没有同她跳过舞,心里不免有些遗憾,甚至感到有种对她亏欠的感觉。

　　马路两旁的人都在看热闹的游行场面,而赵诗梦却只看鲍逸芸一个人,望着她的背影,发现自己在看她时的心情似乎与以前有所不同,以往欣赏的成分多一点,冲动的成分少一点,而今自己家庭发生了质的变化,且说不上这种变化将持续多久,但孤家寡人的感觉是实实在在的,让人难以承受,这似乎有了名正言顺的冲动的理由。因此欣赏的成分变得淡了,有了心猿意马、遐想联翩的感觉,甚至心想鲍逸芸对自己的感觉也会莫逆于心吧。当扭秧歌打腰鼓的队伍全部走过后,鲍逸芸的背影消失了,他实在吃不消如此拥挤的人群,开始慢慢地往后退,小杜正伸着脖子，从他前面挤过，他告诉小杜自己不愿意再挤了，去国际大饭店三楼等他们，便挤出了人墙。

当他走到国际大饭店门前，习惯地朝东面的好莱坞照相馆瞥了一眼，照相馆的门面依旧不曾有任何变化，心想吴进源已去了南洋，让他感到心里空空的，像是失去了一位挚友，很不舒服。

饭店的三楼安静了许多，客人不多。赵诗梦挑了一个靠窗的位子坐下，从巨大的窗户往下望去，游行队伍见首不见尾，像潮水一样涌来。他要了一杯咖啡和一份报纸，侍从在端上咖啡的同时给他带来了一叠报纸，放在最上面的是当天的《解放日报》，这是一份新报纸。他一边喝咖啡，一边读起了报纸，有时候眼睛游离报纸，看看窗外的游行，看看洋眼①，可手中却始终捏着那份《解放日报》，耷拉着脑袋，一副百无聊赖的样子，等着小杜他们回来。

吃午饭的时候，小杜和鲍逸芸来到了他的面前，满头大汗的鲍逸芸一坐到位子上，立刻又意犹未尽地撅起了屁股，趴在玻璃窗户上，看着下面的游行，好像心思还没有在吃饭的上面。他们三人已不是第一次一起到这里来吃午饭，就像一家子人似的，赵诗梦知道他们喜欢吃的东西，便放下手中的报纸，自说自话地为他们点了美国的可乐饮料、七分熟的牛排和配菜，还特地为鲍逸芸点了一份她最爱的甜点冰激凌。他点完了餐，打发了侍从，看到鲍逸芸还是把头紧贴在玻璃窗户上往外面看，像是窗外有着巨大的吸引力，把她拉住似的，便一声不响地等她将外面的风景看个够。

过了好一会，鲍逸芸才坐回到餐桌边，抹了抹汗津津的额头，伸手拿起可乐，喝了起来，喜滋滋地问道："你们看我刚才扭秧歌扭得怎么样？"

小杜直言道："起先不怎么样，就像在扭屁股，当游行过了大新公司后，扭得还蛮灵的。"接着问，"你会跳舞吗？"

---

① 看洋眼：（沪语）心不在焉，到处乱看。

鲍逸芸答道："我从来没有跳过舞，应该不会吧。可我觉得现在我扭秧歌扭得不错，跳舞不会很难的，大概跟扭秧歌差不多吧。"

小杜可能自以为会跳舞，笑着说："跳舞有许多种了，是西洋的玩意儿。扭秧歌是从中国北方来的东西，有乡土气息，似乎不太一样吧。两者我都不会，但我宁可跳舞。"

赵诗梦问："你们一直到了哪里，才调头回来的？"

鲍逸芸答道："我到了原来工部局门口，现在那里变成军管会了，所有的游行都在那里停留，军管会周围的四条马路上全都是人，盛况空前呀，太挤了，我就回来了。在永安公司门口恰好碰到小杜，他一本正经地在看着游行队伍里的那几辆坦克车。"

小杜接着道："社长，你还算好没去，否则你肯定吃不消的，在大新公司门口，人多到没法走路。"

赵诗梦感叹道："我待在这里看看，也觉得真结棍①，上海滩从来没有过如此大的场面。"

鲍逸芸道："要是上海滩天天有这样热闹的游行就好了。"她的口气里充满着天真无邪和亢奋，说完大家都笑了。赵诗梦或许觉得自己已有些年纪了，跟不上这样的热闹了，笑容里有一丝难以察觉的尴尬。

凑了几天的热闹，玩够了后，日子又恢复了往常。然而，他们这几天在马路上，报纸上读到的每一条新标语，听到的每一句新口号，都深深地印在他们的心中，就如在他们每一个人的心中播下了种子。

随着时间的推移，时代的潮流推着人们朝前奔跑，速度之快难以想象。小杜和鲍逸芸很快就接受了时代赋予他们的新东西，他们俩都像换了一个人似的，你一三五晚上参与各种社会活动，我二四六晚上在外学习开会，他们很快把学到的新概念新思想引入到了杂志社；而赵诗梦有点懒，似乎有着强力的惰性，一时难以转变，依然按照陈规旧律行事，对必须参加学习开会之类的事情，能躲则躲，仿佛这些事情都在搅乱自

---

① 结棍：(沪语)厉害。

己安逸的生活,所以一概敷衍了事。

几个月后的一天下午,杂志社来了一位穿军服的人,对外间的小杜和鲍逸芸说他们首长要见赵诗梦,把这两个年轻人吓得不轻,无奈地把那人带入赵诗梦里间的编辑室。那人见了赵诗梦,依然只说那句:"我们首长要见你。"

赵诗梦问:"你们首长是谁?"他见那人个子不高,军服外面束一根皮带,使得军服看上去很长,与他的个子有些不协调。脚上是一双黑布鞋,头戴一顶没有帽徽的军帽,脸颊黑里透红,很有精神,还带着一股稚气未脱的味道,而眼神里有一种与他年龄不相称的高傲和威严。

那人以夹着方言的口音,简单地答道:"你去了,就知道了。"语气有力而坚定,透着一股"你去也得去,不去也得去"的味道。

赵诗梦第一次遇到这种情况,非常不习惯同这样的年轻人打交道。心想"是福不是祸,是祸躲不过",自己没有违法犯罪,也没有做过对新政府不利的事情,不用怕,默默地跟着那人出了门,集中所有的注意力在脑海中搜索与自己有关的、可以被称为首长的人,可一无所获。

在大门口,赵诗梦跟着那人坐上了一辆美式的军用吉普车。或许他记起以前停在家门口的那辆吉普车,或许坐这种车子没有小轿车舒服,他对这种车子没有好感,怎么也喜欢不起来。他耐着性子挨到了目的地,一看是区政府,他心里一紧。周围都是穿黄色军服的,或者一身短打,几乎没人穿西服的,感到自己笔挺的西装在这里显得很不搭调,有一种另类的感觉,仿佛自己像个怪物,想打退堂鼓,已经来不及了,只能一声不响地随着那年轻人往里走,更加不敢多问一句。

那人引他到二楼最里面的一间办公室,他紧张地进门朝里面一看,布置简单得不能再简单的房间里,非常明亮,有两个男人坐在白色的沙发上谈事情。他们见他进来,立刻起身,其中一位匆忙告辞了,又为他们关上了房门,另一位笑盈盈地开口招呼道:"赵社长,你好,好久不见了,还认得出我吗?"

赵诗梦眼前是一位身着淡黄色棉布军服,谈不上挺括,但非常整洁,和起先领他进门的那人一样,没有佩戴军衔标志,也没有戴帽子。据他所知,这种着装就像一股强劲的新风,冲击着上海滩时尚的人群,风头盖过了市面上所有的中西式服装,在五光十色、花花绿绿的世界里非常醒目,会让人产生一种莫名的敬畏感。这种着装似乎超出了服装本身的意义,虽不戴领章帽徽,却是一种经历的注解,或者是一种身份的象征,甚至在某种意义上讲,是一种政治背景的标志。穿这样军服的人大多数是从北方南下的,刚刚进入上海滩不久的,或者退伍不久的军人,说话时或多或少带着各种南腔北调的口音,而站在赵诗梦面前的那人,却说得一口地道的上海本地话,使他一时反应不过来,没了方向,可听那人的声音,似乎有种既熟悉又陌生的感觉,有一种睽违已久的感觉,正在发愣的时候,那人又补了一句:"我是鲍逸敏,杂志社的阿敏呀。"

赵诗梦反应过来了,正要把"阿敏"两个字叫出口,鲍逸敏已伸出双手,迅速抱住了他的双肩,尔后,他们两双手紧紧地握在了一起。这时有人进来送茶水,打断了久别重逢的仪式,分别坐到了面对面的沙发上。赵诗梦刚才的拘谨和紧张一下子全没了,他接过茶杯,顾不得送茶的人还没走出房间,便感叹地问道:"啊,原来是你呀,什么时候回来的?这么多年去了哪里?"

鲍逸敏笑眯眯地盯着他,答道:"一个多月前回来的。"

赵诗梦的脑子里闪过一个想法,还算好,刚才没有脱口而出叫"阿敏",因为眼前的那个人,他的身份和地位显然已经不适合再叫他"阿敏"了。心想不叫他"阿敏",那叫他什么呢?叫"小鲍""鲍先生",觉得都有些不合适,要么就直接叫"鲍首长",可一下子有点叫不出口,有点别扭。他索性就不带称呼了,直接出口道:"出去了多少年啦?"

鲍逸敏道:"整整十二年了。"笑着继续道,"真不好意思,那年,我走的时候,没有向你道别。"

赵诗梦见到了鲍逸敏,脑子里涌出许许多多的往事,有太多的事情想知道,有太多的猜测要证实,可他不知道从哪里说起,只能善解人意地说:"没关系,那时你肯定有难处。"接下来,饶有兴趣地问道,"你去了哪里?"其实,这个问题,他心里早已有了答案,即使以前没有猜出来,现在看到了这身军服,也就一目了然了,只是想证实一下而已。

鲍逸敏笑了笑,答道:"我和一些朋友去了延安,抗战结束后,去了山东,而后革命形势发展很快,又随着大部队南下,上海解放了,就回到了上海。由于一直没有固定的地方,所以没法给家里写信,还不知道家里的情况怎么样呢?"虽然话语极其简单,像是出门旅行了一趟,口气中有一种解密的快感,甚至能让人感觉不到因未与家里通信的遗憾,可眼神里却有着一丝让人不易察觉的骄傲和得意,似乎在等待人们的夸奖和羡慕。

赵诗梦听到"革命"两字,心里咯噔一下,敏锐地捕捉到了他眼神里传递出来的信息。看了看他穿着的军服,又看了看自己的西装,心里刚才的感觉再次泛了出来,有些莫名其妙的惶恐,仿佛感到自己比他矮了一大截,心想毕竟人家今非昔比了,甚至恐怕自己与他不是同路人。

鲍逸敏看他愣在那里没说话,就接着道:"赵社长,别来无恙吧?看上去蛮精神的。前几天,我在外面的书报摊上看到《蓝玫瑰》,就买了一本,真是百感交集呀。"是一种居高临下的语气,仿佛是长辈在关怀下属。

听了这话,赵诗梦回过神来,条件反射似的敷衍道:"我嘛,还是老样子,还是老样子。"他估计鲍逸敏还没有与家里的两个妹妹联系上,心想如果立刻说出她们姐妹俩,就肯定要提到他父母,那就不知道该怎么说了,生怕他一时接受不了,所以考虑先把话往外兜一圈再说,便回到了先前的话题,"哦,我早就猜到了,你走的那年,上海滩去那里的人很多,按照有些书里的说法,'就像灯塔似的,照耀着许多年轻人去那里',但现在听到回来的,你还是第一个。"在说这话的一刻,赵诗梦又记起了他去的时候,好像是和一个舞女出走的,还丢掉了家里为其找的未婚妻,想问一下到底是怎么回事,但有些问不出口,只能笑眯眯地望着他,等着他自己开口。

鲍逸敏不乏豪爽地说:"那时,我还很年轻嘞,年幼无知,去的时候,还不知道那里是个什么样的地方。当时碰到那个女人,就像被灌了迷魂汤,只是为了逃离上海滩,过两人世界,什么都顾不上了。"喝了一口茶,看了赵诗梦一眼,蹦出一句,"为了逃婚。"又顿了顿,苦笑着说,"你也知道,我也用不着瞒你,那时没有办法,还拿了你几百块钱。最初在上海躲了一段时间,后来她周围的有些朋友去那里,我们就跟着去试试看,可这一试,就十二年。"

赵诗梦看到他说的还蛮实在的,笑着一挥手,看了看他那一身的军服,略带奉承的口吻道:"那些小钱,不值得一提。你们走的这条路,现在看来是值得的,是很值得的呀。"其实,他原本想学着说"革命的道路",可话到了嘴边,怎么也说不出口,最终变成了这么一句。尔后,做出一副很随意的样子,问道,"那跟你一起去的那女的,就是大都会舞厅的那个吧?她现在也跟你一起回来了?"他拉了一把,又追击了一下,两者配合得恰到好处。

鲍逸敏笑了笑说:"是的,就是那个女人。"停了停,又看了看他,接着说,"她呀,你知道的,这种地方出来的女人,找起男人来,堪称一绝,是个高手。我们随着大队人马到了山东后,她找到了大官,就和我离了,她现在大概在北京。"

这样的回答,是赵诗梦没有想到的,无意间戳到了鲍逸敏的痛处,觉得自己问得太多了,而且有点放肆。但他的坦率着实令赵诗梦很诧异,心想毕竟人家见过大风大浪的,有着坚强的神经,即使现在直接告诉他父母去世的消息,估计他应该经受得起这一打击。赵诗梦看了看他,明知故问道:"你回上海的这段日子里,还没去家里看过吧?"

鲍逸敏接口道:"是啊,我找你来,就是想问问我家里的情况。前几天,我去原来我家住的地方找过,可他们已经搬家了,新的地址你知道吗?"

赵诗梦说："你的妹妹鲍逸芸，就在杂志社里，你走了以后，我跟你父亲商量，就让她接替你的位子，一直干到现在。"

鲍逸敏毫不掩饰兴奋之情，叫了起来："那你为什么不把她带来？"

赵诗梦笑着答道："你派来的人，没有对我报你的尊姓大名，只说是首长要见我，我怎么把她带来呀。"

鲍逸敏没有说明为什么没有叫那人直接报出姓名，而是迅速问道："我父母还好吗？"

赵诗梦只能如实告诉他当时的情景，他的神情也随之暗淡下来，沉默了好长时间，他用呆呆的眼神注视着赵诗梦，问道："我父母，哪一年走的？"

赵诗梦想了想，回道："你母亲在你出走没多久就去世了，太平洋战争爆发的第二年夏天，你父亲在广慈医院走的。"

鲍逸敏慢慢地低下了头，像是在沉思，又像是在回忆，随后抬头有气无力地说道："在那段时间里，肯定是你在照顾着他们，太感激你了。我走的时候，我知道，逸芸十五岁，逸虹才十岁，都是读书花钱的时候，父亲身体一直不好，失业在家，几乎没有收入。如果没人帮忙照顾他们，在上海滩是活不下去的。"

赵诗梦以平稳的口气道："你不要这么感谢我。令尊和我是挚友，我们理应不分彼此，而且你妹妹鲍逸芸聪明好学，帮了杂志社不少忙，我感激她还来不及呢。她把妹妹也培养得很好，小妹现在是永安公司的职员，蛮有出息的。"

鲍逸敏听到赵诗梦是如此了解他的家庭，他是个头脑敏锐的人，从这短短的几句话里，可以听出赵诗梦在照顾着他们一家人，尤其那句"她把妹妹也培养得很好"，这其实都是他的功劳，在履行着原本是自己应该承担的责任，心里升起一股真诚的感激和愧疚，越想越感到当时的自己太不负责任了，甚至渺小而猥琐，这种感觉他以前从来没有过的，然而，又觉得碍于眼下自己的身份，不想把感激的话说得太直白，以免掉身价掉得太厉害。他的眼睛直勾勾地盯着赵诗梦，眼睛里似乎还有泪珠在滚动，嘴唇有点颤动，整个脸是一副似哭非哭，似笑非笑的样子，憋了好长一会，突然蹦出一句："赵社长，你……是我们家里的大恩人，我……真不应该这样一走了之。"他样子有点可笑，有点古怪，倒也不失庄重，但似乎不会让人怀疑他说此话的真情实意。

　　或许鲍逸敏这话说得过于一本正经，听上去有点滑稽，有点像忏悔和自责；或许赵诗梦从来没有人称他为恩人，或许从来没有看到过鲍逸敏有这样的表情，赵诗梦大笑道："哦，千万不要说恩人什么的，这些都是她们姐妹俩自己努力得来的，跟我没有半点关系。"停了停，提议道，"你还没有和她们俩团聚，要不今天晚上，在梅龙镇摆一桌，叫她们俩来为你接风洗尘，她们俩看到你现在这样威风的样子，做了大官，肯定会高兴得不得了。我再把小杜也叫上。"他在说此话的时候，突然想到自己还算好与鲍逸芸无染，就算有那句"即使做小，也可以"的话，毕竟自己是有婚姻的人，至今还不知道这个婚姻是死是活，还是只把她当一颗珍贵的钻石捧着得好，否则将戴上乘人之危、不干不净的帽子。更何况她的亲哥哥又是这样大的官，那就太不好玩了，有点为自己当时的决定而得意。

　　鲍逸敏谦虚道："什么大官呀，只不过是个副区长。"犹豫了一下，继续道，"这个酒席怎么能让你来操心呢。是我要好好谢谢你才是呀。"接着他们谈笑甚欢，直至太阳西下，华灯初上。

　　在以后的一段时间里，鲍逸芸每天都有新鲜的故事，在办公室里不厌其烦地说着他哥哥的故事和她的新发现。说哥哥有个非常可爱的儿子，今年五岁了，现在由机关里的阿姨带着，他这么小，阿姨就开始教他认字呢；说哥哥和儿子住在淮海中路上一栋漂亮的外国公寓里，他嫌家里有好几个房间空着不好，让我们姐妹俩一起过去住。

　　有一次，赵诗梦在自己的编辑室里，无意中听到鲍逸芸一板一眼认真地向小杜介绍道："淮海中路上的房子可好啦，住在四楼，不用走楼梯，有电梯，打开窗户就能看到外头梧桐树的树梢，看淮海中路，也煞煞清①。窗帘是两层的,地板是打蜡的,厨房间有一点就燃的煤气灶,家里还有专门的卫生间,用的是和大新公司厕所里一样的抽水马桶。前面一家住户搬走的时候,好像什么都没有带走,就连碗橱里的金边细瓷碗盆,铮亮的西式餐具都像新的一样,放在那儿。"她说这话的声音,高昂而清脆,非常悦耳,纯粹是自然流露,没有一丝做作,充满了幸福感。

小杜问道:"那里很贵的,以前都是些外国有钱人住的,阿敏真有福气呀,怎么会住到那么高级的房子里去的呀?"语气里透着一股馋嘴猫般的味道。

鲍逸芸愣了愣,不知道是她真的不知道,还是装糊涂,意犹未尽地感叹道:"我也不知道他怎么搞的,反正改朝换代了嘛。我现在住在里面,感觉太舒服了。我看这栋公寓里都住着像我哥哥那样的人,都是些有福之人。"停了停,换了一个坐姿,面朝小杜,起劲地介绍道,"我跟你说个笑话。前天,我们家里来了一个新的老妈子②,她竟然说这栋房子里住的都是小开,被我哥哥骂了一通,开什么玩笑,我们全都是的的刮刮③的革命干部家庭。你说好笑不好笑,真是有眼无珠。"说话声依然高昂而清脆,她把"革命干部家庭"这个词说得很重,仿佛生怕人家听不见。

或许小杜意识到她的幸福感和自己太不沾边,并没有跟着笑,不以为然地说:"没错呀,以前确实是一些小开呀、外国人呀、洋行里的高级职员住在那种地方的。"

鲍逸芸怏怏地辩解道:"以前那种地方是上等人住的,可现在他们都逃跑了,……我们才是真正的上等人了。"说话的声音没有刚才那样的高昂,仿佛她也不能完全确定"我们才是真正的上等人了",这句话是否正确。

---

① 煞煞清:(沪语)非常清楚。
② 老妈子:佣人。
③ 的的刮刮:(沪语)此处意为标准的、货真价实的。

小杜似乎在忙着案头的事,并不在听,而鲍逸芸说这些事的兴趣一点都没有减退,似乎突然想起了似的,伴随着开心的笑声,叫道:"我妹妹这个人呀,平时要到公共浴室去洗澡,她从来不喜欢洗澡。可自从住了公寓后,有了浴室,天天晚上要洗澡,洗完澡就在房间里转来转去,说'真好·真好,我现在也算住洋房,看外国电影了,可惜好莱坞电影不让放了'。她还说今后要像真正的上等人那样生活。笑死人了,你说她懂事,还是不懂事……"又是一阵自说自话的"咯咯"的清脆笑声。

凡当鲍逸芸在喋喋不休地数着有关她哥哥的好的时候,赵诗梦总要悄悄地溜进自己的办公室,或者躲在办公室里面不出来,只让小杜与其周旋。此时,赵诗梦的心情,犹如一个人站在码头上,手里捏着一张过期的船票,看着自己要上的轮船徐徐离开,驶向远方。然而,鲍逸芸这种自说自话骄傲的笑声还时不时地传入了他的耳中,他一点都不喜欢那种笑声了,甚至有点怕听到这样的声音。

随着时间的推移,赵诗梦很快发现这两个年轻人经常在外间悄悄地讨论着什么,有些神神秘秘。那天下午,赵诗梦依旧打了个瞌睡,准备出门赴约,穿上大衣,在拉开房门的一刹那,听到小杜在说:"……你说他开工厂剥削工人,这个我没意见,可社长对我们这么好,我们的生活在上海滩也不算差,应该不算是对我们俩剥削吧,有时社里账上没钱,他还用自己口袋里的钱垫进去呢,即使这是剥削,那我也心甘情愿,还要感谢他呢。"

赵诗梦从来没有听到过有人背后如此议论自己,感到非常有趣,他停住了开门,想继续听下去。

接着是鲍逸芸的说话声,虽然声音不响,但明显听得出是有意压低的,她说:"我不是说他对我们不好,他对我们确实是很好,这我承认。可是按照我在外面上课的老师跟我们讲的,他还是存在剥削的,还是我们养活了他,而不是他养活了我们。以前我也理解不了,我老师讲'新闻出版事业具有资本和阶级的双重属性',我们杂志社至少属于出版业,出版业虽不像纱厂拥有厂房机器,但有资本才能运作,只要有资本,就有剥削,我们没有资产,只能忍受他们的剥削,我们是无产阶级,现在好了……"

小杜打断道:"不过,我到现在还没有想通,以前我们谁不想认认真真的干活,以后有钱了做老板,难道这不对吗?"

鲍逸芸压低着声音,却在语言中夹杂着一丝女人特有的凶悍,继续道:"你真落后,你以前想做老板的想法是错的。他们就是老板,是大老板,但是,现在是资产阶级,是要被社会所唾弃的,我们杂志社可不能做反动派的喉舌……"她说话声即使再低,也有一股刺耳的,让人心颤的力量,透出了她巨大的自信。

他们说的这种概念很新,却传播的很快,似乎还很得人心,赵诗梦在不同的场合或者在报纸上早已见过,可今天是从这两个自己看着长大的年轻人的嘴里听到,就像有人扒开他的衣服,又给他当头一棒。他不曾想到他们也会有这样的想法,他不愿意再听下去了,可双腿迈不动步子,合着大衣,闭着眼睛,一下子横倒在沙发上。听到这些话,仿佛在他与这俩年轻人之间撕开了一条口子,成了不同路线上的人了。尤其鲍逸芸说那些话时的语气,让他心如刀割,彻底改变了自己以往对她的看法和期待,如同看着眼前闪闪发亮的钻石突然间变成了一块乌黑的石头,而且坚硬无比。他在沙发上郁闷了好长一会儿才起身,仿佛去另一个世界晃了一圈,又回到了这个现实世界。

他恍恍惚惚拿起茶杯,喝了一口茶,又故意用茶杯盖碰了碰茶杯,弄出一点声响,像是向外间的人发出"我的瞌睡醒了,请不要再说悄悄话了"的信号,尔后他打开房门,依然像往常一样,礼貌而优雅地朝他们点了点头,跨出了大门。

赵诗梦用围巾捂住了下半个脸,迎着寒风,走在凤阳路上,脑子里全是刚刚从他们那里听来的新概念,这让他感到非常无奈。然而,他是接受过西洋教育的人,又是在这座城市文化熏陶下成长起来的人,很拎得清①,

---

① 拎得清:(沪语)此处意为识相,知趣。

在诧异之余,便把对鲍逸芸的那点蠢蠢欲动,悄悄地锁进心中的最底层。在以后的日子里,他再也想不起那句"即使做小,也可以"的话;同时,朦胧地意识到,自己的《蓝玫瑰》杂志也该到寿终正寝的时候了。

  起诗梦被时代的潮流裹挟着向前走。从那天以后,他每天更加认真地寻找报纸有关形势和政策的文章,不论喜欢与否,总是认真阅读,使自己不被时代的潮流所淘汰。有一天,他从报上读到了"发展生产,繁荣经济,公私兼顾,劳资两利"标题,仿佛感到自己被时代的潮流冲到了一块安全岛上,安心了不少。标题中的四句话,句句说到了他的心里,在他看来句句对自己有利,让他精神有了稍许的振奋,哪怕这种振奋转瞬即逝,也会使他脸上停留一会儿笑容。

第十五章　守 法 户

太阳已经升得很高了,赵诗梦睁开惺忪的眼睛,看到阳光从窗帘的缝隙中透了进来,他伸了个大大的懒腰,起身缓缓地拉开窗帘,让阳光洒满全身。他看着窗外光秃秃的树枝,发了一会儿呆,盘算着如何打发这一天,拿起烟斗,又放下,决定今天去纱厂里一次。

尔后,他开始笃悠悠地洗漱,照着镜子,把脸颊修得干干净净,头发也梳得一丝不苟,打开衣柜,取出一套深藏青色西装,在镜前,把西装贴在身上比了比,感到非常满意,又想起了自己曾经有一根暗蓝色小格子的领带,可一直记不起放在哪里了,便打开旁边的柜子,看到里面尽是顾素贞的东西,旗袍大衣套装依然挂着,下面是歪七竖八搁着几双高跟鞋,还有掉落在皮鞋上面的一条艳丽的桃红色真丝围巾,不由得皱了皱眉头,又不耐烦地拉开几个抽屉,翻找了一下,终于在最下面的抽屉里找到了那根暗蓝色的领带,随后胡乱打了一个结,也没照镜子,就拎起西装下楼了。

家里显得空荡荡的,非常安静,甚至可以说是冷冷清清,所以赵诗梦下楼梯的声音变得很响,仿佛还有回音。自从顾素贞和后妈走后,赵诗梦把另外两个佣人打发走了,只剩下张妈,这么一栋大房子里只有他们俩居住,白天只有张妈一人。他们虽是主雇关系,相互之间话也不多,但他把张妈比作亲人看待,在生活上也十分依赖她,两人可以说有一种相依为命的感觉。

早饭已经放在了桌上。他吃完早饭,点上烟斗,吸了一口,无意中把目光落在钢窗外的那几盆尚未开花的菊花上,张妈把它们打理得很好,这是父亲的爱物,不免想起了父亲,心中涌出一股难以言表的惆怅。

这时张妈拿着早报进来,收拾桌子。她把赵诗梦服侍得很到位,他也很体贴张妈,一般不吩咐她做事情,一些琐碎的生活小事尽量自己处理。他犹犹豫豫地对张妈说:"你如果有空的话,麻烦找一些箱子,把衣柜里顾素贞的衣服什么的,全部收起来了,封箱放到一边去,免得让人见了心烦。你一天整理不了,分几天也可以,反正不急。"由于这件事,他实在不想自己操作,他的手懒得碰这些东西,只能拜托张妈。

张妈迟疑地问:"那夫人回来了,怎么办呀?"

赵诗梦道:"她已去两三年了,信都没有一封,我估计她是不会回来了,即使她想回来,这种形势下,她也没法回来了。"

张妈微微张着嘴,似乎不置可否,似乎有一种说不出的诧异,又似乎在考虑收拾与否,或者在考虑那句"免得让人见了心烦"的含义,捱了一会,逼出一句:"那好吧,我把该晒的,晒一晒,该洗的,洗一洗,免得今后发霉生虫。以后她回来了,如果还想用的话,还可以用。"

赵诗梦不以为然地跟了一句:"重要的是不要太费神,不要太吃劲吃力的,怎么便当,怎么做。她是不可能回来的,其实,全部扔掉也无所谓。"

张妈好像记起了什么,说:"前几天,你不在的时候,当地政府派人来调查户口,我说我是刚来的,什么都不知道,要他们等你回来问你。他们就拿出一张表格让你填。我去帮你拿来。"

张妈拿着那页纸回来,递给赵诗梦。他一边看,一边把烟斗塞进嘴里,吸了一口烟,抬起头,反问道:"他们问你是家里的什么人了吗?"

张妈道:"问了。我说是这家的佣人。"

赵诗梦翻了翻眼珠子,果断地说:"不能这么说。以后你就说你是我姨妈,是亲戚,在老家无依无靠,老早就来上海投亲靠友了。"口气中带着一种少有的坚定和勇敢,他从西装的内侧口袋里拿出钢笔,一边填着户籍登记表,一边又补了一句,"你在这个家里,已三十几年了,我是你一手带大的,你完全有资格做我的姨妈。"

赵诗梦如此的身份认定,给了张妈最大的保障,让她感激不尽。她喃喃地自语道:"这样行吗?"

赵诗梦头也没抬,说:"什么行不行的,就这么说了。至于我的事情,是怎么样,就怎么说,顾素贞去了台湾,还没办过离婚手续。"他填完后,把那页纸朝张妈面前一推,说,"以后他们再来,就这么说,把它交给他们就可以了。"随后,拾起烟斗,在烟灰缸里敲了敲,重新填入烟丝,点燃吸了一口,又拿起桌上的报纸,看了起来。

张妈小心翼翼地把表格一折为二,放入了旁边柜子的最上面一格,接着继续收拾桌上的碗筷。

挨到午饭后,赵诗梦驾车去了工厂,车子没有停在原来办公楼门口的位子上,而是停在一个不起眼的角落里。下了车后,像是做贼似的,一路低头快步直冲自己的办公室,进了房间,立马拉上窗帘,尔后,往长沙发上一躺,闭目养神等着韩厂长的到来,这是他们前一天在电话里约好的。

韩厂长向来西装笔挺,可那天身着簇新的哔叽呢匹开袋中山装,一尘不染,来到赵诗梦的办公室。虽是大白天,他却看到房间里鹅黄色的丝绒窗帘拉得严严实实的,窗户只显出两大块长方形的暗黄色,尽管室内所有的电灯都开着,大吊灯一点不起作用,光线还是昏暗,不见亮堂。

赵诗梦斜靠在双人沙发上微闭着眼睛,在养神,听到有声音,便微微地睁开了眼睛,直了直身子,招呼道:"哦,是你来了。"

从"三反五反"运动开始,厂里进驻了"五反"工作组副组长忻惠樱,由她代表政府指导监督厂里的运动开展,几乎让赵诗梦靠边站了。因为厂里上游的原材料,下游的产品销售,都执行政府的统购统销,他待在厂里也难有作为,所以他很消极,也很少来厂里。尤其是自从那天在厂里"三反五反"运动的揭发大会上,会计科的马会计揭发他偷逃资金,而"五反"工作组当着他的面,也要求厂里的工人阶级与他这个董事长划清界限,揭发他的更多五毒行为。接着,车间和办公楼的里里外外,贴满了类似"自动彻底坦白,并能戴罪立功者,从宽处理;抗拒坦白,威胁职工者,一定严惩"的标语,喇叭里不时地会高呼类似"打退资产阶级猖狂进攻"的口号。此后,在厂里就再也见不到赵诗梦的身影了。

韩厂长也有连续两个多月没见着赵诗梦了,自己也弄得灰头土脸的,有重要的事情顶多电话联系他一下。前一段时间听说,上海滩有工商户跳楼畏罪自杀的;现在又听说政府还要求许多企业工商户去外滩的华懋饭店,向增产节约委员会提交"坦白书",开互助互评会议,为此,韩厂长心里一直悄悄地为他能否过关,捏着一把汗呢。

韩厂长看着赵诗梦,似乎在等他醒一醒,过了一会,转身准备去拉开窗帘。

这时,赵诗梦说:"不要拉开窗帘,我懒得看到他们这些人。"

韩厂长只能乖乖地在旁边的单人沙发上坐下,拘谨地问道:"这么长时间没来厂里了,还好吗?"

赵诗梦朝他瞄了一眼,见他谨小慎微的样子,皮笑肉不笑地反问道:"怎么,怕我寻死觅活的?"

韩厂长尴尬地赶忙道:"哪里,哪里,"一下子脑筋急转弯,补了一句,"我是问,这次互助互评会议开得怎么样了?"互助互评会议是三反五反运动中的重要一环,由政府发起的对工商户自身五毒的违法行为①进行相互检查和自我评定的活动,把全市的工商户按照五毒行为的违法程度评定出守法户、基本守法户、半守法半违法户、严重违法户、完全违法户五种类型。

赵诗梦用双手捋了捋头发,又拉了拉西装,声音有点高昂地说道:"昨天下午,市里增产节约委员会的审定结果出来了,认定我们是守法户。"尔后,长长地叹息一声,补了一句,"我心头的大石头总算落地了。"他的笑容和语气,就像是穷得落魄的人,突然得到了一笔可观的意外之财一样,难以掩饰,或许这也是他今天来厂里的原因。

---

① "五毒"指私营工商户的行贿、偷税漏税、盗骗国家财产、偷工减料、盗窃国家经济情报等五种违法行为。

韩厂长惊讶了一阵,连连喊了几声好,随后起身从一侧的酒柜里拿出一瓶特级白兰地和两个杯子,乐呵呵地说:"喜事呀,应该庆祝一下,庆祝一下。"一边优雅地往杯子里斟着酒,一边继续道,"听说全市守法户不到百分之十五。我们是守法户,太好了。多亏了你不图小便宜,中规中矩的做法,少了许多麻烦。"韩厂长感到这个事的情节有些扑朔迷离,原本还想问一问他的坦白书是怎么写的,话到嘴边,没说出口。

赵诗梦隔着茶几,接过酒杯,扬了扬,喝了一口,叹息道:"这次,好险啊。"这种叹气声,听上去仿佛逃离了一场大灾难。

这又让韩厂长想起了当他被揭发出偷逃资金,且金额之大,想想就害怕,还生怕连累自己,怎么现在会一点都没事了呢,真不知道他的坦白书是怎么写的,于是疑惑地盯着赵诗梦,想听他的下文。

赵诗梦说:"前一段时间,我一直以为,偷逃资金的罪名肯定是逃不掉的,而且金额这么大,按照所得税等各种税收的计算,那结果也是大得惊人的,更何况有人揭发,又有账簿记录,完全是铁板钉钉的事情,即使我没有其他偷工减料、盗骗国家财产等几项,作为严重违法户也不止,还要把钞票全部吐出来,够我喝一壶的了。所以,那时我什么都想过了,如果香港还过得去的话,我早就过去啦,可现在去那里,要凭政府发的通行证,没法去,只能在上海滩挺着,做好了最坏的打算,他们要我吐钞票,没有,要么把厂子拿去好啰,要么就让我去蹲提篮桥监狱。上个礼拜,想不到在互助互评会议上,柳暗花明又一村。"停了停,神秘兮兮地看着韩厂长,反问道,"你还记得我是什么时候叫你把钞票拿出来,去黑市换美钞和金条的?"

韩厂长考虑都没有考虑,答道:"解放后呀。"

赵诗梦有些得意,一本正经地继续问道:"听清楚了。我问你的是,最后一笔钞票,你是什么时候从厂里提出来的?"

韩厂长见他这样的神情,认真地回忆道:"好像在上海解放后的几个月里吧,三年前的事了,具体记不清了,这要翻一翻账册,才能知道。"

赵诗梦笑着,重重地一字一句道:"是在一九四九年九月二十七号,礼拜二。其实,这个日子我是根本不知道的,可是账簿上记着呢。"韩厂长还是一头雾水,搞不清楚他要说什么,只是呆呆地看着他。他以庄重的口气继续道,"这个日子,是在中华人民共和国成立之前。据说中央有指示,五反从建国之日算起,建国以前的事情,一概不予追究。你看,有惊无险吧。"说完了,他哈哈大笑起来,笑得很开心。

韩厂长像是如释重负似的,也兴奋地叫道:"太巧了,就差四天。"

赵诗梦得意扬扬地伸出四个手指,在他面前晃了晃,说:"你说巧不巧,就差四天。我正好在这个时候,把厂子里的钞票全部提空了,而今天还成了守法户。"又是一阵开怀大笑。

韩厂长跟着道:"是啊,有了这笔钱,你可以重新买一个厂子,还嫌多呢。当时,我就觉得这个金额实在太大,按照你的吩咐,我分了几次,花了两个礼拜,才把这些钱在黑市上兑换成美元的。有几次我的车子在修,还是开你的车子去换的,几乎把上海滩市面上一半的美元都收来了,没有一半,也有三分之一了。"

赵诗梦一脸轻松地笑道:"没想到,这么多的钞票,给共产党,他们还不要,蛮硬档①的。我真没想到,他们还把我们厂子里的账簿都翻出来,说这是建国之前的,不算偷逃资金,硬档哦?"

韩厂长意犹未尽地在想着这个故事的前前后后,抬起头来,问道:"那时候,你怎么会想到把钱都提出来的呀?"

赵诗梦迷惑地看了看他,苦笑着答道:"我也不知道,不知道我哪根筋搭错了,会这样操作的。前几天我也在想这个问题,可能冥冥之中有人在保佑我。"

韩厂长笑着道:"那肯定是令尊大人。"

赵诗梦想了想,似乎记起了什么,一边回忆,一边说:"哦,那年,我的好朋友吴老板去南洋了,几个月后,从香港来信说,他在南洋过不惯,待着没劲,也不想冒险回上海滩,考虑在香港开一家像样的照相馆,向

---

① 硬档:(沪语)此处意为讲信用。

我借一点美钞。"顿了顿,又补充道,"对了,还有我自从接手厂子之后,我还没从厂子里提过钞票,觉得太多的钞票留在厂子里的账簿上不太妥当。我不喜欢银元,再加上,共产党来了,美国人都撤了,今后市面上肯定是人民币撑市面①,美钞肯定会越来越稀缺,所以才叫你这样操作的。"

　　韩厂长拿起酒瓶,为两人斟满了酒,说:"值得庆贺,再干一杯。"干完杯,他似乎还在想着这个故事,又问道,"会计科的马会计怎么会跳出来,揭发这个事情的啦?你不是对他很好的吗?还给他加了工资,使他的工资和科长差不多了。"

　　赵诗梦笑了笑,说:"这事情,我除了跟他的科长打过招呼,其他人都不知道,包括你。"说到这里,他停了停,问,"你是怎么知道的?"

　　韩厂长答道:"会计科的科长看到马会计这样做事,有点愤愤不平,才跟我说的。"

　　赵诗梦点了点头,平静地说道:"事情是这样的。马会计有个轻微弱智的儿子,他愁眉苦脸地同我商量,想把这个儿子安排在厂子里扫地。我看他四十岁不到,有这么个儿子,也蛮可怜的,家里经济负担肯定很重,就说弱智来厂子里扫地也不安全,没有同意,但我看他干活还蛮卖力的,就给他加了工资,加的份额相当于一个扫地工的工资。我怕他的科长有想法,说我乱加工资,还特地去作了说明。当然喽,我想这种事情知道的人越少越好,所以也就没有对你讲。"

　　韩厂长诧异地问:"这样不是很好嘛,你够仁慈的了,那他还要跳出来揭发你,为什么?"他的语气前高后低,似乎他对自己提出的问题,自己已经有了答案。他默默地看着赵诗梦,眼神里透着谨慎,沉默了一会,像是在犹豫该不该往下说。

　　赵诗梦苦笑着,一副大气的样子,两手一摊,摇了摇头说:"没办法,这种人没脑子,是个寿头寿脑②的神经病,肯定像他弱智的儿子。"他也

---

① 撑市面:(沪语)意为支撑局面。
② 寿头寿脑:(沪语)傻头傻脑或傻里傻气。

不喜欢马会计这样的人，但不愿意在韩厂长面前说的太多太直，在话出嘴边时，用"脑子"代替了"良心"，把人品问题变成了智力问题。

韩厂长同样摇了摇头，咽了一下口水，说："这不是寿头寿脑的问题，而是人心叵测。"看了看赵诗梦，见他没反应，继续道，"我倒是听说过一些他的事情，他好像跟人说过，趁工作组在的时候，要表现好一点，说不定明年就可以升科长了。"说完他注视着赵诗梦的表情。

此话一出，两人都沉默了，赵诗梦拿着酒杯的手伸了过来，示意斟酒。几年前，随着赵诗梦来厂里次数多了，他与韩厂长的关系也随之密切了起来，这是一种因工作建立起来的关系，大半有公事公办的味道，很少涉及私人感情或者对周围人的见解。所以，他们的关系不同于其他的朋友关系，不是那种无话不谈的，或者还没有演变到那种程度。

赵诗梦知道韩厂长的话绝对不是挑拨离间，而是一种善意的提醒，只有在拥有了足够的信赖关系才会有这样的提醒，他感谢这样的提醒，他知道尤其在这样的时期，有这样的提醒是何等的珍贵。他笑了笑，诚恳地说："人心叵测。其实，马会计身上有这种可能性，我当时就看出来了，但不敢说。现在已不同以往了，我们说话要处处小心，他们都是工人阶级，而我们是……"歇了歇，他转过脸来，皱着眉头，认真地看了看韩厂长，像是要观察眼前的此人是怎么样的一个人，判断其骨子里是否跟自己是同类，尔后又朝房门瞄了一眼，似乎都得到放心的结论后，缓缓地说，"以前虽然我和家父的关系并不怎么融洽，这一点，也许你也看出来了。但自从我接手管理厂子之后，我感到家父挺了不起的，他一个人，雇了那么多的人，一厂子的人。可按照现在社会上的说法，我们是剥削者，是他们养活了我们，真叫人想不通。这些天，我总是在想这样一个问题，如果没有家父，没有这个罪该万死的厂子，就算没有剥削，那些女工们日子会比现在还好吗？"喝了一口酒，又迷茫地看了韩厂长一眼，叹息道，"现在变成开厂子的好像低人一等，女工倒成了厂子的主人，我们成了在厂子里被提防的人，被揭发的人，也把你这样无资无产的人和我捆绑在一起，算是资方人员，真为难你了。"

韩厂长陪着凝重的表情,道:"是啊,是啊,令尊的为人处事,我是很清楚的,他的兢兢业业是无人可比的,我从他身上学到了不少东西。"停了停,脸上晃过了一丝苦笑,又摇了摇头,加了一句,"说实话,从一无所有开始,要剥削那么多的人,谈何容易!不论怎么样,我从心里敬重他。"

他们俩一阵沉默,一个点烟斗,一个抽烟,仿佛两个人都在思考,他们的上方各自笼罩着一层青色的烟雾。随着两团烟雾的徐徐上升,慢慢地扩散开来,慢慢地变淡,却融合在一起,弥漫了整个房间。韩厂长似乎想到了什么,朝赵诗梦看了看,启发式地问,"你发现了吗?今年春节我们厂子的年货没有发。"

赵诗梦想了想,拍了一下大腿,一脸懊恼地叫道:"哎,好像是没有发,你怎么不早点提醒我呢?现在快到春天了,补救的办法都没有了。"似乎意识到自己太激动,停了停,平和地继续道,"只怪我,被五反搞得昏了头,忘了。发年货是我们厂子的传统,老爷子知道了,一定会在九泉之下骂我的,他那时候,即使日本人在的时候,那么苦,都没漏掉过,或多或少发一点。"

韩厂长露出一脸的难色,说:"是啊,是啊……不是我不告诉你,这事情有点气人。去年冬天的时候,我去总务科准备布置采购年货的事情,一进门,看到总务科里有许多人,大概有六七个人,像是工作组的忻惠樱女士在给他们开会,又像是在聊天,还有林主席也在,就是那个刚刚当选的工会主席,林芝凤。她看我进去,很客气地问我什么事情,我就把年货的事情说了说,旁边有人可能想在忻惠樱和林主席面前显示自己的立场,就怪声怪气地说,'资方又来笼络人心,向工人阶级献殷勤了',引起了大家一阵哄笑,我没有理睬,直接问林主席。她呀,来了一个顺水推舟,说:'现在的工人觉悟高了,已经有了自己的主张,我就不便多说什么了',旁边的忻惠樱也听着,一言不发,林主席的语气又是一本正经的,弄得我一点落场势也呒没①,只好灰溜溜地退了出来。心想

---

① 一点落场势也呒没:(沪语)此处意为一点面子也没有。

他们不要,拉倒,也不想拿这个事情来烦你,所以一直没有告诉你。可后来,他们的话又倒过来了,厂子里有人传言说:今年停发年货,是故意克扣工人的待遇,是资本家的猖狂进攻,是憎恨工人阶级的表现之一。你说,现在说话办事,难不难,不得不小心谨慎,再谨慎。"

赵诗梦沉思着道:"哦,还有这样的事情呀,我倒是真的一点都不知道。"

韩厂子补了一句:"不好意思,这事我没办好,给你添乱了。"

赵诗梦连忙摇手,说:"不是你的错,让你受委屈了。不发就不发了,为厂子省钞票,不算坏事体。"他已经不在乎年货发不发了,关心的是林主席,问道,"那个叫林什么的,她是怎么样一个人,我见过吗?"

韩厂长道:"太平洋战争一结束,上海滩的棉布生意很好做的时候,她就来厂里了,住的是厂子里的宿舍。这些年来,几个车间的活都做过,各种设备也都操作得来,几乎是哪里缺人,她都能顶得上。凭良心说,她的手脚是蛮灵活的,还有一点文化,能读读写写,人嘛也年轻漂亮。两年前,她在细纱车间做检验员,算不上厂子里的高级职员,一直到现在。年前成立工会,工会负责人又必须无记名选举产生,一大帮女人一哄而上,就把她推上了工会主席的这个位子。你可能不认识,因为在她当工会主席之前,不可能到我们厂子的办公楼来的。"

赵诗梦眼睛朝天花板翻了翻,感叹道:"难道这样的人才,不能为我们所用吗?"

韩厂长一板一眼地答道:"说是人才,也谈不上,只不过脑子活络、人缘不错而已,厂里像她这样的检验员就有十六个,只不过她比较年轻,在下面当过工人,比较熟悉下面。现在都讲阶级了,似乎有一种无形的对立,我们的一些高级职员很难进入他们工人的圈子。我曾经叫一些高级职员同工人多多来往,他们反映说,到下面去,一起吃吃喝喝没问题,但一说到厂里的事,按照市面上的说法,好像都很有觉悟似的,那些人要么摆出工人阶级的架子,要么避而不谈,通通逃走。"

赵诗梦听了后,想了一会,苦笑着分析道:"林主席在这种场合,也只能这样表态喽。她如果说发年货,那就等于不给说那怪话的人面子,他们叫这个是打击工人阶级向上的积极性,以后就没人听她的话;说不发,就直接减少了工人的一份待遇,又怕承担责任,她也是两难呀,最后只能不给你这个资本家代言人的面子了。至于那个说怪话的神经病,这种人到处都有,为了一点蝇头小利,不惜乱说,趁机渔利,不稀奇,不要跟他们一般见识。"

在巨大的时代潮流的面前,说话成了一项技能,赵诗梦很快就看出这项技能的奥妙,他想把这个奥妙传授给韩厂长。赵诗梦的眼珠子在他脸上转了一圈,一声叹息后,继续说:"不过,现在的事情难做呀。不论怎么样,我们以后说话一定要小心,处处要轧苗头、看山水①,宁可说些无关紧要的大话蠢话,甚至于废话,哪怕口是心非也无所谓,就是不能轻易说出自己真实的想法,否则就会为自己惹上大麻烦。"

他们互相望了一眼,韩厂长默默地拿起酒瓶,往两个人的杯子里斟酒,他们谁也没有说话,只是喝着白兰地的闷酒。这时候,他们已喝不出半点的刚才那喜庆的味道了。

韩厂长看着赵诗梦,不知道说什么好,憋着感到难受,实在忍不住,找出了一件赵诗梦肯定不知道的事情作为话题,像是报告,又像是闲聊,说:"周律师被抓起来了。听说他是潜伏特务,公安局在他的办公室里搜查出了手枪和子弹,他还瞠天公开为他乡下的地主老爸招魂呐喊,天天叫着第三次世界大战就要打起来了,国民党要回来清算的。真不自量力,说不定要被枪毙的。"

赵诗梦只见过这个律师两面,其中一次是宣布父亲的遗嘱,前后不到五分钟,一句对话都没有,所以对他一点没感觉,以不屑一顾的口吻说:"第三次世界大战是打不起来的,蒋介石的反攻大陆也是不可能的,他只是在台湾叫叫而已。这个家伙做律师的,连这点局势都看不清楚,白活了,还要做什么潜伏特务,这不是找死嘛,神经病,活该。"后又加一

---

① 看山水:(沪语)意为观察周围的情况。

句,像是幸灾乐祸的话,"共产党的官司不好吃,够他受得了。"随着时代的变化,赵诗梦言词中习惯用语也发生了微妙的变化,"神经病"一词使用的频率高了许多。

赵诗梦或许认为自己只要不做坏事,就不可能受到惩罚,或许觉得自己已是守法户,以带有得意的口气说:"做生意,本来就应该中规中矩。我们作为开厂子的,守法和善待员工这是最重要的两件事,即使法律过于苛刻也罢,或者没人监督也罢,那也要遵守。你知道的呀,即使在共产党来之前,我也是这样的,所以我心里坦荡荡。那些有麻烦的厂子,只能怪罪他们投机取巧,因小失大,这些麻烦,是他们自找的。"尔后,慢悠悠地晃动着酒杯里白兰地,又加了一句,"他们利欲熏心,要赚那么多的钞票干嘛呀?现在麻烦来了。我倒是有点担心申华织布工厂,那里的曹兄在经济上压力很大,他有时候会乱来的,不知道这次他能不能过关。"

此时,也许有了一丝轻松的气氛,赵诗梦喝光了杯中的酒,往茶几上重重地一放,又指了指那瓶白兰地,示意韩厂长继续倒酒。他放松地舒展双手,靠在沙发上,细细地欣赏着韩厂长潇洒的斟酒动作,像是突然发现了什么,眯起眼睛笑着,夸张地叫道:"噢哟,穿中山装了,卖相蛮好的嘛。"

韩厂长有点不好意思,苦笑着回道:"哪里,哪里。现在这个年头,听他们说,某种衣着也代表着一类人,西装太刺眼了。"

赵诗梦笑眯眯地欣赏着他的中山装,频频点头道:"是啊,是啊,我也要去搞一套,省得人家老远就认出我这个资本家来。"说完,哈哈大笑起来,笑声听上去很滑稽,有点像哭。

赵诗梦接过酒杯,又喝了一口白兰地,可能他很长时间没有如此轻松过了,意犹未尽地继续问道:"最近,家里还好吗?你的女儿怎么样了?中学毕业了吧?"

听到赵诗梦问起女儿的事情,韩厂长像是记起了什么,说:"你儿子常给我女儿来信,他们俩好像很热络的。今年女儿中学最后一年了,似乎和学校里的那种闹哄哄的氛围格格不入,能不去就不去,好像很孤独。大概听了你儿子的介绍,对她姆妈流露出想去美国留学的想法,可现在的局势,根本不可能去的,这种想法连对外说,都不能说呀。"

仿佛这是一剂兴奋剂,赵诗梦来了精神,像是发现了一个新的游戏,说:"这段时间,我没来厂子,不知道的事情可真多呀。儿子给你女儿去信的事,我一点都不知道。这个小赤佬,到了那里只来过一封信,报了个平安,以后就再也没来过信。嗨,跟你女儿通信倒起劲来,这倒蛮有意思的,毕竟孩子长大了。"接着他转动着眼珠子,略带神秘地笑了笑,问道,"你舍得让你女儿去那里留学吗?"

韩厂长答道:"去美国留学?我当然想她去喽,可现在怎么去,人家不把我们当特务抓起来,已经算是客气的了。"

赵诗梦挺直了身子,郑重其事地说:"如果你和你老婆同意她去的话,我来想办法。"停了停,看韩厂长瞪着眼睛,在等着听下文,便继续道,"我们先叫她去香港,让她随便上个什么学校,以留学名义去香港,目前应该不难,政府也是允许的,然后,再从香港去美国,那就容易多了。在香港,我有很要好的朋友,就是那个开照相馆的朋友,很可靠,那里的学校呀,住的地方呀,全部可以叫他帮忙解决,至于钞票方面,你们不要担心,我这里有,我也很喜欢你的女儿。"看了看他的表情没有变化,加了一句,"我想,为了她的将来,应该让她去,他们已经长大了,即使冒险,也值得一试。"

话说到这种份上,他们两个人之间有了一种情同手足的连接。外面天色已暗下来,房间里的大吊灯开始起作用了,亮堂了许多。

自从栾记书局被查封关闭后,《蓝玫瑰》杂志的销售量减了一大截,状况一直没有好转,再加上当下厂家实行统购统销的改策,大大削弱了广告的作用,杂志的广告客户锐减,两面夹击,使得《蓝玫瑰》难以维继。赵诗梦在相当长的时间里,一直在用自己的钱贴补,勉强维持着,目的有二:其一,是为了避免让杂志社里的两个年轻人失业;其二,还想看看形势,是否有起死回生的机会。然而,在他看来这种机会非常渺茫,因为他隐约感到自己的《蓝玫瑰》,那种浓浓的风花雪月,儿女情长,似乎不太符合时代的大潮。在周围时常可以听到,类似的刊物因倒闭而退出历史舞台的消息。

那天,赵诗梦一进办公室,看到一个身穿淡黄色军装的女人坐着,吓了一跳。仔细一看是鲍逸芸,她一头整洁的短发,一套没有领章的军装。这时,鲍逸芸也看到了他,便风风火火地从座位上跳了起来,以难以抑制兴奋的口气说:"报告社长,我哥哥为我在他的机关里找了一份秘书的工作,叫我下个月去那里。"她学着军人的样子,把"报告社长"几个字说得很精神,却在后面笑盈盈地跟出了一句,"你说好不好?"有一副滑稽可爱,让人忍俊不禁的样子。

赵诗梦一下子面临两个惊讶,她的军装和她的辞职:对于军装只不过一晃而过;对于辞职,她却用了"你说好不好",变成了征求自己的意见。他只能做出一副傻笑的样子,半真半假地应道:"好呀,祝贺你,高升喽。"心里却不是滋味,好比喜爱的钻石掉入了河里,看着它慢慢沉没,自己却束手无策。

鲍逸芸快活地叫道:"你同意了,太谢谢你啦。"随即,原地来了一个三百六十度的旋转,问道,"我这身军装,漂亮吗?"这套衣服穿在她身上既严肃又活泼,和她的新发型很配。

赵诗梦觉得这套衣服可能收过腰,他知道像她这种女人最擅长这种小动作,便做出一副欣赏的样子道:"这也是阿敏给你的制服。"

鲍逸芸咯咯地笑着,答道:"是我夜校学习班的老师送给我的,他也是好不容易才搞到的。拿来时,好大,好肥,根本不能穿,我就花了一整天,把它彻底改了一下,看得出来吗?"

小杜调皮地插话道:"你的老师对你真好,不但教你新思想,又给你新衣服,从里新到外了。"

赵诗梦依然不想扫她的兴头,带着调侃的口吻,应付道:"看得出来,是市面上最流行的,很漂亮呀,漂亮得让我心惊肉跳。"心里在说:

你让我下决心了,杂志社可以关门大吉了。

小杜趁机加了一把火,坏笑道:"从前面看呀,美得让人心惊肉跳;从后面看呀,让人分不出是男是女。"

鲍逸芸噘起嘴,朝小杜一挥手,做出生气要打他的样子,依然兴高采烈地说:"你们没见过吧?那里穿这种衣服的人特别多,我以后就穿着这套衣服去上班,再也不用穿旗袍了。"大家都笑了,各自笑各自的,这是他们三人在一起的最后欢笑。

这天,算是鲍逸芸在杂志社上班的最后一天。下班时,她说了许多好听的,大家把她送到办公室外的马路上,挥手告别。赵诗梦看着她的背影,仿佛有一种完成了对她父亲承诺的感觉。

《蓝玫瑰》已经走到了尽头,这是杂志社从社长赵诗梦到看门的老黄头都看得出来的。赵诗梦不想再招聘人了,准备关门大吉。鲍逸芸走了几天后的一天早上,小杜拿着一封信走进赵诗梦的办公室,吞吞吐吐地告诉他说,有家大报正在招聘编辑,他也去试了试,现在报社来了录用通知。小杜本来还想说些什么,赵诗梦挥了挥手,示意他不必为难了。"这是好事呀,小杜!我这里你也应该知道的,已经维持不了几天了。本来我还一直担心杂志关门后你的工作怎么办,现在有这么好的出路,真为你高兴!"赵诗梦吩咐小杜撰写一篇"闭刊答谢词",把杂志社的东西分了分类,全部打包。有关杂志财务的账簿和凭证,让小杜拿回家保管,其余的东西都送到自己的家里去;另外再通知当地邮局,今后凡是寄往杂志社的信件全部转往自己的家里,算是圆满结束了经营了近二十年之久的《蓝玫瑰》杂志。

小杜在"闭刊答谢词"中有一句,"《蓝玫瑰》对我们杂志社的同仁来讲,仿佛是有生命的,她的停刊,无疑是如同失去了一位每天陪伴在我们身边的至爱亲朋,我们为之哭泣……"让赵诗梦为之动容,杂志社的关闭,就他而言,无疑像是在自己身上揭掉了一块尚未愈合的伤疤,疼痛只有他自己知道。

赵诗梦此时才四十几岁,正是做什么事情都处在渐进佳境的年龄,他却自觉自愿了断了《蓝玫瑰》。杂志社关门了,没法去了;纱厂又有许多标语和讨厌的眼睛,原本就已经称病不愿意去了;所以赵诗梦白天几乎无处可去,又没有生病,却真的像个病人。他每天早晨磨磨蹭蹭起床,慢悠悠地进餐,漫不经心地读报,而后要么继续躲在家里发呆无聊,要么出去找些老朋友海阔天空的聊天、喝咖啡,消磨时光,只有到了晚上,稍微有些生气,以喝酒或者打牌打发时间。

那天,他依然在太阳老高时分起床,吃完早饭,顺手拿起桌上的一份报纸,一看是前几天的旧报纸,翻了翻,看到上面有《公私合营工业企业暂行条例》的全文,这个条例他已经从头到尾读了好几遍了,尤其第二条中"……对资本主义工业企业实行公私合营,应当根据国家的需要、企业改造的可能和资本家的自愿。企业的公私合营,应当由人民政府核准"的那几句。他正对着报纸出神,张妈拿来一件鹅黄色的绒线背心,说是在整理夫人抽屉时看到的这件男式背心,吃不准是他的还是少爷赵稚君的。

赵诗梦一眼就认出了这是桂芳为自己结的,听张妈讲是从夫人的抽屉里拿出来的,便知道了当时自己为什么找不到这件衣服了。他一声不响地接过背心,仔细翻看着。由于那时没穿过几次,还是像新的一样,鹅黄色依旧鲜艳嫩黄。他的目光停留在背心上,眼神有点呆滞,似乎对这件背心充满了爱意,完全忘记了报纸上的那个《条例》,似乎在回忆,他的面前出现了十几年前的那一幕幕。他把背心慢慢放在鼻前,闻了闻,毛茸茸的绒线细毛弄得鼻孔痒痒的,透着从顾素贞抽屉里带出来的香水味,想起了桂芳最后留给他的那句"你是一个灵魂飘香的好人"。

他丢下报纸,默默地拿着背心上楼了,回到自己的房间,关上房门,像小孩一样,悄悄地套上背心,在镜前看了看。由于身材变化不大,还蛮合身的,而且是鹅黄色显得有些亮丽,仿佛年轻了不少。他左看右看,找不出什么缺点,而后似乎有了一种满足感,双手枕在后脑勺,横躺在床上,望着窗外的蓝天白云,细细数着离上次见到这件背心已有多少年,这些年里又发生了哪些事情。想到了她对自己的好,想她现在会变得怎么样了,是否也会像自己一样想念他。可他很快否定了这样的想法,因为不得不承认自己曾经有很长一段时间没有思念过她了,今天的思念,只是睹物思人而已,是那件背心勾起了的思念。她结婚了,有男人了,不可能像现在寂寞的自己一样记起他,又想到是否自己只是她周围众多的男人之中的一个,就如同她是自己认识的众多女人中的一个。又很快否定这样的想法,因为自己一向认为她是与众不同的,尽管猜测她现在已经结婚了,但对自己肯定还会有爱慕之情的。一会儿觉得他们俩今生今世再也不可能见面了,又觉得今天再对她思念也是徒劳的。漫无边际的遐想着,他抬头看了看身上鹅黄色的背心,笑话自己太幼稚,就像稚嫩的鹅黄色,一个四十多岁的男人,还去想一个已婚女人,就像一个不通男女之情的小赤佬。可他并没有把背心脱下,依然合衣平躺在床上,半睡半醒,迷迷糊糊,不知道过了多少时间。

张妈上来敲门了,说有客人来拜访。他赶紧起身脱下背心,正了正领带,套上西装,下楼去了。

来访的是秦双杰,华大棉织布厂的老板之一,算是董事长,另外一个老板是他的体弱多病,不能出门的哥哥。他们的父亲在民国之前就开设了这个工厂,当时的华大厂很有名。随着时间的流逝,由于设备更新跟不上,还留有许多民国之前的设备,产量品质也上不去,债务累累,被上海滩的后起之秀们远远赶越,在以前的同业公会里,只剩下一个大清辫子工厂的外号了。"大清辫子"指的是清末的机器设备,暗指工厂老旧不值钱,没人看得起这家厂。后来不知道什么原因,尤其最近几年,突然发达了起来,更新了所有的设备,产品的质量也上了一个档次,在新的棉纺同业公会成立时,他也成了主要的召集人,非常活跃,有时候很高调,起到了承上启下的作用。他与赵诗梦在同业公会开会时分在同一个小组,因为他活动积极,又由于小组没有设副组长,所以有人称他不是组长的组长。他与赵诗梦有过几次简单的接触,由于赵诗梦在这种场合走的是一条低调路线,总是显得有些被动,而且心不在焉,远不如他积极,赵诗梦对他的印象,远不如他对赵诗梦的印象来得深。

张妈已经安排秦双杰坐在书房里了,并上了茶。赵诗梦进门一见是他,有些惊讶,脑子里立刻浮出了此人为什么要来拜访自己的问题。

秦双杰身着挺括的浅灰色人民装,见到赵诗梦,立马从沙发上站了起来,递上了预先准备好的名片,先开口说话:"我打电话去你的厂里,他们说你生病了,老长时间没有看到你了,所以就直接过来了,看看你。"

赵诗梦缓缓地接过名片,瞄了一眼,回敬道:"哦,秦老板你好,我们以前见过,你可真认真,还带着名片……"意思是说给名片是多余的。

秦双杰笑呵呵地说:"我们在同业公会见过没几次,我是怕你记不起我名字,所以……"赵诗梦吃不准此人的来意,想多听听他说点什么,没有打断他,只是笑了笑应着,心想:要不就为了自己在同业公会露面太少的事情吧。

可秦双杰转而笑着问道:"赵董事长是什么病呀,最近怎么样?"口气非常热络,有点像老朋友。

或许赵诗梦厂里的人都知道他是装生病,几乎没人会如此问候,这样一问,反而使他一时反应不过来,支支吾吾道:"其实,也没什么,谢谢关心。"心中不免升起一股厌恶之情,似乎自己是被他逼着说谎的,所以也就阴沉着脸,两眼望着落地窗外尚未盛开的菊花,不想多说一句。

秦双杰大概不想让赵诗梦难堪,也许事先有所准备,也许他以前在其他场合见识过这种情景,反应极快,当赵诗梦话音刚落,急忙说:"现在我们的棉纺织同业公会和以前的同业公会不一样了,是一个正儿八经的同业组织,上面还有政府方面的领导,他们都很关心我们。如果我们厂家有什么困难,都可以找他们商量。我们组里你和其他几位难得出席活动,因为现在正是公私合营的紧要关头,所以我代表大家来看看你,有没有需要帮忙的。"由于他的话紧跟着赵诗梦的话,所以让双方没时间尴尬,也没破坏谈话的氛围。

赵诗梦听出了他话里话外想说的真实内容,心里有了准备,便拿过茶几上的香烟,潇洒地递了过去,自己则慢悠悠地往烟斗里装烟丝,说:

"谢谢关心,以后在我身体方便的时候,尽量出席。"吃准了他的来意,即使自己再鄙视这种说话的方式,也不会直接表露出来,当然也不会马上迎合,不冷不热拿捏得正好,又不失礼貌。

秦双杰仿佛得到了赵诗梦出席活动的承诺,安心了不少,眉开眼笑地谈起了自己的体会,感叹道:"现在的同业公会和以前的,真的不一样了。虽然以前没有什么学习会呀、座谈会呀、报告会呀,讨论会呀,现在这种事情多了起来,有些人感到不适应,可我们开工厂的,需要这些东西,需要学习政府的政策,否则很难适应时代潮流,要被淘汰的。在开会时,我们也可以提出自己的看法和意见,我就通过同业公会的会议,提出过工厂在经营中需要资金贷款,需要外汇购买一些必须的进口设备,叫他们传上去。想不到政府都给解决了,这不是蛮好嘛,就像他们所说的'公私两利',现在同业公会的作用,比以前的同业公会大多了。"他看了看赵诗梦的表情,犹豫了一会,道:"我知道贵纱厂在上海不算小的,想必也有不少难处吧?"

赵诗梦知道他这几年是怎么咸鱼翻身的了,还想继续听他说下去,可让他这一问,只能敷衍道:"我的工厂没有什么困难,韩厂长管理得很好,也无须我多操心。"后又瞄了他一眼,面无表情加了一句,"人家是'公私两利',而仁兄把它变成了'唯有对我有利'呀,真是不简单呀,蛮好的,蛮好的。"

秦双杰转了转眼珠,仿佛西洋镜给人戳穿了,突然爆发出一阵大笑,道:"啊,老弟到底是喝过洋墨水,办过有名的《蓝玫瑰》杂志的……"而后,又像是强忍着笑,把脸凑到赵诗梦的跟前,以郑重其事的口气纠正道,"我的做法,才是真正的'公私两利'呢。短短的几年间,把一个负债累累的'大清辫子'工厂,变成了一个现代化纺织厂,再后如果参与公私合营,岂不私人与国家都得利呀。"说完此话,他又是一阵狂笑,笑得比刚才还要放肆。

赵诗梦觉得他有点深不可测,觉得自己理解他,比他理解自己要少得多,看出他是有备而来,便笃悠悠地把烟斗从嘴边移开,吐出一股青烟,冷冷地说:"难道不怕人家说你,趁机又恶狠狠地剥削了一把。"

秦双杰提高了声音,道:"我才不管它什么剥削不剥削呢,人家是谁?是工人说的,还是政府说的。工人嘛,如果我不剥削他们,他们只能去喝西北风;政府嘛,我多剥削就多得利,就多缴税,而且他们还帮我解决贷款和外汇的难题,所以叫'公私两利'呀。"他用力地在烟灰缸里摁灭了烟头,扫了一圈书房,殷勤地扭过头来,像是一副不顾热面孔紧贴冷屁股的样子,以巴结的口气说,"老弟呀,真人面前不说假话。我可不比你,家底厚,后半辈子无后顾之忧。我从我兄弟手上接过来的完全是个烂摊子,要资金没资金,要设备没设备,我们兄弟两家人还要靠这个烂摊子过下半辈子的。眼看着就要共产了,不这样搞一下,不行啊,所以我积极参与政府布置的各种活动,你帮人家跑腿,人家也会帮你忙的,我厂里所有的难题,都是他们帮忙解决的,我先赚上一笔再说,了不起将来他们把工厂合营了,那我也不亏本。"

赵诗梦心想他真是一个无利不起早的主儿,说的也许是大实话,但还是热情不起来,仅限于只给面子,没热情,答应他出席下周的棉纺公会的分组座谈会。或许秦双杰本来就不是为友情而来,只要有面子也就够了,双方似乎都是拎得清的人。

棉纺织同业公会在上海算是一个比较大的同业公会,所以他们的活动都安排在华懋饭店,公会又分成几个小组,每个小组的成员里或多或少有几个同行业的大亨,有点像刻意安排,又有点像自由组合。

那天下午,赵诗梦出门前,犹豫再三,穿上了一套崭新的中山装,可在镜子前,左看右看,觉得怪怪的,最后还是换上了一套烟灰色西装,外面套了一件深色的短大衣。他提前来到指定的楼层,看到那房间很大,布置得也很特别,正前方挂着一条红色横幅,上面贴有写着棉纺公会《公私合营暂行条例》座谈会的方块纸,中央放着一张巨大的长桌子,围着长桌分内外两圈,大家可以自由落座,只有天花板上下垂的大吊灯,才能让人依稀辨别出那曾经是一间漂亮的餐厅。

长桌旁内圈的一大半位子已坐了人,有几个他认识的同行,秦双杰坐在内圈的中心位子,旁边是组长仇焕庭。他虽是该小组的组长,自己却无产无业,在以前凭着对纺织业的熟悉和能说会道,并具有一定的商业管理经验,被几家棉纱厂聘请为董事,也算是旧同业公会的召集人。有人在背后议论他,说他不但是个骗吃骗喝的主儿,就连那几个董事的头衔也是骗来的,更有甚者,说他以前仗着在国民党政府里有人脉关系,逼着人家纱厂让他当董事,昧着良心赚黑钱,是官商勾结的重要一环。原本那些当官的答应带他去台湾的,由于分赃不均,最后被人家扔在了大陆,他没有了靠山,也老实许多,只能在背后大骂,"当官的没有一个是好东西"。按照他自己的说法,不去台湾主要是扔不下老母一人留在上海,而且嫌台湾的条件太苦,可在眼下,组里悄悄地流传着一句他的不那么入耳的话,即"现在啊,通过三反五反,那些老板们再也不可能神气活现了,我跟他们不是一路人",遭到许多工商户的排斥和嗤笑。坐在仇焕庭旁边的是组里的兼职秘书常小琪,才三十出头,早年从家里继承了一家不大的工厂,又因无心管理,财务状况每况愈下,常常靠拆东墙补西墙过日子。有人说他想用这个破厂换一官半职,所以整天混在同业公会,可他的才能除了一手漂亮的蝇头小楷,实在乏善可陈,只能混了一个秘书的位子,跟在仇焕庭、秦双杰后面跑跑腿。有人说他肚子里的墨水虽不多,但能够把仅有的那点墨水,发挥出两倍的能量,为自己找到三倍的好处。

他们周围的人,有的虽桌上放着咖啡,嘴里叼着香烟,神态却忧心忡忡,像是坐立不安的猴子。那个头像拨浪鼓一样,转个不停,仿佛在寻找可以让自己安心的东西,或在寻找什么可以依靠的人;有的紧张兮兮地在交头接耳,用手遮着嘴在窃窃私语,讨论着什么,声音低得不能再低了,不时地转头环顾四周,防着是否有人在偷听,怪模怪样的姿态,好像只要多一个人听到他们的私房话,房子就会塌掉一样;也有像是死猪不怕开水烫,大有面对一切无所谓的样子,双手抱在胸前打瞌睡,手指缝里还夹着香烟,一动不动。只是当会场一有动静,就会像惊弓之鸟一样,睁开眼睛瞄一眼,或者香烟燃近了手指,才会抖抖烟灰,随后又继续保持瞌睡的样态;会场的空气中弥漫着浓重的烟味和咖啡香。

长桌的外圈和内圈正好相反,没有坐几个人,一大半位子都空着。赵诗梦挑了一个背后紧贴窗户的,最旁边的位子坐下,这是他一贯的做派,不愿意在人多的地方显山露水,抛头露面,往往会躲在人群的边缘,随大流。坐定后,他开始东张西望,看看在已来的人当中是否还有自己熟悉的。这时,坐在前面的袁老板正扭过头来,朝他微微笑着,他赶紧弯了弯腰,以示招呼。由于学习还没有开始,他凑上去,问道:"这学习活动,您,袁老板也每次都来吗?最近身体怎么样?"

袁老板笑了笑,答道:"身体嘛,马马虎虎;这里嘛,比你多来一两次而已。"他是赵诗梦父亲一辈的朋友,赵的父亲在建厂初期,得到过他的援助,赵诗梦从小就认识,一直称呼他叔叔,一直受到他的关怀。他拥有两家蛮有规模的纺织厂,和几个银行董事的头衔,在这个小组里应该是资产最多的,即使在上海滩商界,也属于排得上队的大亨了。但是,在前一段三反五反运动中,传闻他被定为"半守法半违法户",罚了不少款,让他心痛不已,颜面扫地。有人说他年事已高,并无子嗣,拥有如此多的财产,几辈子都用不完,还如此贪恋钱财,不值得;坊间还有人说他在六十六岁时,赶在《婚姻法》颁布之前,讨了一个二十七岁女人做小老婆,传为业界的艳事。他们俩意会地相互笑了笑,就再也没说话。

赵诗梦由于不常来开会,也就懒得和人一一打招呼,有些无聊,双眼漫无目地盯着大门口,看着姗姗来迟的人。无意间发现来的人当中,穿人民装或者中山装的人不少,又扫了一圈坐着的人,只有小部分人和自己一样,还穿着笔挺的西装。想起了自己大衣柜里那两套上个礼拜刚送来的中山装,还没有在外面正式穿过,又看了看自己身上烟灰色的英国粗花呢西装和深蓝色的真丝领带,心想自己或许已是落伍之人了,便无精打采地偷偷把头转向背后的窗外。会议还没开,却先开起了小差,欣赏起窗外的景色。

在灿烂刺眼的阳光下,黄浦江的江水缓缓从窗下流过,混浊而泛着枯草般的黄色,点缀着点点的反光,无声无息,平坦而舒缓地流淌着,仿佛永远不会停歇,永远不会清澈,永远泛着黄色,就如它的名字一样。对岸远处又是一片灰蒙蒙的码头,与江水连成一片,江中那几艘飘摇的木舟,正在奋力向前,一起一伏,连同码头上的那几间低矮的建筑,就如在汪洋中的几片枯枝败叶,淹没在无边无际的枯黄之中。这样的景色虽然毫无生气,但有一种肃杀的美和壮观。

  赵诗梦望着黄浦江,胡思乱想着,无意间想起了车梅姐的豆腐饭上,煤球店的老板戴子道说过的那句"黄浦江下有隧道,我就可以在浦东过摩登生活了"的话,心想这么多年过去了,如果没有内战,大概吴国桢早就弄来了外国资金,隧道也建得差不多了吧。他遐想着果真有了隧道,黄浦江两岸的样子……突然,从房间中央传来两声响亮的拍手声,算是正式开会的信号,打断了他的漫无边际的乱想。

  赵诗梦收回目光,坐正了姿势,只听到秦双杰的说话声:"大家安静了,开始学习座谈了。上个礼拜,我们公会的元老华浩天先生参加了市里面的一个重要会议,对公私合营有了最新的理解,所以今天学习,就从华先生传达上面会议的内容,作为开始。"

  华浩天的年龄比赵诗梦略大一点,日本人战败后,他和同胞弟弟华匡天掌管着四家棉纺厂,前几年,弟弟把其中三家工厂合并成两家,并搬到香港去了。眼下他手里的那家在上海的棉纺厂,规模很大,设备也比较新,产量抵得上一般人家的两三家工厂,在这个公会小组里也算是数一数二的大户。抗美援朝时,他是小组里捐款最多的一个,而且曾有很长一段时间里还担任过前同业公会的副会长。但此人野心很大,在解放后的一个有很多人一起喝酒的场合,借着酒力,竟然说"你们信不信,如果没有解放的话,不出五年,我将上海滩一半以上的棉纺厂全都合并了"。如此悖逆的话,引起了在场人的面面相觑,有人认为不能在同行面前说这种合并同行的话,犯忌遭人嫌;也有人认为不能在说话中假设"没有解放的话",这暴露了其心中对解放有所不满,会遭到老百姓和政府的唾弃,还会让不怀好意的人当把柄使;更有人背后议论他是一条圆滑的泥鳅,脚踩两条船,上海和香港两边都有厂,哪边赚钱,就往哪边靠;也有传言说他们兄弟俩压榨工人很厉害,他们以前的四家工厂因为工人薪资问题,每年都有大小不一的罢工,难得太平。

华浩天调整了一下坐姿,一副意气风发的样子,清了清嗓子,面带得意的笑容说:"前几天市里的会议,我们这个组由我和仇先生,仇焕庭组长作为代表,一起参加的。会议主要内容是聆听从北京开会回来的首长讲话,归纳起来有两个重点:一、公私合营势在必行,国家资本主义代替私人资本主义,从而步入社会主义,这是社会发展的规律,是社会的进步,'公私合营'是第一步,势不可挡;二、在公私合营过程中'要自愿,要稳步前进,要做到心悦诚服',这几句话不是我说的,是中央首长在报告中一再强调的,在《条例》里面也有所体现。"由于他在小组里没有任何的名头,参加这次市里的会议,主要是由仇焕庭向上面推荐的。这当中还有个插曲。当市里的领导听到华浩天的名字,皱着眉头说,听说此人思想很反动,来参加有重要首长出席的会议似乎不太合适吧。活络的仇焕庭却以正因为他有反动思想,就更需要加强学习改造,来开这样的会议,对他改造思想肯定有帮助作为理由,才让领导勉强同意他参加,可他本人对此一无所知。

不知道是华浩天没有事先准备好,还是他不习惯这种说话的方式,说得有点断断续续。他不喝咖啡不喝茶,只喝白水,所以他面前放着一杯白开水,在他停下来喝水之际,就有人大声插话道:"社会进步了,公私合营完成了,是否我们这些民族资产阶级就被革命革掉了,被消灭了?"引起了在座的一阵窃窃私语,仿佛此人说出了大家的疑问。

华浩天放下水杯,只能中断了原先的传达内容,胸有成竹地应道:"这个问题,市面上已有人提出来了,我本人也曾经担心过。在这次市里的会上也讲到了,说中央首长对这个问题早有回答,叫作'阶级消灭,个人还在',请各位尽管放心。这不是在革我们的命,是革一个阶级的命,革资产阶级的命,不是在座的各位。"

问话的人好像有点不买账,以一种带有恶作剧似的口气继续道:"报纸上不是说嘛,我们民族资产阶级不论在民主革命中,还是在社会主义建设中都是有贡献的,国旗、国徽上还有代表我们的一颗星嘛。如果这个阶级没有了,那么,这颗星是否会掉下来呢?"虽然这是一个不是问题的问题,再加上问话的滑稽样子,大家一阵嬉笑,会场的气氛一下子活跃了起来。

赵诗梦循着声音望去,看到坐在长桌对面的面无四两肉的邬明昌,一脸的坏笑,像是在等着看华浩天出洋相。他有一个坏习惯,在说刁钻的话时,可能由于亢奋,常常像喝过酒一样,看上去醉醺醺的,满脸通红,样子极其不雅。他入行比较晚,抗战结束后才拥有了一家织布厂,在工商界属于标准的活跃分子,后起之秀,有人说他的那家织布厂,是趁战争结束混乱之机,从日本人手上抢来的。

华浩天呆呆地看着邬明昌,或许过于认真,对这样揶揄的问题,一时无法回答,有些尴尬。旁边的仇焕庭笑嘻嘻地接话道:"将来那颗星是否要掉下来,首长虽没有说,依我看,将来要是真的民族资产阶级没有了,我想,不论在哪里,那颗星还应是光芒四射的。民族资产阶级对革命是有过贡献的,这是谁也否定不了的,尽管放心。"

华浩天在仇焕庭救场下,似乎拾回了信心,准备继续传达时,袁老板发问道:"你刚才说的'自愿''心悦诚服',我们应该怎么理解?"这个话一般人都能听出背后的话外之音,或许这是一种委婉问话的方式吧,其真实的含义是:如果我"不愿意",将会怎么样?

华浩天答道:"我相信大家都已经看过《公私合营暂行条例》,在条例的第二条中'……实行公私合营,应当根据国家的需要、企业改造的可能和资本家的自愿。企业的公私合营,应当由人民政府核准'。'自愿'是明文规定的,将来做起来的时候,大概是我们自愿申请,再由政府核准吧,会议上好像有人讨论过,我们是否可以以同业公会的名义集体申请的事情,我想这样的集体申请,应该是没有什么问题的。"

仇焕庭补充道:"至于'心悦诚服'嘛,这是首长对我们做这件事的要求,让大家心悦诚服、自觉自愿地参与公私合营。"

他的话音刚落,邬明昌又跳了出来,叫道:"如果我不愿意,不自觉自愿,那会怎么样?"这样的提问,把问题逼到了死胡同里。

会场上又出现了一阵骚动,大家的目光集中到了华浩天、仇焕庭两人身上。华浩天面露难色,朝仇焕庭看了看,似乎向在座的示意这个问题希望由他来回答。

仇焕庭虽然是该小组的组长,但他无产无业的背景,在讨论公私合营的问题时,总有点力不从心,没有号召力,如果把话说足了,只要人家说"你又不拿出真金白银来合营的,站着说话不腰疼",就无话可答了。为了避免这种情况的出现,他在回答这类问题时,总是非常小心,做出一副和颜悦色的样子,说话只说到七分,避免把自己带入死胡同。而其内心的真实想法,或许是:希望自己的小组尽快以集体的名义向政府申请公私合营,甚至想做到在棉纺织同业公会中是第一个集体申请的,以展示出自己具有超凡的领导能力,为将来在政府部门里谋个一官半职打下基础。他最希望的模式是在小组里有一两个人为他打头阵,自己可以坐收渔利,所以他在小组的成员中横挑竖选,选了华浩天和秦双杰,在他看来他们两个人有着各自特点可以被利用。可没有想到,今天华浩天在大庭广众面前把难题扔给自己,他马上意识到,如果自己吞吞吐吐,那将脸面扫地,只能接过难题,一边斟酌着,一边说:"肯定是自愿的啦!《条例》里明文写着'自愿',首长也说了要'自愿',要'心悦诚服',当然是需要大家自愿配合的。但是,刚才我们的华老板不是已经说过了嘛,公私合营是大事情,是社会发展的规律,关系到你我的进步,关系到社会的发展,难道我们在座的有谁不想进步吗?"他兜了一大圈,先用具体的肯定,后用抽象的否定,从社会发展规律的高度说出了应该自愿配合政府,参与公私合营。但他巧妙地回避了"不自愿,将会怎么样"的问题。

邬明昌像是吃了一个绿头苍蝇一样,瞪出着眼珠,一时说不出话来。歇了歇,大概回过了神,似乎要把恶作剧进行到底的架势,继续不依不饶,似笑非笑,阴阳怪气地追着叫道:"你的话,我没有听懂。我是担心如具我不自愿,是否会被抓起来?"这句话,就像看滑稽戏看到了笑点,场内又爆发了一阵哄堂大笑。

这时华浩天仇焕庭也跟着笑了起来,一面微笑着,一面还注视着邬明昌,很有绅士风度,没有一点生气的样子。但看得出,似乎不准备再回答他的问题了,有点僵持的味道,仿佛在赞赏他的调皮与恶作剧,又像是在说"我不回答你,你又能怎么样"。旁边的秘书宵小琪有点坐不住了,脸上的愤愤不平显而易见,等到大家笑完,安静了,用手指着邬明昌,说:"邬老板,你呀,我不是翻你的老底,你趁乱抢占日本人的工厂,本来国民党政府就应该办你坐牢了,让你混到现在,已经很便宜你了。"

这话激怒了邬明昌,他怒气冲冲地跳起来,叫道:"抗战后,我的工厂是办过合法转移手续的,当今政府也承认我拥有这二厂。即使我是从日本人手中抢来的工厂,那也比你剥削劳动人民血汗而得来的工厂要好……"坐在他旁边的人看到场面即将失控,拼命地把他拉到座位上,阻止他继续说下去。

袁老板见邬明昌被安在位子上,还想再站起来争辩,就一边从容地向他摆了摆手,示意不要再说了,一边以抱歉的口吻道:"都是我不好,问了一个多余的问题,引得大家心急火燎的,实在不好意思。我向你们俩道歉,所以你们就不要再说了。"停了停,对华浩天他们道,"还是请我们的组长,继续把话讲完吧。"由于他是在场的人当中年龄最老的,具有一定的影响力,现场立刻安静了下来。

这时,有人趁这个安静的机会,用响亮的声音叫道:"邬老板,侬就勿要再戆兮兮①了,勿要再拎不清了。勿看看现在是啥辰光,是社会主义了,原材料要统购,产品要统销,侬的工厂哪能开?还不如快点和阿拉大家一样,参加公私合营吧,勿要到了辰光,厂嘛,开不出,还落了一个落后的坏名声,驼子跌跟头,两头落空。"口气怪里怪气,有点像在教训邬老板,又有点像调侃,滑稽好笑,又引起了大家一阵大笑,似乎都在笑邬老板的傻,在笑他的戆,此话也说出了大家的普遍心理。

---

① 戆兮兮:(沪语)傻乎乎。

华浩天等大家笑停,跟进道:"我们是同行,都是自己人,何必这样相互倾轧呢,要团结,方能成大事……"

仇焕庭插话道:"同行中,最不体面的就是相互拆台。还好,原来我们这次小组学习会,要安排政府领导来旁听的,让我婉言谢绝了,幸好他们没有来,如果来了,看到刚才的一出,就像狗咬狗,真不知道如何收场……"

这时,不知道谁怪叫了一声:"领导来了,他们就不咬了,都会变成好狗的,肯定鸦雀无声。"现场又出现哄笑。

仇焕庭也笑了,笑停后,他扫了一眼大家,神情严肃地继续道:"是啊,我们都是自己人,趁这里没有外人,关于公私合营,我也说一句真心话。现在市面上那句老话很流行,那就是'识时务者为俊杰',我衷心希望各位认真考虑。"而后向华浩天做了一个优雅的手势,示意继续传达。

赵诗梦再也不想听下去了,他讨厌那句"识时务者为俊杰"的老话,其实他讨厌的是这句话里的"俊杰",而不讨厌"识时务者"。他能够识时务,可他觉得自己做不了这个所谓的"俊杰",更不愿意被人当猴耍。突然,他耳边响起了另外一个悠远而熟悉的声音"人生如梦,都是过眼云烟",就像一剂强大的安慰剂,立马让他心安神宁,对公私合营这件事也有了自己的主张,想清楚了。在他看来,这个房间里的人,要么是一些精于算计,无利不起早的家伙,要么就是一些趋利避害,虚情假意之徒,每个人背后都有一本烂账,个个都不是省油的灯,都是一群豺狼与绵羊的混合物。赵诗梦凭着当过多年编辑的直觉,和具备的社会经验,能够猜到这位组长接下去要说的内容,以及后半场会议的样子。

人啊,只要对世上的事情了解透了,都想清楚了,就不足为奇了,就会有心无旁骛,静谧自怡的感觉。赵诗梦此时的感觉就是如此,他开始不知不觉地换了一种坐姿,合起了眼睛,会议的声音变得模糊了,变得似有似无。

当赵诗梦再次睁开眼睛,头顶上的大吊灯已大放光明,有人开始离席了,会议已结束,大家似乎都在招呼着去哪里吃晚饭了。窗外的光线已黯然,黄浦江依然在流淌,依然平稳而舒缓,只不过没了先前的木舟,枯黄混浊的江水已变成了暗灰颜色,即使再混浊的江水,也无法看清它的混浊了。在西面火红的夕阳映衬下,水面上还呈现出几条暗红色的长长的波纹,有时候这些波纹会像血丝一样鲜红,又是一幅极美的江景夕阳图。

赵诗梦准备起身,瞥了一眼窗外的夕阳,黄浦江对岸依旧空空荡荡的,只有从西面反射过来的晚霞在暗灰色云层覆盖下的江面上留下了几丝暗红,似血似火。这时,潘勇贤过来,正要坐到他旁边的空位子上,好像有话要跟他说,他们也有好久没见面了,赵诗梦只能做出一副热情的样子,招呼他重新入座,随后问道:"最近如何,好吗?"

潘勇贤叹气道:"能好得了吗?我正在发愁,今天的座谈会如何向老爷子汇报呀,想叫你帮我出出主意呢。"

赵诗梦对他的父亲有所了解。他也是个白手起家之人,举家背债,拼死拼活,好不容易争得这么一个厂子,现在要公私合营了,他是绝对转不过这个弯来的,潘勇贤的压力是可想而知的。赵诗梦也不敢直接问他父亲对公私合营的态度,所以先问:"老爷子的身体怎么样?还可以吧?"

潘勇贤答道:"老爷子身体不怎么样,已经离不开床了,可能过不了这个冬天。但还是在指手画脚,吩咐别人按照他的意思做,一有不对,就发脾气,说些要死要活的话,很难伺候。真是身体越来越差,脾气越来越大。"

赵诗梦泛泛而谈地敷衍道:"人老了,没办法,就这样。"

潘勇贤苦着脸,直截了当问:"看样子,公私合营避免不了了?"

赵诗梦懒得说出自己的想法,毕竟刚才大家讨论引起过不愉快,便点了点头,反问道:"只是时间早晚的事情,你看有谁不自愿的?"

潘勇贤苦笑着顶了一句:"我看是没有人真心实意的。"

在赵诗梦眼里,潘勇贤不是外人,说话用不着太遮遮掩掩,但也不想与他过多地探讨此事,便带有开导性地说:"话不能这么说。既然避免不了，有些聪明的人就觉得，一样要公私合营，还不如走在大家的前面，立个头功，捞一点今后的政治资本，混个好名声。"

潘勇贤煞有介事地点头，认同道："我看也是，大家都是聪明人，这里没有笨蛋。"接着继续哭丧着脸说，"老爷子现在又不出门，不领世面，给他看报纸，他蛮不讲理说自己眼睛不好，不看，把报纸扔掉了。如果要是知道他的厂给公私合营了，他非杀了我不可。"停了停，犹犹豫豫地吐了一句，"如果他百年了，再公私合营，那我也认了，反正大家都一样。"

赵诗梦知道他的难处，可也没有什么更好的办法，看到大多数人已经走出了会议室，便苦笑着给他出了一个馊主意，道："那就编一点故事，哄哄他，让他开开心心地安享晚年吧。"

潘勇贤似乎有点开窍的样子，担心地说："我看也只能这样了，不知道老爷子哄得住吗？"随即摇了摇头，感叹了一句，"怎么弄成这样，靠假话哄老人安度晚年。"

赵诗梦一边起身，准备随大流去吃晚饭，一边苦笑着反驳道："没有人逼你说假话哄人，是你搞不定自己的老爷子。"

潘勇贤跟着起身，自嘲了一句："谁叫我没本事呢？"尔后，悻悻然地与赵诗梦一同离开了会议室。

不知道怎么的，大概是遇到潘勇贤，说了这些话，赵诗梦一下子心情坏了起来，脑海中虽依然留有那句"人生如梦，都是过眼云烟"的话，可感觉不到刚才的平静，仿佛身体被掏空了一样，没了灵魂，停止了思考，就剩下了一个躯壳，一个空皮囊。他需要酒精的作用来麻痹自己，便面无表情地催促潘勇贤，道："快点跟上，去喝酒去。"

没隔多久，赵诗梦就在公私合营申请书上签了名，交给了仇焕庭。仇焕庭告诉他，他是本小组第四个申请公私合营的，尔后，他有了一种如释重负的感觉。

第十六章 《蓝玫瑰》续缘

如果说赵诗梦继承的纱厂是父亲强加给他的任务,那么经营杂志社是他亲手搭建的心灵避风港,是一个完全属于自己的安乐窝,他在那里陶冶情趣,得到宁静和自由。杂志社的关闭,虽说是赵诗梦自觉自愿的举动,却也是心灰意冷,迎合时宜的结果。

杂志社关了门,邮局把寄给杂志社的所有信件都送到了赵诗梦的家里。起先收到很多信,绝大多数是读者写来的问候,他读了一点,有些伤感,信中句句感谢的话,成了让他心碎的句子,那些信仿佛就如燃烧他身体后,产生的片片灰烬。他没有心情写回信,也就不愿意再读这些信了,他需要时间,平复一下心情,或淡忘一些东西,便告诉张妈,从今以后凡是收到这类信件,不用再给他了,直接存放到书房的柜子里,待他有时间时,再慢慢处理。

几个月过去了,赵诗梦对没有杂志社的生活稍许有了一点适应,便又想起了这些信。杂志社没有了,只剩下了这些信,唯有这些信件,方才能够证明《蓝玫瑰》曾经存在过。他不时地会在睡觉前,挑选几封,拿出来看看,当作消遣,当作回忆,或者当作安慰。那天,他又在书房里翻出那些信件来,它们有各式各样的信封,按照信封的不同,有的是竖写的,有的是横开的,有的用毛笔,也有用钢笔的,但不看内容,也能猜出几分,都是一些感谢多年来《蓝玫瑰》的陪伴,或者阅读《蓝玫瑰》的体会之类的,奇怪的是里面还夹杂着投稿的。绝大多数来信的信封上写的都是杂志社收,或者杂志编辑亲启,几乎没有写具体收信人姓名的,原来这些信件都由小杜和鲍逸芸两个年轻人先看,而后有选择地再给他阅读。

　　他在这一大堆信中发现有一封信封上写着他的名字,这分明是给他的私人信件。他拿起信看了看,信封是用钢笔横开的,字迹远谈不上挺括,却有一点娟秀,像是女人的笔迹。拆开信封,取出信纸,先瞄了一下落款,署名是"一位曾经为你结过绒线衣的人",他吃了一惊,立刻想起了在大都会花园舞厅认识的舞娘桂芳。因为这个世上为他结过绒线衣的,只有她,前一段时间,自己还想起了她呢,甚至偷偷地试穿过那件黄色的绒线背心。他有点惊慌失措,急不可待地读了起来:

　　　　赵主编:您好,也许你已经记不得我了,我是《蓝玫瑰》的忠实读者,从第一期开始,期期必读。自从知道你是杂志的主编后,我更是认真地阅读,她陪伴我度过了许多时光,虽说时光有好有坏,只要手中有《蓝玫瑰》,我总能找到慰藉,总会把自己的心安定下来,所以我一期都没遗漏过。你曾经鼓励我投稿贵杂志,我偷偷地用不同的名字,尝试过两次,都被你们录用了,还给我寄来了不菲的稿费。至于我为什么要用笔名,我自己也说不清楚,也许是女人的那一点点的羞涩吧。一九四七年,我的那篇《弄堂琐事》,曾荣获贵刊年度最佳散文奖二等奖,这是我做梦都没想到的。后来我拿着这个奖状,去应聘一所中学的语文老师,获得了成功。现在想想,自己有今天,全靠你的鼓励,全靠有《蓝玫瑰》的支持。我感谢你,感谢《蓝玫瑰》。

　　　　我早就该写信来感谢的,可能出于我个人性格的原因,一直拖着没写,直到在这期上,获悉杂志要停刊了,非常震惊,才意识到无论如何要给你一封信了。如果现在再不写,将来就再也没有机会了,会成为我生活中的一大缺憾。这些天来,脑子里一直想着《蓝玫瑰》,她的停刊,让我心里有说不出的难过,没有了她的陪伴,仿佛今后的日子要暗淡下来了,就如在"闭刊答谢词"里所说的那样,失去了一位"身边的至爱亲朋"。想必你是遇到了不可逾越的障碍,才停刊的吧。

　　如果今后的日子,真的暗淡下来了,你要知道《蓝玫瑰》曾经点亮过许多像我这样的人的心灵,她永远留在许多人的心中。记住这一点,或许日子会过得明亮些。我感谢你,我爱《蓝玫瑰》。

赵诗梦做编辑,阅稿无数,也读过不少感谢类的信,唯独这封让他最为感动,这并不仅仅是以往的相好桂芳寄来的,还有信中的那句话,"记住这一点,或许日子会过得明亮些",立刻让他深有感触,甚至想哭。心想现在自己不正是靠着这一点点的回忆,在消磨时光吗?靠着这一点点旧时的光芒,在照亮自己余生的旅程吗?

赵诗梦定了定神,又仔细读了一遍,很想知道信中提到的那篇《弄堂琐事》,是怎么样的一篇散文。他努力地回忆着,可一点印象都没有,只记得杂志社确实搞过几次征文评比,绝大多数都忘了,有依稀印象的几篇中,也没有这个题目,所以很想读一读这篇散文;又看了看信封,地址一栏里,简单的不能再简单地写着一个弄堂的名称和门牌号:福安里三号。就常识而言,在上海滩按照这样的地址,是根本找不到她的,也无法给她回信的。又翻到信页,呆呆地看着,他思绪万千,理不出头绪,却又有点心猿意马,在信中他还有许多不明白的地方,比如她为什么不直接落款自己的名字,还有那只有一半的地址,甚至还想了解她现在生活的状况。

赵诗梦自以为一向善于揣摩女人的心理,可此时,一点也拿捏不准,这模糊不清的落款与地址,难道是她的含蓄和暧昧吗?还是她作弄人的小游戏?如果现在他真的直接去见她,她又会怎么对待他呢?这都没有答案,他耳旁突然响起了一个声音:"桂芳已结婚了,是有老公的。"然而,很明显这个声音太轻,太微弱了,根本阻止不了他的思绪。这封信似乎是对他停刊的奖赏,他希望这个奖赏得到延续扩大,他决定冒一次险,找出桂芳家的具体地址,给她回信,与她建立联系。

人啊，不论青年，还是中年，甚至已步入老年，只要恋爱了，都会很忘我，都会焕发出迷人的光芒。赵诗梦已人到中年了，幻想着和桂芳见面，这种见面是旧情复发也罢，是重新恋爱也好，它的劲头，一点不亚于小年轻思念恋人。熬了几天后，赵诗梦终于付之行动了，去找小杜。他兴冲冲地来到了小杜任职的那家报社写字楼里，但在上楼梯时却有些犹豫了，觉得在小杜面前，和盘托出有关那个"曾经为你结过绒线衣"女人的故事，真有点不好意思。在以往的雇员面前，泄露有关自己的男女隐私之事，未免有失做老板的风度。可事已至此，别无他法，也顾不得这些了，只有叫小杜帮忙。

在四楼一间不大的办公室里，赵诗梦找到了小杜，恰巧房间里只有他一个人。只见他身着灰色卡其布人民装，坐在靠窗的写字桌旁，正聚精会神地在读着什么。赵诗梦心中冒出了一种欣慰的感觉，觉得小杜应聘到这里来是完全正确的。

小杜抬头看到他，赶紧起身，兴奋地招呼他在自己的对面坐下，忙着倒茶。赵诗梦喝了一口茶，简单地问了一下他的近况，便直截了当地拿出信来，说明原委，问他从财务凭证中能否找到此人的地址。小杜看了信后，说只要杂志社给她寄过稿酬，肯定能够找到地址。至于那篇《弄堂琐事》原稿肯定没有了，不过他记得有关那篇散文的事情，笑着说："那篇文章好像写的是关于弄堂里婆婆妈妈的事情。我记得里面有一句蛮有意思的话，说'听隔壁张家姆妈讲，红心萝卜加点酱油，多烧一刻钟，会烧出肉的味道'，蛮好笑的。当时你看了之后说，虽然文采不怎么样，但写出了弄堂的烟火气，有真情实感，也符合杂志的风格，作者肯定是一位可爱的家庭主妇，评年度第二名应该没有什么不可以。"

赵诗梦想了想，道："你还记得这么一句，说明这篇文章当时被定为第二名，没错。一般来讲，读者能记得几年前读过的文章中某句话，那就说明该文章是一篇有趣的好文章。"而后，若有所思地加了一句，"那……写文章的人，也不会错到哪里去。"原本还想加问一句，"你见过那人吗？"转而一想，由于没有搞颁奖仪式，奖状奖金或者稿酬什么的都是邮寄的,他们之间不可能见面,也就没有问出口。

他们三言两语谈完了正事。小杜在赵诗梦面前,尚有些拘谨,毕竟面对的是前雇主,对自己有恩之人,又感受到时代变迁给他带来的影响,以及《蓝玫瑰》停刊对他的刺激,所以不敢对他的近况表现出过多的关心,在说话时仅仅做到有问必答,而且主要介绍自己现在的工作情况。一阵闲聊后,小杜像是突然想起了似的,问道:"你猜猜看,我在这里碰到了谁?"

赵诗梦猜不出,只是木讷地看着他,等着他的下文。小杜道:"以前常在《蓝玫瑰》投稿的夏卓老师,你说巧不巧?"

这让赵诗梦没有想到,"哦"了一声后,迟疑地问道:"他的政法专业教授,不做啦?"

小杜介绍道:"他的东吴大学没有了,以前教的又是宪政专业,没人要他,没饭吃了。后来也不知道怎么的,就来报社了,当编辑,好像来得比我早一些,和我一样,负责报纸的生活版和有关社会新闻类。"他说这话的神情中,隐藏着一种自豪感,似乎在说现在自己做的事情,竟然和教授一样。接着又加了一句,"前几天,报纸还刊登了他的有关如何种植兰花的文章呢。"

赵诗梦若有所思,自言自语道:"他倒是雅心不减呀,研究种兰花了,不错嘛。我什么时候也去弄点兰花来种种。"语气中好像有一丝羡慕。

小杜从来没听他谈论过花花草草,以为他真的喜欢兰花,问道:"社长在家里,也种兰花呀?"

赵诗梦苦笑着道:"家里兰花没有,不过有几株不错的菊花,每年秋天开得很旺盛,家父留下来的。"

小杜觉得赵诗梦谈论家里的私事,眉头一点不皱,心想自己以前听他说起过师娘出走台湾的事情,想掂量出现在要找的女人在他心目中的分量,自己适时也可以帮上忙,于是毫无恶意地以小心翼翼的口吻,问了一句:"现在,师娘有消息吗?"

赵诗梦朝小杜瞟了一眼，感叹道："我还是希望她不要有什么消息，如果真的有了，说不定会害死我的。现在的社会，如果有台湾来的消息，那还得了呀。"

小杜发现自己问了一个傻问题，有些尴尬，想了一想，又把话题拉回刚才说起的夏卓身上："现在夏老师蛮好了，前几天他还跟我提到了你，像是很羡慕你的，说你真聪明，把自己一手创办起来的《蓝玫瑰》都停了，少了许多麻烦。"

赵诗梦根本无心听有关自己的事情，直截了当地问道："他以前怎么不好啦？"

小杜有点无可奈何，拘谨地答道："这是报社内部的事情。前一段时间，报社学习抓得很紧，他在大大小小的学习会上，总在做自我批判，批判他以前教书、写文章的立场和趣味，有时候几乎痛哭流涕，看样子很痛苦的。不过现在都过去了，已经好了，他们说他现在已经从资产阶级的立场转变到人民大众的立场上来了。"后又紧接着刚才开头的话，重复迭加了一句，"这算是报社内部的事情。"他的话，似乎是为了不让赵诗梦担心，又似乎在强调"内部的事情，不得外传"。

赵诗梦对于自我批判这类新名词，早已耳有所闻，三反五反运动时，在自己的纱厂里，类似"自我检查""坦白罪行"的事情也略有经历，让他沮丧不已，幸亏最后弄成了一个"守法户"，才得以过关；至于写文章的"资产阶级立场和趣味"，由于他自己办过杂志，似乎也略懂一二，可具体是什么，就不得而知了。他一边思索，一边故作听不懂，继续问道："我们的夏教授，批判哪些自己写的文章？"

小杜苦笑了一下说："其实，我看也没有什么可批判的。说他自己教书时说的话，报刊上发表的文章，都是资产阶级的反动立场，宣扬了错误观点，迎合庸俗、低级的社会心理，反正说得一塌糊涂、一无是处。"

赵诗梦听了没有反应，似乎在想着什么，又像是在等着小杜继续说下去。

小杜看他没有接话，又朝办公室门口瞟了一眼，想了想，又拘谨地说:"不过,我觉得他有一点确实蛮反动的,有人写信到报社揭发他,说他在解放初期,曾经说过'第一次听到有人喊万岁什么的,我觉得肉麻'的话,这确实太反动了一点,你说是吧?"

赵诗梦看着小杜,没有说话,也许不想直接回答,便反问道:"后来呢?"

小杜答道:"后来嘛,他在自我批判中,说自己当时对新社会还不了解,所以有这种糊涂思想。他为此事几次三番做了自我批判和反省。这个揭发对他太具有杀伤力了,我看他在很长时间里,抬不起头来,快快不乐的。"

小杜讲了报社里的故事,勾起赵诗梦想见老朋友的欲望,他看天色不早了,喝了一口茶,邀请道:"我有好长时间没和夏卓碰过头了。这样吧,你们的下班时间也快到了,你约上夏卓去杏花楼,我请客,大家聚一聚。"他主要的目的是想见一见夏卓,也给足了小杜的面子。

小杜和赵诗梦最先到酒楼,他们进入一间古色古香的小包间,点完菜,等着夏卓到来。

赵诗梦环顾了一下包间,问道:"你们报社离这里很近,经常来这儿吃饭吧?"

小杜有点不好意思,笑着答道:"不经常来,大凡有人请客时,才来这里。"

赵诗梦并不在意他如何回答,房间里典雅的布置吸引了他的注意力。这包间没有窗户,四周护墙板上,有四幅精致的浅浮木雕,是兰竹菊梅四君子,一边一幅,在灯光的照耀下,散发着老陈厚实的光泽,让坐在包间里的人,有奇花飘香的感觉;房间正中,红得又黑又亮的红木八仙桌和椅子,给人有一种稳重平和的感觉。赵诗梦一边欣赏着,一边自说自话道:"到底是百年老店呀,每当我到这家店来吃饭,总会不自觉地想到,'借问酒家何处有,牧童遥指杏花村'这一句杜牧的诗。"

小杜抿了抿嘴,笑着道:"说明这家饭店的名称取得好。听说最初叫'探花楼',听起来有点像那个,后来才改成杏花楼的。"

赵诗梦应道:"是啊,这是很早的事情了。一位姓苏的教书先生,他既是这里的常客,也是这里老板的朋友,他向老板提出'杏花楼'的名字,讲杏花楼的名字更加有诗意,让人过目不忘。老板听取了他的建议,改了店名后,生意更加好了,蒸蒸日上。不过他们店里的那副木雕'探花图',还一直保存到现在,增加了一份雅趣,也蛮好的。"

小杜受到启发,也慢悠悠地欣赏起包间来。过了一会,像是想起来似的,问道:"鲍小姐结婚了,社长你知道吗?"

听到小杜这一问,赵诗梦有些诧异,心里微微一颤,仿佛听到了心爱的钻石掉入水里所发出的声响。他看了一眼小杜,不露声色地反问道:"你是怎么知道的?"听上去像是不相信这个故事。

小杜答道:"是她亲口告诉我的,他们没有办喜酒,结婚好像结得很匆忙。"停了停,瞄了一眼赵诗梦,看他没有任何反应,笑着补充道,"新郎官,就是她夜校的老师。"

赵诗梦淡淡地笑了笑,"哦"了一声,其实脑中闪过一句"怎么这么快就结婚了"。正当赵诗梦想拐弯抹角地继续打听下去时,夏卓到了。

夏卓依旧神采飞扬、满面红光,一套灰颜色的毕叽呢中山装和一顶干部帽,让他看上去既像教授,又像干部,一副兴奋得不能再兴奋的样子,冲到赵诗梦的面前,拉着他的手,端详着他的脸,感叹道:"你好,你好。老弟啊,我们有五六年没见面了吧?你一点没变,还是这样的年轻潇洒,西装笔挺,真好,真好。"

如此亢奋的表情,把赵诗梦弄得有点适应不了,只能跟着感慨了几句。当夏卓坐下后,赵诗梦呼应着欢快的气氛,愉快地说:"我今天到这里来,真的没想到还能碰到你。我记得你好像跟谁一起去了台湾……"

当赵诗梦说到"去了台湾"几个字后,气氛突然急转直下,夏卓像是屁股下面有弹簧似的,立刻从红木椅子上蹦了起来,同时用一根手指放在嘴唇上,向他示意不能说,而后又迅速跑向包间门口,伸出头去,向左右看了看,再蹑手蹑脚地关上了房门,转身压低了声音,咬牙切齿,一字一句地对着赵诗梦说道:"老弟呀,你怎么不食人间烟火的啦,什么'记得你好像去了台湾',这种话,现在怎么可以随便说的呀?"他虽是一脸的恐惧,可这一连串的动作和语言,一气呵成,敏捷而精准,像是电影里的一个老到的特务在遇到意外情况时的反应又像一个滑稽演员,引人发笑,弄得赵诗梦只能傻乎乎地看着他,一下子说不出话来。

夏卓坐回到红木椅子上,恐慌的神情还没有完全消失,又把身子朝赵诗梦这边靠了靠,凑近说:"你听谁说的,我去了台湾?现在这种话让人听见了,可不得了,不把你当台湾派来的特务抓起来,也要把你关起来,查它个三天三夜。"

听夏卓这么一说,赵诗梦脑海里迅速闪过顾素贞和那个穿军装的人的影子,觉得自己刚才的说法确实有所不妥,笑着抱歉道:"不好意思,我不是故意的。"停了停,压低了声音,认真地继续道,"不过,在一九四九年春天,我确实听说你要去台湾了,好像去担任教育部的一个什么职务……"

这让夏卓更哭笑不得,他看了看小杜,面露难堪地一口否定掉,重重地说道:"没有的事,肯定是你搞错了。"

赵诗梦见状,赶紧否定自己刚才的话:"弄错了,弄错了,实在对不起!我现在是个闲人,一点不领市面,不知轻重……"

气氛很快缓和了下来,夏卓故意做出一副羡慕的样子,看着赵诗梦,笑盈盈地感慨道:"还是你老弟好啊,把《蓝玫瑰》一停,继续做你的小开,享你的福,依然是细皮嫩肉的,肥笃笃的。可我们不一样呀,就靠这支笔吃饭的,离不了报社,不然要饿死的呀。"又朝小杜瞟了一眼,继续道,"实不相瞒,现在做什么事都和以前不一样了。现在做任何事情都有立场问题,我们从旧社会过来的,说话、写文章,一不小心,就会出纰漏。所以,还是要加强思想改造,努力适应新时代呀,否则就不能做好现在报社的工作,会被时代所淘汰。"

夏卓的话音刚落,房门被三位服务员推开,他们端着托盘鱼贯而入,随之房间的空气里弥漫起食物的香味,菜上来了。赵诗梦他们三人像是在讨论什么机密似的,立即不约而同地缄默了,都直勾勾地看着服务员摆盘上菜。等到上完了酒菜,夏卓客气地吩咐服务员,离开时关上门,尔后,又扭头认真地目送着这些服务员,想不到最后一位服务员并没把门关严实,还留有一条缝隙。只听夏卓的嘴里发出轻轻的"啧"的一声,身子便轻盈地从红木椅上再次跳了起来,像一阵风似的旋到门口,把门关严实,才放心地调过头来,略带歉意地朝赵诗梦他们笑了笑,仿佛为他的一跃而起,暴露了自己的坏习惯而不好意思。

小杜为大家斟满了酒,赵诗梦招呼大家开吃,而自己却默默地望着夏卓和小杜出神。他眼前仿佛出现了父亲说起史量才时的情景,心想,自己停掉了《蓝玫瑰》,或许会让父亲失望的。他走神了。

夏卓看着赵诗梦,笑而不语。赵诗梦只能顺着他刚才的话说:"夏老师当年在《蓝玫瑰》刊登的那些文章,写得实在漂亮,以你的才气,足以胜任报社的工作。"

夏卓正用调羹舀了一勺西施虾仁,听赵诗梦说起旧事,连忙打住说:"那种风花雪月的文章,反映了我的资产阶级观点和立场,现在都必须抛弃了……"话说到一半,戛然而止,仿佛一下子醒悟到什么,那勺西施虾仁也跟着停留在嘴边,接着又说道,"现在的报纸,是人民的喉舌,要体现无产阶级的立场,所以我们如果思想不改造,还是老一套,那会出纰漏的。"直到把话说完,才把勺子里的虾仁送进嘴里。

赵诗梦和小杜都笑了,赵诗梦说:"夏老师这方面的进步真快,佩服呀!"

夏卓放下调羹,说:"这个西施虾仁不错,色泽白嫩,吃口又鲜美爽滑,不错。"接着抿了一口酒,赞叹道,"配黄酒,绝佳。"

小杜略朝赵诗梦这边凑了凑,笑嘻嘻地指着夏卓,介绍道,"夏老师的文章出名,前些时他在学习会上做自我批判时还介绍说,他在学校时就有些刻薄的人说他就差写一本《白相四马路指南》了。"

此话一出,几个人都笑了。夏卓索性自嘲了起来,道:"现在好了,四马路也没有了,男女风情也写不了了,只能写花鸟虫草。"大家又是一阵会心的大笑。

赵诗梦以调侃语气提议道："来，为花鸟虫草干杯。"大家应声含笑举杯。

大家笑停后，小杜又为大家斟了一圈酒。夏卓说："说到四马路，倒是让我想起了一件事。前不久，报社领导布置搞一篇关于四马路的姑娘去新疆之后的报道，一开始是叫社里的两个小年轻去新疆采访。他们去了新疆，白相加路程，弄了四个月，搞出来的文章一塌糊涂，名字倒取的是《姑娘们在新疆的甜蜜生活》，蛮有意思的。不知道这两个小赤佬不懂呢，还是不会写，领导一看内容，南辕北辙，该写东，他们却写西，该写草，他们却写花，该写笑，他们却写哭，那怎么行？所以一直压着没发，让我帮他们修改一下。"

夏卓殷勤地为大家每人夹了一块金黄的金钱鸡，厚着脸皮，嬉皮笑脸地继续说道："这里没有外人，我实话实说了。对以前四马路的姑娘，我当然熟悉喽，而她们去了新疆之后，现在是怎么个甜蜜法，我就不清楚了，怎么修改呀？但这是上面交下来的任务，本身就有个立场问题。领导是给我一个转变立场的机会，不能不识抬举啊！"

大家笑了起来，等大家笑停后，夏卓继续强调道："所以，尽管我没有见到过那些姑娘，叫我修改就修改，而且一定要按领导要求改好！稿子已经交到我手上，今天晚上回去要好好开个夜车了。当然，文章我不署名，还是署那两个小年轻的名字。"

赵诗梦听了，"噗哧"一声，笑了出来，对着小杜和夏卓说："你们的领导把修改那篇《姑娘们在新疆的甜蜜生活》的任务交给夏老师，确实是找对人了。"

大家又笑了一阵。他们三个人，你一言，我一语，有一种畅所欲言的味道，可那扇紧闭的房门，始终没有打开过，或许他们不敢轻易打开，仿佛一旦打开，就会冲淡他们喝酒的好心情似的。

几天后，小杜来信了，赵诗梦知道了桂芳的住址。不过，是直接上门见她，还是先写信给她，他犹豫了几天，权衡再三，最后决定先写一封信,试试看。然而,写信成了他的一项重大工作,又冥思苦想了几天,写了好几稿,长的、短的都有,写了撕,撕了又写,最后成行的,只是一封没几行字的短信。

  自从赵诗梦由于自己也说不清的理由,去四合酒楼少了,最后不去了,也就断了与纪舒红的来往,他们的故事犹如一本只有漂亮的封面而没有内页的相册,已无法再翻开。家里硬塞给他的顾素贞嘛,本来就是一个名存实亡的妻子,又去了台湾,而且杳无音信,在赵诗梦的内心觉得,还是没音信的好,免得打扰自己的生活。至于鲍逸芸,曾经被自己誉为钻石般的珍贵,百般呵护和珍藏,可现在钻石已变成了石头,又随着大潮被冲走了,他真希望她成为石沉大海,再也不要出现了。赵诗梦现在的脑海里依稀记得的女人,只有桂芳了,她的来信仿佛点燃了赵诗梦的生命之火,使他枯萎的心灵再度燃烧了起来。这段时间里,他已经不太去想纱厂的事了,满脑子是和桂芳重逢的情景,就像在他前面有一只强有力的透明的手,拉着他前行,去探究,去发现,去尝试,这一种巨大的诱惑力,是他写信的原动力。

  由于时过境迁,社会也大变样了,赵诗梦考虑到自己与桂芳都已是四十好几的人了,再加上已有十几年没见面,互不知道对方生活的基本状况,有时还会想到,此信是否会落入他人之手,甚至想到她已经有了老公。每每此时,总觉得心头犹如乌云密布,难以释怀,会有莫名的紧张,非常讨厌自己,仿佛自己是一个小偷,正在窥探人家里的隐私和宝贝,而自己的身后又有一只巨大无形之手,正准备来抓住他。在对待女人的事情上,他从来没有过这样的感觉,前怕狼,后怕虎,真可谓诱惑与刺激,危险与满足并存。或许受到他自身教养的影响,或许是年龄已过四十,或许时代的变迁,他内心的欲望在膨胀,行动却愈发谨慎,所以他的信,写得很克制,很暧昧,有一种刺探的味道,礼貌多过相思,客套多过激情,一切尽在不言中。很快,桂芳回信来了,也只是简单的几句话,说:礼拜天,我们可以碰碰头。

  礼拜天,仿佛成了赵诗梦的大日子,他心猿意马地等到了那一天。

早晨起床后,由于前一天晚上已经理了发,只要重新刮一下胡子,修一下面,就可以把自己收拾得干干净净了。他照着镜子,一丝不苟地刮着胡子,心里想着穿什么衣服,却犯了愁:穿西装吧,上海滩的马路上西装几乎已绝迹,如同旗袍一样;穿人民装和穿中山装差别不大,甚至怕穿了这样的衣服,担心不像是自己了,更担心她会认不出来。他犹豫了好长时间,自己都不知道为什么对待这个约会,要如此兴师动众。然而,他发现了一个奇怪的事情,自己橱柜里的衣服不可谓不少,但大凡可以穿到外面去的也只有两种,除了一大堆西装之外,还有两套中山装。

赵诗梦提前来到约定的公园门口,等着桂芳的出现,他看了看手腕上的劳力士表,时间还早。这是他从未有过的经历。在公园门口等女人,有点不自然,开始一边朝着马路上东张西望,一边胡思乱想,想着她会从哪一个方向过来,她还会不会穿旗袍,甚至想到她是比以前胖了,还是瘦了,又觉得时间过得太慢,觉得自己很傻,来得这么早。他发现马路上的女人,几乎没人穿旗袍的,猜想她多数也不会穿旗袍了,男人也都是中山装,或者类似中山装的服装,而且颜色都差不多,藏青色和灰色居多,只有极少数人穿浅黄色的军装。他又看了看自己身上的西装,觉得今天穿西装,有点不合时宜,有点落伍。他想到这里,心里有点懊恼,有点担心,如果她真的没穿旗袍,而是穿什么列宁装之类的衣服,自己却是西装笔挺的,那么两个不搭调的人走在一起,可真有点滑稽可笑了。

赵诗梦正在左思右想时,看到远处过来一个女人,好像是一个穿旗袍的。由于太远,分辨不出旗袍的具体颜色和花纹,只能看出是那种混在人群中不显眼的暗色调,更看不清她的脸。他吃不准此人是不是桂芳,只能睁大了眼睛,紧紧地盯着那人由远而近,直到看清那人是桂芳,才出了一口大气,心想刚才的担心是多余的,于是泛着微笑,大步迎了上去,开心地在心里叫道:没错,她穿的是旗袍,和我的西装很配。

桂芳身穿一件黑底暗红花纹的旗袍,暗红的一支支玫瑰图案大面积地覆盖在黑颜色上,看上去红的多,黑的少,朦朦胧胧的,隐隐约约的玫瑰花,像是从黑色中绽开出来的,填满了黑色。旗袍让她的胸腰臀的曲线展现的恰到好处,多一分是夸张,少一点是局促,黑亮顺滑的头发为她增添了活力,让她看起来要比实际年龄年轻许多,笑盈盈的眼神里闪烁着柔和的光芒,显示出一种温柔和恬静的美。虽说按照市面上的说法,她已属半老徐娘的年龄了,却拥有那种年轻人与之无法相比的大气和典雅。

当赵诗梦走到桂芳跟前,停下脚步,带着迷恋的眼神欣赏着她时,她也看到了赵诗梦,只是微微一笑。他们没有握手,没有拥抱,更没有接吻,甚至脸上看不到一丝兴奋。桂芳放慢脚步,等赵诗梦转过身,和自己肩并肩时,自然而然地挽住了他的手。当两人一声不响地朝前走出一段后,她才笑眯眯地说了第一句话:"我猜,今天你肯定穿西装。"这对相隔十几年未见面的男女,仿佛才隔了一天又见面似的,知己知彼,心心相印。

赵诗梦接着她的话,说出了后半句:"所以,你就穿旗袍了。"

桂芳骄傲地点了点头,道:"我还是很了解你的吧,毕竟读了那么多年的《蓝玫瑰》。"

赵诗梦扫了一眼周围,笑着说:"也许我们是上海滩最后一对穿西装和旗袍的人。"两个人都开心地笑了。

他们在复兴公园内,像恋人一样,手挽手逛了一圈,在长椅上坐下,慢悠悠地述说着只有他们俩感兴趣的话题。他们谈的最多还是过去的事情,过去的笑,过去的狂,过去的痴,过去的傻,仿佛过去是他们的命根子,今天开出的花,结出的果,都是因为有了这个根;仿佛今天他们只要多谈谈过去,就可以回到那个过去了,过去的忧愁,好像也带着诗情画意,让人陶醉其中。赵诗梦有太多话想对她说,太多的问题想问,却不知道如何说,如何问,有时候不说话,反倒比说话还要让人有甜滋滋的感觉。

赵诗梦为了了解桂芳过去那几年的生活,记得她有一个弟弟,便弯弯兜兜地问道:"你弟弟还好吧?他好像大学毕业了?"

桂芳沉默了一会,平静地答道:"他早就死了。"这个答案太出乎赵诗梦的意料,不敢再问下去了,只能默默地陪着。

桂芳叹了一口气,说:"他好不容易大学毕业了,参加了当时的空军,第二年就死在中缅边境。他们来人告诉我,有人看到他的飞机被日本人击落了,但飞机的残骸和尸体都没找到,最后只能被认定为死亡。"

为了安慰桂芳的情绪,赵诗梦不失时机道:"他是英雄。"后又觉得这样说不够,为了更加明确自己的态度,又补充道,"按照我以前编的画报里的说法,他们这些人就是我们老百姓的顶梁柱。"

她没有急着说话,低头从随身携带的小包里,取出香烟,衔在嘴上,赵诗梦赶紧为她点燃,一股青烟从她两片漂亮性感的嘴唇中喷出,缭绕着他们俩。她接着缓缓地说:"现在已经没人这么说他们了。"又是一声叹息,说,"我已经好久不敢在人面前,提到我曾经有过弟弟了。要不是你问,我好像已把他忘了。"

赵诗梦不知道怎么说,才能让她平静下来,只能按照常规的礼数,补救道:"实在对不起,我不知道这个……"

桂芳又重重地吸了一口烟,没有看旁边的赵诗梦,双目直视远方,说:"没有什么对不起的。他是我亲弟弟,是我一手把他培养成大学生的,培养成飞机驾驶员的,我培养他,是值得的,即使全世界的人把他看得一文不值,在我心里,也永远不会把他忘了的,谢谢你的提醒。"语气中,有着一种寻常很少见的咬牙切齿的倔强,眼眶里滚动着泪水。

赵诗梦深感此话题的沉重,这样持续下去,真有些担心收不了场,他再次努力想绕开这个话题,便掏出手帕,悄悄地递了过去,说:"都过去了,真不知道你是怎么过来的?"

桂芳接过雪白的手帕,在眼睛的下处,按了按,说:"我得到他殉国的消息,正是那年的冬至,很冷,我伤心极了,一个人躲在冰冷的被窝里,哭哭停停。为了分散注意力,拼命看书,人家是'寒夜闭门读禁书',我是寒夜闭门读……"顿了顿,用带着血丝的眼睛看了看他,才说完这句话,"读《蓝玫瑰》。把以前没读完的,全部看了一遍,所以说,你的杂志陪我度过了最难熬的日子。"说出最后几个字时,似乎为自己的坚强,脸上有了一丝笑容。

赵诗梦听到她在如此的环境中,还记得读《蓝玫瑰》,有些感动,想说一些感谢的客套话。可忽然灵光一现,记起她刚才似乎说过"一个人躲在被窝里"的话,心想她那时应该已经结婚了,有老公的,怎么会一个人躲在被窝里呢,感到莫大的奇怪,这个奇怪又与自己的情感有着密切的关系,顾不得绕圈子了,直白地问道:"那时,你不是已经结婚了吗?怎么会一个人躲在家里的,那你老公不在你身边?"

桂芳侧过脸来,温煦地瞪了他一眼,反问道:"谁跟你说的,我结婚了?"

赵诗梦被搞糊涂了,她的反问似乎说明她并没有结婚。但他清晰地记得他们在分手的那一刻,她对自己说过的话。如果当时她不准备结婚,那为什么要这么说呢?他的脑筋不够用了,实在想不出答案,愣愣地看着她,无言以对,样子有点可怜,有点好笑,傻傻的。

桂芳见他的窘样,好像很开心,继续反问道:"难道你希望我有老公?"向来在女人面前趾高气扬的赵诗梦有点晕,第一个糊涂还没搞清楚呢,紧接着又来一个更难以回答的问题。他索性不急于回答,揣摩起她的心思来,心想她希望得到的是怎么样的回答,猜想肯定是不希望有老公那一类的回答,否则,这个问题就没有意义了;另外,他发现女人提这种问题,一般只会对比较亲密的男人提,或许自己就是那一类男人。虽然桂芳没有明确告诉他自己是否有对象,但是可以从她的这些话里,推断出她没有结婚,这让赵诗梦喜出望外,兴奋不已。他吞吞吐吐道:"我当然不希望你有老公。"

桂芳笑了,结束了这个话题,略微扭动了一下身子,出乎预料地说:"我现在真想跳舞。"上海滩的舞厅,早几年就已经关得差不多了,交谊舞作为资产阶级的生活方式,也成了批判的对象,很少有人敢在公开场合谈论跳舞。

赵诗梦被动地跟了一句:"我也好久没有跳过舞了。"

桂芳道:"自从那年跟你分手,离开了大都会舞厅,我就再也没有跳过舞。"

赵诗梦殷勤地邀请道:"如果你不嫌弃,以后可以到我家里去跳。"

桂芳果断地拒绝道:"你家里?我才不去呢,我不想在你老婆面前跟你跳舞。"

赵诗梦夸张地做出一副可怜的样子,道:"我老婆,早在一九四九年跟人家跑到台湾去了,回不来了。"

桂芳诧异之余,笑着问怎么回事。赵诗梦把家里的那些破事,从头到尾介绍了一遍,她将信将疑地叹息了一句:"家家有本难念的经,你家里有钱,可并不幸福。"

赵诗梦面露难色,不好意思地答道:"所以我年轻时,沉迷于舞厅,经常夜不归宿。"

桂芳望着远处,笑了笑,说:"你年轻时,是什么样,我知道。不过我也知道,你的《蓝玫瑰》办得不错。"说完,她收回视线,转过头来,注视着他,低声问道,"你还记得小青青吗?"

这轻声一问,把赵诗梦问住了,他当然记得小青青,是她赠送的"礼物",怎么可能忘了呢。他没想到她会提这样的问题,不知道怎么回答。如果回答记得的,他担心她是否会冒出一句酸溜溜的话来,引出不必要的醋坛子,搅乱甜美的氛围;如果说忘了,这样的回答似乎太不近人情了,也太煞风景。在左右为难之际,赵诗梦偷偷地朝她看了一眼,发现她喜洋洋地在笑,那笑容美极了。眼眶里黑白分明的眼珠,凝视着他,传递出不似秋波,胜似秋波的情愫,微微起伏的嘴唇,妩媚而富有性感,眼睛和嘴唇在她白净好看的脸上,勾勒出含情脉脉的衷情,不含一丝做作和勉强,没有半点杂质和邪念,全都是从心底深处流露出来的自然情感,包含着女人所有的温柔。如此美妙的笑容,男人只要见过一次,就会终身难忘,赵诗梦也不例外,胸中涌起一股拥抱她的冲动,碍于在公共场所,只能默默地抓过她的手,轻轻地捏了一下。

桂芳见他不肯回答,依旧带着灿烂的笑容,戏谑地乘胜追击道:"快二十年了,没忘吧?"停了停,突然蹦出一句,"她去新疆了。"他们知道像小青青这样的人,去新疆是怎么回事,她的笑容也随着这句话的出口,而消失得无影无踪了。

赵诗梦双眼呆呆地直视前方,机械地重复了一遍:"去新疆了。"此后,两个人谁也没说话,似乎不是在想象小青青在新疆的情景,就是在回忆他们三人在一起的开心。隔了好长时间,赵诗梦发现自己的手反而被她紧紧地捏着,他拉起她的手,仔细端详着,说,"如果她回上海了,不要忘了告诉我一声。"

桂芳郑重其事地点了点头,轻声道:"我会的。她一直在我面前说你的好。"

赵诗梦觉得重新见到桂芳,两个人在一起时,有一种以往所没有的新感觉。他拼命地想了解她,哪怕有关她过去的点点滴滴,都会引起他极大的兴趣;尽量想取悦她,哪怕只要她露出一点点笑容,就觉得非常高兴。仿佛以往的他们当中隔着一种媒介,而依靠这层媒介,他们可以相互遮遮掩掩,朦朦胧胧也无所谓,那时他们无须向世人公布,无须考虑明天,只要有快乐,就万事大吉了;可现在他们俩之间,这层媒介没有了,需要完全透明地对待对方,不但要看到对方的身体,还要看到对方的心,考虑的事情,比以前多得多。总之,以前他们的关系中,玩的,游戏的成分多一点,用心的,爱的成分少一点,而现在他似乎完完全全沉浸在恋爱之中。

恋爱填补了赵诗梦的空虚,去除心中的烦恼,像是换了一个人似的,喜洋洋的。有一天午饭后,赵诗梦收到了仇焕庭寄来的下礼拜五召开上海资本主义工商业申请公私合营大会的邀请函。这个大会他早就听说过了,只是没有想到这么快就召开,心想大概水到渠成了吧,反正自己在大半年前就在同业公会的公私合营申请书上签名了,明确了自己参与公私合营的态度,要变也变不了了,当下参加这样的会,自己没有什么特别要准备的或者要作出决定的事,只是见证一个仪式,在场面上可以见到许多大人物而已。大会的会址在延安中路上的中苏友好大厦,他知道这是一幢去年三月份刚刚落成的巨大建筑,是上海滩最漂亮、最时尚的新地标,那里是市政府举办重大政治和经济活动的地方,不是每个人都可以进的地方,去那里开会不但是一种荣耀,而且还是一种地位的象征。他在邀请函上读到了特别注明的可以携带家属的内容,这让他春心荡漾,想到了桂芳,心想如果与她已结婚了,那就可以名正言顺地带着她去开开眼界了。他的心思重新回到了桂芳身上,自从那次与她在复兴公园约会,知道她有跳舞的想法后,他一直在想着如何满足她的这个愿望。心想自己家里当然可以跳舞,但是两个人跳,好像也没太大意思,想搞一场舞会,让她尽兴。可在这样的环境中,不可能大张旗鼓,只能悄悄地进行。他想到了比自己还要悠闲的,又拥有大房子的夫妻,就是朱跃中和上官清岚,决定下午就去找他们夫妇商量。

这时候,市面上的舞厅已难寻踪迹,在家里办舞会,跳舞是要有胆量的。赵诗梦向他们夫妇说出了自己要讨好桂芳,想办一场舞会,想不到他们夫妇一口答应,大有不谋而合的味道,他们也有好久没有跳舞了,很想念跳舞的节奏,并答应约上几个好朋友,一起乐一乐。上官清岚还自告奋勇,愿意弹钢琴,为舞会伴奏,并把舞会的时间定于下个礼拜天,也就是在那个大会后的第二天,这个安排使他欢欣鼓舞。

大会和舞会挨着这么近,似乎让赵诗梦充实了许多,变得有事可做了。他急着把桂芳约出来,告诉了她舞会的事情,他不想露出自己想讨好她的痕迹,便将这场舞会说成朱跃中夫妇家里正好要办,顺便带她去的样子,桂芳欣然接受。但赵诗梦没说自己礼拜五要去开大会的事,他吃不准她对这种事情的态度,因为他觉得从礼拜五之后,自己就不是工厂主了,恐怕她一时理解不了。

礼拜五那天上午,上海滩到处都是红旗招展。赵诗梦一身中山装,皮鞋锃亮,从延安中路的中苏友好大厦正门进入,迎面映入眼帘的是宽大的喷泉池,一柱柱水柱错落有致地射向天空,华美壮观,其后乳白色的主楼高耸挺拔。他抬头眯眼仰视其顶部,鎏金钢塔与红色的五角星金光灿烂，耀眼无比，那是当下上海滩的新制高点，与广场东西两翼楼群呈现出完美的俄罗斯古典主义建筑风格和完全对称的宫殿式气派。这样的建筑不论在高度还是在广度上，盖过了上海滩百年历史上所有的千姿百态、五花八门的建筑。在气势如此宏伟的建筑里，不论在室外高耸的走廊上，还是在拥有雄伟拱顶的正厅大堂里，都塑造出一种威严而壮观的氛围，让人都会不自觉地感到单薄而渺小。

赵诗梦是第一次见识到这样的场面，带着惊奇的目光欣赏着这幢建筑，随着人流步入正厅时，有人凑上来打招呼，一看是潘勇贤。赵诗梦与他也有好久没见面了，只听说他一直未同意参加公私合营，害得仇焕庭去他家里劝说了好几次，叫苦不迭，今天在这里能够第一个遇见他，着实让赵诗梦有些诧异，脱口问道："怎么，你也来了？"

潘勇贤勉强笑了笑，道："这么大的场面，能不来吗？幸亏去年底我父亲去世了，我马上跟我们的仇组长打招呼，让他快点把我的名字写上，否则就拖大家的后腿啦。"

赵诗梦再次诧异道："哦，对不起，我不知道令尊过世了。"

潘勇贤歉意地答道："父亲去世时，我心情很差。父亲在去世前还在为我们考虑，说他的葬礼不要太费事，太费钱。后来有人说现在不流行葬礼了，时兴开追悼会，我又不知道怎么弄，就没发通知，所以许多人都不知道我父亲去世。"

赵诗梦点了点头，顺口道："还好吗？"

大概潘勇贤以为问的是父亲去世时的情景，便答道："还好。老人家死的时候还算平静，好像没什么痛苦，也算是他的福气。"

赵诗梦看了看周围的人流，他不想在这样金碧辉煌的殿堂里谈论他父亲的死亡，就没接话。此时，恰巧看到前面有一个身材像是袁老板的人，两边还各有一个女人搀扶着，那大概是袁老板的两个老婆。想起了邀请函中可以携带家属的特别注明，便问潘勇贤："你怎么没带老婆来？"

潘勇贤答道："我老婆病恹恹的，上不了这样的大场面。你看前面的袁老板多好呀,两个老婆都拿得出手,个个漂亮。"经潘勇贤这么一说,赵诗梦重新打量了一番,确定了走在前面的三人是袁老板一家,于是笑了笑,没出声。尔后,潘勇贤没头没脑地问了一句,"怎么这次大会允许我们带家属参加呀?"

赵诗梦想了想,猜测道:"可能考虑到公私合营的财产,老婆也有份吧,所以凡是老婆都可以来,也算是一种开明吧。你看,前面的袁老板还带了两个呢。"

此时,他们俩看到满面春风的仇焕庭拿着一只红色的大信封,后面跟着兼职秘书常小琪迎了上来,截住他们俩和袁老板一家,略带着亢奋与焦急口吻道:"你们总算到了,我们组就等你们几个了,快点跟着小常去指定位子。马上就要开会了,我还要上去递交申请书呢。"并叫常小琪为他们每个人佩戴了一朵大红花。

赵诗梦看了看胸前的大红花。以前他在其他地方见过别人佩戴大红花,没想到这里他也戴上了,说不上喜欢,觉得这是个新鲜玩意,有点怪怪的,有点别扭。又瞄了一眼仇焕庭手上的那只大红信封,心想这里面装着的大概是以小组名义申请公私合营的申请书吧。由于仇焕庭的催促,只能向袁老板笑了笑,简单地招呼道:"你好。"准备跟着常小琪朝前走。

袁老板戴着大红花,没理会仇焕庭的催促,一边走,一边把自己的大老婆推到大家面前,精神矍铄地介绍道:"这位,你们以前都已经见过了吧,我的内人。"而后,面露得意地又把身边的一位年轻的女人引见给大家道,"这是我的新内人。"

由于大家都在进入会场的过程中,只能简单地客套了一番。赵诗梦偷偷地打量那女人,心想她就是传说中袁老板赶在《婚姻法》颁布前讨的小老婆吧,个头比袁老板高一截,按照赵诗梦的审美标准,那女人凹眼睛、凸额角的,实在不怎么样,根本不能和自己喜欢的桂芳相提并论,脑筋转了一个弯,觉得大概男人老到一定年龄,对女人的审美能力也会下降的吧。

在常小琪的催促下，赵诗梦与潘勇贤快步走在最前面，袁老板他们三人落在最后，只听到袁老板向常小琪问道："今天，我们可以看到陈毅市长吗。"

常小琪兴奋地答道："许多人都在问，是否能够见到陈毅市长。可惜今天也不在上海，但可以看到副市长曹荻秋、盛丕华他们。"

随着场内铜管乐队的吹奏，主席台上的人进场，会场响起了热烈的掌声，会议在礼炮和国歌声中正式开始。赵诗梦望着主席台上的人，想看看仇焕庭是否在台上，可没有找到，就朝周围扫了一圈，发现许多人都携家带口的。看见前面的邬明昌和秦双杰都戴着大红花，笑嘻嘻地在窃窃私语，旁边的潘勇贤好奇地伸直了脖子，向主席台张望。尔后，赵诗梦的目光不自觉地落到了袁老板和两个老婆身上，心想今天这样宏大的场面，真应该带桂芳来看看。大会决定一次性批准全市私营工商业公私合营。会议直到下午才结束。晚上又有大型的联欢庆祝活动，把气氛推到了高潮，也把上海滩带入了一个前所未有的时代。

开会庆祝忙了一整天，赵诗梦很晚才回到家，疲惫不堪，倒头就睡。第二天醒来，有些头痛，赖在床上没有立刻起来，想到再过一天就可以和桂芳去朱跃中家里跳舞了，像个小孩似的，心里喜滋滋的，甚至想打电话去桂芳的学校找她。可为了明天见到桂芳更加高兴，赵诗梦忍住了，决定暂时不去找她，哪儿也不去，留在家里，仿佛要把自己的脑袋清空，去迎接明天的幸福。

赵诗梦就这样，一直到翌日的午饭后，才整装出发。他开车到福安里弄堂口附近，远远就看到桂芳穿着一件漂亮的紫绛红薄大衣，手提一盒礼物，正在等着。她上了车后，赵诗梦问："拿的什么东西？"

桂芳答道："我第一次去人家有钱人家里，不知道带什么好。早上，就去国际饭店买了一盒点心，大家可以吃。"

赵诗梦不以为然，笑着说："他们现在哪里有钱呀，靠他父亲从香港寄钞票过日子。"

桂芳说："不管怎么样，我是第一次去人家家里白相，空着手，我是做不出来的。何况人家住的是这么大的房子。"

赵诗梦介绍道:"他们家的房子是大,那不错,是朱跃中父亲在抗战之前,专门为他们购置的。那时候,朱跃中和上官清岚吵着要结婚,他父亲没有立即同意,却给了他们这栋洋房。他们在这安乐窝里没有住多久,就一起去了美国,抗战胜利后,他们从美国回来,就一直住在那里了。"

桂芳应道:"那朱先生的父亲也够好的,还给他们买洋房。"

赵诗梦笑道:"可朱跃中这个家伙还不知足,说这是牢笼。"

桂芳好奇道:"怎么会呢?"

赵诗梦道:"他们家的洋房呀,在沿马路一边的弄堂里,不是很显眼,可能是朝北的缘故,长长的围墙上,有一扇单开的木制大门,上面钉着许多大铁钉,还衬着厚实的铁条,看上去结实远远大于雅观。据说这种钉大铁钉的做法,是一种古罗马风格,朱跃中戏称这是牢门,可以抵御装甲车的撞击,不过洋房后面有一个蛮大的花园,不乏精致典雅。"

桂芳顿了顿,问道:"他父亲在香港?"

赵诗梦答道:"我们朱兄的老头子确实很有钱,以前算是上海滩小有名气的银行家,一九四九年处理掉所有的银行股份,带着钞票去香港了,在去之前,问他们夫妇去不去,他们说不去,就留下来了。老头子除了搬不走的房子,在上海滩也没留下什么东西,只能每个月从香港给他们寄生活费。"

桂芳望着车窗外,有一句,没一句地问:"那他们为什么不去香港呢?"

赵诗梦答道:"具体的我也不太清楚。大概,朱兄和他的老妈关系不太好吧,老妈好像是后妈,他还有个后妈生的弟弟。所以,他们俩留在上海滩,就算自动退出他们的家庭了吧。"

桂芳好奇地问:"那他们不出去找一份工作?都是留学回来的。"

赵诗梦笑了笑,或许笑她幼稚,答道:"他们怎么找?留学有什么用?现在说起来,都资产阶级出身,高不就,低不成的,没有人敢要他们,反正他们也吃穿不愁。"

桂芳继续问道:"他们也喜欢跳舞?"

赵诗梦道:"像他们这种人,哪有不喜欢跳舞的,他们闷在家里没事,外面不能跳,就在家里跳,只能这样消磨时光了。"

桂芳接了一句:"那他们的胆子也蛮大的,这种年头还办舞会,不怕周围那些婆婆妈妈们向居委会报告。"

赵诗梦道:"市面上的舞厅关门,并不是说家庭舞会也不能办。"侧过脸来,看了她一眼,笑着跟出一句,"说不定他们周围的婆婆妈妈们自己也喜欢跳舞呢,像你一样,也不是来了吗?"他们俩都笑了。

他们一路上有说有笑,直到离朱跃中家门口还有一点距离时,赵诗梦在马路与人行道之间找了一块空处,便和桂芳提着点心盒,下车步行了。他们走了一段,桂芳看到马路上到处可以停车,奇怪地问道:"为什么把车子停的这么远?"

赵诗梦苦笑着答道:"是你刚才提醒了我,所以故意把车停得远一点,免得让那些婆婆妈妈们看见,给他们家惹麻烦。"桂芳挽着他的手臂,露出了会心的微笑。一路上,赵诗梦没有提及前天去参加了那次盛大的会议,或许他见了桂芳太高兴忘了说;或许他觉得这会联系到自己今后不再拥有工厂了,而不愿意讲。

到了朱跃中的家门前,他们按了门铃,朱跃中夫妇殷勤地迎接了他们,赵诗梦简单地介绍了一下,桂芳顺势优雅地把礼盒递给了上官清岚,朱跃中则把他们引入客厅。

出乎赵诗梦的意料,他们把客厅布置的有模有样,很像一回事。靠花园一边的落地窗,用紫红色的窗帘,拉得严严实实。窗帘宽宽大大的,有点像剧院的幕布。下面是一排沙发和茶几,有单人,双人的,有不同的款式,显然是从不同的房间搬来的,不过放置得还蛮协调的。不同的沙发,围着不同的茶几,各成一个单元;对面靠墙处放着一张长条的西餐桌,上面有不少洋酒和酒杯,有点心和三明治之类的,还有一些不常见得着的精致糖果;厅的顶端是一架三角钢琴,一侧的桌子上有一台留声机,正在播放着柴可夫斯基的圆舞曲,留声机的后面有一个小型的唱片架,钢琴和留声机替代了正规舞厅的乐队;客厅顶部悬挂着气派的吊灯,散发着柔和的黄色光芒,映出了下面的打蜡地板上漂亮而规整的图案。客厅中央腾空出来的地方,即使有十几个人同时上场跳舞,也不显得局促。已有两对男女正在曼舞,一旁的沙发上,有几位客人在闲聊。

赵诗梦除了那个画家兼古董商的高振光和他的女朋友,以前见过几面,其他的几位客人,都是第一次见到。朱跃中认真地挨个介绍,都是一些老板的公子或千金,靠着上一辈的祖业而赋闲之人,而且年龄都比赵诗梦要小一些。尔后,朱跃中把他俩引到对面长桌子旁边,一边说:"家庭舞会,总比不上以前外面舞厅的正规,没有侍从,只能我们自己来了。"一边为他们开香槟酒。

赵诗梦看着香槟酒,道:"你这里,真不得了,这年头居然还有香槟酒。"扫了一眼桌上的酒,感叹道,"哇,还有白兰地,威士忌,再多几样就可以调鸡尾酒了。"

朱跃中谦虚地笑道:"这是最后几瓶了,我把地下室的酒,全都拿上来了。现在市面上的洋酒,就像舞会一样,快绝迹了,以后的人啊,就连什么是白兰地,都不知道了。"

赵诗梦接过酒杯和桂芳一起,同朱跃中夫妇碰了杯,说:"为最后的香槟,干杯。"抿了一口香槟后,又补了一句,"谢谢你们的款待。"

朱跃中指了指旁边的冷菜和点心,介绍道:"这是岚的杰作,她搞了一整天了。"

上官清岚顺手用夹子夹了两块菱形的司康饼,放在小碟子里,递到了赵诗梦和桂芳面前,笑盈盈地介绍道:"诗梦兄,你在英国待过,尝尝看,我做的司康饼。"

赵诗梦拿起一块看了看,尝了一口,赞叹道:"哇,真好吃!味道蛮正宗的,醇香金黄的,样子也好看,完全是英国风味。"

上官清岚得到了赞扬,喜滋滋地又往他们的小碟子里添了两块三角形的,说:"再尝尝这个,是咸的。"

赵诗梦又尝了一块,而后,半真半假地对朱跃中感叹道:"你夫人的手真巧。现在市面上已经看不到司康饼了,吃这种西洋东西,是要被批判的。要不是今天来你们家,我以为这辈子再也吃不到司康饼了,谢谢你们的精心准备。"

朱跃中半开玩笑地说:"吃,没有罪过吧,做司康饼的,那才是大逆不道。你们尽管放心地吃好嘞,吃完了批判岚。"

上官清岚微红着脸,笑道:"不吃,不知道味道,叫人家怎么批判呀,只有吃多了,吃完了,才能批判,所以你们要多吃一点。"他们夫妻的对话,引得大家都笑了。

桂芳凑到上官清岚跟前,佩服地望着她,问道:"朱太太,做这个,是要用烤箱烘烤的,很难吧?"

上官清岚答道:"难嘛,倒是不难,就是麻烦点。"随后指着朱跃中说,"在美国时,很无聊,他逼着我用烤箱,学了一点。今天我全都用上了,还有其他的小饼干,都是我今天烤出来的。"

留声机的音乐停了,朱跃中看客人差不多都到了,便吩咐上官清岚为大家演奏钢琴。随着温暖悠扬的琴声响起,赵诗梦放下酒杯,潇洒地搂着桂芳的腰,来到客厅的中央,仿佛又有了熟悉的感觉,周身的血液里似乎也流淌着音乐节拍,带着她,踏着音乐,起伏有致。他们贴得很近,但没有看对方一眼,每一个滑步,每一个旋转,流畅而华美,配合得天衣无缝,宛如音乐把他们变成了一体。在跳舞的人当中,要数他们跳得最完美,吸引了周围的目光,他们成了主角。

他俩一连跳了两曲,第二曲结束,他俩在旁边的双人沙发上坐下。赵诗梦看着桂芳额头细细的汗珠,掏出手帕,悄悄地凑到她耳边,说:"你跳得真好。"

桂芳接过手帕,略带喘气地答道:"将近二十年没跳了,有些跳不动了。"

赵诗梦体贴地应道:"是嘛,那就歇歇。"

桂芳含着羞涩,说:"不跳嘛,想跳,跳了嘛,有点累。大概,人老了吧。"

或许高振光觉得在场的客人,多数是比他年轻一大截的,没有共同语言。和赵诗梦虽谈不上深交,彼此在以前不同的场合见过几次,但从来没有看到过赵诗梦旁边有女人,有些好奇,便笑嘻嘻地挽着白俄太太,来到赵诗梦和桂芳坐的那个单元,在对面的双人沙发上坐下。他太太胖乎乎的身体轻而易举地占据了一大半的沙发,他只能缩了缩身子,往扶手边挤了挤,跷起了二郎腿,仰了仰头,一边对着赵诗梦和桂芳,笑容可掬地恭维道:"赵兄,你们俩跳得真不错呀。"一边潇洒地打开茶几上的雪茄盒,拿出一支。

赵诗梦礼貌而客气地回敬道:"一般般吧,老兄,你也跳得不错。"他刚才看到高振光和胖太太跳舞,全场数他们俩最耀眼,就像一头驴拖着大象在旋转,真有点可怜他吃力的样子。

高振光抽了一口雪茄,感叹道:"不比以前啦,我们都老了。跳舞嘛,跟不上节拍了,也不比从前啦。"

赵诗梦没回答,只是笑了笑,算是同意他的说法,又礼貌地向他太太点了点头,算是打招呼,却发现她比上一次见到又大了一圈。心想离上次见面已有十几个年头了,那是在华懋饭店楼上的冷餐会时见过一次。他又悄悄地看了她一眼,发现她细看不难看,只是她每个部位都比上海女人等比例地丰满了一圈,光嫩白皙的皮肤让她看起来比实际年龄要年轻许多,也漂亮了许多,赵诗梦心想现在国家和苏联关系很好,上海滩的许多白俄都去了国外,怎么她留下来了。

高振光似乎看出了赵诗梦的心思,他瞟了一眼桂芳,按照他常规的思路猜测,这个房间里都是一些在市面上被称之为资产阶级的,或者以前的小开和千金,为人们不齿,也不会有什么像样的工作,估计眼前的女人也不会例外。自己的老婆虽是白俄,可现在拥有一份极其体面的工作,可为其得分不少,便优雅地指了指赵诗梦身边的桂芳,像是漫不经心的样子,问道:"夫人的舞也跳得不错,从事什么工作呀?"

507

赵诗梦的脑子闪过一个念头，不希望桂芳曾经做过舞女的经历让人知道，也不想纠正他问话中用的"夫人"两字，及时而低调地答道："噢，她在一个中学做语文老师。"省得他再东问西打听的。

高振光像是很感慨的样子，道："现在不比以前啦，女人也都有工作啦。我的那一位，正在做翻译，专门从事对外友好交流，为到访的苏联朋友做翻译。"他顿了顿，用夹着雪茄烟的手向上比画了一下，像是突然想起遗漏的宝贝似的，加重语气补了一句，"还有，就是帮他们翻译苏联的电影。"透着一种高贵的神气，仿佛翻译电影是世上最高贵的事情，他这样的动作和语气很搭，很协调，让人有一种不容置疑的感觉，而他潇洒的比画，无意间让他西装袖口边缘发毛的破损暴露无遗，又恰好被赵诗梦瞥见。

高振光那句高大上的话，确实引起赵诗梦的注意。想想看，翻译电影，几乎是知识与艺术，文化与浪漫结合而成的优雅的事情，这种工作在一般人眼里，实在令人羡慕，心想这是他们夫妇与生俱来的好事，其中一个人懂得两种语言，估计桂芳难得碰到这样的人，生怕她置身于高振光高贵的阴影之下，产生自卑感。他瞄了一眼她，发现她直勾勾地看着那胖乎乎的女人，就像小学生看着她崇拜的老师，他慢慢地拉过她的手，轻轻地捏着，动了动身子，换了一个坐姿，对着高太太赞叹道："哦，翻译电影需要很好的汉语口语，真了不起。"可他发现高太太对此话的反应只是微笑，虽微笑很迷人，却夹着一层淡淡的茫然，好像还有百分之五十没有听懂他在说些什么，就像自己刚刚去英国留学时，听人家英国人说话时的情景。他似乎知道了什么，以极快的速度在脑子里搜索高太太说话的样子，除了"你好""谢谢"想不起来还有什么，只记起了她说过的这几句中文或者上海话，无论如何离翻译的要求，还有相当的距离。他又瞟了一眼高振光，想测试一下高太太的汉语水平，便问道："高太太，最近在翻译什么电影？"

这时，朱跃中拿着一瓶白兰地，独自一人，连续转了两个华尔兹的舞步，像一阵风一样，转到赵诗梦他们的面前停下，问道："你们怎么不跳啦?"看得出他的表情里,充满着对这次舞会的得意,他的话打断了高太太的回答。

赵诗梦没有想到,现在跳舞对他们来讲已是一件蛮累人的事情,想让桂芳再歇一歇,所以没有连着跳,却不能明说想休息,这又怕扫了朱跃中的兴,赶紧做出饶有兴趣的样子,答道:"我们的高画家,正在跟我们介绍翻译苏联电影的事呢。"

朱跃中笑道:"我知道高先生画苏联电影海报,画得不错,哪里会翻译呀。"

高振光笑着分辩道:"我哪里懂俄语呀,是我夫人在做翻译。"他的笑容里夹杂着一丝无奈,好像西洋镜让人戳穿一样,太太的翻译电影也变得可疑了。

朱跃中朝他太太笑了笑说:"那还差不多,高太太的俄语说得这么好,翻译个电影应该没问题。"赵诗梦觉得这句话很滑稽,高太太明明是白俄,俄语当然好喽,为什么还要赞扬她的俄语呢,转而一想,或许他为了顾及他们的面子,才说这样的废话。接着又听到朱跃中继续道,"可我看苏联电影时,要睡着的,他们的人名太长了,乌拉哇啦什么夫,乌拉哇啦什么斯基的,记都记不住,一场电影下来,谁是谁,什么都没看懂。"

高振光大概觉得继续谈论苏联电影或者翻译,太不识相了,转而顺着朱跃中的话,笑着道:"不比以前啦。我以前跟你们一样,都是看好莱坞电影的,可现在没有了,成了'美帝毒电影'了,怎么办?只能看看苏联电影,戒戒厌气①喽。不比以前啦,我以前是画油画的,画人物的,摆弄的是艺术,可以去巴黎展出的,都是一些拿得出手的东西,而现在画海报,画水粉画,有时还要弄一点宣传画来让我画画,搞得画家不像画家,美工不像美工,有什么办法?不画海报,连吃饭都没得吃,不比以前啦。"坐在他旁边的太太,含笑不语,像是在听,又像是在想着自己的心思。

---

① 戒戒厌气:(沪语)消磨时光。

赵诗梦听到这句"不比以前啦",心里笑了,觉得高振光的话里有太多的"不比以前啦",实在是一个不怎么样的口头禅。记得他以前是靠画画、卖画为生的,兼做古董生意,而从他这些碎片的言语中可以听出,现在卖画卖古董都没法做了,似乎以此口头禅在发泄。本想说一句"现在你有宣传画可以画,总比以前卖假古董好吧",可话到嘴边,说出来的是:"现在谁都一样,如果我的《蓝玫瑰》还在的话,肯定用你的人物油画。"

朱跃中指了指身后的墙壁,开玩笑道:"老朋友了,我来用你的画。帮岚画一幅大的,再帮我画几幅风景油画,挂在这墙上。"

高振光重重地抽了一口雪茄,苦笑着道:"老弟呀,你就不要拿我开心了。我现在画的东西,连署名都不敢署。让我画画的人根本不懂艺术,还要求什么'思想要与艺术统一',说我有资产阶级的思想,是那种不是资产阶级的资产阶级,真吃不消。他们要的那些画,统一到了后头,只剩下了思想,变成了思想的说明书了。"

朱跃中一副幸灾乐祸的样子,笑着说:"我家里可不要那种东西。"他拿走酒,为大家斟满,尔后,笑嘻嘻地继续道,"说资产阶级嘛,这里最名副其实的,要数我们的赵老兄了。"

高振光笑着在后面跟了一句:"吃定息的嘛,那就没话好说的了,标准的资产阶级。"

赵诗梦苦笑着,对朱跃中回敬道:"定息吃完了,我到这里来讨饭。我已经算过了,在我五十几岁时,定息可能就没有了,那时候,工厂已不是我的了,真不知道怎么办呢。"

这时,佣人紧张兮兮地过来,轻声对朱跃中说,外面居委会的人找他,朱跃中立刻吩咐佣人说:"你快去跟他们说,我马上就来,千万不要让他们进来。"扭头看到上官清岚正在准备放唱片,急忙过去阻止,低声道,"居委会的人来了,你快点去弹一曲苏联歌曲。"随后,一边大声对大家说,"请大家休息一下,欣赏一曲新的苏联歌曲。"一边穿过客厅,而后又在长桌子前,用报纸包了一些点心,顺手抓了一大把糖果,去外面了。

朱跃中这一连串敏捷的反应，自然逃不过高振光的眼睛，他回头看了一眼客厅的门，愤愤地说："这些人来得真不是时候，人家想跳个舞，都不得太平，亏朱老弟想得出来，用一曲苏联歌曲来掩护。"随之从前面传来铿锵有力的琴声，一听是《团结就是力量》，大家都心领神会地笑了。

桂芳用手轻轻地搭在赵诗梦的肩上，悄悄地赞叹道："朱先生反应真快，还抓了一把糖果出去，要是我的话，肯定慌了手脚，没这么周全的。"

不一会儿，朱跃中踏着《团结就是力量》的节奏，快步回到他们当中，他扫了一眼周围的客人，发现还真有些人合着钢琴的节拍在哼唱，便像是完成了一个特技动作，报喜似的对赵诗梦他们宣布道："虚惊一场。他们是来统计这一块选举人民代表的人数的，没事，放心白相好嘞。"

高振光为朱跃中倒了一杯酒，递了过去，道："来，干一杯，压压惊。"接着问道，"这帮婆婆妈妈的，还好对付吧？"

朱跃中感叹道："呀，我们一般不出面与他们打交道，都是由阿姨出面。我们这种人不是阿木林，还是蛮拎得清的。你看，我们只有两个人，住着这么大的房子，又没有工作，人家看了，不是资产阶级也成了资产阶级，我们仿佛天生就比人家矮了一截。可他们不知道的是，其实我们是靠老头子接济着过日子的，老头子在香港死了，我们还不知道日子怎么过呢。可有些人还是探头探脑地来窥视我们，有些人不知道怎么的，还很恨我们，所以都让阿姨去打发，这是最好的办法了。不过我跟阿姨一再说，要对他们客客气气的，这些婆婆妈妈的，也是些老实人，穷人出身，没什么文化，什么也不懂，本质都很朴素，一辈子也没一个正经的职业。现在居委会里有人要她们做些事，就起劲得不得了，所以有时候逢年过节，岚还会让阿姨送一点糖果糕点过去，讨好她们一下，省去好多麻烦。我和岚进进出出碰到他们，虽难得说话，但总是面带三分笑，免得惹出些事情出来。"

511

高振光佩服地看着他,高高地竖起大拇指,道:"妙,妙。到底是留过学的高才生,知己知彼,滴水不漏,应付自如呃。"

赵诗梦深有感触的点着头,深深吸了一口气,感叹道:"我们都比人家矮一截呀。"随后问,"那这个选举的事,你们怎么办?"

朱跃中脱口而出道:"委托阿姨呀,我们已经做出样子来了,什么事情都由阿姨去办。"顿了顿,像是自言自语道,"我们是资产阶级,去选谁呀? 随便他们去选谁好嘞。"

上官清岚弹完了《团结就是力量》,放上圆舞曲的唱片后过来了,朱跃中问道:"叫你弹苏联歌曲的,如《红莓花儿开》、《喀秋莎》什么的,怎么又变成《团结就是力量》了?"

上官清岚笑着道:"我一紧张,想不起来了,脑子里有关苏联的曲子变成了一片空白。前几天,很无聊,就跟着收音机弹这个曲子,今天一急,就顺手把它弹出来了,自己也觉得好笑,所以我是一边在弹,一边心里在发笑。"

高振光笑呵呵地伸出大拇指,称赞道:"你弹得很好,很有力量,很有气势。"大家都笑了。

朱跃中拉过上官清岚,介绍道:"我刚才在跟高画家说,要他为桂芳和你画油画像。"或许他真心希望高画家为上官清岚画像,所以顺便把桂芳也拉了进来。

上官清岚不知道朱跃中刚才是怎么说起画画的事,只能接口道:"我又不漂亮,还是画桂芳吧。"

桂芳对突如其来的话题,又是在第一次碰面的朋友当中,她不知道怎么应答,只是看了看旁边的赵诗梦,而他的表情也似乎不知道如何评价此事,所以只能以微笑作答。

朱跃中看到高振光正在仔细地打量着她们两个女人,仿佛在为画画作准备,便说:"我们高画家是很善于画美女像的,是吧?"

高振光转过头来,信心十足地应道:"好极了,能为她们两位大美女画像,是我的荣幸。我一定拿出我的看家本领,把她们美的神韵和气质画出来。"

这话把她们俩都说得不好意思了,上官清岚拿起香槟为大家斟了一杯,道:"那我就在这里,先谢谢了。"

高振光整了整西装的领子,又看了看旁边的太太,得意地举起了酒杯,应道:"好,没问题,来,干杯。"

那天晚上,赵诗梦和桂芳玩得很尽兴,到了子夜才离开朱跃中的家。

夜色抹去了上海滩白天的痕迹,一切都是暗暗的,有一种让人安心的感觉。赵诗梦挽着桂芳的手臂,来到车门前,为其开门,问:"送你回家?"

她松开了他的手,朝他点了点头,答道:"好。"就坐过了车子。

其实,赵诗梦很想得到相反的回答,想把她带回家,却没有,可他一点也没有不开心,或许这是他预料之中的。他默默地为她关上了车门,绕到车子的左边,心想或许这就是恋爱的感觉,虽没有得到自己想要的答案,却心里有着一种前所未有的感觉,那种期待得到而未得到,让这种感觉具备了迷人的色彩,使人陶醉。他发动了车子,心情特别好,车窗外的夜色也变得妙不可言。

桂芳说:"那个高画家跳舞真有趣,挽着他的胖太太,一蹦一跳的,毫无章法,样子好搞笑。"

赵诗梦道:"他的老婆太胖了,他自己个子不大,又不怎么太会跳,所以带不动她,只能连蹦带跳了。"

桂芳瞟了他一眼,说:"不过,我看他俩的感情很好,高画家很顾着她的,他俩一晚上都寸步不离。"

赵诗梦答道:"我与高画家接触不多,也许这是高画家最大的优点吧。"

桂芳说:"对于女人来讲,老公有这一点就够了。可我看他老婆不像是能够翻译电影的人,因为我偷偷地问过她,和高先生结婚几年了,她结巴着说,他对我非常好,结婚十三年了,两个人没吵过架。反正我听得很吃力,意思几乎也是连猜带蒙的。恐怕她翻出来的中文,没人能听懂。"

赵诗梦笑着道:"我也很想知道她的中文水平,一直留意想听她说中文,可一直没机会。"停了停,补了一句,"高先生有时候会故弄玄虚的。"

他们俩你一言,我一句,漫无目的地聊着舞会中看到的事情,还聊了朱家夫妇,桂芳说:"朱先生他们这对夫妇蛮好的,舞会办得井井有条的,一点不逊色以前的那种大场面,舞也跳得好。我特别喜欢朱太太,一看就知道是以前大户人家出来的人,要教养,有教养,要文化,有文化,要体面,有体面的,还这样的落落大方,礼貌周全。这样嗲①的女人,看着就叫人舒服,你看她烤的点心,多精致呀,我是弄不来的。"

赵诗梦笑了,应道:"好话都让你说了,他们听见要开心死了。"停了停,驾驶车辆转了一个弯,继续道,"他俩都在美国待过一段时间,当然洋气十足喽。"

桂芳说:"还有朱太太好像对我的工作很感兴趣,她问我,她在我们学校里能够教什么课。"

这是一个赵诗梦感兴趣的问题,问道:"那你是怎么回答的?"

桂芳答道:"那时,我又不知道她最擅长的是什么,我说仅凭你们的教养,教什么都绰绰有余。"

赵诗梦笑了笑说:"教什么都绰绰有余,你倒是真会说话。其实,你说的一点没错。他们都是大学毕业,教现在的中学生应该没问题的。"想了想,继续道,"大概,上官清岚也有想找工作的想法,因为在香港的朱家老头子有什么意外,断了他们生活费的话,他们可真的是死路一条,她在有备无患呢。"

桂芳说:"那好呀,我帮她问问看。前几天,还听说学校里的教师青黄不接呢。如果像朱太太这么嗲的女人来做老师,我想男生女生都会

---

① 嗲:(沪语)此处意为优雅。

喜欢的。"

车子在路口拐弯时,发生了猛烈的震动,伴随着异响,熄火不动了。赵诗梦最担心的一幕出现了,他试着点了几次火,除了发出几声怪声,依旧点不着,只能摇了摇头,苦笑着说:"对不起,车子不了。"他无奈地下车,打开引擎盖,随之冒出一股白色的水蒸气,看着冒热气的引擎,一筹莫展,只能盖上引擎盖,歉意地说,"我们只能走回去了。"

桂芳也下车了,看了一眼还在从引擎盖缝隙中冒热气的车头,答道:"我们可以走回去,车子留在这里,没关系吧?"

已是夜深人静时,马路上几乎没有行人和车子,更不用说找人帮忙了。赵诗梦看了看周围,叹气道:"没办法,车子只能窝在这里了,等到明天再叫人来处理,不过你要帮我把车子推到路边去。"他把手伸进驾驶室,握住方向盘,一边把持方向,一边推车子;桂芳则绕到车尾,卖力地推起了车子。在万籁俱寂的都市马路上,一男一女,一前一后在推车,或许对谈恋爱的人来讲,是最狼狈的一幕,或许也是最温馨的一刻。

一会儿,车子被推到位,停好了。赵诗梦和桂芳依旧手挽手,继续朝前走,两个人都没有立刻说话,仿佛在回忆刚刚齐心协力推车的情景。过了一会,赵诗梦总算开口了,说:"你以后就没有车子可坐了。"又加了一句,"委屈你了,现在夜这么深了,连三轮车都叫不到,只能走。"

桂芳仰了仰头,答道:"我本来就没想过要坐车。夜里走走也蛮舒服的。"停了停,又问,"车子修不好了吗?"

赵诗梦有气无力地答道:"我们市面上开的都是外国货,现在国家不进口了,车子呀,零件呀都不进口了。即使你花钱,也买不到新车子,如果旧车子要修理,又缺零件,所以,坏了就没得开了。"

桂芳似乎一时理解不了,问道:"上海滩有那么多的修理厂,难道都修不了吗?"

赵诗梦耐心地解释道:"这辆车子,上次就修过了一次,他们帮我换了一个从其他车上拆下来的零件,他们说目前零件越来越少了,再坏掉就修不了,只能被收购了,他们把它拆成零件,再装到其他需要的车子上。"

赵诗梦说话的语气就像在说一个奄奄一息的老朋友,有些伤感。当桂芳听懂了没车的缘由,也不再说话了,只是把他的手臂挽得更紧了。

车子开不了了,仿佛失去了抵御黑暗和寒冷的屏障,漆黑的夜色也变得阴森了许多,寒风赤裸裸地刮在他们的脸上,他们缩着脖子,一言不发,默默地走着,不知道这样走了多少路。桂芳想到他的车子要被肢解,变成零件,心里一阵发酸,心想他用惯了小汽车,以后会不习惯的,想到这里,心里有点忐忑,担心赵诗梦的情绪会变坏,却不知道怎么宽慰他,偷偷地看了他几眼,终于憋不住了,开口道:"今晚的舞会,是你要朱先生他们办的吧?为我?"

赵诗梦答道:"没有呀。他们本来就是吃了饭,没事做的闲人,喜欢跳舞呗。"他的回答看似很轻松,很自然。

桂芳补充道:"他夫人上官清岚全都告诉我了,是你对他们说,我想跳舞,要他们帮忙办一场舞会,让我高兴的。"

赵诗梦不响了。桂芳扭过头来,看不清他的表情,只能深情地说了一声:"你真好,谢谢你。"尔后,抽出被他挽着的手,绕到他的后腰,紧紧地搂着他,喃喃地说,"今晚真好,我们又翩翩起舞了,两人还离得那么近,脸贴着脸。"

在黑暗中,赵诗梦笑了笑,说:"岂止离得那么近,现在还黏得这么牢。"

桂芳低头没有出声,只是把他搂得紧紧的,让他感到暖心。他俩不知不觉地又走了许多路,来到了福安里弄堂口,赵诗梦看到弄堂内黑咕隆咚的,他生怕她拒绝,以请求的口吻道:"让我送你进去吧。"

桂芳没有停下脚步,也没有松开搂着他的手,直接拐进了弄堂,在三号门前,她一个转身,拥抱住了他,轻声道:"以后的日子会明亮的,跟我上去吧。今晚,你的车子开不了了,我把我赔给你吧。"

第十七章　梅　开　二　度

赵诗梦很开心,忐忑已久的心总算放下了,桂芳告诉他,她没有老公,也从没结过婚,十几年前说自己要结婚,那是她为了彻底脱离舞女的职业,而向世人说的一个谎。从那次舞会以后,桂芳也开始经常来他家,她和张妈相处得很好,经常两个人一起做饭,但她跟赵诗梦有个约定,在开出结婚证之前,不住在他家里,生怕被人看见说闲话。

人到中年的恋情,犹如干柴遇见烈焰般,发展非常迅猛。赵诗梦很快开始着手准备婚事,叫人把房子里里外外粉刷一新,又增添新家具,将房子里最大的一间作为他们的卧室,又叫张妈帮忙大扫除,顺便扫除顾素贞留下的一切痕迹。张妈懂他的意思,说前几年已经清理过一次,她留下来的个人用品,照片和衣服什么的,该扔的扔了,该送人的送人,估计没什么东西了,如果还需清理的话,就只要在家里的几个死角,检查一遍就可以了。

除了大扫除,赵诗梦还有一件更重要的事情要做,那就是把家里的户口簿上,有关自己配偶一栏中顾素贞的名字去掉。他感到此事非常棘手,由于顾素贞是去了台湾,市面上抓美蒋特务的故事太多了,人们凡是遇到有关台湾的事情,唯恐避之不及,他担心说不清楚,不敢贸贸然声张,生怕自己受到牵连,甚至怕连累桂芳,每每想到此事就头疼不已。

赵诗梦突然觉得自己似乎活在某个阴影之中,而且这个阴影正在变得越来越大,难以摆脱。尽管他有留学的教育背景,还曾经做过编辑，但对新事物有着天生的陌生感，或者恐惧感，对如何去掉户口簿上顾素贞的名字没有把握，心里发虚，他需要帮助，需要熟悉有关政策的人的帮助，而且最好是背着桂芳把此事搞定。

赵诗梦想到了仇焕庭。他担任过棉纺织公会分会的组长，眼下都已经公私合营，行业组织棉纺织公会的功能淡化了，他又被推选为区里一个民主党派的副主委，而且还是区里的政协委员，继续在为棉纺界的工商朋友们服务。

赵诗梦把仇焕庭约到南京西路上的中苏友好大厦斜对面转角附近的咖啡馆，这是他这几年来去过无数次的咖啡馆。那天，他身着一套簇新的中山装，腋下夹着报纸，走进咖啡馆，门上的风铃发出悦耳的铃声。咖啡馆内阳光充足，也很安静，只有一个老头在闭目养神，他一身笔挺的西装，旁边搁着一根拐杖，桌上放着一杯好像已经凉透了的咖啡和小碟子里的几块饼干，一看就知道是一个过了时的，无事可做的老人。在柜台后面，唯一的服务员做着杂事。柜台的上方两侧各有一幅楷书：提早完成过渡时期总任务，建设富强的社会主义国家。由于字体挺括漂亮，大小合适，大有艺术品的感觉，挂的位子恰好对称，在咖啡馆里也不显得那么突兀。靠南面的白格子钢窗上有一只用霓虹灯管做的咖啡杯，像是旧时代遗留的东西，还闪着光亮，可在大白天一点不起作用。

赵诗梦在一张靠窗的小桌前坐下后，照例先要了一杯清咖，看了看手腕上的表，约定的时间还未到，尔后，拿出烟斗点燃，吸了一口，从容地翻开了报纸，漫不经心地读起了报。这时，服务员送来了清咖，他慢慢地端起咖啡杯，喝了一口，发现是放了蔗糖的，略微皱了皱眉头，朝那服务员的背影瞄了一眼，发现是一个新来的服务员，有着硕大的臀部，把雪白的制服撑得满满当当的，觉得这样的背影与环境有点不搭。他优雅地歪了歪头，面露无奈，将咖啡杯放回到了小托盘里，朝放在桌子中央的漂亮而精致的糖罐看了一眼，想象不出她怎么会事先将糖放入咖啡中的，又朝咖啡杯瞥了一眼，杯子依然是那种英式的，考究的带柄金边细瓷杯，在窗外阳光的照射下，杯上灵动细腻的花卉图案，散发着迷人的光泽，看上去比糖罐更漂亮而精致。他轻轻地把咖啡杯的小托盘往旁边推了推，松了松中山装的风纪扣，转了转脖子，一言不发，继续拿起报纸，看了起来。

仇焕庭快步进来，风尘仆仆的样子，与静谧的咖啡馆氛围有点不太协调。他凑到赵诗梦面前，以坦怨的口气，压低着声音道："有什么事，不可以到我办公室里来谈呀？"

赵诗梦不慌不忙地招呼他坐下，替他叫了一杯咖啡，又为自己重新要了一杯清咖，还特地关照了一声"不要加糖"。随后，轻声把事情说了一遍，除了那个勾引自己老婆的苟思政的身份没说，其他的都说了，赵诗梦怕说出那个人是国民党军官，会牵连自己的好事，好在仇焕庭也没有问。

仇焕庭想了想，若有所思地说："哦，这种事倒是从来没碰到过，但我看应该不难吧。主动提出与跑到台湾去的老婆离婚，断绝关系，在政治上应该没有问题，还应该得到政策的支持嘛。"又追问了一句，"这事，急不急？"他无意间问了一个许多人都不好意思回答的问题，赵诗梦同样也不好意思，只能笑眯眯地对着他点了点头。

仇焕庭也心领神会地露出了笑容，侧过身子扫了一眼咖啡馆最里面的公用电话亭，想了想，说："那我现在就打个电话，向民政部门的同志咨询一下吧。"转身就去了电话亭。

赵诗梦已无心再看报纸了，手里捏玩着烟斗，心里想着仇焕庭刚才那句"在政治上应该没有问题"，觉得自己找对了人，觉得自己的觉悟太低了，怎么没有想到这一层呢，心神不定地望着电话亭里的仇焕庭，只看到他握着电话筒，一会儿面朝里点着头，一会儿向赵诗梦坐的位子瞄上一眼，甚至还掏出钢笔在小纸片上记着什么。咖啡上来了，赵诗梦换了一个坐姿，喝了一口咖啡，这杯总算没有放糖。

又过了好长一会，咖啡也凉了。仇焕庭拉了拉弄皱的西装，笑嘻嘻地出了电话亭，坐回到赵诗梦跟前，道："事情倒不难，但有点啰里啰唆。"尔后，他朝小纸片瞄了瞄，解释道：先要跟原来的妻子在法院办理离婚手续,再凭着法院的文书在派出所办理婚姻状况变更,此后才能在民政局登记结婚。最后,又煞有介事地加上一句,"老婆跟人家跑到台湾去了,这种事情没什么丢人的,只要你不是特务,就好,实事求是地把情况向政府讲清楚了,就用不着担心,他们会审查的。"说完把那张依次写着"法院、派出所、民政局"的小纸片,摊到他的面前,接着像是完成了任务似的,悠闲地端起咖啡杯,又看了看赵诗梦面前的两杯咖啡。

赵诗梦听他这么一说,又仔细看了看小纸片,心里有了底,只是后面一句"他们会审查的",听了有点不太舒服,想问一下对谁审查,审查什么,他瞟了一眼墙上的那句我们一定要解放台湾的标语,又想了想,问道:"这些事情办下来,大概要多长时间?"

仇焕庭注视着他,一下子笑了出来,道:"哦,谈恋爱的人,就是不一样。看你快五十的人了,还有这份梅开二度的福气,真让人羡慕你呀。"说着,掏出香烟,点燃吸了一口。

赵诗梦感到有些出洋相了,难为情地说:"如果知道具体时间,我们可以安排了。"

仇焕庭从嘴里吐完一股青烟后,随心所欲地敷衍道:"时间嘛,主要花在法院里,大概一两个月够了吧,具体的操作还是事先向法院打听一下为好。"

赵诗梦犹犹豫豫道:"我看报纸,现在有律师了,在审判日本战犯时都配律师,上海滩还有个叫李国机的律师。我这个事情,可不可以叫律师帮帮忙?我自己去法院可以是可以,但总觉得怪怪的,在那种地方,总让我们这种人好像觉得自己是个坏人,有个人陪着,大概会好一点吧。"

仇焕庭看他一脸担心的样子,不以为然地笑道:"你又不是什么反革命分子,怕什么。这么简单的事情,应该用不着律师吧。"看着赵诗梦一脸的愁云,脑子里想着他那句"在那种地方,总让我们这种人好像觉得自己是个坏人",心想这种心情可以理解,转而道,"有个律师帮忙也好,法院这一套,他们熟悉。有律师朋友吗?"

赵诗梦摇了摇头，带着一丝腼腆笑道："没有，可这个不难，只要花钱可以办到的事情，我就不愁了。"

仇焕庭爽快地说："如果有困难，打电话给我，我帮你找一个。"尔后，笑着感叹道，"你们这些人呀，真是资产阶级少爷的做派。"又看了一眼桌上的咖啡，问，"多出一杯咖啡，怎么你还约了人？"

赵诗梦像是突然领悟到似的，答道："刚才大概女招待搞错了，我要清咖，她却给我加了糖的，所以多要了一杯。"他向柜台里的服务员瞟了一眼，补充道，"可能她是新来的，我以前没见过。"

仇焕庭转动一下身子，朝那服务员看了看，道："你不要再什么'女招待''女招待'的叫，人家现在是国营商店的员工，身分不一样了。我们要叫她们'服务员'，否则她们会不高兴的。"

赵诗梦苦笑着应付道："是啊，是啊，要叫'服务员'，旧时的叫法不能用了。"

或许仇焕庭给他的答案是预料之中的，或许该问的都问了，他收起小纸片，道了谢，才想起应该向仇焕庭问候一下，客气问道："看你气色不错，最近怎么样？"

仇焕庭瞄了他一眼，没有回答，反而问道："你好像有个儿子吧？"在他的记忆里，赵诗梦有个儿子，而且听说早年去了美国。在一般人眼里，如果家里有人在美国的话，那将是一个讳莫如深的话题，他似乎顺便在测试赵诗梦对自己的诚实度。然而，在一般谈到离婚的话题中，有关子女的事情，必定是要涉及的。

赵诗梦心里一紧，点了点头，低声道："在美国。但是在户籍登记时，我没说，也没登上去。"

仇焕庭滑稽地笑了笑，像是欣慰，又像是得意，更有点像老师看到一个没撒谎的学生时露出的笑容，轻描淡写道："如果是没有登记的，那就不用说了，多一事不如少一事。反正你儿子也十八岁以上了，你们夫妇离婚和他关系不大。"看着赵诗梦感激地点头的样子，眼神里夹杂着欣赏，突然眼睛一亮，继续道，"老兄，这是我第一次看侬穿中山装，蛮不错的嘛。"

赵诗梦答道："已经穿了一段时间了,还是有点不习惯,风纪扣太紧,好像脖子被人卡着一样,不舒服。"他朝仇焕庭身上的西装扫了一眼,问,"你怎么穿起西装来了？平时看你一直是中山装的,今天我们两个正好倒了个个。"

仇焕庭道："哦,今天晚上,在对面的中苏友好大厦里有个外事招待,因为是东欧的外国朋友,上面说,还是穿西装接待好一点。"

赵诗梦好奇地问："你怎么会有外事接待工作的？"

仇焕庭道："我怎么就不能有外事活动呢？我职务是区里的这个党派的副主委,行政级别相当于副区长,还是区里的政协委员,一般的对外友好交流活动我都会参加。"

赵诗梦仿佛在哪里听到过这个"对外友好交流活动"的新名词,却记不起来了,只能泛泛而谈地说："我对你们的行政级别,总是搞不清楚,十几级喽,二十级的。"

仇焕庭瞄了赵诗梦一眼,或许认为他是一个诚实的人,是自己人,便凑到他跟前,眼神里透出一种神秘的光芒,像是要泄露天机似的："我发现这个级别呀,是个市面上少有的好东西,以前从来没有过。你只要不犯错,它似乎只会升,不会降,始终跟你的待遇连在一起。我也算在政府的餐桌上有了一副像样的碗筷,算是走仕途的回报吧。"尔后,大模大样地把身体往后靠了靠,一副得意的腔调,很快又把身子坐直了,似乎在纠正刚才忘形的样子,以免有失尊严和体面,继续道,"其实,在公私合营时,我劝你出来带个头,多为大家做做工作,而你不肯；现在你看看,那个秦双杰傻不拉几的家伙,除了会跑跑腿,拍拍马屁,什么都不会,可竟然享受和我一样的行政级别,真是岂有之理。"

赵诗梦不好意思地笑了笑,道："哦,我身体不好,哪能跟他比呀。"

仇焕庭笑着道："你不是身体不好,是清高,是躲着,这样长此以往,可不好,要跟上时代的变化,"他想了想,又加上一句,"让时代为己所用,这样才能不辜负这个伟大的时代。"赵诗梦欣赏他对自己的评价,而对他的好言相劝,听的时候感到很现实,却很快就忘了。

赵诗梦不好意思多留仇焕庭,不一会儿,他走到柜台边,望一眼服务员,才看清她有着一张圆乎乎大脸,还算漂亮,只不过眼睛里眼白多于眼黑,与她那张洁白粉嫩的脸有点不搭。他潇洒地掏出咖啡色真皮的竖式皮夹子,取出钞票,放在她面前,没有多说一句话,付了三杯咖啡的钱后,和仇焕庭一起离开了咖啡馆。他就是那种宁愿多付钱,而不愿意多费口舌之人。

此后,他依照仇焕庭告诉他的途径开始操作。那天下午,赵诗梦被法院打发回来补充材料,由于车子被修理厂处理了,他又觉得三轮车与人力车相差不大,也有点不人道,不愿意坐三轮车,所以一路坐公共汽车。他对公共汽车的路线又不熟悉,换了两三次才到家,让他精疲力竭。可一进门,张妈就慌慌张张地拉他到地下室。

他们家里的地下室基本上只用于储存杂物,一般都是一些长年不用的东西,有些东西是几十年前的旧物件,甚至在角落里还有从这栋房子刚建成就存放在里面,再也没有拿出来过的东西,如瓷砖什么的,他们从来没有认真地清理过。

赵诗梦从来不去地下室,这次没办法了,只能跟在张妈后面,问她是什么事,可张妈没直接回答他,只是一声不响地带他到一只黑乎乎的大箱子旁,移掉上面的杂物,打开箱子,让他自己看。他发现箱子里面还放着一只精致的首饰盒,他认出那是顾素贞用过的。张妈翻开首饰盒的盖子,原来的那些首饰都不见了,却留下了一包用红绸包裹着的东西,从外形就可以轻而易举地辨认出是一把手枪。揭开绸布,一支柯尔特M1911手枪出现在眼前,枪身的烤蓝在地下室昏暗的光线下,幽幽散发着逼人的光亮。赵诗梦吓了一跳,脸色煞白地问道:"这是美国军用制式手枪,哪里来的?"

或许张妈比他早几个小时知道这个秘密,或许已找到了答案。张妈似乎比他平静许多,轻声而平稳地答道:"大概是以前少奶奶跟那个人留下的。"

赵诗梦把手枪放回首饰盒,问:"就这一把?还有吗?"

"就是这一把。"张妈答道,后又补充了一句:"家里的其他地方我都检查过了,都没有。"

赵诗梦想了想,又问:"他们什么时候放进来的?"

张妈回忆道:"刚才你还没回来时,我仔细地想了想,大概是少奶奶她们跟苟旅长去台湾那天。"她指了指地下室楼梯口,继续道,"当时少奶奶换好了衣服,拎着手提箱从楼上下来,手里还拿着这个盒子,吩咐我去给她收拾一下房间。可能就在我收拾房间时,他们进去放在里面的。"

赵诗梦沉思了一会儿,猜测道:"那个苟旅长,要上飞机了,身上的枪带不走,就扔在了地下室里,直到现在。"

张妈担心地问道,"那怎么办?一直放着也不是办法。这种东西,让政府发现了,那是不得了的事。"又叮嘱道,"这事最好在桂芳进门之前办了。"

赵诗梦点了点头,说:"我知道。"想了一想,他又从嘴里咬牙切齿地蹦出了一句,"这个女人,从来不会留什么好事给我的。"在同张妈一起走出地下室时,又问,"家里其他地方没有她的东西了吧?"

张妈答道:"地下室是我最后检查的地方了,前几天整理出来一些照片,我都替你烧了。"

晚上,赵诗梦没有吃晚饭,做什么事情都没有心情,早早上了床,但辗转难眠,感到前所未有的恐惧。他认为自己一向遵纪守法,可这支手枪就像顾素贞从台湾伸过来的长长手臂,恶狠狠地要拉他下地狱。在他面前只有两条路,一是把枪交出去,向人家说明情况,枪与自己无关。然而,这样离奇而丢人的故事,会有人相信吗?如果他们不信,那么会不会像周围的有些人一样,被长期审查?想到这里,他不敢往下想了。第二条路,是把这支枪继续藏着,直到有人发现,再说出实情。但到那时,或许就更没人相信了,他更感到害怕了。

赵诗梦迷迷糊糊闭着眼睛,前面飘浮着那把乌黑发亮的手枪,枪口正对着自己,自己开着一辆崭新的美国轿车,想要逃出手枪的射程。突然前面的道路越来越窄,周围乌云密布,变得越来越暗,轿车变成了一个大铁笼子,悬在混沌的空中,下面的大地在不断翻滚,而后由黑蓝变成了殷红,开始燃起了熊熊大火,他无处可逃。这时笼子的上方出现了两个面目狰狞的女人,都向他伸出了手,可一个在哭泣,一个在奸笑,他不知道该把手伸向谁,一阵挣扎,掉了下去,重重地摔在地上。此时,他惊醒了过来,懒懒地翻了一个身,感到浑身发热,口干舌燥,他不愿意轻易睁开眼睛,想弄清楚梦中那两个女人是谁,是亲妈和后妈,还是顾素贞和桂芳。想了许久,他无法确定,也不愿意再赖在床上了,索性爬了起来,取出威士忌,狠狠地喝了一大口,捏着烟斗晃到了隔壁的小书房,半躺在沙发上,继续发起了呆。

赵诗梦望着天花板,再次感到自己需要帮助,需要找人商量。他先想到了吴进源,他不但人很聪明,还有胆量,而且最主要的是可以信赖,如果他还在上海的话,他肯定会帮自己拿出主意的;又想到了仇焕庭,觉得他非常精明,看到他在不同的潮流中,能够为自己逐取最大的利益,佩服不已。然而,解决枪的事情,与脱离与顾素贞的婚姻关系,有着本质的不同。朋友的可靠性是第一位的,而他眼下的身份让自己望而却步。最后,想到了韩启良。虽然公私合营后,他成了厂里专门负责生产的副厂长,但给赵诗梦的最大印象,依然还是他做事情的认真细致,交情方面也可谓绝对可靠。赵诗梦决定明天找韩启良商量,想到这里,他的心定了一大半。而后,点燃烟斗,深深地吸了一口,目光落在了收音机上,心想自己已经很久没听海外广播了,便拱起身子,撅起屁股,趴在茶几上,凑到收音机前,扭开旋钮。过了一会,收音机发出嘈杂的杂音,他已经忘记了以前常听的几个频率,他只能把旋钮调到了短波的位置,开始从头到尾,一点点微调搜索,企图找出他以前熟悉的声音。可那声音实在太弱,似乎总是躲在杂音的后面,根本听不清楚,只能吃力地连猜带蒙地听,很快就睡着了。

第二天早上,赵诗梦生怕韩启良到了厂里后外出办事,一到上班时间就打电话给他,约他在厂里等自己,可电话的那头却说:"你病着,就不用到厂里来了,还是我去你家里吧。"赵诗梦立刻心领神会地答应了,心想还是韩厂长办事老到,觉得自己找对了人。赵诗梦知道周围有些像自己一样的朋友,总是不忘曾经自己是工厂的主人,天天去工厂,可结果都不怎么样。所以这一年多来,他能不去就不去,即使每到发薪日,都是让韩厂长送上门来的,心想自己可能让枪的事情搞昏了头。

不到中午,韩厂长就来到了赵家,在书房里坐定就说:"有一件事情要感谢你。"

赵诗梦不知道何事,纳闷地看着他,等他的下文。

韩厂长面露激动的表情说:"小女来信说,已从香港到美国了,和贵公子读的同一所大学。这事太谢谢你了,还有你那位在香港的吴先生。"

赵诗梦受他激动的神情所感染,露出欣慰的笑容问:"小女的信,是从香港转来的吧?"韩厂长点了点头。赵诗梦继续道,"前几天,我也收到了吴兄的来信,听说了此事,我也跟你一样高兴。可你比我好呀,培养小女有方,能收到她的来信,而我的那个儿子,就像断了线的风筝,几年都没有一封信。"

韩厂长从中山装的下贴口袋里拿出信,递了过去,说:"哪里的话,贵公子才有出息呢,你是教子有方。信上说,贵公子好像已在那里读完了学位,留在学校里做老师了,想必很忙,再加之通信不便,没信也正常。"

赵诗梦读完了信,交还给他,笑着说:"我有个想法,说了你不要见笑。你小女这么懂事,这么乖巧,如果他们俩能够成亲,或许是我和我儿子的福气,他身旁有你小女管着,我也就彻底放心了。"

韩厂长答道:"哪里,哪里,如果他们真的成亲了,那是我们高攀了,是我们家里的一大幸事。"说到这里,两个人都高兴地笑了。

赵诗梦摆了摆手,说:"这事只能看他们自己的缘分了,我们隔着太平洋,无法帮忙了。"这算是高兴的事情告一段落。他转而神情凝重地继续说,"今天,我有一件很尴尬的事情,要同你商量。"接着把家里发现手枪的事情说了一遍,又带着韩厂长到地下室看了看那支枪。

他们回到书房,韩厂长朝窗外的院子张望了一下,口气坚定地说:"把枪交出去,绝对不行,他们可以按反革命罪来办你。充其量算你是自首,也就谢天谢地了,那也够你受的。如果不处理,把枪这样继续放着,也绝对不行,万一让人发现了,是不得了的事,那就是现行了。只有想办法把它处理了,而且要越快越好。"

赵诗梦感激地说:"你说得很对,只有处理掉才放心,可是怎么处理呢?要不,就在园子里挖个坑,把它埋进去,让它烂掉。"

韩厂长摇摇头,轻声说:"手枪哪有那么容易烂的?美国货的材质硬档得很,几十年都烂不掉的。"

听韩厂长这么一说,赵诗梦的愁容又堆到了眉间,叹了口气说:"还是你想得周到,烂是烂不掉的。家父当年要是开一家铁工厂就好了,只要往化铁炉里一扔,再好的手枪也成了铁水。可惜呀,华兴不是铁厂,而是纱厂……"

听赵诗梦说到纱厂,韩厂长仿佛灵光乍现,有了主意:"哎,纱厂虽然控制用火,但我们附近有水呀!出了厂门不远就是苏州河。只要走到桥上把这东西往苏州河里一丢,岂不就万事大吉?"

赵诗梦也恍然大悟地连连点头:"啊哈,对!对!你这个办法真是绝了,一点后遗症都没有!"

韩厂长起身抬头,看了看阴沉沉的天空,说:"看天,明天说不定就会下雨呢。事不宜迟,我今天就去处理掉。"

张妈已为他们备好了酒菜。由于赵诗梦早就不把张妈当佣人了,只要他在家里吃饭,必与张妈同桌,否则会不高兴的。这天有韩厂长在,也不例外。赵诗梦一边叫张妈一起上桌,一边端起酒杯要跟韩厂长碰杯,忽然又想起一件事:"你去处理恐怕不合适。工厂就在苏州河边上,万一被厂里进出的工人看到你韩厂长往河里扔东西,那就麻烦了。"

本来一脸轻松的韩厂长听赵诗梦这么一说,觉得有道理,也沉吟半天没有开口。

此时,在一旁为他们斟酒端菜的张妈插嘴说:"让我去好了。明天早上我拎个菜篮子过去,走到桥上看看前后没人,就连绸布一起扔到河里,不就没事了?"

一桩天大的麻烦终于有了稳妥的解决办法,赵诗梦和韩厂长都如释重负,端起酒杯,一饮而尽。

他们俩说天说地,最终还是离不开工厂的事情。韩厂长像是突然记起来似的,说:"你知道上午我在电话里,为什么没有答应让你来厂里吗?"

赵诗梦笑呵呵地,有点得意忘形地答道:"我知道,你是想让我继续装病。"他一边说,一边又往韩厂长的酒盅里斟酒。

韩厂长解释道:"这是一个方面。你已经有很长时间没有去过厂里了,厂子里发生了许多变化,有些情况你不知道,所以你突然去了,不一定好。"停了停,以不安的眼神看了看他,继续道,"厂子里有人想叫你天天去。"

这是赵诗梦没有想到的,觉得有些诧异,竟然还有人想着他,问道:"是吗?是谁?"

韩厂长吞吞吐吐道:"他们希望看到你,天天接受他们的监督,你去了,他们可以让你作思想汇报,做检查,甚至让你下去劳动。"

赵诗梦一下子闷了,闷了大半天,逼出一句:"是谁这么恨我,是那个姓林的工会主席吗?"

韩厂长有气无力地说:"前几天在厂部办公会议上,就是那个马会计,被评上什么积极分子,升为工会秘书以后,他什么事情都很起劲,跳出来说'其他厂里的资方董事都必须天天到厂里报到,接受监督,有的还要定期向公方汇报思想,可我们厂里的资方董事可倒好,天天待在家里,住着大房子,太舒服了,我们还要按时给他送钞票,即使公方要大家开什么重要会议,有什么重要事情要传达,都见不到他的人影。我强烈要求厂里作出决定,让资方董事天天来厂子里上班,否则就别拿钞票'。

后面跟着几个人,七嘴八舌的说了一大堆。"

那位马会计话中的"接受监督""汇报思想""重要会议"的新名词,赵诗梦已听说了一段时间,知道这些新名词的厉害,周围和他一样的有些朋友也早已领教过了。据说有人经历了这一系列新名词后,从此听到这些新名词都会浑身发抖,天天像是做噩梦,他对此也略知一二,只不过感到自己没有领教这些新名词的真正的厉害,或许是自己的幸运。韩厂长刚才无意间的一截话,就像恐惧的种子撒在他的心田里,又从心田的缝隙融入了他的血液,让他心里发虚,无法自拔。他像神经质地眨了眨眼睛,无暇考虑马会计拥有怎么样的人品,急切地插话问:"公私合营后,工作组忢惠樱他们走了,不是那个姓林的当厂里一把手了嘛,什么事情都是她说了算吧?她的态度怎么样?"

韩厂长答道:"哦,林芝凤现在是厂长兼工会主席,厂里的事情基本上都她说了算。可我倒是错看她了。以前觉得她对我们资方的态度很坏,为人阴险,其实不然。你猜她是怎么回答马会计的?"赵诗梦一脸凝重,颤抖着嘴唇,神情紧张地盯着他,等着下文。韩厂长接着道:"她指着马会计说:'你不要自以为是。你不是就为了批判他吗?像我们厂里的那位董事,这样的人,我们还没有批判他,他就自己倒下了,病倒了,哪还用得着我们花时间,花精力去批判他吗?就让他自己烂掉好嘞。至于他拿钱,这没办法,是国家规定的,我们不能违反国家规定。我才不愿意把时间花在他身上呢,厂里的产量上去了,那才是我们最值得做的事情。'但她说话的口气和眼神,我看得很清楚,是一种对马会计不屑一顾的,使得他没办法再坚持,我暗地里为她叫好。"

赵诗梦长长地呼出一口气,应了一声:"是吗?"

韩厂长看到赵诗梦脸上惊魂未定的样子,以为他还没有领会其中的奥妙,解释道:"林主席的话听上去,似乎你是不值得她来批判的,但实际效果却等于承认了你生病的事实,可以不用来厂里了,那不是等于在帮你嘛。"

赵诗梦点了点头,问:"这个看得出来。马会计无非是为了表现自己的积极,捞一点今后可以讨好人家的机会,这种神经病就不谈了;那么,林主席为什么这样做呢? 她是否与马会计有什么个人过节,或者有什么恩怨,故意在大家面前不给他面子? 而我只是从中渔翁得利呢。"

韩厂长想了想道:"林主席与马会计有过节,好像从来没听说过。不过,类似的要你去厂里的说法,以前其他人也提过,只不过没像马会计这么叫火执仗。我仔细观察过,林主席每次总是以这种不丢身份的方法,或者数落你一番,把他们都挡了回去,人家也说不出什么。"停了停,看着赵诗梦,又道,"我也曾经感到很奇怪。有一次,我无意间听说林主席的母亲也曾经在我们厂子里做过工,后来不知道什么原因不做了,如果是因为生病或者事故的话,这让我想起了你父亲对这样的人,一般都是很宽厚的,这在周围的厂里是绝无仅有的,老人家有时候还会亲自去她们家里,过问她们的事情,但我记不得她母亲是怎么样的一个人了。另外,如果老人家在过问此类事情时,家属提出家里的人需要到厂里来做工,一般我都会答应的,你父亲就更不用说了。"

赵诗梦隐隐约约觉得父亲生前的积德行善,使得自己得到了额外的庇护。说:"如果有机会,你悄悄地从侧面了解一下,林主席的背景情况。"

韩厂长应道:"好。你父亲是个了不起的人,他做这类事情,很少跟人商量,连我都不知道的话,就不太会有人知道了,财务室里也不太会有记录。"过了一会儿,他喝了一口黄酒,感叹道,"现在厂子里和以前大不相同了。自从那时开始,万事上面都有计划,按部就班就可以了,一点劲都没有,而且还有许多眼睛盯着。"发现赵诗梦愣愣的,没有在听,也就收住了嘴。

赵诗梦定了定神,想起了周围一些和自己一样的人的处境,好像还有心有余悸,问道:"上面会不会硬要我去厂里上班?"

韩厂长不敢回答"从周围工厂的情况来看,这是完全有可能的",只能装作糊涂,安慰道:"现在没有事,我想以后也不太会有事的,而且你确实身体有病。"

赵诗梦也知道自己提了一个他无法回答的问题,一个比由张妈扔掉的手枪还让自己担惊受怕的问题,并会让自己长期生活在恐惧的阴影里。这些天发生的故事,使得赵诗梦知道自己不止比别人矮了一截,而且周围的许多人都能踩上一脚,问道:"马会计怎么当上工会秘书的?"

韩厂长道:"是工会决定的。他们内部怎么说的,我也不太清楚,好像是他做事很积极吧。或许在工作组刚刚来的时候,没有人帮忙写标语、贴标语,他很卖力,就给工作组留下了好印象,他们走了,就给他这样一个职务,现在天天坐在我对面的办公室里,也不知道干些什么。不过,这次公私合营后,林芝凤当了厂长,理应将工会主席的位置让出来。如果他们很欣赏马会计的话,他现在应当是代替林芝凤原先的工会主席,而现实恰恰没有,这说明他们也不看好这个马会计。"停了停,看了赵诗梦一眼,又道,"我记得你跟我说过,他一个弱智的儿子想来厂子里扫地,前几天,我看见他儿子来了,被安排在办公楼扫地。"

听到这一句,赵诗梦面色有点难看,心想公私合营时,虽然自己在言语上不那么积极,可在拥有近三十家企业的棉纺织公会里,自己是第四个在集体申请公私合营请愿书上签名的,不能算是落后吧,也没有一丝怠慢吧,可怎么还是洗脱不掉资产阶级的污渍,现在就连姓马的这种人都可以对自己吆五喝六,掌掌着工厂,实在让他感到伤心和刺痛。这种伤心和刺痛给他带来的冲击,远远超过了刚才的恐惧。或许他的恐惧只是对即将发生的事情感到害怕,但事情毕竟还没发生,而他的这种伤心和刺痛是对以往事情所产生的,这是实实在在已经发生的,一切的懊悔与痛苦都无济于事。他慢慢地拿起酒盅,咪了一口黄酒,苦笑着道:"现在的厂子,已经不是我的了,以后也不会属于我的,所以,现在厂子里的事情,我想得很少,不怎么想了,只要他们不来打扰我,就谢天谢地了。只是有时候想想,很对不起家父。这个厂子,是家父一手搞起来的,在我手上变成了十年的定息,即将弄没了,觉得很对不起他的。"顿了顿,补了一句,"在这种时候,让你当这个资方的副厂长,也够委屈你的了。"

韩厂长摇着头,有气无力地感叹了一句:"我倒没什么,横竖是干活。只不过,现在不比以前啦,卖力不卖力一个样,大多数时候还不讨好,只是一个被监督的对象,也帮不上你什么忙,我也只能做一天和尚,撞一天钟。"

张妈把一砂锅的乌骨鸡汤放在餐桌的当中,说:"不要只喝酒,喝点汤,吃点饭吧。"她一边说,一边替他们各盛了一小碗。

赵诗梦接过汤,喝了一口,催促道:"蛮好喝的,先喝汤吧。"尔后,又慢慢地说道,"家父在世的时候,常常说:'不管世道怎么变,只要做事问心无愧就可以了。'我们管不了那么多,只要不做没有良心的事,过好自己的小日子,就可以了。"或许这是他的心里话,也是他无奈的选择。

他们和张妈一起吃了饭后,赵诗梦说还要喝酒,张妈提醒道:"别喝醉了。"

赵诗梦道:"现在呀,喝醉了比清醒着舒服。"他们又喝了许多酒,说了许多话,他们趁着酒劲把平时不说的话,全都说了出来。黄酒是一种易喝易醉的酒,且不易被人察觉此酒的厉害,赵诗梦终于喝醉了。

翌日,赵诗梦醒来时,已经过了吃早饭的时间,他发现自己躺在客厅的大沙发上,问张妈是怎么回事,张妈道:"昨晚,你喝醉了,坚持要睡在沙发上,看着外面的东西烂掉。我和韩厂长都弄不动你,只能让你这样躺着了。"

他活动了一下身子,走到落地窗边,拉开窗帘。不出韩厂长的预料,阴沉沉的天空,飘着淅淅沥沥的细雨,还起了风,气温也降了不少,没有一点春天的味道。

张妈看他对着外面的风雨出神,便喃喃地说道:"这场雨落得真是时候,我起了个早,趁着下雨走到苏州河桥上,四周连鬼也没有一个,顺顺当当就把事情办了。"

赵诗梦心里还是有点担心,便问道:"这样处理,以后会被人家捞上来吗?"

张妈答道:"捞上来也不怕,谁晓得是什么人扔的?老爷在天上会保佑我们的。"

赵诗梦接着张妈的话,道:"我也想让家父保佑我们。"歇了一会,赵诗梦又苦笑着感慨道,"这多亏了韩厂长想出来的办法。"

张妈以长者的语气道:"韩厂长是好人。老爷看中的人,不会有错。他是跟你一条心的,你可不能亏待了人家。"

赵诗梦答道:"是啊,我们两家人可能要成亲家了。"他把儿子和韩厂长女儿一起在美国的事情说了一遍。

张妈面露笑容,高兴地说:"如果真是这样,那老爷在天上也会祝福他们的。"

这时电话铃响了,张妈接了电话说是韩厂长打来的。赵诗梦心里一阵紧张,担心会不会昨晚商量的事情出了什么纰漏,还是那些要自己去厂里的人叫韩厂长打来的,不安地接过听筒,只听到电话的那头说:"厂里来了两个穿制服的人,说要向你了解情况。当他们得知你在家里养病,就直接向我要了你家里的地址,可能马上就要到你家了。"

赵诗梦又是一阵惊慌,握着电话的手开始有点发抖,急忙问道:"他们要了解什么情况?"随之又像没了下巴似的,漏出一句,"是来抓人的吗?"

对方似乎立刻感到自己的话没有说清楚,赶紧否定道:"不会是抓人的,好像是外地来的。我问过了,他们只是说要了解有关人员的情况,具体要了解谁,他们不肯说。"

由于赵诗梦觉得自己资产阶级的身份,在社会上是一个人人可以批判的剥削者,虽装病在家,躲过了不少类似被批判,被谩骂的难堪,可还是像一只惊弓之鸟,一有风吹草动,就担惊受怕。韩厂长的那句"要了解有关人员的情况",让赵诗梦稍许安定了些,说明不是针对自己的,可还是有些忐忑。他强打起精神,依然按照接待客人的习惯,不敢有半点懈怠,连忙上楼,面对盥洗室的镜子,一边快速地修面梳理头发,穿上中山装,扣好领子上的风纪扣,脚上套上一双黑皮鞋,一边在想来人会向自己了解谁的情况,却怎么也想不出会是谁。他最担心的是来人向自己了解顾素贞和苟思政的情况,虽然自己与他们从来不联系,而且几乎是冤家,可他们都去了台湾,还有一个是国民党的军官,加之自己的身份,来人会不会把自己与他们一样对待。想到这里,又联想到早上让张妈做的事情,刚刚稍安的心,再次紧张起来,系鞋带的手在不停的颤抖。

不一会儿,下面就有了动静,张妈上楼说有人找。赵诗梦来到客厅,看到一高一矮的两个中年男人,都是一种新人打扮。高个子的,一身军服,没佩戴有军衔,也没戴军帽,就像鲍逸芸最后离开出版社时穿的一样,那种半新不旧淡淡的黄色军装,加之此人挺括的身板,显得干净利落,十分精神;个子矮的,则是一身得体的中山装,上衣左侧口袋里插着两支笔,手提一只黑色的公文包,有着一副干部模样,眉宇间留着一丝笑容,带着浓重北方口音,客气地招呼道:"你是赵诗梦先生吗?"

赵诗梦立马答道:"正是。"心想他们怎么不称我为同志,而是用旧时的称呼,或许自己不配做他们的同志吧。

那人继续道:"哦,打扰你休息了。想必厂里通知你了,已经知道我们要来的吧。"接着自我介绍是外地某组织部来外调的,但没有出示任何证件。

赵诗梦意外地感到气氛中有一丝陌生的客气,发现他们俩对自己丝毫没有敌对的情绪,心里又轻松了许多,他同样礼貌地请他们在书房里的大沙发上落座,吩咐张妈倒茶。

那人环顾一下书房的陈设,又看了看屁股下面的皮制沙发,从公文包里取出记事本,当张妈离开书房,关上房门,那人便开口道:"我们是向你了解一个叫鲍逸敏的人。他的材料中说,解放前他在你的《蓝玫瑰》杂志社里工作过,你当时是他的老板,算是他这段经历的履历证明人。可不可以谈一谈他当时的情况。"

赵诗梦对"履历证明人"这个新名词,略知一二。随着时代的变化,许多事情变得时过境迁,扑朔迷离,当下的人们在办理各种事情过程中,在填写表格时,需要说明自己以往的经历,这时就有了证明人一栏,以此告诉审查表格的人,证明人能够证明我的这段履历,一般在表格中需要填写两位证明人的名字,这是一种防止人家说谎或者弄虚作假的方法。赵诗梦似乎有点明白了他们的来意,确实与自己无关,心想阿敏大概在填写什么表格时,将自己列为证明人了,来人只是为了核实鲍逸敏以前的情况而已。赵诗梦的眼前掠过鲍逸敏的身影,一副身居要职的样子实在让人难以忘怀,心想阿敏有了这样的官位,竟然也有人不相信他,心里不免升起一股幸灾乐祸的得意。

赵诗梦不知道从哪里说起,自然而然地跷起了二郎腿,右手习惯地伸进口袋里,摸了摸烟斗,又觉得自己叼着烟斗,和这样的人说话,似乎有欠礼貌,他没敢拿出烟斗,又放平了双腿,坐直了身体,只是将茶几上的那听香烟,抽出两支,递了过去,那人称不抽烟,旁边穿黄军装的人,接过香烟,点燃后,善解人意地说:"大概年代久远,你先随便说吧,我们想知道什么,会问的。"

赵诗梦的脑子迅速思索着,阿敏在杂志社工作期间的一切大小事情,觉得他唯一一件不上台面的事,就是拿了杂志社的钞票出走。现在看来出走是去参加革命,这不会是问题,而私自拿钞票的事,这事和公家无关,是自己与他个人之间的事情,又年代久远,早已成了不值一提的小事,没人会在意,所以觉得关于阿敏的所有事情都可以直白地告诉他们,不会对他有什么不利。赵诗梦顺着时间的次序,从阿敏如何进杂志社直到最后离开,努力地用从收音机里学来的北京话,简明扼要地说了一遍,看那人捏着笔,也没有记录一个字,便不再介绍了,等着他们发问。

那人看了一眼旁边穿军装的,问道:"那时,赵先生经常带鲍逸敏去大都会花园舞厅跳舞吗?"

赵诗梦敏感地感到这个问题好像涉及自己,虽说当时去舞厅跳舞在上海滩是再平常不过的事,只是诧异地发现他们竟然说得出大都会花园舞厅的名字,心想自己几乎都已淡忘了,可想而知他们知道得够多的。他一面尽量预想他们接下来要问的问题,一面按实答道:"没有经常,我只带阿敏去过一次。"正是因为这一次,他已后悔不已了,所以回答得干净利落。

这时赵诗梦才看到那人在记事本上记着什么,他记起那次跳舞还捐了款,则又补了一句,"那次,好像是为了向四行仓库的……"说到这里停了停,又以极低的声音勉强地说出"其实那次是为了……抗日将士捐款而去的"。几乎让人听不见,心想不能在他们面前称国民党的军队为抗日将士,这是立场问题,又想把事情说清楚,却不知道用什么词描述这件事情,只能把声音压得低得不能再低,生怕因此给自己惹上不必要的麻烦。他偷偷地瞥了他俩一眼,急中生智想出了"战事"这一词,接着又以正常的声音重复了一句完整的,"为了向四行仓库的战事捐款去的"。

那两个听的人相互看了一眼,又点了点头,仿佛证实了什么重要的事情。那人在记事本上又写了几个字后,继续问道:"他也捐款了?"

赵诗梦不愿意说是自己个人捐的,怕惹上麻烦,便模糊地说明道:"钱,主要是由杂志社出,算我们一起捐的。"

旁边的高个子瞟了赵诗梦一眼,慢悠悠地插话,问道:"哦,为抗日士兵捐款,那捐了多少?"

赵诗梦听到他问捐了多少,没有纠缠自己刚才使用"抗日将士"这词,觉得一阵轻松,而这样的发问,又让他有点不安起来,似乎调查方向又朝自己来了,索性把问题引入死胡同,答道:"当时还喝了酒,具体记不得了,大概还蛮多的。"

那两个人又相互看了一眼,那个矮个子继续问:"你和大都会舞厅里跳舞的女人都很熟吗?"

可这个问题还是让他心里有点发虚,感到来人不是在问阿敏的情况,而是在调查自己,心想难道跳舞次数多也成问题吗?可又不能不回答,只能泛泛而谈地说:"我去跳舞的次数不多,一般去跳过几次后,有时候会对其中一两个比较上心,也就能记住一两个人的名字了,大多数过后就忘了,至少我是这样的。"停了停,心想他们知道阿敏的情况,而他的情况恰恰相反,则补充道,"当然,因人而异,也有人过目不忘的,一见钟情的。"

那人又在记着什么,完了后又看了看旁边的那位,问:"和鲍逸敏跳舞的女人,你熟悉吗?或者认识她吗?"

赵诗梦感到这个问题似乎又回到了阿敏身上,爽快地答道:"我不认识那个舞女,也不知道她的名字,更谈不上熟悉了。就当时的情景而言,她长得什么样,我都没看清楚,就别谈其他的了。"

那人又问:"后来跟着鲍逸敏出走的,就是那个跳舞的女人,是吗?"

赵诗梦已经第三次听到他们称呼"跳舞的女人",觉得这样的称呼很不尊重舞女,甚至有一丝厌恶感。另外,听他们的发问,好像对跟阿敏一起出走的那个舞女很感兴趣,而关于那个舞女,自己确实知之甚少,只能耐着性子答道:"确切地讲,除了在那次舞会上见过,此后再也没见过,我也没见过和鲍逸敏一起出走的女孩,无法说那女孩就是和他跳舞的舞女,更不知道她的名字。而说鲍逸敏和舞女一起出走,是周围的朋友事后猜测的。"他故意把和鲍逸敏一起出走的舞女说成女孩,打消他们对此舞女的不良影响。

那人继续道:"当时你的杂志社里,还有个姓杜的小伙子吧?那次他也一同去跳舞的吧?"

赵诗梦心想他们知道的情况真够多的,或许阿敏另外一名履历证明人就是小杜了,幸亏自己没答错什么话。面对这样的提问,他只是淡淡地点了点头,简单地说了一声:"是的。"

那人翻了翻记事本,似乎他们要问的问题在本子里都有,抬头问:"那么,姓杜的小伙子认识那跳舞的女人吗?"

赵诗梦觉得如果要问这个舞女的事情,或许问小杜会得到更多的信息,但他不愿意多嘴,便顺水推舟道:"我不知道,那要问小杜了。"

那人又看了看记事本,问道:"当时,鲍逸敏是结婚了,还是有女朋友?"

赵诗梦答道："结婚肯定还没有,女朋友嘛,有,但不知道谈到什么程度。"尔后又加了一句,"年轻人在谈恋爱过程中,发生变化是常有的事情。"虽然他不知道他们调查阿敏的动机,但他不是那种落井下石的人,为了减轻阿敏给人的不良印象,对阿敏不利的内容尽量讲得含糊,甚至为其辩护。

那人又问:"你知道他离开你的杂志社后,他们什么时候离开上海的吗?"

赵诗梦摇了摇头,答道:"他是突然走的,如果当时我能够找到他的话,我会劝他继续留在杂志社的。"他不愿意在他们面前主动说出阿敏擅自拿走杂志社钞票的事情,心想他拿了杂志社的钞票,怎么会让我找到呢。

那人看了看旁边穿军装的人,似乎在问还有什么要补充的吗?穿军装的人问:"大都会舞厅里跳舞的女人,都是些什么样的人?"尔后,瞟了一眼赵诗梦,又加了一句,"那里有很多妓女吧?"他的话有浓重的外地口音,虽说不清是哪里的,但不难听懂,可他问了一个让人难以回答的问题。

赵诗梦接触到了他的眼神,敏感地觉察到他的眼神里似乎藏着一种鄙视。赵诗梦不喜欢这种眼神,也不知道这种眼神是针对谁的,如果这种鄙视是针对他提到的妓女,那么他希望得到什么样的答案呢?如果是肯定的答案,那么是否包括和阿敏一起的舞女。按照阿敏的介绍,那女人的身份和级别绝对不会低于眼前的这两个男人;如果是否定的,那为什么会有这样的眼神,难道是针对自己这个资产阶级的?他有一种受到侮辱的感觉,随之又想到,一般能问出这样问题的人,很有可能一辈子都没有去过那种地方,或者对那种地方存在着天然的偏见,心中有了一股藐视这种鄙视的情绪,可脸上却不敢有丝毫的流露,故作认真的样子,摇了摇头,淡淡地答道:"哦,那里有没有妓女,这个问题,我真的还没研究过,对此不能说什么。"他觉得这样的回答过于敷衍,而且把接下来要问的"她是不是妓女"给堵了回去,就耐着性子又加了一句,

"我想这都是过去的事了,没人对此感兴趣。"他隐隐觉得他们对和阿敏一起出走的舞女比对阿敏更感兴趣,很希望从自己的嘴里听到她就是妓女的答案。

穿军装的那人一脸严肃,板着脸道:"这不是兴趣不兴趣的事情,我们决不能让这种人混入革命的队伍里,决不能让这种人破坏革命队伍的纯洁性。"当他说完这句话时,他的神情已不再是严肃,就如雄狮发怒前的那一刻,眼睛里充满了凶狠,代表着他的正义和威武,他一连咬牙切齿地说出了两个"革命",以示他革命的决心和彻底,这让诗梦心惊肉跳,知道这是他对自己回答的不满意,是在敲打自己。想想自己现阶段几乎成了革命的对象,便迅速低着头,避免他有更大的不满,再也不发声了,也不再正眼看他一眼了。

那个穿中山装的人,居高临下,不紧不慢地开口道:"我们的调查牵涉到我们干部的前途,希望你对外不要乱讲,否则会给大家带来麻烦的。"赵诗梦知趣地点着头,"嗯"了一声,但还是没有抬头。这两个人很快结束了他们的工作,赵诗梦识相地以最简捷的礼节,送走了这两位不速之客。

赵诗梦回到书房,依旧坐在原来的大沙发上,看着窗外风雨飘摇中的那几株菊花。两天来的事情,让他灵魂出窍,心里很不是滋味,身体也觉得冷冷的,决定下午去孵混堂①,暖和暖和,去去身上的晦气,再好好睡一觉,尔后再去接桂芳一起吃晚饭。

当赵诗梦孵完混堂,打完瞌睡,走出浴室时,天色已接近傍晚。由于乌云散了,风呀,雨呀,早已不见踪影,阳光照在几片薄薄的浮云上,使得天空变得格外的明亮,虽地面上还是湿漉漉的,却似乎又恢复了春天的模样,让人心情舒畅。他觉得神清气爽的,走在通往桂芳教书学校的路上。因离桂芳下班的时间还早,他走得很慢,很悠闲,望着从他身边擦肩而过的行人。他们行色匆匆,面无表情,在他们身上看不到旗袍和西装,更见不到长袍或马褂,都穿着款式相差无几的服装,连颜色也

---

① 孵混堂:(沪语)"孵"指泡澡,混堂为公共浴室。

差不多，都是灰蓝的深颜色一类，即使年轻漂亮的女孩，或者英俊潇洒的男孩，有时候也变得从他们的衣着上难以区分，心里感叹着时代的巨变，又看看自己身上那套浅灰色的中山装，和周围的人并无二致。想想也是，自己目前的身份，不再是杂志社的社长了，也不是纱厂的老板了，只是一个不属于自己工厂的董事，而在旁人看来，还是一个不劳而获的资本家，被时代潮流唾弃之人，每天闲得发慌的人。想到这里不由得默默地向自己敲了下警钟，不论今后的时代如何变化，都要好好对待自己，过好每一天，珍惜每一天。接着想到了桂芳，觉得她是在自己最没落的时候，上帝送来的一份最珍贵的礼物，一根救命稻草，让他不至于淹死在翻天覆地的时代巨浪中。

赵诗梦一路胡思乱想，来到了学校门口。他不敢走近校门，毕竟将近五十岁的人了，还在恋爱，有点难为情，再加之近几年来，养成的做任何事情都不愿声张的习惯，只是悄悄地站在一个不引人注意的拐角处，紧盯着从校门里出来的每一个人。不一会，看到桂芳和上官清岚一起出来，她们手挽手，步伐轻快，有说有笑，这两个漂亮的女人在一起，还有满脸的笑容，就像在夕阳里的一道光亮，让他心中升起一股很欣慰的感觉，刚才胡思乱想带来的阴霾一扫而光，仿佛又恢复了他的本来面目，面露微笑迎了上去。

上官清岚比桂芳先看到他，兴冲冲地道："你们谈恋爱，我旁边看了也觉得开心。"而后又调皮地对桂芳说，"他来了，我只能把你还给他了。"

他们和上官清岚分手后，桂芳兴冲冲地挽着赵诗梦的手臂，说："她，现在是我们学校里最受欢迎的老师了。"

赵诗梦想起了她以前对上官清岚的评价，便应道："人家毕竟是'看了就让人舒服的女人'嘛。"

桂芳发嗲似的道："难道看了我，就不舒服吗？"

赵诗梦道："你不但让我看了舒服，而且还是我的救星。"

桂芳开心地问道："怎么，我又成了你的救星了？"赵诗梦只是微笑，没有回答，挽着她继续往前走。

在外面用完晚餐后，由于桂芳坚持在他们结婚之前，不在赵诗梦家里过夜，他只能跟着她，回到她的家里。

赵诗梦已对福安里这条弄堂熟门熟路了，包括那里的过道或者楼梯。趁着黑暗，趁着周围没人，他把她搂得更紧，几乎是相拥着进入了过道，上了楼，充分展现出了中年男人的柔情似海。桂芳打开房门的一刹那，从黑暗中涌出了一股女人房间特有的温馨的气息，这样的气息，就像情感的催化剂，让赵诗梦欲罢不能，他的拥抱更猛烈了。桂芳趁乱拉亮了电灯，挣脱他的拥抱，指着桌子上的一叠杂志道："这是你要我找出来的《蓝玫瑰》，全部都在，一期不少。"

赵诗梦定睛一看，这叠杂志有两百多本，有两尺多高，十分壮观。他从来没见过自己出版的杂志从第一期到最后一期叠在一起的情景，眼前一亮，仿佛遇到了失散已久的亲人，惊喜中，放下搂着桂芳的手，翻起了这些杂志。杂志在昏暗的灯光下，愈发陈旧，可对赵诗梦来讲，再熟悉不过了，他能够讲出许多文章背后的故事，宛如一切都发生在昨天。他心想以前在办杂志社的时候，对此并不以为然，不注重保存，也不知道爱惜自己编辑的成果，眼下自己手中几乎一期不留，为此后悔不已。然而，作为读者的桂芳竟然如此珍爱，现在杂志社都不在了，还能看到这些杂志，让他百感交集，他再次搂住桂芳，眼睛里喷发出感激和爱怜的光芒，轻声道："你真好，我一期不留，你却替我保存得这么全。"

桂芳以故作骄傲的语气道："从不认识你起，我就认识了这本杂志，当然要保存好喽。"

赵诗梦抱起她，转了一圈，笑着道："到我们结婚的时候，你和这些杂志一起到我那里去吧。"

桂芳调皮地笑了笑，答道："我可以嫁给你。至于它们嘛，我要替它们好好想想，是否和我一起过去。"此时，赵诗梦知道调皮话肯定说不过她，就用那炽热的双唇捂住她的嘴，再也不让她说话了。

好事多磨。赵诗梦的离婚判决书直到那年入秋总算下来了，他开始忙着去派出所办理了户籍变更,接着马不停蹄地和桂芳登记结婚,而后,婚礼的事情提到了议事日程。

那天,桂芳在未来新房间里,看完了赵诗梦为他们俩布置的房间,打开窗户,依在窗台,心满意足地说:"这里真安静,还有桂花香。"

赵诗梦指着前面的两棵桂树的树梢,介绍道:"这是隔壁人家种的桂树,每到十月份,我们经常借光,可以闻到桂花的香味。"

桂芳问道:"我们办喜酒的时候,邀请他们吗?"

赵诗梦犹犹豫豫地说:"我不想邀请那么多的客人,毕竟时代不一样了。我想我们的婚礼就办在家里,不去酒店了,规模不要太大,也不要邀请太多的朋友,在楼下客厅里摆上两桌,请一个好一点的厨师,悄悄地举行。不知道你同意吗?"

桂芳是个极其聪明的人,她了解他当下的身份和他做事情不喜欢声张的秉性,更深知时代给他的影响,就善解人意道:"在这样气派的家里办婚礼,比任何地方都好,而且还免得人家说闲话。"

赵诗梦激动地说:"你真是太好了。在我这种时候,愿意嫁给我,我本该办一个风风光光的婚礼,"停了停,咽了一下口水,说,"你还同意躲在家里举办婚礼,我欠你一辈子的。"

桂芳只淡淡地道:"我们俩可不要说谁欠谁的。我家里一直只有我一个人,我便是全家,全家就是我,也没有什么朋友。学校里的同事,我只想邀请上官清岚,反正她肯定是要来帮我忙的。"

赵诗梦问道:"怎么会一个人也没有的?"

桂芳说:"是啊,我这些年来在学校里教书,一直独往独来的,没结交什么朋友。以前有过许多,可早已不联系了。"顿了顿,望着赵诗梦,补充到,"有一个,我倒是很想邀请的,她是一个不应该被我们忘记的人,可她不住在上海了。"

桂芳如此郑重其事地说起那人,还用了"一个不应该被我们忘记的人",可赵诗梦一点想不起来,疑惑地看着她,似乎在问是谁。

桂芳带着一丝顽皮眼神,微笑地望着他,答道:"小青青呀。你结婚了,怎么把她给忘了?"

赵诗梦知道她是在调侃自己,只能甘拜下风,装糊涂道:"哦,那倒是。"

桂芳进一步开玩笑道:"还算好,她来不了。如果她来了,搞不好,我会把你这个新郎官给弄丢的……"

赵诗梦不好意思地赶紧制止她:"别瞎说。"

桂芳笑嘻嘻地自顾自地继续道:"真的,她以前对我说起过,她要跟我抢你这个男人。"说话间,她伸手搂住了他的腰,脸上的笑容很自然,显得很开心,让人觉得有一种在回忆往事时的幸福感。

赵诗梦有些尴尬,似乎不知道此时应该表现出是高兴呢,还是生气,只能装出恼怒的样子,说了一句:"真不知道,你们这些女人在一起,都说点什么呀。"他拉紧了她伸过来的手,尔后,就不敢再往下说了。他们有着太多的往事,甜蜜而隐秘,伴随着他们的生活而升华。

结婚的那天,赵诗梦换了一套新衣服,租了一辆小汽车,没有伴郎,独自一人来到了福安里。桂芳那里只有上官清岚在帮忙打理,这时的桂芳似乎已经准备好了,就等着出发了。她看上去特别的漂亮,又符合世面上流行的特征,粉色的自己结的绒线衫,外配暗红色的呢外套,发型似乎上官清岚帮忙整理过了,乌黑齐耳的头发,微微朝内卷,清爽又大方。她俩见到赵诗梦,都露出了会心的笑容。

赵诗梦就如此简单地把新娘子从福安里接到了家里,大门口与往常并无二致,甚至可以说与往常一样冷清,只有进了院子,才能看到在房门上贴着一个不大、看上去有点孤零零的"囍"字,方才意识到这家人家有喜事。桂芳一下车就按照习惯,和上官清岚躲进了楼上的房间,等着亮相的时候。

赵诗梦的家里已有不少来贺喜的朋友,有的在院子里,有的在客厅闲聊,赵诗梦挨个招呼,感谢他们的贺喜。他看到小杜一家正在窗外欣赏菊花,便绕到他们面前打了招呼,又问道:"今天夏教授会来吗?"

小杜愣了愣，回答道："他今天可能要晚一点来了，他现在很忙的。"

小杜看了看赵诗梦不解的神情，又补充道："夏卓现在成了我们报社社会新闻部的副主任了。"

赵诗梦诧异地说："哦，是吗？"

小杜继续道："其实，夏卓人不错，知识也很丰富，平时蛮温文尔雅的，只是'见人说人话，见鬼说鬼话'，有点恶心。这次反右斗争他表现积极，原来的副主任被划为右派，就提拔了他当副主任。"

赵诗梦想起了那次在杏花楼与夏卓的见面，笑着道："是，这方面是他最擅长的，有时候也会蛮讨人喜欢。"

小杜接话道："他对我还是很好的。上面的领导说他是一个可以改造好的旧知识分子，要他为新时代做出贡献。"

赵诗梦煞有介事地应了一句："哦，是吗？"他想知道的，都已了解了，便微笑着指着小杜的女儿，赞许道，"时间过得真快，你女儿也这么大了。"

小杜好像意犹未尽，没有应他的话，反而问道："社长，今天你邀请阿敏了吗？"

赵诗梦曾经想过邀请阿敏，但想到自己这次邀请的人，多数在市面上讲得好听点，是工商界人士，说得难听点，是资产阶级，旧人居多。阿敏现在的身份应属于是官员，不一定适合在这样的场合；另外，还有更主要的是，如果邀请了阿敏，是否还要邀请鲍逸芸，而自己实在不想在桂芳的陪伴下看到她，索性他们兄妹俩就谁都没有邀请，可嘴上却说："人家现在是首长了，我这种私事，哪里敢打扰他呀。"说完，正准备去招呼其他的客人，他突然想起几个月前来外调的那两个人，又收回了脚步，问："有人来问过你，有关阿敏的情况吗？"

小杜又点了点头："有过，就在今年春天，从外地来了两个人，说是外调的。听阿敏讲，他们好像是为了调查他前妻的事情。"

这个回答，让赵诗梦有些惊讶，觉得自己猜中了什么事情，饶有兴趣地继续问道："是吗？你后来和阿敏碰过头了？"

小杜带着一股不买账的情绪,说道:"是啊,他们来我报社,神神秘秘的,问了我许多奇奇怪怪的问题,又不让我知道是为了什么。我不管,第二天就去了阿敏那里,把这个事情全部告诉了他,他说他们是来上海调查的,他知道的。"

这使得赵诗梦更惊讶了,更好奇了,脱口而出道:"他们到底是为了什么,特地来上海调查的呀?"

小杜说:"听阿敏讲,他前妻的现任老公是个大官,级别好像比阿敏还要高一点,相中了一个年轻的大学生,正在和她闹离婚,说她以前在上海滩做过妓女,是混进革命队伍里的阶级敌人,要把她清理出革命的队伍,所以特地派人到上海来,横调查,竖调查。反正她是不是妓女,现在没人说得清楚,就连阿敏也说不清楚。"后又补了一句,"我想,即使阿敏后来知道了她是妓女的话,也不一定肯告诉他们。"

赵诗梦觉得自己猜中了一半,那个大官看中了女学生,要离婚的事没有想到,又觉得有些好笑,便说:"哦,原来是这么一回事。"后又加了一句,"听上去好像在革命队伍里,想让谁进,想让谁出,都由他说了算,真是岂有此理。"

小杜低头笑了笑,有点像偷笑,笑完,抬头感叹了一句:"我想阿敏的那几年,也过得够呛。"

赵诗梦像是才想起来似的,问道:"你与阿敏见面了?他还好吗?"按理说,话说到这里,应该要提一下鲍逸芸,可他缄默了。

小杜道:"他看上去蛮好的,不过和以前有点不一样,现在有了一副做官的样子。"他说完此话,笑了笑。

赵诗梦出于礼貌,或许出于以前是小杜和阿敏的老板的考虑,笑着道:"以后有机会,我们三个人聚一聚。"

小杜觉得他的话有点勉强,只能含含糊糊地应着,一转头看到前面墙旁靠着一辆自行车,好奇地问道:"社长,这脚踏车是你的?"

赵诗梦苦笑道:"我的车子坏了,只能扔了,换成了它。可我发现自己不太会骑,一直放着没用过,你要的话,骑回去吧。"

这时，仇焕庭大步流星地迎了过来，大着嗓门向赵诗梦叫道："赵兄，你家里的菊花不错。到底是大户人家，这么大院子里，有这么多的菊花，上海滩上哪家能跟你比呀。"他的大嗓门来自他的自我感觉，似乎觉得赵诗梦有今天的喜事，自己是功臣，曾经出谋划策过；另外，在所有的客人中似乎他的级别最高，他有大声自说自话的资本。

赵诗梦拍了拍小杜的肩膀，表示和他说话算是告一个段落，又瞟了一眼栽在枪上面的那几株菊花，谦卑地答道："我们家里只有菊花，没有其他的花卉。这都是我家父留下来的东西，我姨妈管理得好，所以一直保存至今，还盛开着，我只是在旁边看看。"

仇焕庭看着菊花，又抬头扫了一眼楼上的窗户，感叹道："有这样漂亮的家，办婚礼就用不着去外面酒店了，真好。"

赵诗梦略带谦卑地应道："你就不要取笑我啦。像我们这样的人家，哪里敢去外面办酒席呀，只能躲在角落里规规矩矩喽，免得遭人嫌，还要让你来为我撑撑门面呢。"

仇焕庭笑了笑，笑中似乎包含着两层意思，一层是得意，自己目前的社会地位与赵诗梦相比较，上升了不少；另一层是赞许，欣赏赵诗梦随着时代的变化，有了高人一等的自知之明。接着，他以居高临下的语气宽慰道："不要这样讲，不要这样想，完全没有这个必要。资产阶级作为阶级已被消灭，可你们的人还是好好的呀，该做什么，还是做什么，不要有顾虑嘛。"

虽说是一些大话，像是口号，但听了还是让人感到舒服，赵诗梦觉得他说这类话的水平比自己高出一大截，点头应道："是啊，是啊，我知道，我们把自己改造好了，就和大家一样了。"其实，他自己都不知道怎么才能把自己改造好，只是学着报纸上看来的内容，依样画葫芦而已。

说这话时，赵诗梦正见夏卓跨出客厅的落地门，便把他拉了过来，介绍道："大报报社的主笔，以前东吴大学的法学教授。"他依旧习惯称"主笔"，又故意隐去了一个"副"字，而把仇焕庭介绍成了区里的领导，不知道为什么又忽略了民主党派的头衔，这让夏卓肃然起敬。尽管眼前的人比自己年轻许多,他还是一本正经地伸出双手,握着仇焕庭的手,语音中带着一种唱词的腔调,一口气说出:"您好,在下有礼了,请领导对我们的报纸,多多指教。"接着,好像觉得赵诗梦不应该在领导面前把自己以前的身份说出来,纠正道,"我教法学,那都是老皇历了,不值得一提,现在在报社负责采访工作。"眼神就像迷路的孩子找到了母亲一般,感恩不尽地注视着仇焕庭,似乎在等待指示。

一阵微风吹来,从花园边法国梧桐树上飘下几片枯黄的树叶,仇焕庭倒处之泰然,看了看地上的枯叶,漫不经心地附和道:"哦,原来是名校的教授,让人羡慕啊。"

赵诗梦觉得场面有些滑稽,怕出现更大的尴尬,赶紧打断道:"起风了,我们还是快点到里边去吧。"客厅里的客人已经到的差不多了,他们三人一起进了客厅,仇焕庭和夏桌佩又各自找到了聊天的对象,赵诗梦则上了楼。

当开席时间一到,朱跃中向大家宣布新人入场,赵诗梦和桂芳手挽着手从楼梯上下来,没有伴郎伴娘,没有灯光效果,却也引来了一阵掌声。新人入座后,朱跃中简单介绍了一下,代替了证婚词,最后是一句"让我们为这一对因《蓝玫瑰》而结缘的伉俪,干杯",随即大家举杯祝贺,他们的婚礼也算有了一个完美而与众不同的开场。后来从朋友的反馈中得知,大家都很赞赏这样的婚礼,不张扬,很私密,又不缺乏浪漫,非常适合像赵诗梦他们那样一群人的身份和做派。

第十八章　孵混堂

　　人啊，或许是一种很容易改变习惯的动物，或许是一种很容易扭曲自己而被环境所塑造的生灵。市面上舞厅已经绝迹多年了，搓麻将的人也几乎找不到了，赵诗梦的杂志社关门，纱厂已不属于他自己的了，他似乎也得到了灵魂的洗礼，适应了环境的变化，有了新爱好，如时不时会去公共浴室泡澡，也就是上海人口中常提到的"孵混堂"。

　　其实，孵混堂是赵诗梦对自己的妥协，他要么忍受人到中年无所事事，寂寞无聊的生活，要么就改变自己以往小小的洁癖，享受打发寂寞时光的好方法。这起源于两年前的冬天，家里浴室的下水管坏了，洗不了浴了，只能去公共浴室将就。可发现公共浴室和自己原来想象的不一样，虽远谈不上干净与雅致，也毫无私密性可言，但让他觉得那里热力十足，在寒冷的时候，疲乏的时候，都会得到充分的缓解，是一件令人享受的事情；还有各式各样人群带来的热闹，给他留下了深刻的印象，在那里仿佛是另外一个世界，人人赤身裸体，没有出身高贵和低贱之分，没有富人和穷人之分，更没有阶级之分，甚至连好人和坏人都不分，没有憎恨，没有歧视，大家一样，都沐浴在热水和混浊暖湿的蒸汽中，好像人世间的苦痛就像身上的脏东西一样，随着热水而被冲掉，流入下水道。与不同的人嘎讪胡①，或者打瞌睡和沐浴一样舒服，一整个下午的时间变得很容易打发，而且还会上瘾，两三天不孵，就会想它。

---

① 嘎讪胡：（沪语）聊天。

从那时起,赵诗梦开始喜欢上了孵混堂,闲来无事的时候,尤其天寒地冻的时候,都会想到它。他似乎永远是没事可做的时候,多于有事可做的时候,去孵混堂也就成了他的习惯,变成了他三天两头的功课,乐此不疲,像是找到消磨时光的庇护所。他甚至觉得自己已经老了,不求名,不求利,只求天天可以来此一趟,以此度过余生,那也算是个不错的结局。

外面的世界正是北风呼啸,数九寒冬,浴室里的赵诗梦,全身被热水泡得通红,从大池中懒洋洋地起身,走出浴池,一个胖墩墩的赤裸上身,下面只围着一条毛巾的搓背师傅,递上一条红白条纹的大毛巾,问道:"今朝是搓背,还是敲背?"他有着浓重的口音,听上去有点像苏北方言和沪语的混合。

赵诗梦接过大毛巾,围在腰间,拖着木拖板①,走到一只铺着毛巾的大长凳旁,熟练地趴平了身子,笑道:"习惯了,不搓不舒服,麻烦你了。"搓背成了他孵混堂的一个重要内容。

搓背师傅道:"好,我知道侬的规矩,一趟搓背,一趟敲背。"接着啰唆地介绍起来,"阿拉的搓背,不但搓去皮肤上的脏东西,还有活血通经络的功能,有助睡眠。"

赵诗梦瞄了一眼旁边正在为别人敲背的师傅,尔后,伴随着哔哔啪啪的响声而昏昏欲睡,当他醒来时,背已搓完,经过再次清洗,来到休息大堂。

由于是下午三点钟不到,休息大堂里没几个客人,不远处的服务员付师傅半个屁股坐在卧榻的扶手上,一手撑着蒿车头②,一手搁在保温箱上,看到赵诗梦出来了,他从保温箱取出一条热毛巾,用食指顶起毛巾,一个旋转飞抛,热乎乎的毛巾不偏不歪正好落在赵诗梦最顺手的位子,旋转飞抛是他多年练就的本领。赵诗梦一抬手接住,用毛巾擦了擦额头的汗珠,尔后,拿起茶几上的香烟,抽出一支朝付师傅扔了过去,算

---

① 木拖板:(沪语)木制拖鞋。
② 蒿车头:公共浴室中帮客人挂衣服用的竹竿,最上面有个小叉子。

是礼尚往来,而后惬意地往卧榻上一靠。他们之间没有招呼,没有说话,只是一飞一扔,这似乎是一种默契,或许是一种程序。赵诗梦不知道从什么时候开始烟斗抽得越来越少了,渐渐地随起了大流,改成了抽香烟,或许就为了这样的一扔,或许为了与他身上的那件中山装配套。

付师傅是这个浴室的负责人,在这里做了有大半辈子。按照他自己的说法,也算是见多识广之人,每天与各种不同的人打交道,聊天使他练就一副好口才,更会察言观色,他喜欢与赵诗梦这样话不多的人聊天,可以一展他的才华,每次遇见赵诗梦都会聊上几句。这时,他慢吞吞地握着茵车头,叼着香烟,晃到赵诗梦的卧榻前,趁其还没打瞌睡,便过来嘎讪胡,开口道:"你在浴池里碰到煤司令了吗?"

赵诗梦端起茶杯,喝了一口茶,朝浴池那边的门洞瞟了一眼,反问道:"他来了吗?"

"煤司令"就是赵诗梦的旧友戴子道。由于他早期的天堂煤球店规模较大,公私合营后,他当上了附近十八家煤球店的负责人,并负责调配供应周围几家浴室的煤,因此常常假公济私,来免费洗澡,与浴室的员工很熟。因为他管着供应浴室的煤,大家戏称他"煤司令",至于他怎么当上十八家煤球店的负责人的,大家有各种说法,其中最权威的版本是:在公私合营时,他们这一带的煤球店都是一些夫妻老婆的小店,没有一个像样的能说几句话的人,而戴子道喜欢说话,就变得出类拔萃了,也就顺顺利利地当上了这个负责人。之后他得意了好长时间,逢人就吹:"我五十出头的人了,用一家破煤球店,换成了现在的十八家煤球店的领导的位子,责任很重呀。但是,想想还是划算的,也算是有进步,与时代一起进步了。这种事情我愿意,我愿意……这几年,是我一生中最辉煌的时刻。"每当他说"领导"两个字的时候,生怕人家听不清楚,还会拔高着喉咙,拿腔拿调的。但他周围的朋友不愿意称呼他领导,搞了一个折中,因此得了一个"煤司令"的绰号。他吹到高兴时,还要添上一句,"以前市面上讲的两白一黑的黑,指的就是我们店里卖的煤球呀,重要不?"

戴子道在这里也经常遇到赵诗梦,两人会聊上一会儿天,按照戴子道的说法,他们由以往的麻将搭档,变成了"浴友"。

付师傅道:"他进来时,还问起你呢,说有一段时间没碰到你了。"

赵诗梦笑了笑,算是回答。在旧时代,赵诗梦与戴子道说话并不多,一起搓麻将的时间,远远多于说话的时间,而自从在这里碰面,才说话聊天多了起来。在与戴子道聊天这件事上,赵诗梦心里一直有着矛盾:他希望在浴室遇见他,因为自己来这里泡澡的一大原因,就是无聊至极,聊以打发时间,能有一个旧友,聊聊天,叙叙旧,那也是一件不坏的事情;可另外,正因为戴子道是旧友,知道自己过去的底细,有些事情已不属于当下时代可以作为谈资的范围了,还有许多是自己不愿意在人面前谈及的内容。戴子道却似乎有着一副天生的热心肠,除了在这里打瞌睡之外,就是说个不停,是个名副其实的口无遮拦的大嘴巴,这让赵诗梦望而生畏。

不过,赵诗梦从戴子道那里听到不少旧友的消息。比如:他们俩第一次在浴室碰面,由于戴子道以前也常去四合酒楼吃饭,听到过一些道听途说的关于赵诗梦吴进源和那两个女老板的故事,所以他七绕八绕的话题总会落在这家酒楼上,落在那里的两位女老板身上,什么你现在怎么不去那里吃饭了,你们和两个女老板到底什么关系啦,她们是不是小姊妹啦,或者蹦出一句梅姐走得真可惜的话。戴子道怀着好奇心,想打听一些自己以前不曾知道的故事,来补全以往的道听途说。赵诗梦对此并不觉得奇怪。然而,这些正是他最不愿意在旁人面前提及的,但是在听戴子道的问话中,可以听出他依然会时不时地去酒楼吃饭,这反而增加了赵诗梦的好奇心,想从他的嘴里听一些自己不去酒楼之后的故事。所以赵诗梦的态度有些古怪,不温不火,爱理不理,遇到的话题是自己想知道的,涉及酒楼后续的故事,会略显得耐心一些,任其发挥;遇到自己不愿意回答的事情,就敷衍搪塞了事,甚至假装打瞌睡,不回答。这样断断续续从戴子道的嘴里听到不少内容,这些故事有:早年在八仙桥一带做包打听的欧紫生,也是四合酒楼的常客,因为以前协助巡捕房抓捕过共产党人，被镇压了；原来四合酒楼隔壁的银楼老板石炫钟，在喝酒时，突然中风死了；酒楼的老板娘纪舒红和厨子结婚后，挨了打，又离了婚，在公私合营时，老板娘把酒楼名称改成了"旭红饭店"，改这个名称是因为离婚后她又嫁给了一个比她小九岁的工商干部，那个工商干部的名字里有一个"旭"字。凡是戴子道在讲述这些故事的时候，尽管那些人物都是赵诗梦以往所熟悉的，甚至有着密切关系的，但他一般只听不问，不想激起戴子道与自己讨论这些往事的愿望，免得其东打听西打听，使自己陷入尴尬和被动。

赵诗梦的这种做派或许出于心虚，或许出于性格使然。有关这个改名旭红国营饭店的故事，他浮想联翩，还曾经悄悄地装着路过，远远地朝那块写着红字的饭店招牌看过一眼，证实了戴子道说的故事，让他五味杂陈，往事不堪回首。

付师傅叼着香烟，在赵诗梦旁边意犹未尽地继续道："煤司令呀，他还是很看得起你的。前几天，他跟我们聊天说，他家里养了许多名鸽，其中有一只他最欣赏的，它可以从无锡独自飞回来。不知道哪个缺德的邻居，把这个鸽子的羽毛剪了一大截，现在只能在鸽笼里打转，他伤心透了。他说，看到这个鸽子，就想到了你，你以前又是办杂志，又是开纱厂，还有一位不错的二房，而现在只能天天和他一样，靠孵混堂打发时间，就像那只受伤的鸽子。"随后，哈哈大笑道，"这家伙竟然把你比作了他的鸽子。"

赵诗梦最不喜欢人家谈论自己过去的故事，尤其刚才那句"还有一位不错的二房"，心想这二房肯定指的是纪舒红，真不知道戴子道在背后还胡乱说了些什么。他朝付师傅翻了翻眼，不想反驳，也不想澄清，苦笑着道："什么乱七八糟的，尽说些老皇历的事，真是挖陈年的臭屁，没话找话。十八家煤球店还不够他忙的？什么年代了，还整天想着二房三房的。"

付师傅拿着萬车头晃了晃，大着嗓门笑道："这家伙说，他这辈子最后悔的就是没有早点讨二房，现在讨不了了。"

赵诗梦微微闭了闭眼睛,道:"哦,他是这样说的……"后又半感叹,半玩笑地补了一句,"他要是真的讨了二房,日子就没这么好过了。"

付师傅用荡车头敲敲地,阴阳怪气地笑着接口道:"嗨,你别以为他没有桃花运。自从他混上了这个煤司令,在所辖的十几家煤球店里,有的店只有一个寡妇撑着,他趁调配煤和煤球的机会,就跟人家勾勾搭搭,还想占人家女儿的便宜,得意得很呢……"

赵诗梦无心听这些乱七八糟的东西,笑道:"你们不要在背后说人家坏话。"看到付师傅的徒弟也凑过来了,便抛了一根香烟过去。

那徒弟身手敏捷地接过香烟,笑着叫道:"这不是我们说的,是煤司令自己吹给我们听的。讲那个寡妇天生就是一个美人坯子,以前是唱越剧的,只要他晚上去她们家里,她总会热一壶酒,招待他,有时候还会和她女儿一起陪他喝酒呢。她女儿没有老娘漂亮,那个死老头子肯定是个丑八怪……"没有说完,自己就笑弯了腰。

他们说了一大堆,赵诗梦不好意思不应,道:"看来我们的煤司令,还蛮有本事的嘛。"装着像要打瞌睡的样子,伸了个大赖腰。可这个本事指的是管理十几家煤球店,还是有母女俩陪着喝酒,却有点含糊不清。

那徒弟直起了腰,边继续笑着,边说:"我师父说了,这是'吃着碗里,看着锅里',他的良心比他卖的煤球还要黑。"说完又是自顾自地痴笑了一阵。

这时,戴子道围着一条毛巾,走出浴池的门洞,那徒弟赶紧憋住了笑,做了一个鬼脸溜走了。戴子道看到赵诗梦,热情地招呼道:"我猜,你今天肯定在这里。"

赵诗梦睁开微闭的眼睛,只是简单地答道:"天气冷嘛,好像要下雪了。"

付师傅又从保温箱取出一条热毛巾,飞抛给了戴子道,开玩笑道:"煤司令,你的头发越来越少了。"

戴子道接过毛巾,应了一句:"人老了。"就用毛巾严严实实地盖在脸上，只看得见后脑勺腻着一撮细细的湿漉漉的头发，整个脑袋显得宽敞而光亮。他舒服地躺在赵诗梦旁边的卧榻上，过了一会，掀开毛巾的一角，露出嘴巴，感叹道："赵兄啊，我说呀，人啊，真是一个说不准的东西，不能走错一步呀。"停了停，慢悠悠地像是自言自语，又像是在说给赵诗梦听，继续道，"前一段时间，我们店里又接收了一个来自劳改农场的人，是刑满后来监督劳动的。以前接收过一对母女，这次来的是个男的。今天听我们领导介绍，那人以前是上海滩上的一个了不得的主儿，年轻时留过洋，做过外交官，又是律师，人的卖相也不错，看他现在的头发，还是乌黑发亮，当时的风光肯定不会差，不但有钱有势，还讨了两个老婆，小老婆还演过电影，其他女人就不计其数了。可后来呢，你猜怎么样？"歇了歇，见赵诗梦没理他，又接着道，"当了重量级的汉奸，那就完了，国民党政府判他有罪，我们也要请他吃官司。结果呢，妻离子散，儿子和两个老婆都不知道去哪里了，蹲完大牢，就到我这里来卖煤球了。"

赵诗梦听了这话，心里微微一颤，戴子道所说的那个人的人生，太像虞凯欣了，想探个究竟，便趁起身点烟的工夫，悄悄地瞄了一眼戴子道，看他依然用毛巾盖着大半个脸，就故意做出一副不以为然的样子，慢悠悠地套他的话，问道："上海滩了不得的主，谁呀？那人叫什么？"

戴子道继续享受着热毛巾焐脸，答道："好像，姓虞什么的，记不得了，高高的个子。"后又骄傲地加了一句，"我从来不叫他名字。"

赵诗梦已从这些特征中，猜到了那人八九不离十就是虞凯欣。他重重地吸了一口烟，躺下，又恢复了朝天仰卧的姿势。然而瞌睡的欲望一点都没有了，眼睛睁得大大的，盯着天花板下方的暖水管道，和从自己嘴里吐出来的青烟，眼前浮现出许多模糊不清的虞凯欣以往的身影，就像翻阅一张张满是折痕，泛黄的老照片，勾起了他想去探望虞凯欣的冲动，却无法直接说出口。

过了一会儿，赵诗梦迂回地问道："这个人，现在怎么样？"

戴子道似醒非醒，好像忘记了自己刚刚说过的故事，反问道："谁？"

赵诗梦又装作一副漫不经心的样子,点了一下:"就是来你店劳动改造的那个人。"

戴子道依然盖着毛巾,似乎不愿意掀开,中止享受的样子,吞吞吐吐道:"哦,那人啊,怪人一个。来店里三个月了,从来不说话,手脚还算勤快,特别爱干净。你想想,我们这种与煤球打交道的地方,能干净得了吗?他每天店打烊下班后,必定洗澡。夏天嘛,还差不多,可是这么冷的天,我们那里又没热水,他就在露天,洗冷水澡,真是怪得不得了。"

付师傅笑着半真半假地插话道:"现在是三九天,洗冷水澡,不要冻死人的。哪天,你带他来,我特批,免费洗。"

戴子道笑道:"还是让他洗冷水澡的好,可以让他清醒清醒。"三个人都笑了,赵诗梦笑得很难看,有些皮笑肉不笑。

赵诗梦笑得很勉强,装出对"劳动改造"很感兴趣,而隐藏了真实的目的,问道:"现在监督劳动,还要发工资吗?"

戴子道掀开盖在脸上的热毛巾,气呼呼地脱口而出道:"发个屁,谁叫他去当汉奸的,店里就给一点生活费。看他可怜,没落脚的地方,就让他住在店的后面,以前放杂物的小房间里。"尔后,又莫名其妙地补了一句,"其实,我们店里才不要他呢,听上面说,他是暂时被安置在我们店里改造的。"

赵诗梦看到戴子道来了说话的劲头,就微微闭上了眼睛,像是要打瞌睡了,不再愿意说话了。

付师傅接话道:"汉奸嘛,只能咎由自取了,现在外面流行一句话,说什么……"停了停,像是又想起来似的,继续道,"好像是说'人是可以通过劳动改造,被改造好的',他吃完了官司,也等于赎完了他的罪孽。你喜欢他也罢,讨厌他也罢,总得给他一口饭吃吧,那也是无可非议。"

戴子道像是耿耿于怀,又有点委屈,道:"给他饭吃,不是我的事,他要是在我那里有个三长两短,我们还要负责呢。我现在已经不是以前的老板了,我上面是有领导的,收留他是上面给的任务。"

付师傅附和道:"那倒是一件麻烦的事情,现在这种人,很可能会自杀的。"随后,又笑着丢出一句,"这样的人自杀,不会影响你做煤司令的。"

这时,大概又有客人进来了,付师傅去接待了。赵诗梦趁机微微闭上了眼睛,不打算再与戴子道谈这个话题了。刚刚的对话中提到了自杀,这让赵诗梦心里一紧,心想虞凯欣这种人真让人操心,以前担心别让人给勾奸了,现在又有人担心他自杀,觉得不论此人是否虞凯欣,都要亲自去探望一次。抗战结束后,赵诗梦知道虞凯欣被判决有期徒刑后,就再也没有得到过有关他的消息,时过境迁,甚至有点把他遗忘了。现在突然面对有关他的可疑信息,心情一下子复杂了起来,既讨厌他,又同情也,想去探望,却又胆怯。赵诗梦讨厌的不是他的人,而是他做的事;胆怯的也不是探望他这件事的本身,而是周围的人看到他们俩在一起所引起的联想,所以赵诗梦只能悄悄地进行,尤其不能让戴子道知道,免得他多嘴,让自己难堪。

赵诗梦想定之后,剩下的问题是自己只记得戴子道的煤球店就在附近,从来没有去过,也没有具体的地址,可心想浴室要用他的煤,肯定有他煤球店的地址。

一阵噼噼啪啪的敲背声把赵诗梦吵醒了,他看到旁边的卧榻已空了,知道戴子道走了,又瞄了一眼茶几上的手表,已是四点半了。在离开浴室前,休息大堂里的人开始多了起来,他悄悄向付师傅打听了一下戴子道煤球店的地址。想不到付师傅很热情,不但告诉他煤球店的地址,还说了煤球店上午事情比较多,到了下午,戴子道一般不会在店里,都会在外面或者来孵混堂,所以去店找煤司令一定要上午去。赵诗梦要做的正好与之相反。

几天后的一个下午,天气仍旧阴沉寒冷,赵诗梦从南京路的市百一店里买了一个旅行袋,上面印有上海外滩的图案,像是外地人回家时常用的,而后逛到了食品一店,这是上海滩最大的食品商店。店里人头攒动,大概人们都在准备年货。他想为虞凯欣买点食品或者年货之类的,可面对这么大的商店,有些茫然了,他几乎从不来这家商店,也从没为家里买过类似的东西,都是吃现成的,不知道从何下手,有点后悔没有让张妈代劳。他看到肉制品柜台的人最多,人们都在排队,队伍已拐到了边门外的贵州路上了,心想买点咸肉,可以让虞凯欣吃一段时间,看了看人挤人的队伍,他从来没有排队买东西的经历,摇了摇头,心里骂了一句"该死的虞凯欣",便跟着大家排队了。排了二十分钟的队,快要排到时,无意间发现人们手里不但捏着钞票,还有肉票,这使得他有点措手不及,他想起了肉是凭票供应的,不过还想起了有的肉制品无须肉票的规定,但不知道咸肉是否需要肉票,无奈只能厚着脸皮,向前面的一位妇人打听,咸肉是否要凭票。那妇人用奇怪的眼神看着他,似乎在说你连这个也不知道嘛。在那妇人的帮助下,他终于弄懂了,敞开供应的肉制品一般指香肠、肉类罐头食品,咸肉不包括在内。只是敞开供应的价格比较贵,而且无须排队。赵诗梦只能离开队伍,在旁边的柜台买了一大捆香肠和十个午餐肉的罐头,填满了大半个旅行袋。又转到香烟柜台,这次他没有搞错,一次性买了敞开供应的听装香烟十罐,因为他抽烟的,香烟的行情还是知道的,纸包的香烟是凭票供应的。他拎着旅行袋一转身,看到对面的柜台有咖啡,便买了两罐红色包装的上海牌咖啡,在付完钱,把咖啡装进旅行袋时,想不到营业员给了他两张半斤的糖票。他愣了几秒钟,立马记起来了,曾经听说过由于罐装咖啡价格较昂贵,为了刺激购买,每买一听半磅装的,发半斤糖票。他一声不响地接过糖票,又踮起脚,四处张望,寻找买白砂糖的柜台。在全部搞定,出商店之前,他找了一个角落,从口袋里拿出一个信封,塞入了旅行袋,随后走出商店,叫了一辆三轮车直奔虞凯欣的那家煤球店。信封里装的是一些现金和陆莺在香港的地址。其实,赵诗梦自己也不知道为什么一定要去探望虞凯欣,或者有了太多的时间要打发,或许信封里的陆莺在香港的地址是最好的借口,受人之托。

在离煤球店不远处,赵诗梦就下了车,慢悠悠地走过去,他需要确认虞凯欣是否在那里。在他面前是上海滩再普通不过的街面房子,一排长长的两层楼的砖木建筑,下面有的住人家,有的是烟纸店、米店,或者饮食店，一家挨着一家。他看到其中有一家煤球店，店面的一边竖着一块白底黑字的牌子，上面写着"新新煤球店第一分店"，门面与两边的房子相比，显得特别的高，大门像是永远敞开着的，门面的另一边，竖放着用绳子捆绑的陈旧发黑的排门板，显得笨重而高大。从外往里望去，店堂里几乎什么都是暗暗黑黑的，一边散煤堆得像小山一样高，直到了天花板，另一边有一台乌漆墨黑制煤球的机器，处于停运的状态，一旁还有装煤球的木架，这些木架垒得像墙壁一样。大概为了防尘，洒了水，黑漆漆的地面湿漉漉的，有些地方还有一层薄薄的碎冰。靠大门一侧有一间小房间，门和窗都正对着店堂，可能是用来收钱和记账的。从窗户往里看，坐着一个正在结绒线的女人，她皮肤白皙，与黑不溜秋的煤球店形成了极大的反差，似乎她原本不应该待在这种地方。当她看见赵诗梦时，停下手中的活，正伸长着脖子，盯着他，或许他的外表不像是来买煤球的，所以她没有出来招呼，还向他手里拎着的旅行袋瞄了几眼；小房间门边有一台铸铁的大秤，和几个叠在一起粘满煤灰的箩筐。另一边坐着一个男人，他身穿一件很大的黑棉袄，头戴一顶脏兮兮的帽子，帽檐压得很低，弯着背，缩着脖子，双手插在棉袄的袖子里，脚上套着一双蚌壳棉鞋，低着头，戴着一副旧式的黑框眼镜，双眼无光地盯着乌黑的地面，似乎在想着心事，又似乎在等着买煤球的人上门，从远处看去像一个讨饭的难民，或者一个劳改犯。

赵诗梦放慢脚步，一边确认，一边朝前走，发现那人正是虞凯欣，便在他跟前收住了脚步。

此时，虞凯欣无意间抬起头，诧异地看到了赵诗梦，一下子认了出来。在刹那间，他仿佛被定格了，没有站起来，一动不动地原地坐着，只有嘴唇在颤动，就这样持续了好一会，他终于用颤抖的声音开口道："哦，赵诗梦，是赵兄啊，你怎么会找到这里的呀？"惊讶的言语中，似乎带有不愿意被找到的成分。

赵诗梦有备而来，从容地答道："听说这里有个像你这样的人，就过来看看，果真是你。"

虞凯欣站起身来,两手从棉袄的袖子里抽离出来,却有点手足无措,眼神里有点惊慌,轻声道:"哦,你好,好久不见,怎么是你,没想到。"由于紧张,都忘记了微笑和握手,终于说出一句,"那我们到后面去坐坐吧。"接着扭过身子,探到那间小房子里,向里面的女人说了一句什么,就带着赵诗梦穿过制煤球的机器与墙壁形成的夹弄,转入了店的后面,他居住的地方。

虞凯欣一进门,拉亮了电灯,谦卑地说:"我只有这么点地方。"这是很小的房间,夹弄和房间之间的门上面没有用砖封死,而是用报纸糊在木格子上封的,一看就知道这房间是用来存放东西的,不是用来住人的。这扇门的对面还有一扇窗户和一扇门,窗户用木板封死的,那门大概是后门吧,通后面的弄堂或者天井。房间长而狭小,最里面靠墙放着一张单人床,剩余的地方只能一个人通过。床的外面一头,紧靠着一张小方桌,桌下有两只方凳,桌上有几只碗和一面小镜子,地上放着一只搪瓷脸盆,这是房间里的全部家居。可房间的层高很高,和外面的店堂一样高,从天花板上垂下来一只光秃秃的电灯泡,靠床的那堵墙上挂着一件用报纸遮着的衣服,从露在报纸外面的衣服一角夹看,那应该是一件类似劳动布的工作服,虽蓝色已褪了不少,还比较干净,衣服的上方还搭着一顶灰蒙蒙的鸭舌帽。看得出,这墙的隔壁大概就是那台开起来隆隆作响的制煤球机器了。

赵诗梦环顾了一下房间,觉得很难想象虞凯欣是如何习惯这样的房间的,感叹人的可塑性,脑中又冒出了那句浴室里的付师傅说的,"人是可以通过劳动改造,被改造好的",心想他过上这样的日子,就算改造好了吗?赵诗梦定了定神,把小方桌上的几只空碗移到了一边,放下旅行袋,说:"我们到外面去,找个地方说说话吧。"

虞凯欣瞟了一眼小方桌上的旅行袋,犹豫道:"算了,还是在这里吧,我习惯了。"后又吞吞吐吐道,"我没有出门的衣服。"

赵诗梦朝墙上挂着的衣服指了指,瞄了一眼他,道:"就那件吧。现在与之前不一样了,没有那些穿戴讲究了,穿任何衣服,什么地方都可以进。"

虞凯欣低着头,犹豫了一下,道:"那也好,那也好。不过我离开店,要请假。"

赵诗梦听出他语气中有一种习惯性的谦卑,便以随和的口气道:"没有关系,他们会同意的,慢慢来,我等你。"

当虞凯欣请完假,换上那件劳动布工作服,戴上那顶灰蒙蒙的鸭舌帽,打开后门时,赵诗梦看到外面是一个蛮大的天井,一旁有几盆枯萎的花花草草,另一边是水槽和水桶之类的,心想这或许是他洗冷水澡的地方,背脊升起了一股凉气,打了一个寒颤。他们穿过天井,来到后弄堂,又拐到了马路上,叫了一辆三轮车,直奔赵诗梦当下常去的南京西路上的那家咖啡馆。

上海滩连续数日阴冷的冬雨,马路两边粗大的法国梧桐树已掉尽了最后一片叶子,只剩下光秃秃的树干和树枝,在风中摇曳着伸向天空。在灰暗云层的映衬下,尽管天上没有太阳,湿漉漉的灰色斑驳的树干和树枝,像一条条群魔乱舞的大小不一的长蛇,跨过那不高的民居房顶,爬向天空,似乎在招呼着太阳的出现,让人感到压抑和寒意逼人。

在三轮车上,他们几乎没有说话,或许担心他们的谈话会让人听见,到了咖啡馆后,他们找了一个僻静的角落。点完咖啡后,赵诗梦才定下神来仔细观察他,发现他变化不大,只是清瘦一些,额头多了几条皱纹,金丝边眼镜变成了黑框眼镜。当他脱下脏兮兮的帽子,头发依然乌黑有光泽,且一丝不乱,只是被帽子压实了,紧粘在头顶上,映衬出他的帽子与他的头发极不相称。歇了好一会,赵诗梦开口道:"老兄,看上去好像变化不大嘛。"

虞凯欣皮笑肉不笑地动了动嘴,没有说话。服务员端上咖啡和蛋糕,朝桌子上的那顶帽子扫了一眼,又看了看虞凯欣,眼神里有着不加掩饰的好奇和鄙视,像是在说怎么这么脏的人也来我们的店里。虞凯欣只低着头一动不动,就像任人评头论足的乞丐。等到那服务员转身离开后,他立刻用手拿起蛋糕,迅速塞入嘴里,就像一个从没品尝过这些东西的饿死鬼,吃相几乎是狼吞虎咽,实在有点滑稽,有点狼狈。

赵诗梦看着他鼓着的嘴巴,咽下蛋糕后,说明道:"现在这里没有小壶咖啡了。"

虞凯欣头都没抬,拿起咖啡杯,顾不得烫,大大地喝了一口。

赵诗梦有点哭笑不得,不声不响地把自己的那份蛋糕,推到了他跟前,随后起身去前台,又要了两份蛋糕,回到座位上,看到他已把第二块蛋糕和一杯咖啡都已送入了肚子。

虞凯欣抹了抹嘴,抬起头,面无表情地说了一句:"不好意思,我已很久没有吃过这些东西了。"赵诗梦什么也没有说,他的样子有点像照顾病人,又去要了两杯咖啡。

一会工夫,另外两块蛋糕也吃完了,虞凯欣又将留在小碟子上的一点蛋糕碎粒,也用手指蘸着送进了嘴里。赵诗梦说:"我放在你住处桌上的旅行袋里,全都是吃的。"

虞凯欣木讷地看着他,道:"谢谢了。老兄,你真是个好人,我都这样了,你还来看我。"

赵诗梦说不来称兄道弟的话,更不会说大道理,道:"给你送吃的,总比给你送棺材要好。"

虞凯欣摇了摇头,叹息道:"我的事,不谈啦,都是我自己不好,自作自受。"他的眼睛有些湿润,显而易见对赵诗梦充满了感激之情。

赵诗梦望着他,平静地接话道:"岂止自作自受。我的旅行袋里还有陆莺在香港的地址,可能旧了点。"

虞凯欣再次诧异地看着赵诗梦,重复道:"她去香港了?"

赵诗梦点了点头:"是的,在一九四六年冬天,是我和吴兄把她送走的,她在上海滩过不下去了,去了那里之后,一直没有回来过。这是她一九四八年的来信,问到你的情况,还给你留了地址。"

虞凯欣若有所思道:"听她说起过,好像有个姨妈早年去了香港……"以很低的声音跟了一句,"我当时好像跟她说过,如果过不下去了,可以去找你们帮忙。"后又大大喝了一口咖啡,感叹了一句,"哎,她们还是吵架了。"

赵诗梦苦笑着,略带着调侃的口气,拖着长音道:"你逃走了,两个老婆在一起,能不吵架吗?"

虞凯欣抬起眼皮,翻了翻,望着他,简短地吐出一句:"都离婚了。"接过赵诗梦递上来的香烟,点燃深深地吸了一口,问道,"有孟嫣钰的消息吗?"

赵诗梦想把气氛搞得轻松一点,便又继续揶揄道:"你把我当什么人了,搞得人家好像是专为你看管老婆的。"后又追了一句,"没有她的消息,也从来没有见过她。"虞凯欣立刻低下了头,沉默了。

赵诗梦发现他低头的动作很特别,像是一种习惯,又像是一种生理反应,过了一会,以安慰的口吻道:"想她们了?"顿了顿,又补充道,"如果要找的话,应该找得到她们的。"

虞凯欣抬起头,以重重的口气答道:"不找,我现在很好,无牵无挂的。"扫了一眼周围,又拖出一句,"我欠她们的,我都还清了,我欠这个世界的 我这几年的牢狱,也算还了。一切从头开始,何必再拘泥过去呢。"

赵诗梦觉得他说这话的样子,像是深思熟虑过的,又像是吐出了埋在心中已久的石头,甚至口气里有点咬牙切齿,便想调节一下气氛,问道:"听说你在这么冷的天,还在洗冷水澡?"

虞凯欣脸上露出了一丝微笑,答道:"这是我现在唯一值得骄傲的事情。拜上天所赐,煤球店里不能生炉子,连烧个饭都要到隔壁邻居借火,那烧水洗澡就更麻烦了,我又没钱天天去浴室,而煤球店的生活龌龊得不得了,不能不洗,所以就索性冷水洗澡,而且每天洗,对身体也有好处。"他的微笑中带着一丝狡黠与倔强。

赵诗梦诧异的不是他洗冷水澡,而是他说话时的那一丝微笑,这是他们见面后他第一次露出的笑容,赵诗梦对于他冷水澡背后有着这样的想法 不知如何置评,呆呆地看着他,蹦出一句赞叹:"厉害。"

虞凯欣得意的神情转瞬即逝,问道:"你怎么会知道我洗冷水澡的事情的?"

赵诗梦不愿意说出戴子道的名字,便胡乱道:"你洗冷水澡出名了,就像你以前的名气一样大,所以我就想过来看看是不是你。果然不出所料,是以前的大名鼎鼎的虞大律师。"

虞凯欣像是条件反射似的,迅速以厌恶语气道:"什么律师呀,以往的事,不要再提了。"他说话的语气仿佛往事都带着电,让他心惊肉跳,说完便又习惯地低下了头。

赵诗梦觉得自己说的话,绕来绕去,绕不出一个轻松的氛围,又出一招,他知道眼下虞凯欣无处可去,便说:"接下来春节了,我在旅行袋里还放了一点钞票,去买点东西,好好过个年吧,如果有时间的话,可以到我家里来坐坐。"

虞凯欣道:"我这辈子欠你太多。年轻时,在英国留学就骗你钱,到现在还要用你的钱,而我有钱的时候,你却一分钱也没有用到,真不好意思。"

赵诗梦道:"这个话就不要说了。还是想想今天晚上去哪里吃饭吧,反正我家里也已经安排好了。"

虞凯欣眨了眨眼睛,诧异地看着他,拘谨地问道:"你跟少奶奶,顾什么的贞,和好了?"

赵诗梦知道多说了最后一句,因为这种在外吃晚饭,向家里打招呼不符合自己年轻时的做派,便说明道:"顾素贞早就跟着妍头去台湾了。我现在的老婆,人蛮好的,是中学里教书的。现在我大部分时间都在家里吃晚饭。"

虞凯欣恍如隔世地回过神来,"哦"了一声,会意地点了点头,道:"蛮好,蛮好。"后拖出一句,"有小孩了吗?"他没有回答赵诗梦的提议,仿佛关心起赵诗梦的生活来了。

赵诗梦不知道他想说什么,便顺口答道:"有个女孩,三岁不到。"

虞凯欣又认真地点了点头,道:"蛮好,蛮好的。"还是没有回答赵诗梦刚才的提议,眼神里却流露出一丝羡慕。尔后,很快把头歪了过去,扫了一圈咖啡馆,把目光落在柜台上面的标语,停留了两秒钟,又看了看咖啡杯,端起来,慢悠悠地喝了一口,这样的动作,似乎有点恢复了他原本的样子,问道:"你是怎么知道我在那里的?"

赵诗梦笑了笑,道:"这无关紧要,我听混堂里的人讲的,那里有你这样一个怪人,数九寒冬里洗冷水澡,我就来了。至于说那话的人不值得一提。"他还是不愿意提到戴子道的名字。

虞凯欣没有得到想要的结果,有点悻悻然,不过他接受了赵诗梦晚饭的邀请。

那天晚上,赵诗梦与虞凯欣聊到很晚才散。赵诗梦归心似箭,急急忙忙往家里赶,这是以往从来没有的。以前能够想到回家已不错了,根本别说急着回家了,因为现在不同了,家里有桂芳等着,他想到自己已经邀请了虞凯欣春节来家里,应该事先让她知道。他进家门后,三步并成两步上了楼,推开房门,看到桂芳已上床了,正在床头灯下看书。他一头靠了过去,一阵相拥后,把虞凯欣在煤球店的故事一五一十讲了一遍,最后道:"我看他呀,已到了自卑的极点。"

桂芳合起书,放下后,感慨道:"这种人,真是自作自受。现在肯定很自卑喽,只能低头做人了。"

赵诗梦侧卧在她的旁边,喃喃地说:"国家给他吃官司,天经地义的,现在吃完了官司,我念旧情,善待他,不会有错吧?"

桂芳说:"从道理上来讲,似乎没什么错,他已经是普通人了。但我没有见过他,就不好说了,即使他人再不错,从感情上来说,很难一下子接受吧。"而后扭过脸来,对着他笑了一笑,补了一句,"如果让我陪你见他,还不如事前不告诉我他的那些事情呢。"

赵诗梦笑道:"不告诉你,这种事情我做不出来。我念他的旧情,也有难以接受的感觉,所以今天我和他见面,没有事先对你说,也没敢和其他人说过,我想以后也不会对人说起的。"

桂芳抑郁着脸,问道:"他刑满释放,现在应该是属于监督劳动的对象吧?"

赵诗梦对这些类似"监督劳动"的新名词,有着天生的畏惧感和陌生感,只能凭经验答道:"大概是吧,我不敢问他。"

桂芳说:"现在的人啊,仿佛都贴上了标签,一旦贴上了坏人的标签,那就一辈子都完了,简直不成人样了。前两年,我们学校的校长和教导主任作为右派被揪出来监督劳动,原先那些围着他们转的人,像躲瘟疫一样,躲着他们。我看看被揭发出来的他们的那些右派言论,其实也没什么大不了的,可把人弄成这样。"

赵诗梦一下子坐直了身子,略带诧异和叮咛的口气,嘱咐道:"这种话,千万不要在学校里说,否则会惹出大麻烦的。你的老公出身不好,到时候帮不上你的忙。"

桂芳一把把他拉到自己的身边,让他躺在自己的怀里,不以为然地说:"看你以前还是做老板的呢,胆子还没有上官清岚的大。她曾经悄悄地跟我议论学校里的事情:我看呀,什么反右,反左的,就是一派压倒另一派。我觉得她说得完全对,现在我们学校的领导们,都是以前上课最差劲的一批,最边缘化的人,仅凭着出身好,到处表忠心,当上了领导,我们在旁边看得很清楚。"

赵诗梦紧张兮兮地再次叮咛道:"这种话,千万不能乱说,给你学校现在的领导知道了,可不得了。"

桂芳似乎越说越起劲,带着一股不耐烦,语速加快地说道:"我知道,我知道,我对他们总是保持着一定的距离,不热不冷,认真上课,在必须表态时,不会是第一个,也不会是最后一名,永远揳在大流里。"停了停,继续道,"不过,我对以前的头儿,还是蛮好的,至少做到不要以为人家被打倒了,就一点不睬人家了,凡是迎面相见,总是我先同他们打招呼,只是招呼而已,不多说话。"

赵诗梦插话说:"那还差不多。"

桂芳问道:"你是指哪个差不多,是对现在领导,还是对以前的头儿?"

赵诗梦想了想,答道:"两者都差不多吧。"

桂芳仰起头,说话的语气像是学生与老师探讨数学题一样,认真道:"我觉得嘛,对现在的头头,只要做到不让他们来找我麻烦,就可以了,我不在乎他们心里怎么想;可对以前的头儿,我觉得我有些同情他们。比如说吧,教导处主任以前对我一直蛮关心的,人也蛮正直的,只是出身不好,就像你们家一样,是资本家……"说到这一句,还用手指轻轻地戳了戳他的额头,接着继续,"此人,以前读书读得太多了,又喜欢一板一眼与人家讲道理,结果被人家抓住了小辫子,说他脑袋里全是资产阶级的旧思想,与无产阶级格格不入,只能培养出资产阶级的接班人。上官清岚来学校教书的事情,就是他帮我把她推荐到校长那里的,现在看到他天天扫操场,真不是滋味。我也很在乎他们对我的评价,但愿他们不要认为我是一个忘恩负义之人吧。"

桂芳说这话时,柔和的床前灯映在她的脸颊,让她变得更加妩媚动人。赵诗梦仰天躺在桂芳的怀里,看着她漂亮下巴的弧线,一边听,一边在想着虞凯欣今天的样子。桂芳低头看了他一会,问道:"怎么,你周围什么样的朋友都有呀?汉奸朋友,还有去延安参加革命的朋友。"

赵诗梦把目光移向天花板,答道:"这有啥稀奇,还有潜伏特务呢。"

桂芳诧异地问:"谁是特务?我怎么不知道的呀。"

赵诗梦笑了笑,道:"厂里边以前雇的一个律师,早就被抓了。我没见过他几次,也不太喜欢这个人。"

歇一歇,又说道:"还有更加滑稽可怕的事呢,解放前夕,还有人叫我做潜伏特务的……"

桂芳大惊失色地望着他,等待着他的下文。

赵诗梦把无线电修理行经理曹旭的故事前前后后说了一遍,尔后感叹道:"我头脑还是很清醒的吧?这种热闹不凑的。从那次家父的丧礼之后,跟那个姓曹的家伙再也没见过面。我想,如果他去了台湾,算他运气好,如果留在上海滩的话,那也是枪毙的结局。"

桂芳听到这些都是以前的故事,便轻松了下来,感叹道:"你周围真是什么人都有呀。"

赵诗梦继续望着天花板,有气无力地叹息道:"都是这样一路过来的呀,以前又不知道谁会变成什么样,世界会变成什么样。"

桂芳应道:"是啊。"看着他一动不动,又问,"你在想什么呀?"歇了一会,宣布道,"春节,我全程陪你接待他,可我什么也不说,装着什么都不知道。"

赵诗梦笑道:"你见到他,当然不能说唠。你难道准备说,你的老底我全知道。"

桂芳也笑了,说:"好,那我就看看汉奸长得啥样。"接着直接问道,"他来,是初几?"

赵诗梦答道:"他也蛮识相的,说,春节头几天你们家里来来往往的人肯定很多,不便露面,放在初四。"

桂芳应道:"我们春节也没有什么特别客人呀,我知道了,初四就初四,我稍许准备一下。"

春节年初一,阳光普照,赵诗梦家里来了不少拜年的客人,除了最早到的韩厂长夫妇,接着在中午时分,是小杜夫妇,他们身后没跟着儿子,或许儿子大了,不愿意做父母的跟屁虫了,却跟着鲍逸芸。当赵诗梦见到鲍逸芸,有点出乎他的意料。她离开杂志社后不久,就和她的夜校老师结婚了,婚后一直没有来拜过年,这也无可非议,心想或许这次是应小杜之邀,一起来的吧。他看到她还牵着一个小男孩,显然是鲍逸芸的儿子,年龄好像比自己的女儿大两岁,这让他吃惊不小,脑子里飘过一句"他们的……结婚,好像结得很匆忙吧",可马上镇定了下来,和桂芳一起按照来的都是客的原则,照单全收。

赵诗梦特地让桂芳去包了一根小金条,作为见面礼的红包,而后又从果盆里抓了一大把花花绿绿的糖果,塞进了她儿子的口袋里,一下子把气氛搞得很活跃。

赵诗梦也有蛮长时间没有见到鲍逸芸,悄悄地仔细观察着她,似乎想从她脸上的表情或者举手投足间,读出她的近况。他发现鲍逸芸脸上依然挂着笑容,身着一件中式棉袄,外罩浅灰色碎花罩衫,围着一根墨绿色的围巾,围巾很长,有点像男式的,整个人看上去虽比以前有些臃肿,比以往穿旗袍时,少了稍许雅致与性感,但不失匀称,不失曲线与丰满。在赵诗梦看来,这身衣服无论如何比她离开杂志社那天穿的黄绿衣服要合身得多。然而,她脸上少了许多以往的那种无忧无虑的光泽,或者这样的光泽在离开杂志社时,已经不见了,脸颊的皮肤有一些干枯,头发蓬松而略带凌乱,像是被大风吹过后,没及时梳理的样子。在说话或者客套时,总有一种被动,似乎不想说话,不想客套的感觉,又像是在躲避着什么,笑容里也有着一丝不易察觉的僵硬或者无奈。赵诗梦多想了一个问题,为什么她的丈夫没有来,心想或许她的丈夫和鲍逸敏一样,不适合来自己家里,便不敢直接询问。另外这样的询问也不符合常理,因为人家是来拜年的,其他的事情就更加不敢问了。

一阵客套后,桂芳也叫奶妈抱出了女儿赵淑君,让她向叔叔阿姨们奶声奶气地学着说新年好,场面十分欢快而温馨。或许有了两个小孩,说话的主角转成女人,话题自然而然地也落在孩子的身上。赵诗梦趁大家都在关注孩子,偷偷地观察着鲍逸芸的反应,发现她有点心不在焉,一声不吭,面无表情,仿佛像个局外人,没有半句话,他也无法猜出她在想什么。

桂芳是第一次见到鲍逸芸,看她又带着孩子,自然对他们母子俩热情有加。在说话间,她很快发现鲍逸芸有一句,没一句的,总是一副心事重重的样子,桂芳很识相地转移了话题,和大家交流起置办年货的故事,说道:"以前过年只是在家里忙,现在不但在家里要忙,还要在外面排队买东西。我做老师的,一放寒假,就帮着张妈在菜场里排队买菜,一直忙到年三十,总算凑齐了一些东西。"

小杜的妻子插话道:"我们有肉票,可凭票也要大清早去排队。我和小杜是双职工,哪里有时间去排队呀,叫儿子去排队,他又不肯。过年怎么可以没有肉呢,我下了班,去了一趟食品一店,货架上都已空空的了,有票子也没用,咸肉也都卖光,只能咬咬牙,买两罐午餐肉,过年解解馋了。"说完,不好意思地笑了。

韩厂长的夫人接着话题道:"我们只有两个人,反正吃得也不多,有么就吃一点,没么就拉倒呗。排队这种热闹,我们也就不凑了,家里一块咸肉,可以吃蛮长时间的呢。"

赵诗梦想起前些日子为虞凯欣买肉的事情,便问道:"那么现在怎么才能买到热气肉①呀?"尔后,扫了大家一眼,正巧看到鲍逸芸微微低着头,也在看他,而她的眼神仿佛犯错的小学生在偷偷地观察老师的表情,拘谨而充满歉意,他似乎在这眼神里读懂了点什么。

桂芳笑着答道:"热气肉,平时看不到,只有春节前几天才有。凭票不要说了,张妈早上四点钟就去排队了,晚了他们就收摊了。现在吃肉,哪有这么容易呀。"这是市面上最流行的话题,每家每户都在上演着各种不同的排队购物的故事。鲍逸芸一声不响地搂着儿子,坐在旁边,赵诗梦的目光时不时地在他们母子俩身上晃过,他很想听鲍逸芸说话,即使说一些买东西的微不足道的小事,他也会细心聆听,可她一言不发。在赵诗梦的眼里,她依然还是那么的美,虽然这样的美与她之前天真的美,骄傲的美,青春的美有所不同,是那种带着一丝寂寞和哀愁的美,对赵诗梦而言,更有着一种不可言喻的强大的吸引力。

不一会儿,大家入座吃午饭了。桌面上还算好,有一品百叶结烧肉,红油赤酱的,最为显眼,还有几样带肉的菜,全家福的砂锅里还有一排蛋饺,让人垂涎欲滴。桂芳为男人们斟了酒,等干完杯,第一件事情就是为鲍逸芸儿子夹肉和蛋饺。

赵诗梦看到桂芳如此照顾鲍逸芸母子俩,深受感动,对鲍逸芸儿子说:"小孩子一定要多吃肉,长大了可以替妈妈干活。"随后,指着带肉的几样菜,介绍道,"我这里,今年比去年要好一点,多亏了在香港的老朋友寄来一点年货,拼拼凑凑,还能招待大家。你们走的时候,也带点回去。"

小杜立马答道:"我们来吃已经足够了,带就不用了。"停了停,问

---

① 热气肉:(沪语)未经冷藏的新鲜肉,一般指猪肉。

道,"你说的香港朋友,就是照相馆的吴老板吧?"

赵诗梦又朝鲍逸芸瞄了一眼,笑道:"是他,你还记得他?"而后,他用筷子在砂锅下面翻出几个拇指般粗的明虾来,一边往鲍逸芸儿子碗里夹了一个,一边继续道,"这些干货,都是他寄来的。"

鲍逸芸叫儿子说了一声谢谢,而后,一边帮着儿子剥虾,一边道:"这对虾真大,他还是第一次吃大虾呢。"

桂芳往每个人的碗里夹一个明虾,猜测道:"我看呀,这种明虾以前在广东沿海那边很多的,不是什么稀奇的东西。这些可能也是从内地出口过去的吧。"

韩厂长进一步道:"大概算出口换外汇的吧。"

小杜急着回到赵诗梦刚才的问话,插话道:"吴老板,当然记得喽,他在香港怎么样?"

赵诗梦朝韩厂长看了看,答道:"他嘛,还是干他的老本行,开照相馆。去年,我们过得太苦了,我就写信告诉他,叫他替我买一点年货。桌上那些五颜六色的糖也是他寄来的,他分两次,寄来了两大包,够我们大家分的了。"

韩厂长曾经为赵诗梦兑换过大量美金,便问道:"你寄给他的钞票是美金,就是那笔钱?"

赵诗梦心领神会道:"是的,不过凭我同他的交情嘛,只要我开口,就是不寄钞票,他也肯定会帮忙的。现在我们这里有钞票,也买不到东西,我就试着把钞票夹在信里寄过去,想不到第一次他居然就收到了,后来,我又多夹了一些,可就石沉大海了,大概被邮局没收了吧,好像有点风险。"说完,自己也笑了起来。

小杜用认真的口气道:"你要做一点伪装的呀,否则,邮局的人拿着信,对着灯光一照,一看就能查出来的。"

赵诗梦笑道:"我正好相反,完全凭运气。第一次寄的时候,就是一般的信封信纸,只不过里面夹一张和美金差不多大的照片。第二次,我想多夹一点美金,特地找来了牛皮纸的信封,也同样夹了照片,可就没有了。"后又补了一句,"以后就不寄钱了,直接向他要,反正那边往内地寄东西的人很多。"说完,又把目光落在鲍逸芸母子俩身上,看上去像是在欣赏她儿子可爱的吃相,其实在用余光打量着鲍逸芸。

桂芳一边往鲍逸芸儿子碗里夹菜,一边道:"前几天,市邮局里取包裹的人很多,排队,全都是来取年货的,邮局又要每包拆开检查,花了很长时间,我足足排了一整天。"

小杜的妻子插话问:"年货他们也检查?"

桂芳答道:"反正规定上是这么写着的,逢包必检,还要带上收件人的户口簿,大概是生怕人家寄违禁品吧。"

韩厂长不以为然地笑道:"哪来的那么多的违禁品呀,像防贼骨头一样防着。"

韩厂长的妻子好像嫌她丈夫说话不注意,埋怨道:"人家邮局的人照章办事呀,啥是防贼骨头啦?你这种话,以后不要在外面瞎讲八讲①。"

赵诗梦自嘲地笑道:"他们一疏忽,我不就把美金偷偷地夹在信里,寄了出去嘛。"

桂芳赶紧做出一副埋怨样子,对着赵诗梦道:"你这个人怎么不看三四呃,专门胡说八道。"接着转而对韩厂长夫妇接口道,"没关系,这里又没有外人。更何况在喝酒的时候说话,不算数的。"她在照应着大家方面,把女主人的风度演绎得淋漓尽致。

赵诗梦不论在闲聊,还是在午饭时,都故作镇静,可他的眼睛有意无意地在桂芳和鲍逸芸之间游荡,看鲍逸芸的时间多一点,主要是探究和联想,探究她眼下的状况和对自己的感觉,甚至观察她对桂芳的态度。他发现她看桂芳的次数比她用眼神晃过自己的要多得多,桂芳在讲话时,她会特别的专注,如果要他联想的话,他会记起那句"即使做小,也可以"的话,可这是一晃而过,不留痕迹;赵诗梦看桂芳的频次

---

① 瞎讲八讲:(沪语)胡说八道。

要少一点，主要看她是否发现了自己的心思，就像小偷观察警察的感觉。有时候，他还会比较她们两个女人之间的相同点与不同点，想着只有自己知道的故事，也暗暗为自己感到有些难为情。他游移的眼神似乎远远忙于嘴巴，在整个过程中除了开场那几句，说话不多，进食则更少。

由于男人们喝酒喝了很长时间，女人们和小孩吃完饭，就去院子里晒太阳了。饭桌上只有赵诗梦、韩厂长和小杜，由于小杜与韩厂长以前在赵诗梦家里见过几次面，一起吃过几次饭，也算是熟人了，也知道韩厂长和这家庭的关系，所以赵诗梦也就不避讳韩厂长，直接向小杜问道："鲍小姐，是你拉她来的吧？"他依然称鲍逸芸为小姐。

小杜看了看客厅外面的女人们，又看了一眼韩厂长，道："反正这里没有外人，我实话实说了。前几天，我打电话去她单位找她商量来拜年的事，想不到她单位同事说她已经病假一个多月了，所以今天我先到她家去看看，见她和儿子两个人孤苦伶仃的，家里一点没有过年的样子，冷冷清清的，而且她的精神状况也不太好。我就想拉他们母子俩到你这里来拜年，起先她还不肯，我老婆说大人可以不过年，可小孩要过年的，让小孩高兴高兴，才把她邀了过来的。"

赵诗梦用心地听着，过了一会，朝韩厂长看了看，好奇地问道："她身体不好？那她老公呢？"

小杜叹息道："她们结婚后没多久，她丈夫就成了右派，被送到农村劳动去了，她的身体也随之坏了起来。我去看她时，在我面前哭过好几次，情绪也很低落，长此以往，肯定不行的。这次起先她也不肯来你家，我猜想她觉得自己这么副模样，没脸来见你。"

大家沉默了一会，赵诗梦朝落地窗外的女人们瞄了一眼，看到鲍逸芸坐在桂芳旁边的椅子上，只能见到她半个身影，她脸色有点苍白，神情也有点萎靡，似乎确实是没有一点过节的样子，在想着自己的心思。他内心感慨万千，却平静地应道："我从来不舍得说她什么的，只会帮她。"接着又问道，"那他们母子俩，生活肯定很够呛。那她哥哥，阿敏怎么也不帮她一点呢?"

小杜摇了摇头,继续道:"阿敏说她是'一朵鲜花插在牛粪上',好像不同意她和这个男人结婚的,说他是骗子,嫌这个男的刚离婚不久,就要和她结婚。他们俩是偷偷地结婚的,好像那个男的在女方那边还有两个女孩,大的十三岁,小的七岁。"

这些话就像一根根钢针刺入了赵诗梦的心房,以前视为珍宝的女人竟然变成了这样。可他无法表现出痛苦,只能慢悠悠地转过头来,苦笑着对韩厂长道:"毁掉一个人,就这么容易,只要三四年的时间,就把那样好端端的女孩,变成了这副样子。"

韩厂长由于是初次见到鲍逸芸,不便评论什么,只是跟着摇了摇头,把目光移到落地窗外,搜索鲍逸芸母子俩的身影。

小杜插话说:"上次她哭的时候,曾说过她这一辈子最开心的时候,就是在杂志社里上班。"

赵诗梦实在忍不住了,他的眼前仿佛出现了那个只要马路上有"栀子花,白兰花"的叫声,就会奔出去买花的影子,眼眶有点湿润,猛猛地喝了一口酒,像发誓一样说道:"如果……如果我早知道是这样的结局,我绝对不会让她离开杂志社的,《蓝玫瑰》即使那时没有广告收入,我硬撑也会把它撑下去。"

小杜看着赵诗梦的表情,不知道自己是否该说这些话,只能沉默着,另外两个男人,也没有说话,似乎都在想象着鲍逸芸生活的近况。就这样过了好长一会,赵诗梦收回目光,盯着小杜,道:"你和她一起在杂志社的时间,不比和阿敏的时间短吧?以后经常去关心关心她,有什么我可以帮忙的就跟我说。"

小杜点了点头,答道:"我会去的。"歇了歇,蹦出一句,"其实,我也很想念在杂志社的时光。虽然在旁人看来,我现在似乎发展得很好,成为大报的编辑,可是那里的人太多,很杂,有着各种不同背景的人,人斗人的,勾心斗角的事情很多,而且很多时候都伴随着政治。一不小心说错了话,或许得罪了某个人,自己倒霉,还不知道是怎么回事呢,根本没

573

有我们以前办公室的那种安静和温馨感。我们以前每天可以开开心心上班,有话直说,即使吵架也不是什么大不了的事。我估计她现在的工作环境,不会比我的好到哪里去的。她一向是天真烂漫的样子,又到了这种勾心斗角的环境,再加上丈夫被划成右派,所以就成了这副样子了。"

韩厂长似乎感同身受,点了点头,盯着赵诗梦补充道:"现在哪里都一样,我们厂子里也是这样。比如我这种旧人夹在他们当中,说话是很小心的,真想早点退休,也能跟你一样,过上躲在家里的日子。"

赵诗梦听出了他两人的苦楚,这种苦楚还包含着恐惧,他似乎有些为自己的处境感到庆幸,苦笑着,答道:"跟我一样,闲着没事可做,天天孵混堂?"

韩厂长跟了一句:"那也没什么不好呀。"三人都笑了,随后不约而同地都把目光移向了落地窗外的女人们,似乎希望她们也能笑起来。由于那年赵诗梦家里再也没有其他人来拜年,也没有人来打扰,所以他们三家人一直聚了一整天,到了晚上才散。

年初四,是虞凯欣约定上门的日子。一大早,赵诗梦夫妇在吃早饭,张妈拿着一封信进来,他一看,是虞凯欣寄来的,拆开读了起来,只有短短的一行字:

"赵老弟:你好,承蒙你对我的好,非常感激。我犹豫再三,还是不来你们家的好,祝愿你和夫人,新春愉快。凯欣呈。"

赵诗梦匆匆又扫了一遍,随后把信递给了桂芳,道:"信,是年三十寄出的。"

桂芳道:"他不来,那我们也没办法。反正你没有抛弃他。"

赵诗梦回道:"这人,还是很识相的,生怕给我们添麻烦。"停了停开玩笑道,"生怕你不欢迎他。"

桂芳辩驳道："我又没不欢迎他,见都没见过,他怎么知道我不欢迎他呀?"歇了歇,带着迷茫的口气,问道,"听你说,他以前留过学,人也蛮聪明的,做过律师,又不缺钞票,怎么会走到这一步的?"

赵诗梦答道："听周围的人分析,他可能太喜欢做官了,喜欢做大官。"过了一会儿,接着道,"以前,我和另外一个蛮要好的朋友,说起他时,常常会说'送他一副好棺材',现在好嘞,不用了。"

桂芳抿嘴笑了笑,道："你们这些人,真刻薄。"

赵诗梦笑着反问道："怎么会呢?"而后,面面相觑,露出了会心的微笑。

一个春节很快就过完了,桂芳的寒假也快结束了,赵诗梦又恢复常态,孵混堂。春节过后的浴室,客人不多,那天午后,他掀开浴室的门帘,付师傅迎了上来,问道:"怎么,好像上午没见到你呀?"

赵诗梦一脸迷惑,等着他继续。付师傅看他一无所知,便解释道:"叫戴什么的,我们的煤司令,前几天死了,今天上午开追悼会,你没去?"

赵诗梦诧异地答道:"戴子道的追悼会?我一点都不知道,他怎么会死得啦?"在他脑子里闪过一个熟悉的旧词"葬礼",在旧时代他参加过葬礼,但知道现在流行追悼会,却还没参加过,不知道葬礼与追悼会的区别,有些好奇,想知道追悼会是怎么开的。

付师傅旁边的徒弟抢着回答道:"让人砍死的。"语气中带有幸灾乐祸的味道。

赵诗梦瞪大着眼睛,脱口而出道:"是被人杀死的喽,谁杀了他?"

付师傅凶巴巴地叫徒弟去为赵诗梦倒水,随后认真地问道:"他的事,一点都不知道?"赵诗梦点了点头,付师傅便继续道,"他不是管着十几家煤球店吗?其中有一家是寡妇店,和人家寡妇不清不楚的,可能惹怒了上门女婿,吵起来了,不知怎么的,打架时被杀死了。"

赵诗梦似乎没了脱衣洗澡的欲望,坐在卧榻边上,想弄清楚这个离奇的故事,问道:"什么时候发生的事呀?"

付师傅答道:"大概是年初二晚上吧,又在医院里拖了几天才死的。我们原来也不知道,昨天上面来通知,说我们浴室与他们辖区的煤球店是协作单位,派个人去参加追悼会,他们都不肯去,只能我去喽。"后拖了一句,"我以为你们是老朋友,肯定知道他的事情呢。"

赵诗梦觉得有点奇怪,付师傅怎么会认为自己跟戴子道是老朋友的,心想或许戴子道在他们面前乱吹过什么,想澄清一下,便答道:"我和他是很早就认识的,在这里碰到也算是巧合,所以在这里聊聊天而已,出了混堂,面都见不到的。"

付师傅递上了一块热毛巾,道:"不过,他蛮看得起你的,说你是大户人家出身,又有文化……"

赵诗梦不希望往自己身上扯,连忙打断道:"追悼会怎么样?怎么……人多吗?"他原本想问"追悼会怎么开法",为了掩饰自己的落伍,没说出口。

付师傅似乎觉得参加追悼会也是一件稀奇的事,很乐意介绍,答道:"他是让人杀死的,大概他单位里的人觉得这种死法不太体面,为了安抚他的家属,去的人还蛮多,好像全是单位里的人。朋友不多,还有人念了悼念词呢,尽是说他的好话,说他什么什么积极啦,什么什么为人民服务啦,说他是在与行凶者搏斗时,不幸遇刺身亡的。"

赵诗梦毕竟是一个有文化的人,听付师傅这么介绍,有点搞懂了追悼会是怎么样的一个丧事仪式,一边脱去外套,一边回道:"死者为重嘛,悼念他的行文肯定要说他好的呀。直说被人杀死,多难听呀,'与行凶者搏斗,遇刺身亡'那也似乎没错。"

付师傅喃喃地跟着道:"是啊,是啊,可惜呀!一个人就这么走了,被人杀死的,总归有点不太值得吧。"像是自言自语,尔后,他默默地把赵诗梦脱下来的衣服,用萬车头举起,一件件挂到高处的钩子上,似乎在想戴子道的死法值不值的问题。

赵诗梦此后一直没说话,也没人和他说话。他知道戴子道算不上自己的好朋友,甚至有点看不起他,但他死了,还是有一股悲哀从心头升起,满脑子都是戴子道的影子,还有他以前身边死去的人的影子,仿佛要搞懂死亡这件事情究竟意味什么。在浴池间里,他的身体全部浸泡在浴池的热水里,只露出头来呼吸。不知道过了多久,觉得自己也要快憋死了,才慢慢地爬出浴池,来到大长凳上趴下,像是睡着似的等着搓背,直到搓背师傅拍了拍他的背,才吐出一句:"搓背吧,谢谢了。"那搓背师傅就是一直为他搓背敲背的。

搓背师傅用大毛巾擦干了他的背,又把一条毛巾圈在右手上,从他肩部开始往下擦,动作缓慢而有力,时间一分一秒地在过去,或许是无聊,或许是戴子道的死法太离奇,搓背师傅闲聊地问道:"侬的朋友,煤司令死掉的事体,晓得了哦?"由于浴池间没有其他人,又充满了蒸汽,所以说话声显得很特别,又响又沉闷,还有点回声,佛来自天堂的声音。

赵诗梦不喜欢别人讲他是戴子道的朋友,但还是有气无力地敷衍道:"我跟伊呀,谈不上啥朋友,只不过认得了比较早一些,伊的事体刚听说,死的好像蛮惨呃。"

隔一会儿,搓背师傅又问道:"侬认得伊,多少辰光①啦?"

赵诗梦不太想回答这个问题,可搓背师傅问的方式有点像要跟自己讲什么事情,便想了想,简单地答道:"好像太平洋战争爆发之前就认识伊了。"其实,他自己也记不清楚何时认识戴子道的,尔后,又补充了一句,"蛮一般的朋友。"

搓背师傅回道:"哦,有些年头了,比我认识伊的辰光要长。伊是在公私合营前来阿拉浴室的。其实,我和伊住得很近,就隔着两条弄堂。伊的结局,我早就料到了。"

最后一句让赵诗梦很诧异,似乎后面有故事,问道:"侬哪能晓得呃,为啥不事先告诉伊一声,好让伊避开呢。"

---

① 辰光:(沪语)时间。

搓背师傅坐到赵诗梦的左边,拿起赵诗梦的手,开始边搓着手臂,边缓缓地说道:"我看侬是一个正经人,跟侬讲讲无啥关系。"停了停,像是观察他的反应,随后继续道,"我在这里搓背有二十五六年,啥样子的三教九流吰没见过,可吰没看到过像伊这么傻的,这么狠的。勿是我讲死人的坏话,伊把事情做的太绝,才遭到杀身之祸。我跟伊也算是朋友,有辰光还一道喝喝老酒,勿晓得提醒过伊多少次了,女人的事体,白相相①就可以了,勿要太过分,困②了人家老妈,还把人家女儿的肚子搞大,收勿了场了。我劝伊偷偷地把人家女儿送到乡下去,帮人家肚子里小孩手掉,再给人家一点补偿,也就算过去了。可伊就是不听,偏偏要叫人家女儿和准备做上门女婿的那个男人结婚,叫人家男的吰没结婚就戴绿帽子,还要让人家帮伊养私生子,那人家哪能肯啦,不找伊拼命才怪哎。大概在初二的晚上,勿晓得伊哪能跟人家上门女婿摊牌的,人家气不过,当着母女俩的面,拿起菜刀,砍了上去,砍在肩膀和脖子当中,一下子就把伊结果了。"

这个故事太让人惊讶了。赵诗梦以前确实听说过戴子道和母女俩的故事,只认为不是他自己吹牛,就是旁人瞎说,万万没想到在他死后又听到一遍。赵诗梦的神经受到刺激,以怀疑的口气问:"侬哪能晓得呢?"

说到这里,搓背师傅换了一条毛巾,绕到赵诗梦的右边,替他搓起另一只手臂,继续道:"我和伊小年夜还在一道喝老酒呢。伊同我商量的,我劝伊千万不能把搞人家女儿的事体,讲给那个男人听,这样要出人命的。伊就是不听,还要得意地讲,那个男人戆兮兮的,我会叫伊拉服服帖帖的……"

听到这里,赵诗梦愈发不可理解戴子道,他已不怀疑故事的真实性了,觉得戴子道脑子有问题,便打断道:"伊神经病呀?凭啥让人家听伊的?"

---

① 白相相:(沪语)玩玩。
② 困:(沪语)睡。

搓背师傅感叹了一句:"真是小人得志,不晓得天有多高,地有多厚。"歇了歇,答道,"那寡妇也不是什么好东西,就贪伊手上的那点煤球。听伊自己跟我讲,伊给伊拉的煤球几乎不收钞票的,所以那个寡妇肯搭上自己的女儿,结果把伊送走了。"听上去,有点像为戴子道叫屈。

赵诗梦终于明白了,感叹道:"真是大千世界,无奇不有呀。啥样子的女人,配啥样子的男人。"

两人沉默了好一会,搓背师傅拍拍赵诗梦的背,道:"好了,去冲一下,别想伊的事体了。让我讲吤,要怪就怪这只赤佬①吭没做领导的命,管几家煤球店也管不好,只配摆弄自己家里的那间破店。要么,就是上面让伊管煤球店的人,都是野狐禅②。"

赵诗梦不想再谈戴子道的事了,冲洗完后,在休息室倒头就呼呼大睡一个小时后才醒来。

人们常说"上海滩冷在初春"。那年春节过后,特别冷,真可谓春寒料峭,公共浴室里的客人也特别多。那天下午,赵诗梦在那里又听到一件非同寻常的事情,新新煤球店第一分店遭火灾了,烧毁了好大一片,死了好几个人。有些迷信的人说:是戴子道的灵魂回来放的火,他要找冤家算账;觉悟高的人说:是阶级敌人搞破坏放的火,必须抓住纵火犯;更有耸人听闻的,说在现场发现一对绞在一起被烧死的男女,因偷情败露放火自杀的。一时众说纷纭,说什么的都有,成了浴室里的重大新闻,而赵诗梦唯一急于想知道的是火灾里死了谁。

赵诗梦在浴室里不方便过多地打听,也打听不出自己想知道的事情,便匆匆穿好衣服,心急火燎地赶到了现场。

火灾现场,惨不忍睹,在傍晚阴霾的光线下,低沉的乌云就像哭丧的妇人的脸,连排的街面房子,当中有一个巨大的凹陷,成了一大堆发黑的瓦砾,四周的地上还有大量的水渍和一些碎薄冰,空气中弥漫着焦

---

① 沪语:家伙。
② 沪语,此处意为睁眼瞎。

炭的气息,现场都用绳子围了起来,防止闲人进入,旁边还有三三两两的人群在议论。如果没有旁边的参照物,赵诗梦根本无法辨别连排房以前的样子,似乎无法找到煤球店原来的位子,只能估计出当中最凹陷的地方大概就是煤球店了,心想煤球店着火的结果是可想而知的,会变成一个巨大的煤球炉。他慢慢地走近绳子,伸头向里张望,在横七竖八烧焦的木头之间,看到了那块牌子,牌上只有煤球店三个字,上面的部分全部烧黑了,炭化了,甚至还少了一大截。他又抬头看了看瓦砾上面,视野可以直接穿过,看到后排的房子,那些房子的墙壁也都是发黑的,还湿漉漉的,有些房子的窗户不见了,可以想象当时的火势有多凶猛。

赵诗梦心神不定地环顾着四周,看到人群中有个上了年纪的身材矮小的妇人,从包里拿出一叠类似冥币的纸片,一边往绳围里撒,一边嘴里念念有词道:"可怜人呀,我来给你们撒点纸钱吧。"他惊讶地发现那妇人说的是"你们",心想这里到底烧死几个人,是否包括虞凯欣,便向那妇人搭讪道:"当时的火,肯定很厉害吧,烧伤了不少人吧?"

那妇人抹了抹眼睛,看了他一眼,答道:"烧死了两个。"旁边有人插话问:"那两个人是店里的?这两家店里一般晚上不住人吧?"这时,赵诗梦才注意到,着火的不仅仅只有煤球店,还殃及了旁边的烟纸店。那妇人答道:"死的两个人都是煤球店的。旁边烟纸店的老太太每天是回家睡觉的。"

这时,赵诗梦实在忍不住了,插话问道:"煤球店就住一个人吧,怎么变成两个人呢?"他希望那妇人说错了。

那妇人朝赵诗梦看了看,答道:"这家煤球店很倒霉的。前几天,春节的时候,死了老板,不,现在不叫老板了,应该说是店里的头头,就剩下一男一女在看店,现在都烧死了。平时,他们对我都很好,我家里就住在前面的弄堂里,看我拿不动煤球,每次都帮我扛回家的,不过他们俩都是来接受监督劳动的。"她慢慢地又从包里拿出一叠那东西,继续道,"我不管他们是好人,还是坏人,人死了,一律平等。对我好的,都是好人,我要为他们再撒一点。"说完,她用力把那冥币向煤球店的废墟上一撒,有些飘落到那块残破的牌子上。

赵诗梦以前确实听戴子道说起过,煤球店里在虞凯欣之前也有过一个劳改分子,却没有说是男是女,也没有说是否结束改造了。心想戴子道所说的前面那个人,应该就是死的那个女人。自己进过煤球店里,没有发现还有其他人住的迹象,如果是这样的话,莫非他们是……他仔细看了看说话的那妇人,慈眉善目的,不像是信口开河的人,更何况带着冥币那东西来的,即使没什么文化,也不至于属于那种胡说八道之人。而且,她撒的冥币,眼下在市面上已很难找到这些东西了,她能够为他们撒这些东西,说明她对死去的那些人的态度是认真的,是上心的,绝对不会拿死去的人来胡说。他相信她说的一切,正动脑筋想不露声色地再问点什么,旁边有个年轻男人接话道:"那一男一女,孤男寡女的,又不是夫妻,不会在店里轧姘头①吧?不小心,死在了一起。"怀疑的语气有点猥亵。

听了这一句,那妇人明显有点生气,凶巴巴地对那年轻人教训道:"即使他们活着有再大的罪过,人家现在死了,就等于赎了所有的罪,不能这样说死人的,不作兴②的。"而后,朝赵诗梦靠了一步,又向那个年轻人瞥了一眼,见那人知趣地背过了身去,便向赵诗梦问道:"我看你呀,是靠得住的人,你和那店里的人是啥关系呀?"

赵诗梦有点慌了神,急中生智道:"我一直在那家混堂里洗澡,常常听他们说起这家煤球店的事情,所以过来看看。"

那妇人郑重其事地点了点头,道:"哦,是朋友的朋友。"随后又向赵诗梦这边凑了凑,继续道,"我跟那女的还很熟,同住一条弄堂里。她话不多,人也蛮漂亮的,就是太可怜了,平时好像是不应该住在店里的。我知道,她和她母亲是从乡下来的,老家大概是地主成分吧,家里死了

---

① 轧姘头:(沪语)搞不正当的男女关系。
② 不作兴:(方言)不允许。

男人,逃到了上海,四年前她就被送到这家店来了。她母亲后来生病死了,那家煤球店里的头头,就是那个春节里被人杀死的人,他心眼很坏,想吃她的豆腐,她坚决不从,每天身上藏着一把剪刀。很苦,我能帮她也尽量帮帮她。去年秋天来了一个男的,听说也是来劳动改造的,从那时起,那个女人的日子稍微有了一点样子,那个坏头头不敢再碰她了,我那里送煤球的活也由那个男的包了,我是很感激他们俩的。"她重重地叹了一口气,摇了摇头接着道,"不管怎么说,这样的死法,太可怜了,所以,来给他们撒点纸钱。"她又拿出一叠那东西,分几次撒在那堆黑乎乎的瓦砾上,而后,准备转身离开了。赵诗梦听了这段话,诧异的合不上嘴,一看那妇人要走,赶紧抓住最后的机会,弯下腰,恭敬地凑到妇人跟前,低声问道:"老人家,您知道这火灾是什么时候发生的吗?"

那妇人停下脚步,又重新打量了他一下,答道:"今天早晨,天还没亮的时候吧。消防队来得很迟,当他们救完火,费了好长时间才在最下面把他们俩找到,抬出来的时候,已经接近中午了。"尔后,又看了看他,补了一句,"他们俩确实在一起。在抬出来的时候,他们俩还搂在一起,分都分不开,都烧成焦炭了,真可怜呢。"那妇人接着朝那堆瓦砾扫了一眼,又准备离开,赵诗梦再次弯下腰,急忙追问道:"火是怎么烧起来的呀?"

那妇人摇了摇头,答道:"谁知道呀,这么冷的天,生一点火,那也正常。"她向四周看了看,见旁边没有人在听他们说话,又踮起脚,抬起头,凑到赵诗梦的耳边,用一只手遮住,轻声道,"我看呀,是那两个可怜的人自己干的。"见赵诗梦一脸的惊讶,又补了一句,"否则,怎么会两个人搂着一起烧死的呢。"随后不等他回话,就快步走开了。

赵诗梦呆呆地望着那妇人的背影很久,才把目光移向那堆瓦砾,心里不知道是什么滋味,五味杂陈,百感交集。他不知道自己身处何处,努力地回忆起那次来煤球店看到的一切,拼凑起虞凯欣在这里生活的所有情景,甚至拼命地回想那次一瞥而过的坐在小房子里那个女人的样子,心想和虞凯欣一起死的女人应该就是这个人吧。

赵诗梦不知道自己是怎么回到家里的,耳边一直响着那妇人的那句"不管怎么说,这样的死法,太可怜了",仿佛是他心中那个漫长而心酸故事的结束语。

第十九章　与 狗 为 伴

　　静好的日子，总是一晃而过，市面上出现了许多戴红袖章的人，红袖章上用黄颜色的字写着各种各样的组织名称，不是什么"战斗队"，就是什么"司令部"，诸如此类，让人看了眼花缭乱。

　　那天傍晚，赵诗梦家里来了两位厂里的人，都身穿绿色军装，臂戴红袖章，他们精气神十足，向他宣布了厂革委会的通知，要求他第二天中午十二点之前必须去厂里报到，不得缺席，如果缺席，后果自负。

　　赵诗梦问他们去厂里什么事，他们瞪着眼睛，说去了厂里就知道了；他又问怎么不是韩厂长来通知自己，他们更是蛮横地丢出一句，姓韩的已经靠边站了。

　　赵诗梦一家人惶恐不安地熬过了一个晚上。翌日早晨，桂芳在去学校之前，叮嘱他遇到万事，千万要忍；张妈不放心，嘱咐他早饭尽量吃得饱一点，又悄悄地用手绢包了一个馒头，塞进了他中山装的下贴口袋里，生怕他吃了这一顿，吃不到下一顿。

　　赵诗梦仅凭近期从报纸读到的信息和那句"姓韩的已经靠边站了"，就猜到了，自己的安稳日子到了头。这次要去厂里，他是真的不愿意去，可又不能不去。

　　赵诗梦忐忑地进了厂门，耳边传来的是《大海航行靠舵手》的革命歌曲，而听不到机器的声音，看到凡是可以张贴大字报和标语的地方都贴满了，还有许多面大小不一的鲜艳的红旗，被风吹得"啪啪"作响，就像在空中挥舞鞭子发出的响声。他心里发起了颤，赶紧低下了头，默默地向办公楼走去。以往的办公楼已不像办公楼了,在入口的玻璃门上用白底红字写着"革委会"几个字。两边还站着两个臂戴红袖章,手握长矛的人,像是站岗的,有点像是兵营。他硬着头皮,迎了上去。由于他长期不去厂里,认识他的人越来越少了,他被那两个人拦下,问他什么事,他只能怯生生地报出了姓名,后又加了一句,昨天他们通知我来的。其中一个像是见到了什么宝贝似的,把他从头到脚打量了一番,以轻蔑口气冒出一句,就是你呀。接着一挥手,说了一句,跟我来。赵诗梦跟在那人后面,心想我自己会上楼,在三楼有我的董事办公室,可想起了刚才看到的革委会的字样,便不敢发出响声,只能识相地跟着。室内的光线明显比室外暗了许多,外面的歌声也似乎轻了一点,可那人的红缨枪大概是自来水管子做的,在过道的水泥地上拖着,发出难听的声音,平添了一份压抑和阴森。他们在经过楼梯口时,那人并没领他上楼梯,而是直接把他带到一楼最里面的一间,房间的门是敞开的,门口也站着两个臂戴红袖章,手握长矛的,那人和门口的人示意了一下,像是完成了交接手续,门口的人用手指了指房间里面,似乎让他自己进去。

赵诗梦看到房间里所有的家居都靠墙堆着,腾出中间的空地,有三个人席地而坐着。那三人也都抬起头在看他,其中一个是韩厂长,另外两个,是一男一女,他们抬头看到他进来了,又马上低下了头,恢复了原状。赵诗梦对这两人有些陌生,一时想不起来在哪里见过,他突兀地站在他们三人面前,不知所措。这时,门外响起了一个粗糙而有力的声音:"蹲下。"

赵诗梦立马知趣地蹲下了,又向韩厂长的身边挪了挪,轻声问道:"怎么回事?"

韩厂长推了推眼镜,敏捷地朝门口瞟了一眼,同样轻声地答道:"厂革委会成立了,就把我们这些人弄到这里来了。"赵诗梦意识到自己从现在这一刻开始,就几乎成了市面上所说的"牛鬼蛇神"了,面前的他们三个人也和自己差不多。

门外的那个冰冷的声音又响起来了:"不许说话。"

韩厂长赶紧低下了头,似乎习惯了这种环境。赵诗梦也跟着低下了头,歪着眼睛,又朝另外两个人扫了一眼。发现那个男的是以前会计科的马会计,他的神情似乎比韩厂长还要沮丧,用手撑着大半张脸,从手指缝里露出的小半张脸和一只眼睛,可以看出他的脸色和神情难看得要死。赵诗梦心想韩厂长和自己混在一起,落到这一步可以理解,韩厂长毕竟是自己的代理人,是资本家的代言人嘛;可马会计这几年来一向积极,曾经揭发过自己,出身也不属于资产阶级,还担任了工会秘书的职务,怎么也落得和自己一样呢?再看了看旁边那个女的,她脸色凝重,似乎还夹杂着愤怒,双眼一眨不眨,紧盯着眼前的地面。赵诗梦不认识此人,但从她的穿着可以看出,肯定是以前厂里干部,心想此人或许为了什么事情而倒霉的吧。

看到他们三个人,赵诗梦心里发生了微妙的变化,觉得不是只有自己一个人在倒霉,胆子似乎也大了一些,忐忑和恐惧似乎有了一丝松动,从而生出了胡思乱想。他知道这房间是原来技术科的办公室,虽然他低着头,但眼睛拼命地往上翻,想看一看这间房间的样子。写字桌柜子制图架靠在墙边,椅子四脚朝天叠在桌子上,上面搁着大圈的白报纸,像是写大字报用的那种,旁边还有许多瓶瓶罐罐的墨汁和颜料。赵诗梦偷偷地扫了一圈,目光穿过那些椅子的脚脚腿腿,落在墙壁上一张"请爱护公物"的旧标语,心里微微一颤,接着把头压得更低了,脑中却怎么也抹不去"公物"两字。心想如果父亲在世的话,绝对不允许人家这样堆放家居的,自然而然地又多想了一步,如果父亲看到自己这样蹲在他亲手建起来的工厂里,他肯定宁可放一把火,把工厂烧了,也不会让自己继承的吧。想到这里胸口一阵发痛,只能低下头,紧闭双眼。

外面喇叭里传来似乎在开大会的声音,吵吵闹闹,虽听不清具体在大喊大叫什么,但可以感受到会议的不凡气势。不知道过了多久,门口的那个声音又响了:"出来,出来。"

赵诗梦因为比其他三人来得晚,所以躲在他们后面,可想不到在门口却被那人拉到了第一个,把一块写着资本家赵诗梦的牌子挂到了他的脖子上。牌子上的赵诗梦三个字不但歪写着,还月红色打着大叉。他们又往他头上扣了一顶纸制的高帽子,这帽子上好像也写着什么字,而且又尖又高,似乎有半人那么高,如果不卖力地低头的话,帽子会碰到房顶。赵诗梦在报纸上的照片里见过这副行头,知道自己要被揪斗或者游街了,觉得自己像个小丑,只能俯首帖耳,任人摆布了。他跟着前面手握长矛的人,走在最前头,跨出房门时,他小心翼翼地把头低得更低了,生怕头上的高帽子碰到门框而掉下来,引来不必要的训斥与麻烦。心想自己走在韩厂长他们几个人前面,或许是有道理的,自己毕竟是该厂的资本家,应该是第一号,也肯定会第一个被揪斗。他没有看到韩厂长胸前挂的牌子上写的是什么,可猜也能猜到肯定被冠以"资本家的走狗"的名义。至于另外两个人的牌子上写的是什么,他猜不出来,却又不敢回头看,心里有些好奇。

由于厂里成立革委会,在成立大会上需要显示革委会的功绩与声威,所以有必要把厂里可以揪出的人批斗一下。大会安排在三号车间后面的空地上。由于需要装卸货物,车间后门类似仓库,垫高了许多,高度与卡车一样,恰好成了开会用的主席台,台下有小半个足球场的空地,已经坐满了全厂的工人,似乎他们已开会到一半,秩序井然。

赵诗梦和另外三人一起被押到主席台边上的角落里,似乎在等候命令,再被押至主席台正中。赵诗梦刚才趁上楼梯之际,回头瞄了一眼,那个女的胸前牌子上写的是:保皇派林芝凤,那个男的是:流氓马耀忠,名字上都用红色打着大叉,与自己一样,也戴着高帽子。可他不知道他们怎么会落得这么个罪名的,还发现马耀忠被人打过,脸上鼻青眼肿的,这让他有点害怕。他壮着胆子,又偷偷地瞄了一眼主席台上坐着的几个人,发现他们是两男三女,个个戴着红袖章,似乎没有熟悉的面孔,心想自己只能听任这些人摆布了。

主席台两边的几面红旗,依然通红鲜亮,随风飘扬,似乎风很大,发出可怕的"啪啪"声。当台上出现了赵诗梦他们四个人的身影时,引起了台下一阵骚动,人们在用手指戳戳点点,交头接耳,同时,架在高处的高音喇叭里传出一个高亢的女人声音:"同志们,我们大会进入第二项内容,批斗从我们身边揪出来的阶级敌人。"刚好就要报出他们四个人的名字时,恰巧一阵劲风吹来,随着舞动的红旗发出的"啪啪"声,站在赵诗梦后面两个人的高帽子被吹落了,滑稽的是,高帽子随风滚落到了主席台下面,又被吹的随风飘了起来。由于挨批斗的人是不能随意走动的,只能眼看着高帽子被吹走,几个手握长矛的人赶紧上去追赶,替他们去捡高帽子。可手里握着长矛,捡高帽子很不方便,乱作一团,而高帽子像是跟追赶者闹起了恶作剧,忽高忽低,忽快忽慢,像跳舞似的往前翻滚着,他们一路跟着高帽子跑了很远,台上台下的人看了,忍不住都嬉笑了起来,这样的嬉笑绝对与会场应有的气氛不相符合。

赵诗梦看到这一幕,心里也暗自好笑,希望他们永远追不上那两顶高帽子,甚至希望这股劲风再强一点,再猛一点,把高帽子吹烂,把旗杆吹断,主席台上的人,连同自己一起被吹走,吹到荒无人烟的地方,吹出地球。然而,他却不敢流露半点,相反认真地压了压自己头上的那顶高帽子,生怕被风吹落。两个手握长矛的人好不容易捡回了高帽子,可惜马会计的那顶破了无法再套在他的头上了,他们又是一阵手忙脚乱地拿纸,找糨糊修补。修补好的高帽子的口又太小了,套不进马会计的大脑袋,看上去马会计的头还在扭来扭去,像是有点倔强,最后只能用糨糊黏在了他的头上,台下的人像看一出滑稽戏似的,又是一阵嬉笑。接着那个高亢的女人声音又响起了:"大家别笑了,你们已经看到了,他们当中谁不老实,就先批斗谁。"

台下有个女人大声叫道:"阿拉要揪斗下作胚马耀忠。"或许马会计确实民愤很大,接着要批斗他的呼声一浪高过一浪,会场出现骚动。

还是那个高亢的女人声音:"把流氓马耀忠押上来。"接着两个握着长矛的人,扶着马会计的高帽子,把他押到主席台前中央,成了今天的第一号被批斗的对象,赵诗梦则跟在他的后面。赵诗梦在经过那些坐在主席台上的人时,又偷偷地斜瞄了一眼,觉得刚才大声叫喊的女人,有点面熟,却叫不出名字。

赵诗梦他们四人一字排开，低着头站在主席台中央的最前面，每个人身后都有两个手握长矛的人站着，以防他们乱说乱动。这时从台下上来一个女工，在话筒前，以铿锵有力的语气，开始批判起马会计来："我揭发，流氓下流胚马耀忠是混入我们工人阶级队伍的坏分子，竟敢调戏我们妇女，偷看我们女工洗澡，还不老老实实戴高帽子，接受我们批判……"赵诗梦听到这里，总算明白马会计为什么和自己站在一起挨批了。听那女工揭发，在上个礼拜二晚上，马会计在办公室里喝了酒，在中班下班时，偷偷地跑到女子浴室的后面，爬上气窗往里面窥视，恰巧被里面的一个女工发现，那女工非常机智，迅速穿好衣服，叫上两个伙伴，当场把他抓住，拖进更衣室，让女同胞对他痛打了一顿，而后把他交给了厂里值班的民兵看管起来。由于这种事情在女工中传播得很快，第二天就有女工揭发，早就发现有人偷看洗澡了，就是没抓住，以前偷看的人肯定也是他；还有人揭发，他身为工会秘书，经常以帮助人家学习，促膝谈心为名，把年轻的女工下班后骗到他的办公室，对人家非礼，诸如此类一大堆。赵诗梦知道了原委，哭笑不得，心里暗暗地叫道：马会计呀，马会计，我算对你不错吧？你怎么这么笨的，在女人一大堆的地方，你竟然以为近水楼台先得月，犯了大忌了，丢人丢到外国大马路啦。

这时批斗会的气氛如火如荼，没等那女工批斗发言结束，骚动的台下有个女人大声叫道："问问他，到底看到了什么？"接着有人跟进责问道："偷看了几次？"随后一阵起哄，还有夹杂着发笑的声音，起哄和发笑的声音远远超过了主席台上的声音。那发言的女工没法继续了，只能等马会计回答，而他浑身发抖，拼命地低着头，就是不肯开口。他后面的两个手握红缨枪的人耐不住了，用长矛往地上敲了两下，发出沉闷的"咚咚"声，大声呵斥道："回答，看到了什么？偷看了几次？"

马会计的腿都软了，已无法站直了，后面的人一把将他挟住，并把他的头往麦克风前凑，继续逼问道："到底看到了什么？"

马会计被逼无奈，吞吞吐吐地答道："我……就去过一次，玻璃窗上水汽很大,没……看到什么呀。"

台下的女工们又爆发出一阵混乱,骂声笑声一片,许多人大声呵斥道:"偷看了,还嫌水汽多看不清楚,是吗?"

有人叫骂道:"撒谎,让我来揍他。"

还有跟进的人恶狠狠地大喊道:"要看我老娘的身子,我就扒他的皮,挖他的眼珠……"声浪一阵高过一阵。

仿佛压抑很久的情绪都通过憎恨马会计这个途径发泄出来,大家纷纷将身边能够找到的脏东西,一股脑地扔向了他,这当中一团团肮脏的回丝最多,其次就是从墙上撕下来的大字报揉成一团的,还有人把鞋子扔了上去。当然其中不乏起哄瞎闹的,热闹中似乎有着一种幸灾乐祸和戏谑的成分,像是杂乱无章的狂欢,又像在举行某种盛典。有一只鞋子扔到了赵诗梦的腿,他只能忍着,一动不动,心里跟着骂道:"马会计,你这个没出息的家伙,竟在女人堆里犯这种事,触犯众怒,活该受罪。"

天有不测风云。突然,天上落下了几滴豆大的雨点,风再次大了起来,人们一下子安静了下来,开始抬头看起天来。那个在台上发言的女工总算抓住了继续批判的机会,向马会计劈头盖脸发了一连串的问:"马耀忠,你在办公室里,怎么调戏年轻女工的?调戏过几个女工?"这一问,又把热闹的气氛拉了回来,当大家的视线再次集中到马会计身上时,他的高帽子又被刮跑了,这次没人为他捡帽子了,都等着他的回答,似乎他的回答肯定比追高帽子更精彩。

站在马会计身后的两个人又用长矛"咚咚"地敲着地面,他抖抖索索凑到麦克风前,支支吾吾道:"我……冤枉呀,我真的是在……帮助她们政治学习,……没调戏过她们呀,最多就是拉了拉她们的手……"他说话已很不连贯了,说到一半,瘫倒在了地上,被身后的两个人又架了起来,可他再也说不出话来了,台下又是一阵大骂,随之而来的又是一大堆扔向他的垃圾。正在这时,仿佛有谁触犯了天怒,会场上空积攒的乌云,一下子翻滚着压了下来,天色急速变暗,伴随雷声和闪电,雨点开始大了起来,大家纷纷散开,寻找躲雨的地方,再也没兴趣关心台上的事情了,场面已不像开大会了,就像一场集市遇到了大雨一样,快要散了。可台上四个挨批斗的人,依然站在雨中,迅速成了落汤鸡。

　　雨点像子弹一样打在赵诗梦的高帽子上,噼啪作响,一会儿高帽子就塌陷了,成了一堆烂纸,从他的头顶上挂了下来。他看了看旁边,瘫软得几乎跪在地上的马会计,似乎已经魂不附体,就像一堆烂肉,一副可怜样,心想这样的人或许原本就是神经病,没有灵魂,徒有一副空皮囊。转而又想到了自己,他们接下来将批斗自己了,那些人会如何揭发自己所谓的罪行,不知道自己会被批斗成什么样子,脑海中浮现出许多以前在报纸上看到的批斗场面的照片,顾不得自己已经站在雨中,觉得乌云比太阳更加伟大,默默地祈求上苍,保佑自己,让乌云压得再低一些,天色再暗一层,雷鸣再响一点,闪电再刺眼一点,雨再下得大一些,再猛一点,尽快用大自然的力量结束这场批斗会吧,让自己躲过这场灾难吧。

　　女工们都在空地后面的几棵树下,挤成了一团,中央空地上已见不到人影了。那个高亢的声音又响起来了,宣布道:"批斗大会就此告一段落,流氓马耀忠押送民兵指挥部看管,听候发落,把其他三个人押下去,从今以后在厂里接受监督劳动。"随后,她像自说自话似的,干巴巴地领喊了一句"无产阶级专政万岁",口号声中只有应景的成分,更有完成任务的成分,而且这声音很快被雨声和台下的聒噪淹没了,台下的人都在忙着躲雨,就像没有听见她的呼喊,根本没人跟着呼应。上海滩夏末秋初的午后雷阵雨,来势凶猛,帮了赵诗梦和另两位逃过了一劫。

　　赵诗梦在被押下台时,尽管裹着湿漉漉的衣服,心里稍许宽松了一点,总算躲过了一场灾难。他低斜着头,又朝主席台对话筒坐着的那女人瞥了一眼。他记起来了,那女人就是很早以前看上韩厂长的那个花痴姬兰娣,虽然人变胖了,变白了,但脸的轮廓没变,大大的眼睛没变。心里突发一阵感慨,真是沧海桑田,世事多变,这个女人现在掌握着他们的生杀大权,为自己和韩厂长落在她的手里捏着一把汗。

赵诗梦的监督劳动被安排在厂里的绿化组,他只能中断了孵混堂的习惯,天天来厂里绿化组报到了。绿化组在厂里的最北面,工棚是最早的宿舍改造的,组里人不多,加赵诗梦才六个人。那些人都是一些有年纪的,属于厂里照顾的对象,护理绿化的活不重,平时只是修修树枝,种种花,养养草,扫扫落叶。绿化组里还有一条狗,厂里没人给它取过名字,因为它通体金黄,没有一根杂毛,宛如披着一件金黄的外套,所以大家就叫它小黄狗,"小"并不是因为它体型小,而是一种昵称。

或许父亲在天之灵的护佑,或许赵诗梦在当老板时的积德,绿化组里的人对他还不错,知道他是小开出身,不会干活,只让他干一些帮帮忙的活。他自己也很识相,关系比较融洽,有时候还能在角落里偷偷地逗逗狗,晒晒太阳,这样的劳动改造对他来讲,不算太难应付。

那条小黄狗,很有灵性,很乖,在厂里熙熙攘攘的女工群中穿来穿去,从来不会"汪汪"乱叫,也没有吓着过人。厂里没人能说得出它的年龄,它是什么品种,但它的身材体型非常漂亮匀称,金黄色长毛,细腻柔滑,短短可爱的尾巴,亮晶晶的圆眼睛很柔和,白天总待在绿化工棚附近转悠,据说夜里它还会抓老鼠,也算绿化组的成员。组里的每个人都会时不时地喂它,没人喂的时候,它会跑到食堂里去,只要它蹲在饭桌底下,总会有人丢东西给它吃,所以它从来不愁吃的。

小黄狗第一天见到赵诗梦,就黏上了他,仿佛他天生就是小黄狗的主人。他对狗呀猫呀的,原本并不感兴趣,第一天见到小黄狗黏他,也没放在心上,以为狗天生如此。可第二天一大早,他发现小黄狗静静地蹲在他去绿化组的必经之路上,见他来了,欢快地围着他打转,和他一起进绿化组的工棚,此后天天如此,成了必经程序,其他人则没有这种待遇,这才引起他的注意。此外,小黄狗的来历,更让他惊讶,听绿化组年龄大的人说,父亲以前曾经养过狗,而且不止一条,大概有五六条狗,但他一般不让狗待在身边,也不让它们进办公楼或者车间。不过,有时候他会特地去绿化组旁边的狗窝看它们,狗儿们见了他也会活蹦乱跳地撒欢,像是知道他是这里真正的主人。后来,老主人去世了,那些狗走失的走失,死的死了,甚至还有让人煮了吃掉的,没有人知道它们的下落。眼下这条小黄狗,或许就是它们其中一条的后代。

在家里,赵诗梦把父亲养狗的故事说给家里人听,张妈认真地告诉他,狗是有灵性的,它能闻得出你身上有老爷的气息,所以它一见你,就黏上了你,你要对它好一点。桂芳说,对狗好的人,会给自己带来好运的。在此后的日子里,他见了小黄狗,对它倍加珍爱,每天都要对它爱抚一番,说一会儿话,仿佛这样能够拉近自己和父亲的距离。还有,在去厂里的路上,他就会想到它在等着自己,而一见到它,抚摸它,他就会把烦恼或者屈辱丢到脑后,如同是他的一剂安慰剂,甚至有时候感到去厂里不是为了劳动改造,而是为了与小黄狗见面。

绿化组后面有一块不大不小的空地,横七竖八堆放着废弃的机器设备,周围杂草野蛮生长,有半人那么高,平时无人光顾。那天下午,绿化组的人都躲在这块空地上晒太阳,凡是这种时候,赵诗梦总会自觉地一个人独处,免得人家嫌弃。他躬着背,坐在离其他人稍有距离的一块石头上,前面卧着小黄狗。他捏着一根细草,在小黄狗的背上轻轻地划来划去,像是在为它挠痒痒,又像是在爱抚,眼睛盯着它的反应。那小黄狗除了尾巴会慢慢翘起,缓缓摇摆,身子一动不动,时而还会竖竖耳朵,看他一眼。他们俩是那么的平心静气,享受着阳光的温暖,享受着甜美的时光。

他们俩这样总是伴随着瞌睡,有时候,小黄狗会先合上眼睛,有时候赵诗梦会先打起瞌睡。一天,赵诗梦正要搭上眼皮时,觉得小黄狗动了动,似乎站了起来,他睁开眼睛,看见眼前出现了一双女人的脚,抬头一看是姬兰娣,他立刻站了起来,立正低着头,等着她开口吩咐。他这一连串的动作,真可谓一副标准的劳改犯的样子,仿佛无师自通,天然生就的,大概人只要到了他这种地步,谁都会这样。旁边的小黄狗则懒洋洋地转了两下头,在姬兰娣的脚后跟嗅了嗅,潇洒地甩着尾巴,慢悠悠地一步一回头地走开了。

赵诗梦与姬兰娣从来没有说过话。他是先听说她的花痴故事,再由人家指给他看后,才认识了她。随着时间的延续,她的故事似乎发展的很慢,直到他来厂里劳动改造,又道听途说,把她的那点故事陆陆续续补齐了。姬兰娣至今还没结婚,有人说她还想着韩厂长,也有人说她是个怪人,一辈子都嫁不出去。事情到了今年的夏天,发生了一些变化。设备保养部里有一个鳏夫,在厂里混了几十年,一直干的是保养维修机器的活,早年利用女工急于修理机器的心理,没少占女工的便宜。他虽没什么文化,可腰圆背粗,四肢发达,从小练过一点拳脚,摔跤有一套,厂里没几个人摔得过他,在周围几家厂里也有点小名气。最近,不知道是他由于胆子大,还是摔跤本事大,或是根正苗红,一下子变成了厂里造反派的头头了,他相中了姬兰娣。为了献殷勤,一定要拉她进领导班子,邀她做第二把手,而她可能心里还有韩厂长,不为所动,所以答应他只进班子,不与他有半点私人往来。

赵诗梦低着头,一声不响地看着小黄狗晃晃悠悠的背影,它似乎要换个地方继续晒太阳,心想自己真不如那只小黄狗。姬兰娣瞟了小黄狗一眼,说:"这里还有狗作伴,晒太阳,倒蛮惬意的嘛。"又朝不远处的其他绿化工人看了看,补了一句,"你气色不错呀。"

赵诗梦不知道她是说反话,还是另有含义,所以依然一动不动,低头站着,等待下文。

姬兰娣微笑着继续道:"别紧张,想问你一件事。"顿了顿,问道,"你知道韩启良有个女儿在海外吗?"

关于这个事情,赵诗梦是非常清楚的,韩厂长的女儿韩茜茜正和自己的儿子在美国。按照市面上的行情,谁家里有海外关系,或者有亲戚在美国的话,那是一件不得了的事情,弄不好会有灭顶之灾的。而且仅凭这么一句问,也看不出她问此话的动机,他不敢轻易回答,只能依旧低着头,可脑子却飞快地运转起来,准备编个故事,说不知道,替韩厂长能躲则躲,躲过一天是一天。

姬兰娣似乎看出了他的心思,像是预先准备好的,以很快的语速道:"我知道,你们两家关系很好,他女儿的事情,你不可能不知道;我也知道,你们目前的处境,就像死猪不怕开水烫一样;我更知道,你们这些人心底里是看不起我这样的人,不愿意跟我讲实话。"她不自觉地又看了看不远处的其他工人,耐着性子道,"这样吧,我实话跟你说了吧。我刚刚接到一封揭发信,说韩启良有特务嫌疑,他的女儿在美国,说得有鼻子有眼的。我当然不会相信他是特务,我想帮他一把。如果他女儿肯定在国内的,那我就装模作样地把信交出去,让他们进行调查,反正结果是他女儿在国内,不可能有特务嫌疑;如果他女儿确实是在国外的,那我就直接把信撕了,当作没有收到这封信,或者信遗失了,免得调查出一些不三不四的事情来,让他们鸡毛当令箭的。所以先来问问你,我接下去可以操作。"

赵诗梦听懂了她的话,目的是为了帮韩厂长。可事关重大,不敢轻易相信,也不敢回答,更不敢看她,只能紧紧盯着前面在晒太阳的小黄狗,继续一声不吭。

对于赵诗梦的不变应万变的策略,姬兰娣有点恼火,愤愤地说:"你们这些旧知识分子,有钱人,真难弄。你难道看不出我是在帮你们吗?你看看,哪家厂里的监督劳动,有你们这么轻松自在的,安排你在这里晒太阳,安排他在食堂里卖饭票,什么都不干,偷着睡觉。如果让人看出来了,我犯的是属于立场问题的错误,你们也不替我想想的。"她气呼呼的语气中夹杂着一丝哭腔。

这句话让赵诗梦有点感动,心想确实如此,自己和韩厂长虽是劳动改造,但干的都是一些轻闲的活。他抬起头,朝她看了一眼,他从来没有这么近看过她,惊奇地发现她的齐耳短发里已夹杂了不少白发,眼角处还有几条细细的鱼尾纹。心想花痴故事发生的时候,她才二十岁左右,一晃近三十年过去了;他又偷偷地扫了她一眼,看见她脸颊泛着淡淡的红晕,不失为妩媚的眼睛里,不带一丝风骚和轻佻,却有着一种委屈和哀矜,还夹杂着羞怯和骄傲的神情,他还意外地发现她眼眶里有泪水在打转,是满满的不加掩饰的真情流露。此刻,赵诗梦不愿在这样的女人面前继续装聋作哑了,低着头,嗫嚅着轻声道:"那,那你就把信撕了好嘞。"尔后,看她没有反应,为了让她把信撕掉,又补了一句,"反正多一事,不如少一事。"

姬兰娣好像真的生气了,脸色铁青地应道:"知道了。"接着凶巴巴地蹦出一句,"反正,问你,也白问。"说完,便气呼呼地走了。

赵诗梦依然站在原地,一动不动地目送着她,直至她的背影彻底消失在视野中。心里感慨道:或许她真是一个好女人。他又躬着背,坐回到那块石头上,脑子里搜索出有关姬兰娣前前后后的所有故事,咀嚼起来。刚才看到的眼神再次浮在眼前,随着回忆和咀嚼,这眼神在变,由委屈又哀矜变成了羞怯又骄傲,他像解密一样,理解了眼神里的每一种成分,委屈是不被自己喜欢的人所理解;哀矜是看到自己爱的人在受苦;羞怯和骄傲是一个女人能在暗中帮助一个自己喜欢的男人而产生的。不知道过了多久,小黄狗又晃了回来,仍旧一声不响地趴在他的跟前,继续晒太阳。他想完了姬兰娣的故事,突然意识到是否应该尽快把今天的事情告诉韩厂长,让他心里有所准备。

赵诗梦起身抚摸了一下小黄狗,它朝他竖了竖耳朵,摇了摇尾巴,一骨碌爬起来,跟在他身后。他们悄悄地溜出绿化组,穿出杂草地,在厂区的柏油马路前,每天它等他上班的位置处,赵诗梦停了下,他不想让人看到自己身后总有小黄狗跟着,以为他在劳动改造时还在养狗。他做出了制止它继续跟着的动作,摆了摆手,小黄狗便又卧在了杂草群旁,盯着他的背影,似乎想等他回来。赵诗梦穿过柏油马路,回头瞥了一眼小黄狗,看到它蛮老实地趴在那里,一动不动注视着自己,阳光下,它黄颜色的皮毛散发着金灿灿的光泽,他的嘴角露出一丝微笑,尔后,继续低着头,沿着路边的墙角,向韩厂长的小房间走去。

低头沿墙角走路,是赵诗梦最近形成的走路习惯,他不想看到人,也不想引人注意。他来到食堂门口的小房间前,发现门反锁着,韩厂长不在。由于不是午餐时间,周围没什么人,他就在路边的角落里逗留着,眼睛紧盯着小房间的门。不一会儿,觉得脚下有动静,一看是小黄狗在用嘴拉他的裤管,不知道它什么时候也跟了过来。他蹲下身子,摸了摸它滑溜溜的背脊,可眼睛依然盯着那小房间的门,思考着姬兰娣为什么要帮韩厂长。难道她对他还心存好感吗,暗暗感叹道:如果是的话,那是一种什么样的挚爱呀。又过了一会,还不见韩厂长的身影,看到远处有人过来了,由于自己是被监督的对象,他不敢逗留太长的时间,只能作罢。

翌日一大早,赵诗梦进了工厂后,没去绿化组,直接去了韩厂长那里。他趁人不注意,钻到韩厂长卖饭票的小房间里,立刻关上了门,转身劈头就问:"那个叫姬兰娣的,来找过你吗?"

由于房间实在太小了,只有一把椅子,一张桌子,平时韩厂长就隔着桌子,对着小窗口售饭票。韩厂长来不及回答,又想起身让座,被他制止了,又问道:"她来过吗?"

韩厂长或许知道了什么事情,直接答道:"昨天她把我叫到她的办公室里,告诉我有人揭发我是特务,还说茜茜在美国的事情,我没有汇报,隐藏不报,就是里通外国。不过,她把揭发信给我了,让我自己处理,我就把它烧了。"而后紧跟一句,"姬兰娣人不错。"

由于转不开身,赵诗梦靠着门背,还来不及品味那句"姬兰娣人不错",追问道:"你跟她汇报了?说茜茜在美国了?"

韩厂长答道:"她蛮拎得清的,什么都没问,我也没说。"脸上有着一种神秘而欣慰的表情。

听韩厂长这么一说,赵诗梦心定了不少,同时又感到有些诧异,回过头来咀嚼起那句"姬兰娣人不错",似乎有了大大出乎预料的感觉,瞪着眼睛问道:"就这么简单,什么也没说?"赵诗梦估计姬兰娣找他谈话,不可能像跟自己谈得那么简单,而且说话的地点也不一样,一个是在室外荒地里,只能站着谈;一个是在办公室里,可以坐着谈。心想昨天下午自己等了他蛮长时间,心里有些好奇。他通过这件事,看出姬兰娣对韩厂长的照顾,韩厂长又有了"姬兰娣人不错"的评价,心里感到一阵发喜。

韩厂长避开他的眼光,答道:"还说了点……其他的。"语气有点吞吞吐吐,似乎"其他的"是动足脑筋才逼出来的。

赵诗梦刚想问说了点什么,却不置可否地笑了出来,道:"哦,怪不得,我昨天等了你那么长时间,没有等到你。"他朝整个房间扫了一圈,又把目光落到了坐在椅子上的韩厂长,和桌前的小窗上,想起了姬兰娣的那句"……偷着睡觉",自言自语地轻声感慨道,"这里真是偷偷睡觉的好地方。"

韩厂长没有听清楚,问:"什么好地方?"

赵诗梦摇了摇头,笑而不答。

韩厂长看到赵诗梦笑的样子,有点怪模怪样,似乎感到了有些只可意会,不可言传的东西,便故作莫名其妙的样子,问道:"笑什么呀?"

赵诗梦索性不加掩饰地坏笑道:"没想到,在最倒霉的时候,你还有女人相助,真不乏浪漫呀。你的这朵桃花一开就开了二十几年,而且悄无声息,久盛不衰呀。"

韩厂长似乎立刻明白了"桃花"的含义了。他们之间可以说关系很密切,但很少谈论女人,尤其是妻子以外的女人。他略显难为情地辩解道:"你,想到哪里去了。什么时候啦,还在开玩笑。"

赵诗梦看了看关着的那扇售饭票的小窗,道:"要不是她心中一直有你,照顾你,你我怎么能够得到如此的劳改待遇?"

韩厂长犹豫道:"别看她现在这个样子,其实,是一个苦命的女人,一直一个人生活,很孤单……"他语气里透着一丝怜悯与温情,神情也有那种耐人寻味的感觉,好像意犹未尽。尔后,他慢慢地抬头,看着赵诗梦,仿佛鼓足了勇气,继续道,"她这个人,心软,有恻隐之心,应该是一个可以信赖的人。除了马会计,她对我们这些人都蛮好的。你想想看,我们到现在为止,除了下雷雨的那场,几乎没再被批斗过;你看看,林芝凤被安排看仓库,还同意她请病假呢,我们眼下劳动改造的待遇,在其他地方是绝对不可能的。比比外面的厂家,多亏有她,我们少吃了许多苦头。对面厂里原来的老板和厂长被斗得半死,每隔一两个礼拜就批斗一次,一个变成拐脚,一个半身不遂,都没人样了。"说完,他若无其事地落了眼皮,似乎在躲避着什么,低着头补充道:"她对你的印象也不错,说你为了替我隐瞒女儿的事,守口如瓶,谢谢你了。"说完,又抬头朝他笑了笑。

赵诗梦闪过一丝得意,追问道:"你的事情,她先来问我,我又不知道她的目的,我只能一声不吭。当时看到她的脸色很难看,大概把她气得啊噗啊噗①。"

韩厂长笑了笑,答道:"那倒好像也没有。她只说你的嘴巴很紧,三拳头打不出一个闷屁来,蛮讲义气的。不过,她说你在当老板的时候,和你父亲一样,蛮仁慈的,所以她愿意暗地里帮我们俩。"

对于最后一句"她愿意暗地里帮我们俩",赵诗梦好像并不觉得意外。另外又觉得他们俩躲在办公室里谈的内容还不少呐,若有所思地点了点头,接着问道:"那揭发信的事,就算过去了?"

韩厂长想了想,答道:"至少这次过去了,以后就不知道了。但愿没人贴大字报,把这个消息捅出去,全凭运气了。"

赵诗梦得到了肯定的答复,虽拖着一个小尾巴,还是放下了心。他不敢在韩厂长的小房间里待的时间过长,生怕让人看见,生出麻烦,匆匆问道:"最近,小女有信来吗?"

韩厂长答道:"两个月前,从香港转来了一封,说她快要毕业了,准备找工作。"停了停,又补充了一句,"好像你儿子有女朋友了,在恋爱。"

赵诗梦诧异地"噢"了一声,问:"难道他们俩没谈恋爱?"

韩厂长笑道:"这大概是我们做大人的一厢情愿吧。"

赵诗梦摇了摇头说:"这么远,我们也鞭长莫及。如果去信的话,替我转告他们一声,千万不要回来。"

韩厂长点了点头:"我会的。"

---

① 啊噗啊噗:(沪语)形容气呼呼的样子。

赵诗梦接着又蹦出一句:"以后有什么事,及时告诉我。"没说清话中的"什么事"是他儿子的事,还是指的是他们刚才说的姬兰娣的事,也没等韩厂长回答,便匆忙地离开了小房间。

赵诗梦在回绿化组的路上,想到儿子的事情,觉得儿子没和茜茜恋爱,总有些遗憾,可儿子连来信都极少,毫无办法。在想到儿子和茜茜之余,又想到了自己和韩厂长的处境,觉得世上的事,真是一环扣一环。姬兰娣痴情韩厂长,多年如一日,却又对身边唾手可得的那个鳏夫视而不见,而自己与韩厂长则渔翁得利。他心里暗暗地为韩厂长有这样一个女人喜欢着而高兴,不论出于自身的利益,还是从男人的视角出发,甚至希望他们俩发生些故事。

赵诗梦在走到绿化组的那个小路口时,小黄狗迎着他欢快地跑了过来,他看了看手表,自己比平时迟到了四十五分钟。他从来没有养过狗,看到此场景,心中微微一颤,感到狗的忠诚真伟大。此时,小黄狗已经甩着尾巴,围着他转圈子了,他赶紧蹲下身子,一手抚摸它,另一只手不自觉地伸进了口袋,似乎要掏什么东西给它,可口袋里空空如也。他想如果小黄狗需要钱的话,他会掏出口袋里所有的钱都给它的。然而,当他直起身子朝里走的时候,耳边响起了不知道谁说的那句"狗的忠诚,是无价的"。

在后来不久的日子里,厂里传出一件很不可思议的事。他们厂里的一把手,按照上级"造反"组织的指示,参与兄弟厂家的夺权,发生武斗,他被对方打成瘫痪,差一点一命呜呼,从而姬兰娣成了厂里的一把手。大家开始亲切地称呼她"姬主任",这在赵诗梦和韩厂长看来无疑是一件好事。

此后,再也没人跟赵诗梦说起韩厂长有女儿在国外的事情,可厂里却传出了不少关于韩厂长和姬兰娣的故事。坊间传说:韩厂长经常下班后去姬兰娣的办公室汇报思想,直到很晚才回家,甚至有上早班的人看到他早晨从办公楼出来,直接钻进了那售饭票的小房间里。还有厂里以工作需要为名,替韩厂长的小房间单独拉了一根电话线,安装了电话,背后有人议论说,这是专门为他们搞地下工作而拉的线。有些好事的人竟然把姬兰娣比作枯木,说他们是"枯木逢春,断弦再续"。更有胆子大的用"色胆包天"来形容他们俩,酸溜溜的人说"韩启良到底是厂长,被监督劳动了,还享受厂长的待遇"。然而,赵诗梦切切实实感受到,他们的监督劳动是没有人管的,而且自从那场雷雨天的批斗会之后,厂里再也没有什么批斗的事情。在他"哑巴吃汤圆,心中有数"的同时,还是心有余悸,生怕哪一天这些口口相传的内容变成大字报,被公开出来,还有自己和韩厂长的孩子都在国外的消息泄露了,那就谁也帮不了他们俩了。幸运的是,不知道是姬兰娣和韩厂长以往在厂里对人都不错,人缘好,大家知恩图报;还是姬兰娣根正苗红力量大,搞定了上级部门,赢得了大家的信任;或许厂里善良的工人以这种独特的方式来赞美她和韩厂长的"枯木逢春,断弦再续"的故事,反正那些赵诗梦担心的事情从未上过大字报一个字,成了厂里人人皆知的秘密。

在绿化组的成员当中,有一位胖乎乎的女人对赵诗梦最为关照,她为人随和真诚,大家都叫她梁阿姨,有些调皮的年轻人叫她胖阿姨,她也乐呵呵地来者不拒,都应了下来。可能她是组里年龄最大的,比赵诗梦还要大五六岁,虽不是组里的头儿,但大家都愿意听她的。她有事没事,会跟赵诗梦聊聊天,他从她那里听到许多以前不曾听说的事情,父亲养狗的故事就是从她嘴里听说的。

那天上午,绿化组的几个人修剪完绿化,扫完了地,算是完成了一天的工作,赵诗梦照例推着工具车,走在最后面,这成了他最近的标配动作。每次收工他都会为大家收拾工具,其实所谓的工具也没什么东西,无非几把扫帚,几把剪子,车子是厂里设备维护工替他们特制的,小巧玲珑,推起来一点不费力。自从他推车子的那天开始,每次他都会把一直跟在身边的小黄狗赶到车斗里,为它推车子,待在车斗里的小黄狗,会东张西望,萌态可掬,招人喜爱,也为他带来了不少快乐。

他们来到食堂对面的大字报专栏前。因为前两天下过雨,大多数大字报已破败不堪。原本绿化组的工作主要是负责厂区内的绿化,附带清扫路面。自从市面上有了贴大字报的事儿，有贴，就有掉，对他们来讲，也就增加一项清理大字报的工作。他们要用自制的长柄夹子，把破败的大字报呀，标语呀，宣传画呀揭下来扔掉。由于这条大字报专栏不长，只有短短的十几米，清理花不了多少人力，所以梁阿姨自己留下，和赵诗梦一起清理，让组里的其他人先回去休息了。

梁阿姨和赵诗梦分别从两头开始，揭下已烂掉的大字报，他们撕下一张，小黄狗就会叼一张，把它扔进旁边的垃圾桶里，与他们配合的非常默契，好像专门训练过似的，在两头忙的不亦乐乎。当撕得差不多时，赵诗梦那头专栏上方有一条红纸黑字的"不忘阶级苦，牢记血泪仇"的标语，字体虽刚劲有力，仿佛赋予了标语的气势和力量，但标语实在太陈旧，被雨水淋湿过多次，红色的底子泛出黄白色的水渍，黑字的墨迹都化了，有些边缘已红黄白黑四色混合在一起，就像画家用的调色板，最后"血泪仇"三个字因靠近廊檐的尽头，被雨水侵蚀的最多，几近脱落，有的大半张纸已悬在空中，那就更像是挂在大家头上的脏抹布。赵诗梦抬头看了看，高高举起夹子，准备撕下标语。突然，他一下子像触电似的停住了手，犹豫了起来，随后慢慢放下了手臂。他知道这句标语来自一首很有名的歌的歌词，最近在马路上都能经常听到这首歌的旋律。从他的内心来讲，自从第一次听到这首歌起，就觉得这歌词是让世界上所有的人来痛恨像自己这样的人，在人们的心中埋下恨的种子，认定这种叫人如何去恨的歌曲，绝对不是什么好歌，但他对谁都不敢说出自己的想法。然而此时，他也不敢揭下这标语，他想到了自己的身份，是人人可诛之的资产阶级，自己揭下这样的标语，生怕人家会说他不怀好意，阶级报复，惹上不必要的麻烦，只能默默地看着已像脏抹布似的三个字。这时，梁阿姨走过来，大概看出了他的心事，爽快地挥起手中的夹子，一瞬间就把标语撕了下来，道："这种破东西，谁看呀。"标语一落到地上，小黄狗立马上来，把标语叼进了垃圾桶里，尔后，伸出鲜红的舌头舔了舔嘴唇，后又抬起头，竖了竖耳朵，盯着赵诗梦，好像在等待他的夸奖或者爱抚。这让他心里有一种说不出的舒坦，他笑眯眯地向它一挥手,它一跃进了工具车,像是知道又要出发了似的。

清理完专栏,赵诗梦推着车子,继续跟在梁阿姨后面慢悠悠地往前走。不知道是天高云淡天气好,还是刚才看到梁阿姨痛快地撕下标语的喜人一幕,或是想到立刻就可以回到组里休息,等到饭后,可以痛痛快快地晒太阳了,心里喜滋滋的,望着梁阿姨的背影,加快了脚步。他有一心结始终没解开,一直觉得前工会主席林芝凤对自己也一直手下留情,才能让他太平无事地混过那几年,而现在她竟然和自己一样了。他很想跟梁阿姨打听她的情况,乘着好心情,追上了她,恭敬地搭话道:"梁大姐,你来厂里做工很长时间了吧?"因为他的这个年纪,"梁阿姨"实在叫不出口,只能恭称她大姐。

大概在绿化组里只有赵诗梦叫她大姐的,她朝他笑了笑,想了想答道:"在一·二八抗战前进的厂子,那时,我还是小姑娘呢。"

赵诗梦一想,这正是自己在英国留学期间,算来已经超过三十年了。他做出敬佩的样子,"哦"了一声,动着脑筋,怎么向她问有关林芝凤的情况,只听到她笑呵呵地继续道:"那时,厂子没有这么大,我们做工的小姑娘还经常能看到你父亲的呢。我是车间里干活出手最快的,你父亲还夸我不但活好,人也漂亮呢,现在成了老太婆了。"

他能在这种时候听到有人提到父亲,心里喜滋滋的,应道:"大概厂子里,你算是年龄最大的了吧?"

她自豪地答道:"是啊,差不多吧,我还有一两年就退休了。厂子里好多人都是我看着她们进厂的。"

他不敢直接问,绕了一个圈子,为接下来的话题埋下伏笔,问道:"你比韩厂长进厂还早吗?"

她答道:"那,他比我早,比我早多了。"

他看到时机成熟,切入主题问道:"像林芝凤她们这一批进厂的时候,你已是老员工了吧?"

她答道:"林主席进厂,那是很晚的事情了。她进厂,好像是你父亲特地把她招进来的吧。"

这正是赵诗梦想听的故事的开始,他追问了一句:"怎么?这个怎么我一点都不知道呢。"希望她继续说下去。

梁阿姨看他似乎有兴趣听下文,就起劲地介绍道:"她母亲,是我的好姊妹,干活和我一样又快又好,蛮得你父亲的赏识。不知怎么的,她母亲后来得了肺痨,好久没好,你父亲是个好人,去她家里看她母亲时,她母亲说自己以后不能去厂子里做工了,能否让女儿来上工。你父亲不但答应了,还花了大价钱,为她母亲弄来了当时只有美国进口的盘尼西林,治愈她母亲的病。她为了感谢厂子对她家的帮助,进厂子后,拼命干活。人嘛,也聪明,什么都一学就会,很快就超过了许多人,就这么一路干到工会主席,做头头。她对厂子是很有感情的,想不到他们造了她的反,她就成了保皇派。"

赵诗梦听到她说自己父亲是"好人"时,朝她看了一眼,心想恐怕现在已经没几个人敢说这样的话了,即使自己也不敢在公开的场合这么说,觉得她真是一个难得的好人;另外,她的话也证实了自己长期以来的猜测,让他更加领悟到好人有好报的基本道理。接下去,他不知道要说什么,只是默默地陪着她,而她却话多了起来,问道:"你到组里这段时间,习惯了吗?"

这是赵诗梦被批斗之后,第一次听到这样贴心的询问,心里无比感激。他大概由于想问的已问完,又恢复了原本静谧的性格;或许有点自卑拘谨,不好意思直接回答,按照套路,苦笑着答道:"接受监督劳动是应该的。"

梁阿姨爽朗地笑道:"别这么紧张呀,这里没人把你当监督劳动的。组里都是些好人,有什么困难,尽管说。"

赵诗梦认真地说了一声谢谢。

她看着工具车里的小黄狗,道:"它好像跟你很熟。"

他简单地答道:"有一点。"

她见他不肯多说话,有点闷,似乎很不习惯这样的环境,便劝道:"来这里时间长了,习惯了,就好了,以前的事情不要去想了。"

不一会儿，他们就进入绿化组的小路，小黄狗腾地跳下工具车，跑到他们的前头，仿佛到了它的地盘，由它来引路。

赵诗梦就这样混在绿化组里，由小黄狗作伴，迎来了第一个初冬。那天早晨，厂里又安排一个人来到绿化组，梁阿姨对大家宣布道："这是从上面机关下来劳动的仇焕庭。"随后粗粗地介绍了一下绿化组的情况，仇焕庭就算是绿化组的成员了，当然大家都知道"下来劳动"的含义。但仇焕庭在这里劳动改造与赵诗梦有点不一样，他是要住在绿化组里的。

赵诗梦看到仇焕庭吃惊不小，他们是老熟人了，赵诗梦万万没想到自己会和他在这里碰面，不知道是该尴尬呢，还是该高兴。

由于季节已进入初冬，绿化的活除了扫落叶，捡一些从大字报上掉落下来的废纸，没有什么其他的活。扫叶子，捡废纸，他们几个人小半天就可以干完了，下午大家又不约而同地躲在各自的角落里晒太阳，赵诗梦和仇焕庭也就找到了说说话的机会。由于仇焕庭是第一天来，赵诗梦带他到自己一直待的地方晒太阳。

他们俩就像初次见面的人，唯唯诺诺地客套了一番，而后，赵诗梦依然躬着背，坐在那块石头上，不时抬头看看坐在对面小板凳上的仇焕庭，看见他身上的那件劳动布的藏青色工作棉袄，和自己的差不多，就能想象得出他眼下过的什么日子。赵诗梦欲言又止，他们俩就这样相对无言，默默地坐了好长一会，似乎都在想他们两个人怎么会在这里碰面的。湛蓝的天空下，微风吹拂，杂草边上的他们俩，裹着老棉袄，缩成一团，就像两只丧家之犬。

赵诗梦是旧时代在同业公会认识仇焕庭的，当时只知道他是一个类似秘书或者跑腿模样的伙计，属于一般的点头朋友，没有深交；在新时代里，仇焕庭为自己披上了某种赵诗梦搞不懂的职务，似乎比赵诗梦高出了一截，又似乎学到了一点时代的新东西，原本也应沿着点头朋友的路线走，可赵诗梦在与前妻离婚的事情上咨询过他，所以有了邀请他参加赵诗梦和桂芳婚礼的故事，有了交集。他们之间就一般而言，不同的过往,让他们不太会有私事可聊,而现在他们处境基本相同,或许这种处境催生了他们的共同语言。赵诗梦早就听说他头上顶着三顶帽子,分别是:资本家代言人,潜伏特务,历史反革命分子。对于资本家代言人容易理解,可后面两项他有点不理解,于是赔着苦笑的脸,没话找话,试探着问道:"老弟,你怎么会弄成潜伏特务和历史反革命分子的?"

仇焕庭没有抬头,答道:"我也不知道。"掏出那种最便宜的生产牌香烟,点燃吸了一口,咳嗽了两声,抬起头看了一眼天空,继续道,"这都要怪我。平时对女儿教育不够,运动来了,她不知道中了什么邪,竟然在家里和在学校一样,也闹起了革命。不知道从哪里翻出我早年加入三青团的团员登记证和团员徽章,说要把它交给组织,与家庭划清界限。我本以为她是吓唬吓唬我的,可她真的交给了自己的学校,后来那学校又把这东西转到我的机关里,那还得了,当天就把我隔离审查了。我向他们解释,当时是为了参加他们的夏令营,想在活动中寻找女朋友,享受一些额外的福利,同时也有口饭吃,就去领了一张三青团登记证和徽章,可他们就是不相信,足足审查了我一年零两个月。"

赵诗梦想不到他如此坦诚地向自己说出了原委,还牵涉进他的家事,有点感动,宽慰道:"我看呀,没有这张三青团的证,你也迟早要到这里来报到,你那个资本家代言人的罪名是逃不掉的。"

仇焕庭接口道:"那不至于如此之惨吧,把我搞成这样。"或许人在脆弱的时候,大凡都愿意吐露遭遇,吐露心声,继续道,"我隔离审查后,女儿再也没有回过家,老婆自杀了,家也被抄没了,现在只能住在你们厂里了。"吸了一口烟,又感叹了一句,"我这一辈子算是完了。"

他家庭的遭遇又让赵诗梦着实吃了一惊,不知道如何安抚。正在寻找安慰词儿,脑子里闪过他那句"家也被抄没了",想到了自己的家也被厂里的人抄过,当时还有人逼着他们只能住楼上,把下面让出来,交给造反派使用,可过了一段时间,事情很蹊跷地没了下文,所以他很想听听仇焕庭家里的情况,便问道:"你家怎么给抄没了?"

仇焕庭垂头丧气地答道:"女儿断绝关系,住校不回来;老婆喝敌敌畏死了,我在隔离审查,他们去抄家,正好家里没人,他们抄完家,就有人直接搬进去住了,那人好像还是什么造反派的小头头。隔离审查结束,他们就让我到这里来了,这分明是抢房子嘛,我有什么办法啦?"

赵诗梦的耳朵似乎在听着仇焕庭的故事,可脑子里在想着自己家里的蹊跷事情。他想起了在抄家的那天,几个戴红袖章的人在楼下议论,其中有这么一句:"大家都别争了,将来谁住进来,由姬主任说了算。"这句话让他们全家胆战心惊了几个月。后来还好,什么都没有发生,而且在记忆中,韩厂长家里虽也被抄了家,但房子没被抢走,心想这事肯定是被姬兰娣压了下来,胸中升起一股感激之情,让他眼眶湿润。在他看来抄家抢房子比批斗还要恐怖,想多知道些外面抢房子的事情,以免将来万一发生时,可以应付,问道:"你家是怎么样的房子?"

仇焕庭捏着快要烧到手指的烟头,又狠狠地吸了一口,答道:"虽比不上你们的花园洋房,可也是整栋楼上楼下的石库门呀,可现在回不去了。"

赵诗梦听了,心想石库门的房子都在抢,那自家的房子更让他们眼红了,心里的恐惧在扩大,在弥散,让他好一会说不出话来。

仇焕庭看他突然不说话了,问道:"你家里还好吧?"

赵诗梦回过神来,答道:"还算可以,抄走了许多东西,房子没让他们抢走。"虽嘴上这样敷衍着,可眼前晃过姬兰娣的身影。

仇焕庭又低头不说话了。赵诗梦定了定神,接着上面的话,继续问道:"那你女儿几岁了?"

仇焕庭可能此时脑海中只有他的那个家或者老婆,没有听清楚是问谁几岁,反问道:"你问谁几岁,我老婆还是女儿?"

赵诗梦或许让他的那句"家也被抄没了"冲昏了头脑,只担心自己的房子会不会被抢,竟然忘记人家在这之前曾经提到过老婆喝敌敌畏自杀的事,赶紧补问的是:"你夫人过世时,几岁?"

仇焕庭答道:"她比我小九岁,今年才四十三岁。"

赵诗梦心想这个年龄恰好比桂芳小一岁,他的悲惨远超过自己,不知道怎么安慰,感叹了一句:"太惨了。"

仇焕庭叹气道:"原来,我家还是蛮不错的,女儿也进了像模像样的大学……"隔了一会,以一种咬牙切齿的语气继续道,"真不知道现在的学校教了他们些什么?她每次从学校回到家里,总是看不惯这,看不惯那,满嘴大道理,好像我们家里拖了她的后腿,实在匪夷所思,真后悔让她上大学……"又从烟盒里取出一支烟点燃,感慨道,"我这辈子最后悔的两件事,头一件就是后悔生了这么一个女儿;还有一件就是当时没有跟我的几个朋友去台湾。"

后面一句,把赵诗梦吓了一大跳,他赶紧直起腰来,抬头张望了一圈,看看周围是否有人,而周围只有齐腰高的枯草在微风中摇曳,一片寂静。他出了一口大气,劝道:"你千万不要在外面这么说,什么后悔没去台湾的话,说这话的,那是'现行'呀,你不是找死吗?"他不敢把"现行反革命"说全,因为这个词太恐怖,太有杀伤力。

仇焕庭抬起头,苦笑道:"找死?……老兄,不瞒你说,我在里面已自杀过两次了,都没死成。那时,我每天只想一件事,就是死,所以我现在什么都不怕。"拍了拍腿,感慨道,"后悔,这是我现在切切实实的想法呀。我想如果当时跟那帮人去了台湾,即使我再倒霉,那帮朋友再坏,即使他们把我身边的钞票全部骗光,抢光,那也不至于像现在这样吧,老婆自杀,自己成了无家可归的人,整天想着寻死?"

作为生物的人,当细菌病毒侵入他的机体,他无须思考,无须准备,他的机体就会发动自身与生俱来的免疫系统,来抵抗细菌与病痛,维持生命系统;作为物理的人,当遇到强劲外力的袭击,发生危险时,同样会条件反射般的产生应激反应,把身子迅速缩成一团,把最柔弱部位隐藏起来,与之抗衡,躲避灾难,保全性命;作为社会的人,当遇到形势所迫,威胁生存时,同样也会趋利避害,深藏不露,蛰伏蜗居那就不足为怪了,甚至识相、知趣成了一个护身符,或者成了一种品格。赵诗梦这些年所做的事情都出自这样的品格,而他看不出在眼前的那张脸上具有这样的品格,而且反其道而行之。他抬头又仔细地盯着那张被烟烤得发焦的扭曲的脸,看了看,发现那张脸上有着一种可怕的苍老与僵硬,眼睛里没有一丝生气,如同从棺材里爬出来的人一样。心想也许人在绝望到极点的时候,就是这样一张脸,就是这样的眼神,或许还能爆发出巨大的勇气,面对这样的脸,他说不出话来。

这时,小黄狗晃了晃,晃了过来,在他们俩之间,东看看,西嗅嗅,转了一圈,抖了抖身子,摆了摆尾巴,一声不吭地趴在他们俩中间。阳光下,它背脊上金黄色的皮毛,还有那弯弯的尾巴闪闪发亮,它伸出舌头舔了舔嘴唇,一副满足且舒适的样子,似乎在享受温暖的阳光,又似乎在倾听他们俩的诉说;他们俩弯着背,缩着身子,裹着老棉袄,呆呆地注视着小黄狗的一举一动,仿佛在欣赏它,又或许是在拿小黄狗与自己比较,他们俩谁也没说话,想着各自的心事。赵诗梦顺手从地上捡起一根枯草,慢悠悠地在小黄狗的背上划着,似抚摸,又似在逗它玩耍。每当枯草划到它尾部,它的尾巴就会翘一翘,动一动,似乎他们之间有着一种默契。

仇焕庭突然冒出一句:"这只狗,很漂亮,它比我们幸福。"

赵诗梦勉强地笑了笑,兴奋地介绍道:"每天早上,它都会守在那里的路口,瞪着黑乎乎的眼睛迎接我,我可从来没有享受过这样的待遇呀。俗话说'狗不嫌家贫',它是除了家里的人以外,唯一不嫌弃我是资产阶级的。"他说着,不由自主地伸出手,抚摸着小黄狗的背脊,而它的尾巴照旧随着每一次的抚摸,会弯弯地翘起,还会扭过头来看看他们俩,仿佛知道他们俩在议论自己。

仇焕庭看着小黄狗,苦笑着接口道:"那倒是,狗通人性,除了不会说话,它什么都懂。你有这么好的一条狗,真羡慕呀。"后又自言自语地感叹了一句,"这个世道,狗比人好。我女儿把我弄成历史反革命,而它一点都不嫌弃你。"

赵诗梦抬起头,看了一眼他,道:"听他们说,这是我父亲养的狗留下的种。父亲养狗的事,以前我一点都不知道,来了这里才知道的。"

仇焕庭略显诧异地应道："是吗？"随后又想了想道，"其实，前辈有许多事情，我们并不清楚。令尊的样子，我现在还记得，在公会里话不多，一副温文尔雅的，我很欣赏他。"

赵诗梦猜测地问道："以前公会里的那些人，现在大概跟我们一样了吧？都在劳动改造吧？"

仇焕庭答道："差不多吧。我在被隔离审查之前，有几个人已经不在了。"

赵诗梦问道："谁不在了？"

仇焕庭似乎回忆道："你以前熟悉的袁老板，应该和令尊是一辈的吧，他很早就住院了，就在我隔离审查前几天走了，我还准备去开他的追悼会的，就被隔离了……"

赵诗梦心里一算，袁老板走的时候自己也正好开始被监督劳动，插话道："那时，我已到这里了。"后又问，"他大概要八十岁了吧？"

仇焕庭边想边答道："好像是八十二吧。"稍歇一会，又吐出一个人的名字，"还有华浩天，也死了。"

赵诗梦愣愣地看着他，感叹道："他好像年纪不大吧，怎么也走了。"

仇焕庭继续道："他是寻死的。我在被审查时，不是自杀过嘛，有好心人这样劝我，'不要像华浩天那样，死得不明不白，死了，还要被人说是畏罪自杀'，让我好好活着，所以我知道他也死了。"沉默一会又说，"按照公会里原来这些人的出身嘛，这些人不是在吃官司，就是在劳动改造，要不就死了，如果我死寻成的话，那就再加上我一个……"赵诗梦不知道怎么接话，两人就闷了好一会儿，他抬头突然问，"这里批斗会多吗？"

赵诗梦想了想，答道："不多。我在来绿化组之前，给他们押到台上，还没有轮到批斗我，就给老天爷的雷阵雨下掉了。"尔后，露出一丝窃笑。

仇焕庭看了看他，像是怒气满腹的样子道："我在那里时，被他们一三五小会批，二四六大会斗，没有停过。这里真好，你的运气不错呀……"

赵诗梦听到了袁老板、华浩天两个人的不同死法,和仇焕庭没死成的故事,想起了潘勇贤,很久没有碰到过他了,有些担心地问道:"你知道申华织布工厂潘老板的近况吗?"

仇焕庭有气无力地看着他,道:"你说的是申华织布工厂潘勇贤吧,那人好像早就废掉了,大概有四五年了吧。"

赵诗梦紧张地问了一句:"怎么废了?"

仇焕庭想了想答道:"我记得好像是在反右后,他们厂里来了不少被监督劳动的右派。他看了不顺眼,不知道说了一些什么话,大概是同情右派的言论吧,他们厂里就开了几次批斗会,让他在自己的厂里和右派一起劳动,做装卸工,改造思想。后来在往卡车上装东西的时候,出了工伤,腰废了,从那以后,只能躺着,不能站起来了。估计他这一辈子只能在床上了,蛮惨的。"

赵诗梦微微张着嘴,呆呆地看着他,说不出话来。仇焕庭见他不说话,反问道:"你怎么会记起来他的呀?"

赵诗梦似乎还没有反应过来,嘟囔了一句:"我结婚的时候,他还来的呢。"

仇焕庭低头继续看着小黄狗,自言自语道:"这年头,还是少说话为妙。什么同情心呀,正义感呀,最好什么都没有,连思想也没有,那人家就不会找你的麻烦,像眼前的这只小狗一样,多好呀。"

这时,从旁边传来脚步声,小黄狗警觉地爬了起来,仿佛在寻找来者,或许在寻找新的气息,他们也止住了说话。来的人是梁阿姨,她笑着道:"呀,你们果真在这里,"接着对仇焕庭道,"听说你以后要住在厂里,可我们厂里没有男人的宿舍,只能委屈你住在我们绿化组里了。我们姬头头说了,'人家是来劳动的,生活上不能亏待',我为你收拾出一房间,虽面积不大,但是朝南的,还帮你装了窗帘,蛮好的,去看看吧。"

仇焕庭站得笔笔正正,规规矩矩地答道:"好的,谢谢。"

梁阿姨看了看赵诗梦,尔后,一边往回走,一边道:"你也过来一趟。"

赵诗梦跟着她,在杂草丛中拐了一个弯,当看不到仇焕庭的时候,梁阿姨有点神秘兮兮对他道:"姬主任让你去她办公室。"

赵诗梦诧异地问:"什么事情?"

梁阿姨答道:"具体我也说不清楚,好像来了外调,要问你一点事情。"赵诗梦已经不是第一次碰到"外调"了,心想这次又要调查谁呢,在动作上有些拖沓。

梁阿姨催促道:"快点去吧,他们还等着呐。"后又叮嘱了一句,"你先问一下姬主任该怎么做。"

赵诗梦来到以往熟悉的办公楼三楼,有点气喘吁吁,他已有好几年没有上三楼了。当跨上最后一级楼梯,他放慢了脚步,打量着熟悉的楼面格局,心头别有一番滋味。在以前韩厂长的办公室门口看到有一块指示牌,写着:主任室。他估计这就是姬兰娣的办公室,拘谨地敲了敲门,里面传出一声清脆的"请进"。

赵诗梦推开房门,看到姬兰娣坐在写字台后面,客气地向他招了招手。他微微低着头,急忙谦卑地应道:"姬主任,您找我?"在写字台前面规规矩矩站直了身子,正眼看了她一眼,等待她的下文。可意外地发现她今天一双眼睛炯炯有神,洋溢着一片灿烂,满是柔情,仿佛遇到了什么藏不住的开心事,必须印在脸上。弯弯的眉毛,让她看上去比实际年龄小许多,又显示出她这样年龄女人特有的丰润和妩媚。

姬兰娣脸上带着浅浅的笑容,高亢地道:"不用这么一本正经的,看了都难受,坐吧。"尔后,她指了指写字台前的椅子,继续介绍,"你认识的人很多呀。隔壁房间有两位南方来的,想问问你以前认识的一个香港人的情况。"

赵诗梦立马又紧张了起来,脱口问道:"他们要问谁呀,我好像没有香港的朋友。"

姬兰娣认真地看着他,莞尔一笑,不以为然地答道:"那人叫什么,我忘记了,他们刚刚跟我说过,我觉得都是一些陈谷子烂芝麻的事情。

反正到了时候,他们问什么,你答什么,有什么讲什么,就可以了,保你没事。"而神情有点心不在焉,或者心思不在说话上,在别的什么地方。

赵诗梦顺从地应道:"好的。"见她没了下文,便准备去隔壁房间。

当赵诗梦刚要起身离开座位时,姬兰娣像是临时想起来似的,突然仰起头,微眯着眼睛,注视着他,抛出一句:"你对韩启良夫人的印象,怎么样?"此时,她的脸上虽有些羞涩,但依然带着微笑,笑容里透射出一种难以言表的光芒,像是少女向人透露心中秘密之后而感到高兴的样子。

赵诗梦一愣,起先以为自己没有听清楚,可看到她那表情,立刻明白了她的提问,甚至也理解了她的意图。然而,这个问题对他来讲,似乎比即将要在隔壁回答的问题还要难以回答,心想一个女人打听人家男人的老婆,总归不太好吧,只能小心翼翼地敷衍道:"还好吧,至少是个知书达理之人。"

赵诗梦心里盘算着,如果她要自己为她和韩厂长的情感添薪加柴的话,真不知道如何是好,自己对他们这种隐秘之情,并不讨厌,更无恶感,但自己既认识韩夫人,也不愿意得罪她。如果自己明确表明支持他们的隐秘之情,则有拆散韩厂长夫妇之嫌,是自己不愿意看到的;如果明确反对,那不是自己的本意,也做不来,他觉得对于他俩这等好事,最好的态度就是任其自然,不干涉,不支持,所以他在表态时,只能慎而又慎,含糊其词,静观其变。

姬兰娣望着他,又笑了笑,似乎有点勉强,笑容中带着一丝歉意,带着一丝难为情,或许自己已意识到问了一个不该问的问题,令双方都感到尴尬,而且又暴露了自己的心思,有点惺惺作态地应道:"我看也是,听韩启良说起过,他老婆是一个很好的女人。"过了一会儿,她似乎看出了他的心事,或者是看到了他为难的表情,一下子变得爽快了起来,以轻松而自嘲口吻道,"别误会,我没有别的意思,只想知道一下你的看法。其实,他们夫妇都是很不错的人,我都很喜欢。"随后像是要结束谈话似的,她站起身来,继续道,"这样吧,我陪你过去,给你们介绍一下吧。"

虽然这场无头无尾的谈话,意会的内容远远大于言传,来得快,去得也快,却让赵诗梦如释重负。他跟着起身往外走,瞟了一眼房间的布置,发现这房间比原来韩厂长在用的时候要小一些,浅一些,似乎在姬兰娣的座椅后面又隔出一间来,心想这里面的一间也许是她用来休息的吧。

赵诗梦来不及多想,跟着姬兰娣来到隔壁房间。可这房间对他来讲再熟悉不过了,是他原来的办公室,现在改成了会议室,中间放着一张长方桌,上面铺着墨绿色的桌布,周围大概有二三十把椅子。姬兰娣见那两人干巴巴地坐着,赶忙指着赵诗梦介绍道:"这位是我们工厂原来的董事长,赵诗梦先生。"这样的介绍让赵诗梦心里很舒服,尤其是称呼他为先生,至少当面掩盖了他当下的真实身份,也让那两位不得不站起来与他握手。可让他唯一不舒服的是自己身上那件黑色的老棉袄,与刚才介绍他的董事长身份不配。临了,姬兰娣还对他说了一句,"我就在隔壁,有什么事可以直接过来找我。"这分明是说给那两人听的,无疑又让赵诗梦在他们面前有了更大的面子,表明了他与主任的关系不一般,也给了他在他们面前的底气。

那两人都身着深藏青色的中山装,几乎毫无差别,行动似乎配合得很密切,一个年轻的准备记录,一个年长的等到姬兰娣一离开,便急不可待地发问了:"赵先生以前是否认识一个叫郁剑秋的人?"

赵诗梦的脑筋立刻动了起来,心想刚才好像听姬兰娣说,他们是要打听一个香港的朋友,而郁剑秋与香港一点关系都没有,要么他现在去香港了,便点了点头,答道:"是认识一个以前做记者的,叫郁剑秋的人。"

那人又要求赵诗梦说一说对郁剑秋的评价和看法。由于问题提的太笼统,他只能泛泛而谈,蜻蜓点水似的谈了一点,全都是一些曾经一起吃喝玩乐的琐事,没有提到自己以前曾是杂志的主编。或许跟刚才姬兰娣的介绍有关,那人一本正经的脸上挤出了一丝微笑,这种微笑里藏着一种居高临下的轻蔑,认真地提醒道:"赵先生是否曾经办过一本杂志,在这方面与他有过合作吗?"

赵诗梦听到此问,先是一惊,心想难道又要调查自己了吗。他不得不谈了一下《蓝玫瑰》的基本情况,尔后,补充道:"郁剑秋只是在我的杂志上刊登过几次文章而已。"

此话一出,他们两人的眼睛都集中在赵诗梦的脸上。那人追问道:"那你还记得他写的是一些什么样的文章?"赵诗梦根本无法记住这些文章,不知道怎么回答。那人看他愣着,便又提醒道,"就是他的文章内容是什么,比如有什么政治上的倾向性?"

这一提醒让赵诗梦搞懂了问题的症结,立刻说明《蓝玫瑰》杂志的性质与宗旨,而且是读者中女性居多的杂志,后又加了一句:"我的杂志不可能刊登有关政治的文章,否则就卖不出去了。他的文章无非是一些电影明星的花边新闻。"他一边回答,一边在想他们是外地来的,怎么要了解郁剑秋的这些情况,如果要了解这些情况的话,那也应该是本地的什么单位或者机构,心里有些纳闷。

那个记录的抬起头,面无表情却带着稚气的脸,有些滑稽可笑,眼睛还有好奇和探寻的神情,插了一句:"是桃色新闻吧?"他的语气里似乎对桃色比对新闻更感兴趣。

但赵诗梦讨厌"桃色新闻"这个词,感到有些不耐烦了,心想我办杂志时,你还没有出生呢。以刚才从姬兰娣那里得到的一点底气,将身子往靠背上靠了靠,慢悠悠地掏出香烟,点燃吸了一口道:"你要这么认为,也没关系。"态度中似乎隐藏着一种蔑视,或不屑一顾。

那年长的瞭了一眼记录的,继续发问道:"你现在手上还有他的那些文章吗?或者保留的旧杂志?"

赵诗梦不想把桂芳珍藏着的杂志交出去,靠着刚刚冒出来的那点底气,便一口回绝道:"我手头一本都没留。如果你们需要的话,可以去档案馆或者图书馆之类的地方查查看,那里也许有。"

歇了一会,那人不死心地又问:"你看过他在其他杂志或者报纸上刊登的文章吗?"

赵诗梦觉得多一句,不如少一句,简单地回道:"没有。"

那两人又相互看了看,沉默了一会,那人问:"你认识他姐姐吗?"

赵诗梦答道:"不认识,我根本不知道他还有姐姐。"

那人停了停,又问:"那你知道他还认识一个叫吴进源的人吗?"

赵诗梦又小小地吃了一惊,怎么又把吴进源扯了进来。他想了想,索性多讲一点,免得他们接二连三地问,便回答道:"吴进源是以前上海滩上小有名气的照相馆老板,他的店就在国际饭店下面,叫好莱坞照相馆,有时候我要用照片,也会向他买,后来他卖掉了上海的照相馆,去了香港。和郁剑秋也算是一个圈子的人吧,大家时常会聚一聚,玩玩。"当他提到吴进源去了香港,才意识到他们可能要了解的是吴进源的近况,又发现自己的回答中遗漏了他在去香港之前还去马来西亚兜了一圈的情节,但他也懒得补充了,就加上一句:"现在都散了,几十年没有联系了,谁都不知道谁的情况了。"

那人唐突地追问道:"以前听说过吴进源有什么政治背景的事吗?"

赵诗梦被"政治背景"一词吓了一跳,心想这分明指的是国民党的政治背景,脱口而出道:"从来没有听说过他跟政治有什么关系。"却立马意识到他们是在调查吴进源的背景情况。

那人又问:"听说过他帮什么重要人物拍过照呀,或者参加过什么秘密组织呀,进入过什么特务机构的事情吗?"

这些"秘密组织、特务机构"的名词更是把赵诗梦搞得胆战心惊。按照市面上的说法,一个人只要与这些名词沾上边,基本就完蛋了。他继续简单地答道:"从来没听说过。"心想他真的参加过秘密组织,轮得到我知道吗,但他似乎意识到这可能是他们的终极问题了。

那人紧绷的脸有了稍许的松弛,应了一句:"我想也是这样。"尔后,那两人再次相互看看,又不出声了,似乎那人在等记录的人记录。

赵诗梦抑制不住好奇心,凭着看准了那人的一点点松弛,和自己仅剩的一点点底气,趁机壮大胆子,问道:"你们到底要了解什么呀,我可以直接告诉你们。"

那人双手合拢，搁在公文包上，笑了笑，似乎带有一种心满意足的感觉，答道："你谈的情况与我们掌握的差不多，跟你直说了也没关系。郁剑秋此人，思想极其反动，老右派了，在这次运动期间，并没有好好地改造，反而偷偷跑到广东那边，准备偷渡边境去香港时，被我们抓住了，在他身上搜出吴进源在香港的地址，所以我们要向你核实一下情况，甄别是一般的偷渡边境，还是内外勾结的叛变投敌。"随后，从公文包里拿出一张纸片，问道，"你看看，这是不是吴进源在香港的地址？"

赵诗梦听了这个故事，似乎让他惊讶得灵魂出窍，想不到郁剑秋干出这种傻事。他一边在烟灰缸里掐灭烟蒂，一边脑子里飞快地盘算着，心想还是按多一事，不如少一事的办法来，不能说出自己有吴进源的香港地址，便朝纸片瞥了一眼，看到纸片的最上端写有香港好莱坞照相馆的字样，下面好像是具体的地址，就答道："我没有吴进源在香港的地址。"随后做出一副不想看的样子，把纸片推还给了他，急中生智地冒出了一句，"偷渡边境，要判几年？"

那个正在记录的人抬起头，直勾勾地看了他一眼，一边抢着答道："其实，偷渡边境与叛变投敌没什么区别，都是重罪，反正都要被判十几年。你看看他，偷渡边境的决心有多大，特地从千里之外的上海跑到那边去偷渡。"一边把笔录递给了他，随后吩咐道，"如果记录无误，在下面签字，最好叫你们革委会主任盖个公章。"

赵诗梦接过笔录，虽然在核对自己刚才的谈话内容，可心里在想着那人说"区别"的事，心想怎么会没有区别呢？如果吴进源在香港开的不是照相馆，而是个"特务机构"或者"秘密组织"的话，那不就是"内外勾结的叛国投敌"了吗？

在笔录上签名确认的事，赵诗梦自己也不知道是怎么完成的，失魂落魄，脸无人色地离开了办公楼。

此时，天色已接近黄昏，早过了早班下班的时间了，厂区里的人不多，赵诗梦仿佛被人家重重地打了一棒，昏昏沉沉的，不知道是为了郁剑秋,还是为了自己,脑子里一片空白,只顾低头走路,直到小黄狗出现在他面前,欢快地甩着尾巴,把他吓了一跳,几乎要绊倒它时,才唤醒了他的意识,回到了现实中来。他看了看活蹦乱跳的小黄狗,发了一会呆,突然想起了还有仇焕庭,今天是他来这里的第一天,原本想从食堂里弄一点吃的,陪他一起喝点酒的。于是他带着小黄狗,溜出了厂门,在旁边的小店里买了两瓶七宝大曲,塞进了棉袄里,又到食堂打了一些饭菜,随后回到绿化组,看到仇焕庭独自坐在角落发呆,便把酒和饭菜在桌上摆开,招呼道:"既来之,则安之。饭总是要吃的。"

仇焕庭慢吞吞地凑了过来,看了看桌上的饭菜,道:"还是你老弟好呀。"这个"好"字,不知道是指的赵诗梦在这里能够自由自在的吃喝呢,还是指他对自己的照顾。

在以后的日子里,赵诗梦时常在下班后留下来,如同那天一样,会悄悄地搞一点饭菜,弄一瓶酒,与他一起打发难捱的时光。他们成了同病相怜的人,每每有这样的时候,即使他们相对无言,看着小黄狗啃他们扔下的骨头,也会感觉到无比的快乐,甚至会忘记时间,所以小黄狗也成了他们忠实的朋友了。

当时代进入七十年代第四个初春,赵诗梦发现有几天早上小黄狗没有守在那个路口,去找它也找不到,而遇见它时,只要他停下歇着,它就会趴在他脚边,专注地盯着他,而且关注他的时间比往常要长,眼睛总是湿湿的,仿佛蛮缠绵的。他起先并没有放在心上,那天吃午饭的时候,小黄狗又不见了,赵诗梦也有点心神不定。由于他和仇焕庭有着同样的身份,都不愿意在大庭广众面前多露脸,吃午饭亦是如此,他们总是把饭打回来,在绿化组的工棚里吃,所以,往往这时组里只有他们俩,小黄狗总会陪伴在他们身边。当他们吃完饭,赵诗梦收拾桌子,把骨头挑入小碗里,问:"小黄狗去哪里了?我还替它捡了一些骨头回来呢。"其实他一上午都在留意寻找小黄狗,他拿着小碗和一些捡来的骨头出门,去旁边的狗窝,把骨头倒入小黄狗专用的搪瓷碗里,又顺便在四周搜寻了一遍,没找到,只能回到屋里,问仇焕庭,"你看到小黄狗了吗?最近我发现它有点不对劲。"

仇焕庭也帮着到门外看了看,没见到小黄狗,随后坐回到桌边,答道:"我好像确实一段时间没见着它了,它毕竟老了,好狗不往家里死呀。"

赵诗梦诧异地看着仇焕庭,问道:"你说什么?"

仇焕庭看着他一脸惊讶的表情,不解地答道:"我没说什么,它老了。"

赵诗梦依然神情紧张地追问道:"它老了,后面一句?"

仇焕庭定了定神,看着他,问道:"哦,俗话说'好狗不往家里死',没听说过?"

赵诗梦延续着刚才的表情,问:"什么意思?"

仇焕庭或许由于赵诗梦的这种表情,或许因为知道他与小黄狗的感情,说话也开始谨慎起来,答道:"老话说,狗在寿终正寝时,它们自己往往是有感觉的。一般它们不愿意让主人看到自己去世的样子,所以,它们会跟主人黏一会,亲热一番,算是告别,而后,悄悄地溜出门,有时候会反复几次,最后在一个偏僻的角落里躲起来,慢慢等死。它们一般不会死在自己的狗窝里或者家里的。"

赵诗梦瞪大着眼睛,叫道:"小黄狗要死了吗?"

仇焕庭没有直接回答,反问道:"你没看出来,它已经很老了吗?有时候走路也不太灵活了,总是老泪纵横的。你以前没养过狗,那小黄狗以前走路的样子总还记得吧,是现在这个样子的吗?"

赵诗梦目光呆滞地一屁股坐在凳子上,歇了好一会,像是在回忆小黄狗走路的样子,尔后,喃喃地问道:"你说的是真的吗。"

仇焕庭被他的神情弄得不知所措,不知道怎么回答。

赵诗梦的眼眶已有了泪水,盯着门外,断断续续道:"这几天,我看它是有点不对劲。以前它趴在我旁边时,从来不会把它的两只前爪搁在我脚背上的,最近,它不但两只爪子会搁在我脚上,有时候还会用爪子挠我的脚背,甚至会把它的肚子压在我脚背上,其实它是想引起我对它的注意,可我还会踢踢它,嫌它太黏人呢……"他吸了吸鼻子,夹杂后悔的语气继续道,"我以前没有养过狗,什么都不懂。原来……它是在用这样的方式向我作最后的告别。它看我的样子也和以前不一样,眼睛湿漉漉的,我还嫌它搞得脏兮兮的呢,想不到它是在伤心地流泪……"又闷了一会,摇了摇头,叹息道,"它悄悄地避开我,去找可以死的地方,可我真的一点都没察觉到。以前我从来不用去找它的,它会自然而然在我身边。这两天,我出去找过好几次,都没有找到它,难道它待在自己即将要死去的地方,所以我找不到它?"

仇焕庭伤感地道:"狗啊,在这个时候,大概都会独自出门,躲起来,不见主人,怕他伤心,不愿意让他看到自己死去的样子,可能这是它们的天性吧,蛮可怜的。"

赵诗梦转过头来,以有些颤抖的声音问道:"现在,我们可不可以去……去找找它?"

仇焕庭被他的情绪感染了,道:"去找找看吧,也许它也在想我们呢。其实,动物也像人类一样,在这种时候都会想念自己熟悉的东西,也会伤心流泪的。"

赵诗梦找了一张报纸,把狗窝门口的那碗骨头包了起来,带在身边,走向绿化组后面的那块常人不去的地方。

那里的深处,堆着杂乱无章的破机器,又杂草丛生,没有路,走起来很不方便。仇焕庭捡了一根树枝,用它来拨开草丛;赵诗梦有时会站在破机器上,让自己能够看清前面的路该怎么走,还不时地会喊上几声"小黄狗,小黄狗"。当他们快要到围墙底了,在墙角边看到了小黄狗,它趴在一个坑里,坑不深,只能埋没它的小半个肚子,很明显这个坑是新刨出来的,它的头有气无力地搁在两只前爪上,身子蜷缩成一团,一双圆而大的眼睛湿漉漉的。它看到他们俩,便缓慢地爬了起来,赵诗梦立刻蹲下身来,抚摸了一下它的身子,似乎在跟它说不用起来,它接着又趴下了。他又打开那包骨头,放在它跟前,它用鼻子嗅了嗅,又伸了伸舌头,但它没吃,重重地闭了闭眼睛。蹲在一旁的仇焕庭开口道:"它太虚弱,骨头已经啃不动了,要不给它一点柔软的东西吃吧。"赵诗梦从来没有面对过如此的情景,不知所措。仇焕庭似乎还有一点清醒意识,建议道,"把它抱到狗窝里去吧,弄一点软的东西给它吃吧。"

赵诗梦一边抱起它,一边道:"它给我摇了那么多年的尾巴,我还从没抱过它,这次就让我好好地抱抱它吧。"小黄狗被赵诗梦抱在怀里,就像听话的婴儿,一点没扭动,大概是没力气了吧。

仇焕庭静静地跟在后面,朝那个坑瞥了一眼,轻声道:"这个坑,是它前几天刨的,凭它现在的体力,根本刨不出这样的坑来。"

赵诗梦也向那坑看了看,又看着怀里的小黄狗,不禁心生怜爱,道:"你身体不舒服,为什么不告诉我呢,还要偷偷地跑到这里来挖坑。告诉我们,我们会照顾你的呀。"说话的声音如同和婴儿在说,既温柔而又小心翼翼。

他们把小黄狗放回到了狗窝里,仇焕庭找来了一大堆干净的回丝为它垫上,赵诗梦把桌上没吃完的饭菜,赶快用酒精灯煮了煮,倒入它专用的搪瓷碗里,摆到它的面前。可小黄狗依然歪着头,搁在两只前爪上,耷拉着耳朵,一动不动,唯独那双盯着他们俩的眼睛会时不时地眨一下,每眨一下,眼泪会从它的眼眶里溢出。他们俩静静地围着它,谁也不敢说话,默默地注视着它,陪伴着它。它眨眼睛的速度越来越慢,有时候甚至会闭上一小会才睁开,但它一睁开眼睛,仍旧专注地盯着他们俩,似乎生怕他们俩在它眨眼睛的时候突然消失,它在用眼睛与他们俩做着依依惜别,直到远处有人不合时宜地喊"开工啦",他们才不得不离开它。

当他们俩在外面干了一圈活回来,第一件事就是去狗窝查看小黄狗的情况,可它又不见了,那搪瓷碗里的东西一点没动过。他们俩急急忙忙跑到那个坑的地方去寻找,仍然不见它的影子,他们向着四周张望,又喊又叫"小黄狗,小黄狗"的,周围却依然悄无声息,只有微风吹过枯草发出的声响。他们俩又找了很久很久,直到天色渐渐地黑了下来,还是没有找到小黄狗。在以后的日子里,他们俩再也没有见过它。

那天,赵诗梦回到家里已很晚了,家里的人都还在等他一起吃晚饭。饭桌上已放着碧绿碧绿的马兰头拌香干,红黄相间的番茄炒蛋,银白色的清蒸带鱼,暗紫红色的清炒米苋,和一大碗嫩黄嫩绿的苦瓜肉丝蛋花汤,碗筷调羹齐全,赵诗梦的座位前还有一只精美的青瓷小酒盅。家里人一定要等赵诗梦回家后才开饭,这是桂芳在女儿赵淑君读小学后定下的规矩,其实是做给女儿看的,旨在要她尊重家里的人,尊重父亲。赵诗梦一声不响地洗完了手,坐到桌边,张妈递上一瓶七宝大曲,道:"最近,不知道怎么的,小店里没有黄酒卖了,今天就喝这个吧。"

赵诗梦接过酒瓶,一边为自己斟了一小盅,一边道:"七宝大曲也蛮好。"尔后,一饮而尽。

桂芳看出他心情有些异样,关心地问道:"厂里有什么事吧?"

赵诗梦呆呆地盯着手里的小酒盅,闷闷地说:"今天,小黄狗找不到了。"他以前同他们说起过小黄狗的故事,家里人都知道小黄狗很乖,是他在厂里的唯一的宝贝。

赵淑君眨着眼睛问:"小狗怎么会找不到的呢?也许迷路了,过两天就会回来的。"她是生活在一个与狗几乎绝迹的年代里,很少见过真正的狗,她记忆中有关狗的知识,一半来自书上或者电影里,另一半则来自赵诗梦口中的那只小黄狗的故事。

赵诗梦一声叹息后,道:"它可能要死了,……要死在外面了。"接着把当天和仇焕庭一起寻找小黄狗的事说了一遍。大家听完故事没有立刻说话,似乎都在想象小黄狗现在的样子,或者想它现在在哪里。赵淑君惊异地睁大眼睛,盯着父亲,眼泪汪汪地问:"它现在死了吗?……它为什么还要挖坑呢?"

赵诗梦似乎还沉浸在回忆当时的情景中,自顾自地补充道:"我看过,这个坑很浅,它已没力气挖了。"

赵淑君看着父亲,继续追问道:"爸爸,它挖坑派什么用?"赵诗梦依然一副若有所思的样子,没有回答女儿。

桂芳替丈夫答道:"大概是……它为了把自己的尸体藏起来吧?没人愿意让人看到自己死去的样子,它们狗狗也一样。"

赵淑君轻轻地又问道:"它把自己藏起来了,难道不怕人家把它忘了?"她问出了一个既幼稚,又深刻的问题,已不是关于小狗了,而是关于生与死,虚无与永恒的人生哲学问题。赵诗梦喝了一口酒,看着他女儿,似乎在想如何回答她的问题,又似乎在想说点什么,可最终没有开口。

张妈接话道:"狗啊,很通人性的。知道自己死了以后,主人要伤心,就躲到外面去了,所以有了'好狗不死在家里'的说法。它是怕你爸爸伤心,才出去的。"张妈的回答显然不会让赵淑君满意,她以怀疑的目光看着母亲,似乎在寻求她的答案。

桂芳解围道:"你还小,不过早点懂得这些事情也好。没有人希望被人忘记的,这是没有办法的事。"

赵诗梦放下小酒盅,不紧不慢,慢条斯理道:"每个人都会死,都会被人们忘记。人生在世,何尝不是这样,事事最终都会成过眼云烟的,更何况要让人记住呢?"

桂芳白了赵诗梦一眼,插话道:"你女儿才读初中,不要跟她说这种话,她的路还长着呢。"

赵淑君抢着答道:"这个我知道,就是说只要人活着,什么都是身外之物,什么都可以无所谓,太消极了。"

女儿的回答在赵诗梦看来,既跑题了,又没跑题,但她的最后一句"太消极了",是他没想到的。看了看女儿,道:"你,现在懂得这一点,就够了,以后日子长了,还会懂得越来越多的。把有些事情看成过眼云烟是很有必要的,否则没法活的。"后又补了一句,"我这一辈子,有许多时候,就是靠它说服自己,渡过难关的。生活在一个要你怎么样,就怎么样的时代里,能不消极吗?能不把事事当过眼云烟吗?"

桂芳埋怨地打断道:"吃饭的时候,不要说这些乱七八糟的。"她为女儿和赵诗梦各舀了一调羹马兰头,说,"今天的马兰头很好吃的,是我们院子旦的,姨妈挑了一上午。"

赵淑君尝一筷,叫道:"哎,好香,真的很好吃。"问道,"奶奶,这是我们自己种的吗?"

张妈答道:"这个不用种,院子里周边一圈全都是。春天到了,它们就自然而然地长出来了,够我们吃的。你喜欢吃,明天我再去挑一点。"

赵淑君感到非常稀奇,亢奋地要求道:"明天,你带我去看看,马兰头在地里是什么样子的。"

张妈笑嘻嘻地答应了,赵淑君似乎很快忘记了小黄狗的故事,比翻书翻得还快。赵诗梦人生中唯一一次与狗的故事终于结束了,他发誓从此再也不养狗了。

第二十章　暮年提前来临

时光荏苒，发霉的日子终于到头了。国营华兴纱厂革委会的一把手姬兰娣也早过了退休的年龄。她在退休之前，做了一件分内的大好事，按照政策，及时解除了对赵诗梦和韩厂长他们的监督劳动。

赵诗梦第一次不用去厂里接受监督劳动的那一天，桂芳和张妈建议在家里庆祝一下，这让他有些哭笑不得。他觉得解除监督劳动实在不能算是什么喜事，而且女儿赵淑君中学毕业去崇明农场了，家里只有三个人，就没有答应，只是那天吃晚饭的时候，让张妈多加了几个菜，大家都喝了一口酒。其实，监督劳动和劳动改造差不多，解除监督劳动对赵诗梦来讲，他不知道自己的身份是否已经从资产阶级变成了无产阶级，更没有人说他已经被改造好了，只是不需要继续劳动了而已。如此一来，只不过去除了身体上的劳累，可他的身心一点都没感到轻松或者幸运，依然觉得卑微和耻辱，另外又加了一层，感到自己似乎已经老了。

从那以后，他白天不用去厂里了，又有了大把大把的时间，却哪里也不敢去，生怕自己这样的身份遭人白眼，只能躲在家里，反而觉得无所事事和莫名的空虚。每天下午，有时候在院子里晒太阳，打瞌睡；有时候也会偷偷地溜出去，到公共浴室去洗个澡，打个瞌睡；在夜里，老年人的症状愈发严重，时常睡不着，即使睡着了，也不如以往那样睡得沉，只要有一点声响就会惊醒，有时候会听一整夜弄堂里的野猫叫，而且很早就会起床。

那些公共浴室的变化不大，天冷的时候，蒸汽还是很足，热毛巾和香烟依然会在头顶上飞来飞去,依然有人在搓背敲背,服务员还是穿着白制服,还是在用篙车头挂衣服,只是很难再见到以往熟悉的面孔了。以前的师傅退休的退休了,调走的调走了,可以聊天的人几乎没有了。赵诗梦在浴室里打瞌睡的时间似乎越来越长了,只是睡着的时候少了,闭着眼睛回忆往事的时候多了,周围的一切听得清清楚楚。

　　浴室是大千世界的缩影,那里的人谈论的永远是外面最热门的话题,大到国家大事,小到家长里短。比如有人说:美国总统都来华访问了,所以我们吃西餐就不算是资产阶级的生活方式了,可惜西餐没有以前的那么正宗,没有那么好吃了;谁家里原来是资本家,以前是车子进,车子出的,现在又要出国继承财产,再也不准备回来了;哪天晚上,在弄堂因为打麻将赌博抓了九个人,是隔壁老头向派出所报告的,那些被抓的人要倒霉了,其实他们玩的是家里玩玩的卫生麻将①;前面弄堂里那个离了婚的女人,原来是"煤饼模子②",整天和香港人在一起混,怪不得她皮夹子里总有用不完的外币,可以去友谊商店买东西;谁穿了一双从南方买来的硬纸板做的皮鞋,出门遇到下雨,回家后皮鞋成了一堆纸浆;谁以前插队落户没去,后来用麻袋装手表走私,成了万元户。诸如此类的,每当有人谈起这些事情,赵诗梦总是闭目养神,不愿意插话,独自想着以往自己的故事。对于他来讲,这些大大小小的事情,以前不是遇见过,就是听到过,只不过样子不同罢了,没有一件事情能够提起他的兴趣,仿佛他的生活离这个世界很远。

　　那天,赵诗梦在浴室里打完瞌睡,已是四点多钟,客人开始陆续离开了,他慢慢吞吞起身穿衣服。在赵诗梦对面有一个年轻人,赤露着上身,坐在卧榻边缘上,嘴里叼着香烟,右手在挖着脚丫子,还不时地抬头东看看,西望望。见一位与他年龄差不多的服务员过来了,便扭过身子,用刚才挖脚丫子的手,从右侧小桌子上的香烟盒里抽出一支,扔了过去,又跷起左手的大拇指,朝门口一位客人的背影晃了晃,介绍说:

---

① 卫生麻将:赌资金额很小的麻将。
② 煤饼模子:(沪语)卖淫女。

"看到哦？阿拉后弄堂花园洋房里的老克勒，老底子①有铜钿人家。"语气中流露出一种得意和羡慕，似乎认识老克勒是一件很有面子的事情，或者老克勒是很值得尊敬与仰慕的。

赵诗梦好多年没有听到"老克勒"这词，一时有点反应不过来。他向浴室门口看了看，门口的那客人正要出门，从背影上来看，那客人与自己年龄相仿，身材也差不多，有着整齐的发型，脖子上围着围巾，虽看不出上装的款式，但小半截暗红色的围巾，正好搭在平整服帖的浅灰色外套背面，加之深色的西裤，笔挺的裤缝，看得出此人衣着规整。当那人抬脚露出铮亮的鞋后跟时，又可进一步判断出，此人在服装上的考究。这样的年龄，这样的装束在市面上，虽不算鲜见，但清清爽爽中透着一种特有的教养与稳重，让他有了一股久违的清新的感觉。赵诗梦看着那客人的背影，知道他说的"老克勒"中的"克勒"是classic的洋泾浜英语的谐音，指的是旧上海较早接受西方文化的一部分人，而"老"有年长的意思外，在上海方言中有"很"的含义。想到此，心里有种同类的感觉，甜滋滋的。

那服务员敏捷地接过年轻人扔来的香烟，将簸车头往旁边一靠，点燃香烟，吸了一口，向门口瞄了一眼说："世道变了，牛鬼蛇神全都翻身了。老底子有铜钿人，现在还是有铜钿人。"眼神里带着不屑一顾的神情，而口气里充满着唯恐天下不乱的嫉恨。

赵诗梦认识这个服务员，他是以前浴室里付师傅的儿子，从云南插队落户顶替回来到这里上班的。浴室里没人叫他名字，都叫他"小老虎"，可能是人家看他个子矮小，却又有一双凶悍的眼睛的缘故吧。赵诗梦对他的父亲印象不错，由于和他年龄悬殊太大，难得与他有共同的话题，又觉得他身上有着一股天生小流氓的味道，所以没怎么同他说过话，一直敬而远之。

赵诗梦已经不是第一次从他嘴里听到"牛鬼蛇神"这个词了，他每

---

① 老底子：（沪语）以前。

次说这个词的时候,总透着一种恨或者一种仇,仿佛牛鬼蛇神都欠着他什么,让他一辈子不高兴,所以赵诗梦装着没有听见,自顾自穿衣服。

那坐着的年轻人带着羡慕的口吻,酸溜溜地拖长着音,感叹道:"伊拉老克勒,到底是老克勒,腔调就跟阿拉不一样,挺括的不得了。阿拉吃泡饭长大的,跟伊拉喝牛奶,吃白脱①面包长大的,不好比。"

那小老虎一屁股坐到旁边的卧榻上,用藕车头狠狠地敲了敲地面,好像在发泄,又似在对谁发出警告,尔后道:"这种老克勒人家,老底子全都不是什么好东西,剥削阿拉劳动人民的。我以前请伊拉吃过生活②呃,还到这种人屋里厢③抄过家嘞,那次抄家抄了两天两夜,那家人家有铜钿得不得了。侬晓得哦,伊拉门槛瞎精④,侬猜猜看,伊拉把金条藏在哪里?"停了停,脸上露出光彩照人的微笑,得意地看了看那年轻人,继续道,"我从伊拉三只皮沙发背面抄出二十几根金条跟一厚叠美钞,伊拉有钞票哦? 侬想想看,这种人坏哦,该不该请伊拉吃生活? 最后,阿拉把伊拉的皮沙发全部当柴爿⑤烧掉了,还有不得了的西装和旗袍,这天火是旺得不得了,站在旁边,面孔会发烫呃。现在想想真后悔,哪能呒没⑥把伊拉屋里厢的东西全部烧光,省得现在伊拉又神气活现,弄出一副老克勒的样子。"说话的口气中透着一种意犹未尽的气势,仿佛刚刚经历了人生中的壮举。

赵诗梦无意间听到这些话,就像被人当头敲了一棒,提醒着他自己的身份,他条件反射似的把头低的更低了,甚至恨不得把身子缩成一团,钻入地下。他赶紧把腰也弯得低低的,快速收拾起自己的东西,想尽快离开,心想这个世界怎么把你们调教成这种样子的。他虽低着头,看不到他们,但他还是悄悄地朝他们的方向,恶狠狠地瞪一眼,在心里

---

① 白脱:(沪语)黄油。
② 请伊拉吃过生活:(沪语)殴打过他们。
③ 屋里厢:(沪语)家里。
④ 门槛瞎精:(沪语)很精明。
⑤ 柴爿:(沪语)燃火用的废木柴。
⑥ 哪能呒没:(沪语)怎么没有。

骂一句：只要像你们这种赤佬还没死绝，这个世界就不会有安宁。

坐在卧榻边上的年轻人好像没有经历过那种抄家的事，又似乎不觉得这种事情有什么了不起，或者这种事情听多了，麻木了，只自顾自地把以往道听途说的内容复述出来，啰唆道："人家老底子是体面人家，听伊拉讲，伊拉爷老头子在屋里厢吃饭，也要一本正经，戴好领带才肯吃饭。出来全部是西装笔挺听，还喝过洋墨水，有辰光还要开①两句英语。"

赵诗梦再也不敢待下去了，当他走到门口时，身后传来服务员的声音："伊拉这种人，吃饱了饭，呒啥事体做。我每天早上过来上班的辰光，看到伊拉全部在东海咖啡馆喝咖啡。"

另一个年轻人说："侬刚刚看到哦？伊一双皮鞋嗲伐？……"

赵诗梦出了浴室，天色已开始变暗，初冬傍晚的清新空气迎面扑来，他深深地吸了一口，那些有关抄家和吃生活的狠话，让他心有余悸，生怕路人把他这个前资本家认出来，然后再被打一顿，这样的事情早有所闻。他缩了缩脖子，低着头，加快了步伐，只想着快点回家，而且在后来很长的日子里，他再也没去过那家公共浴室。

赵诗梦回到家里，看到餐桌上已摆好了饭菜碗筷，还有白酒。他一声不响，闷着头连喝了两小盅，等到白酒下肚，烧了一会，才恢复了常态，忘记了那段抄家的狠话。

桂芳从厨房出来，一看到他就兴奋起来，没头没脑地说："我想让淑君马上回上海，复习功课，参加高考。"

赵诗梦愣一愣，又喝了一小盅，答道："不是昨天已经说好了嘛，等她报上名后，再叫她回来复习的嘛，万一报不了名，也免得竹篮子打水一场空，伤她的心。"

桂芳回道："不会的。今天下午，我特地去了一次学校，问了我们的校长，像我们淑君的情况，能不能报名？他说今年的报名条件少了'领

---

① 开：（沪语）此处意同说、讲。

导同意'的规定,只要'自愿报考,严格考试,择优录取'就可以了。她的农场领导不能阻止她报名的,更不看家庭成分,所以她肯定可以参加高考的。"

赵诗梦诧异地"哦"了一声,也跟着兴奋起来,道:"确定吗?如果真有这等好事,那就让她尽快回来复习,我估计她能考上。"

张妈插话道:"这下好了,那我明天就把她的房间收拾出来。"

赵诗梦让桂芳又拿来两个小酒盅,斟满酒,分给她们两人,一家三人为了赵淑君能够顺利报名高考而干了杯。

一时间,这个家里似乎荡漾着幸福,桂芳最先吃完饭,笑嘻嘻地从柜子上拿过一封信,一边递到赵诗梦面前,一边问道:"你的信,看看谁来的。"

赵诗梦接过信一看,是白雪寄来的,这让他非常惊讶。顾不得回答桂芳的询问,急忙拆开信,读了起来。

诗梦兄,你好:

很久没有跟你联系了,经再三犹豫,还是想麻烦你一件事。

你还记得我曾经给过你一本《花开花落》的小说吗,你知道这是我写的,其实也是我写的唯一的一本书,可时过境迁,搬了几次家,我身边再找不到这本书了。最近,不知道怎么的,可能身体原因,我一直想着这本书,特别挂念,很想再看一遍。如你那里,书还在的话,麻烦你能否寄还给我,谢谢。

赵诗梦读完信,顺手递给桂芳,问道:"里面说的'身体原因',是什么意思?"或许桂芳是语文老师,他才会这么问。

桂芳接过信,扫了一遍,把赵诗梦的提问忘了,兴奋地说:"这本书,我以前读过哎,蛮好看的,想不到你还认识作者。"接着笑眯眯地盯着他,又为他斟了一小盅酒,像是期待着听故事般,问道,"她是怎么样的人?是你以前的女朋友?"她的语气充满着真诚与期待,没有一丝造作。

赵诗梦拿起酒盅,一饮而尽,没有回答她的问题,反而好奇地问道:"你看过这本书?觉得怎么样?"

桂芳答道:"当然喽,那还是很早时候读的。这本书好像当时还蛮轰动的,记得是自传体小说,写一个女人结婚离婚的故事,所以取名花开花落,说丈夫对她如何的不好,身边还有几个男的,都好像不怎么样,生活很艰辛的。小说有一句话蛮有意思的,我现在还记得呢,说:'上海滩的女人呀,有时候花落时,比花开时更加开心,更加让人心花怒放。'当时就觉得作者很会写。"

赵诗梦问道:"怎么我没记得有这句话呢?"

桂芳道:"你还做编辑出身呢,这么有意思的句子都记不得。你看这句话的意思就是:女人独立了,不但自己开心,而且周围的朋友也欢欣鼓舞。说出了女人独立了,就有了优越感,不是吗?"

赵诗梦笑了笑应道:"这是你的一家之说,不愧为做语文老师的。"

他们说到这里,桂芳突然停下,似乎想起了什么,盯着赵诗梦,露出探寻秘密的神情,问道,"她是个曾经花开花落过的女人,故事里有没有你啊?"

赵诗梦听了她的话,想起了吴进源,笑道:"我怎么有这个荣幸呢,当然没有被她写进去。我在香港的朋友,就是那个吴老板被她写进去了,书中那个开照相馆的就是他,而且把他写的蛮下流的。"他记得曾经跟桂芳讲起过吴进源的故事,但没有涉及白雪,接着他把吴进源与白雪的恩恩怨怨简单地说了一遍。

桂芳从来没听说过如此离奇的恩怨,听得非常入迷,回味无穷地感慨道:"你们这些文化人,真有意思,会把自己的婚姻故事写进书里,供人欣赏。"

赵诗梦刚才介绍时省去了有关白雪的流言蜚语,他苦笑了一下,神情凝重地感叹了一句:"这也许是一种才能吧。可她是一个苦命的女人。这样的人,现在的日子肯定不会好过,信里说'搬了几次家',你看,地址是闸北的,下只角,那里我从来都没去过。"停了停,把信封推到桂芳面前,深思熟虑地补了一句,"我估计,她眼下病得不轻,而且,信的笔迹也不像她本人的。"

桂芳又有些诧异,看了看信封,好奇地问:"你看到过她的笔迹,她以前也给你写过信?"

赵诗梦似乎知道她为什么诧异似的,笑了笑,说明道:"她以前在没钱的时候,向《蓝玫瑰》杂志投过稿,所以,她的字迹,我有点印象,好像这不是她的笔迹,她的字蛮漂亮的;另外,像她这样的旧人,一般不大会写简体字的吧。你看,信里满是简体字。"

桂芳向他瞄了一眼,又问了一个非常敏感的问题:"现在,她有没有老公?"

赵诗梦回忆道:"家父去世时,她来吊唁过,之后就再也没有她的音讯了。当时她来的时候是一个人,还不凑巧碰到吴老板夫妇,那时候,她肯定没有老公,现在就不晓得了。"停了停,朝桂芳神秘地微微一笑,补充道,"不过,我记得她在《蓝玫瑰》里的某篇文章开宗明义第一句话就是'像样的男人不知道都躲到哪里去了,剩下的只有我们女人……'好像是为找不到像样的男人,而叫苦不迭。不知道现在她找到了吗?"

桂芳轻轻地"哦"了一声,问道:"这句话蛮厉害的,文章的题目叫什么?"

赵诗梦笑了笑答道:"记不得了,反正是有关女人要独立的文章。"

桂芳默默地为赵诗梦斟了酒,又拿起信看了一遍,既像是自言自语,又像是对赵诗梦讲,断断续续道:"从信里看不出她是否有老公,但这本书对她很重要,是显而易见的,大概书中承载了她的许多故事,这些故事又发生在她生命中最好的年龄段里……不论是'恩'也罢,是'怨'也罢,回想起来都是美妙的。现在她病了,老了,要回忆了,自然而然就想到了这本书,所以她才下决心,写信给你的。"她以女人的细腻,分析判断出那本书对白雪的重要性,甚至点出所有上了年纪的人的软肋,这让赵诗梦感同身受,他望着她,不由得点了点头,没有说话,像是沉浸在回忆中。

随后，桂芳善解人意道："如果她因身体原因，信都要人家代写了，你就这几天，快点把书找出来，送过去吧。"

赵诗梦又点了点头，闷了一小会，叹气道："问题是，我好像记得他们抄家的时候，在院子烧我从英国带回来的英文书中，夹杂了不少这类旧书，可能被烧掉了。"突然，他望着桂芳问，"你不是读过这本书吗，你的书呢？"

桂芳想了想，答道："我很少买书，记得当时我已在学校里教书了，好像是从图书馆借的吧。"接着，提醒道，"不管家里有没有这本书，你都要去探望人家一次，这样才是尽朋友之谊。"

那天晚上，他们夫妇俩把楼下楼上的书房翻了个遍，不出赵诗梦的预料，没找到那本书。

翌日上午，赵诗梦在去白雪家的路上，记起了桂芳的话，在水果店买了一小箩苹果，按照信封的地址，好不容易在铁路边上找到了那条弄堂。弄堂口一边有一家烟纸店，围在小店外面有三个女人在聊天，像是看门人，其中一个年龄大一点的，坐在一张破藤椅上，戴着老花镜，编织着毛衣，她两旁的女人，年龄明显比她要小，似乎比赵诗梦还要小，但她们的手臂上都别着红袖章，在不说话的时候，她们的眼睛总会在周围扫来扫去，眼神非常警惕，似乎能够区别马路上的好人与坏人，能够熟练地甄别出谁是牛鬼蛇神，谁是四类分子。她们的头顶上，弄堂口的正上方有个锈迹斑斑的圆弧形铁架，上面是红底黄字写着'庆祝国庆'四个大字，字迹非常新，很抢眼，很远就能看见，字的周边还有一圈白炽灯泡。

赵诗梦很远就注意到了她们，其中一个站着的膀大腰圆的女人一直盯着他，上上下下打量了他好几个来回，这种眼光好像要从他的穿着上辨别出他的来历和出身，让他心里发怵。尽管动乱的年代已经过去，红袖章也失去了当年的厉害，但他仍然对于这种佩戴着红袖章的人有着天然的恐惧，不敢正面看她们一眼，生怕惊扰了她们。

赵诗梦在这些人面前小心翼翼地拐进了弄堂。大概由于弄堂过于狭小，太阳照不到里面，地面还是湿漉漉的，前几天下雨的积水还没有干。每家每户门口都放着各种盆盆罐罐的，有些是烂椅子破凳子，甚至还有些洗干净的马桶之类的，上方有许多横七竖八的竹竿，晾着各色衣裤，甚至还有在滴水的内衣内裤，就像悬在头上的万国旗在风中飘舞。他很不习惯走这样的弄堂，不但要留意头顶，还要小心脚下，深一脚浅一脚，走起路来有些提心吊胆的，不时还要查看两边的门牌号。弄堂宽窄不一，弯弯曲曲的，毫无规则可言。他走得很吃力，根本记不住来的路，估计在回去时还需重新找一遍。弄堂两边的建筑，多数是下面砖墙上面木结构的，而且上面大，下面小，在有些地方上面的房子几乎要碰到一起了，从下面往上看犹如一线天。当走到略宽处，有一排白墙黑瓦的民居，似乎比周围房子的品质要好一点，但比不上有规整门洞的石库门。

赵诗梦看准门牌号，又看了看房子整体的外观，他说不清这是什么类型的建筑。门牌下面有一扇褐色的木制门，旁边配着一扇褐色的木制窗户，他总算找到了白雪的家。此时，赵诗梦的忐忑到了顶点，毕竟与白雪有二十几年没见面了，又在这种陌生的环境中拜访，可心情有一点像以往，总会想到吴进源，甚至会考虑到自己这样来见白雪，吴进源会怎么想，或许在他的心目中，白雪和吴进源应该一直是待在一起的。他愣了几秒钟，又朝窗户那边看了看，抬手敲了敲门。

出来开门的是一个中年男人，赵诗梦报了白雪的名字后，那人先是一惊，随后立刻朝里面喊了一句："姆妈，有人来找你。"里面却没有回应。

赵诗梦进了门，打量了室内，看到沿着门就是煤球炉和一个水槽，靠右墙边有一个碗橱和一把木头梯子，门的对面是一张不大的四方桌，桌子旁边有两把椅子，再两边有两扇门，都开着，整个屋子不大，最多只能容纳两三个人转身，而且屋顶是外低内高，内侧的上面是阁楼，地面是用正方形的青砖铺成的，看得出这房子原来的结构是一大间，后来分割成现在的样子。他从来没来过这种地方，有点拘谨，步子有些迟疑，那中年人指着一把椅子道:"你坐一会吧,我姆妈马上过来。"随后,又用玻璃杯为他倒了一杯茶,就进了旁边的一间房间了。

不一会儿,从另一侧的门里出来一个头发雪白的老女人,她身着浅灰色的卡其布上装,清清爽爽,一点没有那种老年人的邋遢感。在他看来她的身体好像比原来缩小了一圈,个子也矮了一点,她脸上除了一抹淡淡的口红,没有其他涂脂抹粉的痕迹,虽有明显的皱纹,却脸色白里透红,眼神里散发着柔和的光芒,在一头厚实微弯白发的映衬下,充满着平和与睿智。她的动作有些迟缓,右手不停地在颤动,明显的帕金森症状。她吃力地移到赵诗梦对面的椅子上坐下,笑盈盈地说:"我知道,你会来的。"声音清脆,一点不见生分和做作,眼睛里透着一股旧友重逢的喜悦。

赵诗梦望着她,看到她微笑的眼神,满是真诚与欢喜,脸上的皱纹一点不影响她温馨慈祥的笑容,近三十年的隔阂,一下子荡然无存了,心想人们说的老年人慈眉善眼,大概就是她这个样子吧,然而,诧异她眼下变得如此的苍老,如此的龙钟,不由自主地问道:"现在,你的身体怎么样?"

白雪爽快地笑道:"老了,快不行了。脑子里生了个瘤,还有抖抖病①。"说话时,抬起颤抖的手,展示在他的面前,仿佛帕金森病不是一种病,而是一种可以炫耀的东西。

赵诗梦惊愕地叫道:"怎么,脑子里有……"

白雪双手合在一起,搁在桌上,依旧笑嘻嘻地答道:"我脑子里有个肿瘤,已经很久了,好多医院没办法治。脑子里的肿瘤我倒是不怕,无非就是一个死呗,讨厌的是有时候会头晕头痛,还有抖抖病,连字都没法写,所以给你的信,是我儿子代写的。"

关于那本书的事情,赵诗梦只说家里很乱,一时半会找不到,今后找到了立马送来,他不敢提书可能已被烧掉了。

---

① 抖抖病:(沪语)帕金森病的俗称。

这倒让白雪有点不好意思了,她抱歉地道:"哎呀,人老了,就喜欢胡思乱想,总是回忆过去的事。我这辈子,没什么出息,就写了这么一本书,想在死之前,再看看而已。你不要把它放在心上,找不到,就算了,不要放在心上。"后又笑嘻嘻的跟了一句,"能见到你,也蛮叫我开心的。"

这样的对话似乎与年轻时有点不一样,显得更加的直白,更加的轻松,仿佛年老了,百无禁忌了,这让赵诗梦的思路也活跃了起来,带着安慰的口吻道:"你放心好嘞,你还没我老呢,不会死在我前面的。"

白雪用心地看了他一眼,信心十足地反问道:"我怎么没你老呢,你和进源同岁吧?"

赵诗梦看到她如此认真的态度,只能老实地点了点头,答道:"是的。"

白雪立刻含笑反击道:"那好嘞,我实足比你大九岁,还不比你老?"

赵诗梦惊讶地问道:"那……难道你比他大这么多?"这是他第一次听到吴进源比她小,仿佛揭开了吴进源一个深藏的秘密。

白雪看着他诧异的表情,一下子笑了起来,朝他身后儿子房间的门瞥了一眼,道:"他喜欢年龄大的,我有什么办法?"看他愣着没说话,又笑着逼出了一句,"他有恋母情结呀。私下里他从来不许我对外说,我比他大的,他私底下喜欢叫我姐姐……现在想起来,那时我们还是很开心的。"她的语气里含有羞涩的成分,而脸上的笑容虽带着一层从容不迫和戏虐的表情,可笑容本身说明了她讲的这些,肯定是真的。

他们两个人都笑了起来,赵诗梦索性打破砂锅问到底了,问道:"你在《花开花落》中,把他在照相馆里的那些事全都抖搂出来,怎么这个你倒是一句都没提?"

白雪笑得更厉害了。笑停了,得意道:"小阿弟啊,这你就不懂了。我揭发他在照相馆里的那些破事,他肯定无所谓,不会放在心上的,相反,他会觉得脸上有光,像是看到了自己的广告招牌,是他的荣耀史。而说他比我小,反而被我'一树梨花压海棠',他肯定会暴跳如雷,对我会恨之入骨的。你们这些男人的心思,我是瑟瑟清爽①呃。"

赵诗梦听了这些话,觉得白雪太了解吴进源的脾气了,笑得肚子疼,笑停后赞叹道:"你真善良,对他可真好。"

白雪不以为然地解释道:"我一直是把他当小男孩的,可他不领情,看上了其他女人,那我有什么办法呀。人啊,一辈子可能会做很多错事,许多傻事,重要的是事后如何面对,一切看淡一点,都不是问题,所有的错事,傻事,还有疾病,包括死亡,都迎刃而解了。人啊,是很容易适应环境的动物,尤其到了我这样的年纪,什么都可以释怀的。"

赵诗梦觉得她的话,说得很大气,还不乏人生哲学的味道,让人有一种受到启迪的感觉,心想生活与环境教会了她许多东西,如果能把这些写成书的话,说不定会惊天动地的,便问道:"你还写过其他的书吗?"大概他只顾被她的话所吸引,却忘了她刚才说过自己只写了那一本的话。

白雪哈哈大笑起来,以问代答道:"我这样的人,还要写书?"赵诗梦看到她如此的大笑,意识到自己问错了话,但不知道她的"我这样的人"是指什么,是指生病的自己,或是以往的自己,还是指居住在这样环境里的自己。他正想办法把话圆回去的时候,她又开口了,"我这种旧人,满是旧时代的气息,写不出人家喜欢的东西。以前,他们看我没有工作,让我相帮街道办的扫盲识字班上上课,但我在课堂上讲的他们不满意,我自己也不满意,只好帮助居委会抄抄写写。后来他们索性让我去给街道工厂看仓库,那我也自得其乐,自甘堕落吧,直到退休,再也没写过东西了。"

白雪的话说到这里,赵诗梦突然想起来桂芳的疑问,他很想问一句"是否有老公",可觉得实在开不了口,只是应了一句:"其实,不写东西也蛮好的,有些人不就是写了东西之后,被搞成了右派,反而不值得。"随后,一边打量起屋内简陋的陈设,一边想着接下去的话题。

---

① 瑟瑟清爽:(沪语)非常清楚。

白雪望着他，感慨道："是啊，我很早就这样安慰过自己了。刚完成《花开花落》的时候，曾经想过写续集，甚至还有宏大的写作计划，后来就不想了，现在一点都不想了。这本书差一点让我变成汉奸文人，不是这本书，或许现在也不会住在这里。"她看到赵诗梦似乎想听自己说下去，便继续道，"那时候，害怕人家把我当成汉奸文人抓起来，为了避人耳目，我搬了三次家，最后躲到这里来了。当时我手上也确实有点钱，原本想在这种地方最多住一两年，过了风头就搬走，想不到后来就搬不走了，和我最小的儿子就一直住到了现在。"她指着两边的房门，说明道，"他们一家子住那边，我住这一间，有时候他们照顾照顾我，也蛮好，习惯了。所以我说嘛，人是很容易适应环境的动物。"

　　赵诗梦从她的话里得出，她没有老公的结论。他与白雪主要的交集只有吴进源和那本《花开花落》，其他的共同经历，共同话题并不多，该说的，该问的，全都完成了，他不想扩大话题范围。虽睽违已久的往事像冬天里夕阳下的雾霭萦绕着他们俩，而他们俩就像一棵古树上两枝再也不会有新枝嫩芽的老树干。赵诗梦在临走时，答应她一找到书就给她送来，她则坚持要送他出门。

　　白雪领着他，在弯弯兜兜的弄堂里七拐八拐，走得很慢。他们都没说话，佝靠得很近，甚至白雪把头轻轻地搁在他的肩膀上，走了很长时间。赵诗梦脑中闪过在弄堂口的那些戴红袖章的人，如果让她们看到自己与白雪走得这么近，不知道她们会有什么样的眼神，可他一直让她依偎着自己，直到路口。谢天谢地，那些戴红袖章的人都不见了，他和白雪也到了不得不分手的时候了。赵诗梦似乎有着许多话要说，可到了嘴边，只有一句："千万保重身体。"

　　白雪显示出从来没有过的亲切，带着微笑，深情地望着他，拍了拍他的肩膀，豁达地感慨道："你是好人，我周围对我好的人，死的死，走的走，只剩下寥寥无几了，还不知道都在哪里，活着没意思。"摇了摇头，接着笑嘻嘻道，"我不怕死，七十好几的人了，即使让我马上死，我也赚了，够本了。"她的那种笑容，像是调皮的小孩泄露天机后才会有的表情，灿烂而充满着幸福感。

赵诗梦与白雪分了手。当他走了很远,在拐弯时回头一瞥,发现她仍旧站在那里,专注地望着自己,她在身后灰蒙蒙房子的映衬下,看上去很单薄,只有那一头雪白的头发显得特别的亮眼。他停下脚步,向她挥了挥手,示意她回去;她也看见了他,也朝他摇摇手,这算是他们之间的再一次告别。

赵诗梦拐过了弯,即使回头再也不能看见她了,他走路的速度明显放慢了,甚至有些晃晃悠悠,不知道这样走了多长时间。在他眼前一直浮现出白雪苍老的身影,觉得她时日不多了,又觉得和年轻时看到的她有着很大的不同,现在她身上有着一股超凡脱俗的睿智和大气,这是他以前从来没见过的。他不明白这是流失的匆匆岁月所赐予的,还是所剩无几的生命所赋予的,或是她体内与生俱有的,或许自己以前从来没有真正了解过她,也许吴进源也没有真正了解过她。当赵诗梦想到白雪在和吴进源吵架,用书中的人物骂他时,竟然还隐藏着智慧和善良,这是自己万万没想到的,不知道吴进源是否曾想到,觉得自己无论如何都要为她找到那本书,让她再看上最后一眼,让她有完整的回忆。在以后的日子,如果有机会碰到吴进源的话,一定要把此事如实奉告。

赵诗梦与白雪分手后,直接去了一趟上海滩最大的图书馆,想早日从那里借到这本书。图书馆里上上下下全都是读书的年轻人,借书还书的柜台前排起了长队,他夹在年轻人当中,排了半小时,得到一句生硬的答复:"建国以前出版的图书不能借阅,可以凭单位介绍信去徐家汇的书库阅读。"他听到要介绍信,先是一愣,他以前听说过有介绍信这种东西,大概是为了在联系事情中防止人家冒充而设计的,不过从来没有见过,更别说是用过了。等到他反应过来,立马又觉得介绍信这种东西对于他这样身份的人来讲,既深不可测,又高不可攀。他想打听一下没有单位介绍信是否有途径可以借到那本书,话还没有出口,或许他木讷的样子,早已遭到旁人的嫌弃,旁边一个男青年朝他白了一眼,似乎在说"一个拎不清的阿木灵"。在队伍后面一点的,还有一对像是恋人的年轻人用标准的上海方言在窃窃私语,只听男的说,"侬看呀,伊拉老克勒也来看书了,真会轧闹忙①",女的应道,"侬勿要看不起伊拉老克勒,伊拉还蛮有文化的好哦,老底子全部都是大学毕业呃,还有留过洋嘞"。

　　赵诗梦站在柜台边,离他们不远不近,听得清清楚楚,他愣了好长时间,才悻悻然离开。他在图书馆里如此兜了一圈,已经有点迈不开腿了,只能晃到图书馆隔壁的西餐厅里歇歇脚,他要了一份西式套餐和一杯咖啡。以往他一般在用完餐,喝咖啡时,会起劲地看一两份报纸,可那天,他读报的兴致一点都没有,满脑子是白雪和那本《花开花落》,她的面孔与书的封面交替在他面前出现,拂之不去。过了好一会儿,他又觉得自己穿着中山装坐在西餐厅里有点别扭,就像桌上的那杯用玻璃杯装的咖啡一样,让他不舒服,不习惯。由于感到有些累,还没缓过神来,舍不得离开,便漫无目的地把目光移到了窗外,望着外面来来往往的年轻人,却不见旗袍与西装。想起了以往自己穿西装,吃西餐的光景,也想到了刚刚再次听到的那个"老克勒"的词,觉得他们嘴中的"老克勒",大概指的就是自己这种人吧,可他搞不懂自己身上有哪些东西是像老克勒的。

　　与白雪见面后,赵诗梦躲在书房里郁闷了好几天。这种郁闷来自两方面,第一是没有找到《花开花落》,而且不知道要到哪里去找,似乎感到自己很无能,连一本书都找不到;第二是他发现市面上已经有人嫌弃自己老了,似乎感到自己的暮年提前来临了。他只顾得自己发闷,把女儿赵淑君要回来复习功课的事情忘得一干二净,直到女儿从崇明农场回到家里,听见她在门口和张妈说话声时,他吃了一惊,才打断了发呆,记起了有这档子事。

　　赵诗梦慢悠悠地出书房,见到女儿风尘仆仆正在往家里搬行李。赵淑君一见父亲就叫道:"爸爸,我回来复习功课了。"

---

① 轧闹忙:(沪语)凑热闹。

赵诗梦淡淡地回应道:"回来了就好。"随后,进了厕所间,等他上厕所出来,女儿已在书房的沙发上半躺着了,两只脚搁在茶几上,手里捧着一本封皮不全的旧书,见父亲进来,叫道:"爸爸,姆妈去哪里了?"

赵诗梦一般不会太多过问女儿的事情,哪怕复习迎考之类的,充分让其自由发展,即使对女儿有什么要求,也不会直接说,通常会通过桂芳传递。赵诗梦在女儿对面的沙发上坐下,没有回答女儿的询问,直接问道:"你对报考大学是怎么考虑的?"其实,他也不知道为什么会这样问,或许是对刚才自己彻底遗忘了她要回来复习功课的事予以弥补吧。

赵淑君把书扔在茶几上,放下脚,坐直了身子,眨了眨眼睛,答道:"只要能让我离开农场,回上海就好,至于学校和专业嘛,还没有想好呢,随便。"

赵诗梦对这个问题也心里没数,首先考什么大学,当然越有名越好,他也知道哪所学校有什么特色,有哪些有名的专业,但他不知道女儿的实力,很难提供建议;其次学什么专业,他不知道女儿的兴趣爱好,另外,在儿子赵稚君选择专业时,他也没有发表过自己的意见,更何况自己年轻时曾经就这个问题还骗过父亲,阴差阳错学了文学,而且还觉得文学这专业很不错,所以讨论这个话题他有些力不从心,或者缺乏信心,只能泛泛而谈道:"你要慎重考虑,可以问问你姆妈。"其实,在教育女儿的方面,桂芳比他考虑得周全得多,毕竟她做过几十年的中学老师,曾经培养出许多考上大学的学生。

赵淑君不以为然地答道:"所以嘛,我一回来就在找姆妈,你又不告诉我她去哪里了。"语气中有点夹杂着嫌他啰唆的味道。

赵诗梦自知这样的谈话会效果不佳,便瞄了一眼茶几上的那本书,道:"马上就要考试了,怎么还在看这种闲书。"

赵淑君答道:"这是我在回来路上看的,刚刚看完。接下去看的同学会来我家里取的,大家都排队等着看呐。"

赵诗梦拿起书,看了看,是《基督山恩仇记》的下半本,翻了翻,又瞄了一眼最后一页,问道:"看完了?"

赵淑君信心十足地答道:"我看书很快的,刚刚看完,很好看的。"

赵诗梦又问道:"书的最后一句,说的是什么?"

赵淑君奇怪地瞪着眼睛,反驳道:"哪有这么看书的?只记最后一句的。"

赵诗梦换了一种问法:"这本书的主要内容,讲的是什么?"

赵淑君答道:"复仇。带着希望活下去,复仇。"

赵诗梦把书扔回到茶几上,提醒道:"那就好好读读它的最后一句吧。"随后,他慢慢起身,准备离开书房。

赵淑君好奇地看了看父亲,迅速拿起书,翻到最后一页,看了一眼,有声有色地读了起来:"……人类的全部智慧就包含在这两个词中——等待和希望!"随后,佩服地望着父亲,赞叹道,"老爸,你真神了,你读过这本书?"

赵诗梦没有看她,一边转身向外走,一边像是自言自语,又像是在答复她:"那么,人必须先要活下去,才能等待和希望。"

赵淑君看着父亲的背影,急吼吼地大声问道:"什么意思?"

赵诗梦没有回头,自顾自地走到书房门口,与提着一大捆书进来的桂芳正撞了个满怀,只听到桂芳叫道:"重死了,你还不快来伸手帮一把呀。"他接过那捆书,转身跟着桂芳又回到了书房。

赵淑君听到了母亲的声音,从沙发上跳了起来,奔了过去,一把抱住母亲,兴奋地招呼道:"姆妈,你去哪里了?想死我了。"似乎一下子把她刚才向父亲提的问题,抛到了九霄云外。

赵淑君拥抱的力量太大,让桂芳一个趔趄,险些跌倒,她站稳后,对女儿说:"淑君,你回来了就好。我去学校图书馆替你找书的。"又从赵诗梦手中接过那捆书,往茶几上一放,继续道,"我跟图书管理员一起翻了大半天,高考复习用的书都替你找得差不多了,你要好好考才对得起我。"随后,解开绑在书上的绳子,书立刻散了一茶几。这些书都是旧书,甚至有些破烂,有些书的年龄比赵淑君还要大许多,而且都蒙着一层灰尘,她一边从中抽出一本,递给赵诗梦,一边道,"这是你要的书。

竟然被我找到了。"

赵诗梦和女儿的目光都集中到这本书上。这是一本已用牛皮纸重新包装过的,原来的封面不见了,书名是用毛笔直接写在牛皮纸上的,内页已经严重泛黄,而且边角不全,可能还有缺页,似乎看得出这本书以前曾被成百上千人读过;书皮上的皱褶被压得很平整,由此似乎还可以看出这本书已被尘封了多年,很久没人碰过了。

赵淑君眼明手快,抢着接过书,大声读出了书名《花开花落》,而后抬起头,向父亲问道:"你要看这本书?"

桂芳指着书,大惊失色地对女儿道:"小孩子不能看这本书。"

赵淑君撒娇地叫道:"我已不是小孩了,看看没关系的。"转而对着赵诗梦发嗲似的问道,"这本书好看吗?是谁写的?"

桂芳圆场说明道:"这书不是给你看的。你爸爸要给人家送去的,写书的人是爸爸年轻时的朋友,她生病了,很想看看自己以前写的东西,所以我就在学校图书馆试着找了找,想不到竟然让我找到了。"

赵淑君惊讶地叫道:"老爸,你还认识作家呀,就是写这本书的?她叫什么名字?"立刻翻起书来,寻找作者的名字,可惜的是牛皮纸封面只写了书名,没写作者,而内页正好缺了最前面的几页。她兴致不减地请求道,"老爸,先让我看完,再给人家送去好吗?"

赵诗梦看着女儿手中的《花开花落》,苦笑道:"如此面目全非的书,连封面都没有,怎么拿得出手呀,给她看见了,非哭不可。"

桂芳埋怨道:"你又借不到,人家用一张介绍信就把你挡了回来,你还闷闷不乐到现在。还是学校图书馆的那个管理员跟我熟,看在我退休的老教师面子上,才肯帮我忙,从几万册旧书中把它翻出来的。我还没谢谢人家呢,你还嫌旧,嫌破。"

赵淑君一边翻着书,一边油腔滑调地插话道:"老爸,你这就不懂了。她是作者吧,看到自己的书这么旧,这么破,说明读的人多呀,应该高兴才对呀。现在我们农场里的人,没人看新书,都在翻箱倒柜地找旧书读。"

643

桂芳跟进道："书是她写的，但这本书不是她的，是借给她看看的呀，她主要看的是自己以前写的东西，而不是书的本身。"接着又啰唆了一句，"我们学校图书馆里总共才这么一本。以前这种书属于封资修的东西，是禁止阅读的，没有被烧掉已经是万幸的呢。"

赵淑君可能把书翻到了底页，读起了版权页："作者，白雪，民国三十一年十月出版。"接着问道："白雪是女的吧，漂亮吗？民国三十一年是几几年呀？"

赵诗梦对女儿的提问，挑着答道："一九四二年。"而后，他朝桂芳看了看，补充道，"你这本书，大概是第一版，那时她还没有出名。我记得就是在日本人占领租界之后，这本书才开始红起来的。"

赵淑君惊讶道："三十五年了，比我年龄还要大。那白雪现在怎么样啦？"

赵诗梦看了看她，答道："快不行了，所以想看看以前自己写的东西。"

赵淑君大惊失色地叫道："怎么？快死了？"

桂芳瞪着眼睛，教训道："女孩子，怎么说话的，什么死，死的，不会文雅点说话吗？"赵淑君看了看父亲，又瞟了一眼桂芳，不再说话了。

赵诗梦道："她现在想看这本书，完全可以理解，当时毕竟是红过上海滩的书嘛。"

桂芳应道："我记得那时我刚做老师不久，人家介绍这本书，我就借来看了看，觉得蛮不错的。那时候应该在一九四四年吧，应该是她最红的时候。"

赵淑君惊讶地叫道："姆妈，你也读过，好看哦？当时还很红的?"

桂芳没有直接回答她，指着茶几上的那堆书，道："你现在主要任务是读这些书，而不是小说。闲书等你考完了再读也不迟。"

赵淑君笑嘻嘻地请求道："这本书，我今天一个晚上就把它读完，从明天起开始复习功课。"

桂芳看着女儿爱不释手地拿着书，想起什么似的，面露不安的神情,道:"告诉你,这书你看可以,但在外面不能对人家乱说,更不许借给同学看。这种书,以前都是毒草,是要批判的,即使大人也不允许看的。"

赵淑君拿着书,一边往书房外跑,一边油腔滑调地叫道:"不是毒草,我还不要看呢。"

第二天上午九点多钟,太阳高照,赵淑君还没有起床,大概昨晚读小说读得太晚了。赵诗梦悄悄地从她的床头柜上拿走了《花开花落》,装进了一只大信封里,尔后,挑了一双张妈刚刚擦完的皮鞋,去理发店,找了熟悉的师傅,理完发,修完面,一身清清爽爽,心满意足出了店门,向白雪家走去。

在去白雪家的路上,又到了那个弄堂口,有四个男人在抽烟闲聊,但没人戴红袖章,赵诗梦心里稍安了些,对这些人虽谈不上像害怕戴红袖章的,可也有一种莫名的讨厌,更谈不上喜欢。他习惯性地低着头,在经过这些人时,偷偷地瞄了他们一眼,看到他们不约而同地都在注视着自己,还有人盯着他的皮鞋,他们的眼神让他有一丝熟悉,但一时记不清具体在哪里见过。他紧捏着那个信封,小心翼翼地通过了弄堂口,只听到后面传来一句,"看到哦,老克勒的这双皮鞋吃价钿①呃"。他突然想起来他们这种眼神很像自己以前认识的包打听欧紫生,是那种飘忽游离,到处搜索的眼神,又有点像浴室付师傅儿子小老虎的眼神,反正怎么也喜欢不起来。

这是他第二次来白雪家,可还是一路摸索着才找到。由于她家位于一排民居之中,一扇门配一扇窗的相同格局有好几户,所以他再次确认了门牌号后,才敲了敲门,出来开门的还是预料之中白雪的儿子,可他开了门,一声不响地侧过身子,让赵诗梦进去。

赵诗梦跨进门,一眼就看到房间里的四方桌上竖着白雪的黑框相片,前面有一只香炉,上面燃着一炷香,正前面还放着几个家常菜和一

---

① 吃价钿:(沪语)意为价格贵重。

碗饭,他立刻明白了,白雪走了。他足足呆了五秒钟,向前两步,把信封轻轻地放在靠饭碗的一侧,对着白雪的相片道:"书,替你找到了。"而后,转过身子轻声问她儿子:"什么时候走的?"

她儿子递上一炷香,答道:"就是你来看她的那天晚上,她突然叫头痛得厉害,去了医院,人就不行了,好像脑子里的瘤破裂了。今天是头七。"他看了看赵诗梦,又补了一句,"像我姆妈这种人,在走的当天,还能有一个年轻时的朋友来看她,是一件非常幸运的事,即使她在那里,也会为此感到自豪与欣慰的。"他说话的声音很轻,仿佛怕他母亲听到似的。

赵诗梦默不作声地敬完香,她儿子为他搬来一把椅子,道:"如果你有时间的话,就陪陪她吧。那天,你走了以后,她话特别多,一直在说你,她说你是对她好的人当中仅剩的一个了。"

赵诗梦望着在冒着青烟的香,默默地陪了她好久,抬头问道:"什么时候火化的?"

她儿子答道:"两天前。"

他问:"没有开追悼会吗?"

她儿子答道:"你知道的呀,像她这样的人,没人会为她开追悼会。但是,我姆妈好像早就想到了这一点,她很早就跟我说过,'将来我死了,不要开什么追悼会,这些都是做给活人看的,即使开了,我也不会开心的'。"

赵诗梦听到她的这句话,微微张着嘴,一时说不出话来。又是一阵长时间的沉默。赵诗梦盯着白雪的相片,发现这张照片似曾见过,好像就是以前在栾记书局里见过的那一张,笑得很开心,舞动在前额的刘海,动感十足,心想在拍照时,抓动感是吴进源的特长。他百感交集,一晃近三十年了,以往的一幕幕浮现在他的眼前。

一炷香很快就燃完了,赵诗梦起身又上了一炷香,心里默默道:"这是代吴兄的,望你能知晓。"

又过了一会,赵诗梦递了一支香烟给她儿子,问道:"她一直跟你生活在这里?"

她儿子点了点头,答道:"我没有离开过姆妈。"

赵诗梦又问:"你孩子呢?"

她儿子道:"有个儿子,在安徽插队落户,姆妈很喜欢他的。如果我儿子知道奶奶就这样走了,肯定会伤心死的。"后又补了一句,"过两天,再写信告诉他,免得他赶回来了。"

时间一分一秒的过去,第二炷香也很快燃完了,该离开的时候了,她儿子拿起四方桌上的信封,问道:"是《花开花落》吧?"

赵诗梦点了点头,答道:"都怪我没及时找到,没能让她最后看上一眼。"

她儿子取出书,看了看,道:"这大概是图书馆的书吧?要还的,就不要烧给她了。"接着看了看他,继续道,"家里还有三本崭新的,她比宝贝她儿子还宝贝着这几本书呐,一直压在箱底,谁也不让碰。直到最近才拿出一本来翻翻。"

赵诗梦一脸惊讶地看着他,说不出话来。她儿子便转身去房间里拿出这三本崭新的书,抚摸着书的封面,解释道:"其实,家里一直有这本书,她让我写信给你,大概主要是她想到自己快不行了,叫你来见见面的吧。"他说完,递给赵诗梦一本,尔后,他从水槽下面拿过一个铜制的脸盆,说,"我原来就打算今天烧给她的,你来了,正好,一起烧给她吧。"他恭敬地上了一炷香,轻声道,"姆妈,阿拉烧书给侬喽。"尔后,用手翻了翻书,让每页纸张松开一点,便于燃烧,接着捏住书脊的一角,放在点燃的引火纸上,很快火就燃遍了那本书,随后他把书轻轻地放入脸盆之中,让其燃烧厚实的书脊,喃喃地说道,"姆妈,侬把书收好了,呒没事体的辰光,可以随手翻翻,看看。"

赵诗梦问道:"她跟你提到过吗?这本书出版时,是她人生中最辉煌的时候,那时她人也年轻漂亮。"

她儿子注视着脸盆里的火焰,喃喃地答道:"是吗?姆妈从来不跟我们说她过去的事情,也很少提到这本书,我没有读过,只是看到过几眼。她只要看到我拿她的书,她就会把它收起来,不让我们读她的书。"

赵诗梦继续介绍道:"当时上海滩的市面上,有许多人读过这本书,很畅销,很轰动,里面也有她自己的许多故事。"

她儿子的目光没有离开脸盆里的火焰,跟了一句:"哦,是吗?姆妈真了不起。以后我可以好好读读了。"

脸盆中的火燃尽了,书脊却没有一丝的松开,还是书脊原来的样子,只是炭化了而已。

她儿子又拿起另外一本,递给了赵诗梦,轻声道:"你是我见过唯一一位听姆妈说'对她好的人',这本书就送给你吧,留作纪念。"歇了一歇,又补充了一句:"这是姆妈写的唯一一本书,现在已经没有几个人知道了。将来如果有机会,拜托你帮她再出版一次,这其实也是她的愿望。"

赵诗梦掏出手绢,抹了抹眼角,用颤抖的手接过那本崭新的《花开花落》,装入了信封,郑重地点点头,又默默地与她儿子握了握手,转身出了白雪家的门,离开了。

虽然赵诗梦与白雪已有近三十年没有联系,上个礼拜才碰了一面,而今天却为她做了头七,他心里空落落的,觉得在以往不多的朋友中又少了一个,觉得人生无常。恍恍惚惚走在回家的路上,不时地看看捏在手里的那个信封,觉得这就是白雪的全部了,又觉得人不如一本书的寿命长。对于白雪儿子提出的"再出版一次"的想法,他虽然点了头,但心里并没有把握。不过他觉得即使市面上这本书销声匿迹了,那些图书馆的角落里肯定还会把它留存着,会保存很长很长时间,或许一直到天崩地裂的那一天。一会儿又想到,白雪当时能够把她和吴进源的故事写进书里真好,无论故事的好与坏,他们的故事将和书永存,或许一般的人没有这种福气。他又掂了掂手中的信封,心想一定要好好保存它,待到有机会交给吴进源,也算是物归原主了。

赵诗梦一路走,一路胡思乱想,错过了电车站,索性走着回家。他看到一对年迈的夫妻,手挽着手,迎面缓缓过来,他眼睛一亮,犹如扑面而来的一股久违的清风。先映入他眼帘的是那男的一身西装革履,他一看就知道,这是睽违已久的老货,对他来讲再熟悉不过了,英式粗花呢小格子的枪驳领西装,外加花式粗纺的围巾,脚上三色的香槟式皮鞋,都是价格不菲之物,心想在当下的市面上能够遇到这样的穿戴实属不易。他悄悄地打量起他们俩,发现那男的比自己略微老一点,头发已全白了,身板却依旧挺拔,精神矍铄;女的是一身卡其布便装,干干净净的,一只手挽着男的,另一只手上拎着一款老式的带木柄的布包。面对这样的老夫妻,他们的打扮与神情,想起了桂芳那句形容上官清岚的话,"看了就让人舒服"。他又悄悄地瞟了他们一眼,与他们擦肩而过,不由得联想到上海滩以往的风情,也想到了老克勒这词。在他看来,他们俩走在一起,有点美中不足,如果那女的是着旗袍的话,那就十全十美了,尽管如此,赵诗梦还是觉得他们给这个世界带来了一阵新鲜的气息。接下来在他漫无边际的思量中,又加进了老克勒的内容。

赵诗梦回到家时,桂芳正在厅里摆弄着刚刚从院子里剪来的菊花,他把两本《花开花落》放在桂芳面前,又讲了一遍上午的故事。

桂芳停下手里的事情,拿起那本新的,仔细地看了看,抚摸着蓝色调的封面,赞叹道:"封面设计,蛮好看的。"接着唏嘘道."今天你出门的时候,我还在想,自己年轻时毕竟读过她的书,还蛮佩服过人家的,有机会也想去看看她呢,想不到结果是这样。"抬头看了看他,跟了一句感叹,"人生无常呀。"

赵诗梦应道:"是吗?我觉得当时喜欢这本书的人,大多数是像你这样的女人。还算好,她为自己保留一本完整的,现在你只能在书中看到她了。"

桂芳慢慢放下书,问道:"一个人写一本书,不容易。这书以后有可能再出吗?"

赵诗梦叹息道:"是啊,可都是过时的东西了,就像我们一样,过时了。替我收好吧,以后如果有机会碰到吴老板,把它给他吧,也算物归原主了,他有办法的话,由他去出版吧。"接着喃喃道,"我们这一代人都老了,一点点开始走了。可不知道为什么有人叫老克勒?"

桂芳把最后一朵菊花插入花瓶之中,又慢悠悠地将身子往后靠了靠,左右端详着瓶中的花儿,漫不经心地跟了一句:"老克勒,又不是什么好名词。"

赵诗梦诧异地问:"你也知道'老克勒'这词?"

桂芳以同样的表情看了看他,答道:"早些时候就有人这么叫了,似乎都用来称呼旧时阔少或有钱人之类的。以前嘛,反正有钱人都是要被打倒的,是消灭和改造的对象,就直呼他们是资产阶级呀,剥削者呀,现在只不过客气一点,不这么叫了,不晓得从哪里翻出来的这个词,好像听起来比资产阶级,剥削者略微好听点,又有一点洋味道,反正有钱人的钱财也早就被搞光了,你们这些人也最多只剩下空壳了,称呼嘛,怎么称呼都行,也就无所谓了。"

赵诗梦笑盈盈地道:"不愧为语文老师,说起来一套套的。"接着他若有所思,自言自语地感叹道,"是啊,我这种人只剩下空壳了,大概这就算是老克勒了呢。"

桂芳笑着揶揄道:"我嫁给你时,你已经没钱了,工厂也不属于自己的了,杂志社也关门了。我靠教书还赚钱呢,你还好意思说自己是老克勒的呢。"

这时,赵淑君进来,刚好听到最后一句,便兴奋地叫道:"姆妈,老爸怎么不是老克勒啦?外面叫的老克勒,就是像老爸这样有绅士风范的人,既讲体面又有教养,还穿西装呢,卖相瞎嗲①。现在外面,穿西装的人是最时髦的,就是伊拉这些人呀。"接着又对赵诗梦要求道,"我还没有看到过你穿西装的样子呢,家里有那么多西装,可以拿出来穿了。老爸穿西装肯定哈嗲。"赵淑君出生后,虽市面上已很少有穿西装的了,可每年黄梅天一过,张妈拿出柜子里的衣服放在院子里晒霉时,是她大开眼界的时候,长大了,她甚至拿着妈妈的旗袍,一件件地挂在身上比画,

---

① 卖相瞎嗲:(沪语)外表很好看。

父亲有多少西装,她也一清二楚。

赵诗梦点燃一支香烟,若有所思道:"今天回来的时候,倒是看到一个穿西装的,蛮精神的,好怀念呀,仿佛又回到了从前。"接着感叹道,"我的身材变化不大,以前的西装都可以穿的。"

赵淑君急切地叫道:"我今年春节回上海的时候,就看到人家穿了。老爸,穿呀,穿西装呀,放着不穿,干嘛呀?土不拉几的中山装可以扔掉了。你穿西装,就是上海滩上标准的老克勒了。"

桂芳跟了一句:"你老爸本来就不太喜欢穿中山装的,年轻时,都是西装笔挺的,还开小轿车呢。"

赵诗梦吐出一口烟,仰起头,似乎在回忆,感慨道:"以前,我岂止穿西装,开小汽车呀……"一副欲言又止的样子,停了停,又以惋惜的口吻加了一句,"现在呀,倒是蛮怀念那辆小汽车的。可惜呀,现在国家不进口这种车子了。"

赵淑君两眼放光,激动地抿了抿嘴,手舞足蹈地赞叹道:"老爸,你年轻辰光,肯定瞎嗲,卖相瞎好,又是西装,又是小轿车的,噱头好好较比现在的年轻人灵嘞。"

桂芳发现女儿有点亢奋,警觉地对赵诗梦提醒道:"你就不要再用以前资产阶级的生活方式引诱她了,你看她的口水都要流出来了。"

赵诗梦一脸无所谓的样子,应道:"车子呀,西装呀,是你们先提到的,我只说了这些东西我以前都有,怀念怀念,怎么就引诱她了?"

赵淑君转到赵诗梦的椅子背后,居高临下地搂着他,油腔滑调地发嗲道:"老爸,我口水流下来了。没关系。我问你,你以前整天西装革履的,开着车,所以,就把姆妈骗到手了,对哦?那你就穿一套西装让我看看吧。"

女儿的话,让赵诗梦有点得意,仿佛把他拉回到了那个时代,开心地抬头对女儿笑道:"如果你能让你姆妈穿旗袍,我就穿西装给你看。"随后,转向桂芳问道,"我第一次看到你时,穿的那件旗袍还在吗?那件很漂亮。"

桂芳随口反问道："哪个第一次？"

旁边的赵淑君瞪大着眼睛，看了看他们俩，好奇地问母亲："哎，哎，你们谈恋爱，有几个第一次呀？"

他们确实有两个第一次见面，这个问题让他们有点不太好回答。桂芳不好意思地笑了笑，瞄了赵诗梦一眼，答道："你问他去。"把难题推给了他。

赵诗梦笑嘻嘻地补充道："就是在公园门口和你碰面的那次，我记得是一件暗红色的，很漂亮。"

赵淑君叫了起来："哦，我知道，我知道，我在箱子里看到过，瞎嗲瞎嗲，就是黑底加暗红大花纹的，花纹随着视线角度的变化，会显现出不一样的红。"又乐呵呵地对着母亲，夸张地做了一个鬼脸，加了一句，"哦，原来姆妈就是穿这件旗袍，去和老爸约会的呀。"

或许旗袍让桂芳产生了怀念，她叹息道："现在外面穿西装的是有，但穿旗袍的好像还没有呢。如果有人穿的话，我倒是有好几件像样的旗袍可以穿呢。"转而对女儿道，"姆妈的旗袍都很漂亮的，暗红的那件很贵，记得做这件旗袍的时候是一九四九年的开春，大概花了我一个月的工资呢；还有一件湖绿色印花的，也蛮好看的，春秋天穿，特别灵①。"

赵淑君眼神里带着幻想，兴奋地提议道："如果外面有人穿了，姆妈，你让我先穿好哦？我为你打前站，反正我们俩身材差不多。"

桂芳收拾着桌上菊花的残枝残叶，不冷不热道："你呀，现在给我好好复习功课，考上了，回上海了，以后好衣服有的让你穿了。"

赵淑君突然想起似的，说："听人家说，现在大学里开始流行跳舞了。姆妈，老爸以前会跳舞吗？"

桂芳听了她的问话，笑着朝赵诗梦瞄了一眼，道："你老爸呀，不但会跳舞，而且最喜欢跳难度很高的探戈呢。"看似漫不经心的回答，可语调里似乎有着另一层含义，是说给赵诗梦听的。

---

① 特别灵：（沪语）此处意为特别合适。

赵淑君惊讶地叫道："老爸，你真是上海滩的老克勒哎，还会跳舞。"随后一副嗲嗲的、馋馋的样子，绕到赵诗梦面前，一边伸出手来，就要拉赵诗梦起来跳舞，一边恳求道，"来，教教我，怎么跳探戈。"

探戈这个词，赵诗梦已有几十年没听到了，可这次从桂芳嘴里听到，他总觉得味道有些怪怪的，虽听不出恶意，可也有着不少戏谑的成分，似乎在拿他开玩笑，仿佛探戈两字后有让他感到难为情的事情。赵诗梦向桂芳白了一眼，却发现她正在偷笑，似乎在为自己的恶作剧而得意。赵诗梦掰开赵淑君的手，依然坐着，做出一副不耐烦的样子，数落道："你现在是复习迎考的时候，学什么跳舞呀，以后进了大学，和你男朋友去跳。"

赵淑君看赵诗梦不肯跳舞，发嗲也没用，又遭到了数落，悻悻然地自言自语道："不跳，拉倒吧。"只能自己在原地转了两圈，晃到桌旁，拿起凉壶，为自己倒了一杯水，喝了一口，看到旁边放着的《花开花落》，叫道，"我昨天看的不是这本，新的？哪里来的？"便拿在手里翻了起来。

桂芳看到女儿认真翻看的样子，以为她又要占用复习时间来看这本书了，心里有点急，便劝说道："两本一模一样的，你别再看这种闲书了，昨天晚上没有看够？赶快开饭，吃完后继续复习。"而后，转身去厨房帮张妈端菜上饭。

赵淑君依然在翻着书，赵诗梦向其问道："这书，你不是昨晚看完了吗？看出点什么名堂经来了吗？"

赵淑君一边合上书，把它放到旁边的柜子上，一边答道："嗯，看完了，还蛮好看的。"尔后，扭头看到赵诗梦的表情，似乎在等待自己说下去，有点像要考考自己的样子，便摇头晃脑地卖弄了起来，"昨晚读了一晚上，我认为此书写得不错，写尽了女人的孤独，写尽了女人骂男人的话，就如女主人公在离婚八个月后，对其小姊妹所总结的那样，'我什么男人都不要，我孤独，我自由，我开心'，写尽了孤独的好与坏，完全是以自我为中心作为出发点的有感而发，是女人向社会的呐喊和宣言……"

她正起劲地说着，恰好让端着碗筷进来的桂芳听到，便打断道："什么乱七八糟的,我早就知道了,她看这种书没好处。你现在不要想着孤独不孤独的事,要想办法考上。"

赵诗梦饶有兴趣地帮着女儿道:"你让她说完嘛。"

桂芳更加不答应了,反驳道:"你听听,她说的是什么呀,'我什么男人都不要',这种下流话也是女孩子说的?"

赵淑君急着辩解道:"这是书里的话,又不是什么下流话唠。我们在农场里,有时候晚上只要一关灯,我们女生寝室里可热闹啦,大家要么一起骂男人,要么一起说下流话,那才下流呢。"

桂芳有点吃惊,看了看赵诗梦,道:"你看看,她现在待的农场是什么地方呀,全把她带坏了。"又对女儿像是发布命令似的,"你必须给我考上大学,早日离开那里。"

赵淑君满不在乎道:"我们那里就是这样的。林彪早就说过了,'上山下乡,变相劳改',你们以为什么地方呀?白天干活,累也累死了,还不许我们晚上放松放松?"

桂芳大惊失色,瞠目而视道:"你怎么会变得这么反动的,我警告你,这些话,绝对不能在外面乱说。'上山下乡,变相劳改',这句话是用来批判的,而不是像你这么说的。你在外面乱说话,要倒霉的,我们在上海想帮你也帮不了,知道了吗?"

赵淑君看着母亲严肃的表情,有点不耐烦,轻声嘟囔了一句:"这又不是什么反动话唠,我们那边比这更反动的话,还有的是呐。"又有点想息事宁人,做出一副愿意屈服的样子,就以较高的声调答应道,"姆妈,你放心好嘞,我已经这么大了,知道内外有别的,在外面绝对不会乱说话的。"

赵诗梦望着桂芳紧张兮兮的,一脸操心的样子,突然想起了自己还有一个儿子赵稚君,在记忆中似乎自己从来没有为这个儿子操过心,更不用说为儿子在外面说话,而担惊受怕过呐,觉得她们母女俩太可怜了,又爱莫能助,心里苦滋滋的。为了缓解说话的气氛,赵诗梦故意做出漫不经心的样子,笑了笑,不失时机地插话道:"淑君呀,你不想继续

'劳改',那你就该考上大学,要考大学,你就该好好听姆妈的建议,她是做中学教师的,以前她班级里出过许多大学生。"他的话说得很轻松,像没事一样,可眼前顽固地浮现出了儿子去美国的情景,虽有些像是虚幻的影子,却怎么也拂之不去。在吃饭的过程中,赵诗梦一声不响,只是听着桂芳在教导女儿如何复习功课。

第二十一章 旧友重逢

对于赵诗梦来讲，好日子来的速度似乎比不上人变老的速度，眨眼之间，他已七十好几了，人也变得更加多愁善感了，不知道是由于白雪、韩厂长夫人秦丹莉这样的旧友和家里张妈的相继离世所引起的，还是年老体衰所致，他所有的生活节奏都慢了下来，每天慢悠悠的起床，慢悠悠的进餐，慢悠悠的出门，仿佛老了一大截。日子过得也一点没有起色，再加上孵混堂的习惯因不喜欢那里的年轻人，舍近求远，宁愿去西藏路那边的大观园，但有两件事情，让他值得欣慰：一是马路上穿西装的人多了起来，在服装店里也可以买到西装了，他可以名正言顺地把中山装丢弃一边了，换上西装，哪怕是箱子底下翻出来的，几十年的陈货，可穿在身上觉得浑身舒坦，仿佛自己年轻了许多，是件非常愉快的事；还有一件是，在外滩后面，发现了一家旧咖啡馆还开着，而且与以前相比，变化不大，咖啡的味道也与从前的相差无几，每天都有许多和自己相仿的人在那里聚集，上午尤其人多。有时候，他会一身笔挺的西装，上午在那里喝咖啡，中午把随身携带的小包里的美金或者金条换成现钞，下午去大观园孵混堂，而后在回家的路上，在路过的几家老熟食店里，买一点熟食带回家。

从那以后，赵诗梦常常会在早上，捏着一份报纸，来到他发现的那家旧咖啡馆里，要上一杯咖啡，尔后，喝一口咖啡，翻看报纸。和三四十年前相比，差不多的环境，相仿的动作，似乎与几十年前的某一天，并无二致，其实，早已时过境迁。那时上午去咖啡馆，仿佛是一天开始的仪式,读报是生活的一部分,喝咖啡的时间也不长,甚至会有些匆忙;而现在,孵咖啡馆成了消磨时间的一种方式,读报则是偶尔翻翻,可有可无,喝咖啡的时间会很长,一切都是慢悠悠的,喝一杯咖啡,常常会坐上大半天。比以前多出来的,是会靠在咖啡桌边的椅子上打瞌睡,有时还会与陌生人聊一会儿天。

那天,赵诗梦已在那里坐了蛮长时间了,对面的位子迎来了第三批客人,是一对夫妇。他们两个人手里都提着数个袋子,男的还推着一个崭新的滑轮旅行箱,像是刚刚在南京路上买了衣服之类的东西,他们的东西把旁边的两个座位都占满了,只听到男的说:"今天买的差不多了,有些东西可以到那边去买,可能会更加好一点。"

赵诗梦觉得说话声似曾听到过,却记不起在何时何地听到过的,便仔细打量起他们来。那个男的有些脸熟,戴着一副黑框眼镜,年龄好像与自己相仿,就是记不起来是谁,但旁边那个女的,可以肯定从来没有见过,看起来他们俩还很亲热,很黏糊,一副老来俏的样子。他不敢贸贸然地打招呼,便慢慢地从烟盒里取出一支烟来,一边点燃,一边观察,希望能够想起那人的名字。

那两人点了咖啡、蛋糕和点心,看着身旁新买的东西,一脸的满足,似乎身心放松了下来,开始愉快地享受起咖啡时光。那个男的掏出了香烟,想点火时,大概发现自己没带火柴,就开始向周围寻找可以借火的人。当目光落到赵诗梦的身上,他眼睛发出惊喜的光芒,像是条件反射似的欣喜若狂地叫道:"赵先生?"

与此同时,赵诗梦也一下子记起了那人,脱口拖长着语音,应道:"郁——剑——秋,哈哈,郁记者呀。"赶紧递上打火机,补了一句,"哪能嘎巧①啦,真是依哎!"

郁剑秋接过打火机,道:"真巧,大概有三十多年呒没见面了哦?侬好像呒没啥变过哎,还是西装笔挺,卖相蛮好。"接着拉过那女的,介绍

---

① 嘎巧:(沪语)这么巧。

道,"我老婆,出来买点东西。"随后,指着赵诗梦,兴奋地对她吹道,"赵先生,老底子是上海滩上大名鼎鼎《蓝玫瑰》杂志的主编,此时此地,能再次遇到伊,真是幸运之至呀。到底是老底子的小开呀,侬看伊保养得好哦,面色红润,头上白头发也呒没几根,而且还头丝煞煞清①,跟老底子一模一样,胖瘦几乎呒没啥变过,所以我一眼就认出了伊,阿拉勿好跟伊比的呀。"他们把座位移到赵诗梦的正对面,女的用手捂在郁剑秋的耳边,悄悄地嘀咕了几句,郁剑秋笑着道,"老兄,我老婆讲侬是老克勒。"

赵诗梦再次听到老克勒这名词,笑呵呵地看着他们,郁剑秋前额已经秃了不少,余下的也几乎都是白发,干瘦的脸上,虽有许多皱纹,可满脸是喜悦的神情,妻子脸上也一直带着微笑,这种微笑一眼就能看出是那种人逢喜事,由心而发的微笑。他客气地问候道:"近来好哦?"他此话一出口,忽然间,想起了十几年前,有人来厂里调查郁剑秋的事情,觉得这么问,有点不太妥当,正想办法把话圆回来。

郁剑秋仰起头,呼出了一口烟,兴冲冲地介绍道:"阿拉夫妇下个礼拜天将去法国,前几天护照和签证刚刚办好。"在旁边的妻子也一脸难以掩饰的兴奋,仿佛得了什么大奖似的,在旁边频频点头。

赵诗梦受他们俩情绪的感染,连忙贺喜道:"恭喜,恭喜,终于可以出国了。"话一出口,又觉得不对,自己也搞不懂为什么要加上"终于"两个字,有些懊恼。

郁剑秋幸福感满满地感叹道:"终于熬出头了,多亏在法国的姐姐帮忙,才这么顺利。"原来他姐姐在抗战胜利后,随丈夫一同派遣去法国,后来成了那里的居民,这次他们夫妇以探亲名义而去。

赵诗梦笑眯眯问道:"还考虑回来哦?"这个问题,似乎是当时碰到即将出国的人必问的,一般的回答也是以不回来的居多,更有人信誓旦旦地回答"再也不回来了",甚至有人以不回来而感到骄傲与得意。

---

① 沪语:头路发丝清晰。

郁剑秋的脸稍微变得严肃起来，答道："侬晓得的呀，我也要奔七十的人了，老底子好坏是做记者的，这几十年来一事无成。我过去后，想好好思考一下，准备写一点东西，如果能够写出一点东西的话，也不枉此生了。至于回不回来，那是其次的事情了，也许以后人老了，会想落叶归根的吧。"

郁剑秋的语气中有着一种与其年龄不相称的踌躇满志，赵诗梦有点诧异，这么大的年纪了，还想着著书立说，在他看来有点不可思议。为了尊重起见，他不加评论，只是煞有介事地点了点头，又觉得或许自己还不太了解此人。

刚才亢奋的气氛减少了许多，几十年未见的老朋友相见，话题总是围绕着旧人旧事，郁剑秋直接问道："你跟吴进源有联系吗？"

赵诗梦平静地答道："还有一点，逢年过节寄张贺卡、明信片什么的。"心想郁剑秋不提那两人调查的事情，自己绝不先说。

郁剑秋喝了一口咖啡，斜着头，盯着他，以较快的语速，一口气说出："十几年前，我差一点就去香港和他碰头，后来没有成功。"

赵诗梦只是简单地问道："当时，你准备怎么去香港？"似乎想通过发问，把他的话引出来。

郁剑秋噗哧地笑了一声，像是什么西洋镜让人穿帮了，直白地把话说开了："他们没有来找过你？""他们"两个字说得有声有调，让赵诗梦只能用意会的方式去理解指的是谁。

赵诗梦也笑了，看了看他旁边的太太，道："他们当然来找过我嘞，我为你说了许多好听的，我还以为他们要枪毙你嘞。到底是怎么回事？"

郁剑秋抬起手，庄重地伸出三根手指，道："我被他们关了三年。"语气中掺杂着一种倔强与顽固的成分，又像是在诉说自己的什么壮举似的，停了停，他看了看周围没人注意他们，继续道，"后来，他们查清了我不属于叛国投敌，属于一般的偷渡边境，这里有你的功劳。随后，就把我送回单位，监督劳动一直到一九七七年才解放。"尔后，朝赵诗梦认真地点了点头,补了一声,"谢谢侬了。"

赵诗梦顺应道:"勿要谢我。只要你好,便就是我的一片蓝天了。"接着带有安慰语气道,"这次侬可以大摇大摆地出国了,带着太太,还可以随心所欲,想在外面待多久就多久,自由呀。"

或许赵诗梦的话,说到了他们夫妇俩心里去了,他们俩笑眯眯地瞪着他,沉默了一会。郁剑秋歪着头,夸张地转了转眼珠子,拖长着语音:"你怎么把我们说得像大逃亡似的。"当此话一出,三个人停顿了一秒钟,尔后,他们仿佛忘记自己的年龄,爆发出一阵痴笑,笑的声音实在太大,太刺耳,太无所顾忌,惊动了周围的客人,许多人好奇地扭过头来,看他们是怎么回事,也有人轻声骂道"这帮老克勒,也蛮十三点①呃"。

三人笑停后,郁剑秋接着道:"你也别羡慕我们了。据我所知,你有个儿子在美国,好像很早就过去了,大概在那里已成家立业了吧。你作为父亲去看望他,去美国不要太容易喔,准备什么时候去?"

赵诗梦的儿子在美国多年,小有成就,但是不知道什么原因,或许儿子离开他的时候太小,太年轻,被他认为还没有建立真正的父子感情;或许他与儿子之间还夹着前妻顾素贞,而前妻与儿子的往来明显多于他,所以在很长的时间里,他不怎么想起儿子,即便最近几年可以通信了,他们之间也少有信件往来,他在外人面前很少提起儿子的事,更别说考虑借着探望儿子的机会去美国了。赵诗梦看着郁剑秋,第一反应是他怎么会知道这些情况的,心想大概是多嘴的吴进源在与他通信中提到的,然而,在郁剑秋面前又很难说清原委,便一声叹息道:"这种事,我还真没考虑过呢。"

郁剑秋一脸诧异,仿佛原来志同道合的朋友,一下子变成了陌路人,急忙道:"你有这么好的去美国的条件,千万不要犹豫。你现在虽然没了厂家和杂志社,但瘦死的骆驼比马大,总归比我们好吧,要钱有钱。哦,对了,你还留过学,语言也没有问题,不像我们现在还在学法语呢。

---

① 十三点:(沪语)此处意为疯子。

这个上海滩,你还留恋什么呢?我看呀,你现在应该坐在纽约的咖啡馆里,而不应该坐在这里。"这话里隐藏着赵诗梦应该去美国的理由,而且在为他着急。

赵诗梦听懂他的每一句话,也理解他的一片好心,鉴于自己有说不清的理由,只能打哈哈,半真半假自嘲道:"我现在是个穷老头了,把杂志社,纱厂弄没了,活成这样,还有脸面去见儿子?……所以啊,这事就不想了。"他本来按着顺序还要说一句"让他母亲和我的那个后妈笑话我吗",可话到了嘴边,心想郁剑秋未必知道自己家里的这些丑事,就改成了"这事就不想了",尔后,又不知道这话能不能搪塞得过去,只能傻笑。

或许有以往的友情垫底,郁剑秋说话依旧直来直去:"我们花了九牛二虎之力,才搞到了签证,而你有现成的机会不用,我看你啊,变傻掉了,变麻木了,根本不像当年办杂志,拖着吴兄搞摄影集的你了。那时,我其实在心里是非常佩服你的,你既精明又能干;现在啊,我看呀,即使跟你打麻将,你也是缩头缩脑的,有和不和猪头三①。"

赵诗梦道:"你还记得麻将,真好,说明你还没有老,我老早就想不起来了。"看了看郁剑秋的太太,感慨道,"老啦,没有冲劲了,成缩头乌龟了。"

郁剑秋太太笑盈盈地插话道:"现在上海滩,只要家里有点海外关系的,都削尖脑袋朝外面跑。像赵先生这么老克勒的人,有机会不出去,可惜了。我跟剑秋是好不容易才获得签证的呀。"她说话时,眼睛里闪烁着愉快的光芒,似乎眼旁的鱼尾纹里也溢满了幸福。

郁剑秋似乎并没有受赵诗梦感慨的影响,继续沉浸在即将出国的兴奋之中,哈哈地笑了笑,摇了摇头,对赵诗梦说:"我劝不动你,过几天,叫吴兄来说服你。"

赵诗梦吃惊地问道:"他要来上海?什么时候?"

---

① 沪语中的麻将俚语,意为有机会和牌而不和牌的是傻子。

郁剑秋信誓旦旦地解释道："他马上会给你来信的。因为我要去法国了，写信告诉了他，他来信说正在办理入境手续，下个月就能来上海，还提到了要和你畅饮叙旧呢。可我等不及了，愿你们在上海白相得开心。"

赵诗梦道："好呀，那我就先把你们夫妇送走，再恭候他荣归故里。今晚，我在和平饭店南楼请客，要好好为你们送行。"

那天晚上，赵诗梦把桂芳也叫上了，他们四人一起用餐，算是为郁剑秋夫妇送行。他们有着共同的过去，谈了许多过去的事情，有好，有坏，有开心的，有悲伤的，还谈了许多将来的事情，几乎全都是高兴的事情，直到很晚才分手。

在赵诗梦夫妇送走了郁剑秋夫妇两个礼拜后，迎来了老朋友吴进源夫妇，他们下榻在南京路东头的和平饭店。赵诗梦夫妇为这对荣归故里的夫妇的接风宴安排在南京路近西藏路口的燕云楼。

傍晚时分，吴进源夫妇大概想看看南京路的街景，建议大家逛逛南京路，他们一字排开，走出饭店。吴进源虽然脸上留有岁月的痕迹，却依旧一副风流倜傥的样子，浓密厚实的头发中夹杂着白发，飘逸挺括的亮色休闲西装，配真丝轻飘的花花绿绿领带，在深色服装居多的人群里显得格外的抢眼，也明显比赵诗梦身上的隆重而考究的厚实老派西装高出一筹；甜芯芯依然清瘦优雅，光阴让她的笑容更加妩媚，更有魅力，紫红色的旗袍配一款手拎的白色小皮包，在衣着素色无华的人群里，显出特有的亮丽与华美。他们迎着夕阳的余晖，信步在南京路上，马路当中有着人车分离的隔离带，人行道一侧人头攒动，拥挤不堪，不一会儿，人流就把他们四人并排走路的方式分化为两男两女，一前一后。

赵诗梦和吴进源走在两个女人的后面，吴进源看着前面桂芳和甜芯芯的背影，道："老兄，桂芳一看就是一个蛮有文化教养的好女人，你是从哪里觅来的？"说话的模式仿佛又进入了三十多年前的样子，没有客套，没有顾忌，有的只是直来直去。

赵诗梦笑了笑，简单地答道："以前，她喜欢读我的《蓝玫瑰》。"

吴进源笑道："哦,原来是你杂志的读者,崇拜者。不错,不错,肯定蛮浪漫的。"语调中夹杂着以往调侃的味道。

赵诗梦回敬道："你也不是在来你店里拍照的女人中很活跃嘛。"

吴进源赶紧堵住他的嘴,摇了摇手道："你就别提以前的那些烂事了。"

尔后,吴进源开始左盼右顾地欣赏起来,熟悉的马路与建筑,陌生的店面与招牌,还有与香港街道上不一样的人群。在夕阳的映衬下,尽管人群中穿着深色衣服的居多,却像是披上一件件淡淡的金红色的外套,十分绚烂,令人炫目,显得难以辨别什么是真实的,什么是虚幻的。他似乎很难找到暌违已久的感觉,看了看身边的赵诗梦,感慨道:"三十几年了,我在外面夜思梦想的就是这条南京路,真的一点都没变,还是那么多的店,那么多的人。"他的语气中听不出是在赞美,还是贬低,又似乎藏着一种难以察觉的优越感或者失落感。

赵诗梦陪着笑脸,道："老弟呀,明人面前不说暗话,你只知其一,不知其二呀。你看,前面的永安、大新、先施、新新四大公司的房子都还几乎是原来的样子,可今非昔比啦。"

吴进源煞有介事,自以为是地应道："是啊,知道,我知道。"他们在河南路口停下,他向左右看了看沐浴在夕阳中的披着金灿灿光晕的人们,道："我去香港的时候,那里破烂不堪,可现在的繁荣,远远超过了上海,这不是上海人的错,不过上海是人精荟萃之地,以后肯定会反超的。"

赵诗梦顺着他的话,笑道："这里哪有人精荟萃呀,像你这样的人精都走了。"看他好像还在专心致志地观察周围的景色,赵诗梦也就没了继续揶揄的心思了,便缓慢而直白地说道,"趁现在我们有单独的机会,有些事情要先跟你交代一下。你的老情人白雪死了,已经有几年了。"后又补充了一句,"三十几年来,她一直独自和小儿子一起生活。"有关白雪其他的故事,赵诗梦没有立刻急着往下说,想看看吴进源是否愿意听白雪生前的故事。

吴进源似乎背后被人猛击了一下,直勾勾地望着前面两个女人的背影,足足停了三秒钟,扭过头来,抖抖索索地问道:"她死了,怎么死的?"

赵诗梦把自己见白雪最后一面的情况告诉了他,接着道:"这回我把那本《花开花落》交给你,她保存得很好,还是崭新的,你回去翻翻吧,也许会想起点什么。她儿子希望有机会能重新出版,这也是她的心愿,你回香港后再看看,能不能帮她了了这个心愿。"

吴进源道:"那你尽快给我吧,我还真想仔细读一读呢。即使花再大的代价,我也会把它重新弄出来。"

赵诗梦看到他如此郑重其事的表情,心里得到了一种前所未有的安慰,像是了却了一桩心事,心想毕竟大家是从那个时代过来的。横马路上车辆没有了,赵诗梦看他还愣在原地,便碰了碰他,示意他继续往前走。为了调节说话的氛围,道:"白雪为你守密了一辈子,我是在她生前最后一天才知道的。她真好。"

吴进源木讷地问道:"守密?什么守密?"

赵诗梦笑了笑,戏谑道:"她是不是足足比我们大九岁,为了这个,为了避免人家说你被她'老牛吃嫩草',她一直替你保守着这个秘密,连在骂你的书里,都舍不得提这个秘密,你看她有多爱你呀。"又感叹了一句,"你们两人的秘密可真多呀。"

吴进源愣了愣,尔后笑道:"那时,我私下确实喜欢叫她姐姐,甚至喜欢叫姆妈,大概是我那时候的一个癖好吧,她也愿意让我这么叫。她正好比我大九岁,看不出来吧?这是我们之间的一个小秘密。"语气中尚存着一丝狡猾的骄傲。他看了看赵诗梦,问道,"今天,那本书带着吗?"

赵诗梦晃了晃手中的包,道:"带着。"

吴进源急不可耐地说:"过一会就给我吧,我今晚就想看,现在读起来肯定会很有意思的,她是个好人。我在来的路上,还偷偷地想过,想叫你帮忙联系她,让我们见上一面的呢。"

赵诗梦应道:"你们见面是不可能的了。她在去世前,曾吩咐过她的小儿子,要他把自己的骨灰从乌镇路桥上撒到苏州河里去,她倒是想得很明白,连墓都不要,就连那条又臭又脏的苏州河都不怕,只要有那本《花开花落》在世上就可以了。"顿了顿,继续道,"过几天,我就把书给你。将她的书再版,就是你们最好的见面。"停了一下,又加了一句:"你如果需要出版授权书,我会让她儿子写给你的。"

吴进源重重地说了一声:"知道了,谢谢你。"尔后,两人默默地走了一段,他突然毫无征兆,像神经质似的蹦出了一句,"他妈的,这些年你们在内地,怎么过日子的?"赵诗梦知道他骂人的没有说全部,也知道他要骂的什么人,就没有接话,继续一声不响地陪着他往前走着。过了一会,他冒出一句,"你还记得穆时英的事吗?被锄奸队刺死在马路上的那个。"

赵诗梦听到穆时英的名字,立刻想到吴进源在想着白雪生前那些朋友的事情,便答道:"当然记得唠。"

吴进源道:"我最近在香港的报纸上看到,有人说他不是汉奸,他真实的身份是重庆方面派出去的人,锄奸好像是误杀,不知道是真是假。"

赵诗梦第一次听到这种说法,除了诧异,却无从判断,他茫然地看着周围川流不息的人群,只是淡淡地说了一声:"是吗?"

吴进源接着道:"你说这个世界滑稽不滑稽?"赵诗梦无言以对。

尔后,他们俩又默默地朝前走了一段,来到了浙汇路口,前面是原先施公司的大楼。赵诗梦想起了从这里送走虞凯欣姨太太陆莺的事,问道:"你知道陆莺的情况吗?"

吴进源看了看前面已变成服装公司的先施公司,仿佛也记起了当时送陆莺的情景,答道:"哦,虞兄的那个姨太太,陆莺呀,我在香港和她联系上后,有一段时间里经常见面,她一再提到你是个好人,曾在小旅馆里找到她,救了她的事。后来到了五十年代末,她跟她的姨妈去英国定居了,再后来的情况就不清楚了。"接着反问道,"哎,现在我们的虞兄,近况怎么样?"

赵诗梦叹了一口气,扼要地把煤球店的故事告诉了他,只见吴进源两眼无神地感叹道:"想到他可能会死,却没想到他会死得这么惨,烧死的。"

赵诗梦应道:"我也想过无数次了。据看到现场的人说,他是和一个女人抱在一起烧死的,两个人的尸体交织在一起,分都分不开,这是一种什么样的死法呀,或许这是他们俩所要的一种最浪漫、最好的死法吧。"

他们俩又默默地走了一段,来到燕云楼。他们的太太和小杜,还有许少超已等在那里了,大概已相互自我介绍完毕了,正起劲地在聊着天。由于包房没有休息的地方,大家都围着圆餐桌落座,一番简短的招呼后,吴进源向赵诗梦问道:"今天还有谁?"

赵诗梦扫了一圈,道:"还有两位,过一会看你是否认得出来?"卖了一下关子。

吴进源答道:"我的眼力很好,只要以前一起白相过的,我肯定能够认出来。"接着对许少超说,"老弟,现在怎么样?"

许少超笑道:"就剩身体还可以,每天早晨跑跑步。"停了停,看了看小杜,继续介绍道,"英国佬走了,我就再也没有好差事了,做过驾驶员,营业员,而且家里子女又多,苦不堪言呀,一直混到前年才退休。"

赵诗梦替他说明道:"他是我们当中最厉害的,养大了七个孩子,现在全部出道了,他还想返老还童,每天坚持跑步五公里,到外滩黄浦江边报到,就是头发脱了不少。"

吴进源叹了一句:"多子多福呀。"尔后,对着小杜道,"小杜,你倒变化不大,我一眼就认出来了。"他朝周围扫了一圈,似乎在寻找谁,后又问道,"哎,你们杂志社的,还有一位头子蛮活络的,一直跟你在一起的,叫阿什么的小兄弟呢?"

小杜道:"叫阿敏,鲍逸敏?"尔后,朝赵诗梦看了看,像是在问,这个事情是你说,还是我说。

赵诗梦用手指在脑袋的一侧,转了一圈,应道:"阿敏呀,来不了了,他疯掉了。"这话吸引了在场所有人的目光,似乎都在等待他的下文。他看了看大家,继续道,"阿敏从我这里出走的事情,你还有印象吧?"

吴进源眼睛朝天花板转了一圈,道:"哦,是啊,我记得,我记得,他不声不响,还拿了你的钱,去哪里了?"

赵诗梦简短地说了说鲍逸敏出走的故事,尔后,接着道:"到了六十年代,他受到了冲击,人家说他是特务,在隔离审查时,疯掉了,一直没有缓过来。"其实,后来的这些信息都是这几年来小杜陆陆续续告诉他的。另外,在此前他还考虑过是否邀请鲍逸芸。鲍逸芸和那个右派老师离婚后,带着儿子又嫁给了单位里当时的造反派头头,听小杜讲,她在不应该结婚的时候结婚,在不应该离婚的时候离婚,现在又在忙着离婚,主动断绝了与外界一切联系,所以他们也不必强求;同时,还考虑到她以前与吴进源接触并不多,所以赵诗梦就没有邀请她。但在此时,提到了鲍逸敏的故事,他不免会联想到她,在他看来,她就像一块经过长时间存放的可口的蛋糕,已腐败变质了,再也不能食用了,只能丢弃,当然他为此黯然神伤,仅仅只是感到惋惜而已。或许他感到自己老了,再也不会想起那句让他曾经动心不已的"即使做小,也可以"的话。

吴进源对甜芯芯说玥道:"这个阿敏,也许你以前见过的,但不一定记得。"

甜芯芯点了点头,向小杜露出惊讶的表情,感慨地问道:"怎么会这样的呀?"

小杜接着补充道:"在隔离审查时,人家发现他总是吃报纸,说胡话,就把他丢在一边,当时没有好好的治疗。现在虽然平反了,离休了,享受离休待遇,住在老干部病房里,可这个病怎么也治不好了,又没有老婆,整天靠他的两个妹妹轮流照顾着。"

桂芳诧异地插话问道:"精神病医院里,也有他们这种人住的高级病房吗?"

小杜听了这样的发问,隐蔽地嬉笑了一下,转了转眼珠,道:"具体什么医院,我倒不太清楚,反正他享受的待遇不会低的,住的病房肯定

667

蛮高级的。"似乎有意在回避着什么。

甜芯芯好奇地问道:"刚才你说的离什么休的,是什么呀?"

可能小杜没有听清她的问话,有些迟疑,吴进源似乎听出了一些门道,诡异地笑了笑,插话道:"你搞不懂的,这大概是他们内地特有的干部退休制度吧。"他的微笑似乎在告诉夫人,不要好奇心太重,免得大家难堪。

这时,朱跃中和上官清岚进来,打断了他们的闲聊。吴进源一见到他们俩,大声叫道:"哈哈,上海滩标准的小开夫妇,别来无恙啊?"久别重逢,语气里依然有着以往打招呼的方式。

朱跃中笑道:"你再不来,我以为你在香港只顾得自己吃喝玩乐,把我们的难兄难弟都忘了呢?"

吴进源笑道:"现在来,也不迟呀。"

朱跃中开玩笑道:"是来接我们去香港的吧?"引来了一片欢笑声。

吴进源转身望着上官清岚,笑着夸张地感叹道:"呀,呀,美女到底是美女,一点看不出岁月的痕迹,优雅依旧,温婉斯文。"他与上官清岚也算得上是旧友,招呼时有调侃的成分。

上官清岚挽着朱跃中的手臂,对甜芯芯委婉地一笑,红着脸回敬道:"韶华已逝,人老珠黄,已退休好几年了。谁像你,风度翩翩,潇潇洒洒的,还是一副青春年少正当时的样子。"说得大家哈哈大笑。

人到齐了,正式开席后,大家为重逢干杯。阔别三十几年的重逢,往事与当下连在了一起,大多数话题都是以前的谁,现在怎么样了,相互打听着,介绍着;又由于两地生活背景的完全不同和时过境迁,他们话里话外都留有了一定的分寸和顾及,显现出他们的理解与友情。

赵诗梦问道:"我们以前的朋友冷中宝,现在怎么样?今年大概要八十岁了吧?"

吴进源介绍道:"恐怕要八十出头了吧。他呀,去了台湾后,人家就不要他干了,他在台北办了个什么贸易公司,一直在跟香港的同行做着生意。早期也来香港找过我几次,后来由他儿子来,大概赚到一些钞票,听他儿子讲,他犯过一次蛮厉害的心脏病,行动不便。去年他儿子同我商量,准备在内地广东开一家玩具厂,替美国人做玩具,问我有没有路子,我也没这个本事,只能作罢。"

赵诗梦似乎沉浸在回忆之中,又问:"那个靠卖美国车的'四眼'呢?好像去了美国,后来有他消息吗?"

吴进源反应很快,立刻记起来,接口道:"就是那个贾孝平吧,他很好。从五十年代开始他一直在香港混,开始的时候,卖他老板的美国车,现在搞大了,日本车、欧洲车都在卖,还开了三家分号,生意蛮不错的,还痴心妄想,准备把分号开到上海来,我的奔驰车就是从他那里买的。"随后笑了笑,又道,"他还一直惦记着他的那栋别墅呢。上次来我这里玩的时候,他说按照内地的现行政策,那别墅应该还给他的。"接着看了看在座的,向赵诗梦反问道,"这里是不是有这样的新政策?这个房子现在还在吗?"

赵诗梦看没人接他的话,便答道:"这别墅还在,现在大概是幼儿园吧。至于这个新政策,我倒是要去打听打听了,不过现在内地都在搞平反,发回以前没收的东西,包括房子。"

朱跃中笑着插话道:"我楼下还住着一帮人呢,不知道猴年马月能搬走呐。他,人在外面,就想要房子了,我看难。"

吴进源用认真的口气向赵诗梦拜托道:"有时间的话,务必替他打听一下。"

赵诗梦点了点头,答应道:"试试看吧。如果真的落实政策,那幼儿园就要搬走了。"

许少超可能对此话题不感兴趣,却似乎很想了解吴进源在外面的生活,便自顾自地问道:"老弟,你在香港的照相馆也叫好莱坞?现在变成几家了?"

吴进源笑道:"我嘛,生性懒惰,不喜欢忙忙碌碌的,就是原来的好莱坞照相馆,早年投资办了一家电影公司,前几年他们拍的电影卖得不错。"语气中情不自禁地透着得意,指着身旁的甜芯芯,继续道,"她喜欢搞电影,还去客串了两个角色,最后还卖得很火,可这两年不行了,公司开始走下坡路了,我们准备把它卖掉,可以省一点心事。我一直是这种想法,生意要与白相联系在一起,照相馆也罢,电影公司也罢,都是白相相而已,否则就没劲了。我这种想法,赵兄是清楚的呀。"他发现自己在说这些的时候,在座的都听得非常仔细,眼神中不乏新奇与羡慕。

歇了一会,朱跃中苦笑着摇了摇头,对赵诗梦道:"他们在外面的,事情都越做越大,白相得也越来越大,听了也羡慕呀,哪像我们这里,都在原地踏步。"转而对着吴进源道:"你出去的时候,我是怎么样的,现在还是怎么样的,一点都没变过,三十几年了。"

赵诗梦淡淡地笑了笑,揶揄道:"你嘛,本来就是小开,不做事的,原地踏步也无所谓,可惜的是我……"他突然停住,朝桂芳看了看,继续自嘲道,"哪像我呀,越弄越小,越弄越少,现在什么都不剩了,人家老了都有财富的积累,我是把老底都要快弄光了。"虽然,他始终面露微笑,可语气中还是隐藏着一种难言的苦涩。

上官清岚笑盈盈道:"赵先生,你不要说什么都不剩,你失去的是有价的财产,可你得到了无价的。有了这么好的桂芳呀,那你怎么不说呢?"

赵诗梦举起酒杯,向上官清岚敬了敬,尔后,深情地朝桂芳瞥了一眼,又把右手搭在桂芳的肩上,再看了看吴进源,介绍道:"朱夫人啊,你说得极是,桂芳是好人。"勉强地笑了笑,继续道,"我有她就足够了。我和桂芳结婚的时候,当时就连唯一可以炫耀的那辆老爷车,也跑不动了。什么都没有,只剩下一具有钱人的空壳,真够委屈她的。"

大家一声不响,都在看着桂芳,她有点不好意思,轻声说了一句:"我跟着他,又不是看中他的钞票唠。"

吴进源察觉到了赵诗梦话中的苦涩,又看出了大家在想着什么,思考着什么,发现自己刚才得意洋洋的介绍,引起了说话氛围的微妙变化,赶紧举起酒杯,向大家敬了敬,道:"来,为赵太太干杯。"随后顺着话题,继续道,"人啊,不论怎么看,身体好,家庭和睦是顶顶重要嘞,无病无灾便是福嘛,其他的,都是身外之物。"或许这句话为了平和在座的情绪,接着转向赵诗梦,问道,"你还记得苏唯一,苏教授吗?"

赵诗梦答道:"就是在抗战胜利后,常常和冷中宝在一起的,国立中央大学的教授。"

吴进源点了点头道:"对,就是他。你猜猜看,他去了台湾后怎么样了?"他的提问,一下子吸引了大家的注意。

赵诗梦摇摇头,猜测道:"他怎么了?死了?"

吴进源答道:"对,但是,你绝对猜不到他是在什么样情况下死的。他去台湾没多久,就被美国一所大学聘请了,可他没福气,在准备出发去美国的前一天晚上,交通事故死了,才四十七岁,可惜哦。"接着,他又转向大家道,"所以说啊,平平安安就是福。"仿佛他是在用苏唯一的故事来平复大家的心情。

赵诗梦加了一句:"在人生接近最辉煌的时刻死去,那也不错呀。"大家一阵笑声,似乎忘记了刚才的思考。

小杜趁没人说话,问道:"吴老板,你会回上海来开照相馆吗?"

吴进源笑着开玩笑道:"怎么你欢迎我回来?"接着扫了一圈在座的,解释道:"香港人来开照相馆好像不允许的吧,当下内地只鼓励外资办什么劳动密集型的工厂,还有什么三来一补的项目。"他在说出"香港人"时,流露出一种莫名的自豪,或许他忘记了自己也曾是上海人。

许少超道:"老兄,你们在外面消息蛮灵通的嘛,什么都知道。"

吴进源道:"当然哇,有关内地的新闻,我们有时候比你们还知道得早,不是有人叫这种事情是'出口转内销'嘛。现在有电视了,大概好一点了吧。"

许少超不好意思地笑了笑,应道:"是啊,电视是家家户户都有了,可能黑白的多,彩色的少一点。"

吴进源进一步道:"有了电视,但是节目发布的渠道还比较单一吧,你们还在收听海外短波的广播吗?"

赵诗梦想起来在以前和他在荷兰浴室那场有关收听短波的谈话,

心想吴进源的话说到这里,想必他也记起了那次对话,便实事求是地答道:"像我们这种年纪的人,早就不听这个了。"

许少超道:"现在没多少人听这种东西了。以前我们这里叫作收听敌台,是一件很严重的事情,没人敢听。我担心家里的孩子乱听,惹出事来,特地把收音机里的短波拆了。"

赵诗梦似乎不太想继续这个话题,便另起炉灶问道:"郁剑秋去法国,途经香港时,来找过你吗?"

吴进源起劲地答道:"是啊,他一直在联系我。就在六十年代,马思聪事件后,他还托人给我带信,说想过来,着实把我吓了一跳,不过我还是把地址和电话都给了他,告诉他只要上岸就给我打电话,不论在哪里我保证都会去接的。"停了停,继续道,"可是他没来成。其实,马思聪事件之后,内地与香港都管得特别紧了,要过来很不容易。我佩服他的勇气,全力支持他。"大概郁剑秋的故事其他在座的几位都不知道,所以听得都一愣一愣的,惊讶地瞪着眼睛,似乎希望故事继续下去。吴进源看到大家这样的表情,以为他们都不记得郁剑秋了,便对着许少超提醒道,"就是那个做记者的家伙,打麻将时,大家都嫌他特别烦的,嫌他怪话特别多的那个。"

许少超应道:"记得他,你们总说他,'打麻将时想着跳舞,跳舞时想着打麻将,最后是麻将输了,舞搭子跑了'。"大家都笑了。

朱跃中接着道:"我就记得他老是把'赢牌要赢人,输牌不输人'这句话挂在嘴边,好像一副时刻准备着赢牌的样子,蛮有意思的。"

吴进源笑着点头道:"对,对,就是他。"由于小杜从来未和他们打麻将,他又转过脸来,问小杜:"你见过他吧?"

小杜道:"见过呀,他是赵社长的朋友嘛,又是记者,常来杂志社白相的,只不过没你来的那么勤。"

吴进源点了点头,确认大家都认识郁剑秋后,一脸严肃,像是宣布对郁剑秋的终极评价似的:"我以为他是一个了不起的人,能够为自己所想的事付出终身的人,太有思想了。你们知道吗,他去法国干吗?"他故弄玄虚地扫了一眼大家,接着道,"他就想在法国好好地写书,想把自己的故事和思想写出来。我知道他年轻时候就想写书,可一直在白相,没写,老了还想写,精神可嘉。所以我与赵兄各自为他捐助了一万美金,我还答应他,今后在香港为他找出版商。"

赵诗梦笑着辩解道:"我倒不以为然。他年近七一了,还写什么书呀,不要搞出些麻烦事来。我送他走的时候,是给过他一万美金,那是让他在外国不要囊中太羞涩而已,与写书无关。"

一直没有说话的甜芯芯问道:"郁剑秋为什么一定要到法国去写书呀?"或许在场的人分不清她是真的不知道,还是为了引出话题,没人回答她的问题,或许可能她提的问题太幼稚或者太无聊,抑或是大家都在忙着吃,没有听清楚。

歇一会儿,吴进源抬起头,对赵诗梦说道:"你不要这样看郁剑秋,他不是一个苟且之人。我和他们夫妇在香港碰头,那天吃饭时,他说:'人啊,活着活着,发现自己已经老了,能看清许多东西,能看见看不见的世界。我就是想把我看到的东西写出来,让所有人都能看到,不亏待自己曾经是一个记者。'他说这话时的眼神,我记得很清楚,有男人的那种义无反顾的倔强,所以,我很期待他的书。"语气充满着认真与不容怀疑。

赵诗梦熟悉吴进源说话的风格,知道他难得会有这样的语气,想着郁剑秋的那些话,轻声地"哦"一声,道:"他是这么说的吗?"沉默了一会儿,像是自言自语道,"写出'看不见的世界',谈何容易呀。"

吴进源接话道:"所以,才费这么多的周折。"喝了一口酒,仿佛重要的话说完了,转而对着赵诗梦,好奇地问道,"你一直在内地,又不能自由兑换美金,你从哪里弄来的一万美金。"

赵诗梦听他这么问,先是一愣,似乎还在回味着刚才那句"看不见的世界",尔后,定了定神,笑道:"你知道吗,从前有一天,我把上海滩黑市上的美金收掉了不说一大半吧,也有一小半,你说我有没有美金。"大家都笑了,笑停后,他转向吴进源,带着弦外之音问道,"你知道开始抄家时我们家里是怎么藏这些钞票的吗?"

吴进源一脸的懵懂,不知道赵诗梦要说什么,只能呆呆地看着他。赵诗梦看了一圈在座的,绘声绘色道:"内地六十年代动乱时,世面上流行抄家。我生怕仅有的家当被抄走,所以要把这些值钱的东西藏起来。那时,手上值钱的就是那一点美金和一点黄货,我把它一分为三,全家出动,由我和桂芳还有我们家张妈各自藏好,不论谁出了事,其他人都能靠这点钱活下去,狡兔三窟。我与桂芳各拿一半美金,黄金归张妈藏起来。我把美金包好,用狗皮膏药粘在房顶上,绝不绝?张妈把黄货埋在花园里的石榴树下……"

桂芳插话道:"那些在树下的东西,到现在还没把它挖出来呢。"

上官清岚问道:"干嘛?为什么不把它挖出来呀?"

赵诗梦替桂芳答道:"也懒得动它,这样放着不是蛮好嘛,大概有二十几年了,反正这种东西又不会烂掉的。"

许少超开玩笑道:"请大家注意啦,他们家里的石榴树下有黄金。以后去他们家时,一定要带一把铲子,进门后,直奔那棵石榴树下。"

大家都笑得前俯后仰,笑停了,吴进源可能从来没听说过这种奇怪的故事,兴趣不减,向赵诗梦问道:"你夫人怎么藏的?"

赵诗梦笑了笑,道:"她更绝了。你问她吧。"

桂芳道:"我看他们藏的地方都不容易拿,万一急着要使用怎么办,我就想,要藏在一个他们抄不出来,而我们自己可以方便取的地方。就在厚厚的书里面,挖了个和美金票面一样大小的洞,把美钞塞进去,随后就大大方方地放在书柜里。"大家都惊讶地笑了。

赵诗梦饶有兴趣地补充道:"其实,你这个办法很危险。抄家的那天,他们烧我英文书的时候,我真为你捏着一把汗。"

桂芳笑道:"没事的,你不看看我挑得都是一些他们不敢碰的马克思《资本论》什么的书嘛,他们哪敢烧呀。"

朱跃中笑着插话问道:"老兄,你们家里怎么会有这种书的呀?"

赵诗梦看了看吴进源,像是在回答他的问题似的,说:"五十年代在棉纺织公会里学习的时候送的,公会就跟以前的同业公会一样,这种书我也读不懂,就一直放在书柜里,装装样子,做做摆设。"

吴进源点了点头,似乎听懂了,一脸的同情,轻声向旁边的甜芯芯问道:"《资本论》是什么书,知道吗?"

甜芯芯悄悄地点了点头道:"听说过。"

吴进源摇了摇头,低声道:"那时,他们就是这样在过日子的,为了藏一点钱,像做间谍似的。"

甜芯芯好像没有注意到她丈夫的表情,仍旧兴趣盎然地看着桂芳,佩服地赞叹道:"我发现你们都很机智,很勇敢哎,就像你们《红灯记》里磨刀的师傅,把密电码藏在粥里一样。"或许她的比喻不太符合大家的想象,或许太幽默,在座的又是一阵大笑。

小杜好奇地插话问道:"在香港,你们也看过《红灯记》?"

吴进源抬头想说什么,又没说,接着低头喝了一口酒,再看了看小杜,解释道:"这个我们都能看得到,英国人又不管的,大家随便看,各种各样的东西都有,大概有时候跟内地有不一样的解读而已。"他刚才欲言又止的样子,明眼人一看就明白,他说出口的话,不是他原先要说的。

朱跃中又把话题绕了回来,问赵诗梦:"你们这样藏东西,如果碰到像我们这种房子被抢的话,那就麻烦了。比如说我家里吧,现在楼下住着四户人家,家家有小孩,整天在院子玩,如果我这样埋的话,真担心会被他们挖出来。"

甜芯芯笑着轻声对吴进源说:"他们说话蛮有意思的,房子说'抢'的。"语气中似乎夹杂着嫌朱跃中用词不精确,或者说话粗鲁。

此话恰巧被上官清岚听到,她心想外面回来的人可能没遇见过这种事情,难以理解,便以温和的语气,苦笑着解释道:"呀,你们在外面的人可能没见过,运动来的时候,很吓人的。他们一群人,头戴柳藤帽子,手握长矛和铁棒,冲进来,自称是什么'文攻武卫'指挥部的,说我们是资产阶级、牛鬼蛇神的家庭,要抄家,把我们赶到二楼,不许下来。抄完家后,对我们宣布,说他们要用楼下的房间做什么革委会的办公室,如

675

果我们反对,后果可想而知。过了一段时间,办公室不用了,造反派的家属搬了进来,再后来,四户人家搬了进来,就再也不搬出去了,这不是抢房子,又是什么呢。"

上官清岚说的这些内容,在座的除了吴进源夫妇,无人不晓,可在她说话时,竟然没有一个人出来打岔,都在静静地听着,以示尊重。甜芯芯脸上的笑容很快变成了一脸的惊讶,还夹杂着一丝歉意,她用手捂着嘴,瞪大着眼睛,感叹道:"那太恐怖了。"在座的没人接她的话,一阵沉默,场面有些难堪。

赵诗梦一看苗头不对,接风宴几乎要弄出追悼会的气氛来了,赶紧接着上面的话题,道:"不知道是我运气好呐,还是祖上积德,家里的房子总算没被人抢走。反正石榴树下的那点东西,肯定安然无恙,所以,如果有兴趣者,可以自带铲子来我家挖,我保证不阻挠。"此话一出,大家都笑了,气氛也改变了许多。

甜芯芯侧过脸,悄悄地对吴进源说:"如果我们当时没离开大陆的话,你家里的房子说不定也会被抢的。"

吴进源摇了摇头,低声对她道:"别看他们嘻嘻哈哈地说着这些事,真不知道他们当时是怎么过来的。"尔后,大声向大家邀请道,"大家都活得不容易,我们在外面讨生活也不容易,举起酒杯,为我们大家活着,干杯。"赵诗梦根据大家话题的上下文,觉得那句"我们在外面讨生活也不容易"的话,显然是吴进源想拉近与大家的距离而特意加上的,心里有点佩服他的用心良苦。

干完杯,大家放下酒杯,又重新夹菜开吃了。上官清岚笑嘻嘻地向吴进源夫妇问道:"刚刚去香港的辰光,香港的菜吃得惯吗?"

这一问,像是问到了甜芯芯的专业问题上似的,她脸上立马洋溢着抑制不住的兴奋,答道:"哦,刚去的辰光,我倒还好,进源可一点也不习惯,吃的嘛,更加不习惯了。伊一直跟我吵着要吃小馄饨,生煎馒头,其实,阿拉到香港的辰光,已在马来亚兜了一圈了,对外面的好奇也一点点在减少了。随着离开上海的辰光越来越长,一点点开始想念上海了,想念上海吃的东西了,可就是回不来。我自己又做不来这些东西,只好在香港到处寻上海的吃的东西,像小馄饨,生煎馒头。直到十几年前,香港市面上才有的,但总归跟上海的味道有点不一样。"

吴进源笑着对甜芯芯道:"如果明天华懋饭店的早饭是西餐的话,阿拉就去外头寻小馄饨,生煎馒头吃。吃生煎馒头的辰光,我顶顶喜欢的就是第一口咬上去的感觉,满嘴巴的汤汁飘香,蘸一点醋,味道更加浓郁,再配上小馄饨,那是好吃得不得了,叫人越吃越想吃。我的胃一直记着这种感觉,已经记了几十年了,大概到死还不会忘记的。"

小杜笑着插话道:"吴先生开口还是旧名字,'华懋饭店',老早就改成'和平饭店'了。"

朱跃中笑道:"阿拉上海人在外头辰光长了,总归要想上海的,我跟岚在美国待了四年,阿拉也想煞上海了,可现在有点怨了。"

甜芯芯好奇地问道:"哪能会怨呢?"

许少超自说自话地代替他们回答:"跟老底子不一样呀。"

桂芳提议道:"伊拉要吃上海本帮菜,明朝夜里阿拉就去老饭店吃好嘞。"

赵诗梦应道:"好啊,就去老饭店,阿拉要帮忙,勿要让伊拉忘记乡音。"大家都笑了起来。

吴进源信誓旦旦地道:"乡音,上海闲话①是永远勿会忘记的。"大家又笑了一通,等到大家笑完,继续道,"现在外面有许多像我们这样的人都在说,死后最好能埋在上海滩,他们都忘不了上海呀。"这似乎在问死后埋在上海可行吗?

上官清岚接话道:"现在许多上海人死后都埋到邻近的省份去了,或许对我们来讲,埋在哪里都无所谓,可对伊拉游子来讲,就不一样了。"

甜芯芯感叹道:"中国人苦呀,要不是内战,又有谁愿意离开上海

---

① 上海闲话:(沪语)上海话。

滩,谁愿意做游子啦。"

朱跃中一看苗头不对,如果这样的话题延续下去,可能会影响饭桌上的气氛,便一边拿着酒瓶给各位斟酒,一边提高着嗓门道:"不论何时何地,多喝酒,多吃菜,不会有错。"看到大家的嘴巴不是在喝酒,就是在吃菜,突然蹦出一句,"吴兄,你在香港还赌马吗?"

此问一出,立马引起了在场的男人们的注意,都把目光集中到了吴进源身上,只见他放下筷子,慢悠悠道:"赛马嘛,香港一直都有。近几年来发展得也蛮快的,场地也漂亮了许多,报纸上的评论信息也多了起来,五花八门的电视实况转播,样样都有,买马票渠道也有很多。然而,我早几年还常买一点,可最近几年,赌马方便了,反而不玩了,大概是年龄大的关系吧。输赢无所谓了,就是亢奋不起来了,觉得赌没意思了。"

朱跃中感叹道:"哎呀,我们那点赌马的经还停留在那么一点点回忆里,可你倒好,厌倦了。"

赵诗梦想起了白雪的那句"人是很容易适应环境的动物"的话,便跟着道:"上海滩的跑马场早已变成了人民公园和人民广场了,不玩也就不玩了,时间长了,也就适应了,我的那些赛马经也早已忘得精光了,"后又吞吞吐吐加上一句,"人是一种很容易忘记的动物。即使上海现在重于跑马场,我大概也会像你一样,敬而远之的吧。"

上官清岚看到自己丈夫开出的话题说不下去了,便指了指桌上的菜肴,对吴进源夫妇圆场道:"这里有典型的京菜,在香港肯定吃不到。"大家的注意力才重新回到菜肴上,不再继续刚才的话题了。

这时,赵诗梦突然想到,吴兄夫妇喜欢京菜吗,后悔当时只考虑到和平饭店和燕云楼在南京路的两头,可以顺路逛一逛南京路,而没有考虑到他们喜欢不喜欢,觉得自己如此安排有点不周全。

在后来的两个礼拜里,赵诗梦夫妇陪着吴进源他们在杭州苏州无锡玩了一大圈。临了的那天晚上,在吴进源的房间里,赵诗梦犹犹豫豫地问他们夫妇:"还想去哪里游山玩水,比如北京呀,什么地方的?"

吴进源反问道:"北京,你去过吗?"

赵诗梦摇摇头说:"没去过。"

吴进源又问:"那你为什么要我们去呀?"

赵诗梦勉强地答道:"我看他们招待外宾,好像都去那里的。"

吴进源阴阳怪气地道:"那你也把我们当外宾了?"

赵诗梦回答不出来,心想或许他们对去北京旅游不感兴趣,只好灰溜溜地出了房间。

赵诗梦碰了一鼻子灰,可心里并没有感到委屈,相反有一种难以言表的畅快,就如背脊不舒服的人,被人猛击了一拳头,一下子舒畅了起来一样,他隐隐觉得吴进源似乎一点没变,说话还是那样的直白,和以前在上海滩时一样,而自己却变了不少,甚至变得让吴进源讨厌,也让自己讨厌。

在机场分手时,氛围有些伤感,似乎他们都感到在余生中,大有见一次少一次的味道。吴进源有点不像来的时候那样潇洒,表现得尤为伤心与难过,依依不舍,突然喏喏地感慨道:"我真怀念以前在上海滩的那些日子。"

赵诗梦思忖着他怀念的是以前那些日子里的人,还是那时的环境,他比吴进源要冷静与理智许多,安抚道:"别难过,有机会,我去香港看你们。"

吴进源激动地答道:"你们来香港了,我来安排你们的生活,就再也不要回上海滩了。"

赵诗梦郑重其事地回道:"谢谢你的好意,我会认真考虑的。"

送走了吴进源夫妇,赵诗梦和桂芳又恢复了往日的日子,每天晚上不是看电视就是散步。那天他们散步回来,两人坐在沙发上休息,桂芳削苹果,赵诗梦的脑子里满是自己与吴进源以往的回忆,问道:"和以前相比,你觉得吴兄有变化吗?"

桂芳道:"他以前是什么样的,我又没有见过。"她用牙签戳了一块苹果递给他,接着道,"我看他们就跟那些从外面回来的老上海差不多,都以为上海还是原来的样子。其实上海外表与以前差不多,南京路还是南京路,没有变化,可里子全变了,甚至人也全变了。而他们看起来是香港人,其实本质上还是的的刮刮的上海人,一点都没变。"

赵诗梦接过苹果,柔情地向她看了一眼,赞成道:"有道理,不愧是做老师的。"

桂芳想了想,抬头道:"他们好像也蛮矛盾的。你看呀,嘴上口口声声说'死了想葬在上海',叶落归根,可又邀请你出去,说'就再也不要回上海了'。我想这两句都是他发自肺腑的真心话,可就这么不协调呀?"

赵诗梦感叹道:"这可能就是我们面临的现实吧。一切真心的感觉,都是现实的反映。"

桂芳像是突然想起被遗漏的重大信息似的,停下手中的削苹果,一本正经地说:"告诉你哎,甜芯芯以前也在大都会花园舞厅做过舞女。""大都会花园舞厅"这个名字已久远没有听到了,说来也怪,赵诗梦与桂芳重新见面后几十年来,仿佛他们在大都会花园舞厅里发生的故事不存在似的,几乎谁也没提到过舞厅的事,就像是舞厅里发生的不是一场恋爱,而是一场灾难,唯恐避之不及。然而,此刻赵诗梦听到这个名字,心里微微一震,尽管大都会花园舞厅已消失得无影无踪了,可这是他们俩故事的原点,是他们俩的根,深深地扎根在他们俩的内心深处,不论这个故事是对或是错,任何力量都夺不走的,或许根本没有对与错之分,只有值得记住与否。他眼前浮现出五十年前那舞厅里的一幕幕,每一帧画面历历可辨,像是自己嘴里咀嚼着的苹果一样,让他感到真真切切。

桂芳看了看他,发现他只是在沉思,似乎没有特别的惊讶,继续道:"她还说了许多舞场里的事。"

赵诗梦对吴进源和甜芯芯的来龙去脉一清二楚,没有与桂芳提过甜芯芯做舞女的事,只是不愿意让她知道自己在她之外还认识大都会花园舞厅里的其他舞娘而已。赵诗梦从陷落沉思中猛醒,反问道:"她跟你说的?"

桂芳补充道:"是啊,她说她是在舞厅里搞抗日募捐时,认识吴先生的。"尔后,又嬉笑着加了一句,"和我们一样。"

赵诗梦又问道:"我们的事儿,也跟她说了?"

桂芳答道:"我一句都没说,就只听她讲。我暗暗算过,其实我从大都会花园出来没多久,她就去那里做台柱了,所以我们在那里没有碰过头。"后又拖了一句,"她倒一点都不避讳,什么都说。"

赵诗梦道:"这本来就没什么可避讳的。"

桂芳想了想道:"是啊,是用不着避讳的。我听她说到她做台柱的时候,我一直在脑子里作思想斗争,要不要对她说我以前也在大都会花园跳过舞,可最后还是没有说。现在想想有点不好意思,人家把你当朋友,向你坦露身心,而你却藏着躲着,似乎有点像欺骗她一样的感觉。"

赵诗梦道:"我也没有跟吴兄谈起我们在大都会花园的事。其实,这就是我们和他们不一样的地方,或许他们会感到我们变得很无趣。这几天,我一直在想这个问题,这种不一样或者无趣,就连我自己也感到讨厌,真没办法。"顿了顿又问道,"要是在从前,你会有这样的说话顾虑吗?在朋友之间说话也会遮遮掩掩的?"

桂芳低头继续削起苹果来,过了一会儿,抬头道:"这几十年,他们走了,我们在这里经历了那么多,都是些奇奇怪怪的事情,都是让外面的人难以想象的。我们有些性格变得就连自己都快不认识了,而他们几乎还是那样,老样子,一成没变的,原来是什么性格,现在还是什么性格,当然我们与他们就不一样喽。"歇了一会,面露苦笑吐出一句,"我们都变得狡猾了。"

赵诗梦应道:"是啊,我们毕竟经历的事情比他们复杂,而且有些都是性命攸关的,已经养成了讲话辰光,要有'看山水,轧苗头①'的习惯,没了自己个性,也没了人本应具备的本性,甚至有时候连良心都不要了。"接过桂芳递来的苹果,吃了一口,又继续道,"那天,吃过饭,出饭店时,我正好走在他们夫妇后面,听到甜芯芯问吴兄,'我们如果没有离开

---

① 看山水,轧苗头:(沪语)意为见机行事,察言观色。

上海的话,大概也会和他们差不多。'吴兄讲,'他们这种日子让我过的话,弄不好我会变成神经病的,或者自杀的。'听他们这样讲,我也不敢上去搭话,只能悄悄地跟在他们后面。"尔后,感叹道,"哎,我也仔细想过了,人嘛,趋利避害是人的本性,也没什么不对的。不过,我还是很羡慕他们的,一点没变。"

桂芳又递一块苹果给他,道:"这能怪我们吗?"

赵诗梦叹了一口气,起身道:"什么怪不怪的,我们都老了,不谈了。我去帮你烧一壶咖啡吧,喝了睡觉。"后又转身问,"明天,韩厂长可能会来送退休工资,是否要准备点什么?"

桂芳答道:"韩厂长老熟人了,不用准备了吧。"

翌日晚饭后,赵诗梦和桂芳没有出门散步,等着韩厂长上门。当桂芳开门时,看到韩厂长身后跟着一个女人,让她很愕然,心想这是从来没有过的事情,二话没说,赶紧隆重地把他们引进客厅。

赵诗梦正在厅里看报纸,放下报纸,一见韩厂长身后的是姬兰娣,多年来的许多猜测和传说,一下子都有了答案,他预想过有这样的结果,也乐享其成。他赶忙起身,喜形于色地欢迎道:"什么风,把你们俩一起吹来了。"

韩厂长从包里拿出两包喜糖,腼腆道:"我们结婚了。"

赵诗梦含笑接过喜糖,贺喜道:"啊,结婚了,恭喜,恭喜啊。"他心里一算,韩厂长的夫人秦丹莉已去世四年了,便紧接着道,"真好,你们早该在一起了。"随后,拉过桂芳,向她介绍了姬兰娣,他本想大大介绍一把,连带着自己以前的猜测一起赞许一番,可话到了嘴边,却变成了"以前国营华兴厂的主任,现在他们结婚了,我们祝贺他们"。简单得不能再简单了,因为这里面有个微妙的问题,赵诗梦考虑到对他们俩恋爱的妄加猜测或评价,可能会让他们尴尬,老谋深算的他只能等他们俩自己介绍了。

或许人逢喜事精神爽,姬兰娣脸上洋溢着幸福的光芒,显得特别的端庄可人,与韩厂长站在一起,真是天造地设的一对。她似乎比以前胖了一点,虽始终笑盈盈的,但从她的眼神里还是能够找到一丝拘谨。她慢悠悠地在韩厂长旁边坐下,却只坐在沙发的边沿上,把背挺得直直的,客气道:"我们早该来拜访你们了,他在家里一直提到你们。"

可能由于韩厂长经常来的缘故,他比姬兰娣要放松得多,大大方方地补充道:"自从丹莉走了之后,她就一直在照顾我。我们都上了这个年纪,待在一起也就不想惊动更多的人了,在小范围内发一发喜糖,宣布一下就可以了,所以酒席什么的,就不办了。"

赵诗梦道:"你们都是知根知底的,在同一个厂里这么长的时间,算得上是旷世之恋了。"接着转向韩厂长继续道,"姬主任这么多年来,对你的一片赤诚之心,天人共鉴,你可不要辜负了人家呀。"无意间他把话说得似乎他们的恋爱是从很久很久以前就开始了。

韩厂长拉过姬兰娣的手,微笑道:"我怎么会辜负她呢,感谢她还来不及呢。那几年里,全靠她暗中护着,才能渡过难关。丹莉在世的时候,看到我如此的被监督劳动,平安无事,就对我说过'人家是好人,不要怠慢人家'的话。"

姬兰娣插话道:"虽然我没机会见过丹莉姐姐,但可以从启良身上看出,她肯定是一个知书达理的善良之人,我很想学她的样。"

赵诗梦心想她说没机会见过秦丹莉,大概指的是在她当了国营华兴厂的主任之后吧,至于她是否真心想学与否,那也就另当别论了。可赵诗梦内心一直对姬兰娣存有感激之情,苦于没有机会向她表达,听韩厂长这么一说,他顺着话题,感谢道:"说真的,那几年里,多亏有你暗中帮忙,我们躲过了不少灾难,否则对我们来讲,不堪设想呀。"而后,向桂芳介绍道,"像我这样的牛鬼蛇神,能够如此太平地度过那些年,全靠她的帮忙。"尔后,又对姬兰娣感叹道,"我和韩厂长是哑巴吃汤圆,心中有数。今天,我们要好好地谢谢你才是呀。"

姬兰娣客气道:"这又算不得什么,那时,也只能做这些。反正我不喜欢那种人斗人,人压人的事,我对什么主任不主任的,也不感兴趣。"

赵诗梦以认真而严肃的口吻道:"不管怎么样,在那样的背景下,那也需要正直与勇敢才行的。我看呀,有些男人都不一定能够做到,你一个女人家,能够做到这样,已经非常不容易了。"

桂芳在旁边以真诚而感激的眼神望着姬兰娣,加了一句:"他们这种人,我在学校见过,很危险的,就像一群疯狗,只要嗅出一点点味来,就会乱咬一通的。我见了他们,总归有点吓丝丝①。"

在姬兰娣眼里,赵诗梦以前是该厂真正的主人,是自己仰视的对象,尽管自己也曾做过一厂之主,还帮过他的忙,但总觉得不能与之同日而语。今天能够坐到一起,这是阴差阳错的结果,没想到他刚才使用了"正直与勇敢"来评价她,有点让她受宠若惊,难为情地分辩道:"赵先生过奖了。当时就觉得斗你们,肯定是不对的,反正我是工人出身,也没什么好怕的,了不起再继续当工人呗。"

韩厂长接话道:"哦,当时也有人指责她是'假造反,真保皇',是向往'资产阶级生活方式的无产者',不应该让这种人当革委会主任,可她都挺了过来。这都是我后来知道的。"

姬兰娣发现这间房间里所有的人都在褒奖自己,都在谢谢自己,有点不好意思。也许为了逃脱这种不自然,扫了一圈室内的陈设,无意间看到正对面玻璃柜子里有一张旧纸片,惊奇地叫道:"啊,那是老董事长年轻时候的相片吧?"

大家的目光都集中到了那张旧纸片上,这是一张赵诗梦父亲身着长衫坐在藤椅上的半身照,桂芳在帮着找那本《花开花落》时发现的,由于家里没有挂父亲的相片,便向赵诗梦建议放在玻璃柜里的。

姬兰娣情不自禁地凑上前去,仔细地端详起来了,随后转身道:"如果没他,就没有我们今天的故事了。我来厂里做工时,那年十七岁都不到,当时到华兴厂做工是一件很荣耀的事呢。我还记得,第一天来上工的出门前,姆妈对我说,只要在厂里好好做,就会有出息的,将来肯定能

---

① 吓丝丝:(沪语)感到害怕。

够找到好婆家。"

虽然姬兰娣说话时很动情,眼睛里似乎藏着泪花,可大家还是乐呵呵地笑了,赵诗梦问道:"现在好婆家找到了吗?"

姬兰娣一边坐回到韩厂长的旁边,一边含笑答道:"算是找到了。"

赵诗梦起身来到柜子前,看了看父亲的照片,感慨道:"我无颜见他呀……"仿佛又咽回去了下半句话,尔后,从照片的下面一格取出一瓶威士忌与四个酒杯,为大家斟了酒。

姬兰娣看到赵诗梦为自己也斟了酒,又看了看桂芳,推脱道:"我从来不喝酒。"

桂芳大概意识到赵诗梦的意图,便对姬兰娣鼓励道:"我也不大喝酒的,抿一口,意思意思。"

赵诗梦没有理会她俩的对话,自说自话继续提议道:"第一,请姬主任接受我们夫妇的感谢;第二,祝贺你们新婚愉快,干杯。"

韩厂长把酒杯略略举起,替赵诗梦补了一句:"愿董事长在天之灵,保佑我们。"

可能由于桂芳觉得干杯的样子太过于隆重而正式,不符合家庭聚会的氛围,开出了话题,发问道:"你们不办喜酒,可有没有出去白相相的打算?"

姬兰娣兴奋地答道:"我们后天去杭州玩。"

桂芳赞许道:"这个时候去杭州,是最好的季节。趁走得动,好好玩玩吧。"说话的语气中似乎隐藏着一丝羡慕。

赵诗梦在旁边加了一句:"新婚去杭州最灵了,杭州是个催情的好地方。"他的话把姬兰娣的脸也催红了,大家都笑得很开心。

第二十二章　真　爱

又过了若干年，平静的时光总有到头的一天。桂芳被确诊为食管癌晚期，犹如晴空霹雳，让赵诗梦的家庭改变了原有的生活轨迹，进入了无穷黑暗的隧道。

赵诗梦深知这种病的凶险。从那天开始，他再也不出门了，整天守在桂芳身边，坚持不请佣人，硬撑着亲自为她烧饭做菜，伺候她。他们俩的日子有些暗淡而凌乱，似乎需要一点新的刺激，新的内容。

一天午饭后，桂芳还没睡午觉，坐在二楼卧室的窗台前晒太阳，见赵诗梦忙完了楼下的事情，端着托盘上来，托盘上是一杯白水，一块干毛巾和几粒药片。她开口道："吃药，先等一下，我想跟你商量一件事。"

赵诗梦把托盘放在旁边的小桌上，从床上拿过条薄毯，替桂芳盖在膝盖上，打趣地答道："我们还用得着商量吗？说吧，让我把老命给你也可以。"

桂芳双眼紧盯着他，果断地说出了："我想叫小青青来我们家，帮帮我。"她的语气里有着让人感到深思熟虑，或不容反对的成分。

赵诗梦听清楚了，对于他们俩来讲，小青青这个名字虽不经常被提到，尽管有些年代久远，是一个会让他们俩心起涟漪的名字，可只要谁一旦提起，对方都会非常用心地去对待，甚至会牵动他们俩内心深处最柔软，最隐秘之处，是他们俩谁也不会轻易忘记的名字，是他们俩爱情故事中最为浓彩重抹，与众不同的一笔。赵诗梦转过头来，专注地注视着她，发现温暖的阳光洒在她的脸上，使她焕发出别样的光彩，略显干瘦虚弱的脸颊使得她的眼睛更加明亮,增多的鱼尾纹使得她充满柔情的眼神变得异常动人。他踌躇了一下,就事论事地答道:"家里的事,我们自己可以对付,如果不行,我们还有女儿,可以叫她回来帮忙呀。"接着又替她关上了窗户。

桂芳笑了笑,这种笑是一种胸有成竹的笑,是一种窥清对方心思的笑,她一面示意让他拉把椅子过来,坐在自己的身边,一面道:"我想了很久,什么都想过了。女儿自从大学毕业去了深圳,她独自一人也不容易,现在事业刚刚有了起色,叫她回来看看,没问题,可时间长了,肯定不行。"

赵诗梦打断道:"那我可以请佣人,一个不够请两个。你怎么会想到小青青的呀。"

桂芳瞥了他一眼,眼神中透着女人的敏锐与智慧,笑嘻嘻地反问道:"难道你敢向我保证,从没想过她吗?"语气中带着居高临下的温情,似乎知道这个问题有现成的答案,又似乎准备着包容一切。

赵诗梦熟悉桂芳这种语气,就像他们年轻时在舞厅里常用的语气,将挑逗与温柔,戏谑与真情混杂在一起,既刺激,又让人陶醉。可凭良心说,他这些年来真的没怎么想起小青青,如果想的话,也只是对她的同情多于思念,几乎与想入非非一点不沾边。眼前面对桂芳赤裸裸的提问,不论是肯定的,或是否定的,他都不敢回答,有点支支吾吾,更不敢看她的眼睛。

桂芳见他低着头,一声不吭的样子,似乎有了一种满足感,胜利感,如实解释道:"其实,小青青半年前给我来过一封信,说:她那个当副司令的老公,在四年前就去世了,膝下也无儿女,自己只剩下一具死不了的,结实得要命的身子了,在那里很无聊,很想念上海,很想回来。要我打听一下,上海是不是还适合她的生活。话虽这么说,但看得出,转弯抹角是想托我替她寻找合适的老头,也许她不愿意死在外面,有叶落归根的打算。当时,我也不知道怎么回复她,所以回信的事情就搁了下来,忙着看病,也没跟你提起。"

赵诗梦笑着应道:"人家想来上海找老头,你却把人家带到家里做佣人,有你这样做小姊妹的吗?"

这话听上去有点像帮着小青青在指责桂芳,她急着道:"你别急,听我说完嘛。人家是来找老头的,可我们家里不是有个快要死了老婆的老头吗?"说话的样子有点像把心中隐藏已久的秘密一吐为快的感觉,话音刚落,就自顾自地偷笑了起来,还笑出了眼泪,如此的偷笑充满着得意与幸福感。

赵诗梦立刻明白了桂芳想在生命的尽头,为了他,重演五十年前的那一幕,同时意识到在自己面前的这个女人,对于自己是那样的弥足珍贵,又感到自己拥有她是何等幸运,她是那样的善良贤惠,那样的深爱着自己。他暗暗下了决心,绝不能因自己的自私或过失,在这个最后的时刻给她造成半点伤害。他来不及细想,故意做出一副不屑一顾的神情,提高了嗓门道:"人家找老头子,你就把家里的老头子送给人家,什么事儿,真荒唐。"

桂芳一听这话,知道赵诗梦已听懂了自己的话,似乎什么都变得明了了,便笑出了声来,笑声里不乏放肆与真诚,一仰头,笑着做出一副理直气壮,我行我素的样子,瞪着眼睛,故意用教训的口吻道:"有什么荒唐啦,我又不是没把你送过人。"说完这句,她又自顾自地笑了起来,笑容带着一种常人难以一见的灿烂。

对赵诗梦而言,五十年前的那一幕是他人生隐秘处的一个幸福的亮点,可以在所有人面前炫耀,唯独不能在桂芳面前提,仿佛永远欠着她一个大人情似的。此刻,被桂芳点破了,他有点不好意思地转过身去,仍然做出固执己见的样子,说:"什么乱七八糟的,陈谷子烂芝麻的事。"似乎不耐烦地准备起身离开座位。

桂芳含笑一把拉住了他,把他的手臂挽在胸前,把头靠在他的肩上,带有撒娇的语气道:"别走,听我说完嘛。我是病人,你必须听我的。"尔后,缓慢地说道,"我最近一直在想这件事情。我已不是来日方长的人了,一辈子要好的小姊妹没几个,除了上官清岚,就算她了,而她又在那么远,其实我一直很牵记她。以前我和她就像一棵树上的两支树杈,完全知根知底。如果在我临死之前,还能再在一起的话,也算小姊妹一场,有个圆满的结局。现在,不知道怎么的,我越来越想她了;另外,虽然她不是一个悲春伤秋之人,可人家知冷知热,是很会过日子的人。以前她跟我私底下说过,她喜欢你,可勾不住你。如果我走了,你们想待在一起的话,那我也算是把后事安排好了,和你夫妻一场,也有一个圆满,我此生就无憾了,可以放心了。"停了停,轻声补了一句,"要是我走的时候,有你们俩在身边,我会很开心的。"

此时此刻,赵诗梦的心都快碎了。他提醒着自己,此刻思绪不能乱,桂芳静心养病是第一位的。他温情地抽出手臂,把她的头护正,轻声细语道:"我的好太太,不用胡思乱想了,好好养病吧。"话一出口,发现她眼睛虽在微笑,却噙满了泪水,眼角已有泪水溢出,形成泪珠,在阳光的照射下,泪珠晶莹剔透,像闪闪发光的钻石。他用干毛巾替她轻轻地擦去泪水,道,"吃药,然后睡个好午觉,别再瞎想八想了。"可在他刚刚擦过的眼睛里,又看到泪水渗出。

桂芳用手背抹了抹眼睛,故作生气的样子,霸道地坚持道:"我喜欢她,我不管,我写信叫她来,写尽你对我的好,再加一句,你也想着她。"

赵诗梦觉得她太动情,有点无奈,只能避开这个话题,把水杯端到她面前,温柔道:"先吃药。"

桂芳喝了一口水,接过药片,勉强咽了下去,望着他道:"我走了,你一个人怎么办呀?要是她不在你身边,我会不放心的。"说完,眼泪夺眶而出。

赵诗梦听了这句话,实在忍不住了,流出了眼泪,此刻,他顾不得为她抹眼泪了,装出乐呵呵的样子,道:"你不会死,离死远着呐。"生怕她看到自己的泪水,侧着头把她护到床边,让她静静地躺下,随后坐在床边,抹去了眼泪,静静地守在她身边,看着她睡着,内心百感交集。心想如果说五十年前桂芳把小青青拉到自己面前,是出于年轻时的疯狂与荒唐,那么眼下肯定是出于她对自己的爱与珍惜。想到这里,他再次抹去眼泪,又注视着睡梦中的她很久很久。

　　赵诗梦最终还是扭不过桂芳,她那句"我是病人,你要听我的"战胜了他。在后面两个月里,他们的女儿特地从深圳回来过一次,稀里哗啦哭了三天又走了,桂芳的身子又瘦弱了许多,吞咽也愈加困难了。说来也奇怪,小青青的一封答应来他们家的回信,仿佛是一剂强心针,给他们家里注入了活力,他们俩谈话的内容再也不是病情了,全都是关于小青青的事情。桂芳和小青青有三十几年没见面了,赵诗梦与她五十年没见面了,她要来他们家了,似乎给这个家庭增添了一抹亮色与期待,他们俩在盼望着小青青早日到来。

　　冬至过后的那天晚上,天暗得特别早,零零星星的小雪花即使飘落至地面,也不会融化弄湿地面,而会在干燥的空气中重新飞舞起来,从室内可以听到呼啸的西北风。已经差不多是晚饭时间了,赵诗梦家里还没开饭,在等待小青青。终于有了敲门声,赵诗梦开门看到一个女人站在门外,她身着已在上海过时的黄色列宁装,外套一件敞开着的军大衣,胸前背后各挂着一个不大不小的旅行袋,为了便于挂在肩上,两个旅行袋中间是用毛巾扎住的。仔细一看,她一头灰白的短发有些凌乱,还沾着小雪花,头发烫过的痕迹很明显,额头闪着细细的汗珠,满脸红光,一副健康而飒爽的样子。她的眼神里透着亲切而兴奋的光泽,笑盈盈地望着赵诗梦,而他反应有些迟钝,虽一直在等的就是她,可真的见面,他还是愣住了,除了那双眼睛与眼神能够像闪电一样唤醒他的记忆,那人身上其他的一切都与他记忆中,或者想象中的小青青大相径庭,让他不敢相认。正当他要开口时,那人响亮地招呼道:"诗梦姐夫吧,你好。我是小青青呀。"

　　赵诗梦这才意识到,眼前就是他们等待已久的小青青,赶紧回应道:"真是小青青啊,快进来,快进来。"接着要去帮小青青卸下那两个旅行袋,想不到小青青制止道:"哦,很重的,你拿不动的。"尔后,她肩膀稍稍向一边倾斜了一下,轻松地放下行李,急不可待地问道,"桂芳阿姐呢?"

赵诗梦一边答道:"她在里边,等着你呢。"一边把她引入客厅。

小青青看到桂芳站在沙发边上,激动地三步并两步,上前一把抱住了她,道:"阿姐,你好,想死我了。"桂芳虚弱的身子,经不住她这种冲击式的大拥抱,拖带着她,一屁股坐到了沙发上。小青青似乎感到了什么,松开了她,把头朝后仰了仰,仔细地端详着她,说:"阿姐,你怎么这么瘦啦?"

桂芳眼睛里闪烁着兴奋的光芒,答道:"不是在信里跟你说过了嘛,我身体一直不舒服,所以想叫你来陪陪我。"

小青青脱口道:"那也瘦得太厉害了,只剩下骨头了。"她看到茶几上的茶缸和杯子,便要求道,"先让我喝口水吧,渴死了。"接着自说自话地从茶缸里倒了水,大口大口地喝了起来。

桂芳看着她这副模样,以爱惜的口吻道:"慢点喝,马上为你接风吃饭了。"这种语气仿佛是她的妈妈。

小青青放下杯子,毫不客气地摇头道:"不,我不要先吃饭,让我先去洗个澡吧。六天六夜在汽车上,火车上的,身上脏得不得了,已经发臭了。"

桂芳立刻向赵诗梦吩咐道:"诗梦,你先带她去洗澡,再开饭。"

他们是老朋友,老相识,就像一家人,虽有几十年没见面了,可一见面,就像昨天才分开,今天又见着了一样,没有半点隔阂,半点生分,一切都那样的自然而顺畅。或许人间真正的友情是不会因长时间分离而褪色的,更无须用时间去恢复。

他们三个人的晚饭,是按照桂芳的指示,由赵诗梦操刀而成的,量足够六个人吃的了,特别丰盛,还备了好酒。桂芳特意坐在一把带扶手的藤椅上,背后还垫了两只大枕头,她瘦小的身子与其说是靠在大枕头上,倒不如说是镶嵌在大枕头里。赵诗梦陪在一边,她的另一边留着一把椅子,是小青青的,桌上的三只酒杯里已斟满了酒,就等小青青从浴室出来,为其接风。

桂芳指着一桌子菜肴,对赵诗梦说:"谢谢你了,今天烧了这么多,她肯定会很高兴的。"歇了歇,又道,"你看她,年龄没比我小几岁,可一点不见老,看上去身体比你还要好。"尔后,爱惜地看了他一眼,说,"她来我家,主要是来陪我的,做家务还是请个佣人吧,你也可以轻松点。"

赵诗梦拘谨地点了点头,答道:"本来就没打算让她来干活的。"当他们俩定下来邀请小青青后,他脑子里不时地想起小杜那家报纸上夏卓修改后刊登的那篇《姑娘们在新疆的甜蜜生活》的文章。现在有点后悔当时没有向他们要来看看,刚刚看到小青青的模样,又想起了那篇文章,就补充道,"我估摸着她在那里也吃了不少苦,一个上海滩小姐变成了乡下老太婆了。"他嘴里把她说成"乡下老太婆",可他的表情与语气中没有一点鄙薄的成分,就好比说大人指出孩子扣错纽扣一样,没有任何轻视的成分。

桂芳则不以为然,一本正经地制止道:"你以后不许说什么乡下不乡下的,我看她一点没变。你看她的头发,虽有点白,但看得出她在出门前肯定是做过的,而且做得蛮考究的;脸上皱纹也不多,说起话来还是那么精神;身材也是那样的曼妙而灵活,一点不亚于当年在大都会花园跳舞的时候。"她说话的语气先严肃,后俏皮,朝他坏笑了一下,接着道,"她穿这种衣服,我倒是没有想到,起先也吃了一惊,像是外面的妇女主任,把你吓着了吧?"

赵诗梦笑了笑,中规中矩地辩解道:"我可没说被吓着了。"

桂芳依然居高临下地说:"人家穿这身衣服,你就说人家是乡下人,我看她穿这衣服反而显得更后生了。"接着,笑嘻嘻地开导道,"人家老来俏,一个蛮嗲的女人,心里还一直有你。不看看你现在已老成什么样子了,人家看得上你,已经蛮好了,是你的福气,你还嫌人家乡下人。"她的笑容让她干瘦苍白的脸变得生机勃勃,而又妩媚动人。

赵诗梦发现自己在潜意识中为了避免桂芳的误解,在她面前竟然不敢多看小青青一眼,更别提说小青青的好话;同时又觉得自己竟然要接受将要离世的桂芳的关爱与操心,心里五味杂陈,说不清是痛苦还是高兴,但这一点也不影响他对桂芳的爱怜。他深情地看了她一眼说:

"今天,我全听你的,但你要注意身体。不要说话太多,否则会很伤精神的。"

他们俩说话间,小青青步履轻快地出现在他们的面前。她头上裹着干的白毛巾,把头搞得大大的,使得她红扑扑的脸蛋变得小巧玲珑,浑身散发着檀香皂的香味,穿着一套粉红的睡衣,敞开着衣领,透着一股与她年龄不相称的活力。她兀绕到赵诗梦椅子背后,在他肩上亲热地拍了一下,招呼道:"啊,这么多的菜,姐夫,谢谢你的款待。"而后,又转到桂芳的藤椅旁边,双手搂着她的脖子,把脸紧紧地贴了上去,黏了好一会,既像发嗲,又像喃喃自语道,"我的好阿姐,你放心好嘞,我来了,你的病肯定会好起来的。"

桂芳大概嫌她黏的时间太长,拍了拍她,道:"诗梦在等着为你接风呢,快起来。"

当小青青直起身子,坐到位子上时,赵诗梦开口道:"来,拿起杯子,干杯,为你接风。"

小青青举起酒杯,道:"为阿姐早日康复,干杯。"随后,一饮而尽,放下酒杯道,"我在大西北这些年,别的没有长进,白酒喝得厉害。"

桂芳笑着道:"能吃能喝的,怪不得身体那么好。"

赵诗梦又为她斟了酒,道:"你似乎一点没有变,还是那么的爽。"

小青青道:"变老了,老太婆了,可还是想着回上海,记着上海的好,在外面待不惯。"

桂芳道:"上海就像一个家,你们这些人啊,就像白天放出去玩的孩子,到了晚上都会回到家里来一样。"

大概桂芳无意间,让小青青勾起了往事,她低头轻声怯生生地吐了一句:"我可不是放出去玩的孩子。"

桂芳赶紧补充道:"我可不管,出去的人是怎么出去的,反正离开了上海滩,都想回来,都要回来的。"

赵诗梦后又加了一句:"我有许多到美国香港的朋友,他们都想回来转转,落叶归根嘛。"

桂芳用筷子点了点餐桌的菜,向小青青道:"这是诗梦特意为你做的。"

小青青抬头,扫了一眼桌上的菜肴,看到其中有清炒水芹,"哇"的一声叫了起来:"这是我最喜欢的水芹菜,几十年没见着了。"忙不迭地夹了一筷,送进了嘴里,一边咀嚼着,一边抬头望着赵诗梦问,"姐夫,你怎么知道我喜欢清炒水芹的呀?"

赵诗梦看了看桂芳,答道:"我哪里知道呀,是她让我做的,还教我怎么烧,我只是把生的烧成熟的,将就着吃吧。"

小青青看了看桂芳,再次扑倒在她的怀里,撒娇似的叫道:"你真是我的好阿姐,这么多年过去了,你还记得我喜欢吃水芹。"

桂芳笑着对赵诗梦介绍道:"当然记得唠,那时我们都还是小姑娘的时候,有一年,她借住在我家里,看到碗橱里有碗炒水芹,她筷子都没拿,就用手指捏着吃,一会儿就吃了个精光。后来我连着三天,天天是做清炒水芹,她天天吃得碗朝天。"

小青青靠在桂芳的肩上,扭扭捏捏道:"我知道你就要说这件事的,那时人家还是小姑娘呢。"尔后,指了指赵诗梦,补了一句,"那时,还没他呢。"

桂芳拍了拍小青青道:"好嘞,好嘞,现在我们都是老太婆了,不要再这样嗲了。"

赵诗梦没听桂芳说起过她以前与小青青的故事,只知道她们俩虽没血缘关系,却是一对很要好的小姊妹。他一声不响地欣赏着她们俩老姊妹的亲热无间,深受感动,似乎看到了她们年轻时是如何要好亲热的,是如何成为不是姐妹胜似姐妹的,理解了她们的不分彼此,她们的疯狂与真诚,也似乎理解了桂芳为什么此时要叫她来上海的原委了。

小青青重新坐直了身子,笑嘻嘻地对桂芳道:"我们如此要好,姐夫都看傻掉了,以为我们是两个疯老太婆了。"接着又伸出筷子,夹了一筷水芹,道,"姐夫,以后家里烧菜的事情,全包在我身上了,我最喜欢烧菜了,你负责陪陪阿姐就可以了。"

桂芳道："谁要他陪呀，叫你来，就是叫你来陪我的。"

小青青兴奋地应道："陪你没问题，我做完菜后，就一步都不离开你。"

桂芳对赵诗梦别有一番意味地笑了笑，尔后，神秘兮兮地拉过小青青，笑嘻嘻地在她耳边轻声说了一句，赵诗梦只听到前半句"等我死了以后……"。

小青青听了此话，脸上露现了一种与她年龄不相称的红晕，望着桂芳，神色慌张地大声叫起来："我不要，你不会死的。"随后又扑倒在桂芳的怀里，歇了一会，她抬起头，问道，"阿姐，你到底得的是什么病呀？"

赵诗梦看着小青青的大惊失色的样子，知道了两件事，一是那没听到的后半句是什么内容；另外，知道了到目前为止，小青青还不清楚桂芳的病情有多严重，至少不知道她得的是绝症。他识相地起身，借口炉子上炖着汤，悄然离开了饭桌。

赵诗梦躲在厨房间，一边抽烟，一边看着煤气炉上蓝色的火苗，看着砂锅里的鸡汤。他知道她们俩在说些什么，都是些他不忍听的话，抽完了两支香烟，实在捱不下去，关了煤气，盛了一碗汤，准备端出去，只见小青青急急忙忙奔进厨房来找他，向他要毛巾，说桂芳吃进去的东西都吐出来了。

他们回到桂芳跟前，赵诗梦小心翼翼地为她擦了脸，弄干净身上的脏东西后，对小青青道："我看她今天已经走不动了，我们俩把她抬到隔壁的书房去，先让她躺下再说吧，明天我去买一把轮椅。"

他们俩带着藤椅一起，连推带拉地把桂芳抬到了床边，赵诗梦又像往常一样，在床头放了两只大枕头，随后抱起桂芳，让她靠在枕头上，这时只听到桂芳轻声道："让我小睡一会。"

赵诗梦接着拿出干净的衣服准备替她换上时，小青青接过衣服，道："这个我来吧。"

赵诗梦又回到厨房端来了一小碗汤，放在床头柜上，看小青青已替桂芳换好了衣服，便轻声吩咐道："她每次吐了后，都会吃一点东西的。

过一会给她喝一点汤,这汤很好的,一点不油腻,我在里面放了一些野山参,她就靠这个了。"尔后,指了指旁边的另一张小床,介绍道,"自从上个礼拜,她上不了楼梯,我们就睡在这里。今天你就代替我,睡这张床吧,她睡着了还是很安静的。"

小青青怯生生的问道:"她经常吐吗?"

赵诗梦答道:"有时候会。今天可能她太累了,见你来了,太高兴了,她喜欢你。"他看了一眼她,发现她眼圈红红的,想说一些安慰她的话,却一时什么都说不出,只能毕恭毕敬地逼出一句,"今天晚上,就辛苦你了。"

小青青点了点头,送赵诗梦到房门口,低声道:"你放心好嘞,我会照顾好她的,她是我最好的阿姐。"他没有再看她的眼睛,默默地出去了。

由于赵诗梦已有一段时间没有一个人睡卧室了,翌日醒来得很早,下楼去厨房,准备为她们俩做早饭,看到小青青已经在厨房间了,略感诧异之余,有些尴尬或者别扭,或许在他的潜意识中有着单独和她一起是否会引起桂芳误解的顾虑,他疙里疙瘩地招呼道:"昨夜,你们睡得怎么样……还好吗?"

小青青答道:"还好。她在下半夜醒来,我把汤温了温,喂她喝下后,她的精神好多了,跟我说了许多话。"赵诗梦本想提醒一句"说话伤神,你不要与她说太多的话",但心想她们说的或许是一些女人之间要紧的私房话,便把到嘴边的话咽了回去。

小青青看他有些迟钝,以为他没睡醒,笑眯眯地看着他,问道:"你知道昨晚她对我说了点什么吗?"

赵诗梦理应猜得出昨晚她们谈了些什么,也很想从她嘴里听到,故意摇了摇头。他又向她看了一眼,发现她脸上的红光比昨晚减少许多,显得白里透红的那种,眼圈有些肿,眼白里还带着细细的血丝,心想她大概昨晚哭过了。

小青青半瞪着眼睛道:"你能讨她做老婆,真有福气。她病成了这样,可心里想的全是你,如果你对她不好的话,我饶不了你。"凶巴巴的口气,俨然像个女主人。

这样的口气让赵诗梦来不及反应,有点迟钝,有点犹豫,他发现自己有点跟不上她说的话,远不及当年和她跳探戈时的反应,只能软软地回应道:"我会对她好的,会对她好的。"

小青青关掉了煤气,朝他说:"你还不进去看看她?"赵诗梦唯唯诺诺地"嗯"了一声,识相地出了厨房。

赵诗梦进了书房的门,看到桂芳已经半坐在床上了,气色比昨晚好一些,笑盈盈地在向他招手,他上前问:"昨晚睡得好吗?"

桂芳神秘兮兮地让他坐在床边,道:"好,很好。我全部都和她说了,她答应我了,人家愿意嫁给你。你看,你这个男人多福气。"语气中甚至可以听出喜形于色的成分。

赵诗梦不想接这个话题,更不想在她面前流露出自己的心迹。他觉得在这个话题之下,作为男人的他太受宠若惊了。或许她的爱太强大,太高尚了,甚至有点病态,而自己却变得渺小羸弱,然而,除了接受之外,难道还有能够让她高兴地面对死亡的办法吗?所以他只能忽略这样的话题,表现出不以为然的麻木。他故意显出略带埋怨的口气:"谁问你这个啦,今天,你感到舒服些吗?"接着拿起茶几上漱口用的茶缸,转移话题,问道,"今天还和昨天一样,我帮你在床上漱口吧?"

桂芳道:"不用了,她已经帮我漱过了。"

赵诗梦不失时机地赞叹了一句:"你们俩,真是一对好姊妹。"

桂芳的话题离不开她心里想的事情,骄傲道:"当然唠,我的小姊妹,肯定对我好唠。"随后严肃地盯着他,道,"你要向我保证,今后不要怠慢她。"

赵诗梦无可奈何地微微点了点头。这时,小青青端着桂芳的早饭进来了,对桂芳道:"我烧的粥,烧得特别稀,你应该喝得下去。"接着又告诉赵诗梦,"你的早饭,在客厅里的桌上呢。"

在以后的日子里,桂芳一步都没离开过床,赵诗梦与小青青时刻守在她身边。她几乎进不了食,说话的次数越来越少,她最后一句话是含笑说:'我很想看你们俩,跳探戈。"为此,小青青默默地抱着她,流了半天的眼泪,才把她哄得睡着。在最后的两天里,她有时候会面对他们俩,露出动情的表情,眼睛里虽然有泪水,而嘴却在微笑,小青青为她拭去眼泪,她会摇摇头,仿佛在说"我不是在哭,我是高兴",这似乎验证了有人说过的那句话,"常有些垂死的人,只有安排好其身后之事,就不再害怕死亡了,反而会感到幸福"。桂芳现在的状态大概就是这样的吧,她有时候会轻轻地拉住小青青的手指,虽然眼泪会从眼缝中流出,然而,嘴角却微微向上仰起,像是在微笑。

那天晚上,外面下着大雪,积雪让整个世界变得静谧无声,他们家里也悄无声息。小青青依旧把桂芳抱在怀里,赵诗梦坐在床沿边陪伴着,可桂芳再也没有睁开眼睛,就像安静地睡着了一样,他们俩一直守在她身边,谁也没有说话,过了很久很久,直到她的身体发凉为止。小青青抹干了眼泪,为她穿上她最喜欢的旗袍,让她身体平躺,还替她盖上了被子,尔后,就与赵诗梦并排坐在她对面的小床上,默默地等到第二天天明,殡仪馆的人把她带走。

桂芳走了,赵诗梦和小青青的天空暗了下来,他们俩相互作伴,虽有默契,却很少言语,浑浑噩噩,六神无主地过了好久。小青青在书房沙发后面发现了一幅桂芳的油画画像,这幅画像是以前高振光断断续续花了一个礼拜上门为桂芳画成的,赵诗梦觉得画得不错,画出了桂芳的雍容和妩媚,而桂芳觉得画像太大,太笨重了,无论挂在家里的哪个位置都有点不协调,所以一直被搁在那里,已好长时间了,还可能因为放的位置的隐蔽,在抄家中逃过一劫。小青青为了缓解家里的气氛,觉得家里有这样一幅画像,可以寄托自己和赵诗梦对桂芳的哀思,便把它挂在客厅最显眼的地方。赵诗梦向小青青要了一张相片,这是一张她年轻时在大西北拍的半身像,她头戴军用棉帽子,身穿军棉袄,背景是一片戈壁滩,虽没有领章帽徽,但一副充满活力的形象,粗犷威武的军服与细洁漂亮的脸蛋混合在一起,让人印象深刻。如果把照片放大,不失为一幅反映边疆农垦战士的宣传画,或者电影海报,让人肃然起敬。他将相片插在画像的右下角,似乎向来到客厅的人展示家里有两位女主人。

大概由于他们俩都年老的缘故吧,做什么都缓慢,悲伤难受去得很慢,快乐幸福也来得很慢,或许这两种感觉交织在一起,不论怎么样,他们俩都需要时间消化。旧生活没去,新生活就来不了。直到过了三个月,第二年的春末夏初,情况才有所好转。

那天上午,弄堂口传呼电话亭的阿姨突然送来了一张电话留言条,他们家里的电话已被停用二十几年了,还没接上,人家只能靠传呼电话与他们联系,这是一种不用打回电的电话留言条,上面歪歪扭扭写着:"今晚,请你和小青青于华侨饭店①芷江厅吃饭,跃中夫妇留言。"这让赵诗梦眼睛一亮,心想朱兄大概遇到什么好事了。他和小青青自从桂芳去世后,有好长一段时间没出过家门了。以往他很少带桂芳一起出门的,这次他想趁此机会与小青青一起好好散散心。他来到小青青面前,道:"今天我们出去走走。晚上,朱兄请我们吃饭。"

小青青道:"你去吧,人家是请你吃饭呀,朱兄是谁,我又不认识他们。"

赵诗梦把电话留言条递给了她,道:"人家指名道姓要请你。朱跃中就是在桂芳追悼会上,哭得泣不成声的那个上官清岚的老公。"

小青青想了想,似乎记起来了,应道:"哦,就是上官姐夫妇呀,那我去。"又看了看身上的那件黄色列宁装,为难地补了一句,"……可我去的话,没什么像样的衣服,这身衣服行吗?"

赵诗梦听她这么说,突然想起了前几天在垃圾堆里看到她来时穿的大衣,另外,自己还没来得及帮她买衣服,便说:"衣服嘛,你和桂芳的身材差不多,你到她的衣柜里去找找看吧。她的衣服你先临时穿一下,以后,或者今天顺便去买几套吧。"

---

① 华侨饭店:现更名为金门大酒店。

小青青一把拉过他,亲热地问:"我穿她的衣服,你不会生气吧?"似乎早有这样的打算。

赵诗梦答道:"我哪里会生气呀。我想桂芳看到你愿意穿她的衣服,她也会高兴的。"

虽然人家请吃的是晚饭,可他们午后小睡了一会,三点钟就出门了。小青青的一身打扮全部来自桂芳的衣柜,墨绿色的羊毛衫配法兰绒深灰色西裤,外套中灰色格子薄大衣,头上还有一顶紫红色的无檐八角帽。在赵诗梦看来,这身打扮似乎比桂芳穿的样子要好,穿出了一种既稳重又飘逸,仿佛恢复了小青青年轻时的样子。

小青青挽着赵诗梦的手臂,说:"我这样穿,漂亮吗?像桂芳吗?"

他不知道如何回答,敷衍道:"蛮好的,有点像。"

小青青又问道:"看到我穿桂芳的衣服,你会想起她吗?"

他犹豫一下,答道:"有时候可能会吧。"

小青青把他的手臂挽得更紧了,轻声应道:"那太好了,你想吧,不要忘记她。我不吃醋,我也会一直想着她的,毕竟没她,就没有我们俩的今天。"

华侨饭店坐落于市中心的中心,在南京路靠近西藏路的路口处,芷江厅可以从饭店沿马路边的对称楼梯上二楼直接进入。小青青走在楼梯上,朝下面熙熙攘攘的人群瞄了一眼,悄悄地对赵诗梦说:"南京路,我已有三十几年没有来过了,回上海的感觉真好。"

赵诗梦也朝楼梯下面瞥了一眼,笑道:"那我们以后可以多来来,多看看,反正我们俩有的是时间。"

小青青捏了捏他的手臂,轻声笑道:"我西餐也有三十多年没吃过了,吃法不知道是否还记得,到时候提醒我,不要让我出洋相呀。"

赵诗梦向她会心地笑了笑,道:"不会出洋相的。年轻时候学会的东西,都会渗入血液里,要忘也忘不了的,见了刀叉,自然就会想起来了。"

餐厅门外,光线暗淡,一个身着红制服,头戴大檐帽的服务生,毕恭毕敬地挺着胸脯,左手放在背后,伸出戴着白手套的右手为他们推开玻璃门,门内强烈的灯光照在他身上,显得优雅而神秘,此景与这栋外墙花岗岩气派的欧式建筑很相配,却和楼梯下面川流不息杂乱无章的人流相比,让人觉得不大真实,也不大搭调。

赵诗梦他们进入餐厅,里面巨大的水晶吊灯把餐厅照耀得透亮,看到朱跃中夫妇已正襟危坐等着了,赵诗梦虽步伐稳健,可招呼时却说:"我们出来得很早,可还是比你们晚到呀。都是挂拐杖的年龄,不行啦。"似乎在为自己的晚到而开玩笑。

朱跃中笑道:"你这么潇洒的人,看起来一点不老,这条橘黄色的领带让你显得更年轻,更有活力了。放心好嘞,你离挂拐杖的日子还远着呢。"

朱跃中夫妇或多或少知道一点赵诗梦家里的故事,尤其知道小青青是桂芳的要好小姊妹,所以上官清岚对小青青也特别亲热,她不失时机地一边起身拉过小青青,一边热情地跟了一句:"哦,旁边一位更漂亮。"

小青青让上官清岚说得有点不好意思,只顾得说:"你们好,你们好。"仿佛其他客气话都不会说似的。

他们四人面对面坐下后,赵诗梦开玩笑道:"有什么开心的事,要请我们呀?"

朱跃中洒脱地指了指餐桌上的菜单,道:"先点菜,后说事。我和岚都点完了,你们自己点吧。"

上官清岚和小青青的两个头凑到一起,说起了女人之间的悄悄话,似乎在讨论小青青的这身打扮,或许上官清岚看出了这是桂芳的装束,只听到上官清岚用手捂着嘴对小青青讲:"看到你穿着这身衣服和赵先生一起进来,我就想,如果桂芳在天之灵看到你们这样的话,她肯定会比我还要开心。"

赵诗梦翻了翻菜单,想起了小青青在餐厅门口关照过他的话,便顾不得当着朱跃中夫妇的面,温情地拍了拍小青青的肩膀,把她拉了过去,将菜单往小青青这边又移了移,歪着头,紧贴着她的脸颊,亲切地征求起她的意见来。小青青尽管一把年纪了,可还是一副温馨顺从的样子,叫人会联想到小鸟依人的一词。随后他抬起头向服务生为自己和她各点了诸如主菜五分熟的牛排,开胃菜熏鲑鱼及奶油蘑菇浓汤之类的,最后还特意为小青青加一份水果布丁。朱跃中看着他们俩点菜的样子,啧啧赞叹道:"你们俩真是亲密无间呀,让人羡慕。"

赵诗梦放下菜单,向他瞟了一眼,一边拿起桌上的餐巾布,铺在膝盖上,一边回敬道:"老头子,老太婆的,有什么亲密无间啦,还是说说你们的好事吧,今天为什么要请客呀?"或许考虑到小青青的感受,语气里隐藏着嫌他多嘴的味道。

朱跃中想到这是自己与小青青第一次吃饭,碰面也只不过是第二次,觉得刚才的话似乎有些失当,让赵诗梦他们俩尴尬了,赶紧把话题切入正题:"到底是老朋友眼睛尖,一眼就看出我们的事情来了。"说到这里,他有些得意,仰了仰脖子,继续道,"前一段时间里,有个日本老头律师来找岚,说自己是岚的老爸在日本的遗产管理人。岚的老爸在去年夏天去世之前委托他,要求他在其死后务必找到离散多年的在上海的女儿,把自己的全部遗产交给女儿。遗产主要有两笔,一笔是岚的老爸居住的一栋房子,另一笔是两家工厂,印刷厂和木器家具厂。"接着他从一只漂亮的公文包里拿出一叠照片,递给赵诗梦看。照片里拍摄的内容就是岚的老爸住的房子和工厂,他又起劲地介绍道,"听那律师说,房子大概值一点五个亿的日币,两家工厂都在三年前,岚的老爸身体开始不好的时候就停止运营了,工厂设备一直有人维护着,如果需要使用还可以继续使用。工厂的设备本身不值钱,但两块地皮相当值钱,按照市价最低值十三个亿的日币。"

赵诗梦放下照片,故作惊讶地看着上官清岚,道:"看到这些东西,我的眼睛都羡慕得绿了。这是你老爸离开你近五十年后给你的大礼呀,快去继承吧,这是好事情呀。"

上官清岚微笑着道:"好什么,你别急,听他说下去呀。"

朱跃中似乎卖起了关子，慢悠悠道："岚要继承这笔遗产的话，要付百分之四五十的遗产税，相当于一家工厂就没有了。"他看着赵诗梦与小青青脸上诧异的表情，得意地继续道，"那老头说，如果一时付不出遗产税，先贷款后付税或者先处理部分遗产付税，总之他们国家的税是一分不能少的。手续比较麻烦拖沓，最后大概可以得到岚老爸的房子与其中一家工厂。"

赵诗梦应了一句："那也不错，可以在日本笃悠悠地享受这笔遗产了。"蘑菇浓汤上来了，可人的奶白色散发出独特的香味，他用汤勺在汤盘里划了两下，让香味充分散发出来，又闻了闻，道，"好汤。"

朱跃中笑道："话虽是这么说，我们俩的出国手续也在办，估计下个月可以成行。可麻烦的是，到手的还是房子和工厂，不全是现钞，我跟岚从来没有做过生意，不知道怎么处理。有人对我们讲，做不来生意没关系，可以卖掉企业，一样变成现钞，用这些钱足够在那里养老了。"他似乎想了想，继续道，"你是老法师了，年轻时办过杂志，搞过工厂，都弄得风生水起的，脑子又灵，所以，我们还是想听听你的建议。"

赵诗梦不知道何时自己变成了"老法师"，他不喜欢这个称呼，觉得这种叫法太土。但听完了朱跃中的话，觉得他说自己不会做生意，是属于实话实说，这是他的软肋。他做了一辈子只花钱不赚钱的小开，但对于有人劝他们拿遗产变现养老，他似乎并不买账，当然，他不是真心想做生意，而是只想玩玩而已，所以才来听取建议的。赵诗梦脑子里闪过朱跃中夫妇是否在拉自己一起做生意的念头。自己对于做生意已毫无兴趣，甚至有点讨厌做生意，仿佛做生意会让他想起不堪的往事。

赵诗梦放下汤勺，故意做出一副满不在乎的样子说："我现在老了，什么都没有了，什么也都不想了。"尔后，他停了停，扫了朱跃中夫妇俩一眼，认真地继续道，"如果我是你们的话，赶快变现。这把年纪了，也不用学什么日语了，趁在日本的机会，想办法把自己弄到美国去。你们俩不都在那里留过学嘛，也没有语言障碍，拿着钱，在那里舒舒服服地度过余生。如果在那边不开心，再回来也不错。"

朱跃中听了,朝上官清岚看了看,笑着道:"你怎么和岚说得一模一样啦,她也是这么想的。"赵诗梦听后,心安了一大半,心想过后他再提及邀请自己一起做生意的事,即便拒绝,也不太会伤及朋友间的面子。

　　上官清岚刚才点的是罗宋汤,她停下喝汤,把汤匙搁在一边,朝朱跃中瞟了一眼,不紧不慢道:"谁像你呀,一辈子没有赚过钱,到了七老八十了,心血来潮想做生意,还要让诗梦来帮忙,亏你想得出来。"随后转向赵诗梦,像告状似的,"他说让我们俩去经营其中的一家工厂,把它开动起来,如果在日本不行的话,就把它们搬到国内来做。"

　　朱跃中没有得到赵诗梦的支持,又受到了上官清岚的数落,像泄了气的皮球,踌躇着抗辩道:"现在形势好了,世面上大家都在做生意嘛。"

　　上官清岚的话证实了赵诗梦刚才的猜想,他笑着问道:"老弟,你今年也有六十七八了吧?"

　　上官清岚插话道:"过了五月份,就实足七十了。"

　　赵诗梦道:"形势好了,人家做生意,那是人家今后还有三十年五十年好活,这是他们的幸运。我们可没有这个福气,荒废的人生就像泼出去的水,是收不回来的,我们已经过了这个站了,错过了,就让它错过了,还是随遇而安的好呀。拿着钱,该怎么享受的,就享受吧。"他语气中似乎充满着感慨和遗憾,或者他有着自己对时下做生意的感悟,他犹豫了一下,继续道,"老弟呀,说句实话,你不要见怪。我看你是做一辈子小开的命,做生意这种事不适合你,更何况你已老了,你已错过了可以做生意的最佳年龄。在日本怎么做生意,我不知道,如果你要把厂子什么的弄回来,那会要了你的老命。"

　　上官清岚得到了赵诗梦的支持,来了劲,问道:"你看我们是在日本好呢,还是去美国?"

　　赵诗梦笑呵呵道:"反正我们这把年纪了,手头有钱比没钱好,能去美国最好,那里的情况你们比我熟悉。如果去不了,待在日本也不错,我也没去过日本,如果实在不行,那就拿着钱回来也可以,就是不要拿着钱去做生意。"她意会地点了点头。

小青青歪过头来，认真地问道："你们出去了，就再也不会回来了吧？"

上官清岚思索了一下，答道："是否回来，还真没想好呢。不过，现在出去的人，很多人是不考虑回来的。"

赵诗梦在旁边添油加醋道："千万不要辜负了你老爸从棺材里送给你的礼物。"

朱跃中笑道："听上去好像是劝我们不要回来。"

赵诗梦戏谑道："不加评论，你自己去理解吧。"

或许赵诗梦的话里提到了上官清岚的父亲，引起她的遐想，她抿了抿嘴，逼出一句："我从小最恨我老爸了，想不到隔了那么久，他在进棺材之前才想到了我。"

朱跃中插话道："听那个日本律师讲，岚老爸的家里到处都是岚小时候的照片。"

赵诗梦看到上官清岚的眼睛有些湿漉漉的，气氛也一下子沉闷了起来，心想这种气氛都是自己说的"棺材"这个词引起的，便转移话题道："你们去了日本，那你们现在住的房子怎么办？"其实他的问题，是指他们房子目前尚住着其他的住户怎么办。

朱跃中道："哦，那些原来抢我们房子的嘛，绝对不让他们占便宜，我早就委托律师打官司了。我们走了，官司继续照旧打，直到把他们赶走。"

上官清岚插话问赵诗梦道："那次吴进源来上海时讲起的，那件要把幼儿园搬走的事情怎么样了？"服务生收汤盘时，发出乒乒乓乓餐盘的碰撞声，似乎与氛围不那么协调。

等服务生收好餐盘，上完牛排，赵诗梦一边有条不紊地切割着牛排，一边答道："我拿着贾孝平寄的信和材料，托人打听了，不知道是他们看我不是房子的主人，只是受人之托，还是我无能，他们总是跟我捣糨糊[1]，说落实政策是必须的，房子肯定要还的，现在问题就是幼儿园无处可搬，

---

① 捣糨糊：（沪语）敷衍、应付。

再等两年看吧。后来,据说贾孝平去北京兜了一圈,房子就腾空了,还给他了,只用了几个礼拜的时间。"他或许是真的老了,对什么都不会生气,似乎带有一丝自我欣赏的口吻,感叹道,"大概我们真的是老了,没用了,人家不把我们当回事了。"

朱跃中在旁边感叹道:"还是他们在外面的人好呀,有人把他们当成大好佬①。吴兄曾经说过,孝平这只赤佬,是个最聪明,最识时务之人。"

赵诗梦听他提到了吴进源,便问道:"你跟吴兄联系多吗?"

朱跃中道:"不多。自从那年收到他在那里重新出版的《花开花落》后,就再也没消息了。不知道他最近怎么样了。"

赵诗梦道:"是吗?他现在好像也不太好。去年上半年贾孝平来见我,听他说吴兄中风了一次,话也说不清楚了,还坐了轮椅,每天只能对着维多利亚港发呆。"尔后,凑到小青青耳边,轻声道,"那个吴兄,你以前应该见过,回家后我告诉你。"

朱跃中一脸诧异,惋惜道:"那吴兄等于废了,再也来不了上海了,他几岁?"赵诗梦刚要回答,他又补了一句,"不过他该办的事情都办了,那本书也出了。"

赵诗梦感叹道:"人的事情,哪有做得完的呀,适可而止吧。他跟我同龄,我们这种年纪了,不要再做什么了,该怎么样,就怎么样吧,任其自然吧。"随后,把最后一块牛排送入嘴里,又看了看旁边小青青的餐盘,可能由于她说话不多的缘故,早已吃完了。

小青青大概记起了当年的故事,轻声问赵诗梦:"吴老板,就是在抗日募捐那次,和你一起来募捐的那个人?"他微微点了点头,尔后向朱跃中问道:"在法国的郁剑秋有没有消息?"

朱跃中摇头道:"没有。不知道他的书写得怎么样了?我一直等着拜读他的书呢。以前听他议论什么事的时候,总觉得他的话里不但充

---

① 大好佬:(沪语)重要人物。

满了知识和道理,还有许多火药味,但愿他的书里没有那股火药味。"

赵诗梦猜测道:"这么多年过去了,还没有出,肯定不会出了。"

朱跃中以探讨的口气道:"如果这个家伙在外面出呢,比如在香港,或者在法国出呢?"言外之意,好像是郁剑秋在外面出了书没有告诉他们。

赵诗梦蛮有把握地说:"凭他的性格,不论在哪里出了他的书,肯定会在我们这几个人中张扬的,给我们每人寄上一本的,放心好嘞。"后面跟出一句,"不过,我觉得我们这种年纪的人,不要再想着什么著书立说的了。人生苦短,有好吃好喝的,就行了。"

朱跃中喝光了酒杯中的酒,仰起头赞叹道:"还是你想得透彻。我们已经过了做生意,著书立说的年纪了,不能再求什么了,无病无灾便是福。"顿了顿,向赵诗梦问道,"那个高画家,高振光上个月死了,你知道吗?"

尽管高画家替桂芳画过油画像,可他心里总有点瞧不起这个画家,从来不主动联系人家,他不可能知道高振光的死讯,摇了摇头,等着朱跃中说下去。

朱跃中回忆道:"他得的是肝病,走得很快。在死的两个月前还好好的,不痛不痒的,曾到我家来白相过,大谈他在外面如何收购古董和名画的事情,还告诉我可以从发还的查抄物资中寻找。说上海滩以前被抄过家的人现在都缺钱,拿到这些发还的查抄物资,肯定急着想变现,大多数人会三钿勿值两钿把东西抛出来的,说那些古董名画以后保证吃香,可以赚钱。想不到两个月后,他就没有了。"

上官清岚插话道:"去他们家里吊唁时,看见不大的房间里到处都是古董字画,还有红木家具。"

赵诗梦好奇地问道:"那他的白俄老婆怎么办?"

朱跃中答道:"可能会去美国吧。高画家大概当时是这样考虑的,先在上海滩收一点古董,然后跟着老婆去美国,因为前一段时间听说他老婆找到了在美国的亲妹妹,那个妹妹邀请他们夫妇去美国,现在只能他老婆一个人去了。"

赵诗梦沉思了一会,又问道:"高画家,今年几岁?"

朱跃中感叹地答道:"他才比我大一岁,真是人生无常呀。"语气中不无伤感。

赵诗梦深有感慨地应道:"我们这一代人也就这样了,现在是走一个,少一个,都是很快就要翻过去的那一页了。"随后,又似乎自言自语道,"还是随遇而安的好呀。"此话仿佛又是对在座每一个人的。

大家沉默了好一会,上官清岚放下刀与叉,重新拾起先前的话题,笑眯眯地问道:"赵先生,你看过那本《花开花落》吗?"

赵诗梦答道:"当时我与白雪也算是认识的朋友,那时就读过了。"

上官清岚道:"我看了两遍,发现这本书还是写得蛮好的。"

赵诗梦转过头来,饶有兴趣地问道:"是吗?那你在书里面,读到了我们的吴兄吗?"

上官清岚笑道:"看出来啦。我没见过白雪,但从书中还是能看出白雪很喜欢吴兄的,有些情节好像是故意写给他看的,写得很感人。在女主人公第一次去照相馆拍照时,那老板,或许就是吴兄吧,在为她摆姿势时,用手背碰她的脸,让她头抬得高一点,低一点,那时女主人公就喜欢上了他,或者说就被他勾搭上了。这里有一段女主人公的心理描写,说如果那老板用手碰她,她一点都不感到意外,也不会介意,但不会朝他多看一眼。然而那老板是用手背碰,充分显示出男人的绅士风度,这就不一样了,让她难以抗拒,不由自主,浮想联翩。那一段写得漂亮极了,我想吴兄看了肯定会很得意的,会很感谢她的。"

朱跃中跟了一句:"哦,是一场漂亮的欲擒故纵的好戏。看来我们的吴兄勾引女人的本事确实不是一点点,老到,成熟呀。"大家都笑了。

上官清岚也笑得很开心,补了一句:"你不要说得这么难听好哦。应该说我们的吴兄很懂女人的心理,很会风花雪月,蛮有情调的,上海滩的许多女人就喜欢这个。"

赵诗梦感叹道:"这是他们俩私下的故事了。现在一个人已不在了,另一个也已坐轮椅上了,真让人唏嘘不已呀。"

朱跃中跟着道:"是啊,人生短暂,他们的故事再精彩,现在也只能永远地留在那本书里,让人拜读了。"

上官清岚带有羡慕的语气:"那也足够了,不枉此生。"

服务生端上了咖啡,赵诗梦喝了一口,笑嘻嘻对上官清岚道:"就像朱老弟当年给你的情书一样,还留在我的《蓝玫瑰》杂志里呐。"

上官清岚一听到这句,双手捂脸,仰天大笑起来,感到幸福也罢,感到害羞也罢,反正是那种开怀的大笑。

大家笑停后,朱跃中问道:"这几期杂志还在吗?"

赵诗梦想到了桂芳曾经收藏着,便答道:"在你们去日本之前,我送一套给你们,那是你们爱情的见证,老了看看蛮有趣的。"

上官清岚放下双手,露出脸来,感激道:"好,好,我一定要好好再读一下,肯定蛮有味道。"

赵诗梦顺着她的话,加了一句:"我相信图书馆肯定还保存着《蓝玫瑰》,包括你们的这些情书,那你也不枉此生了。"大家又都笑了起来。

晚饭后,赵诗梦夫妇不愿意立马坐出租车回家,想走走。春末夏初的夜晚有着一丝固有的凉意,让那些从室内出来的人感到一阵清新,甚至让人感到神清气爽。饭店外面这一带的南京路,是赵诗梦再熟悉不过的地方了,可这次他是第一次与小青青一起走在这条路上,总觉得有一种异样的感觉,看出去的东西都有些与原来的不一样,仿佛是第一次,仿佛特别留恋。他们俩既不像有些年轻恋人卿卿我我,搂抱一起,也不像有些古板的年老夫妇保持着独立,并肩而行,他们俩要么手挽手,要么手牵手。他们走得很慢,可没走多少步,前面高耸的黑影是国际饭店,黑咕隆咚的,虽之前他们俩谁也不曾提起过它,那里却有着他们俩人生中难忘的故事,是共同记忆里的一个闪亮点,照亮了他们内心深处。他们俩手挽着手,走近了国际饭店,在巨大的黑影下,饭店门前依旧灯火通明,可他们俩没有放慢脚步,也没有进去的意思,甚至谁也没有朝国际饭店多瞥上一眼,仿佛对此不屑一顾。他们俩继续往前走,就是大光明电影院，门前的巨幅灯箱广告或明或暗，斑驳陆离，他们俩依然没有停下脚步，仿佛它根本不存在，昏暗幽静的南京西路在前面蜿蜒，一辆辆车子和自行车从他们俩身边穿行而过。

赵诗梦轻轻地牵着她的手，道："朱兄夫妇要出国了，我周围的老朋友越来越少。以后我们可以多出来走走，恐怕我们这种人，也已经到了走一回，少一回的时候了。"

小青青像是自言自语地答道："不会吧。"

赵诗梦道："我们都老了，你看看，我们这些老朋友碰面，谈论的事，不是谁出国了，就是谁走了，就剩下我们了。"停了停，继续道，"刚才我们提到的高画家，就是替桂芳画像的，现在回想起来还蛮有趣的，当时高画家来家里替桂芳画像，其实我心里很不舒服……"话到这里，他有点吞吞吐吐。

小青青追问道："替桂芳画像不是好事吗？你干嘛不开心。"

赵诗梦笑了笑，答道："可能当时我很傻，我不喜欢高画家那双看桂芳的眼睛，总是色眯眯的。"

小青青"噗哧"一下，笑出了声，道："那是你吃醋了。不过人家把桂芳画得很漂亮的。"

赵诗梦道："有点傻吧，现在想想，都是过眼云烟了。"接着感叹了一句，"现在，画像的人，和像里的人都走了。像我们这样的老人越来越少了。"

小青青动情地挽着他的手臂，应道："有我们俩，就够了，我会一直陪伴在侬身边。"

他们又走了蛮长的一段，来到了成都路口，发现路面变得窄窄的了，地面也不平了，有些难以下脚。那里在拆迁，据说准备造高架路，即使有再多的照明，看上去还是灰蒙蒙，黑压压的一大片，到处是残墙断壁，破砖瓦砾，他们俩不得不停下脚步，叫了一辆出租车。

半年后，赵诗梦家的那一片也要造高架路拆迁了，时间似乎还很紧促，要在规定的日子里完成，否则就拖建造高架路的后腿了。周围的居民都忙着在为自己利益最大化与动迁组讨价还价。

那天,已是赵诗梦喉咙痛第三天了,午饭后,他早早地拖着羸弱的身子,上楼睡午觉去了。他们家里来了三位客人,一男两女,那男的年纪最轻,四十不到,很精瘦,虽面无四两肉,却不是太难看,相反从侧面看上去好像始终在笑嘻嘻,像是动迁组的人;那两个女的,好像都五十开外,其中一个因满脸横肉,把脸上的皮肤撑得薄薄亮亮的,仿佛一碰就会出水,像个洋娃娃,时常还挂亲切的笑容,那是居委会干部,人称胖大姐,喉咙很响亮,夜里游街穿巷,喊"门窗关关好,防偷防盗"的就是她,以前居委会发什么通知时,曾经来过他们家,与赵诗梦有过一两个照面;另外一个女的,人样还算端庄,可有着一双敏锐的却不像女人的眼睛,警惕的眼神像是随时准备出击或者随时准备吵架的那种,做派嘛,完全是一副干部模样,那个男的称她什么主任。

小青青按礼接待,把他们引到了客厅,刚刚坐定,那个男的环顾四周后,从嘴里发出"啧啧"声,尔后说:"可惜了,可惜了,这么好的房子要拆。"

这时,小青青正好拿着托盘进来,恰好听见,又见到旁边那个干部模样的朝那个男的踢了踢脚,小青青装着没有看见,客气地把三杯茶放到他们面前,又在中间放了一盆水果,道:"老先生在睡午觉,有什么事就跟我说吧,一样的。"

胖大姐笑呵呵地开口道:"不用这么客气,我们是为动迁的事情来的,办完了就走。"大概他们在工作中难得有居民如此款待,而后她像是他们家的老朋友似的,率先伸出手拿了一颗葡萄放进嘴里,一边咀嚼着,一边带着走音的语调继续道,"这次拆迁征用的政策都知道了吧,我们先核对一下户口。"随后向小青青问道,"户籍簿上好像只有老先生一个人的名字,你是他家里的什么人呀?"眼睛里充满着警觉与好奇。

小青青笑了笑,大大方方地答道:"我是他亲戚,从外地专门来照顾他生活的。"

胖大姐疑惑道:"从外地来的,怎么上海话说得这么好?"

小青青故意慢悠悠地答道："原来在上海的,后来随部队在新疆待了几年。"她的轻声细语中特地把"部队"两字发音发得特别轻,或许她想让这个词本身的力量自然而然地发挥作用,它会让人联想到中央与地方,军衔或级别。在座的几位,听她这么说,都露出诧异而肃然起敬的神情,胖大姐睁大着眼睛,目光在那幅油画像和照片之间停留了足足有五秒钟,又朝小青青仔细看了看,指着照片,诧异地问道,"那照片上的,是你吧?"胖大姐的这种意外的表情,在情理之中。一般这种照片背后都会有革命的故事或者光荣的历史,甚至是某种权威或者身份,在上海滩普通人的家里,很少有这样的照片,更何况,他们这种曾经属于革命对象的家庭,她的神情似乎在说:这样的家庭里,怎么会有你这样的人?小青青只是一声不响地点了点头。

干部模样的人也瞥了一眼那照片,眼神里明显流露出从吃惊不安到不屑一顾的变化,她的诧异或许是身为本地人,很少接触到类似边疆来的人。从常识上来讲,这类支边的人或多或少有着当官的背景,如果有这样背景的人,来阻挠自己作为一个动迁小干部的工作,那也够呛,转而想到这家户籍簿上没有这个人的名字,便决定先发制人,做出一副傲然睥睨的样子,居高临下地插话道:"那你就不属于这次动迁的安置对象了,知道吗?"语气中有着不容置疑的力量,仿佛为了防止来自刚才让人联想到的军衔与级别的抵抗。

小青青朝门口瞟了一眼,眼睛并没看那干部模样的人,以轻松的口吻道:"我又没说过,我也要你们安置唠。"语气里带着一股鄙夷不屑的神情,仿佛在告诉那人,"你的问,是多余"。

胖大姐脸上堆满笑容道:"动迁的事情,上面有规定,一定要和房子的主人谈,而且还要他签字。能不能请赵老先生下楼来,让我们向他介绍一下情况。"语气增加了不少恭敬的成分。

小青青面无表情地答道:"我上楼去试试看吧。"

赵诔梦不是故意怠慢动迁组,也不是不知道动迁补偿对于自己事关重大,只是身体不适,懒得考虑。另外加之他这一辈子已经历了太多的涉及财产的故事,得失早已无所谓,甚至置之度外了。这种涉及财产的事情,往往结果都是预料之中的,而且觉得考虑呀,算计呀,忧愁呀,都是无济于事的,所以就想让小青青出面处理。

赵诗梦看到小青青上楼来,便知道怎么回事了,硬着头皮,赶紧起来,换上衬衫和西裤,照旧对镜子整理了一下发型,套上皮鞋,系好鞋带,还特地从床头柜拿了一副老花眼镜,穿戴整齐地下了楼。

胖大姐认识赵诗梦,见他下楼来了,立马介绍身边两位以及来的目的。赵诗梦向他们扫了一眼,目光没有在任何人身上停留,接着礼貌而客气地招呼道:"不好意思,我身体欠佳,不是躲着不下来。"或许他不愿意与那些人有眼神的接触,他又瞄了一眼茶几上铺开的几页纸。

那个干部模样的斜眯着眼睛,客套地说明道:"我们本想等你午睡后再过来一次的,可这次动迁任务时间很紧,所以只能打扰你午睡了。"她发现他刚才已注意到茶几上的动迁补偿协议了,便继续道,"尽管动迁任务很艰巨,我们还是用足了政策,为您老先生提供最有利于你的方案……"

小青青不客气地像是恶作剧似的插话道:"最有利于他的方案嘛,就是不要拆。"不温不火的语气中隐藏着一层鄙视。

那人的脸部抽了抽筋,装着没有听到似的,继续道:"不拆,那我们要完不成任务了,上面要批评的。虽然根据有关政策,花园的面积不能计算在补偿范围之内,因为你家里人口少,而且可能还要烂掉①一部分面积。但考虑到老先生年事已高,我们特地挑选了两套在浦东的新房子给你,一大一小,还有一笔不小的补偿款,两间房子都是底楼的,方便你的出行,你们是否需要去看看。"一边说着,一边把那几页动迁补偿协议小心翼翼地移到赵诗梦面前。

小青青看了看赵诗梦,替他答道:"那么远的路,不用去看了。"

赵诗梦松了松眉毛,指了指茶几上几张纸,问道:"这就是要我签字

---

① 烂掉:意为作废或者放弃。

的动迁合同吗?"

胖六姐卖力地答道:"是啊,是啊。"迅速拿起来,递到了他的面前。

赵诗梦戴上老花眼镜,接过协议看了看,仅用了三五秒钟,又摘下了老花眼镜,仅此一眼,虽说不上不屑一顾,仿佛他觉得如果一眼不看,似乎对不起来者,而仔细阅读,则实在太委屈自己,明显有着敷衍的成分。他抬起头,看到那三人诡异而紧张的神情,似乎生怕他不同意继续看协议,或者不愿意签字,便以无所谓的口吻问道:"我的名字要签在哪里?"

赵诗梦旷达的态度,让胖大姐先是一愣,再看了一眼那个干部模样的,快速从赵诗梦手中接过协议,分出一式两份来,殷勤地把它们翻到最后一页,指着签名栏道:"这里,这里。"一副似乎生怕他反悔改变主意的样子。

赵诗梦按照她的指引,潇洒地从衬衣口袋里掏出事先准备好的钢笔,签上了自己的名字。他这个过程连老花镜都没戴,表情像是在准备扔掉一双旧鞋一样,或许他只想着尽快处理掉此事,打发走他们,不愿意耽搁一分一秒。

当那个干部模样的人看到赵诗梦签完最后一个字的瞬间,她紧锁的眉头突然舒展开来,那双不像女人的眼睛里挤出一丝微笑,一边赶紧动作麻利地收起那些纸,一边做出一副激动的样子,感谢道:"哦,老先生真了不起,太明白事理了。您是这一片区中签订补偿协议最快的,谢谢您。今天的事情,我一定向上级汇报,您是这一片顾全大局的典范,如果每个人都像您,那我们真是轻松多了,想干什么,马上就能干成什么了。"

胖大姐跟着道:"赵老先生真是豁达之人呀。到了集中搬家的那天,肯定很热闹,像过节一样。我来通知你们,我们请大领导来接见你。"

那个干部模样的人补充道:"我看,到了那一天,很有必要让记者来采访你。你是对建造高架路有贡献的,需要把你的事迹推广出去。"

在一旁看傻了的那男的,脱口赞叹道:"真是懂经[①]呃,到底是老克勒,有派头,呒没闲话好讲嘞[②]。"

这些话,听上去像是在表扬赵诗梦,可他听了怎么也舒服不起来,他一声不响,像是正面遇到了强光的照射,微微闭了闭眼睛,以极其平稳的语气道:"谢谢你们考虑到我岁数大了,分给我底楼的房子。还有什么要我做的吗?"可语气中有着意兴阑珊的成分,明显地透出了一种冷,一种拒人千里之外的冷,似乎一副不愿意再说话的样子。

那三个人看着赵诗梦礼貌周全而兴致索然的样子,都识相地起身,只听到有人说:"应该的,应该的。"

赵诗梦一声不响地跟在他们后面,把他们送到花园门口时,听到那个男的跟小青青说,"像老先生这样签订补偿协议的,我们第一次碰到,佩服,真是老克勒,以前肯定很有钱吧……",可能人老了,耳朵不灵的关系,赵诗梦没有听清楚小青青是怎么样应答的;又听到那两个女的轻声嘀咕道,"这样的花园洋房,我们一辈子都住不起……"后面半句也没有听清楚。赵诗梦对他们三人的态度与其说是豁达和潇洒,倒不如说是知趣与无奈更为妥当。

赵诗梦与小青青送完了不速之客,回到屋内,他到厨房间煮了一壶咖啡,慢悠悠地为她和自己各倒了一杯,端进客厅,看见小青青坐在沙发上,盯着对面的桂芳的画像在出神,问道:"想什么啦?"

小青青答道:"真是房子越大,越吃亏。大概在这一片里,我们家是最吃亏的了。"语气里有着一股耿耿于怀的味道。

赵诗梦把咖啡送到她面前道:"这一片里,像我们这种房子的人家有不少,还有比我们更大的呢。拆迁补偿规定是他们定的,我们只能照着做,没有商量的余地,这些我早就领教过了。反正我们老了,也用不着这么大的房子了。"后又带着苦笑和一种自我调侃道,"你没听他们说嘛,我是顾全大局的典范?我有一位老右派的朋友说过'时代潮流是宏

[①] 懂经:(沪语)此处意为潇洒。
[②] 呒没闲话好讲:(沪语)没话好说,爽快。

大的,我们除了改变自己,别无他法',他说的也许是对的。"

小青青只顾着自己的思路走,没有接他的调侃,继续道:"要是这种事情发生在我待的那个大西北的营房里,我早就让他们滚蛋了。"顿了顿,又冒出一句,"如果桂芳姐知道了这事,肯定也会生气的。"

赵诗梦跷起二郎腿,认认真真地喝了一口咖啡,嬉笑着道:"生气的何止是桂芳呀,最生气的要数我父亲了。他在棺材里爬不出来,如果能爬出来的话,非用大刀劈了我不可。"

小青青嘟囔了一句:"谁像你呀,这么想得开,什么都无所谓。"

赵诗梦看出小青青的心思,为了让她开心,他放下咖啡杯,笑嘻嘻道:"我这一辈子呀,虽一事无成,甚至混到现在变得一无所有了,可我得到了你和桂芳的真爱,也算没有白活呀。"停了停,看小青青还是一脸不高兴的样子,便说,"来,我给你一样好东西,不比这房子差,你到壁橱里找一把铲子来。"自己起身穿过客厅的玻璃门,来到花园里,依恋地欣赏起屋外残败的景色。

小青青花了好一会才把铲子找出来,看到他对着一棵石榴树发呆,便问道:"你要挖什么?"

赵诗梦笑眯眯地接过铲子,在树下挖了几下。可由于握铲子的方法不得要领,树底下结块的泥土纹丝不动。小青青笑道:"文化你们好,挖地的事情,还是让我来干吧。"说着从他手上接过铲子,挖了起来。她抬起脚在铲子的肩上用力一踩,而后又用铲柄往上一撬,一大块泥土就翻了出来,没几下,就发现了下面有东西。

小青青弯腰一看,是一只不大不小的广口的老坛子,赵诗梦也看见了那坛子,诧异地轻轻哼了一声:"哦,原来不是铁箱子呀。"

小青青捧起坛子,叹道:"这东西蛮有分量的,沉甸甸的。"

赵诗梦道:"弄弄干净,拿进去吧,里面是金条。"他望着这个坛子,神情有点凝重。或许这是他生活下去的底气源头,没有了它,他无法保全自身的尊严,无法体面而潇洒。在此之前,这个源头只能依靠一层泥土来保护。

小青青应道:"刚才看你站在树下要挖东西,我就猜出了肯定是那些宝贝。"他们俩回到客厅,在茶几上铺了报纸,开始打开那坛子。坛子的口是用几层油纸油布封住的,不难开启,很快就被小青青打开了,里面装着一只帆布口袋,可直接从坛子的圆口拿不出来,但可以解开布袋的口子,取出袋子里的东西。她把手伸进布袋内,一样样往外取,先是几根金条,戒指,玉镯子,惊叹道:"哇,这么多金银财宝呀,怪不得这么重。"又接着取出几根大号的金条,尔后是一只封了口的不大的瓶子,最后她拿出空布袋,又确认了坛内已是空的了,脸上带着喜悦的表情,看了一眼墙上桂芳的画像,叫道,"桂芳姐,你看,这么多大黄鱼,小黄鱼的,我还从来没见过呢。"

赵诗梦有些迷惑,嘀咕道:"我记得只有五根大的,八根小的,怎么会多出来这么多?"

小青青一边把这些金条大的归大的,小的归小的,摆放整齐,一边点数,道:"总共十三根大的,十一根小的,翡翠镯子五只,戒指四只。"手中还捏着那只瓶子。

赵诗梦看了看这些东西后,就顺手要过瓶子仔细检查起来,褐色的玻璃瓶中似乎装着一张纸片,铁制的盖子与瓶子锈结在了一起,他拧了拧,打不开,小青青接过瓶子使劲拧了两下,拧开瓶盖,取出里面的纸片,原来是一封信或者可以说是一张叠得很规整的纸条。他接过纸条,打开一看,愣住了,这是父亲的笔迹,上面只写了寥寥一句:

诗梦:
  这是我托张妈替你保管的,让她在你最需要的时候交给你。
              父 民国三十七年冬

赵诗梦一下子眼睛湿润了,仰头往沙发上一靠,从西裤口袋里掏出手绢,抹了抹眼睛,声音沙哑地感叹道:"我的老天爷呀,这是父亲给我的东西。"

小青青拿过那张陈旧的纸片,看了看,往他身边靠了靠,问道:"这是怎么回事?"

歇了一会,赵诗梦平静了些,答道:"六十年代动乱开始时,为了避免这些东西被抄走,我让姨妈代我保管金条,她说埋在石榴树下好嘞。当时我手上仅有五根大的,八根小的,这里面多出来的,我想是家父在一九四九年去世之前,担心我今后有什么不测,让姨妈替我保管着一批金条。后来,姨妈把这两批金条和她自己的私房钱都放在一起了,可又没把这事告诉我,所以就成今天的样子了。"顿了顿,补充道,"我估计家父大概留给我的是八根大的,其余的是姨妈的私房钱和家父给她的零花钱,是她一辈子的积蓄。"

小青青微微地点着头,动情道:"你老爸和姨妈对你真好。姨妈还在吗?"

赵诗梦道:"说是姨妈,其实她不是我们家里的人,可比亲人还亲,是她把我带大的。"

小青青道:"那她人呢?把她接来一起过吧,我能照顾她。"

赵诗梦有点黯然地说:"她已去世多年了。"

一阵沉默后,赵诗梦道:"把东西收起来吧。我估计把家里所有的家具搬到新的地方,肯定放不下。这两天我们就陆续挑一些家具,准备搬家,那里也许是一种全新的生活。"

三个月后,在动迁组组织集中搬家的前一天,他们悄悄地搬到了新的地方。在浦东一个叫金桥乡的地方,那里有几十栋崭新的新村楼房,六层楼和十二层楼的都有,其中六层楼的居多,周围还有几个工地正在不分昼夜地建造楼房,其余都是田野与农宿,旁边有一条叫金马河的小川,晚上还能听到蛙声。那时候是秋天,景色美极了,尤其在早晨和傍晚,金色的阳光照着大地,金灿灿的树叶和庄稼相得益彰。虽然这个地方很偏僻,远离都市,购物买菜也不方便,但小青青买了一辆自行车,弥补了这些不足;三房一厅比不上花园洋房,逼仄了许多,赵诗梦从来没有在这样的环境下生活过。可能由于上了年纪的缘故,活动能力弱了的关系吧,狭窄的空间很快就习惯了,甚至习惯了不去咖啡馆喝咖啡,而是在家里喝咖啡的日子,喜欢上了那里的远离人群,那里的安静,那里的空气,甚至那里的田野,喜欢在那里散步,大多数时候小青青会陪他一起散步。

他们俩在新地方的生活很清静,很有节奏,生活的内容每天差不多。他们俩做什么都按时,按时起床,吃早餐看报,按时午睡吃水果吃点心,按时喝咖啡散步,晚上按时看电视睡觉,今天是昨天的翻版。这样的生活方式,说他们无聊也罢,幸福也罢,这种有规律的慢生活对年轻人来讲,难以忍受,而对他们俩来讲,或许是一种幸福,是一种需要,或许只能这样。

他们不大的客厅里,最为显眼的还是墙上那幅桂芳的油画像,这是他们俩共同的回忆。年纪大了,畅想未来的事少了,回忆多了,时常他们俩会坐在画像对面的小沙发上,喝着咖啡,一起回忆过去的故事。那天,赵诗梦刚刚用手摇磨子磨好咖啡豆,倒入加了滤纸的漏斗里,小青青坐到他身边,问:"需要帮忙吗?"

赵诗梦回应道:"你伺候我那么多,喝咖啡嘛,就让我伺候你吧。"随后拿起电水壶,一高一低慢悠悠地把水注入漏斗,再从漏斗下面取出咖啡杯,加入白糖和牛奶,不声不响地递到她面前。

小青青接过咖啡杯,问道:"你怎么不像以前在煤气炉上煮咖啡了?"

赵诗梦道:"煮有煮的味道,冲泡有冲泡的感觉,但冲泡比较省事,何况厨房间又那么小,身子都转不开,还不如舒舒服服坐在这里冲泡的呢。"

小青青喝了一口咖啡,歪着头,既像是在欣赏他笃悠悠冲泡的动作,又像是在遐想,歇一会,慢悠悠地开口道:"我们结婚手续的事情,我仔细想过了,我们就不办这个手续了吧,否则我又要去一次那么远的地方开证明,一来一去大半个月,我懒得去。"

赵诗梦端起咖啡,喝了一口,道:"这个手续呀,我是无所谓的,只要你不介意,不办就不办了。说一句真心话,我也舍不得你一个人去那么远的地方。再说我们是活一个月,少一个月的人,反正这是我们自己的事情,我们就自己做主了。我这里已经想好了,我剩下的东西不多,只有动迁的这两套房子,都归你,等我死后,你也有个保障,这也算是我的后事吧。"

小青青埋怨道:"人家跟你说我们俩手续的事,你却跟人家说什么房子不房子,死不死的事情,真是不吉利。"

赵诗梦道:"我们这种年纪了,有什么吉利不吉利的。这几天我一直在想,当初,我父亲虽然嘴上没说,可我知道他想把家里的厂子留给我儿子,可厂子早就没有了;我想作为报答,把家里的别墅留给桂芳,可她先我而去了,却把这么好的你给了我。现在我只有把这两套房子留给你了,还有一点地底下挖出来的,这些是我唯一可给你的,其他的,我什么都没有了。"

小青青问道:"你这样把房子给了我,你儿子女儿没有意见吗?"

赵诗梦似乎深思熟虑地答道:"我管不了那么多了。反正他们两人都比我有出息。女儿嘛,在深圳也有了自己的事业,当时还想把我和桂芳接过去呢,不会在乎这两套房子的;儿子嘛,早就去了美国,似乎与他母亲走得很近,大概现在也快退休了吧。十几年前回来看过我一次,与我说话也有些遮遮掩掩的,好像在台湾继承了他母亲的一家蛮大的企业,我也不愿意详细问,后来也不怎么通信,想必他也看不上我的那点东西。"

小青青看着墙上桂芳的画像,道:"你这样对待女儿,桂芳要跟你生气的。"

赵诗梦也看了看桂芳的画像,笑着道:"我看啊,她对你,比对她女儿还好。你人还没到上海,她什么都替你想到了,什么你喜欢吃水芹啦,还要我这个大男人为你准备替换的衣服啦。她肯定支持我这样做的。放心好嘞,我会把这一切办妥的。"

小青青靠在他的肩膀上好一会儿,似乎在想着刚才他提到的事情,突然她抬起头,好奇地问道:"你儿子的母亲,不就是你第一个……吗?"

赵诗梦知道她要问什么,爽快地答道:"是啊,我第一个老婆,她在一九四九年跟人家去了台湾。上次听儿子略微说起过,好像她后来也被人家甩了,不过她让儿子继承的企业是从哪里来的,我就不知道了,我也不感兴趣。"

小青青又喝了一口咖啡,诡异地笑了笑,调侃道:"听上去,你们家里好像除了你,都蛮有出息的嘛。"

赵诗梦苦笑了一下,自嘲道:"出息不出息,已经不是我关心的事了,我现在只是一具躯壳而已。"尔后,笑眯眯地像是老小孩似的,以调皮的口气道,"我呀,我关心的只有两件事,一个是你,另一个就是这个。"指了指挂在他们身后的那幅巨大的挂历。

由于赵诗梦便秘很严重,常常痛苦不堪,排便成了他的一件重大工程,头等大事。为了掌握自己通便的情况,生怕忘记,他常常会在挂历日期的方格子里做记号,这个记号只有他们俩看得懂,排便时间按上午、下午和晚上,分别记在当日方格中的上中下,排便量用大中小或零来代替,久而久之成了他的一种习惯,每天必做的功课,有时候小青青会笑话他,说他排便比人家花钱还重要,需要记台账。他总是笑而不语。

小青青笑道:"我可不要和你臭烘烘的东西放在一起,相提并论。"说完他们俩都笑了,笑得很开心。

赵诗梦欢快地戏谑道:"我要和你相提并论,我有你,我很开心哎。"自从搬入新居,他又重新抽起了烟斗。他拿起茶几上的烟斗,一边在烟灰缸里弄净烟斗里的烟灰,一边慢悠悠地笑道:"其实呀,我是一个时运不济之人。年轻气盛时,啥都不缺,唯独没有真爱;步入中年时,百无聊赖,最终一事无成;行将就木时,啥都没了,却得到了真情,不枉此生呀。我要好好谢谢你,还有挂芳。"语气中充满着真诚与柔情。他们俩不约而同地把目光投向了挂芳的画像上。

喝完咖啡,按照他们的程序,是出门散步的时间。赵诗梦照旧套上西装,一副老克勒的做派,小青青替他套上外套,围上围巾,道:"今天,外面起风了。"

他们俩手牵手走在乡间的路上,走得很慢,来到有九棵并排的杉树下,旁边就是金马河小川。微风吹拂着,杉树发出沙沙声,小川泛起涟漪,这里是他们散步的终点。他们经常会在这里歇歇脚,看看风景,他们很喜欢这里,有时候会席地而坐一会儿,待上一会儿,从这里向西望去,可以看到很远,看到天际线,如果每天看天际线,会发现微妙的变化,从以前是树梢的地方会伸出塔吊来,再过一段时间那里会映出楼房来。他们俩站在那里,极目远眺,红彤彤的太阳在一点点接近地平线,把天空中大块大块滚动着的层积云染成了橘红色,景色美极了,远处的树梢、塔吊、楼房像是剪影一样,贴在远方绚丽的幕布上。

赵诗梦望着远处的景色,对小青青道:"以后那里会发生很大的变化,或许会变得很热闹,可我估计我们看不到了,这些变化也就和我们无关了。"

小青青挽着他的手臂,道:"今天的火烧云真美。以后再也没有这样安静的地方,让人欣赏晚霞美景了。"

赵诗梦同意地点了点头,道:"晚霞虽壮美,但转瞬即逝。"他们说话间,天空已由蓝色转成墨蓝色,西面只剩下了一丝血色的暗红,刚才还是橘红色的层积云,变成了一团团的黑色,地平线淹没在黑暗中。他们俩迎着路灯的光芒,开始往回走了。

人啊,不论年轻人,还是中年人,甚至已步入老年,只要有爱,都会焕发出迷人的色彩,让人羡慕。在以后的好几年里,人们在傍晚时分,常常会看到一对穿戴得体的老人,相互搀扶着,漫步在九棵杉树下,欣赏夕阳的美景,画面如梦如幻,仿佛他们彼此实现了"让我陪你慢慢变老"的诺言。随着时光的荏苒,再也没人知晓他们以往的故事了。

图书在版编目(CIP)数据

上海老克勒 / 宋坚雷著. —上海：文汇出版社，2021.8
ISBN 978-7-5496-3606-8

Ⅰ.①上… Ⅱ.①宋… Ⅲ.①长篇小说-中国-当代 Ⅳ.①I247.5

中国版本图书馆 CIP 数据核字(2021)第 127892 号

上海老克勒

作　　者 / 宋坚雷

责任编辑 / 陈今夫
封面装帧 / 陆震伟

出版发行 / 文汇出版社
　　　　　上海市威海路 755 号
　　　　　(邮政编码 200041)
经　　销 / 全国新华书店
排　　版 / 南京展望文化发展有限公司
印刷装订 / 启东市人民印刷有限公司
版　　次 / 2021 年 8 月第 1 版
印　　次 / 2023 年 5 月第 2 次印刷
开　　本 / 720×1000　1/16
字　　数 / 610 千字
印　　张 / 45.5

ISBN 978-7-5496-3606-8
定　　价 / 80.00 元